**FRANK RYCHLIK
KOLOSSEUM**

FRANK RYCHLIK

KOLOSSEUM

SPIELE UM MACHT UND LIEBE

HISTORISCHER ROMAN

Impressum

Herausgeber: Frank Rychlik c/o Plan-Soft Einrichtung GmbH,
Zwötzener Straße 75, 07551 Gera
Lektorat: Christiane Filius-Jehne, Lektoratundmehr
Korrektorat: Kerstin Thieme
Covergestaltung: Buchcoverdesign.de / Chris Gilcher –
https://buchcoverdesign.de, Bildmaterial: Adobe Stock ID
94774321, Adobe Stock ID 163426919, Adobe Stock ID 517993987,
Adobe Stock ID 105206632, Adobe Stock ID 129046656, Adobe
Stock ID 195365048 und freepik.com
Geokarten: © Peter Palm, Berlin
Druck: booksfactory, PRINT GROUP Sp. z o.o., ul. Cukrowa 22,
71-004 Szczecin (Polen)
ISBN 978-3-00-074274-3

www.kolosseum-historischer-roman.de

FÜR ANGELIKA

ERSTER TEIL

(68 bis 69 n. Chr.)

Acht Jahre lang dauerte der Bau des Flavischen Amphitheaters, wie man das Kolosseum in der Antike nannte, ehe es im Jahr 80 n. Chr. zum ersten Mal für die Öffentlichkeit seine Pforten öffnete. Doch seine Geschichte begann nicht erst mit der Grundsteinlegung, sondern bereits vier Jahre früher, in jener Nacht, als Rom in seinen Fundamenten erbebte ...

1

Rom
8. Juni 68 n. Chr.

Niemals zuvor hatten Senatoren einen solchen Affront gewagt, ein so unglaublich skandalöses Sakrileg begangen wie an diesem Tag. Wie Diebe schlichen sie sich durch die einsamsten Gassen Roms, verkrochen sich heimlich in einem Tempel am Rande der Stadt und erklärten ihn, Nero, den Imperator, Cäsar und Pontifex maximus, zum Staatsfeind. Niemand durfte ihn mehr unterstützen, jedermann ihn ungestraft töten.

Eine knappe Stunde zuvor – Nero wollte sich beizeiten zur Nachtruhe begeben – hatte er die Nachricht von seinen Spionen erhalten. Seitdem war er in Trübsal verfallen. Im Nachthemd stützte er sich mit nackten Ellbogen auf der steinernen Balkonbrüstung ab, umfasste seine Wangen mit beiden Händen und starrte mit krummem Rücken und leerem Blick in den Palastgarten hinaus.

Er mochte so geraume Zeit verharrt haben, als ihn ein Rascheln auf dem Fußboden aus seinen Gedanken riss. Der Papyrus mit dem gebrochenen Siegel des Senats wirbelte im Luftzug hoch. Das bedeutete, jemand hatte die Tür geöffnet. Soldatenstiefel klackten auf dem Marmorboden. Sein Puls raste, das Blut schoss ihm heiß in den Kopf. Dass sie ihn schon jetzt holten, hatte er nicht erwartet. Er richtete sich auf und riskierte einen Blick über die Schulter hinweg, nur kurz, um seine Anspannung zu verbergen.

Der Prätorianerpräfekt Nymphidius Sabinus betrat das halbdunkle Gemach – er kam allein und unbewaffnet. Das war ein gutes Zeichen.

Nero nahm sich vor, den Senatsbeschluss nicht weiter zu beachten, atmete tief durch und sagte, sich betont beiläufig gebend:

»Im Garten brennen heute viele Fackeln, sehr viel mehr als sonst, Nymphidius.«

»Ja, mein Kaiser. Sei unbesorgt. Hier bist du sicher. Der Feuerschein ist so hell, dass er jeden daran hindern wird, sich in den Palast einzuschleichen. Außerdem habe ich die Wachen verstärkt.« Der Präfekt blieb einige Schritte hinter Nero stehen. Sein goldener Brustpanzer, auf dem der Widerschein der Flammen glänzte, und der leuchtende Helm mit den weißen Straußenfedern, den er mit seinem linken Arm festhielt, bildeten einen skurrilen Gegensatz zum Nachthemd des Kaisers.

Nero neigte den Kopf zur Seite und nickte über die Schulter hinweg. »Danke Nymphidius«, sagte er leise, beinahe demütig, wie ein Mann, dem man einen Gefallen erwiesen hat. »Nur diese eine Nacht noch, dann verlasse ich Rom. – Ist der Bote aus Ostia schon zurück?«

»Ja, mein Kaiser. Er ist soeben angekommen und bringt gute Nachricht: Eine Trireme liegt im Hafen von Ostia am Kai, bereit zum Ablegen nach Alexandria. Der Präfekt von Aegyptus erwartet dich. Hier ist sein Brief.«

Nero murmelte in sich hinein: »Mein treuer Freund Julius Alexander; er hält noch zu mir.« Dann wandte er sich um, das weiße, mit feinen Goldfäden bestickte Nachtgewand fest um sich schlingend, als fröstelte es ihn. Seine Haltung war gekrümmt, die Schultern hingen herab, und seine dünnen Waden, die aus dem Nachthemd herausschauten, wirkten zerbrechlich unter dem Gewicht der Leibesmasse. Er nahm die Schriftrolle entgegen, hielt sie im trüben Schein eines Kandelabers dicht vor sein aufgedunsenes Gesicht und las, ohne eine Miene zu verziehen.

»Es scheint, als gäbe es noch genug treue Männer.« Damit reichte er den Papyrus dem Präfekten zurück. »Bei Sonnenaufgang brechen wir auf.«

»Ja, mein Kaiser.«

Nero wandte sich wieder dem Garten zu. Sein Blick verlor sich in den wogenden Wipfeln der Säulenzypressen, an denen ein heftiger Wind rüttelte. »In den Tavernen wird man sich mor-

gen über mich die Mäuler zerreißen«, sagte er zynisch.»Nero, der Staatsfeind, ist geflohen. Welch eine Nachricht. Aber sie ahnen nicht, was sie bedeutet.«
»Nein, mein Kaiser. Deine Feinde freuen sich zu früh.«
»Ich werde hinter meiner Standarte die Legionen aus dem Osten versammeln, eine gewaltige Streitmacht. Die Verräter werden es bereuen.« Er ballte die Fäuste so fest, dass sie zitterten.»Wir werden sie alle töten. Nicht wahr, Nymphidius?«
»Ja, mein Kaiser.«
Nero fuhr abrupt herum. Er schaute dem Präfekten fest in die Augen.»Sie werden es nicht wagen, uns auf dem Weg nach Alexandria aufzuhalten. Oder?«
Die entschlossenen Züge in seinem Gesicht fielen auf einmal in sich zusammen. Er ärgerte sich über das letzte Wort, über dieses Eingeständnis des Selbstzweifels, das ihm über die Lippen gerutscht war. Noch vor wenigen Tagen hätte er Todesurteile verhängt. Doch jetzt war er ein anderer geworden, einer, den man abserviert hatte, der sich in den Servilianischen Gärten verkroch, im Süden Roms, nahe dem Stadttor an der Straße nach Ostia. Aber dennoch. Das ODER verzieh er sich nicht. Wenigstens Charakter musste er jetzt noch zeigen. Noch war nichts verloren.

»Nein, mein Kaiser. Sie werden es nicht wagen«, pflichtete ihm Nymphidius bei.

In Neros Augen blitzte eine Spur von Misstrauen auf. Die Antwort genügte ihm nicht. Er vermisste die Leidenschaft des Präfekten und fragte sich: Durfte er vom Befehlshaber der Leibgarde nicht erwarten, dass er beteuerte, notfalls für ihn sein Leben zu opfern? Gerade jetzt, da die Feinde offen den Tod seines Kaisers forderten?

»Die Prätorianer sind mir doch treu?« Seine eigenen Worte erschreckten ihn. Die nackte Angst hatte ihm die Frage in den Mund gelegt. So etwas fragte man nicht. Nein. Ein Kaiser musste das wissen, bei Strafe seines Untergangs.

»Natürlich seid ihr mir treu«, korrigierte er sich, noch ehe der Präfekt erwiderte.

11

Auf dem Weg zum Schlafgemach klopfte er Nymphidius auf die Schulter. »Ich weiß, ihr seid mir treu«, wiederholte er apathisch. »Ihr seid es nicht, die mich um den Schlaf bringen.«

Im Bett rieb er sich die blutunterlaufenen Augen und hoffte, endlich einmal durchzuschlafen. Gegen Mitternacht jedoch schrie er mit fuchtelnden Armen: »Geh fort, geh fort!« Schweißgebadet wälzte er sich im Laken hin und her, bis er kurz atmend aufwachte und begriff: Es war nur ein Traum, einer von diesen bösen, die ihn schon nächtelang peinigten. Seine erste Ehefrau Octavia war ihm aus dem Totenreich erschienen. Sie hatte ihn in eine stockfinstere Gruft geschleppt. Tausende geflügelte Ameisen waren ihm dort über den Leib gekrochen – ein schreckliches Traumzeichen.

Das Geräusch des Regens, der auf den Fenstersims tröpfelte, ließ ihn wieder ruhig atmen, seine Schultern sanken zurück ins Bett, und der Nackenkrampf löste sich. Schlaftrunken blinzelte er. Doch plötzlich richtete er sich auf.

An der friedlichen Wahrnehmung stimmte etwas nicht.

Und nach zwei Atemzügen kannte er den Grund seines Unbehagens: Es war die Dunkelheit. Er vermisste den vertrauten Widerschein der Fackeln, der in den letzten Nächten, von Vorhängen gedämpft, zu ihm hereingedrungen war. Er erschrak bis ins Mark.

Mit aufgerissenen Augen erkannte er nur schwache Schemen. Sie gehörten nicht zum Schlafgemach seines jüngst erbauten Prunkpalasts. Allmählich kam er zu sich und überlegte, wie viele Tage seit seiner Flucht aus den Gärten des Goldenen Hauses vergangen waren. Waren es fünf oder sieben?

Dieser Traum, fragte er sich, was bedeutete er? Die Gruft! War sie sein eigenes Grab? Bei den Göttern, Octavia hatte ihn gewarnt. Er musste fort von hier. Jetzt gleich, nicht erst im Morgengrauen.

Er tastete nach der Kordel über seinem Bett und zog daran. Doch das Läuten des Glöckchens am anderen Ende des Seilzuges schien keiner der Kammersklaven zu hören.

»Verdammtes verschlafenes Pack«, schrie er und zog erneut, dieses Mal kräftiger. Und als sich immer noch nichts regte, zerrte er so heftig daran, dass die Schnur abriss und ihm auf den Kopf fiel.

»Bei den drei Furien.« Wütend schleuderte er die Kordel von sich fort. »Kann man sich auf niemanden mehr verlassen?«

Sein Geschrei war so laut, dass es einen jeden aufgeweckt haben musste. Doch statt einer Antwort heulte nur eine Windbö. Es klang für ihn wie der Leidensgesang der gepeinigten Seelen aus der Unterwelt, und es dünkte ihm, als riefen sie erwartungsvoll seinen Namen.

Da packte ihn die Panik. Er sprang aus dem Bett. Wie man die Öllampen anzündete, wusste er nicht. Er hatte es nie getan. So hastete er im Dunkeln zur Tür und stolperte dabei über seine am Abend achtlos hingeworfene Kleidung. Er stürzte. Den Schmerz, den ihm das Knie verursachte, vergaß er in der Wut auf die Sklaven, welche die Gewänder nicht fortgeräumt hatten.

»Ich schwöre beim heiligen Stein des Jupiter«, schrie er auf Knien. »Ich werde euch auspeitschen lassen.«

Gleich würde er sicher Schritte hören oder das Knallen von Soldatenstiefeln.

Doch abermals regte sich kein Laut.

Da lähmte seine Wut ein furchtbarer Gedanke, der aus seinem flauen Magen in den Kopf hinaufkroch und ihm den Atem stocken ließ.

War er verlassen? Seinen Feinden wehrlos ausgeliefert?

Er raffte sich wieder hoch, riss die Tür auf und erschrak über die Dunkelheit des Korridors. Hilfesuchend schrie er: »Nymphidius Sabinus!«

Mit angehaltenem Atem und böser Ahnung horchte er in die Finsternis. Doch niemand antwortete. Nicht einmal seine alten Gardisten, die Evocati, kamen ihm zu Hilfe.

Es herrschte Stille. Nur der Regen klopfte leise gegen die Fensterscheiben, und der Pulsschlag hämmerte gegen seine Schläfen. Die Kälte kroch ihm unter das Nachthemd, und er zitterte am ganzen Leib. Seine Blase drückte. Nur mühsam hielt er das Wasser zurück, denn er ahnte seine Todesstunde nahen.

Er dachte an den Senatsbeschluss, den er vor Stunden mit zitternden Händen gelesen hatte. Die Strafe, die ihm der Sekretär für Bittgesuche prophezeite, hatte ihn so tief im Inneren erschüttert, dass ihm das Grauen noch immer in den Knochen steckte. Nackt sollte er an die Furca gefesselt, den Hals zwischen den V-förmigen Gabeln eingeklemmt, mit schweren Ruten bis zum Tode geprügelt werden. Kein Krümmen des Leibes, kein Abwenden des Gesichtes würde das Leiden lindern können.

Diese schrecklichen Gedanken trieben ihn zurück an sein Bett. Er griff nach den beiden Dolchen unter dem Kopfkissen; der mit dem Rubin am Knauf, so beschloss er, sollte sein Schicksal bestimmen. Er prüfte mit dem Zeigefinger die Spitze und mit dem Daumen die Schneide. Dann führte er die Klinge an seinen Hals. Doch der Schmerz, den der gegen die Haut gepresste Stahl verursachte, raubte ihm sogleich den Mut. »Oh, ihr Götter, gebt mir die Kraft zum Sterben.«

War es ein Windstoß, der ihn gestreift hatte, oder ein Hauch aus dem Hades? War es das Singen des Sturmes oder ein göttliches Flüstern, das ihm Einhalt gebot, als wäre der düstere Fährmann Charon noch nicht bereit, ihn über den Fluss Styx ins Totenreich zu führen? War diese Stimme das lang ersehnte Zeichen der Hoffnung? Würden ihm die Götter in höchster Not endlich die verlorene Macht zurückgeben, die er so geliebt und so gefürchtet hatte?

Sein Lebenswille kehrte zurück, gleichzeitig entbrannte erneut die Wut auf jene Generäle, die ihm in den Rücken gefallen waren. Vor vier Monaten hätte es niemand gewagt, sich gegen ihn, den Sohn des vergöttlichten Claudius, zu stellen, über dessen Haupt die Strahlenkrone des Apollo leuchtete und der das Imperium Romanum wie kein Zweiter verkörperte.

Doch jetzt trachtete ihm General Galba, dieser Usurpator aus Hispania, und dessen Gefolgschaft nach dem Leben. Wo waren sie geblieben, die ihm Treue bis in den Tod geschworen hatten? Es war so unfassbar, als wäre es nicht wahr, als wäre es nur einer der schrecklichen Albträume, der bald wie Morgennebel in der Sonne verfliegen würde.

Doch er wusste, er war schon lange erwacht.

Plötzlich entdeckte er durch den Spalt der halboffenen Tür ein unruhiges Licht. Schritte hallten. Sie kamen näher. Das hörte sich nicht an wie das Klacken von Soldatenstiefeln und auch nicht wie das markante Trotten der Kammersklaven. Wer immer da kommen mochte, er war bereit, mit beiden Dolchen in den Händen sein Leben mutig und entschlossen zu verteidigen.

Nachdem sich die Tür vollständig geöffnet hatte, erkannte er den Freigelassenen Lucius Domitius Phao. Sein Gesicht wurde durch das Licht der Öllampe, die er in der Hand trug, von bizarren Schatten überzogen. Ihn begleitete der Kabinettssekretär Epaphroditus, dessen beleibte Silhouette wie ein großes Gespenst Schatten über die Wände warf.

»Wie können wir dir helfen, Herr?«, fragte Phao fürsorglich.

Er atmete auf, erleichtert, aber noch immer mit weichen Knien. »Ich muss nachdenken, Phao«, flüsterte er mit zittriger Stimme. »Doch hier bin ich nicht sicher. Hilf mir!«

»Herr«, sprach Phao laut. »Ich kenne eine verlassene Villa, keine vier Meilen von Rom entfernt zwischen der Via Salaria und der Via Nomentana. Dort wird man dich nicht suchen.«

Für diese Loyalität, die er früher so wenig gewürdigt hatte, empfand er in dieser Stunde höchster Gefahr eine umso größere Dankbarkeit. Ihn durchströmte eine lange verschüttete Wärme gegenüber seinen letzten getreuen Männern. Und er hoffte sogleich auf Rettung.

Mit verschlafenen Augen trat auch Sporus hinzu, sein junger vertrauter Eunuche. Er holte aus der Kammer eines geflohenen Sklaven einen ausgefransten Mantel mit Kapuze, damit niemand den Kaiser auf der Flucht erkennen würde.

Sie sprengten auf Pferden durch die Porta Capena, das südliche Stadttor, östlich um Rom herum nach Norden, die Prätorianergarnison an der Via Nomentana meidend. Regen peitschte ihre Gesichter.

Unterwegs begegnete ihnen eine Handvoll berittene Reisende. Einer fragte, ob das Collinische Tor offen sei. Und nachdem Phao geantwortet hatte, erkundigte sich ein anderer, ob der Cäsar noch lebe.
»Er ist bei bester Gesundheit. Warum fragst du so respektlos?«, knurrte ihn Phao an.
»Verzeih, Herr, aber weißt du es denn nicht? Überall wird darüber gesprochen, dass er bald hingerichtet werden soll.« Mit einem Mal zeigte der Mann auf eine Schar Berittener, die sich in der Ferne gegen das Morgengrauen abhob. »Sieh dort die Reiter«, schrie er begeistert. »Vielleicht setzen sie ihm schon nach.«
»Hör nicht auf das Gossengeschwätz.« Dann winkte Phao seinen Weggefährten zu und ritt weiter.

Um nicht erkannt zu werden, hatte Nero die Kapuze tief ins Gesicht gezogen. Jedes Wort des Reisenden hatte ihn wie ein Dolchstoß getroffen. Ihm wurde in einem jähen Erwachen aus eingebildeter Hoffnung bewusst, dass er alles verloren hatte. Der Preis ungeteilter Macht ist die stete Furcht vor ihrem Totalverlust. Diese Angst hatte ihm die Kraft geraubt, die Entmachtung hatte ihn erschöpft. Im Inneren spürte er eine große Leere. Von seinem Herrschaftsanspruch war ihm nur noch eine neblige Erinnerung geblieben und die vage Hoffnung auf die Rettung des nackten Lebens.

Die Angst hatte ihm die Kehle ausgetrocknet. Er befahl anzuhalten und trank das Wasser einer frischen Regenpfütze aus der hohlen Hand. »So sieht also nun mein kaiserliches Eisgetränk aus«, murmelte er voll Selbstmitleid.

Bald waren sie an der verlassenen Villa angelangt, die sich als elende Sklavenbehausung entpuppte. Unkraut und Moos wucherten auf den Treppenstufen. Der Wind pfiff durch die aufgebrochenen Fenster. Putz bröckelte von den Decken. Die Bodenmosaike waren mit Glasscherben, Abfall und Taubenkot übersät und die verblassten Farben an den Wänden von Regenrinnsalen durchzogen.

Sporus warf eine einfache Decke über eine karge, auf dem

schmutzigen Fußboden liegende Matratze. Die dunkle Melancholie des zerfallenen Gemäuers, der Dreck und die Trostlosigkeit brachen den Rest von Neros Widerstandswillen. Er wollte nicht mehr kämpfen, nicht gegen seine Feinde und nicht um sein Leben.
»Hebt eine Grube aus!«, befahl er leise.
»Eine Grube?« Epaphroditus hob die Schultern. »Wie breit und wie tief?«
»Sie soll mein Grab werden.«
Die Männer schauten ihn wie versteinert an.
»Nun macht schon. Sucht Werkzeug und bringt Holz und Wasser für meine Bestattung herbei.«
War hier der angemessene Platz für seine letzte Ruhestatt? – Oh ja. Diesen Ort fand er eines verschmähten großen Kaisers würdig. Er nahm sich vor, den Getreuen aufzutragen, nach Marmorstücken zu suchen, um damit sein Grab zu schmücken. Es sollte die Zeiten überdauern wie die Ruine der Villa, in einer unvergänglichen Aura einstiger Schönheit und Größe.
Plötzlich kam Sporus zurückgerannt. Er atmete kurz. »Herr, es kommen Reiter.«
»Reiter? Wie viele?«
»Viele, Herr. Man kann sie nur hören. Schnell, Herr!«
Er rannte Sporus hinterher zum östlichen Flügel. Tatsächlich. Durch das geöffnete Fenster hörte er das ferne Trampeln zahlreicher Pferdehufe.
»Herr, rette deine Ehre«, flehte ihn der herbeigeeilte Epaphroditus an. »Man wird dich ergreifen und in Schande töten.«
»Nein. Das sind meine Beschützer. Die treuen Prätorianer lassen mich nicht im Stich.« Nero zitterte am ganzen Leib und sah Epaphroditus voller Verzweiflung an, als könnte er die Bestätigung der aus Todesangst geborenen Worte von dessen Lippen ablesen. Er hatte diesen Augenblick des Sterbens immer verdrängt, und jetzt, wo er gekommen war, spürte er wieder eine große Sehnsucht nach Leben.
Aber Epaphroditus sah ihn nur mitleidig an und reichte ihm stumm den Dolch. Er ignorierte die Geste. Stattdessen blickte er

aus dem Fenster hinaus, sah große ruhelose Schatten aus dem Morgendunst auftauchen und auf ihn zuhalten.

Auf der Fensterbank entdeckte er einen Buchfinken. Diesen zierlichen Vogel, der sich sein Gefieder putzte, beneidete er um das Leben und die Freiheit, in die hinein er mit einem »Pink, Pink« davonflog. Seufzend verdrückte er eine Träne. Ach könnte er sich doch auch mit Flügeln in luftige Höhe schwingen.

»Herr, sie werden gleich hier sein«, drängte Epaphroditus. »Nimm jetzt den Dolch! Sonst ist es zu spät!«

Als er den geschnitzten Knochengriff umklammerte, wusste er, dass sich sein Schicksal erfüllte.

»Du hast recht, Epaphroditus. Es wird Zeit.« Seine Stimme klang jetzt gefasst. Er erinnerte sich an die Lieder, die vom Ruhm ihrer gefallenen Helden berichteten. Der Gedanke, dass die Nachwelt auch über ihn berichten würde, wie furchtlos er den Tod verachtet hatte, gab ihm neuen Mut. Er gefiel sich auf einmal in der Rolle eines Zuschauers, der ein Theaterstück verfolgte, in dem er selbst, von seiner eigenen Tapferkeit gerührt, die Hauptrolle spielte. Da fielen ihm die homerischen Verse ein, die er mit pathetischer Stimme auf Griechisch zitierte: »Donnernd schallt mir zu Ohren der Hufschlag eilender Rosse.« Wie im Drama setzte er den Dolch an seine Kehle. Schmerzerfüllt verzog er das Gesicht. Doch es rann nur wenig Blut an seinem Halse.

Die Hufe dröhnten, die Erde erzitterte, und als die ersten Reiter am Tor ihre Pferde zügelten, wimmerte er, unfähig zum tödlichen Stoß. Flehend sah er Epaphroditus an, der ihm den Dolch mit seinem ganzen Körpergewicht ins Fleisch drückte. Keinen Augenblick zu früh, denn schon stürmte ein Prätorianer ins Zimmer. Als er seinen Kaiser blutend niedergestreckt sah, kniete er nieder und versuchte, mit seinem Mantel die Wunde zu schließen. Er tat es für seinen eigenen Ruhm und den ausgelobten Lohn. Nicht Neros Leben, sondern dessen offizielle Hinrichtung wollte er retten.

Nero ergriff den Arm des Prätorianers. Seine Pupillen zitterten, seine blutbenetzten Lippen bewegten sich: »Zu spät. Welche Treue.«

Nach diesen röchelnden Worten des Irrtums sackte er leblos zur Seite.

2

**Römische Provinz Judäa
drei Wochen später Ende Juni 68 n. Chr.**

Während Galbas Günstlinge in Rom bereits um Ämter stritten, hielt der Feldherr Titus Flavius Vespasianus im Osten des Reiches dem toten Kaiser noch die Treue. Die Nachricht vom Selbstmord Neros war bis in die Wüsten des fernen Judäa noch nicht vorgedrungen, wo er mit drei Legionen und zahlreichen Hilfstruppen, insgesamt sechzigtausend Mann, dabei war, den Aufstand der Juden niederzuschlagen. Der Feldzug näherte sich seinem Ende. Eine Festung nach der anderen war bereits gefallen, Galiläa schon besiegt. Während Vespasianus' Hauptstreitmacht unweit von Jerusalem in Jericho stand, belagerte die Legion des Tribunen Lucius Annius die weiter nordöstlich gelegene Stadt Gerasa. Nach deren Fall müsste nur noch Jerusalem erobert werden. Das wäre dann der endgültige Sieg.

Von dem notdürftig gezimmerten Holzpodest aus konnte Lucius Annius das Schlachtfeld vor den Toren der Stadt Gerasa gut überblicken. Die roten Mäntel der Offiziere flatterten im Wind, ihre kammartigen Helmbüsche wogten in grellen Farben, und die silbernen Muskelpanzer blitzten in der Sonne.

Mitten unter ihnen fiel ein Mann auf, der so fehl am Platze wirkte wie eine vestalische Jungfrau in einem Bordell. Sein dunkler Teint und das tiefschwarze Haar verrieten eine orientalische Herkunft. Die Augenlider hatte er halb gesenkt, was ihm bei flüchtiger Betrachtung leicht Verschlagenes verlieh. Dem widersprach jedoch die großgewachsene, hagere, etwas gebeugte Gestalt. Mit beiden Händen umklammerte der Mann eine braune Ledertasche, als fürchtete er ihren Verlust. Er trug eine kurze graue Tunika aus grobem Stoff. Als er die Tasche, die er vor seiner

Brust hielt, ein wenig nach unten senkte, fiel das kleine Bronzemedaillon auf.

Das Zeichen der Sklaven.

Es wirkte geradezu absurd und aufreizend, dass ihn die Offiziere auf dem Befehlsstand duldeten. Der Schriftzug auf dem Schildchen »Ich, Catulus, gehöre Titus Flavius Vespasianus« erklärte ihr Schweigen, aber ihre Augen verrieten, was sie von dem Sklaven hielten.

Catulus beachtete nicht die verächtlichen Blicke, die er auf sich zog. Schon bald würde der Kampfverlauf um die Eroberung der Stadt von ihm ablenken, fasziniert doch nichts den Menschen mehr als die Beobachtung eines Todesschauspiels aus sicherer Entfernung. Wenn der Tribun sich nicht irrte, würde die Stadt heute fallen. Catulus fieberte diesem Zeitpunkt entgegen. Es erfüllte ihn mit Stolz und Genugtuung, den Auftrag seines Dominus zu erfüllen, denn er besaß etwas, das wertvoller war als prunkvolle Muskelpanzer, blank polierte Orden und federngeschmückte Helme. Im Gegensatz zu den Offizieren kannte er das Geheimnis seines Dominus, das sich hinter der Stadtmauer verbarg. Nicht einmal der Tribun ahnte die große Tragweite der Mission. Nur ihn allein hatte sein Dominus, der große Feldherr Vespasianus, vollständig ins Vertrauen gezogen.

Vor sechs Tagen war Catulus mit dem Tross der Legion, die durch die vorangegangenen Schlachten auf acht Kohorten dezimiert und durch eine Decurie syrischer Bogenschützen ergänzt worden war, vor den Toren Gerasas angekommen. Er hatte auf eine kampflose Einnahme der Stadt gehofft, die seine Aufgabe begünstigen würde. Aber es war anders gekommen.

Am Abend ihrer Ankunft hatten sie ein Lager aufgeschlagen und befestigt. Am zweiten Tag hatte der Tribun Lucius Annius dann alle Kohorten vor der Stadt aufmarschieren lassen und sein Belagerungsgerät präsentiert. Mit vier schweren Onager-Katapulten und acht Ballisten wollte er die Verteidiger beeindrucken. Er wartete den ganzen Tag, hatte er doch gehofft, der Anblick seiner reichlich viertausend Mann starken Streitmacht würde die Stadt zur Aufgabe bewegen und seinen Legionären den Angriff ersparen. Aber zu Catulus' Enttäuschung ließen sich keine Parlamentäre mit weißen Fahnen blicken.

Am dritten Tag bauten die Zimmerleute aus einem Eichenstamm, den sie aus dem Hochland östlich von Philadelphia mitgebracht hatten, und einem bronzenen Widderkopf einen Rammbock. Damit rückten zwei Kohorten gegen die Stadt vor. Der Angriff wurde nur halbherzig geführt, erfüllte aber seinen Zweck, reagierten die Stadtbewohner doch mit Beschuss. Annius zeigte sich davon nicht überrascht. Wie die meisten Städte während dieses Feldzugs war auch Gerasa zur Verteidigung entschlossen. Seine Erstürmung war nun unausweichlich.

Den vierten Tag verbrachte Catulus wie die vorangegangenen mit Müßiggang. Er schaute den Legionären beim Bau der Belagerungstechnik zu und war erstaunt, wie schnell und routiniert sie arbeiteten. Die Sonne war noch nicht untergegangen, da hatten die Zimmerleute einen zweiten Rammbock und einen Belagerungsturm gebaut. Was innerhalb der feindlichen Schussweite lag, schützten sie mit Holzwänden gegen Brandgeschosse, die sie mit Eisenplatten und manchmal auch mit nassen Tierhäuten abdeckten. Neben den Katapulten türmten sie zentnerschwere weiße Felsbrocken auf, die sie mühsam aus der nahe liegenden Umgebung herangekarrt hatten. Sie füllten Tontöpfe mit brennbarem Naphtha oder Bitumen, und die Auxiliare präparierten Abertausende von Brandpfeilen mit Flachs, Pech und Schwefel. Doch trotz der wachsenden Bedrohung schickten die Bewohner noch immer keine Abordnung mit weißen Fahnen nach draußen. Das verschlossene Stadttor blieb unbewegt.

Am fünften Tag befahl Annius den Sturmangriff aller Kohorten. Währenddessen stand sich Catulus auf dem Podest die Beine in den Bauch. In drei Angriffswellen attackierten die Belagerer die Mauern. Dreimal wurden sie zurückgeschlagen. Doch mit jedem Mal nahm der Widerstand der Stadt ab. Die Steinbrocken, Mauerbruchstücke, Säulenteile und Mühlsteine, welche die Verteidiger von der Mauerkrone auf die Rammböcke herunterwarfen, wurden weniger. Und es verging immer mehr Zeit zwischen ihren Pfeilsalven, die ganz offenkundig die Angriffe der Kohorten nicht stoppen und ihnen auch keine nennenswerten Verluste zufügen konnten. Selbst die Beschädigungen der gegen Feuer und Steinschlag schützenden Überdachungen und Wehrdämme der Belagerungsgeräte waren bis zur nächsten Angriffswelle wieder behoben. Hingegen quollen hinter der Stadtbefestigung immer zahlreicher und dicker Rauchsäulen empor, und in einer Mauer war schon eine klaffende Bresche zu sehen. Morgen würde die Stadt fallen, hörte Catulus den Tribun sagen.

Es war sehr früh an diesem sechsten Tag der Belagerung. Den Männern auf dem Holzpodest wehte ein laues Lüftchen um die Nase, noch angenehm kühl, aber doch schon so warm, um von der unbarmherzigen Hitze zu künden, die im Laufe des Tages von der Halbwüste hereinwehen würde. Die Stadtmauer leuchtete im Schein der gerade aufgegangenen Sonne grellweiß. Zahlreiche Narben vom Beschuss der Katapulte hoben sich als bizarre Schatten ab. Die Bresche hatten die Verteidiger in der Nacht geschlossen, aber über der Mauer schwebten noch immer dicke Rauchschwaden.

In Rufweite des Befehlsstandes warteten Standartenträger, Bläser und Meldereiter auf die Befehle des Tribuns. Die Artilleristen hatten die Katapulte gespannt, die Schleuderer ihre Bleikugeln aufgestapelt und die syrischen Auxiliare die Feuer für ihre Brandpfeile entfacht. Die Manipel der Infanterie warteten mit Sturmleitern und einem fahrbaren Belagerungsturm auf das Vorrücken. Nur die Meldung der Syrer fehlte noch. Ungeduldig schaute Annius zu deren Stellung hinüber. Aber da preschte schon ein Reiter heran und schrie:»Bogenschützen bereit.«

Catulus erwartete den Befehl zum Angriff, als plötzlich ein Offizier rief:»Sie wagen einen Ausfall.« Alle Köpfe drehten sich in Richtung Stadttor, wo beide Flügel nach innen schwenkten. Aber anstelle von Soldaten traten Kinder heraus, die sich nervös umsahen und dann über das steinige Feld stolperten. Einige von ihnen, die bereits älter waren, trugen weinende Kleinkinder auf dem Arm, während die meisten anderen sich mit angstverzerrten Gesichtern gegenseitig bei den Händen fassten. Manch halbwüchsiger Bursche schien mit erhobenem Haupt dem Feind trotzen zu wollen, aber nicht wenige wischten sich verzagt Tränen aus den Augen. Und bei einigen hatte sich im Schambereich auf der Tunika ein dunkler Fleck gebildet.

»Artilleristen, schießt!«, schrie der Tribun.

Catulus erschrak. Warum befahl Annius den Angriff? Die Stadt ergab sich doch. Die Bewohner boten doch ihre Kinder als Geiseln an.

Das Angriffssignal eines Cornu dröhnte durch die Luft. Der röhrende Ton des Kriegshorns hörte sich an wie der lang gedehnte Ruf eines erzürnten Gottes.

Catulus zitterte vor Aufregung. Ein neuerliches Angriffsinferno stand bevor. Die verdrehten Seile der Katapulte ächzten, als sie sich entspannten. Die Wurfarme knallten mit solcher Wucht gegen den Querbalken, dass die Wurfmaschinen am hinteren Ende nach oben wippten wie wildgewordene, mit den Hufen nach hinten ausschlagende Esel. Die Ladungen flogen im hohen Bogen pfeifend durch die Luft. Kurz darauf krachten sie gegen die Wehranlage und ließen Mauersteine herausfliegen. Ein ohrenbetäubender Lärm, der sich mit dem Abschießen der Bolzen von den Ballisten fortsetzte.

Die Artilleristen spannten die Katapulte erneut. In das Knarren der Wurfarme mischte sich das scharfe Zischen der Brandpfeile. Dichte Schwärme flogen in kurzer Abfolge gegen die Stadt und überzogen den Himmel mit Tausenden dünnen Rauchfahnen.

Obwohl die Geschosse über ihre Köpfe hinwegflogen, warfen sich die Kinder zu Boden. Ihre Schreie gingen im markerschütternden Pfeifen und Donnern unter. Erst als dieser Lärm nachließ, erhoben sie sich. Doch das Schlimmste stand ihnen noch bevor.

»Kohorten vor!«, schrie der Tribun.
Erneut war das röhrende Signal des Cornu zu vernehmen. Die vordersten Zenturien marschierten auf die Kinder zu. Die Befehle der Centurionen hallten weit über die Ebene hinweg, und die Legionäre richteten in der Ferne ihre Schilde aus. Als kurz darauf deren blanke Kurzschwerter in der Sonne aufblitzten, rannten die Kinder kreischend in Richtung des Stadttores zurück, das jedoch verschlossen blieb. Wie entsetzlich. Ihr Tod schien unabwendbar.

Obwohl Catulus schon öfter die Gewalt eines römischen Angriffs miterlebt hatte, fuhr ihm dieses Mal ein Schauer über den Rücken. Die Nöte der Kinder weckten Erinnerungen an einen fernen Moment in seiner eigenen Kindheit. In seinem Geiste tauchte das blutige Antlitz seiner Mutter auf, die ihn mit leblosen weiten Pupillen ansah. Er selbst hatte damals Glück gehabt und das Massaker römischer Soldaten überlebt, auch wenn diesem seine Verschleppung und Versklavung gefolgt waren. Ein Vierteljahrhundert war seitdem vergangen. Doch vergessen würde er es nie. So wie einst er selbst, waren die Kinder von Gerasa der Gewalt der Legionäre hilflos ausgeliefert. Sie riefen nach ihren Müttern, deren verzweifelte Schreie, wenngleich kaum hörbar, über die Mauern herüberdrangen. Ihre Klagen erweckten Catulus' Mitleid – ein Gefühl, das ihn beschämte. Er gab sich alle Mühe, seine Gemütslage nach außen hin zu verbergen. Rom war unerbittlich gegenüber seinen Feinden, und Catulus war ein Sklave in Diensten eines römischen Feldherrn, der die Aufständischen mit brutalem Terror strafte. Mitleid galt als Schwäche. Das Zeigen von Schwäche wurde in Rom nicht geduldet. Schwäche war Feigheit. Der Feige verlor das Recht auf Leben. So lautete das unumstößliche Gesetz.

Mitleid durfte sich Catulus nicht leisten. Im Gesicht des Tribuns suchte er vergeblich nach einer Spur von Gnade. Annius' Aufmerksamkeit galt jedoch einzig und allein dem Angriff. Als gäbe es die Kinder nicht, erteilte er seine Befehle, routiniert, sicher und skrupellos, ganz wie ein kampferprobter römischer Kommandant.

Das schreckliche Szenario der Gewalt, die Schreie der Verletzten und Sterbenden, endete zwei Stunden später mit dem Fall der Stadt. Ein berittener Melder überbrachte die Nachricht. Der Tribun schaute jetzt zu Catulus herüber. »Es wird Zeit. Wir wollen uns nun den Galiläer holen«, sagte er lächelnd und winkte dem Sklaven zu, ihm zu folgen.

Jetzt kam es darauf an, den unangenehmen Auftrag seines Dominus zu erfüllen. Der Tribun trabte langsam auf einem Braunen voran. Eine Eskorte folgte ihm zu Fuß. Catulus kam kaum hinterher. Er schnappte tief nach Luft. Die Tasche unter seinem Arm behinderte ihn. Durch das weiche Schweinsleder hindurch spürte er den festen Widerstand eines Wachskopfes, der schmerzhaft gegen seine Rippen drückte.

Als sie sich dem Stadttor näherten, stieß Catulus auf die zierlichen Körper der Kinder, die leblos in ihrem Blut lagen. Doch für Trauer blieb ihm keine Zeit. Seine Gedanken galten jetzt nur noch der Mission. Zu viel hing von deren Erfolg ab. Die Meldung über den Sieg würde Vespasianus zwar lobend entgegennehmen, doch noch mehr erwartete er die Nachricht vom Tod des Galiläers. Für dessen Ermordung musste Catulus sorgen, der hoffte, eines Tages für seine Treue und Zuverlässigkeit mit der Freilassung belohnt zu werden.

Der heftigste Kampf hatte hinter dem Tor stattgefunden. Dort kam Catulus nur beschwerlich voran. Er konnte es nicht vermeiden, auf Leichen zu treten. Widerstrebend und angeekelt balancierte er über blutige Leiber und watete durch Blutlachen. Brechreiz ließ ihn würgen. Nur mühsam konnte er ihn unterdrücken.

Ein schweißtriefender Centurio, von dessen zertrümmerter Nase ein getrocknetes Blutrinnsal bis zum Kinn herablief, nahm sie in Empfang.

»Habt ihr ihn?«, fragte Annius.

»Ja, Tribun. Er wird von meinen besten Leuten bewacht«, näselte der Centurio.

Catulus atmete auf und versprach Minerva, ihr zum Dank

sechs Tauben zu opfern. Seine Aufgabe bestand darin, den Galiläer zu identifizieren. Deshalb hatte ihn sein Dominus hierhergeschickt. Vorher durfte der Gefangene nicht hingerichtet werden, könnte doch der Tod sein Gesicht entstellen. Eine Verwechslung durfte nicht passieren. Um diese zu vermeiden, war der Wachsabdruck in der Tasche bestimmt, der dem Zwillingsbruder des Gefangenen bis aufs Haar ähnelte. Den Abdruck brauchte Catulus aber eigentlich nicht, denn er besaß ein ausgezeichnetes Gedächtnis. Wenn es sich bei dem Gefangenen, wie vermutet, um den Gesuchten handelte, würde er den Galiläer ganz sicher wiedererkennen.

Catulus dachte an das Ritual zurück, das wenige Tage zuvor von seinem Dominus durchgeführt worden war und bei dem die Geschwister eine tragische Rolle gespielt hatten. Der Mann, den sie jetzt suchten, war von den Füßen bis zur Hüfte gelähmt. Niemand in seinem Dorf ahnte, dass er noch einen gesunden Zwillingsbruder hatte. Die Brüder waren seit frühester Jugend an zerstritten gewesen. Sie pflegten nicht den geringsten Kontakt zueinander und lebten in weit voneinander entfernten Orten.

Für die zahlreichen Wunderheiler, die durch das Land zogen, waren solche Geschwisterpaare ideale Akteure. Sie täuschten mit ihnen das leichtgläubige Publikum und »heilten« den gesunden Zwilling in einem religiösen Akt. Verbrachten ein Wunder. Der Lahme spürte wieder die Kraft in seinen Gliedern, der Blinde gewann sein Augenlicht zurück. Der Traum von reicher Entlohnung für ihren Betrug erfüllte sich jedoch für die derart Missbrauchten nie. Ihr Geheimnis nahmen sie alle mit ins Grab, denn ein Wunder hat nur Bestand, solange niemand die Wirklichkeit kennt. Warum allerdings sein Dominus zum Wunderheiler geworden war, hatte sich Catulus zunächst nicht erklären können.

Die Ermordung des gesunden Galiläers hatte Catulus miterlebt. Der verkrüppelte Bruder war hingegen seinem Schicksal entgangen, da er einer Schurkengruppe in die Hände gefallen war, die von den dubiosen Geschäften der Heiler auch einen Anteil abhaben wollte. Manchmal gelang es auf diese Weise, einen der Akteure zu entführen, um ihn gegen ein Lösegeld wieder freizulassen. Sie hatten wohl nicht gewusst, auf wen sie sich einließen, als sie Vespasianus' Galiläer als Geisel nahmen. Sonst hätten sie es gewiss nicht getan. Als ihnen Vespasianus' Häscher schon dicht auf den Fersen waren, hatten sie im letzten Augenblick nach Gerasa fliehen können, wo sie auf das Überleben der Stadt gehofft hatten.

Vespasianus hatte sich über die Entführung außerordentlich besorgt gezeigt. Solange der Galiläer noch lebe, hatte er Catulus anvertraut, sei er in großer Lebensgefahr. Der Betrug dürfe auf gar keinen Fall aufgedeckt werden, hatte er ihm eingeschärft, sonst sei dies sein Ende. Der Senat würde ihm den Prozess machen. Er wäre erst wieder sicher, wenn der Galiläer tot sei, wofür er, Catulus, mithilfe des Tribuns Annius sorgen solle.

Catulus hätte gern gewusst, warum sein Dominus solche riskanten Täuschungen nötig hatte. Doch Catulus war ein Sklave. Trotz des vertrauten Verhältnisses zu seinem Dominus stand es ihm nicht zu, dieserart Fragen zu stellen. Aber da er einen hellen Verstand besaß, kam er bald selbst hinter die Beweggründe für diese Rituale.

Es hatte sich bis nach Judäa herumgesprochen, dass Kaiser Neros Herrschaft kriselte und diesem zahlreiche Heerführer in den letzten Monaten die Gefolgschaft aufgekündigt hatten. General Galba wurde von seiner Legion am anderen Ende des Reiches sogar bereits zum Gegenkaiser ausgerufen. In Carthargo Nova, so hieß es, wartete er auf Neros Sturz.

Da Catulus auf den Feldzügen seines Dominus sehr viel Zeit unter den Militärs verbracht hatte, schnappte er so manches Wort aus ihren Gesprächen auf. So soll Nero deshalb in eine gefährliche Lage geraten sein, weil er keinen Erben bestimmt hatte. Durch seinen Sturz, der unmittelbar seinen Tod nach sich zöge, würde auch das Kaiseramt vakant werden, worin die Generäle eine große Gefahr für den römischen Staat sahen. Als einmal sein

Dominus nicht anwesend war und sie anfingen, über dessen Rolle im Machtkampf zu sprechen, hatte einer den Finger auf den Mund gelegt und dabei Stillschweigen gebietend mit den Augen auf Catulus gedeutet. Aber manchmal, wenn sie nicht aufpassten, rutschte doch heraus, dass sie gern ihren Feldherrn an der Spitze des römischen Staates sehen wollten. Immerhin gaben sie zu bedenken, dass Galba nicht alle Heerführer der mehr als dreißig Legionen auf seine Seite gezogen hatte. Und einer davon war sein Dominus, von dem Catulus wusste, dass er von vielen Legionen des Imperiums geliebt wurde.

Sollte Vespasianus eigene Ambitionen auf das Kaiseramt verfolgen?

Der Gedanke reizte Catulus, und die Wunderheilungen erschienen ihm plötzlich in einem ganz anderen Licht. Wollte sein Dominus mit den Ritualen den Eindruck erwecken, er könne auf die Gunst der Götter zählen? Diese Überlegung war nicht abwegig. Für einen Kaiser war dies sogar von existenzieller Bedeutung. Ohne göttliches Zeugnis besäße er nicht das uneingeschränkte Vertrauen des Volkes, was sehr gefährlich wäre. Jede verlorene Schlacht, jede Katastrophe könnte ihm zum Verhängnis werden. Innere Feinde hätten keine Mühe, das einfältige Volk gegen ihn aufzuwiegeln. Ein bewährtes Mittel, die aufgebrachte Masse zu besänftigen, war es schon immer, einen Schuldigen zu finden, der für Seuche, Tod und Hunger die Verantwortung trug. Wer eignete sich für diese Rolle besser als ein Kaiser? Deshalb erforderte dessen Amt den göttlichen Nimbus und, damit verbunden, einen entsprechenden Kaiserkult. Wie anders sollte sein Dominus eine eigene göttliche Aura herstellen als durch solche Riten? Von niederer Herkunft, als Sohn eines Ritters geboren, konnte sein Dominus nicht die göttliche Abstammung beanspruchen, wie dies die Kaiser der julisch-claudischen Dynastie taten, deren Nimbus der Wahrheit genauso wenig standhielt wie der, den er selbst anstrebte. Ja, der Nebel vor Catulus' Augen lichtete sich. Die Wunderheilungen ergaben einen Sinn. Diese Erkenntnis begeisterte ihn. Welche Verheißungen hielte dies doch für ihn selbst bereit, sollte sein Dominus einmal Cäsar werden!

Ihm fiel Narcissus ein, der einst unter Kaiser Claudius erst vom Sklaven zum Freien und danach zu einem mächtigen kaiserlichen Sekretär aufgestiegen war. Er hatte diesen Mann, der mit seinem Dominus befreundet war, einmal kennenlernen dürfen. Dessen geistiger Scharfsinn, charismatische Persönlichkeit und große Machtfülle hatten ihn damals fasziniert. Sein Dominus verdankte ihm viel. Ohne dessen Hilfe hätte er keine bedeutende Kommandos erhalten, die ihm den Aufstieg vom niederen Ritterstand in den Senat ermöglichten. So aufzusteigen wie einst Narcissus, das wollte Catulus auch. Seit ihrer ersten Begegnung war er diesen Traum nicht mehr losgeworden.

Der Centurio mit der zertrümmerten Nase lief ihrem Trupp voran. Überall auf den Straßen lagen leblose Leiber herum, von Männern, Frauen und Kindern, und dazwischen Kadaver von Schweinen, Ziegen und Hunden. Die meisten menschlichen Überreste gehörten Zivilisten. Sie lagen durcheinander und manchmal übereinander, sodass der Centurio gezwungen war, in eine andere Gasse auszuweichen. Das Pflaster war stellenweise so stark mit Blut besudelt, dass die Legionäre aufgrund der Stahlnägel an ihren Sohlen ausrutschten. Auch Catulus musste sich auf dem glitschigen Boden vorsehen. Unter den Gefallenen entdeckte er einzelne römische Soldaten. Um sie würde man sich später kümmern. Momentan beachtete sie niemand, denn es gab nur ein Interesse, das die Legionäre jetzt antrieb: die Gier nach Beute. Und so zerrten die Soldaten junge Schönheiten und Kinder, die überlebt hatten, gefesselt aus ihren Behausungen heraus, um sie den Sklavenhändlern zu verkaufen, die im sicheren Abstand vom Kampfgetümmel auf ihre Geschäfte warteten.

Aus vielen Häusern loderten Flammen, und schwarzer Rauch trieb Catulus die Tränen in die Augen. Ein Reizhusten peinigte ihn, und die Soldaten fluchten. Es stank penetrant nach verbranntem Menschenfleisch, wie bei einer Einäscherung auf einem Friedhof.

Als die Sicht wieder klar wurde, nahm Catulus erschreckt das hektische Treiben der Legionäre wahr, die junge Männer aus Verstecken herauszerrten, deren Flehen um Schonung ignorierten und ihnen die Köpfe abschlugen; auch Greise verschonten sie in ihrem Blutrausch nicht. Bevor sie einen Stadtbewohner umbrachten, zerschmetterten sie ihm manchmal die Knochen, damit er die Verstecke seiner Habseligkeiten verriet. Und wenn sie nichts von Wert besaßen, erging es ihnen noch schlechter. Einem Mann in mittlerem Alter schlugen sie eine Hand ab. An anderer Stelle schrie sich ein Greis verzweifelt das Herz aus dem Leib. Catulus musste zusehen, wie ein Legionär einer betagten Frau einen Dolch ins Auge rammte. Befehlendes Brüllen, Schmerzensschreie und Wehklagen erfüllten ohne Unterlass die Luft.

In ihrem Eifer nahmen sich die Eroberer kaum Zeit zum Gruß an ihren höchsten Befehlshaber. Der Tribun tolerierte die Beutegier seiner Soldaten. In dieser Stunde konnte er wenig Gehorsam erwarten, dafür umso mehr Autorität verlieren. Die Situation hatte etwas Anarchistisches an sich. Catulus fürchtete, dass man ihn wegen seiner Kleidung mit einem Stadtbewohner verwechseln und töten könnte, weshalb er sich in die Nähe des Tribuns drängte, in den Schutz seiner Eskorte. Er war froh, als sie die engen, gefährlichen Gassen verließen und das weitläufige sichere Forum überquerten, das eine ungewöhnliche ovale Form aufwies.

Endlich waren sie am Ziel angekommen. Der Centurio zeigte auf eine Stadtvilla, deren großes Tor weit offen stand. Auf der Stirn des Tribuns fiel Catulus eine Sorgenfalte auf. Annius hatte wohl kein ungesichertes Gebäude erwartet. Catulus fand den Umstand ebenfalls merkwürdig und ahnte nichts Gutes.

Unmittelbar nach Betreten des Atriums, des ersten Raumes hinter der Pforte mit dem zentralen Regenauffangbecken, erblickten sie einen toten Legionär. Er lag rücklings im Wasser des Impluviums. Und er war nicht der einzige Tote. Wo sie auch hinkamen, jedes Mal stießen sie auf neue Leichen. Umgeworfene Möbel, in Scherben liegende Vasen, Blutspuren an den Wänden und starke Wunden bei den Gefallenen deuteten auf einen heftigen Kampf hin. Dem Centurio klappte der Unterkiefer nach unten.

»Was soll das bedeuten?«, fragte Annius.

»Ich kann es nicht erklären«, erwiderte der Centurio und führte den Tribun ins Triclinium, den Raum, in dem die Hausbewohner gewöhnlich speisten. »Hier hatten wir den Krüppel gefangen gehalten.«

In dem Zimmer war nur noch ein alter Mann zu finden, der zitternd in einer Wandecke auf einer Kline kauerte, auf der sonst die Bewohner beim Speisen lagen. Vom gesuchten Galiläer keine Spur.

»Und wo ist er jetzt?«, brüllte der Tribun.

Der Centurio zuckte erneut mit den Achseln. »Als ich zu dir aufgebrochen war, wurde er genau hier von meinen Leuten gefangen gehalten.« Ungläubig schaute er auf seine toten Kameraden.

Seine aufgeblähten Nasenflügel und die zusammengepressten Lippen verrieten, dass der Tribun vor Wut kochte. Sein Blick fiel auf den alten dürren Mann. Er war der einzige überlebende Bewohner des Hauses. Der Tribun packte den Alten und schüttelte ihn derartig, dass Catulus schon befürchtete, er könnte ihn in höchster Erregung gegen die Wand schmettern. »Wo ist der Galiläer, wo ist der Krüppel?«

Der Alte stotterte etwas auf Aramäisch, in einem rohen galiläischen Dialekt, den der Tribun nicht verstand.

»Sprich verständlich! Du Hund.« Der aufgebrachte Tribun schüttelte ihn erneut heftig. Der Alte war der Ohnmacht nahe.

»Warte!«, schrie Catulus. »Ich kann ihn verstehen.«

Catulus war in Antiochia aufgewachsen. Sein Vater stammte aus Syria, seine Mutter aus Galiläa. Die Dialekte der Region waren ihm vertraut. Er übersetzte: »Der Alte behauptet, römische Soldaten hätten den Gefangenen mitgenommen.«

»Bist du sicher? Waren das wirklich seine Worte?«

Catulus fragte den Alten noch einmal eindringlich auf Aramäisch. Der nickte immer wieder und gab Antwort. Aus seinem

Gesicht war die Furcht gewichen. Er hatte wohl zu Catulus ein wenig Vertrauen gefasst, weil dieser seine Sprache verstand.

»Er bleibt dabei. Andere römische Soldaten seien plötzlich aufgetaucht und hätten die Bewacher getötet. Danach hätten sie den Gefangenen weggebracht. Wohin, wisse er nicht.«

Der Alte hatte ihn anscheinend verstanden, obwohl Catulus Latein sprach, denn er nickte mehrmals.

»Es waren römische Legionäre?« Das Gesicht des Tribuns erstarrte wie zu Stein. Dann wanderte sein Blick zum Centurio, und er wiederholte vorwurfsvoll: »Römische Legionäre?«

Der Tribun hatte den alten Mann noch immer fest im Griff, der bei den harschen Worten wieder am ganzen Leib zitterte.

Der Centurio zuckte abermals ratlos die Schultern.

»Wer zum Hades war das?« Der Tribun ließ den Alten endlich los, der sich sofort wieder in der Ecke verkroch, wo er sich, die Arme schützend um den Kopf geschlungen, zusammenkrümmte.

»Auf jeden Fall waren es Elitekämpfer«, rechtfertigte sich der Centurio. »Hier liegen meine besten Männer. Alle waren kampferprobt und nicht leicht zu besiegen.«

»Du hättest den Galiläer besser bewachen müssen«, schrie ihn Annius an.

»Tribun, meine Männer hatten den Befehl, den Galiläer gegen Übergriffe unserer eigenen Leute zu schützen. Sie müssen überrascht worden sein. Diejenigen, die sie umgebracht haben, gehörten ganz gewiss nicht zu uns.«

»Fremde Söldner? – Centurio! Wie kommen fremde Söldner unter deine Leute?«

Während Annius mit dem Centurio stritt, zerbrach sich Catulus den Kopf über den Alten. »Tribun!«, rief er plötzlich. »Warum haben sie ihn leben lassen?« Catulus hatte einen klaren Gedanken gefasst.

»Wen meinst du?«, fragte der Tribun. Die beiden Offiziere schauten Catulus gebannt an.

»Den Alten. Warum haben sie ihn nicht umgebracht wie die anderen?«, fragte Catulus, nun wieder ruhig. »Sie haben alle niedergemacht. Warum nicht ihn, der alles bezeugen kann?« Catulus musterte den Alten genauer. Ihm fiel plötzlich auf, dass dieser, kaum sichtbar, etwas in der Hand hielt; irgendein grauer Fetzen schimmerte hervor.

Catulus ging nah an ihn heran. »Was hast du da? Zeig es mir!«

Die Finger des Alten lösten sich, und seine Augen richteten sich teilnahmslos auf einen zusammengefalteten Papyrus. Er hatte ihn die ganze Zeit krampfhaft umklammert.

Catulus nahm den Papyrus an sich, entfaltete ihn und las laut vor: »Viva Cäsar. Viva Galba.« Als er den Siegelabdruck erblickte, stockte ihm der Atem. Er kannte ihn aus der Korrespondenz seines Dominus.

»Was bedeutet das?«, fragte der Tribun.

»Es bedeutet, dass Galbas Leute den Galiläer verschleppt haben.« Catulus' klarer Verstand signalisierte ihm sofort den Zusammenhang. Natürlich! Galba fürchtete Vespasianus als Gegenspieler im Machtkampf um das Kaiseramt. Galba musste von den Wunderheilungen Vespasianus' gehört haben. Mit dem Krüppel konnte er die illegalen Machenschaften seines Dominus beweisen und ihn ausschalten. Deshalb war der Alte am Leben gelassen worden, damit sie erfahren sollten, was geschehen war. Galba wusste, dass er nicht der Einzige war, der von lokalen Legionen zum Kaiser ausgerufen werden konnte. Er war ein ernst zu nehmender Usurpator, der nichts dem Zufall überließ. Wenn sich der Galiläer tatsächlich in seiner Hand befände, und danach sah es aus, wäre das Leben Vespasianus' auf das Höchste bedroht. Das Scheitern der Mission war von größerer Tragweite als bisher angenommen. Catulus fürchtete deshalb den Zorn seines Herrn.

»Galbas Leute haben den Galiläer entführt«, schleuderte er dem Tribun entgegen. »Mein Dominus wird nicht erfreut darüber sein, dass du ihn nicht ergreifen konntest und damit sein Leben gefährdest.«

Wäre Catulus nicht der Sklave des Feldherrn gewesen, so hätte ihn der Tribun für diese Respektlosigkeit wohl auf der Stelle erschlagen. Offensichtlich hatte er aber die Tragweite seines Versagens erkannt, denn er schrie den Centurio an, den er als Schuldigen ausgemacht hatte: »Steh hier nicht herum! Schick alle Reiter, die du auftreiben kannst, in die Ausfallstraßen! Sie sollen jedes Haus durchsuchen und jeden Stein umdrehen! Die Häfen sollen sie überwachen, alle Wegstrecken sperren! Legionäre, die mit einem Krüppel unterwegs sind, müssen doch auffallen. Bete zu den Göttern, dass er gefunden wird!«

»Jawohl!« Der Centurio salutierte. In seinem Gesicht war blankes Entsetzen zu lesen. Er hatte anscheinend begriffen, dass etwas Wichtiges für den Feldherrn auf dem Spiel stand, das ihm, sollte er versagen, den Kopf kosten könnte. Er wollte schon durch die Tür treten, als ihm Catulus eindringlich hinterherrief: »Wir brauchen ihn aber lebend!«

Der Centurio, tief ins Mark getroffen, salutierte ebenfalls vor Catulus. Sich augenblicklich der peinlichen Geste bewusst, wandte er sich mit wütendem Blick an den Tribun, mit dem Kopf auf den Alten weisend. »... und was wird mit dem da?«

»Tötet ihn!« Annius strich in einer sinnbildlichen Geste mit der Handkante quer über seinen Hals. »Er darf niemand anderem von diesem Vorfall berichten.«

Der Alte schrie auf und drückte sich noch enger in die Ecke.

Doch auf ein Nicken des Centurios hin packte einer von dessen Männern den Alten am Haarschopf und schnitt ihm mit einem kurzen Schwertstreich die Kehle durch. Ein Blutschwall trat pulsierend aus der klaffenden Halswunde und ließ augenblicklich das Jammern ersterben. Der alte Mann sackte schlaff zu Boden.

Der Centurio spitzte die Lippen und atmete tief durch. Man sah ihm an, wie wichtig diese Machtdemonstration für die Wiederherstellung seiner verletzten Ehre gewesen war. Eilig verließ er den Raum.

Catulus sah den Alten mit aufgerissenen starren Augen am Boden liegen. Aus dem Hals des Mannes rann Blut. Eine rote Lache vergrößerte sich, und ein ekelerregender Geruch fuhr dem Sklaven in die Nase.

Er hasste den Krieg und den Tod.

Kaum hatte Catulus den Papyrus in seiner Tasche verstaut, durchzuckte ihn ein schrecklicher Gedanke. Die Entführung des Galiläers war nicht nur für seinen Dominus gefährlich, sondern auch für ihn selbst. Eine vorgetäuschte Wunderheilung war kein einfaches Betrugsdelikt, sondern Hochverrat am Kaiser, die Strafe dafür der Tod. Als persönlicher Sklave gäbe es dann auch für ihn keine Überlebenshoffnung. Während er zu dem Alten hinsah, aus dessen großer Schnittwunde noch immer Blut sickerte, griff er sich selbst geängstigt an die eigene Kehle.

Catulus glaubte nicht an die Ergreifung des Galiläers. Wer immer diese Entführung organisiert hatte, hatte sie wohldurchdacht. Er war überzeugt, sie würden für eine erfolgreiche Flucht gesorgt haben, sodass mit ihrer Entdeckung nicht zu rechnen wäre. Es war der günstigste Zeitpunkt gewesen, den Galiläer aus der belagerten Stadt zu verschleppen, dieser Augenblick des Beutemachens, in dem keine klare Befehlsgewalt herrschte, sondern in dem es nur Legionäre gab, die glücklich die Schlacht überlebt hatten und die nun ihren Lohn einforderten, indem sie sich beim Plündern schadlos hielten. Selbst der Tribun musste das so hinnehmen, denn die Aussicht auf Beute war die Triebkraft für ihren Mut, das Ertragen von Demütigungen und die Einhaltung der Disziplin. Alle diese Eigenschaften würden sie sehr schnell wieder zurückerlangen, aber nicht in diesem Augenblick, der für die Ergreifung des Galiläers und für Catulus' Leben so wichtig war.

3

**Jericho in Judäa, Vespasianus' Hauptquartier
zwei Tage später**

Catulus und ein junger Tribun des Ritterstandes waren am Morgen gemeinsam von Gerasa aufgebrochen. Sie ritten nach Jericho, gönnten sich unterwegs nur kurze Pausen und kamen spätnachmittags am Hauptquartier an.

Schon von Weitem, von einem Hügel aus, sahen sie das stark ausgebaute Feldlager. Es ragte aus der steinigen, wenig bewachsenen Hügellandschaft heraus. Vor tiefen Gräben reihten sich hölzerne spanische Reiter wie Krakenspaliere auf, und über den auf hohen Wällen errichteten Palisaden lugten die Helme der Wachen hervor. Das Tor am Ende der Via Praetoria, an dem Catulus und sein Begleiter eintrafen, zeigte nach der nur einen Tagesmarsch entfernten Stadt Jerusalem.

Obwohl ihnen von der Reise die Mägen knurrten und ihre trockenen Kehlen brannten, drängte Catulus' Reisebegleiter darauf, dem Feldherrn sofort zu berichten. Er hatte es eilig, die Siegesbotschaft zu überbringen, während Catulus für seinen Dominus eine Nachricht von gänzlich gegensätzlicher Natur bereithielt. Dabei hatte er sich nichts von dem, was in Gerasa schiefgelaufen war, vorzuwerfen. Aber er wusste, dass es nicht auf die persönliche Schuld ankam, sondern darauf, ob der Auftrag erfüllt wurde oder nicht. Ein solcher Misserfolg war ihm noch nie widerfahren, und ihm graute vor dem Augenblick, an dem er seinem Dominus berichten musste. Wie würde dieser reagieren? Ihm verzeihen oder ihn verkaufen? Oder noch schlimmer …?

Sie meldeten sich beim Diensthabenden der Lagerwache. Der Offizier im Rang eines Tesserarius, der Catulus kannte, führte sie ins Prätorium, in das geräumige weiße Kommandeurszelt im Zentrum des Lagers. Im Vorzelt mussten sie warten.

Durch einen Spalt hindurch sah Catulus seinen Dominus, der sich über einen Kartentisch beugte. Hinter ihm stand im Halbkreis eine Gruppe Legaten und Tribune. Catulus waren die allabendlichen Lagebesprechungen vertraut, an denen er sonst regelmäßig selbst teilnahm.

Der neunundfünfzigjährige General Titus Flavius Vespasianus hatte eine mittelgroße Gestalt. Er trug einen Lederpanzer, in dem er eine stattliche Figur abgab. Die muskulösen Arme, der Stiernackenhals und das leicht vorgewölbte Kinn verliehen ihm ein energisches soldatisches Aussehen. Er ließ sich nicht durch den hereinkommenden Wachhabenden vom Studium der Karte ablenken.

»Imperator«, schrie der Tesserarius. »Nachricht von Annius.«

Vespasianus hob sein Haupt. »Jetzt schon? Nun, ich will hören.«

Der Wachoffizier winkte Catulus und seinen Reisebegleiter herein.

Während Catulus im Hintergrund stehen blieb, trat der junge Tribun vor, den Helm unter seinen linken Arm geklemmt. Mit der freien rechten Hand umfasste er ein kleines Holzkästchen und salutierte, indem er es nahe seinem Herzen gegen seinen Muskelpanzer schlug. »Nachricht von Annius«, wiederholte er und reichte Vespasianus das Kästchen, das ein versiegeltes Band umschloss.

Vespasianus brach das Siegel, öffnete den Deckel und las mit ernster Miene die Nachricht, die auf der innenliegenden Wachstafel geschrieben stand. Am Ende lächelte er.

»Lucius Annius hat Gerasa eingenommen«, rief er und schwenkte das Wachstäfelchen in die Runde. »Es gab kaum Widerstand.«

»Jerusalem ist damit eingeschlossen«, rief ein junger Adliger überflüssigerweise, denn selbst dem militärisch unerfahrenen Catulus war das klar. In den Gesichtern der Anwesenden blitzte ein triumphales Lächeln auf.

»Gebt dem Tribun zu essen und Wein, so viel er verträgt«, befahl Vespasianus im Hochgefühl. »Mögen die Götter uns gnädig sein, dass wir den Feldzug bald entschieden haben.«

Jetzt sah Catulus die Augen des Feldherrn auf sich gerichtet. Er nickte seinem Dominus grüßend zu. Als Vespasianus ihn erwartungsvoll anstarrte, schüttelte Catulus kaum merklich den Kopf. Vespasianus' frohgestimmte Miene wurde ernst, doch Wut entdeckte Catulus nicht in seinen Augen, obwohl sein Dominus nun wusste, dass der Galiläer noch lebte. Aber das könnte sich auch noch ändern, wenn er alles erfahren würde.

»Imperator.« Der junge Tribun rettete Catulus aus der peinlichen Lage, indem er erneut salutierend auf sich aufmerksam machte. »Annius bittet um Kenntnisnahme eines zusätzlichen mündlichen Berichts und fragt an, ob er zu Protokoll genommen werden soll.«

»So sprich!«, forderte ihn Vespasianus auf.

Der junge Tribun begann: »Kurz vor Beginn des Hauptangriffs boten die Stadtbewohner ihre Kinder als Geiseln an. Annius nahm die Kapitulation aber nicht an und ließ die Kinder niedermachen.«

»Halt ein!« Vespasianus unterbrach den Vortrag mit einer abrupten Handbewegung. »Ein interessanter Fall, den ich an unsere jungen Tribune weitergeben möchte.« Vespasianus sprach die jungen Männer an, die an den Feldzügen teilnahmen, um eine Karriere beim Militär zu beginnen oder später eine Beamtenlaufbahn einzuschlagen.

»Hat Annius recht gehandelt oder hätte er die Kinder nicht besser gefangen nehmen sollen, um sie auf dem nächsten Sklavenmarkt zu verkaufen?«

Ein junger Adliger rief: »Das hätte den Angriff aufgehalten.«

»Nun, die Stadt wollte sich ergeben. Das Ziel wäre ohne eigene Verluste erreicht worden. Warum wurde der Angriff trotzdem fortgesetzt? Warum mussten die Kinder sterben?« Es war eine unerbittliche Frage, die Vespasianus an die jungen Adligen stellte.

Einer von ihnen murmelte leise voller Respekt: »Weil der Rammbock bereits die Mauer berührt hat.«

»Richtig, junger Mann. Jeder muss wissen: Es ist keine Schande, gegenüber Rom zu kapitulieren. Rom ist gütig und tötet niemanden, der seine Macht und Stärke anerkennt. Wer aber Rom herausfordert, muss sterben.« Vespasianus sah die jungen Aristokraten beschwörend an. Dann fuhr er fort. »Rom fordert von seinen Feinden nie offen die Kapitulation. Das wäre ein Akt der Schwäche. Solange der Rammbock die Mauer noch nicht berührt hat, kann sich der Feind noch in Ehren ergeben. Bis dahin muss er eine Entscheidung getroffen haben. Danach gibt es kein Zurück und keine Gnade.«

An Strategie und Taktik zeigte Catulus gewöhnlich wenig Interesse. Doch war es für ihn interessant, weshalb die Kinder sterben mussten. Deshalb verfolgte er gespannt die Ausführungen seines Dominus.

»Der Feind befindet sich als Verteidiger einer Festung im Vorteil. Die Erstürmung einer Stadt führt immer zu größeren Verlusten als auf dem offenen Schlachtfeld. Es ist daher von großem Interesse, dass der Feind rechtzeitig kapituliert.« Während Vespasianus sprach, schritt er energisch die Reihe entlang und unterstrich seine Worte, indem er fortwährend mit der Faust gegen eine unsichtbare Wand stieß.

Der zuvor von seinem Feldherrn gelobte junge Aristokrat fragte ermutigt: »Aber Imperator, hat der Kommandant der Stadt nicht die Bedeutung des Rammbocks gekannt? Hätte er denn nicht wissen müssen, dass er die Kinder sinnlos opfert?«

Vespasianus hob die Achseln. »Vielleicht hat er mit unserer Gnade gerechnet und gehofft, dass Annius einer der schwachen Kommandanten ist, die durch unverzeihliche Nachsicht das Leben unserer Soldaten bei zukünftigen Belagerungen gefährden. Doch Lucius Annius wusste, wie man Feinde behandelt, die nicht rechtzeitig aufgeben. Er hat Rom einen unschätzbaren Dienst erwiesen. Jetzt wird bald der Letzte in Jerusalem begreifen, was ihn erwartet, wenn ein römischer Rammbock die Mauer berührt hat.«

Vespasianus senkte seine Stimme, als wollte er ein Geheimnis verraten. »Annius hat auch noch aus einem anderen Grund richtig gehandelt. Ein Feldherr muss sich um die Loyalität seiner Soldaten kümmern. Wird eine Stadt erstürmt, fällt die Beute den Soldaten zu. Wird sie übergeben, bekommt die Beute der Kaiser. Es war richtig, dass Annius die Kapitulation nicht akzeptiert hat, denn die Stadt war so gut wie schon gefallen. Er hätte ansonsten schweren Schaden im Ansehen seiner Soldaten erlitten. Nichts stärkt mehr die Gefolgschaft und Disziplin als das Beutemachen.«

Die jungen Aristokraten nickten aus Respekt, die älteren Offiziere aus Erfahrung.

Dann wandte sich Vespasianus an Catulus' Reisebegleiter, den jungen Tribun aus dem Ritterstand. »Gratulation an Annius. Die Beute aus Gerasa steht den tapferen Legionären zu. Nimm das zu Protokoll!«

Der junge Tribun strahlte. Catulus beneidete ihn. Seine Botschaft war gut angekommen. Sie wurde nicht durch den Verlust der Beute getrübt, die auch seinem Dominus zu beträchtlichem Teil zugestanden hätte, wäre die Unterwerfung akzeptiert worden.

Catulus sah nun ein, dass Annius korrekt gehandelt hatte, obwohl dadurch die Entführung des Galiläers begünstigt worden war. Der Tribun erschien ihm jetzt nicht mehr skrupellos, wie er ihn noch während der Schlacht wahrgenommen hatte. Er hatte die Kinder der Stadt Gerasa nicht aus niederem Grund töten lassen, sondern hatte sie geopfert, um sich die Loyalität seiner Legionäre zu sichern. Deshalb hatte er auch das Plündern seiner Soldaten toleriert, denn ohne deren Treue gegenüber ihren Befehlshabern wäre Roms Herrschaft nicht möglich. Plötzlich sah er in Annius, den er noch am Vortag verachtet hatte, sogar ein Vorbild an Prinzipientreue und Entschlossenheit. Jetzt wusste Catulus, dass seine mitleidigen Gefühle unangebracht gewesen waren, und er war froh, dass sie sein Geheimnis blieben.

Doch er fragte sich, ob er selbst zum Töten fähig wäre, wenn es sein Aufstieg verlangte. In Gerasa hatte er sich vor den Leichen geekelt, hatte gezittert bei dem Massaker. Die Logik des Krieges fand er schrecklich. Würde er ihr je folgen können, wenn es darauf ankäme? Er dachte an den Alten, der da in seinem Blute gelegen hatte. Bei diesem Gedanken biss er sich auf die Lippe. Denn noch mehr als vor einer Probe, die irgendwann einmal in der Zukunft auf ihn wartete, fürchtete er sich davor, für das Versagen in Gerasa geradestehen zu müssen. Aber dafür schenkten ihm die Götter erneut eine Galgenfrist.

»Imperator, Nachricht aus Rom«, schrie der Tesserarius. »Der ehrenwerte Senator Publius Scipio.«

Der junge Tribun wandte sich zum Gehen, nicht ohne vorher salutierend mit der rechten Faust an sein Herz zu schlagen.

»Noch eine Siegesmeldung?« Vespasianus hob misstrauisch die Augenbrauen. »Er soll eintreten!«

Auf das Hereinwinken des Wachhabenden erschien ein Senator in prachtvoller Toga.

»Sei gegrüßt, ehrenwerter Titus Flavius Vespasianus.« Mit diesen Worten überreichte dieser dem Feldherrn unter einer angedeuteten Verbeugung eine Papyrusrolle.

»Ach, die Wichtigtuer«, brummte Vespasianus leise, als er das Siegel des Senats erkannte, und legte die Rolle ungelesen auf einem runden Tischchen ab.

Catulus hatte diese Reaktion seines Dominus erwartet. Judäa war kaiserliche Provinz, unterstand daher nicht der Senatsverwaltung. Deshalb sah sich Vespasianus der senatorischen Abordnung nicht verpflichtet. Aus Loyalität zu Nero hatte er die Senatoren stets herabgesetzt, deren verwinkelte Tücken ihm unangenehm waren. Einige von ihnen versuchten ständig, verlorenen Einfluss zurückzugewinnen.

»Du kannst gehen!«, wies Vespasianus den Senator kühl ab.

Der Angesprochene jedoch blieb stehen. »Ehrenwerter Senator Vespasianus, der ehrenwerte Senator Helvidius schickt dir die Nachricht. Ich soll dir ausrichten, es handelt sich um eine höchst wichtige Staatsangelegenheit. Er wartet dringend auf deine Antwort. Ich soll sie ihm zügig überbringen.«

»Du bekommst die Antwort später«, erwiderte Vespasianus barsch, um sich dann wieder der Karte zuzuwenden.

»Verzeih, die Antwort duldet keinen Aufschub.«

»Ich habe jetzt keine Zeit!«, schrie Vespasianus und schlug dabei mit der Faust auf den Kartentisch.

Der Senator begegnete den aggressiven Worten des Feldherrn gelassen und fuhr in süffisantem Ton fort: »Vielleicht weckt der Gruß des Freundes, der dir dieses hier schickt, dein Interesse.«

Auf sein Fingerschnippen hin kam ein Sklave hinzu, knotete umständlich und langsam die Bänder eines kleinen Sacks auf und reichte diesen schließlich dem ungeduldigen Senator. Der riss ihn dem Sklaven mit unzufriedenem Grollen aus der Hand, hielt ihn Vespasianus entgegen und nickte diesem auffordernd zu, einen Blick hineinzuwerfen. Der Feldherr zögerte zunächst, doch dann schien seine Neugier zu siegen, und er trat an den Senator heran.

Catulus ahnte nichts Gutes. Das respektlose Auftreten des vom Namen her unbedeutenden Senators gegenüber seinem Dominus, einem Exkonsul, dem der Kaiser ein bedeutendes Imperium übertragen hatte, erweckte sein Misstrauen. Unter dem Vorwand, seinem Dominus etwas Wasser zu bringen, nutzte er die Zeitspanne aus, die sich durch die Ungeschicktheit des Sklaven ergeben hatte, und postierte sich so, dass er den Gegenstand im Sack ebenfalls einen kurzen Augenblick lang sehen konnte. Erschrocken bemerkte er, dass darin der Wachskopf des Galiläers von Gerasa lag. Sofort dachte er an Diebstahl. Doch er konnte seine Tasche gut einsehen und nahm ganz deutlich die Ausbeulung wahr. Der Wachskopf in dem Sack musste eine Kopie sein.

Vespasianus ließ sich nichts anmerken, schwieg aber nachdenklich.

Das flüchtige Lächeln des Senators verriet, dass er die Wirkung des Wachskopfes genoss. Selbstbewusst fuhr er fort: »Ich soll dir viele Grüße von unserem galiläischen Freund ausrichten. Ihn zieht es wieder zurück nach Judäa, wo er seinen Bekannten viel zu erzählen weiß. Helvidius hat ihn aber überredet, in Rom zu bleiben. Das wirst du wohl zu schätzen wissen.«

Catulus erfasste den Sinn der Andeutungen. Sie bestätigten den Verdacht, dass sich der Galiläer in Galbas Hand befand. Die Gefahr, die davon ausging, verursachte in seinem Magen ein flaues Angstgefühl. Aber wieso berief sich der Senator nicht auf Galba, sondern auf Helvidius? Nero hatte ihn vor Jahren aus Rom verbannt.

Prompt spielte der Senator darauf an. »Im Übrigen lässt dich Helvidius herzlich grüßen. Ich nehme an, du willst seinen Gruß erwidern?«

Vespasianus räusperte sich kurz. »Richte meinem Freund Helvidius aus, dass ich ihn sehr schätze und mich freue, dass der Kaiser ihm verziehen hat.«

»Oh, du bist nicht auf dem Laufenden. Du solltest endlich die Nachricht lesen. Sie ist wirklich wichtig.«

Vespasianus warf einen Blick auf den runden Tisch, auf dem die Papyrusrolle lag, ging langsam darauf zu und brach das Siegel. Er las schweigend, und entgegen seiner Gewohnheit, mit den Lippen immer mitzulesen, verzog er dieses Mal keine Miene. Da er sich ungewöhnlich lange damit aufhielt, wurden die Anwesenden allmählich unaufmerksam. Ein Murmeln kam auf.

»Meine Herren!«, wandte sich Vespasianus mit lauter Stimme an die Versammelten.

Das Murmeln verstummte.

»Die Einnahme Jerusalems wird aufgeschoben.«

Die Legaten und Tribune schauten sich ratlos an. Was war geschehen? Der Zeitpunkt für die Erstürmung der Stadt hätte nicht günstiger sein können.

Erneut hob das Murmeln an.

»Nero ist tot«, beantwortete Vespasianus die nicht gestellte Frage.

Es klang wie ein Paukenschlag, der jedem die Sprache verschlug. »Er hat sich selbst gerichtet«, fuhr Vespasianus fort. »Der Senat hat Galba zum neuen Princeps gewählt.« Er presste die Lippen schmal zusammen, und die tiefen Sorgenfalten auf seiner Stirn warfen im Spiel der Fackelflammen bizarre Schatten.

Catulus ahnte, was diese Nachricht bei Menschen auslöste, die Nero treu ergeben gewesen waren. Niemand gewährte in Rom seinen Feinden Gnade und erwartete sie auch nicht für sich selbst. Ihre Gesichtszüge spiegelten die schicksalhaften Fragen wider, die der Machtwechsel jedem Einzelnen stellte. Würde es nun zu einer Säuberung kommen? Welches persönliche Schicksal hatten ihre Familien in Rom und sie selbst zu erwarten? Besonders den jungen Aristokraten sah Catulus ihre Besorgnis an, da sie doch mit Neros Wohlwollen eine Karriere begonnen hatten, auf die nun der Schatten einer ungewissen Zukunft fiel.

Catulus aber atmete erleichtert auf. Der Beschluss des Senats entlastete Vespasianus bezüglich des Hochverrats an Nero, milderte das Versagen in Gerasa ab. Doch er kannte diesen nachdenklichen Ausdruck, der sich im Gesicht seines Dominus einstellte. Der heitere Schimmer seiner Augen, der selbst bei den ernstesten Angelegenheiten nie vollständig verschwand, wandelte sich jetzt zu einem versteinerten Blick. Gleichzeitig nahm Catulus das heimliche Zeichen seiner Unsicherheit wahr, die ihn mit Zeigefinger und Daumen hinter dem Ohr eine einsame dünne Haarlocke kringeln ließ. Zwar hatte sich der Hochverrat an Nero in Luft aufgelöst, aber es drängte sich ihm eine neue Gefahr auf. Galba hatte immer noch allen Grund, den Galiläer gegen seinen Dominus auszuspielen. Da er von Vespasianus' Wunderheilungen wusste, kannte er auch dessen Ambitionen auf das Kaiseramt. Und weil ihm Vespasianus nicht beigestanden hatte, als er Usurpator geworden war, würde er ihn nicht ungeschoren davonkommen lassen.

Catulus war die tiefe Abneigung seines Dominus gegen Galba bekannt. Den Kriegseinsatz in Judäa und die große Entfernung zu Rom hatte er vorgeschützt, um eine offene Parteinahme für Galba zu vermeiden. Neros Tod war der vorläufige Höhepunkt von Ereignissen, die ein Vierteljahr zuvor begonnen hatten. Der Statthalter Vindex aus Gallia hatte sich damals mit seinem Heer gegen Nero erhoben. Kurz darauf ließ sich Galba von seiner Legion in Hispania Tarraconensis zum Gegenkaiser ausrufen. Er hatte lange gezaudert, ehe er dem Drängen aufsässiger Senatoren nachgab, und er hätte es beinahe bereut, denn die Legionen in Untergermanien hatten zu Nero gehalten und im Mai die Aufständischen vernichtend geschlagen. Doch dieser Sieg hatte Nero nichts genützt. Ein General nach dem anderen hatte sich in den nachfolgenden Wochen trotzdem gegen ihn gestellt. Und nun hatte der ehrlose Bruch des Treueides durch den Verrat der Prätorianer einen traurigen Höhepunkt erlangt.

Sein Dominus hatte die Gefahr erkannt, die Galbas Machtübernahme heraufbeschwor. Worauf konnte man jetzt noch vertrauen? Mit Neros Tod endete Kaiser Augustus' Dynastie, die bisher der Garant für die politische Stabilität im Reich gewesen war. Galba hatte nichts dergleichen aufzuweisen. Nach dessen Beispiel könnte nun auch ein anderer General mit einer stärkeren Streitmacht den gleichen unrechtmäßigen Anspruch erheben und sich von seinen Legionen zum Kaiser ausrufen lassen. Wer wusste schon genau, wie viele Feldherren im Ernstfall an Galbas Seite blieben. Das musste seinen Dominus zu den Heilungsritualen angetrieben haben, um nicht ins tödliche Abseits zu geraten. Da er nicht zum Usurpator Galba gehalten hatte, blieb ihm keine andere Wahl, als selbst zum Kaiserpurpur zu greifen. Würde jetzt ein alles verschlingender Machtkampf ausbrechen, in den viele römische Legionen hineingezogen würden? Die Zukunft war ungewiss. Wie leicht konnte man bei diesen Machtkämpfen zwischen die Fronten geraten und sein Leben verlieren. Bei diesen Gedanken lief Catulus ein Schauer über den Rücken.

»Alle verlassen das Zelt!«, befahl Vespasianus. »Mucianus, Titus, ihr bleibt bitte.«

Titus, sein erstgeborener Sohn, war ein junger Mann im Alter von dreißig Jahren. Mucianus, Statthalter der benachbarten Provinz Syria, hatte graue Haare, aber ein jugendliches Gesicht.

»Catulus! Du bleibst auch!«

Der Sklave setzte sich an seinen kleinen Schreibtisch, während alle anderen das Zelt verließen. Nur der Senator wartete immer noch stehend auf eine Antwort.

»Richte Galba meinen Glückwunsch aus und übermittle ihm meine aufrichtige Freude«, wandte sich Vespasianus an den Senator. »Ich wünsche ihm ein langes Leben und eine glückliche Hand beim Regieren. Mögen die Götter ihm allzeit beistehen.«

»Galba hofft, dass du deine Legionen sehr bald auf ihn einschwören wirst.«

»Gewiss. Er kann sich auf die Ostlegionen verlassen.«

Der Senator nickte. »Selbstverständlich bist du zu den Feierlichkeiten anlässlich seiner Inthronisierung in Rom eingeladen.«

»Es wird mir eine große Ehre sein, daran teilzunehmen.«

»Die Ehre wird noch größer sein, wenn du dem Kaiser die Einnahme Jerusalems und das Judengold zum Geschenk machen kannst. Er wird sicher bald von Hispania nach Rom abreisen, und es gibt gewiss keinen Grund, den Sturm auf die Stadt aufzuschieben.« Aus den Worten des Senators war ein mahnender Unterton herauszuhören.

Vespasianus nickte wortlos, woraufhin sich der Senator verbeugte und das Zelt verließ.

»Schau nach, ob er weg ist!«, befahl Vespasianus seinem Sklaven.

Catulus sprang auf und rannte los. Er überbrachte dem Tesserarius den Befehl seines Dominus und schärfte ihm ein, den Senator, sofern er zurückkäme, auf gar keinen Fall einzulassen. Als er wieder ins Zelt zurückkehrte, waren die Generäle in eine heftige Diskussion miteinander verstrickt.

»Vater, Jerusalem ist so gut wie gefallen, und der Tempelschatz ist uns sicher. Aber du darfst es jetzt nicht einnehmen. Galba würde den großen Goldschatz der Juden gegen dich einsetzen.«

»Keine Sorge, mein Sohn. Ich habe nicht vor, den Angriffsbefehl zu geben.« Vespasianus schlug mit der Faust auf den Tisch.

47

Leise fügte er hinzu: »Doch ich weiß nicht, wie lange ich mich Galba noch verweigern kann. Irgendwann wird er mich ablösen, und das wird dann für uns alle sehr gefährlich werden.«

»Vorläufig nicht.« Mucianus schüttelte den Kopf. »Galba wird dich nicht herausfordern. Er muss erst seine eigene Macht festigen und weiß, dass du einer der anerkanntesten und erfolgreichsten Heerführer im ganzen Imperium bist. Sollte er so töricht sein und dich angreifen, kannst du auch auf mich und meine vier syrischen Legionen zählen. Meine vierzigtausend Bogenschützen sind nicht zu verachten. Gewiss würden dir auch noch die Legionen an der Ister folgen.«

»Ich danke dir, mein Freund«, sprach Vespasianus und ergriff den Unterarm des Mucianus. »Aber es ist lange her, seitdem ich die Legionen, die jetzt an der Ister stehen, in Britannia angeführt habe. Sie haben mich vielleicht schon vergessen.«

Mucianus schüttelte den Kopf. »Du weißt es besser. Soldaten vergessen nie ihren erfolgreichen Feldherrn, mit dem sie reichlich Beute gemacht haben. Und die Jungen, die es nicht wissen, erfahren es von den Älteren. Im Zweifel folgen sie immer ihrem Feldherrn und nicht dem Kaiser.«

»Aegyptus mit seinen zwei Legionen befindet sich ebenfalls in unserem Einflussbereich«, warf Titus ein. »Julius Alexander war ein Freund Neros. Wir sind eine bedeutende militärische Macht. Galba wird sich hüten, dich anzugreifen.«

Mucianus beugte sich zu Vespasianus hin und sprach leise: »Das könnte ihm selbst gefährlich werden. Viele kennen dich von deinen glorreichen Siegen in Germania und Britannia. Claudius hat dir die Triumphalinsignien verliehen. Galba ist ein Nichts gegen dich. Er fürchtet deinen guten Ruf in den Legionen. Als Anhänger Neros kann man dich nun wirklich nicht bezeichnen. Du bist unbelastet. Titus hat recht. Viele Legionen würden dir folgen. Bedenke«, Mucianus machte eine bedeutungsschwere Pause, neigte seinen Kopf und flüsterte: »Ein Geheimnis ist offenbart worden: Noch nie zuvor wurde jemand durch Legionen zum Kaiser ausgerufen. Nicht nur in Rom, sondern überall, wo Legio-

nen stehen, können nun Kaiser gemacht werden – auch hier in Judäa! Das wird mit der Zeit der einfachste Legionär begreifen. Galba hat viele Gründe, dich zu fürchten. Es ist ihm nicht möglich, dich einfach zu beseitigen.«
Vespasianus wiegte nachdenklich sein Haupt. »Im Augenblick bin ich wohl sicher. Doch wenn Galba seine Macht gefestigt hat, wird er alle, die ihm gefährlich werden können, ermorden lassen.«
»So weit wird es nicht kommen«, sprach Mucianus schmunzelnd. »Bis dahin bist du selbst Kaiser.«
»Ich muss euch enttäuschen.« Vespasianus schüttelte resigniert den Kopf.
»Bei Jupiter, welcher Gott hat deinen Geist verwirrt?«, fragte Mucianus nervös.
»Ich kann kein Kaiseramt mit der schlimmsten Lüge antreten, die man sich vorstellen kann.«
»Welcher Lüge?« Mucianus schaute ihn nervös und zugleich ahnungsvoll an.
»Der Lüge vom Beistand der Götter!«
»Nein! Bei allen Göttern des Trias! Sag, dass es nicht wahr ist!« Mucianus blickte so erschrocken drein, als hätte er gerade die Nachricht über eine verlorene Schlacht empfangen.
»Doch! – Der Galiläer, von dem Scipio sprach, ist der Galiläer aus dem Ritual.«
»Habt ihr ihn in Gerasa nicht erledigt?«, fragte Mucianus bestürzt.
Auch in Titus' Gesicht spiegelte sich der Schrecken wider. Die beiden Männer schauten Catulus vorwurfsvoll an. Sie hatten beide bei der Durchführung der Heilungsrituale mitgewirkt. Mucianus hatte die Opfer ausgewählt und Titus für ihre Beseitigung gesorgt.
»Catulus, was ist mit dem Galiläer in Gerasa geschehen?«, fragte nun auch Vespasianus. »Warum ist der Kerl euch entkommen?«
Da war sie, diese Frage, die Catulus so gefürchtet hatte. Er schluckte und berichtete. Nachdem er fertig war, warf Vespasia-

nus den Papyrus mit Galbas Siegelabdruck auf den Kartentisch und seufzte: »Es gibt keinen Zweifel. Der Galiläer befindet sich in Galbas Hand. Es tut mir leid. Galba hat mich besiegt, ohne gegen mich eine einzige Schlacht geschlagen zu haben. Wenn der Betrug mit dem Galiläer herauskommt, vertraut mir keiner mehr. Dann bin ich als Senator erledigt. Man würde mir den Prozess machen. Galba kann von mir verlangen, was er will. Ich muss ihm gehorchen.«

Catulus blickte demütig und zerknirscht auf den Fußboden. Sein Traum war ebenfalls zerronnen. Doch noch mehr beunruhigte ihn der Gedanke, wann wohl der Zorn seines Dominus über ihn hereinbräche.

Vespasianus jedoch beruhigte ihn. »Catulus, dich und Annius, euch beide trifft keine Schuld. Im römischen Senat hat man selten den Vorzug, dem Feind ins Auge zu sehen, wenn er zuschlägt.«

Mucianus richtete seinen Blick beschwörend zur Zeltdecke. »Oh ihr Götter, so ein lumpiger Galiläer wird zum Zünglein an der Waage und bestimmt das Schicksal Roms!« Doch er fasste sich gleich wieder und sagte trocken: »Er muss sterben. Dann ist der Weg zum Kaiseramt für dich wieder frei. Je eher er stirbt, umso besser. Gut zu wissen, dass er in Rom ist.«

»Verzeih, Herr«, gab Catulus zu bedenken, »aber er wurde erst zwei Tage vor meiner Abreise aus Gerasa entführt. Er kann unmöglich schon in Rom angekommen sein! Dass Helvidius mit ihm gesprochen haben soll, ist nur Rhetorik, keine Tatsache.«

»Er hat nur zwei Tage Vorsprung?« Titus riss kampfesmutig die Augen auf. »Mit einer schnellen Liburne könnte man zeitlich aufholen. Wir könnten ihn dann auf den Straßen nach Rom abfangen. Ich verfüge über einige Männer, die ihn in einem geheimen Kommando töten könnten.«

Mucianus winkte ab. »Nein, so geht das nicht! Das Ganze muss unauffällig geschehen. Ein Kommando ist viel zu riskant. Legionäre in Italia!« Mucianus verdrehte die Augen. »Selbst wenn sie inkognito unterwegs sind! Wenn das herauskäme, würde uns das niemand verzeihen. Man würde uns sofort auf eine Stufe mit Sulla stellen. Die Götter bewahren uns davor! Nein, nein!« Mucianus schüttelte heftig den Kopf. Dann sprach er nachdenklich weiter. »Wir können aber davon ausgehen, dass der Galiläer in Rom von den Prätorianern bewacht wird. Sie sind die Einzigen, auf die sich Galba dort verlassen kann. Der verdammte Galiläer muss ganz diskret beseitigt werden, sodass es Galba möglichst nicht einmal selbst bemerkt.«

»Die Prätorianer halten ihm doch die Treue«, warf Titus ein, »sie haben ihm ja überhaupt erst das Amt ermöglicht. Wie sollen wir ihn da erledigen?«

»Es gibt immer Leute, die für viel Geld selbst Jupiter verraten. Glaube mir, Titus.« Mucianus lachte verschlagen. »Warten wir es ab. Die schmierigen Senatoren an Galbas Seite haben den Prätorianern anlässlich seiner Inthronisierung ein göttliches Donativum versprochen. Dreißigtausend Sesterze! Für jeden! Was glaubst du, warum Galba so scharf auf das Judengold ist?« Er hob dabei den Zeigefinger.

»Welche Summe! Die hatte nicht einmal Nero gezahlt«, bekräftigte Vespasianus. »Ich verstehe dich. In der Tat, die Prätorianer können sehr nachtragend sein, wenn Versprechungen nicht eingehalten werden.«

»Das ist das Doppelte von Neros Zuwendung«, bestätigte Mucianus. »Das wird Galba nie bezahlen. Die Staatskasse ist leer, und wer Galba kennt, weiß, wie geizig er ist. Ich bin sicher, Galba wird sich unter den Prätorianern viele Feinde machen.« Mucianus zeigte seinen nach oben ausgestreckten Daumen und zwinkerte dabei.

»Ich denke nicht daran, Galba zu unterstützen«, sagte Vespasianus, »das Gold der Juden bleibt vorläufig hinter den Mauern Jerusalems. Außerdem: Der neue Kaiser hat mich dazu noch nicht ermächtigt. Das kann eine Weile dauern. Immerhin sind da noch die Legionen in Niedergermanien, die den Aufstand gegen Nero niedergeschlagen und sich damals gegen Galba gestellt haben. Sie können ihm immer noch gefährlich werden. Ich kann unmöglich ohne Erlaubnis des neuen Kaisers meine Kräfte hier in Judäa binden. Das Gold der Juden läuft uns nicht davon.« Vespasianus lächelte die Männer in der Runde verschlagen an.

»Mucianus, mein Freund, du hast recht«, sagte Vespasianus wieder zuversichtlich. »Wir müssen Galba mit seinen eigenen Waffen schlagen: konspirativ und hinterrücks, so wie er es getan hat.« Dann wandte er sich an seinen Sklaven. »Catulus, du brichst gleich morgen früh nach Rom auf, zu meinem Bruder Sabinus! Zusammen mit Domitianus werdet ihr den Galiläer bei den Prätorianern suchen! Wenn ihr ihn findet, gibst du Nachricht. Wenn du jemanden bestechen kannst, der ihn tötet, dann tue es, ohne zu zögern!«

»Ja, Herr.« Catulus erschrak. Es gab keinen Ort auf der Welt, den er mehr hasste als Rom. Alles andere durfte geschehen, nur nicht, dass er dorthin zurückkehren musste, nicht ohne den Schutz seines Dominus. Sein Peiniger lebte dort: Domitianus, Vespasianus' jüngerer Sohn. Kurz nach seiner Versklavung war Catulus nach Rom gekommen und bei Vespasianus Haussklave geworden. An die ersten Jahre hatte er keine schlechten Erinnerungen. Doch dann wurde Domitianus geboren, der ihn später schlimmer behandelte als ein Haustier. Er hatte ihn nach Belieben gequält. Einmal hatte ihn Domitianus um ein Haar ertränken lassen. Er hatte wissen wollen, wie lange er durchhalten könne, ohne zu atmen. Dabei hatte er ihn von Sklaven mit dem Kopf in ein Bassin drücken lassen und mit einer Wasseruhr die Zeit genommen. Dem Zufall verdankte es Catulus, dass Vespasianus hinzugekommen war und ihn gerettet hatte. Der Schock war immer noch wach, wenn er daran dachte.

Vespasianus' Stimme holte ihn wieder aus den düsteren Erinnerungen heraus. »Über den Galiläer lässt du nichts verlauten! Es genügt für sie, zu wissen, dass er gefunden werden muss. Mein Sohn ist noch ungefestigt. Er könnte in seiner Machtgier auf dumme Gedanken kommen, und ich weiß nicht, ob mein älterer Bruder uneingeschränkt zu mir steht, wenn er selbst die Gelegenheit für ein hohes Amt erhalten sollte. Also kein Wort zu ihnen! Alle Vollmachten erhältst nur du allein. Ich verlasse mich auf dich.« Dann lächelte er. »Die Götter haben dich bisher immer beschützt. Ich werde ihnen ein Opfer darbringen, damit sie es auch dieses Mal tun.«

Catulus atmete auf. Sein Dominus hatte ihm den Fehlschlag in Gerasa verziehen. Seine vertrauensvollen Worte schmeichelten ihm. Sie schmeckten so süß wie Honigwein. In solchen Augenblicken vergaß er seinen niederen Sklavenstand, und es überkam ihn ein Gefühl, als ob er selbst zur Elite gehörte. Von ihm würde es abhängen, ob sein Dominus Kaiser werden würde. Der Gedanke berauschte ihn. Sein Traum vom Aufstieg bekam neue Nahrung. Er wurde daran erinnert, dass die Zeit neben Domitianus auch eine helle Seite gehabt hatte. Vespasianus waren seine ungewöhnlichen geistigen Fähigkeiten nicht verborgen geblieben, weshalb er ihn vor Domitianus beschützte und förderte. So wurde er zusammen mit dessen älterem Sohn Titus ausgebildet. Seither diente Catulus ihm als persönlicher Sklave. In all den Jahren hatte er durch Klugheit, Treue und Zuverlässigkeit Vespasianus' Vertrauen gewonnen. Mehrmals hatte er wichtige Aufträge seines Dominus zu glücklichen Abschlüssen geführt.

Nur am Krieg, an dessen Brutalität, fand er keinen Gefallen. Sein schwächlicher Körper dominierte seinen ängstlichen Geist. Zum Kämpfen mit dem Schwert war er nicht geboren. Mit der Feder und dem Wort aber besaß er eine scharfe Waffe. Doch war bei dem Feldherrn Vespasianus, der den offenen Kampf liebte, diese Waffe stumpf geblieben. Ein ähnlicher Aufstieg wie der des Narcissus, so glaubte er, schien ihm von den Göttern nicht beschieden zu sein. Seine wahren Talente schlummerten unentdeckt, wurden von Vespasianus kaum gefragt.

Doch dann, vor wenigen Jahren, hatten ihn die Götter erleuchtet. Sie schickten Nero auf eine Reise nach Griechenland, wo er sich im ganzen Land auf unzähligen Künstlerwettbewerben als Sieger ehren ließ. Im Tross aus Tausenden von Anhängern und Bediensteten musste auch sein Dominus mitreisen.

Für Vespasianus waren die Schmeicheleien, Lügen und Eitelkeiten des Hofstaates eine Qual. Doch für Catulus begann eine Zeit, in der er seine klare Berufung erkannte. Fernab von Rom und vom Krieg erlebte er einen prägenden Abschnitt seines Lebens. Der Kaiser frönte seiner Kunst, und Catulus erfreute sich im Tross süßen Müßiggangs und guten Essens. Erfüllt von berauschender Neugier beobachtete er die intrigante Welt, die den Kaiser umgab. Die gesponnenen Fäden, die über Aufstieg und Fall und auch manchmal über Leben oder Tod entschieden, inspirierten seinen Geist. Catulus faszinierte diese Welt, in der es möglich war, Macht zu erlangen, ohne selbst das Schwert zu führen und Blut zu vergießen. Es waren diese Fähigkeiten gefragt, mit denen ihn die Götter so überaus reichlich beschenkt hatten: das Knüpfen wertvoller Verbindungen, das Aufspüren des empfindsamsten Kerns einer noch so unbedeutend daherkommenden Nachricht, das Verweben und Entblößen ihres zarten Geheimnisses, um es dann im richtigen Augenblick wie ein vernichtender Blitz auf seinen Gegner zu schleudern. Doch noch war für ihn alles nur ein Gedankenspiel, ohne Folgen und ohne Risiko. Vespasianus, der im Entwerfen eines Schlachtplans, dem Organisieren von Märschen und der Versorgung Tausender Legionäre, in der Einschätzung der Kampfkraft und den Geländevorteilen geniale Gedanken und einen energischen Führungsstil entwickeln konnte, waren die Feinheiten des Intrigierens, die flüsternd hinter vorgehaltener Hand formulierten und durch kleine Papyri weitergegebenen und sich im Dunkeln inmitten anonymer Kapuzenmäntel verbreitenden Botschaften wesensfremd.

So war sein Dominus bei Nero wegen einer Unvorsichtigkeit in Ungnade gefallen, die nur einem Menschen widerfahren konnte, der seiner Umgebung aus eigenem Unvermögen sorglos vertraute. Der Schlaf hatte ihn übermannt, während der Kaiser zur Kithara sang. Und ihm war offensichtlich nicht bewusst gewesen, welches Sakrileg er damit begangen hatte. Catulus erkannte daran, wie schmal der Grat war, der einen selbst in den Abgrund stürzen konnte. Eine schlichte Denunziation eines Vorteils wegen im ständigen Wettbewerb um die Gunst des Kaisers hatte genügt, um die Karriere seines Dominus – zumindest zeitweise – zu beenden. Von Nero und seinem Hofstaat war Vespasianus fortan ignoriert worden, und so hatten er und sein Dominus ein bescheidenes Leben fernab von Rom geführt. Die Zeit in privater Einsamkeit hatte Catulus nicht ausgefüllt, und seine Gedanken waren oft nach Griechenland zurückgereist.

Doch eines Tages hatte der Kaiser seinem Dominus verziehen. Nero hatte dies mehr aus Not als aus edlem Charakter heraus getan, denn die Niederschlagung des Aufstandes in Judäa war ins Stocken geraten. Und obwohl sein Dominus von Neuem in den verhassten Krieg gezogen war, spürte er dieses Mal, dass er sich erneut der Faszination der Macht näherte. Und er hoffte, dass in den Unwägbarkeiten nach Neros Tod auch einmal seine Stunde schlagen würde.

»Ich kenne dich als meinen klugen Sklaven«, holte ihn Vespasianus in die Wirklichkeit zurück. Er sprach im väterlichen Ton. »Pass auf! In Rom ist es gefährlicher als bei den Thermophylen. Die heranrückenden Perser konnten die Spartaner sehen und ihr Geschrei hören. In Rom aber kommt der Tod leise und heimtückisch, wie eine Schlange in der Nacht. Wenn du den Galiläer findest und er getötet wird, schenke ich dir die Freiheit.«

Die Worte benebelten Catulus' Verstand vor Freude. »Danke, Herr.« Die Aussicht auf Freiheit verscheuchte endgültig seine furchtsamen Gedanken. Sie beflügelte seine Vision, schon bald wie einst Narcissus aufzusteigen. Warum sollte so eine Karriere nicht auch für ihn möglich sein, falls sein Dominus irgendwann einmal Kaiser werden würde?

4

Rom
August 68 n. Chr.

Die Reise nach Rom über das Meer war bisher ohne Zwischenfälle verlaufen. Es herrschte ruhiges Wetter, und Catulus fühlte sich glücklich wie lange nicht mehr. Die frische Luft, die er tief einatmete, und der weite, meist ungetrübte Blick versetzten ihn in eine friedliche Stimmung.

Oft stand er an der Reling und genoss, wie ihm der Wind das Haar zerzauste und ihn die Sonne zum Blinzeln zwang. Nur die Sorge, dass eines der wenigen Schiffe am Horizont voll mit Piraten besetzt auf sie zuhalten oder der Himmel sich sturmschwer verdunkeln könnte, beschäftigte ihn wie jeden Seereisenden. Weil aber all diese Gefahren nicht stattfanden, empfand er zum ersten Mal eine tiefe, wahrhaftige Freiheitssehnsucht, die so viel mehr versprach als das Abwerfen des Korsetts aus Gehorsam und Pflichterfüllung. Die Reinheit des Meeres, das gleichmäßige Rauschen der Wellen, das übermütige Geschrei der Möwen, ihr schwebender Gleitflug im Spiel des Windes hatten etwas Vollkommenes an sich, so als wäre er auf wundersame Weise in die heile Welt seiner Kindheit in Syria entführt worden. Die Matrosen, einfache Menschen, die im gegenseitigen Vertrauen Hand in Hand die Segel setzten, weckten in ihm die Sehnsucht nach Schlichtheit, Harmonie und innerem Frieden. Dieses einträchtige Umfeld ließ ihn abrücken von seiner gewohnten Welt voller Missgunst, Leid, Intrigen und Machtbesessenheit. Eine Brise, die seine Stirn mit angenehmer Kühle streichelte, zerstreute jeden Gedanken daran. Würde er jetzt sterben, so bliebe auf seinem Gesicht das Lächeln unendlicher Glückseligkeit zurück.

Doch nachdem die Sonne hinter dem Horizont untergegangen war, kehrte sein klarer Verstand zurück und verscheuchte die illusorische Stimmung. Ohne die Begleitpapiere, die das Siegel seines mächtigen Dominus trugen, wäre ihm dieses Glück nicht vergönnt gewesen. Dieser Wachsabdruck auf dem Papyrus bewahrte ihn vor Schlägen, schlechtem Essen, Krankheit und Tod, was ihn umso deutlicher begreifen ließ: Für ihn gab es nur eine Freiheit, die Freiheit der Macht. Und so verspürte er, wie sehr er dem alten Leben bereits verfallen war und diesem Traum vom Aufstieg, der ihn gefangen hielt. Die Aussicht auf Freiheit, die ihm sein Dominus für den Erfolg seiner Mission versprochen hatte, ließ ihn manche Nacht in dem stickigen Schlafraum unter Deck nicht zur Ruhe kommen.

Domitianus, Vespasianus' jüngerer Sohn, lebte im Haus seines Onkels Flavius Sabinus, der bis zu Neros Tod die Stadtkohorten Roms befehligt hatte. Galba aber hatte Sabinus aus Furcht vor dessen Bruder als Präfekt abgesetzt. Seither hasste Sabinus den neuen Kaiser. Mehrmals am Tag musste Catulus seine Tiraden über sich ergehen lassen. Galba sei mit seinen siebzig Jahren ein alter vertrottelter Greis, der nur dem Zufall seine Macht verdanke. Sabinus' unter buschigen Augenbrauen und über schwammigen Tränensäcken hervorlugenden kleinen Augen blickten ständig mürrisch. Er war zur Einsicht unfähig, dass ihm das Leben am Ende seiner Tage zwar nicht den Glanz des Ruhmes, dafür aber die Beschaulichkeit des Wohlstandes bescherte.

Sabinus besaß eine herrliche Stadtvilla auf dem Esquilin. Den großen Garten umfasste ein dreiseitiges Peristyl. Es roch nach Rosen, Veilchen und Jasmin. Catulus liebte es, über die ausgetüftelten Mosaikwege zu schlendern, erfreute sich an den blankgeputzten Skulpturen aus Bronze und ruhte sich auf einer Bank im kühlen Schatten aus. Er bewunderte das säulenumrahmte Nymphäum oder erfrischte sich an einem marmorgefassten Brunnen. Und manchmal lauschte er einfach nur den raschelnden Blättern der Bäume, an denen Oliven und

Zitronen hingen. Dieser Ort erneuerte seine Sehnsucht nach Freiheit und Besitz. Hier entzog er sich zuweilen seinen Gastgebern und dachte über seine vertrackte Aufgabe nach.

Die erste Begegnung mit Domitianus hatte so hoffnungslos begonnen, wie sie vor Jahren geendet hatte, war er doch von Domitianus mit kühler Zurückhaltung empfangen worden. Während dieser den Brief seines Vaters las, beobachtete Catulus das vertraute wechselnde Mienenspiel in dessen Gesicht. Beim Lesen der ersten Passage des Textes, in dem Vespasianus seinen Sohn bei der Suche nach dem Galiläer um Mithilfe bat, zeigte seine Miene noch Zufriedenheit, die sich aber am Ende in Wut wandelte.

Catulus kannte den Grund des Stimmungswechsels. Domitianus ärgerte sich, weil ihn sein Vater im Unklaren ließ. Der naheliegende Verdacht, dass der Sklave mehr wissen könnte, lenkte seine Wut auf Catulus.

»Welches Geheimnis verbirgt sich hinter dem Galiläer? Sprich Sklave!« Domitianus griff nach der Peitsche auf dem Tisch, mit der er seine Sklaven peinigte – grundlos, wenn er schlechte Laune hatte, oder bei den kleinsten Nachlässigkeiten.

»Ich darf es dir nicht sagen. Dein Vater hat es mir verboten. Es ist zu deiner eigenen Sicherheit.«

»Ich befehle es dir! Meine Sicherheit hat dich nicht zu kümmern. Sprich! Oder du sollst es büßen.« Domitianus schlug den Peitschengriff demonstrativ in seine hohle Hand, sodass es klatschte.

Catulus schwieg. Der Sohn seines Dominus hatte sich nicht verändert. Er akzeptierte nie Demütigungen, und schon gar nicht von einem Sklaven. Catulus sah in Domitianus' Augen, an dessen hochgezogenen Augenbrauen, einem Satyr ähnlich, diese unstillbare Sehnsucht nach Macht, gepaart mit dem Trotz eines unreifen Jünglings, der sich zeit seines Lebens gegenüber seinem Bruder Titus zurückgesetzt fühlte.

»Du bist ein Sklave und hast mir zu gehorchen«, schrie Domitianus mit erregter hoher Stimme und schlug zu.

Catulus hob rechtzeitig die Hände, um sein Gesicht zu schützen. Die Unterarme, mit denen er den Peitschenhieb abwehrte, durchzog ein brennender Schmerz. An seinem Ohr floss Blut. Doch Catulus steckte den Schlag standhaft weg.
»Begib dich sofort in die Küche und melde dich dort zur Arbeit!«
»Ich gehorche nur deinem Vater. Du darfst mir nicht befehlen – und mich auch nicht schlagen. Nur ich kann den Galiläer identifizieren. Dein Vater wird dich bestrafen, wenn er von der Missachtung seines Befehls erfährt.«
»Du hast den Brief meines Vaters gelesen?«
»Ich habe ihn verfasst.«
Domitianus erstarrte. Das Entsetzen war ihm ins Gesicht geschrieben. Dass sein Vater Catulus mehr vertraute als seinem leiblichen Sohn, dass er sein eigen Fleisch und Blut zum Gehilfen eines Sklaven degradierte, erschütterte ihn. Wie weit konnte sein Vater ihn noch zurücksetzen? Sein älterer Bruder Titus erwarb im Krieg als General an der Seite seines Vaters Ruhm und Ehre, während er selbst in Rom, im Zentrum der Macht, keine Rolle spielen durfte.

Domitianus und Sabinus beachteten Catulus in den Folgetagen kaum. Sie nahmen eigene Nachforschungen auf. Dass sie ihn aus Enttäuschung kaltstellten, verstand Catulus, aber es förderte nicht die Mission, denn sie kannten weder den Hintergrund noch den Gesuchten vom Angesicht her. Vielleicht versprachen sie sich einen Vorteil, um im Machtgeplänkel ihr eigenes Süppchen zu kochen.

Ohne Sabinus' Kontakte fiel es Catulus schwer, an Informationen heranzukommen. Die kaiserlichen Beamten hielten sich ihm gegenüber bedeckt. Und die Tatsache, dass er im Auftrag eines mächtigen Feldherrn handelte, machte die Sache nicht leichter. In labilen Zeiten ist es nicht ratsam, sich in machtpolitische Spiele zu verstricken und sich den Launen des Schicksals auszusetzen. Die Bereitschaft, für Geld seinen Kopf zu riskieren, hatte einen Tiefpunkt erreicht. Obwohl Catulus schon eine höhere Geldsumme eingesetzt hatte, stand die Ausbeute an Informationen in einem dürftigen Verhältnis. Zwar erfuhr er einiges Hofgeschwätz, aber in der Sache brachte dies ihn nicht voran.

Dann aber kam der Tag, an dem Sabinus in seinem Haus einen Besucher empfing, einen jungen Mann mit dem glatten Gesicht eines Knaben. Über seiner Stirn kringelten sich akkurat gebrannte Locken. Die blütenweiße Toga, die ihn umhüllte, säumte ein breiter roter Streifen, der Latus Clavus, das äußere Zeichen eines Senators. Sein Name war Marcus Salvius Otho. Die zurückhaltende feminine Erscheinung des Mannes täuschte über seinen wahren Charakter als Machtmensch hinweg, denn er war als ehemaliger Statthalter von Lusitania einer der Drahtzieher der Revolte gegen Nero gewesen. Ihn umgab ein offenes Geheimnis: Seine Unterstützung Galbas bei der Machtergreifung hatte er mit der Hoffnung verbunden, selbst schon bald an der Spitze des Imperiums zu stehen, hatte der betagte Kaiser doch versprochen, ihn durch Adoption zu seinem Nachfolger zu bestimmen.

Das Versprechen lag allerdings schon einige Zeit zurück und war seither nicht erneuert worden. Die Zeitspanne war groß genug, um bei jedem Menschen mit klarem Verstand Zweifel zu säen. Catulus erinnerte sich, dass Otho schon einmal die Gunst eines Kaisers verloren hatte. Es war damals die von Nero gewesen, und zwar während der Griechenlandreise. Otho hatte deshalb allen Grund zum Misstrauen. Vergeblich wartete er auf ein Zeichen des Kaisers, denn die Nachfolgeregelung duldete keinen Aufschub. So blieb es Catulus nicht verborgen, dass Otho ganz offen selbst seine eigenen Fäden spann, wofür er Geld brauchte, viel Geld, von dem er, der es gewohnt war, auf großem Fuß zu leben, zu wenig besaß. Der chronische Bedarf nach einem Darlehen hatte ihn jetzt in das Haus des Sabinus geführt. Catulus verdankte die Einladung zu diesem Gespräch dem Umstand, dass Sabinus dem prominenten Bittsteller nicht helfen konnte, oder vielleicht auch nicht wollte, weil Otho so hoch verschuldet war, dass ihn nur noch das höchste Amt im Staate würde retten können. Das lag daran, dass Vespasianus nur Catulus legitimiert hatte, auf sein Geld in den Tempeln Roms zuzugreifen. Seinem Bruder und seinem Sohn hatte er es nicht anvertraut. Als ihn Sabinus zu dem Gespräch einlud, erwachte in Catulus wieder das Gefühl der Macht, das er so liebte. Er genoss diese wie einen Vorschuss auf seine erträumte Stellung als kaiserlicher Sekretär.

Catulus legte sich entspannt und voller Erwartung auf die ihm angebotene Kline im Triclinium. An der Kopfseite lagen Sabinus und Domitianus, und ihm gegenübersitzend schaute Otho mit verächtlicher Miene auf sein Sklavenschild herab. Catulus' Gruß überhörte er geflissentlich. Catulus wusste, der Verhandlungserfolg würde von seinem souveränen Auftreten abhängen. Otho sollte verstehen, dass er, Catulus, es war, der hier die Position eines der einflussreichsten Senatoren und Heerführer vertrat, nicht Sabinus, und schon gar nicht Domitianus.

»Der Geldverleih ist ein Geschäft, das Vertrauen voraussetzt«, stellte Catulus fest, das Ganze aber halb wie eine Frage formulierend, in der unverhohlen Zweifel mitschwang. Er empfand es zwar einerseits selbst ein wenig übertrieben, wie er damit als Sklave einen Senator brüskierte. Andererseits hoffte er dadurch, Otho zu einer respektvollen Verhandlung zu bewegen. Nur so wäre es ihm möglich, Othos Mithilfe bei der Tötung des Galiläers zu gewinnen.

Otho nickte mit staatsmännischer Beherrschtheit. »Kein anderer – die Götter sind meine Zeugen – verdient mehr das Vertrauen meines alten Freundes Vespasianus als ich. Du selbst weißt, wie gut ich mich mit deinem Dominus einst im Gefolge Neros verstanden habe.«

»Ich bin nur ein Sklave. Mir steht kein Urteil zu«, entgegnete Catulus kühl. »Doch sehe ich gewisse Möglichkeiten, wie du meinem Dominus das Vertrauen in dich bestätigen könntest.«

»Wenn das nötig ist, so sprich. Was kann ich tun?« Othos Stimme verriet starke innere Verärgerung. Grollend blickte er zu

Sabinus und Domitianus, die ihm ihre Unterstützung versagten, indem sie den Sklaven nicht zurückriefen.

Domitianus verstand Othos Geste als Aufforderung und mischte sich sogleich in das Gespräch ein. »Es geht um einen Galiläer ...«

»... Ach wie schön, verehrter Otho«, unterbrach Catulus abrupt die Rede Domitianus' und hob, Resignation vorschützend, die Hände. »Wie ich sehe, erübrigt sich meine Anwesenheit. Domitianus ist offensichtlich bereit, dir die Summe vorzustrecken.«

Domitianus' Miene nahm nun einen säuerlichen Ausdruck an. Er kämpfte mit einem Wutausbruch. Catulus wusste, dass er mit seiner Zurechtweisung Domitianus noch mehr gegen sich aufgebracht hatte. Doch er konnte die Angelegenheit nicht der Laune eines geltungsbedürftigen neunzehnjährigen Jünglings opfern. Zu viel stand auf dem Spiel.

»Von welchem Galiläer sprichst du?«, fragte Otho.

»Catulus! Erklär es ihm!«, versuchte Domitianus, die Peinlichkeit seines Rückzugs mit einem Befehl zu vertuschen.

Catulus quittierte diesen Befehl allerdings nicht mit dem pflichtgemäßen »Ja, Herr!«, weshalb Otho überrascht die Augenbrauen hochzog.

Catulus wandte sich unbeeindruckt wieder Otho zu. »Es heißt, du hast gute Verbindungen zu den Prätorianern?«

»Ich habe viele gute Verbindungen.«

»Auch zu denen, welche die Gefangenen bewachen?«

»Ihr wollt jemanden befreien? Einen Mann aus Galiläa?« Otho schaute sich verdutzt in der Runde um. »Ist ein Galiläer für euch so wertvoll?«

»Er selbst nicht, aber wir wollen ihn verhören«, spielte Catulus die Sache herunter.

»Aha.« Otho verzog nachdenklich das Gesicht. »Aber mir scheint, auch für Galba spielt er eine Rolle. Wahrscheinlich will er nicht, dass er verhört wird.«

»Wenn er das verhindern wollte, hätte er ihn schon längst hingerichtet.«

»Das stimmt. Aber es gibt ein Geheimnis um den Galiläer. Habe ich recht?«

Catulus war verärgert über Domitianus. Durch dessen ungeschicktes Vorpreschen war Otho, der ein Fuchs war, misstrauisch geworden. Er war bekannt dafür, dass er seine Gegner gern gegenseitig ausspielte.

Catulus überging die Frage. »Wenn du uns hilfst, bekommst du das gewünschte Darlehen – zinslos!«

»Das ist überaus großzügig. Ihr wisst aber, dass Prätorianer sehr viel anspruchsvoller sind als gewöhnliche Legionäre.« Otho richtete seine Worte wieder an Sabinus und Domitianus. Er wollte noch immer vermeiden, mit einem Sklaven zu verhandeln.

»Natürlich bekommst du die für Bestechungen notwendige Summe extra«, antwortete ihm Catulus, womit er wieder die Aufmerksamkeit Othos gewann.

»Du weißt aber auch, dass ich womöglich ein großes Risiko eingehe, wenn ich euch helfe«, erwiderte Otho.

»Du riskierst nicht mehr als mein Dominus, wenn herauskommt, dass er deine Intrigen finanziert, die sich womöglich gegen den Kaiser richten.«

»Ich weiß nicht, was du meinst.«

»Man spricht darüber, wie großzügig du gegenüber den Prätorianern bist. Jedem Soldaten aus Galbas persönlicher Wache hast du ein Goldstück geschenkt, und zwar jedes Mal, wenn du anwesend warst.«

»Nun, ich bin der Nachfolger des Princeps. Du verstehst nichts von Politik, Sklave, und weißt nicht, wie man sich Loyalität sichert.«

»Mag sein. Soweit ich weiß, hat Galba dich noch nicht als Nachfolger verkündet. Wozu also die Zahlungen?«

»Es gibt keinen Grund für Zweifel an meiner Treue zu Galba, falls du das andeuten willst. Er vergisst nicht meinen Beitrag zu seiner Machtergreifung und wird sein Wort halten. Er wird mich adoptieren, und Vespasianus muss sich um die Rückzahlung keine Sorgen machen.«

»Vielleicht doch!« Catulus fixierte Otho. »Wie ich erfahren habe, soll es im Senat starken Widerstand gegen dich geben. Ein gewisser Lucius Calpurnius Piso wird da als Name gehandelt.«

»Pah, der Senat. Eines Tages werde ich Princeps sein, und du solltest hoffen, dass ich mich dann nicht an dieses Gespräch erinnere, Sklave.« Allmählich gab Otho seine Beherrschtheit auf.

»Mag sein, dass du mich dann umbringst. Aber es geht um das Geld meines Dominus. Er wird mich noch vor deiner Inthronisierung töten, wenn ich es leichtfertig verschwende. Verzeih, deshalb muss ich Fragen stellen.«

»Aber bitte töte mich nicht mit diesen Fragen, bevor ich das Geld ausgeben kann.«

Catulus hatte die Aufmerksamkeit Othos zurückgewonnen. »Selbst wenn Galba zu seinem Wort steht, das er dir gegeben hat, so gibt es da noch eine weitere Gefahr: Nymphidius Sabinus.«

»Du meinst den Prätorianerpräfekten?«

»Genau den. Er hat schon einmal geholfen, einen Cäsar zu stürzen. Könnte er dir nicht zuvorkommen und Galba verraten, so wie einst Nero? Er soll sehr eitel und ehrgeizig sein.«

»Nymphidius ist ein derber Soldat. Er glaubt, nur weil er ein paar Prätorianer befehligt, könnte er in Rom von Bedeutung sein. Er ist vorlaut und dumm.«

»Aber die Prätorianer verkörpern in Rom die Macht des Cäsars.«

»Du sagst es. Die Prätorianer! Anführer werden hin und wieder ausgewechselt.«

»Du schätzt deinen Einfluss hoch ein bei den Prätorianern?«

Otho ließ die Frage unbeantwortet, machte aber eine unverbindliche Geste, die dies unterstreichen sollte.

»Nun gut. Ich gebe dir die Summe, und wir bekommen im Gegenzug den Galiläer. Du findest heraus, wo er gefangen gehalten wird, und sorgst dafür, dass wir zu ihm gelangen.«

Otho dachte einen Moment nach, dann sagte er: »Ich muss wissen, was es mit dem Galiläer auf sich hat. Möglicherweise verwickle ich mich sonst, ohne es zu wissen, in eine Verschwörung, die mich den Kopf kostet.«

»Das Ganze soll unauffällig geschehen. Es ist deinem Geschick überlassen, wie gut du dich dabei raushalten kannst.« Wie nebenbei sagte Catulus: »Es muss ja nicht auffallen. – Sind wir im Geschäft?«

Otho nickte nachdenklich und sagte dann: »Gut. Gib mir das Darlehen, und ich werde sehen, was sich machen lässt.«

Otho hielt sein Wort. Zwei Wochen später berichtete Domitianus von einem Treffen mit ihm. Er wisse jetzt, wo der Galiläer gefangen gehalten werde. Otho wolle es einrichten, dass der Gefangene zunächst in Augenschein genommen werden könne, um sicherzugehen, dass es sich tatsächlich um den Gesuchten handele.

Es vergingen weitere Tage, ohne dass sie von Otho etwas gehört hatten. Catulus glaubte schon, dass Otho sein Wort gebrochen habe. Doch dann meldete sich eines Abends ein Mann in einem grauen Kapuzenmantel. Seine eisenbeschlagenen Sandalen verrieten den Soldaten. Er nannte sich Balbus und gab zu verstehen, dass er sie sofort zu dem Galiläer führen könne.

Domitianus winkte ab. »Ich kann keinen Beitrag leisten, weil ich den Barbaren nicht kenne. Außerdem fällt es nur auf, wenn zu viele Leute unterwegs sind.«

Sabinus pflichtete ihm bei: »Du hast recht. Zwei sind genug. Ich selbst bin außerdem viel zu bekannt. Jeder wüsste sofort, wer dahintersteckt. Galba wäre gewarnt. Das Beste ist, Catulus geht allein mit – du bist doch bereit dazu?«

»Ja, Herr.« Catulus war froh, dass man ihm die Initiative überließ, sei es nun aus Feigheit oder Umsicht. Bevor er mit Balbus aufbrach, steckte er heimlich den Dolch, den ihm sein Dominus mitgegeben hatte, in seine Tunika. Als er die kalte Waffe an seiner Brust spürte, überkam ihn ein flaues Gefühl. Heute würde er töten müssen. Es stand für ihn fest: Die Gunst des Augenblicks wollte er nutzen. Sein Dominus sollte Kaiser werden.

Ehe sie das Haus verließen, warf sich Catulus noch einen Kapuzenmantel über. Draußen war es inzwischen stockdunkel. Der frische Wind und das nächtliche Rom ließen ihn hellwach werden. Fackeln und Ölkandelaber spendeten nur eine spärliche Beleuchtung. Argwöhnisch musterte er jede finstere Ecke, hinter der sich Räuber verbergen konnten, für die das Leben ihrer Opfer noch weniger wert war als ihr eigenes.

Und wieder überfiel ihn diese Angst, die sich nicht bändigen ließ. Er hasste dieses Gefühl, das seinen Atem beschleunigte, seinen Hals austrocknete und seine Beine in Pudding verwandelte. Es lähmte seinen Willen. Er atmete tief durch und schrie mit einer inneren Stimme, die das wilde Tier in ihm wecken sollte, seinen Ehrgeiz. Und tatsächlich, es funktionierte. Seine Entschlossenheit gewann wieder die Oberhand zurück. Doch kostete sie ihn beinahe das Leben. Im letzten Moment wurde er von Balbus auf den schmalen Fußsteig gerissen. Der Fahrtwind des nur knapp an ihm vorbeirasenden Pferdewagens blies seinen Umhang auf.

»Pass gefälligst auf! Nachts darfst du in Rom nicht träumen!«

Die Mahnung war überflüssig. Catulus wusste vom nächtlichen Warenverkehr. Rücksichtslos sprengten Wagen an ihnen vorbei, und es war nicht das letzte Mal, dass sie sich durch einen Sprung über die hohen Kanten auf den schmalen Fußsteig retten mussten.

Bald erreichten sie die Stadtgrenze. Ein Sklave hielt für sie einen kleinen Wagen mit einem vorgespannten Pferd bereit. Balbus ließ die Peitsche knallen, und sie fuhren ohne Beleuchtung durch die Nacht, im hohen Bogen gen Norden über Feldwege zur Via Nomentana zurück.

Je mehr sie sich der Prätorianergarnison näherten, desto stärker bedrängte Catulus die Vorstellung, dass er töten werde. Sein Herz raste. Wieder beschlich ihn die Beklommenheit, die ihm seinen Mut auffraß. Doch ein Gedanke schien ihm plötzlich beruhigend. Niemand hatte ihm befohlen, den Galiläer eigenhändig zu ermorden. Niemand erwartete es von ihm.

Warum verlangte er etwas von sich selbst, das er in der Tiefe seines Herzens verabscheute? Vielleicht wäre es gar nicht nötig? Vielleicht hätte Otho gar nicht die Macht, den Gefangenen zu foltern? Vielleicht würde er es deshalb nicht tun können, weil dann auch sein Rivale, der Prätorianerpräfekt Nimphidius Sabinus, von dem Geheimnis Kenntnis erhielte?

Vielleicht, vielleicht, und wenn doch?

In Gedanken malte er sich aus, wie ihn Vespasianus mit wütendem Gesicht vorwurfsvoll anschrie: »Warum hast du ihn nicht getötet? Warum hast du erneut versagt, Catulus?« Ihm blieb keine Wahl. Er würde es tun müssen, für seinen Dominus und auch für sich selbst.

Einige Zeit später ließen sie das Gespann zurück. Geduckt liefen sie über ein Feld und näherten sich der Prätorianergarnison von der stadtabgewandten Seite her. Vor dem Tor wärmten sich zwei Soldaten an einem Kohlebecken. Die ungewöhnliche Kühle der Nacht und die Anspannung ließen Catulus frösteln. Der geheimnisvolle Balbus führte ihn hinter eine Sträuchergruppe, von der aus sie das Tor ungestört beobachten konnten. Nach einer Weile vollzog sich ein Wachwechsel, auf den Balbus anscheinend gewartet hatte, denn kurz darauf verließen sie das Versteck. Catulus schlug das Herz bis zum Hals. Hoffentlich ginge alles gut. Doch er war es seinem Dominus schuldig. Er musste in die Höhle des Löwen hinein, und wenn es das Letzte in seinem Leben wäre.

Einer der Prätorianer patrouillierte etwas abseits und wandte sich auffällig lange vom Tor ab. Der andere nickte sie beide durch. Drinnen schritten sie rasch und gezielt über den menschenleeren Platz auf ein Gebäude zu. Balbus führte Catulus eine Treppe hinab in einen Kellergang. Dort brannte eine Fackel, die Balbus aus der Halterung nahm. Im rußigen Feuerschein bogen sie in einen Gang ein. Niemand begegnete ihnen. Catulus betete zu den Göttern, dass dies so bliebe. Dies war ein gefährlicher Ort, der das Fundament der kaiserlichen Macht beherbergte. Einmal entdeckt, würden sie nicht auf Gnade hoffen dürfen.

Zu beiden Seiten erstreckten sich mit Gittertüren verschlossene Zellen. Die meisten waren leer. Doch hin und wieder sah Catulus im kurzen Widerschein der Fackel bleiche Gesichter herausschauen. Plötzlich zog sein Begleiter einen Schlüssel unter seinem Mantel hervor. Das Schloss schnappte auf, die Türangel quietschte. Viel zu laut. Der Fackelschein riss aus dem dunklen Loch den Galiläer heraus, der sie auf Knien und mit panischem Entsetzen ansah. Catulus' Schläfen pulsierten. Sie hatten ihn gefunden! Ein Irrtum war ausgeschlossen. Der Galiläer rutschte bei ihrem Eintreten zurück, die Ketten, die ihn mit Händen und Füßen an die Wand fesselten, schepperten.

»Ist das der Richtige?«, fragte sein Begleiter.

Obwohl Catulus den Galiläer erkannt hatte, hob er, Unsicherheit vortäuschend, die Schultern. Als er ganz nah bei ihm war, zückte er den Dolch, dem Galiläer dabei in die Augen blickend. Und in diesem Moment überkam ihn eine ebenso banale wie erschreckende Erkenntnis: Vor ihm kniete ein Mensch! Ein Mensch, dessen Leben er im nächsten Augenblick auslöschen sollte. Ein Mensch, der für die Dauer eines Wimpernschlages seine Bedeutung im imperialen Machtkampf verloren hatte, als gäbe es auf der Welt nur noch Catulus und die Augen seines unschuldigen Opfers. Diese angsterfüllten Augen des Gefangenen erschienen ihm so, als wären es seine eigenen, als wäre er selbst das Opfer aus den Tagen seiner Kindheit und zugleich der grausame Römer, der sein Leben bedrohte. Doch noch bevor er diesen absurden, lähmenden Gedanken überwinden und zustoßen konnte, spürte er die kräftige Hand des Soldaten, die sein Handgelenk wie ein Schraubstock umklammerte. Mit der anderen entwendete er ihm die Waffe.

»Nicht töten!«, zischte er.

Catulus erschrak über sein Versagen. Die imperiale Bedeutung des Galiläers war ihm augenblicklich wieder vor Augen. Panisch holte er einen Beutel unter seinem Mantel hervor und öffnete ihn, damit der Soldat die Goldstücke sehen konnte. Er flehte Balbus an: »Sie gehören dir, wenn du ihn tötest.«

»Es tut mir leid.« Balbus blickte wehmütig auf das Gold. Dann schüttelte er den Kopf. »Wenn der Galiläer stirbt, sterbe auch ich.«

Kaum hatte Balbus die Worte ausgesprochen, hörten sie im Kellergang Poltern, Waffengeklirr und Schreie. Sofort ließ Catulus den Geldbeutel wieder verschwinden. Kurz darauf stürmten drei Prätorianer mit blankgezogenen Schwertern in das Verlies. Balbus hielt immer noch den Dolch, den er Catulus entwendet hatte, in der Hand. Die Prätorianer streckten den Mann sofort nieder.

Danach ergriffen sie Catulus. »Du bist verhaftet!« Sofort wurde er auf Waffen untersucht. Die Prätorianer fanden aber nur den Beutel mit den Goldstücken, den einer von ihnen ungeniert einsteckte. Catulus war froh, mit dem Leben davongekommen zu sein, jedoch gleichzeitig sehr beunruhigt. Sie fesselten ihm die Hände und führten ihn ab. Der Strick um seine Handgelenke war so straff, dass es ihm das Blut abschnürte. Im Keller liefen sie an zwei leblosen Prätorianern vorbei, die am Boden lagen. Im oberen Geschoss trafen sie auf weitere Tote. Es musste in der Kaserne einen tödlichen Kampf gegeben haben. Schließlich führten sie Catulus einem Centurio vor.

»Wie ist dein Name?«

Catulus schwieg.

»Du solltest lieber reden, Catulus.«

Catulus war überrascht, dass der Centurio seinen Namen kannte.

»Wir kennen Methoden, die bisher noch jeden zum Sprechen gebracht haben.«

Catulus schwieg.

»Wer ist dieser Mann, den du besucht hast?«

Catulus schwieg.

»Er kommt aus Galiläa, nicht wahr? Warum ist er so wichtig für deinen Dominus? Heraus mit der Sprache, oder soll ich dir das Sprechen beibringen?«

Catulus schwieg. Ein heftiger Schlag traf ihn ins Gesicht, der ihn das Gleichgewicht verlieren, nach hinten taumeln und umfallen ließ. Da er gefesselt war, gelang es ihm nur mühevoll und umständlich, wieder aufzustehen. Doch im nächsten Augenblick bereits trat ihm ein anderer Bewacher die Beine weg. Catulus fiel hart auf den Boden, was in seinem Unterarm einen stechenden Schmerz erzeugte. Der Prätorianer, der ihn zu Fall gebracht hatte, hob ihn wieder auf, wobei er ihn an seinem verletzten Arm zerrte. Ein heftiger Stich raubte Catulus die Luft. Es gelang ihm nicht, die Tränen zu unterdrücken, er gab jedoch außer einem verspannten Keuchen keinen Laut von sich.

Der Centurio kam mit einem Dolch auf Catulus zu. Er steckte ihm dessen Spitze in die Nase, und Catulus spürte die scharfe Schneide. Warmes Blut rann ihm über den Mund.

»Sprich, Sklave, oder dein Dominus wird dich nicht wiedererkennen.«

Die Worte hatten Catulus tief im Inneren getroffen. Vor Angst zitterten ihm die Knie, seine Beine wurden immer weicher. Sollten sie ihn doch töten wie Balbus. Aber er wusste, dass die Folterknechte erfahren genug waren, um das Martyrium sehr lange auszudehnen. Der Mensch starb nicht so leicht. Und Catulus fürchtete, dass das hier nur der Anfang war und es noch viel schlimmer kommen würde.

5

Catulus schlug die Augen auf und sah auf eine weißgetünchte Decke. In seinem Blickfeld erkannte er das Holzregal mit den braunen Terrakottaschüsseln an der Wand. Neben sich machte er die Ecke des Tisches aus, auf dem ein Krug und ein Leuchter mit brennender Kerze standen. Das alles gehörte zu seiner Kemenate in Sabinus' Haus.

Als er den Kopf zur Seite wandte, fuhr ein Stich in seine Schläfe. Er fasste danach und ertastete einen Verband. Den Arm vermochte er kaum zu beugen. Eine Schiene schränkte dessen Beweglichkeit ein. In der Elle pulsierte schmerzhaft das Blut. Er verzog das Gesicht, was ein Brennen in seiner Nase zur Folge hatte. Mit der Zunge kam er nur bis zur Oberlippe. Die aufgetragene Salbe schmeckte bitter.

Was war mit mir geschehen?, fragte er sich. Mit Balbus, diesem unheimlichen Mann aus Othos Gefolge, war er zur Prätorianergarnison aufgebrochen. Sie wollten den Galiläer suchen. Aber waren sie dort jemals angekommen? Verdammt. Er erinnerte sich nicht. Sein trockener Gaumen erschwerte das Schlucken. Er musste trinken. Vorsichtig richtete er sich auf. Das Stechen im Kopf blieb glücklicherweise aus. Nur ein kleiner Schwindel meldete sich. Jetzt saß er erst einmal auf dem Bett und atmete einige Augenblicke tief durch, was ihm guttat. Der Schwindel war inzwischen verflogen. Er hob den Krug an, doch der war leer. Ich muss Wasser holen, dachte er und stand auf. Plötzlich drehte sich wieder alles um ihn herum. Er konnte sich gerade noch am Tisch abfangen, sonst wäre er gestürzt. Die brennende Kerze wackelte, fiel jedoch nicht um. Den Göttern sei Dank. Nach ein paar Atemzügen fühlte er sich besser. Ganz langsam erhob er sich. Ihm war zwar noch schwach zumute, aber er stand sicher auf den Beinen. Vorsichtig, den leeren Krug in der Hand, schlurfte er in seinen Latschen zum Atrium vor. Sicherheitshalber ließ er die brennende Kerze auf dem Tisch stehen. Im Haus war es schummrig, doch er sah trotzdem genug. An der Wand reflektierte ein Fleck das silberne Mondlicht. Durch die viereckige Dachöffnung des Atriums nahm er Sterne am klaren Firmament wahr. Der seichte Durchzug ließ sein Nachthemd flattern. Vom benachbarten Triclinium schimmerte Licht herein. Von dort kamen auch Stimmen. Er näherte sich, vorsichtig, um einen Schwindelanfall zu vermeiden.

»Wenn dein Vater davon erfährt, wird er dich hart bestrafen. Du bist zu weit gegangen«, hörte er Sabinus reden.

»Du wirst mich nicht verraten. Der Kerl ist selbst dran schuld. Er vergisst, dass er ein Sklave ist.« Die Stimme gehörte Domitianus.

Welchen Sklaven meint er?, fragte sich Catulus. Im nächsten Augenblick erwähnte Sabinus seinen Namen.

»Es war sehr unvorsichtig von dir, Catulus den Folterknechten Othos auszuliefern.«

»Wie sollten wir denn sonst herausfinden, was es mit dem verdammten Galiläer auf sich hat?«

»Otho ist nicht zu vertrauen. Sie hätten Catulus umbringen können. Bete zu den Göttern, dass dein Vater nichts davon erfährt.«

Catulus erschrak. Er war gefoltert worden? Das wäre eine schlüssige Erklärung für seinen schrecklichen Zustand. Oh ihr Götter, durchfuhr es ihn. Hatte er etwa unter der Folter die Wunderheilungen seines Dominus verraten? War er deshalb noch am Leben?

»Otho hat mir versprochen, mich als seinen Nachfolger zu adoptieren. Das soll auch nicht dein Schaden sein, Onkel. Also reg dich nicht auf.«

»Du glaubst wirklich daran, dass dich Otho zum Kaiser macht? Für dieses leere Versprechen verrätst du deinen Vater?«

»Ich schulde meinem Vater keine Treue. Er stellt mich hinter Titus stets zurück. Otho hingegen wird mich fördern.«

Catulus hätte gern mehr erfahren, doch die beiden Männer schwiegen.

»Hast du noch etwas von dem Wein da?«, hörte er nach einer Weile Domitianus fragen.

»Silvio!«, schrie daraufhin Sabinus.

Catulus musste sofort verschwinden. Silvio, der Haussklave, durfte ihn hier nicht entdecken. Die beiden Männer sollten nicht erfahren, dass er sie belauscht hatte. Sie würden ihm nicht glauben, dass es Zufall war. Er eilte zurück. Viel zu schnell. Der Schmerz in seiner Schläfe traf ihn wie ein Blitz und riss ihn in ein schwarzes Loch.

Als Catulus wieder zu sich kam, sah er erneut die weiß getünchte Decke und das Holzregal mit den braunen Terrakottaschüsseln. Er lag wieder in seinem Bett. Über sich kam das Gesicht des Haussklaven in sein Blickfeld.

»Silvio, wo steckst du?«, hörte er in der Ferne Sabinus rufen.

»Bitte Silvio, sag nicht, wo du mich gefunden hast«, bat Catulus. »Es war die Küche, in der ich gelegen habe. Hörst du, die Küche!«

»Warum sollte ich lügen und Schläge riskieren?«

Sabinus schrie mit solcher Kraft, dass Silvio zusammenzuckte. »Verdammter Sklave. Ich lasse dich verprügeln, wenn du nicht sofort herkommst.«

»Ich gebe dir zwei Goldstücke! Hörst du, zwei Goldstücke! Das ist eine Menge Geld. Also denke daran. Ich war in der Küche, nicht im Atrium!«

»Hier, Herr, in Catulus' Kemenate. Bitte komm.«

Domitianus erschien, Sabinus im Gefolge.

»Was suchst du hier?«, fragte Sabinus.

»Ich habe ihn bewusstlos aufgefunden.«

»Bei Juno, er war nicht im Bett? Wo hast du ihn entdeckt?«

Silvio zögerte kurz. Catulus sah ihn eindringlich an.

»In der Küche, Herr.«

»In der Küche? Bist du sicher?« Sabinus sah den Sklaven streng an.

»Ja, Herr.«

»Ich glaube dir nicht. Du hast gezögert. Warum? Sag die Wahrheit!« Sabinus erhob die Hand zum Schlag. Silvio duckte sich.

Catulus musste eingreifen. Silvio war eingeschüchtert. Jeden Augenblick konnte er ihn verraten. »Silvio trifft keine Schuld. Er sagt die Wahrheit. Ich hatte ihn gebeten, zu verschweigen, dass er mich in der Küche gefunden hat.«

»Warum sollte er das?«

»Ich hatte Durst und suchte Wasser. Mir war das peinlich, weil du mich für einen Dieb hättest halten können. Das wollte ich vermeiden.«

»Ihr Narren«, brummte Sabinus verächtlich.

»Was war denn mit mir geschehen?«, fragte Catulus, um schnell das Thema zu wechseln.

»Du bist in einen Aufstand geraten.«

»In welchen Aufstand?«

»Du kannst dich nicht erinnern?«

Catulus zuckte mit der Schulter. Sabinus' Augen wanderten zu Domitianus hinüber, und sein Gesicht entspannte sich.

»Du warst mit einem Vertrauten Othos in der Prätorianergarnison. Weißt du das nicht mehr?«

»Ich kann mich nicht erinnern. Wann war das?«

»Vor zwei Tagen. Der Zeitpunkt war denkbar ungünstig. Just zur selben Zeit entbrannte eine Prätorianerrevolte, in die du hineingerietst.«

»Gegen Galba?«

»Nein, gegen Nymphidius.«

»Die Prätorianer haben gegen ihren eigenen Präfekten rebelliert?«

»Ja. Er war wohl der Meinung, nachdem er Nero verraten hatte, nun auch Galba stürzen zu können. Gestern im Morgengrauen wurde er hingerichtet, zusammen mit anderen

Verschwörern. Ruh dich aus. – Silvio! Bring uns ins Triclinium noch einen Krug von dem Samos und für Catulus Wasser. Gib ihm ordentlich zu essen. Er wird Hunger haben.«

Als Catulus wieder allein war, versuchte er, seine Gedanken zu ordnen. Die Lücke in seinem Gedächtnis beunruhigte ihn. An jenem Abend, an dem Balbus kam, hatten sie gemeinsam den Galiläer aufsuchen wollen. Daran konnte er sich genau erinnern. Doch haben sie ihren Vorsatz auch umgesetzt? Jetzt fiel ihm ein, dass er den Dolch mitgenommen hatte. Ja richtig. Mit diesem hatte er den Galiläer töten wollen. War es ihm gelungen? Die Frage weckte ein verschwommenes Bild in seiner Erinnerung. Er sah die Augen des Galiläers vor sich und verspürte die gleiche Lähmung, die ihn in der Prätorianergarnison befallen hatte. Catulus stöhnte. Er wusste jetzt, er war dort gewesen.

Sabinus hatte vorhin davon gesprochen, das Geheimnis des Galiläers herausgefunden zu haben. Catulus wurde übel. Langsam formten sich die bruchstückhaften Erinnerungen zu einem Bild. Domitianus, dieser falsche Schakal, hatte mit Otho gemeinsame Sache gemacht. Sie wussten von der Revolte der Prätorianer und hatten die Gunst der Stunde genutzt, um ihn, Catulus, zu foltern. Und er war darauf hereingefallen, indem er sich in die Kaserne locken ließ. Jetzt begriff er. Domitianus und Sabinus hatten sich so überaus auffällig gegenüber Balbus' Angebot zurückgehalten, obwohl es ihnen die Gelegenheit geboten hätte, den Galiläer selbst in Augenschein zu nehmen. Dadurch wäre seine eigene Rolle bei der Identifizierung überflüssig geworden. Warum hatte er das nicht durchschaut? Die Scheu, den Galiläer zu töten, und seine seelische Zerrissenheit hatten ihm den Verstand vernebelt. Noch schlimmer aber war, dass nun auch Otho wusste, wer der Galiläer war und wie er damit seinem Dominus schaden konnte. Catulus zweifelte nicht daran, wer hinter der Revolte steckte. Otho hätte es nicht gewagt, einen Sklaven Vespasianus' unverhohlen foltern zu lassen. Er hielt sich heraus, so wie es ihm Catulus selbst empfohlen hatte. Nur tat er es auf seine eigene intrigante Art, die ihn gleich zwei Ziele erreichen ließ. Er hatte einen Konkurrenten beseitigt und obendrein das Geheimnis des Galiläers gelüftet.

Catulus fühlte sich noch elender. Ihn quälte sein erneutes Versagen. Er machte sich bittere Vorwürfe, dass er den Gefangenen nicht getötet hatte. Warum hatte er nur gezögert? Er hätte sich die Folter erspart und nicht leichtfertig seine Freilassung verspielt.

Er schreckte aus seinen Gedanken auf. Silvio brachte ihm Wasser und Speise. Er trank den halben Krug in einem Zug leer und aß einige Oliven zum Graubrot. Danach war er etwas ruhiger, und er beschloss, ein wenig zu schlafen. Er kam jedoch nicht zur Ruhe. Das belauschte Gespräch kreiste immer noch in seinem Kopf herum. Er warf sich im Bett hin und her. Der Gedanke war unerträglich: Er hatte seinen Dominus verraten.

6

**Römische Provinz Moesia,
an der Grenze zu Dacia an der Ister
Anfang Februar 69**

Ein Dröhnen zerriss die Stille der schneebedeckten Felder. Hinter einem Hügel preschte eine Reiterschar hervor, die in die Senke des zugefrorenen Weihers hinein, vorbei an den Frostweiden und einen Hügel hinauf sprengte. Im wilden Galopp wirbelten die Hufe der Pferde Schneeklumpen auf. Aus ihren Nüstern schoss nebliger Atem in die klare Luft. Die Bronzehelme der Männer glänzten in der Sonne, die offenen braunen Mäntel wehten im Wind und gaben den Blick auf die ledernen Schuppenpanzer frei. Es waren roxolanische Krieger. Aber sie ritten nicht jenseits des Flusses, nicht auf ihrem eigenen, sondern auf römischem Gebiet. Und sie hatten es eilig, weil ihr Angriff auf das Römerkastell gescheitert war.

Einer der Roxolanen, der am Ende der Schwadron ritt, schaute besorgt über seine Schulter hinweg. Hinter ihm blinkten die Helme der römischen Verfolger in der Sonne, außerhalb der Pfeilreichweite. Er war zuversichtlich, dass er es schaffen würde. Nur noch den Hügel hinauf, dann über das Eis ans andere Ufer, dort wäre er in Sicherheit. Ohne Aufklärung überquerten die Römer nie den Fluss.

Doch oben angekommen, packte den Mann das jähe Entsetzen.

Vor ihm tauchten plötzlich spitze Holzpfähle auf. Schräg gegen ihn gerichtet, in doppelter Phalanx, versperrten sie ihm den Weg. Dahinter warteten Legionäre mit aufgerichteten Lanzen. Schon krachte es. Pferde mit aufgerissenen Bäuchen zuckten in dem Holz, mehrere Roxolanen wanden sich in den Spießen. Ihre Schreie vermischten sich mit dem Grunzen der sterbenden Tiere zu einer infernalischen Todesmelodie.

Der Wallach des Roxolanen übersprang die erste Phalanx. Dann schleuderte er diesen mit einem heftigen Ruck aus dem Sattel. Der Reiter wirbelte durch die Luft und kam rücklings hart auf. Ein stechender Schmerz nahm ihm die Atemluft. Gelähmt sah er über sich einen römischen Legionär, die Lanze zum Stoß erhoben. Diese traf ihn mit einer Wucht, die ihn an den Hufschlag eines Pferdes erinnerte. Dann wurde es dunkel um ihn.

Stunden später öffnete er die Augenlider. Die blasse Sonne stand tief. Die Pflöcke samt ihren Kadavern warfen lange Schatten. Verwehter Schnee haftete an den erkalteten Wunden seiner toten Brüder und an den sich herauskringelnden Gedärmen der Pferde. Zwischen großen, teils gefrorenen Blutlachen hüpften Krähen herum. Einige pickten an den menschlichen Leichen und tierischen Kadavern. Nirgendwo entdeckte er einen Lebenden. Nur ein Gedanke gab ihm Trost. Er hatte die Schlacht überlebt.

Die Kälte zwickte in seinen linken Fuß. Er hatte einen Schuh verloren. Dann spürte er plötzlich Hände. Jemand riss ihm auch noch den anderen Schuh herunter, danach die Hose, so brutal, dass sein Geschlecht entblößt wurde. Er wollte nachsehen, den Kopf heben. Aber ein dumpfer Schmerz in seinem Bauch raubte ihm die Sinne. Er stöhnte leise. Zum Schreien fehlte ihm die Kraft.

Das Gesicht einer Frau kam in sein Blickfeld. Tiefe Falten durchfurchten ihre Stirn, und ihre eingefallenen Wangen ließen sie alt aussehen, obwohl sie es womöglich gar nicht war. Ihre langen, fettigen Haare fielen strähnig auf ihn herab, und von ihrem zerlumpten Kleid wehte ein strenger Schweißgeruch in seine Nase.

»Der lebt ja noch!« Das Weib schaute ihn mit ungläubigen, weit aufgerissenen Augen an.

Ein Schauder überkam ihn. Furchtbarer als die Verletzung empfand er das Elend, das ihn nun heimsuchte: Leichenfledderer! Auf dem Schlachtfeld für den Sieg zu sterben, war ehrenvoll. Vom Feind ausgeraubt zu werden, schändlich, sich aber von einer Frau gefleddert zu sehen, ein Unglück. So verlöre er neben seinem Leben auch noch die Würde des Kriegers.

Zwei Gestalten, die hinzugetreten waren, beäugten ihn neugierig. Ein zahnloser Alter, mit Beutekleidung behängt, gab sich klug. »Der ist hinüber und hat nichts mehr von Wert.« Der andere spöttelte herablassend. »Wir könnten ihm auch noch das Leben nehmen.« Er lachte über seinen eigenen Witz.

»Er hat noch etwas Besseres«, sprach wieder die Frau. Der Roxolane spürte ihre Hand an seinem Geschlecht. Sie massierte es, was ihn vor Schmerz aufstöhnen ließ.

»Das gefällt dir wohl?« Das schamlose Weib kicherte. Die anderen fielen in ihr rohes Lachen ein.

Obwohl er dem Tode näher als dem Leben war, erfasste den Roxolanen Wut und Verbitterung. Er wünschte sich, er hätte noch die Kraft, sein Schwert zu führen. Doch ihm waren nur Hilflosigkeit und Furcht geblieben.

Plötzlich schrie der zahnlose Alte: »Lauft, lauft, ein Reiter«, und die Gestalten hasteten davon.

Die Anspannung fiel von dem Roxolanen ab. Er schloss die Augen, bereit zu sterben. Jetzt wurde es still. Er fror entsetzlich, wurde müde, unendlich müde. Von Weitem sah er den Tod von einem Schimmel winken. Immer näher kam das Hufgetrappel seines Pferdes. Fetzen eines Felles wehten im Wind und gaben den Blick auf bleiche Knochen frei. Die Erde erbebte. Das Schnauben war schon ganz nah. Er öffnete die Augen. Doch nicht der düstere Geselle aus der Unterwelt blickte hoch zu Ross auf ihn herab, sondern ein römischer Auxiliar. Zuerst erschrak er. Als der Reiter aber die Lanze hob, war er ihm dankbar für die Erlösung.

Verus stieß dem Roxolanen die Lanze mitten ins Herz. Es war kein Erbarmen, das ihn dazu angetrieben hatte, denn er hasste diesen Stamm wie alle Sarmaten, aber die Ehre des Kriegsgottes

Mars gebot ihm, den Dahinsiechenden zu töten. Der furchtlose Kämpfer in der Schlacht, egal ob Freund oder Feind, verdiente kein langes Leiden und keine Schmach.

Verus sprang vom Pferd, wischte das Blut von seiner Lanze im Schnee ab und befestigte sie dort, wo an den Sattelhörnern in einem Köcher mehrere Wurfspeere steckten. Ein ovaler Schutzschild und ein Bronzehelm hingen am Hals des Tieres.

Der Römer war Verus, der Decurio einer Reiterabteilung aus dem Kastell, das die Roxolanen am Morgen angegriffen hatten. Er schaute sich suchend um. Seine große Gestalt mit den breiten Schultern, über denen er ein Lammfell trug, erhob sich über dem mit Toten übersäten und mit Blut getränktem Schlachtfeld wie Hektor über die besiegten Achäer. Sein längliches Gesicht leuchtete bronzen in der milchigen Sonne. Seine bartlosen kantigen Züge wirkten streng und energisch, und die blauen Augen bildeten einen auffälligen Kontrast zu den nach vorn gekämmten kurzen schwarzen Haaren. Sein Blick schweifte umher und blieb an einem blutverdreckten Mantel hängen, den die Fledderer verschmäht hatten. Er hob ihn auf, kniete nieder und deckte damit den Toten zu.

Cornelius, ein anderer Decurio aus dem Kastell, kam herangeritten. »Hast du Torobax gefunden?«, fragte er, ohne vom Pferd abzusteigen.

Verus, der sich wieder erhoben hatte, schüttelte den Kopf.

»Dann ist er wohl entkommen«, seufzte Cornelius. »Wir suchen ihn schon seit Stunden. Ich bin müde vom Wenden der Leiber.«

»Ich muss wissen, ob Torobax noch lebt, Cornelius«, entgegnete Verus energisch.

»Entweder ist er noch am Leben, oder wir haben ihn auf dem Schlachtfeld übersehen. Was macht das für einen Unterschied? So ein wichtiger Anführer ist er nicht. Rom hat größere Feinde. Lass uns zum Kastell zurückkehren, Verus.«

»Reite du dorthin. – Ich suche ihn noch einmal bei den Weiden. Dort habe ich ihn zuletzt gesehen.«

»Du kannst dir die Mühe sparen. Wir haben dort jeden Leichnam umgedreht, und du hast jedem ins Gesicht geschaut. Er ist nicht dort.«

»Vielleicht habe ich ihn übersehen. Es sind so viele, die dort liegen.«

»Warum, Verus, ist Torobax so wichtig für dich?«

»Ich habe einen persönlichen Grund dafür.«

»Einen persönlichen Grund?« Cornelius hob die Augenbrauen.

»Torobax ist der Todfeind meiner Familie. Es ist eine alte Geschichte. Er ist kein Roxolane, sondern ein Thraker wie ich.«

»Verstehe, aber sollte er überlebt haben, wird er sich nicht wieder nach Moesia wagen. Von seinen Männern ist kaum einer übriggeblieben. Nur drüben in Dacia ist er sicher. Der macht dir keine Sorgen mehr.«

Verus stieg auf einen Tierkadaver und schwang sein rechtes Bein über den Hörnersattel. Er verabschiedete sich von Cornelius mit einem Wink und wendete sein Pferd. »Wir sehen uns im Kastell.« Damit ließ er Cornelius zurück und galoppierte davon.

Bei den Weiden lenkte Verus das Pferd im langsamen Schritt über den Abschnitt des Schlachtfeldes, in dem er die Leiche von Torobax doch noch zu finden hoffte. Er brauchte nicht abzusteigen, denn er fand keinen Leichnam, den er und Cornelius nicht bereits zuvor schon gewendet hatten. Kreuz und quer ritt er und schaute in blut- und schlammverschmierte und oft vom Tod entstellte Gesichter, aber das von Torobax war nicht darunter.

Er wusste, warum Torobax die Roxolanen im Morgengrauen aus Dacia über den Fluss nach Moesia geführt hatte. Torobax hasste Verus' Vater. Er wollte den Angriff auf das Kastell ausnutzen, um seinem Vater Schaden zuzufügen: ihn zu ermorden, seinen Besitz in Brand zu setzen oder dessen Landgut zu erobern. Es wäre nicht sein erster Versuch gewesen, aber auch dieses Mal hatte er nicht zum Erfolg geführt, denn Torobax' Plan war verraten worden. Die Besatzung des Kastells hatte den Angriff erwartet. Torobax verlor die Hälfte seiner Männer vor den Palisaden des Kastells. Die Überlebenden flohen und ritten ahnungslos in die Pfähle. Das Gemetzel hatte kaum einer von ihnen überlebt. Die Fehde der beiden Familien wäre entschieden gewesen, hätte Verus Torobax erschlagen auf dem Schlachtfeld gefunden. Sollte er aber noch leben, wären die Seinen auch in Zukunft nicht vor dessen Rache sicher. Enttäuscht von der ergebnislosen Suche wendete Verus sein Pferd und machte sich auf den Weg zurück ins Truppenlager.

Das Kastell, in dem er diente, lag an der großen Heerstraße Via Istrum, die entlang des gleichnamigen Flusses von den Meeresufern des Pontus Euxinus nach Sirmium führte. Auf dem Weg dorthin kam er an einem Rasthof vorbei, der ihn daran erinnerte, dass er seit dem Morgen nichts mehr gegessen hatte. Kurzerhand kehrte er ein.

Nachdem er sein Pferd einem Knecht im Stall übergeben hatte, betrat Verus den Gastraum. Er wählte den Tisch in der hinteren Ecke, der ihm einen guten Überblick bot. Die Einrichtung wirkte derb, abgenutzt, aber sauber. Es war zwar etwas schummrig, doch ein Kaminfeuer verströmte behagliche Wärme und den anheimelnden Geruch verbrannten Holzes. Die Bedienung ließ nicht lange auf sich warten. Sie brachte ihm einen tönernen Becher mit verdünntem Wein. Er trank einen großen Schluck und sah sich im Gastraum um. Einige Gäste, wahrscheinlich Händler, schikanierten ihre Knechte herum. Am Nebentisch saß einsam ein gutgekleideter Mann, in Gedanken über eine Papyrusrolle versunken. Ein kleiner geöffneter Koffer mit weiteren Schriftrollen stand neben ihm auf dem Stuhl. Die meisten Gäste waren gewöhnliche Reisende, die zusammen mit ihren Sklaven rasteten.

Am Ende des Raums neben der Küche erweckten drei römische Legionäre mit ihrem Geschrei Verus' Aufmerksamkeit. Sie waren blutjung und würfelten um Geld. Einer, der verloren hatte, brüllte wütend, während ein anderer beglückt wie ein Kind lachte. Vor allem tranken sie viel. Einige ältere Gäste schüttelten gelegentlich über sie den Kopf oder hoben entrüstet die Augenbrauen. Aber keiner riskierte ein Wort.

Die Besucher wurden von einem Mädchen bedient, das der Wirt Licinia rief. Ihr schönes Antlitz, von halblangen schwarzen Haarlocken umrahmt, und die Anmut ihres jungen Körpers waren Verus sofort aufgefallen. An ihrer eher kleinen und zarten Gestalt war alles wohlgeformt, wie von Götterhand geschaffen. Eine irdische Venus, dachte Verus. Neben der leicht nach oben gebogenen Stupsnase saßen in den Wangen zwei kleine Grübchen, die ihrem hübschen Gesicht ein fröhliches Wesen verliehen. Ihn beeindruckte der intelligente Charme, mit dem sie die Gäste bei guter Laune hielt. Er konnte es nicht lassen, sie unentwegt anzuschauen. Als sie ihn bediente, bewunderte er ihre zarte Haut, die einen Hauch von Rosenduft verströmte. Während sie ihm die bestellten warmen Bohnen und etwas Graubrot hinstellte, lächelte sie ihn freundlich an. Dann ging sie wieder ihrer Arbeit nach, ohne ihn weiter zu beachten. Sie war es wohl gewohnt, dass sich die Männer nach ihr die Köpfe verdrehen, dachte Verus etwas wehmütig.

»Mehr Wein!«, brüllte einer der jungen Legionäre trunken.

Das Mädchen verschwand in der Küche.

Der Wirt kam mit einem Krug an den Tisch.

»Nicht du, das Mädchen soll uns bedienen«, lallte ein Soldat, über dessen Wange sich eine Narbe zog.

»Sie hat in der Küche zu tun«, antwortete der Wirt. Es war offensichtlich, dass er sie vor den Soldaten schützen wollte.

Doch der Legionär hatte anderes im Sinn. Er sprang plötzlich auf und zog einen Dolch. »Du scheinst wohl nur blanken Stahl zu verstehen?«

»Ich komme schon«, rief das Mädchen aufgeregt von nebenan. Augenblicklich kam sie angerannt, nahm dem Wirt den Krug aus der Hand und schenkte den Soldaten nach. »Warum nicht gleich so«, sagte das Narbengesicht und betatschte dabei das Gesäß des Mädchens. »Knackig, knackig«, sprach er dabei grinsend.

Das Mädchen drehte sich daraufhin blitzschnell um und schlug ihm mit der flachen Hand ins Gesicht. Seine zwei Kumpane lachten laut auf. Einer von ihnen, dem zwei Schneidezähne fehlten, rief: »Sie will mit dir kämpfen, Gambrinus. Sie verlangt nach deinem Schwert.« Der Dritte sprang ebenfalls auf und brüllte lachend: »Mein Schwert kann sie auch haben.« Dabei griff er sich in den Schritt und wippte obszön. Das Narbengesicht packte das Mädchen derb am Arm und lachte wollüstig.

»Lasst sie los«, schrie der Wirt. »Licinia ist römische Bürgerin. Wir werden uns beim Statthalter über euch beschweren.«

»Wir sind auch Römer!«, brüllte das Narbengesicht. »Ich habe heute zwanzig Roxolanen erledigt, da kommt es mir auf einen räudigen Hund wie dich auch nicht mehr an.«

Das Mädchen wollte sich losreißen, aber Gambrinus hielt sie fest. »Du willst vom Schlachtfeld fliehen?« Er grinste und drehte ihr den Arm auf den Rücken.

Seine beiden Kameraden grölten belustigt. »Solche Schlachten liebe ich«, sprach der mit der Zahnlücke. Sie packten jetzt Licinia zu dritt. Das Mädchen wehrte sich und schrie. Der Wirt wollte ihr helfen, aber das Narbengesicht hielt ihm den Dolch an die Kehle. »Halt dich raus, wenn dir dein Leben lieb ist.«

Verus besaß nicht das römische Bürgerrecht. Als Decurio einer Reiterala der Hilfstruppen hatte er geschworen, Roms Grenze zu schützen. Innere Konflikte zwischen Römern hatten ihn nicht zu interessieren. Doch die Hilflosigkeit des Mädchens berührte ihn. Er fand es ungerecht, dass ihr zarter Körper, ihr menschenfreundliches Wesen roher Männergewalt schutzlos ausgeliefert sein sollte, gerade so, als wäre ein göttliches Geschöpf in die Fänge von Bestien aus der Unterwelt geraten. Griffe er jetzt nicht ein, wäre die Hochstimmung des Sieges über die Roxolanen vom Gefühl der Feigheit überschattet. Und ein Feigling wollte er auf gar keinen Fall sein. Ohne weiter darüber nachzudenken, schwang er sich den Schwertgurt über die Schulter, lief schnellen Schrittes hinzu, ergriff Gambrinus und versetzte ihm einen

Faustschlag. Der Mann torkelte nach hinten und fiel krachend gegen einen Tisch. Der Inhalt eines umgefallenen Weinkruges ergoss sich über seinen Kopf.

Die beiden anderen Legionäre ließen von dem Mädchen ab und zückten ihre Schwerter. Doch Verus hatte das seinige schneller gezogen und hielt schon die Spitze an die Kehle des nächststehenden Widersachers. Etwas Blut rann aus dessen angeritzter Haut. Schmerzverzerrt entblößte er seine Zahnlücke. Das Infanterieschwert der Legionäre, das Gladius, war deutlich kürzer als das lange Spatha des Reiters. Der Soldat ließ deshalb sein Schwert sofort erschrocken fallen und griff sich an die Wunde. Der andere senkte das seinige.

»Ihr seid betrunken. Verschwindet!«, schrie Verus. »Auch ich habe heute viele Roxolanen getötet, da kommt es mir auf drei lausige Möchtegerne ebenfalls nicht an. Ihr solltet erst noch etwas am Pfahl üben, ehe ihr euch mit einem kampferprobten Decurio anlegt!«

Die beiden Legionäre, an Körpergröße und Kraft unterlegen, waren offensichtlich von Verus' Schnelligkeit und geschicktem Schwertkampf beeindruckt. Sie steckten sofort ihre Waffen in die Scheide. Der Dritte aber, Gambrinus, hatte sich inzwischen von dem Schlag erholt, war aufgestanden und stürmte mit blankgezogenem Gladius auf Verus zu. »Ein Auxiliar wagt es, sich gegen Legionäre zu stellen«, schrie er. »Das wirst du bereuen.« Doch Verus wich dem Stich aus und schlug dem feigen Angreifer mit dem Schwertknauf auf den Kopf. Weinrausch und jugendliche Selbstüberschätzung fanden so ihr Ende. Der Benommene wurde von seinen Kameraden untergehakt und nach draußen getragen.

»Wer bezahlt die Zeche?«, schrie ihnen Verus nach. Doch der Wirt winkte ab. Er war sichtlich froh, die bedrohliche Situation glimpflich überstanden zu haben. Als die Trunkenbolde verschwunden waren, kam er mit ausgestreckten Armen auf Verus zu und schüttelte ihm die Hände. Dann führte er ihn in die Küche. »Ich bin dir zu großem Dank verpflichtet«, sagte er gerührt.

Licinia kam auch herein. Sie wischte sich die Tränen aus den Augen. Dann schöpfte sie Wasser in eine Schüssel und stellte sie neben Verus auf dem Tisch ab. »Danke«, sagte sie und schaute Verus dabei tief in die Augen. Er erwiderte standhaft ihren Blick. Sie tat es ebenfalls. Ihre immer noch vom Schrecken gezeichnete Miene ging in ein weiches Lächeln über. »Bitte setz dich!«, sprach sie leise.

Verus folgte ihrer Aufforderung, und Licinia begann ihm am linken Arm eine Wunde auszuwaschen.

»Das ist von der Schlacht, nicht von den Dreien«, wandte er ein. »Das musst du nicht tun.«

»Du musstest mich auch nicht retten!«, sagte sie bestimmend.

»Und das gleich gegen drei!«

»Ach was. Das waren doch nur drei betrunkene Jungspunde.«

»Aber es waren drei! Und sie hatten Schwerter!«, beharrte Licinia mit einer gespielten Strenge, die Verus anrührte.

»Sie konnten aber nicht gut damit umgehen«, entgegnete Verus abwertend.

»Halt still!«, sprach sie energisch. »Der eine hätte dich beinahe erwischt.«

»Hat er aber nicht!«

»Hätte aber sein können! Er war sehr gefährlich!«

»Ihr streitet wie ein altes Ehepaar«, warf der Wirt plötzlich genervt ein.

Verus und Licinia sahen zu ihm hinüber, schauten sich dann gegenseitig an und lachten einander zu.

»Beides kann noch werden«, sagte Verus aus einer ihm unverständlichen Intuition heraus. Er hätte die Worte am liebsten zurückgenommen. Doch nun waren sie ausgesprochen und gehört worden.

»Um mich zu bekommen, musst du schon eine Legion besiegen«, spöttelte Licinia.

Oh ihr Götter. Welche Frau! »Für dich würde ich den Olymp einnehmen.« Wieder waren ihm die Worte herausgesprungen, als hätten sie sich selbstständig gemacht. Hatte er den Verstand verloren? Sie war eine Römerin. Sein albernes Gerede war ihm peinlich.

Die junge Frau lächelte geheimnisvoll, wies ihn aber nicht zurück, wie er es erwartet hatte. Gewöhnlich war ihm das Verarzten seiner Wunden lästig. Dieses Mal genoss er es. Selbst als sie ihm einen kurzen Schmerz zufügte, quittierte er es mit einem Lächeln. Ihre Nähe und ihre Berührungen weckten in ihm Zuneigung, gleichzeitig wuchs in seinem Herzen eine süße Hoffnung. Diese Frau war anders als alle anderen. Sie gefiel ihm.

»Licinia, die Gäste warten!«, mahnte der Wirt, nachdem seine Tochter Verus verbunden hatte. Das Mädchen nickte und lief in den Gastraum. Verus sah ihr hinterher und bewunderte ihren grazilen Gang.

»Mein Name ist Tiberius Claudius Secundus«, stellte sich der Wirt vor. »Du kannst mich Tiberius nennen. Licinia ist meine Tochter.«

»Deine Tochter ist hübsch. Ich an deiner Stelle würde sie hier nicht bedienen lassen. Du weißt es besser als ich, dass Männer von bediensteten Frauen nicht selten auf gewisse Dienste hoffen.«

»Da hast du recht. Normalerweise bedient sie auch nicht. Aber wir haben heute für ein paar Stunden unser Personal aus dem Haus geschickt, sodass wir selbst Hand anlegen müssen. Gewöhnlich kommt um diese Zeit kaum jemand vorbei. Wir konnten ja nicht wissen, dass durch die Schlacht Reisende aufgehalten werden. Wie kann ich dir nur danken?«

»Nicht nötig«, winkte Verus ab.

»Du hast einen edlen Charakter. Ich schäme mich für die Übergriffe meiner Landsleute.« Tiberius seufzte. »Ich fürchte, sie werden wiederkommen, um sich zu rächen. Du solltest unser Gasthaus zukünftig besser meiden, nur zu deiner eigenen Sicherheit, obwohl du bei uns gern gesehen wärest.«

»Keine Sorge.« Verus erhob sich vom Stuhl. »Verzeih, ich vergaß, mich vorzustellen. Ich bin Verus vom Stamm der Skordisker. Mein Vater ist der hiesige Stammesfürst. Wir haben ausgezeichnete Verbindungen. Das regle ich. Der Statthalter ist oft bei meinem Vater zu Gast. Die beiden sind miteinander befreundet.«

»Dein Vater ist mit Plautius Silvanus befreundet?« Tiberius machte ein erstauntes Gesicht. Verus nickte bescheiden und lenkte auf ein anderes Thema. »Ich weiß, wo die Burschen dienen.«

»Du kennst sie?«

»Das nicht. Aber sie hatten gesagt, dass sie an der Niederschlagung der Roxolanen beteiligt waren. Ich kenne die Legion.«

»Du scheinst ja ein großer Heerführer zu sein«, lästerte die gerade wieder hereingekommene Licinia.

»Nur ein einfacher Decurio, der dreißig Reiter anführt. Aber mein Vater ist in der Provinz hoch angesehen. Er kann hin und wieder Freunden helfen. Sein Name ist Lucius Skordius Clavius.«

»Oh Clavius! Der Name sagt mir etwas. Besitzt er nicht große Ländereien?« Tiberius' Augen funkelten vor Begeisterung.

»So groß sind sie nicht, aber er ist zufrieden.«

»Komm uns doch bald mit deinem Vater besuchen! Ich betreibe Gasthöfe im Noricum, im Illyricum und hier in Moesia. Hauptsächlich handle ich mit Wein und Olivenöl, aber auch mit anderen Waren. Falls ihr Getreideüberschüsse habt, könnte ich sie für einen guten Preis aufkaufen. Ich liefere Weizen über Zwischenhändler bis nach Rom.«

»Oh danke. Das ist sehr großzügig von dir. Bestimmt wird das meinen Vater interessieren. Sein Olivenöl ist eines der besten.«

»Ich weiß«, sprach Tiberius anerkennend. »Ich hatte sowieso vor, mit ihm darüber zu sprechen.«

Plötzlich kam Licinia aufgeregt in die Küche gerannt. »Vater, da kommen Soldaten.«

Die beiden Männer schauten aus dem Fenster. Draußen sprang ein schlanker Offizier vom Pferd. Seinen Helm schmückte ein Busch aus prächtigen weißen Pfauenfedern. Das schmale

Gesicht mit der hohen Stirn, die von gebrannten kleinen Lockenkringeln aus braunem Haar gekrönt war, verriet Intelligenz und Eitelkeit. Die den Gasthof musternden dunklen Augen und der leicht schmollende Mund strahlten eine Spur Arroganz aus. Mit energischen Schritten näherte er sich in Begleitung mehrerer Legionäre und eines Centurio der Eingangstür.

»Oh ihr Götter! Sie kommen, um uns zu bestrafen«, rief Licinia und hielt sich die Hände vor den Mund. Mit angstverzerrtem Gesicht blickte sie Verus an. »Du musst sofort fliehen!«

Doch Verus lächelte. Er wusste, dass die von Licinia heraufbeschworene Gefahr nicht bestand. Er kannte den hohen Offizier. Der junge Tribun hieß Cornelius Tullius. Er unterstand als Tribunus Latisclavius dem Legaten der Legion III Gallica, die er gegen die Roxolanen angeführt hatte. Es war unwahrscheinlich, dass sich ein so hoher Offizier persönlich um Strafaktionen wegen betrunkener Legionäre kümmerte. Doch die Art, wie sich Licinia um ihn sorgte, erwärmte Verus das Herz.

»Bitte, flieh!«, wiederholte Licinia inständig. Zwischen ihren Augen kräuselte sich eine sorgenvolle Falte.

Verus fasste sie an beiden Händen. »Mach dir keine Gedanken. Ich bin sicher, sie kommen nicht wegen mir. Aber wenn es dich beruhigt, kann ich mich ja in der Küche verstecken. Falls es brenzlig wird, fliehe ich.« Er hielt dabei ihre Hände länger als nötig. Sie ließ ihn gewähren. Erneut spürte er ihre Zuneigung. Ihr Angstgefühl um ihn ging tiefer als flüchtige Fürsorge. Am liebsten hätte er sie dafür umarmt.

Im Gastraum hörten sie Stimmen. »Macht Platz für den Tribun.« Stühle scharrten auf dem Fußboden, und Gäste brummten unzufrieden.

Tiberius eilte aus der Küche. Durch die angelehnte Tür bekam Verus alles mit.

»Sei gegrüßt, Tribun. Was darf ich bringen?«
»Wein vom Besten. Wir sind durstig. Und beeil dich!«

»Sofort.«

In der Küche wieder angekommen, forderte Tiberius seine Tochter nervös auf: »Hilf mit! Wir wollen sie schnell zufrieden stellen. Ich habe keine Lust auf weiteren Ärger.«

Licinia, entspannt angesichts des harmlosen Ansinnens der Besucher, lächelte Verus zu und verschwand mit einem Tablett voll tönerner Becher. Tiberius folgte ihr mit zwei Krügen.

»Wenn Bacchus das Feuer schürt, so sitzt Venus beim Ofen«, hörte Verus den Tribun begeistert rufen. »Bei Jupiter, mit welcher Schönheit belohnen uns die Götter!«

»Verzeih, Tribun«, entgegnete Tiberius unterwürfig. »Meine Tochter und ich, wir sind römische Bürger. Sie steht nicht für Mannesdienste bereit.«

»Oh!« Der Tribun wurde auf einmal sanft, und Verus wusste nicht, ob es ehrliche Einsicht oder aristokratische Arroganz oder von beiden etwas war.

»Du musst mich nicht bitten! Ich bin es, der um Nachsicht betteln muss«, flötete der Tribun mit spöttischem Unterton.

Verus sah durch den Türspalt, wie er aufstand.

»Verzeih! Wir kommen direkt vom Schlachtfeld«, beteuerte er. Er lief um Licinia herum und musterte sie. »Die Rohheit des Kampfes hat mich mit Blindheit geschlagen. Jetzt, wo es dein Vater sagt, sehe ich es ganz deutlich: So schön kann wirklich nur eine Römerin sein.« Er wandte sich an Tiberius. »Ich frage mich allerdings, ob du nicht die Götter erzürnst.«

»Wie meinst du das?«, fragte Tiberius erschreckt.

»Schau dich um. Moesia ist voller Trostlosigkeit. Nichts verdient hier den Namen einer Stadt. Die Götter haben sich etwas dabei gedacht, wem sie eine solche Schönheit schenken. Eine liebreizende Blume wie deine Tochter wollen sie nicht in solch einer Einöde verwelken sehen.« Dann sah er wieder Licinia an: »Wärst du nicht lieber in Rom, mein schönes Kind?«

»Ich bin nicht dein Kind, Tribun. Und was sollte ich dort?«

»Mein Weib werden, schöne Kleider tragen, die hohe Gesellschaft genießen. In Rom gibt es wundervolle Dinge.

Bestimmt hast du schon davon gehört. Würde dir das nicht gefallen?«

»Nein!«

»Nein?« Der Tribun lachte von oben herab. »Das kann ich nicht glauben. Deine Tochter ist stolz«, sagte er zu Tiberius. »Das gefällt mir. Stolz ist sie und selbstbewusst, wie eine Römerin vom hohen Stand.«

Als Licinia wieder in die Küche zurückkam, sah Verus ihr wütendes Gesicht.

»Dieser aufgeblasene Pfau«, schimpfte sie leise.

Die werbenden Worte des Tribuns gingen Verus nahe. Wäre der Tribun kein hoher Adliger, so hätte er ihn in die Schranken gewiesen. So aber erfreute es ihn, wie Licinia ihn abgewiesen hatte.

»Was ist das für ein Tag«, jammerte der hinzukommende Tiberius. »Warum bei Bacchus habe ich ausgerechnet heute unsere Bediensteten weggeschickt?« Er seufzte tief, nahm einen weiteren Weinkrug und hastete wieder in den Gastraum hinaus. Licinia folgte ihm.

»Du sagtest, du seist Römer«, hörte Verus den Tribun sprechen. »Deine Tochter scheint nicht viel von Rom zu halten. Kommt ihr nicht von dort?«

»Nein, geboren wurde ich als Skythe. Doch ich erwarb das römische Bürgerrecht nach fünfundzwanzig Jahren Dienstzeit bei den Auxiliaren.«

»Verstehe, du bist also römischer Neubürger.« Tullius verfiel kurz in Schweigen. Dann bemerkte er wie nebenbei: »Das macht nichts.«

»Was meinst du damit, Tribun?«

»Sieh mir meine Offenheit nach. In Rom bestimmen die Priester die öffentliche Moral. Die letzten Kaiser waren keine Vorbilder für die Jugend. Die meisten Pontifices sind alte Männer, stockkonservativ. Wir jungen Aristokraten sind da anders, viel weltgewandter, offener für neue Entwicklungen, toleranter. Verstehst du?«

Tiberius zuckte die Achseln.

»Du sollst einfach nur wissen, dass es mir nichts ausmacht, die Tochter eines einfachen Neubürgers zu heiraten.«

Tiberius antwortete vorsichtig abweisend. »Nur Juno weiß, ob das klug ist. Was wird dein Vater dazu sagen?«

»Mein Vater?« Tullius lachte auf. »Der reitet schon längst über die sonnigen Wiesen im Elysium. Er würde genau so denken wie ich. Und was die Moral betrifft«, Tullius schnippte mit dem Finger, als wollte er einen Popel von dort entfernen, »da mach dir keine Sorgen. Es gab schon Kaiser, die ein Pferd zum Konsul gemacht und einen Sklaven geheiratet haben. Wenn sie je existiert hat, so ist die augustinische Moral in Roms Villen und Palästen nunmehr nur noch ein lästiges Gespenst.«

Tiberius schaute den Tribun mit verständnislosen Augen an.

»Es gibt nichts, das einer Verbindung mit deiner Tochter im Wege steht. Ich bin nicht darauf angewiesen, durch Heirat reich zu werden.«

Meinte der Tribun das ernst? Seine Worte stachen in Verus' Brust wie spitze Pfeile. Kurzentschlossen betrat er den Gastraum, um dem Gespräch eine andere Wendung zu geben.

»Oh, Decurio Verus. Welche Überraschung. Bist du unter die Köche gegangen?« Die schnippische Frage verband Tullius mit einem Blick auf Licinia, so als wollte er damit einen Verdacht zum Ausdruck bringen.

Verus wusste, auf welch gefährlichen Boden er sich begab. »Der Anschein trügt«, entgegnete er so gelassen, wie er konnte. »Geschäfte. Nichts Wichtiges. Tiberius handelt mit Olivenöl meines Vaters.«

Die Antwort schien Tullius zu überzeugen. »Hochachtung, Verus. Ihr habt es den Roxolanen heute mächtig gegeben. Grandios, wie ihr sie in die Pfähle getrieben habt. Durch unsere Lanzen haben sie knietief im Blut gebadet. Das war ein Sieg auf der ganzen Linie. So bald werden sie sich nicht wieder gegen Rom stellen. Ich habe gesehen, wie klug du deine Reiter angeführt hast. Dir haben wir es zu verdanken, dass den Barbaren der

Fluchtweg versperrt wurde, durch den sie beinahe entkommen wären. Komm, trink mit mir auf den Sieg!« Der Tribun stieß mit seinem Ellbogen einen Legionär in die Rippen, der sofort seinen Platz am Tisch räumte.

Verus setzte sich. »Tribun! Darf ich eine Bitte äußern?«

»Nur heraus damit!«

»Es gab heute Ärger mit drei deiner Legionäre. Einer von ihnen heißt Gambrinus. Sie wollten die Wirtstochter mit Waffengewalt schänden.«

»Gambrinus?«, wiederholte der Tribun ungehalten.

»Ja. So haben ihn die anderen genannt.«

»Kümmere dich darum!«, befahl Tullius einem Centurio am Tisch.

»Jawohl, Tribun.«

Tullius erhob sich und ergriff Licinias Hand. »Keine Sorge, mein Kind. Die Burschen erhalten eine Strafe, die sie nie vergessen werden.« Dann lächelte er und schaute Licinia mit gespielter Demut in die Augen. »Weißt du, dass mich Amors Pfeil tief ins Herz getroffen hat? Ich flehe dich an: Pflege meine Wunde oder ich werde sterben. Komm mit mir nach Rom! Dort wird es dir gefallen. Überlege es dir. Ich komme wieder und erwarte sehnsüchtig deine Antwort.«

Dann ergriff er seinen Helm. Sofort sprangen seine Begleiter auf und folgten ihm aus dem Gastraum. Nur ein Optio blieb zurück, der großzügig die Zeche beglich. Während Tiberius das Geld einstrich, raunte der Optio ihm leise zu: »Ich rate dir, sorge dafür, dass deine Tochter nachgibt. Der Tribun ist kein gewöhnlicher Latisclavius. Ich hoffe, du verstehst!«

Tiberius wurde blass.

Die Bemerkung traf Verus tief ins Herz. Bisher hatte er das Liebeswerben des Tribuns als eitles aristokratisches Geschwätz abgetan. Die Worte des Optio verunsicherten ihn jedoch. Sollte der Tribun tatsächlich ernsthafte Absichten verfolgen? Konnte das ein Optio überhaupt wissen? Es gab nur eine einzige Erklärung dafür. Tullius hatte ihn entsprechend instruiert. Ja. Das räumte jeden Zweifel aus. Der Tribun meinte es ernst, verdammt ernst.

Verus blickte Licinia an, die das Gespräch zwischen ihrem Vater und dem Optio nicht mitgehört hatte. Sie quittierte seinen Blick erneut mit einem kecken Lächeln. Ist dieses Lächeln ausreichend, um sich mit einem so mächtigen Gegner wie dem Tribun anzulegen?, fragte sich Verus. Handelte es sich hier um den Beginn einer ernsthaften Liebe oder nur um ein oberflächliches Spiel weiblicher Koketterie, für die es das Risiko nicht lohnte?

Verus war verunsichert. »Ich muss auch los«, sagte er kühler als beabsichtigt, verharrte dann jedoch kurz in seiner Bewegung und schaute Licinia in die Augen. »Darf ich wiederkommen?«

Mit einem spöttischen Lächeln erwiderte sie: »Zu jeder Zeit – wenn du Durst hast.«

7

Wochen später. Die Sonne strahlte heller. Die letzten Schneerinnen schmolzen dahin. Sattgrüne Wiesen verdrängten das Grau auf den Hügeln, und junges Grün schmückte die knorrigen Zweige. Laue Winde säuselten zwischen ihren zarten Trieben ein Lied, und vom Blütenduft betörte Bienen surrten emsig durch die Luft. Die Menschen kehrten Unrat aus ihren Hütten heraus und vertrieben die Dämonen des Winters.

So oft es Verus' Dienst erlaubte, trafen sich die Liebenden. Sie genossen den Frühling und ihre Jugend. An einem warmen Tag am Ufer des Flusses liebten sie sich ineinander verschlungen auf eine Weise, wie es Mann und Frau seit Menschengedenken miteinander tun.

Vor sieben Tagen hatten sie sich das letzte Mal getroffen. Heute endlich sollte Verus seine Geliebte wiedersehen. Frohgelaunt blinzelte er in die Sonne. Zum ersten Mal ritt er auf einem Araber, einem Rappen edelsten Blutes, um den ihn seine Kameraden beneideten. Der Statthalter Plautius Silvanus hatte ihm kürzlich das Beutetier zum Dank für seine Tapferkeit und sein Geschick bei der Niederschlagung des Roxolanenaufstandes geschenkt. Verus entdeckte an sich den Charakterzug der Eitelkeit, ein narzisstisches Gefühl, das ihm sonst fremd war. Heute verstärkte es aber seine Vorfreude auf Licinia. Er malte sich einen eindrucksvollen Auftritt aus, wie er auf dem Pferd mit dem schwarzglänzenden Fell, der langen Mähne und dem stolzen Schweif im Rasthof ihres Vaters einreiten würde.

Mit jedem Tag, an dem er Licinia nicht hatte sehen können, war seine Sehnsucht gewachsen. Im Kastell wirkte er entgegen seiner sonstigen Zuverlässigkeit fahrig und machte kleine Fehler.

Aufgrund seiner Beförderung zum ersten Speerdecurio sah man ihm dies nach und wagte nicht, ihn zu tadeln oder gar zu verspotten. Die Liebe zu Licinia hatte ihn verändert und ließ manchmal wichtige Dinge bedenklich in den Hintergrund rücken. Er dachte unentwegt an jene Begegnung am Fluss, an dem sie sich ihre Liebe eingestanden hatten.

Die Sorgen, die er sich wegen des Tribuns Tullius machte, der Licinia noch immer umwarb, waren in Glücksmomenten wie diesen verflogen. Doch sie kehrten in den wenigen Augenblicken zurück, in denen die Vernunft wieder die Oberhand gewann. Und sie konnten auch nicht vermeiden, darüber zu reden. Licinia litt darunter, dass ihr Vater Schaden fürs Geschäft befürchtete, sollte der Tribun von der Liebesbeziehung mit Verus erfahren. Wie hoch das Risiko für ihre beiden Familien aber wirklich war, erfuhr Verus erst von Plautius Silvanus, dem Statthalter von Moesia.

Das Vertrauen zu Silvanus teilte Verus mit seinem Vater. So manches Mal saßen der Vater und der Statthalter bei einem Krug Wein zusammen und tauschten sich über Rom und die Götter aus. Verus hatte ihnen früher oft stundenlang zugehört. Plautius Silvanus war es auch, dem er seinen schnellen Aufstieg zum Decurio verdankte. Der Statthalter hatte ihn tief geprägt. Er hatte ihm von Rom ein Bild des Fortschritts und der Stärke vermittelt, für die es sich lohnte zu kämpfen. Durch Rom waren die hiesigen Stämme aus bescheidenen Verhältnissen in eine höher zivilisierte Welt gekommen. Viele Völker außerhalb des Reiches beneideten sie darum. Der Funke der Begeisterung über den Traum vom Aufschwung der rückständigen Provinz war von den beiden alten Männern auch auf ihn übergesprungen. In Plautius Silvanus hatte er einen gütigen Förderer gefunden.

Als Silvanus zwei Tage zuvor zu einem Besuch in das Kastell gekommen war, hatte sich ihm Verus mit seinen Sorgen anvertraut. Es hatte ihn überrascht, welchen Eindruck der Name des Tribuns auf den Statthalter gemacht hatte. Silvanus hatte tief durchgeatmet, die Augenbrauen gehoben und skeptisch die Lippen gespitzt.

»Wenn ich könnte, würde ich dir sehr gern helfen«, hatte er bedächtig gesagt. »Die Cornelier gehören zu den einflussreichsten Familien in Rom. Tullius' Vater war mehrmals Konsul! Sie sind mächtiger als ich.«

»Aber du warst doch auch Konsul?«, hatte Verus eingeworfen.

»Nur ein Suffectus für die zwei restlichen Monate des Konsulats, und ich bin auch noch nicht lange Patrizier«, hatte er abgewunken. »Die Cornelier besitzen hingegen schon über viele Generationen ein kurulisches Amt. Die Anzahl der Wachsmasken ihrer Vorfahren ist beträchtlich. Sie sind eine der ältesten Patrizierfamilien Roms. Ihre Wurzeln reichen weit in die Geschichte der Republik zurück.« Er hatte »viele Generationen« betont und erneut resigniert durchgeatmet.

Dann hatte er gelächelt und Verus seine Hand auf die Schulter gelegt. »Ich möchte dir einen guten Rat geben, Verus«, hatte er in väterlichem Ton gesagt. »Such dir ein anderes Mädchen. Du bist gutaussehend, klug und stark. Da solltest du keine Schwierigkeiten haben. Es gibt andere schöne Frauen aus guter Familie. Falls du es wünschst, könnte ich dir dabei helfen.«

Doch Verus hatte trotzig den Kopf geschüttelt. So ein Mädchen wie Licinia würde er nie wieder finden, und gegen eine arrangierte Ehe sträubte er sich.

Silvanus schien ihn verstanden zu haben, denn er hatte mahnend hinzugefügt: »Ich weiß, du bist verliebt, doch bedenke, sich mit den Corneliern anzulegen wäre ein sehr großer Fehler. Glaube es mir, Verus. Gefährde nicht deine glänzende Zukunft. Du könntest es eines Tages bis zum Lagerpräfekten bringen, vielleicht sogar den Ring eines Ritters erwerben. Du riskierst nicht nur deine eigene Vernichtung, sondern auch die deiner Familie. Dein Vater genießt hohes Ansehen und hat es zu einem beachtlichen Wohlstand gebracht. Deiner Familie steht eine große Zukunft offen. Das alles kann ein schnelles Ende finden, wenn du dem Tribun Tullius in die Quere kommst. Dann kann dir niemand mehr helfen. Diese Familie ist so mächtig, dass sie auch mich zerquetschen könnte.«

Silvanus' Mahnung hatte Verus verunsichert und erschreckt. Für die Aufklärung war er ihm dankbar. Doch so eindringlich Silvanus auch gesprochen hatte, so sehr hatten seine Worte ihre Wirkung verfehlt. Um nichts in der Welt würde Verus seine Liebe aufgeben. Alles in seinem Leben verlöre sonst seinen Sinn. Er würde eher als Auxiliar ausscheiden und mit seiner Licinia irgendwohin fliehen, wo sie niemand kannte, bereit, dort auf Wohlstand und Ansehen zu verzichten.

Auf einmal aber hatte sich Silvanus' Gesicht erhellt. »Mir fällt gerade etwas ein«, hatte er nachsinnend gesagt. »Vielleicht meinen es die Götter mit euch beiden gar nicht so schlecht. Tullius sollte nämlich eigentlich eine militärische Karriere durchlaufen.«

»Hier am Ende der Welt, in dieser von den Göttern verlassenen Gegend?« Verus war fast ein wenig über sich erschrocken, weil er Plautius Silvanus über den Mund gefahren war.

Doch der Statthalter hatte großzügig darüber hinweggesehen. »Für eine militärische Karriere ist Moesia kein schlechter Ort«, hatte er freundlich weitergesprochen. »Nero hatte schon lange ein Auge auf Dacia geworfen. Die Eroberung eines so großen Gebietes verspricht viel Ruhm und Ehre für einen jungen Adligen in entsprechender Position.«

»Meinst du etwa, ich könnte auf seinen Tod hoffen? Eher käme ich selbst in Dacia um.«

»Nein, du missverstehst mich«, hatte Silvanus ihn beschwichtigt. »Einen Feldzug nach Dacia wird es so bald nicht geben. Die Zeichen stehen eher auf Krieg zwischen römischen Legionen.«

»Krieg zwischen römischen Legionen?«

»Ich fürchte ja. Es war nicht klug von Galba, sich von seinen eigenen Soldaten zum Kaiser ausrufen zu lassen. Du kennst den Neid und die Missgunst zwischen den Legionen. Viele ihrer

Feldherren sind nicht besser. Es fehlt nicht viel und sie schlagen sich gegenseitig zu Tode.« Plautius Silvanus hatte verschlagen gelacht. »Die Cornelier haben erkannt, dass man auf solchem Schlachtfeld schnell seine Ehre verlieren kann. Deshalb hat Tullius umgeschwenkt. Es steht fest: Tullius wird seine Karriere in zivilen Ämtern fortsetzen.«

»Ja, ich erinnere mich. Er sprach davon, bald nach Rom zurückkehren zu wollen. Aber wer weiß, wann das sein wird.«

»Nun, ein paar Monate muss er noch bleiben. Auch Tullius wird sich der Pflicht zu drei Jahren Dienstzeit nicht entziehen können. Erst danach ist die Voraussetzung erfüllt, dass er eine Quästur antreten kann.«

»Ein paar Monate? Wie viele genau?« Verus sah den Statthalter erwartungsvoll an.

Plautius Silvanus hatte kurz gelacht. »Noch drei!«

Verus hatte erleichtert aufgeatmet. »Nur noch drei Monate.«

Silvanus hatte beschwörend die Hände erhoben. »In drei Monaten kann viel passieren, Verus. Ihr solltet es vermeiden, euch in dieser Zeit zu treffen.«

Das Gespräch mit Plautius Silvanus vor zwei Tagen hatte Verus neue Hoffnung verliehen. Bisher hatten sie ihre Beziehung vor dem Tribun erfolgreich verheimlichen können. Es würde ihnen nichts ausmachen, diesen Zustand noch etwas zu verlängern. Nur auf etwas Vorsicht käme es an. Und das Ende war schon in Sicht. In drei Monaten würde Tullius nach Rom abreisen, und von da an könnten sie ihr Glück offen und unbeschwert genießen.

Als Verus am Rasthof eintraf, kam ihm Licinia nicht wie sonst freudig entgegengelaufen. Er musste sich damit begnügen, nur von Tiberius begrüßt zu werden. Stutzig wurde er allerdings, als auch noch sein Vater hinzukam, dessen Besuch er nicht erwartet hatte.

»Wo ist Licinia?«, fragte Verus enttäuscht.

»Später!«, entgegnete Tiberius.

Verus war über die knappe Antwort verärgert, beschloss jedoch aus Respekt abzuwarten.

Tiberius lud seine Gäste ins Triclinium ein. Er ließ sich nicht lumpen. Seine Sklaven tischten auf und schenkten edlen Falernerwein ein. Während sich die alten Männer über Belanglosigkeiten unterhielten, wurde Verus unruhig. Immer wieder schaute er ungeduldig zu Tiberius hinüber, bis dieser endlich auf seine Tochter zu sprechen kam.

»Verus, ich habe Licinia fortgeschickt, ins Illyricum«, sagte er kurz.

»Fortgeschickt?«, wiederholte Verus entsetzt. »Warum?«

Tiberius sah ihn mitleidvoll an. »Dort ist sie vor dem Tribun sicher. Versteh doch!«

»Nein, ich verstehe nicht«, entgegnete Verus zornerfüllt. »Ist etwas geschehen?«

Tiberius antwortete nicht. Er sah hilfesuchend zu Verus' Vater hinüber.

»Mein lieber Sohn«, begann der Vater in einem Ton, der Verus nur allzu vertraut war und immer auf eine Zurechtweisung hinauslief. »Wir respektieren eure Gefühle. Doch es ist besser für uns alle. Tullius ist ein gefährlicher Mann.«

Verus ahnte, was geschehen war. »Silvanus?«, fragte er vorwurfsvoll. »Kam dieser Rat von Plautius Silvanus?«

Der Vater nickte. »Wir sind froh, dass er uns unterrichtet hat. Er will uns alle vor Unheil bewahren. Es gibt im Leben Dinge, die muss man akzeptieren. Niemand kann die von den Göttern errichtete Welt verändern.«

»Die Götter haben Licinia und mich zusammengeführt. Unsere Liebe ist ihr Wille«, schrie Verus verzweifelt. »Ihr habt kein Recht, sie zu zerstören.«

»Doch mein Sohn, das Recht haben wir wohl«, wies ihn sein Vater zornig zurecht. »Bedenke! Nicht nur eure Gefühle fallen ins Gewicht. Auch unser Recht auf Glück verdient Respekt. Plautius Silvanus hat mich über die Risiken aufgeklärt. Ich bin ihm unendlich dankbar dafür. Das Lebenswerk unserer Familien ist in großer Gefahr. Wir werden nicht zulassen, dass du es zerstörst.« Dann wurde er sanft. »Mein Sohn«, bat er versöhnlich, »sei vernünftig! Du wirst doch nicht unser Unglück wollen?« Verus schwieg. Natürlich wollte er das nicht. Er verstand die Väter sogar. Besitz wog schwerer als Gefühle. Das war schon immer so gewesen. Wie hatte er etwas anderes erhoffen dürfen? Waren es doch der gegenseitige Respekt und das ausgewogene Vermögen der Väter, die ihrer Liebe eine Zukunft gaben. Sollte er nicht froh darüber sein, dass Licinias Vater den Werbungen des Tribuns standgehalten hatte? Hätte Tiberius mit Tullius nicht einen wohlhabenden und angesehenen Schwiegersohn bekommen? Stattdessen hatte er Licinia vor dem Tribun versteckt. War das Ergebnis auch nicht zu Verus' Gunsten, so rechnete er es Tiberius hoch an, dass er es immerhin aus Liebe zu seiner Tochter getan hatte. Verdiente er nicht schon deshalb seine Dankbarkeit?

Verus beruhigte sich allmählich. Die Väter hatten die notwendige Vernunft walten lassen, wozu er und Licinia selbst nicht fähig gewesen waren. Er musste sich damit abfinden. Es war ja nichts verloren. Nach einer kurzen Zeit würden sie sich wiedersehen. Das, was Verus eben noch unerträglich erschienen war, verwandelte sich trotz der Enttäuschung vor dem Hintergrund der Machtlosigkeit in Trost.

Auf dem Weg zurück ins Kastell schlug das Wetter um. Dunkle Regenwolken zogen auf. Und als er, vom Grübeln ermüdet und vom Regen durchnässt, ankam, war plötzlich Krieg. Der Kaiser in Rom hatte sie nach Italia befohlen, zu einer Schlacht gegen rebellierende Legionen. Schon am nächsten Morgen sollten sie abmarschieren. Er dachte an Silvanus' Worte. Die Römer begannen damit, sich gegenseitig totzuschlagen. Doch der Krieg, der seine Liebe und sein Leben bedrohte, hielt auch eine Gerechtigkeit für ihn bereit: Tullius müsste ebenfalls mit in die Schlacht ziehen und könnte sich nicht mehr einfach nach Rom retten. Er würde womöglich wie er selbst auf dem Schlachtfeld sterben. Voller Bitterkeit im Herzen legte Verus sein Schicksal in die Hände der Götter. Mars, Venus und Fortuna würden entscheiden, wohin sich die Waage neigen würde, auf die Seite der Macht oder auf die der Liebe.

Bei diesem Gedanken lächelte Verus voller Selbstmitleid in sich hinein. Was hatte er sich den Kopf zermartert wegen drei Monaten Trennung. Und nun brach die Ungewissheit des Krieges über ihre Liebe herein. Dem Streit mit den Vätern hatte der Krieg den Sinn genommen. Der Krieg stellte alles infrage, und falls er auf dem Schlachtfeld den Tod fände, würde das gemeinsame Leben mit seiner Liebsten jäh zerrissen, ohne dass noch einmal ein Wort der Hoffnung auf ein Wiedersehen gesagt, ohne dass noch einmal ein Wort der Liebe gehört worden wäre und ohne den vielleicht letzten Kuss des Abschieds zu schmecken. Wie bösartig konnten die Götter sein.

8

Colonia Agrippinensium am Rhenus

Die Ereignisse, die dazu führten, dass Verus nach Italia in den Krieg ziehen musste, hatten drei Monate zuvor begonnen. Der Göttin des Schicksals hatte es aus einer Laune heraus gefallen, den aus einer angesehenen Familie der Nobilität abstammenden Aulus Vitellius mit einer überraschenden Rolle im Machtkampf um das Kaiseramt zu versehen. Vitellius hatte zuvor unter drei Kaisern gedient: Caligula, Claudius und Nero. Sein Vater war dreimal Konsul gewesen und hatte auch ihm dieses Amt einmal verschafft. Unter Nero war er noch Prokonsul der Provinz Africa geworden. Danach war seine Karriere steil bergab gegangen. Hauptsächlich hatte sich der inzwischen sechsundfünfzigjährige Vitellius durch einen üppigen Lebenswandel ausgezeichnet, der durch Fressgelage, anrüchige Affären und durch chronischen Geldmangel gekennzeichnet war. Nichts hatte darauf hingedeutet, dass er einmal kometenhaft aufsteigen würde. Doch genau das war geschehen.

Es begann damit, dass ihm Galba das Kommando über die Legionen in Untergermanien anvertraute. Der Kaiser stellte ihn ausgerechnet an die Spitze jener Legionen, die im Mai 68 n. Chr. den Aufstand gegen Nero niedergeschlagen hatten. Geschehen war dies zu einem Zeitpunkt, als sich Galba selbst bereits auf die Seite der Aufständischen und damit gegen Nero gestellt hatte. Galba hoffte, mithilfe von Vitellius, der keinerlei militärische Erfolge vorzuweisen hatte, die Gefahr eines Gegenkaisers in Germania für immer zu bannen.

Vitellius ahnte nicht, welch wechselhaftes Schicksal Fortuna für ihn bereithielt, als er Anfang Dezember 68 n. Chr. in Colonia am Rhenus eintraf. Der Traum seines Lebens schien sich zu erfüllen. Die militärischen Aufgaben erledigten seine Legaten, ohne ihn damit zu belästigen, und für sein Desinteresse an der Verwaltung dankten ihm die Magistrate, indem sie ihm die Verantwortung für die Provinz großzügig abnahmen. Kurzum, er war mit sich und seinen Ansprüchen im Reinen, denn die bedrückenden Geldsorgen war er nun losgeworden, obwohl er sich nicht gerade ein unbescheidenes Leben gönnte. Er wünschte sich daher nichts sehnlicher, als dass alles so bliebe und man ihn als Statthalter einfach liebte.

Bereits der Empfang durch die Legionäre war überraschend freundlich. Vermutlich verdankte er ihn dem ihm vorauseilenden Ruf der Großzügigkeit und Leutseligkeit. Tatsächlich entsprach es seinem Wesen, andere Menschen an seinem Glück zu beteiligen, wenn sie ihm nur gebührend schmeichelten. So war er zu jedermann freundlich, begrüßte selbst den einfachsten Soldaten mit einer Umarmung, begnadigte den, der sich eines Vergehens schuldig gemacht hatte, und gab freigiebig, wo immer man auf seine Hilfe angewiesen war. Die Legionäre waren der Ansicht, die Götter hätten Vitellius zu ihnen geschickt, um sie für ihren aufopferungsvollen Dienst an der Reichsgrenze zu belohnen. Er war Balsam für ihre geschundenen Seelen, litten sie doch unter der Verachtung und Zurücksetzung durch Galba, obwohl ihnen nichts weiter vorzuwerfen war als die Treue zum Kaiser. Das Schicksal hatte sie gestraft, indem sie auf die falsche Partei gesetzt hatten. Neidvoll hatten sie mit ansehen müssen, wie Kaiser Galba seine Legionen und Beamten in Rom, die ihn zur Macht verholfen hatten, mit Zuwendungen überschüttete, während sie selbst, die einstigen Gegner, die von Nero für ihre Treue Lohn erwartet hatten, nun in Folge des Machtwechsels leer ausgegangen waren.

In der Nacht vom 1. zum 2. Januar wurde Vitellius aus dem Schlaf gerissen. Bewaffnete waren in sein Zimmer eingedrungen und hatten ihn fortgeschleift. Vitellius glaubte an eine Revolte und fürchtete um sein Leben. Es hätte ihm das Murren und die offen zur Schau getragene rebellische Stimmung seiner Legionäre zu denken geben müssen, auch dass es in Obergermanien gärte. Erst am Neujahrstag hatten die vierte und zweiundzwanzigste Legion dort die Statuen Galbas zu Boden gerissen. Der Adlerträger der vierten Legion hatte ihm am darauffolgenden Morgen die Nachricht überbracht. Er hätte eine Entscheidung treffen müssen: Entweder hätte er gegen die rebellierenden obergermanischen Legionen ziehen oder sich gegen Galba stellen müssen.

Aber er hatte sich nicht entscheiden können, obwohl seine Legionäre in Untergermanien den Eid auf den Kaiser, wie es am Neujahrstag Sitte war, nur zögerlich erneuerten, als hätten sie auf ein Zeichen von ihm gewartet. Würde er jetzt das Opfer seiner Unentschlossenheit werden?

Doch dann gab es eine überraschende Wende. Als er im Nachthemd ins Sacellum getragen wurde, die Halle des Heiligtums, in der der Legionsadler und andere Feldzeichen aufbewahrt wurden, standen dort die Offiziere in Reih und Glied, zückten bei seinem Eintreffen ihre blanken Schwerter und schlugen damit zur Begrüßung mit der Breitseite laut scheppernd gegen ihre Schilde. Der Legat der ersten Legion, der mit Reitern und Hilfstruppen in die Stadt eingerückt war, rief: »Heil dir Cäsar, heil dir Vitellius«, wobei er dessen Arm in die Höhe riss, was die Soldaten mehrfach im Chor wiederholen ließ: »Heil dir Cäsar, heil dir Vitellius.« Da sah Vitellius Galbas heruntergerissene Bildnisse und Standarten auf dem Fußboden liegen.

Er war von dem Vorgang vollständig überrascht und doch froh, dass alles so überaus glücklich ausgegangen war. Ehe er etwas sagen konnte, sprach der Legat laut vor der versammelten Truppe: »Die Legion in Hispania Tarraconensis hat Galba zum Cäsar ausgerufen. Doch die ruhmreichen Legionen in Germania haben für Rom einen höheren Beitrag geleistet. Es obliegt daher den tapfersten und stärksten Legionen des Reiches, den Cäsar auszurufen. Unsere Wahl fällt auf den Würdigsten, den Erhabensten.« Und er beendete seine Ansprache mit dem Ruf: »Heil dir Cäsar, heil dir Vitellius.« Und erneut stimmte die Soldatenschar ein: »Heil dir Cäsar, heil dir Vitellius.«

Der von den Soldaten zum Kaiser ausgerufene Vitellius genoss den Augenblick, als sie ihm das blanke Schwert des vergöttlichten Julius Cäsar in die Hand drückten, das man eigens dafür aus dem Marstempel geholt hatte. Anschließend trugen sie ihn zunächst auf ihren Schultern, dann auf einer offenen Sänfte durch die Straßen der Stadt. Überall vernahm er das Jubelgeschrei begeisterter Menschen. Seine anfängliche Unsicherheit wich gutem Mute, denn er wurde dadurch bestärkt, dass sich ihm auch sofort die Legionen Obergermaniens anschlossen. Die Revolte nahm rasch an Dynamik zu. Immer mehr Heerführer der benachbarten Provinzen trafen ein, um ihm ihre Treue zu versichern.

Vitellius kostete das süße Gefühl aus. Die Götter hatten ihn auserwählt, Herrscher des römischen Imperiums zu werden, denn es geschah ohne sein eigenes Zutun und Wollen. Das überschwängliche Gefühl wurde jedoch immer stärker von einem schrecklichen Gedanken überschattet: Er war ein Usurpator. Die Legionen an Danuvius und Ister und in Italia hielten an ihrem Treueid zu Galba fest. Der rechtmäßige, vom Senat ernannte Kaiser herrschte nach wie vor in Rom. Eine Entscheidung durch das Schwert wurde damit unvermeidbar.

9

**Rom
im Januar 69 n. Chr.**

Nun war es geschehen. Das Geheimnis war keines mehr. Jede Legion könnte ihren Feldherrn zum Kaiser erheben. So wie einst Galba war auch Vitellius außerhalb Roms von Legionen zum Kaiser ausgerufen worden. Doch der Gegner Galbas war dieses Mal kein entmachteter Nero, sondern ein Usurpator, der die halbe Streitmacht des Imperiums hinter sich vereinte. Die Sorge der römischen Bürger um ihre Sicherheit war in den Straßen und auf den Plätzen nahezu zu greifen, erwarteten sie doch, dass seine gewaltige Streitmacht bald gegen ihre Stadt ziehen würde.

In diesen Tagen keimte neue Hoffnung auf: Titus kommt nach Rom! Die Nachricht verbreitete sich rasch in allen Gassen. Es kursierte das Gerücht, er komme, um von Galba adoptiert zu werden. Könnte eine Allianz mit den Legionen seines Vaters im Osten und an Danuvius und Ister die Stadt vor einem Krieg bewahren?

Catulus, der sich inzwischen von der erlittenen Folter erholt hatte, freute sich auf Titus. Er hatte seinem Dominus im Geheimen Briefe geschickt und ihn über die politische Situation in Rom ausführlich informiert. Er hatte dabei nicht versäumt, die Ambitionen von Domitianus im Komplott mit Otho zu erwähnen. Catulus fürchtete, dass er all seine Träume begraben könnte, würde Domitianus eines Tages Princeps werden, und hoffte, dass es dazu nicht kommen würde.

Catulus hatte sich gerade seinen Mantel umgehangen, um das Haus zu verlassen, als er Schreie und die ihm bekannten zischenden Geräusche von Peitschenhieben hörte. Er eilte ins Atrium, wo er einen Sklaven am Boden liegend sah, auf den

Domitianus mit der Peitsche einschlug. Diese intensive Geißelung verschlug ihm den Atem.

Der von dem Geschrei ebenfalls angelockte Sabinus fiel Domitianus in den Arm. »Lass meinen Sklaven am Leben!«

»Er hat eine Vase zerschlagen. Bei den drei Furien, ich werde ihm seine Tollpatschigkeit austreiben«, ereiferte sich Domitianus.

»Lass das, Domitianus! Es ist mein Haus, meine Vase und mein Sklave!«, brüllte Sabinus.

Domitianus schleuderte wütend die Peitsche beiseite.

»Du bist erzürnt wegen Titus«, tadelte ihn Sabinus. »Lass das bitte nicht an meinen Sklaven aus!«

»Nenne nicht seinen Namen!« Domitianus hielt Sabinus drohend einen Zeigefinger entgegen. »Bei Juno, warum bevorzugt mein Vater ihn? Er hat einen Sohn hier in Rom. Warum schlägt mein Vater nicht mich zur Adoption vor?«

»Domitianus, die Götter haben noch nicht über Galbas Nachfolge entschieden«, versuchte Sabinus zu beschwichtigen.

»Lass die Götter aus dem Spiel. Es war meines Vaters Entscheidung. Ich hasse ihn und Titus.«

»Dein Vater wird seinen Grund haben. Es ist gewiss nicht gegen dich persönlich gerichtet. Die Entscheidung liegt letzten Endes bei Galba. Er ist stark unter Druck geraten.«

»Stimmt«, warf Catulus ein. »In den Tavernen spottet man über sein hohes Alter. Er hat kaum noch Rückhalt beim Volk.«

»Schweig, Sklave«, brüllte Domitianus.

»Domitianus!« Sabinus rüttelte seinen Neffen. »Catulus hat recht. Das Volk gibt ihm die Schuld an der Erhebung der Nordlegionen. Er muss unverzüglich seine Nachfolge regeln.«

»Das Volk, das Volk. Wer ist schon das Volk?« Domitianus drehte ab. »Ein gefräßiges Pack, ausgehalten von ihren Patronen. Die Senatoren wollen nur, dass Galba diesen schwachköpfigen Piso adoptiert. Sie sollten sich besser für Otho entscheiden.«

»Sie wollen die Rolle des Senats stärken«, warf Catulus ein. »Piso hat keinen Rückhalt in den Legionen. Sie hoffen auf einen schwachen Princeps. Aber seine Adoption würde die Gefahr eines Krieges nur verstärken. Rom braucht einen starken Kaiser, dem die Legionen folgen. Ein solcher wäre Titus.«

»Du elender Sklave. Noch ein Wort, und ich töte dich!«

»Beherrsche dich, Domitianus!«, fuhr Sabinus dazwischen. »Catulus hat nichts mit der Entscheidung deines Vaters zu tun.«

»Nein? Wirklich nicht?«

Es entstand eine kurze Pause, in der sich Domitianus und Sabinus in die Augen schauten, bevor ihre Blicke hinüber zu Catulus wanderten.

Dieser schluckte verlegen. »Otho wird vom Senat wegen seines Lebenswandels abgelehnt«, sagte er, um von sich abzulenken. »Sie fürchten in ihm einen zweiten Nero. Also ist doch deinem Vater nichts vorzuwerfen, wenn er selbst einen Vorschlag macht. Galba könnte sich durchaus für Titus entscheiden. Damit könnte auch der Senat leben und ein Krieg vermieden werden. Mit Titus als Nachfolger hätte er einen aktiven und starken Unterstützer gegen Vitellius.«

»Catulus hat recht«, versuchte Sabinus Domitianus zu beruhigen.

Doch der schrie ihn an: »Warum Titus? Warum nicht ich?«

»Weil du nicht besser bist als Piso«, entgegnete Catulus, dem augenblicklich bewusst wurde, dass er das nicht hätte sagen sollen.

»Du elender Sklave. Du wagst es, so mit mir zu sprechen?« Domitianus versuchte, sich auf Catulus zu stürzen. »Ich bringe dich um. Ich bin ein Adliger, und du bist ein dreckiger Sklave.«

Sabinus hatte große Mühe, Domitianus von Catulus zurückzureißen.

Catulus hustete von diesem Würgegriff. Weil er aber unter Sabinus' Schutz stand und seinen Einwand logisch erklären wollte, sprach er weiter. »Verzeih, ich benenne ja nur die Fakten. Piso kommt zwar auch aus edlem Haus. Aber er befand sich während der Herrschaft Neros die ganze Zeit in Verbannung. Wie sollte er da Verbindungen zur Politik und zu den Legionen aufbauen? Deine Verbindungen sind doch auch nicht besser. Titus aber hat bei den Legionen einen guten Ruf.«

»Titus, Titus. Ich verfluche ihn und seine Legionen«, schrie Domitianus.

Sabinus schaute Catulus an und schüttelte den Kopf. Catulus verstand. Es hatte keinen Zweck, mit Domitianus zu reden, der sich inzwischen in sein Zimmer zurückgezogen hatte. »Eines Tages werde ich Kaiser sein«, hörten sie ihn noch aus der Ferne brüllen. »Dann sollt ihr meine Rache fürchten.«

Einige Tage später, es war der 15. Januar 69 n. Chr., begab sich Catulus zum Forum, um dort, wie es seine tägliche Gewohnheit war, dem Nachrichtenverkünder auf der Rostra zuzuhören und die Senatsbeschlüsse am Aushang zu lesen. Das musste er tun, um Vespasianus auf dem Laufenden zu halten. Am Vortag hatte er erfahren, dass Galba den Prätorianern seinen Adoptivsohn Piso vorgestellt hatte. Er hatte damit dem Drängen des Senats nachgegeben. Offensichtlich hoffte er auf die Unterstützung der reichen Patrizier, um mithilfe ihrer zahlreichen Klienten die gegen ihn aufgebrachte Stimmung des Volkes einzudämmen.

Schon am Abend hatten Sabinus und Domitianus Galba die Pest an den Hals gewünscht. Sie hofften auf eine Revolte der Prätorianer. Diese Hoffnung war nicht unbegründet, denn in Roms Garde, der wichtigsten Machtstütze des Kaisers in der Stadt, herrschte nach der Hinrichtung ihres ehemaligen Präfekten schlechte Stimmung. Ihre Revolte gegen Nymphidius Sabinus wurde ihnen nicht vergoldet. Auch jetzt hatten sie vergeblich auf ein Donativum gewartet. Das war üblich, wenn ein Princepsnachfolger den Kohorten vorgestellt wurde. Stattdessen hatte Galba in unausstehlicher Manier ohne politischen Instinkt ihre Forderung mit den Worten zurückgewiesen, er kaufe keine Legionen, sondern er hebe sie aus. Das heizte die schlechte Stimmung unter den Prätorianern weiter an. Sie vergaßen Galba nicht, dass er die zugesagte Zuwendung anlässlich seiner Inthronisierung ebenfalls nicht eingehalten hatte. Sie fiel damals wesentlich geringer aus als versprochen.

Es nieselte an diesem Tag, und ein böiger kalter Wind pfiff durch die Straßen Roms. Doch trotz des ungemütlichen Wetters waren mehr Menschen auf das Forum gekommen als gewöhnlich, in der Hoffnung auf bessere Neuigkeiten. Sie hatten Angst vor einem Bürgerkrieg. Im Vertrauen auf die Stärke ihrer Legionen waren sie es gewohnt, Nachrichten über siegreiche Schlachten zu hören, die fernab von Italia stattfanden. Doch im bevorstehenden Krieg mit den Nordlegionen könnte ihre Stadt nun selbst zum Kampfplatz werden. Das Volk hatte schnell den Schuldigen ausgemacht. Es war der greise und unfähige Kaiser Galba, der sie in diese Lage gebracht hatte.

Als Catulus gedankenversunken über das Forum lief, sah er eine Sänfte, vor der zwölf Liktoren mit Rutenbündeln über den Schultern schritten. Dahinter marschierten in weiße Umhänge gehüllte Soldaten. Es war der Kaiser mit seiner Leibwache. Die Menschen drängten weiter aufs Forum zu. Offenbar wollte Galba zum Volk sprechen.

Im nächsten Augenblick preschten berittene Prätorianer auf den Platz. Ihr plötzlicher Überfall und der Lärm, den die Hufschläge auf dem Pflaster verursachten, versetzten die Menschen in Panik. Sie stoben nach allen Seiten schreiend auseinander.

Catulus suchte Schutz im Portikus der Basilica Julia. Von den Arkaden aus beobachtete er, wie Bogenschützen der Prätorianer die Sänfte des Kaisers beschossen. Die Träger versuchten, den Princeps aus der Gefahrenzone zu bringen. Doch unter dem dichten Pfeilhagel brachen einige Sklaven getroffen zusammen. Der Tragsessel stürzte dabei um, und aus ihm heraus kroch Kaiser Galba, dem blankes Entsetzen ins Gesicht geschrieben stand. Niemand kümmerte sich um seinen Schutz. Stattdessen liefen seine Leibwächter zu den Prätorianern über.

So plötzlich, wie der Kampf begonnen hatte, so schnell war er auch wieder zu Ende. Das Volk strömte auf das Forum zurück, noch zahlreicher als vorher, um zu sehen, was mit ihrem Kaiser geschehen würde.

Catulus trat näher. Er sah, wie ein Prätorianer Galba zu Boden drückte und ein anderer mit dem Schwert ausholte, um ihn abzustechen.

»So tu es, wenn es besser für Rom ist«, rief noch der Kaiser. Das Schwert, das ihm im nächsten Augenblick in den Hals fuhr, schnitt ihm das Wort ab. Die Menschen johlten begeistert und klatschten Beifall. Solch ein Schauspiel, die Hinrichtung eines Kaisers auf dem Forum, hatten sie noch nie zuvor erlebt.

Catulus war über diesen Ausgang entsetzt. Er fragte sich, wer die Ermordung Galbas angeordnet haben könnte. Vitellius im fernen Germania schied wohl aus. Ein neuer Usurpator musste auf die Weltbühne getreten sein. Am nächsten Tag erfuhr er, wer dies war.

Wie sich herausstellte, hatte Otho die Prätorianer bestochen, die ihn sofort zum neuen Princeps ausriefen. Zahlreiche Gläubiger unter den Senatoren unterstützten ihn daraufhin aus Sorge um die Rückzahlung ihrer Darlehen. Den anderen blieb weiter nichts übrig, als ihn im Amt zu bestätigen.

Im Haus des Sabinus wurde Othos Sieg gefeiert. Während sein Onkel die sichere Wiedereinsetzung in das Amt des Stadtpräfekten erwartete, schwelgte Domitianus in der süßen Hoffnung, einmal das Kaiseramt von Otho zu erben. Eine Hoffnung, die von der Naivität eines Jünglings genährt wurde, der an die Einlösung eines vagen Versprechens glaubte. Als Domitianus erfuhr, dass Titus seine Reise in Griechenland abgebrochen hatte und nach Judäa zurückgekehrt war, triumphierte er. Er glaubte gar, den Bruder im Machtkampf ausgestochen zu haben.

Im fernen Osten des Reiches schwor indessen Vespasianus seine Legionen auf Otho ein. Im Gegenzug starb in Rom der Galiläer durch das Schwert. Die langjährige Freundschaft zwischen Vespasianus und Otho vermochte nicht darüber hinwegzutäuschen, dass die gegenseitige Abhängigkeit überwog. Otho brauchte Vespasianus' Legionen gegen Vitellius. Dafür schenkte er ihm Loyalität. Dieses Machtspiel bot keine Rolle für

Domitianus und rückte Catulus zurück in die Reihe unbedeutender Sklaven.

Catulus bedrückten die verpassten Gelegenheiten. Nun war sein Traum vom kaiserlichen Sekretär in unerreichbare Ferne gerückt. Mit dieser neuen Situation wollte er sich jedoch nicht abfinden. Tagelang grübelte er, bis ihm eine Überlegung neue Hoffnung gab. Hatte sein Dominus das Kaiseramt tatsächlich aufgegeben? Er erinnerte sich, wie Vespasianus, Titus und Mucianus damals im Feldlager von Jericho Strategien gegen Galba entwickelt hatten, und versuchte, sich in deren Gedankengänge hineinzuversetzen. Denn eines beherrschte sein Dominus wie kein Zweiter: den Krieg. Die Entfernung von der Ostgrenze des Imperiums bis nach Rom war groß. So groß, dass sich Vespasianus' Legionen leicht bei ihrem Eintreffen auf dem Schlachtfeld an Othos Seite verspäten könnten. Der unabwendbare Krieg würde in diesem Fall die Streitkräfte von Otho und Vitellius gleichermaßen schwächen. Wer immer als Sieger hervorgehen würde, er könnte danach die Legionen Vespasianus' kaum noch abwehren. Die Stunde seines Dominus schlüge also vielleicht doch noch. Ein guter Ausgang für die Erfüllung seiner Träume war also möglich, denn die Truppen des Usurpators Vitellius waren schon auf dem Vormarsch gegen Rom: eine gewaltige Streitmacht von siebzigtausend kampfesmutigen Legionären.

10

**Grenzgebiet zur römischen Provinz Germania Inferior
am Unterlauf des Rhenus
Ende Februar 69 n. Chr.**

Nur wenige Meilen bevor der Rhenus ins Meer mündete, zweigte gegenüber des römischen Grenzkastells Fectio ein Nebenarm von ihm ab, der nach Norden zum Flevo Lacus floss. Westlich des Flusses, der ebenso Fectio hieß, dehnte sich das Einzugsgebiet der Bataver aus. Auf der Lichtung eines wilden Waldes von Eichen, Buchen und Erlen hoben sich aus dem Morgennebel ein Langhaus, zwei Grubenhütten und ein gestelzter Speicher ab, die ein mannshoher Weidenzaun umgrenzte. Unterhalb der Spitze des Langhausgiebels quoll aus dem nicht mit Lehm abgedichteten Weidengeflecht Rauch. Und der Raureif auf dem Reetdach verschmolz mit dem tristen Grau des jungen Wintertages.

Aus dem Langhaus, in dem die Bewohner zusammen mit den Haustieren die Nacht verbracht hatten, trat ein Mann aus der Tür, der so ungewöhnlich groß war, dass er sein Haupt beugen musste. Über die Schulter hatte er sich ein Lammfell geworfen, das seine ohnehin schon kräftige Statur noch verstärkte. Das lange rötliche Haar hatte er zu einem Pferdeschwanz zusammengebunden, und der dichte, ebenfalls rotblonde Bart verlieh ihm ein wildes Aussehen. Er rasierte sich nicht, da dies nach alter Sitte nur den Kriegern vorbehalten war. Sein Atem wirbelte Kondenswölkchen in die eisige Luft, und seine Schritte knirschten auf dem hartgefrorenen Boden.

Thorbrand, wie der älteste Sohn des Hausherrn hieß, horchte auf. Der Panikschrei einer Krähe hatte die morgendliche Stille durchschnitten und war im nebelverhangenen Wald verhallt. Die Augen des Mannes suchten die Umgebung ab, obwohl es lange her war, dass seine Familie hatte Raubüberfälle fürchten müssen, hatten die Römer doch ihren verbündeten Stämmen verboten, untereinander Krieg zu führen.

Thorbrand kannte die Helden seines Stammes nur aus Erzählungen. Schon als Kind hatte er, am Feuer sitzend, an den Lippen der Alten gehangen, die von der Ära der Krieger berichteten und deren Stärke und Mut lobten. Die Anführer, die andere Stämme unterworfen hatten, so erzählten sie, seien nach Walhalla gereist, in das Reich der toten Helden. Dort wollte Thorbrand auch einmal einen Platz finden.

Doch die Zeiten hatten sich geändert. Jetzt war das Volk der Bataver mit den Römern verbündet. Die tapfersten Krieger kämpften an der Seite römischer Legionen, und kaum jemand in der Heimat kannte die eigenen Namen. Sie zogen unter den römischen Feldzeichen gegen fremde Völker und unterwarfen diese dem römischen Adler zum Ruhme von dessen Feldherren und dessen Kaisers. Die heimischen Bataver hingegen waren jetzt zu Ackerbauern und Viehzüchtern verkommen, so wie Thorbrand. Immer wieder kamen die römischen Legionäre mit Booten den Fectio herauf und sorgten dafür, dass ihnen die benachbarten Stämme außerhalb ihres Reiches ergeben blieben. Wenigstens befreiten sie die Bataver als privilegierte Verbündete von Tributzahlungen.

Thorbrand schwang sich eine Kiepe mit Fellen auf den Rücken und brummte, als er seinen Vater aus dem Haus kommen sah.

»Du bist gestern spät gekommen«, sagte der Vater.

Thorbrand nickte wortlos.

»Du hast Ärger gehabt?« Der Vater deutete auf das linke Auge seines Sohnes, das geschwollen war und sich blau verfärbt hatte. Den Hals bedeckten Kratzwunden.

Thorbrand nickte erneut.

»Wer war das?«

»Römer.«

»Du hast versucht, Sonja zu befreien?«

»Sie war mir versprochen worden. Die Römer haben kein Recht, sie zu entführen.«

Der Vater schüttelte den Kopf. »Thorbrand, sei nicht so dickköpfig. Sie wurde nicht entführt. Sonja hat sich freiwillig entschieden, in Colonia zu leben, so wie viele andere auch. Das musst du akzeptieren.«

»Niemals.« Thorbrand verzog schmollend die Lippen. »Sie hat uns verraten und ihre Freiheit aufgegeben.«

»Nein, sie hat die Freiheit des Wohlstandes gewählt, Thorbrand.«

»Wohlstand ist nicht Freiheit. Die Römer werden uns immer herabsetzen, egal, wie viel sie uns von ihrem Reichtum abgeben. Wirkliche Freiheit ist, wenn man Macht hat, wenn wir über uns selbst bestimmen können, ohne römische Bevormundung. Wir Bataver haben unsere Ehre verloren. Wie sollen wir sie je zurückerlangen, wenn unsere tapfersten Krieger für Rom kämpfen und unsere Frauen zu den Römern überlaufen? Brinnos Leute haben mehr Ehre im Leib als wir.«

Thorbrand meinte damit das Gefolge des Fürsten vom benachbarten Stamm der Cananefaten.

»Brinnos Mannen stehen in der Achtung der Römer in weit niederem Rang als unsere Krieger«, entgegnete der Vater mit verächtlichem Unterton. »Wir, die Bataver, stellen Rom die besten Kämpfer. Vor uns haben sie sehr großen Respekt. Deshalb werden unsere Krieger den besten römischen Heerführern unterstellt und dienten unter Nero sogar in der Leibwache des Kaisers. Du kannst sehr stolz auf deinen Stamm sein.«

»Hat Nero nicht kürzlich einen Sohn unseres Fürsten hinrichten lassen? Sieht so die Anerkennung der Römer für die Dienste der Bataver aus?«

»Es gab viele Intrigen während der Verschwörungen gegen Nero«, suchte der Vater zu besänftigen. »Viele sind damals unschuldig geopfert worden, auch Römer. Claudius Paulus hat den Dienst bei den römischen Auxiliaren bis zu seinem Tod mit Stolz erfüllt. Und seinen Bruder Julius Civilis hat Galba rehabilitiert.«

»Warum nennst du ihre römischen Namen? Deine Enkel und Urenkel werden bald alle Römer sein und deren Göttern gehorchen.«

»Thorbrand! Erzürne die Götter nicht! Denke nach! Die Römer sind ein großes Volk. Sie können uns beibringen, wie man Straßen und Brücken baut. Aber mit ihnen zusammenzuleben heißt nicht, unsere Götter zu verraten. Wir sind Bataver und bleiben es. Doch wir müssen von den Römern lernen und dadurch stark werden. Eines Tages können wir unser Schicksal wieder in die eigenen Hände nehmen.«

»Und wann wird das sein?«

»Nur Wotan in seiner Weisheit kennt den genauen Tag. Aber der wird kommen.«

»Du müsstest dich hören, Vater. Deine Worte klingen hohl, ohne Ehre. Was ist aus den Batavern nur geworden? Was waren wir einst für ein furchtloses und siegreiches Volk!«

»Lass dich nicht von den alten Liedern blenden, Thorbrand. Sie verschweigen Tod und Entbehrungen. Wir leben in Frieden, mein Sohn. Schätze dieses Gut und lerne von den Römern. Nur so kannst du es heute zu etwas bringen. Wie oft habe ich es dir schon gesagt. Die Zeiten haben sich geändert. Das Bündnis mit Rom ist für uns vorteilhaft. Die Römer bringen uns Wein und Bäder, Steinhäuser und Wasserleitungen, Handel und Handwerk. Lerne von ihrer modernen Welt, dann werden wir eines Tages auch wieder unsere Freiheit erringen.«

Thorbrand zog es vor zu schweigen. Er nickte, Einsicht vortäuschend, um seine Ruhe zu haben, und lief gedankenversunken zum Fluss. Auf die ausgetretenen Pfade brauchte er heute nicht zu achten, denn die Sumpfgebiete, die im Sommer zur tödlichen Falle wurden, waren jetzt gefroren. Auf direktem Weg erreichte er das Versteck seines Kanus. Er paddelte mit der Strömung des Flusses Fectio zur römischen Grenze und nutzte dabei die Flut des Meeres aus, die das Wasser entgegen seinem natürlichen Verlauf gegen den Rhenus drückte.

Währenddessen überlegte er, welche Preise er beim Verkauf seiner Felle wohl erzielen könnte. Heute war Markttag am Kastell Fectio. Die Vorräte der Familie neigten sich bedrohlich dem Ende zu, was bei der schlechten Ernte im letzten Jahr zu erwarten gewesen war. Eine Sturmflut hatte große Teile ihrer Felder verwüstet, was jetzt bedeutete, dass sie bald hungern müssten. Zu allem Unglück lag auch noch seine kleine Schwester fiebrig im Bett. Sie musste wieder zu Kräften kommen, sonst würde sie sterben. Thorbrand hatte deshalb Felle, welche die Familie im Überfluss besaß, zusammengerauft und beschlossen, sie auf dem römischen Markt zu verkaufen. Er hasste den Handel mit den Römern. Doch ihm blieb keine Wahl. Er nahm sich vor, so viele Felle zu veräußern, dass er von dem Geld Getreide und Honig für seine kranke Schwester erwerben könnte.

Thorbrand beobachtete jede Flussbiegung in der Hoffnung, dass ihn nicht eine Flusspatrouille aufbrächte. Die Römer würden ihn sofort zur Zahlung eines Tributs auffordern, ihm womöglich sogar die Felle stehlen. Er hasste diese römischen Halsabschneider, die ihre Macht zu ihrem eigenen Vorteil ausnutzten. Doch er hatte Glück und erreichte unbehelligt die Anlegestelle, die auf das Territorium des Römischen Reiches führte. Schon vom Weiten sah er die Palisadenwand und einen großen Kran. Als er näher herankam, erkannte er, dass an den Seilen des Krans schwere Säcke über einem Lastkahn schwebten. Weizen, hoffte Thorbrand und paddelte schneller. Neben dem Kastellhafen lud eine Kaimauer zum Anlegen ein. Am Ufer lagen schon viele Boote anderer Sippen und Stämme, die mit den Römern Handel treiben wollten. Nachdem Thorbrand sein Boot gesichert hatte, begab er sich mit dem Korb auf dem Rücken zum römischen Kontrollposten. Vor diesem hatte sich eine Menschenmenge aufgestaut. Als Thorbrand an der Reihe war, fragte ihn ein Legionär, wohin er wolle.

Thorbrand antwortete ihm wahrheitsgemäß: »Auf den Markt, Felle verkaufen.«

»In Fectio?«

»Ja.«

Der Legionär musterte kurz Thorbrands Ware. Dann sagte er: »Die Einfuhr kostet dich zwei Sesterze.«

»Ich habe kein Geld«, entgegnete ihm Thorbrand, den die Forderung empörte.

»Dann lass ein Fell da. Du kannst es auf dem Rückweg gegen die zwei Sesterze wieder einlösen.«

»Warum sollte ich ein Fell dalassen oder Geld bezahlen?«

Der Legionär verdrehte angesichts dieser weltfremden Frage die Augen.

»Hör zu«, sagte er genervt. »Du führst Waren in das römische Reichsgebiet ein. Dafür muss ich einen Einfuhrzoll erheben – von jedem. Du kannst aber auch ans andere Ufer übersetzen und dort deine Felle verkaufen. Dann musst du nichts bezahlen. Also willst du nun rein oder wieder abziehen?«

Bei allen guten Geistern. Jenseits des Flusses würde er schwerlich jemanden finden, der Felle kaufte, denn unter den Stämmen waren die keine Mangelware. Hingegen gab dort auch keiner Getreide und Honig ab, die jeder für sich selbst brauchte. Thorbrand musste also zum römischen Markt. Nur dort gab es Käufer, Getreide und Honig. Nur so war es ihm möglich, die drohende Hungersnot seiner Familie abzuwenden und seine Schwester zu retten.

Er fingerte aus der Kiepe ein kleines Fell heraus. Der Wachmann schüttelte unzufrieden den Kopf, was Thorbrand nach einem größeren greifen ließ. Er glaubte, dass es viel mehr wert war als zwei Sesterze. Doch da ihm keine Wahl blieb, reichte er es dem Legionär und erhielt dafür ein kleines Holzstück mit einer eingebrannten römischen Zahl darauf.

»Zeig das später vor. Damit kannst du das Pfand wieder einlösen. Und nun geh weiter!«

Nach kurzer Wegstrecke erreichte Thorbrand den Marktort. Er wunderte sich darüber, wie sehr sich die Siedlung vor dem Tor des Kastells seit seinem letzten Besuch verändert hatte. Die Straße säumten noch mehr römische Langhäuser, die, anders als die Holzhäuser der Bataver, aus Stein erbaut waren. Neugierig warf er einen Blick in eine Taverne und entdeckte dort in eine Steintheke eingelassene zylindrische Vertiefungen, in denen die Römer die darin versenkten Tongefäße mit Essen warm hielten. Thorbrand roch gebratenes Fleisch und sah, wie schon zu früher Morgenstunde einige Römer dem Wein zusprachen. Ein Stück weiter duftete es nach frischem Brot. Das Wasser lief ihm im Munde zusammen, um so mehr wenn er an den wässrigen Haferbrei seiner Morgenmahlzeit dachte. Welcher Überfluss bot sich ihm hier, der jedem mit barer Münze zugänglich war!

Der Marktplatz beherbergte eine Vielzahl an Händlern und Handwerkern, die ihre Waren feilboten. Luxuriöse Töpferwaren waren zu sehen, edles Geschirr aus Silber und Bronze, Schmuck aus Gold und Bernstein, prunkvolle Tücher, bunte Glasschalen, schmiedeeiserne Waren, filigrane Knochenschnitzarbeiten, Holzmöbel und landwirtschaftliche Produkte, darunter auch Getreide. Sein Herz schlug höher. Einen Fellverkäufer entdeckte er zu seiner Erleichterung nicht.

Nach kurzem Suchen fand er ein geeignetes Plätzchen und breitete seine edelsten Stücke aus. Sein Stand erweckte auch sofort das Interesse einiger römischer Kunden, die fern ihrer sonnigen Heimat unter den eisigen Nordwinden litten. Es dauerte nicht lange, und er hielt die ersten Münzen in seinen Händen. Thorbrand war mit dem Handel zufrieden und sah sich schon mit ein oder zwei Säcken Getreide zu Hause ankommen, als er hinter sich ein Lachen hörte. Als er sich umdrehte, sah er in das höhnisch lachende Gesicht eines Knechtes. Thorbrand schoss die Wutröte ins Gesicht. »Warum lachst du? Willst du Streit?«

Der Mann schüttelte den Kopf und sagte in einem kaum verständlichen Latein: »Du viel zu billig Felle weg. Du mir geben Anteil, und ich dir sagen wie viel wert. Du dadurch mehr Münzen, Verstehung?«

Thorbrand dachte nicht daran, diesem Dummkopf auch nur einen einzigen Quadranten abzugeben. Den Preis konnte er auch selbst erhöhen.

Als sich ihm ein weiterer Kunde in einem pelzbesetzten Mantel näherte, bot ihm Thorbrand seine Ware für den doppelten Preis an.

»Ich hatte gehört, dass du Felle günstig anbietest«, sagte der Mann verärgert. »Der Preis, den du für dieses Hasenfell verlangst, ist jedoch unverschämt hoch.« Mit diesen Worten ließ der Römer das Fell auf den Boden fallen und wandte sich von ihm ab.

Der Knecht lachte wieder. »Du keine Ahnung von Handel.« Thorbrand wurde wütend. Am liebsten hätte er den Dolch gezogen, den er unter seiner Tunika versteckt trug, und diesem Wurm den Hals durchgeschnitten. Doch er beherrschte sich. Wahrscheinlich hatte der Mann recht. Thorbrand verstand sich auf viele Sachen, aber Geld und Handel gehörten nicht dazu.

Kurz darauf näherte sich eine römische Frau seinem Stand. Sie musterte die Ware und nahm immer wieder ein Nerzfell in die Hand. Thorbrand hielt sich zurück. Da preschte der Knecht plötzlich vor und sprach die Römerin an: »Guter Nerz, Winterfell, sehr dicht, weich und warm.« Dabei strich er mit der Hand gegen den Wirbel. Die Frau tat es ihm gleich. An ihrer Miene erkannte Thorbrand, dass sie das Fell gern haben würde. Deshalb wollte er die ungebetene Hilfe nicht ablehnen.

»Vier Denare, Sonderpreis für dich«, sagte der Knecht.

Vier Denare! Der Kerl ist unverschämt und verdirbt mir das Geschäft, dachte Thorbrand.

»Viel zu teuer«, antwortete die Römerin prompt.

Der Knecht zeigte ein anderes Fell. »Ein Denar.«

Doch dieses Stück gefiel der Frau nicht. Sie hatte sich schon auf das Nerzfell versteift. Schließlich kaufte sie es für drei Denare.

Thorbrand war verblüfft. Der Mann hatte das Fell für einen mehrfach höheren Preis verkauft, als er ihn selbst gefordert hätte.

»Wo hast du das gelernt?«, fragte er den Knecht.

»Von meinem Meister. Leider Tross kaputt durch Räuber, Meister tot, ich fliehen und hier sein, Hunger haben, dir helfen können.«

Thorbrand überlegte. Wenn der Mann seine Ware gut verkaufte, könnte er ihm etwas von dem Erlös abgeben und dabei immer noch gut verdienen. »Wie viel willst du haben?«

»Den zehnten Teil«, antwortete der Mann.

Thorbrand hielt das für annehmbar und nickte zustimmend.

»Ich Mustafa«, stellte sich der Fremde vor. »Ich komme aus Asia. Du zufrieden mit mich.« Plötzlich fing Mustafa aus Leibeskräften an zu schreien: »Felle, gute Felle, warme Felle, kaufen, kaufen, warme Felle ...«

Es dauerte nicht lange, da erschienen auf sein Geschrei hin fünf Männer. Bis auf eine Ausnahme waren sie von kräftiger Gestalt und hatten finstere Gesichter. Obwohl sie keine Soldaten waren, trugen sie Kurzschwerter. Der Kleinere sprach Mustafa freundlich an. »Du hast eine kaiserliche Erlaubnis zum Handel?«

Statt zu antworten, sah Mustafa eingeschüchtert zu Thorbrand hinüber.

Der Römer fragte nun Thorbrand: »Gehören dir die Felle?«

»Wer will das wissen?«, entgegnete Thorbrand gereizt.

Ein anderer Mann mit tiefer Stimme mischte sich ein: »Du sprichst mit Magister Laurentius. Er sorgt für Ordnung auf diesem Markt. Ihr habt sicher keine kaiserliche Erlaubnis zum Handel. Oder?«

»Eine Erlaubnis? Wozu?«

»Auf einem römischen Markt gilt das römische Recht. Du brauchst eine Erlaubnis!«

»Und wer gibt mir die Erlaubnis?«

»Der Statthalter. Aber du kannst auch den Magister darum bitten. Drei von zehn eingenommenen Münzen gehören ihm.«

»Was wagst du, von römischem Recht zu sprechen. Ihr baut eure Siedlung auf dem Land unserer Väter!«

»Das Land unter einer römischen Siedlung gehört Rom.«

»Wer hat euch erlaubt, auf unserem Land eine Siedlung zu bauen?«

»Der Kaiser.«

»Zum Hades mit eurem Kaiser.«

»Ruhig Blut, Germane«, mischte sich nun auch wieder Magister Laurentius ein.

»Ich bin kein Germane. Ich bin Bataver.«

»Nun gut, wer auch immer du bist. Wisse: Solange du römisches Recht beachtest, so lange lebst du in Frieden und unter dem Schutz Roms.«

»Merke Römer: Solange du unsere Götter achtest, lebst du in Frieden, und Wotan sagt mir, dass heute ein guter Tag ist, auf diesem Markt Felle zu verkaufen.«

Das hitzige Wortgefecht hatte eine Menge Schaulustige angezogen. Das grobe Bataverlatein und die Blessuren ließen den bärtigen Thorbrand noch aggressiver wirken, als er es ohnehin schon war. Alles sah nach einer Rauferei aus.

Schon griff einer der Römer zum Schwert. Aber Magister Laurentius winkte ab.

»Nun, du bist anscheinend neu hier, kennst dich mit den Gesetzen noch nicht aus«, sagte er versöhnlich. »Wie heißt du?«

»Thorbrand, der Bataver.«

»Also gut Thorbrand, du Bataver, lass uns wie anständige Männer einen Becher Wein trinken und dabei die Geschäfte besprechen.«

»Was ist mit den Fellen und den Einnahmen?«

»Behalte sie. Wir Römer sind zwar genau mit dem Gesetz, aber auch großzügig. Dein Gehilfe kann inzwischen weiterverkaufen.«

Thorbrand zögerte. »Ich habe ihn eben erst kennengelernt.« Er wollte die Felle nicht einem Fremden anvertrauen.

»Meine Männer passen auf.«

Thorbrand traute den Römern genauso wenig, aber er sah keinen anderen Ausweg, wenn er nicht vom Markt vertrieben werden wollte, als sich auf sie einzulassen. Außerdem galten gemeinsames Essen und Trinken als Zeichen des Friedens. Er willigte deshalb ein und kehrte mit Laurentius in einer Taverne ein. Die anderen Römer warteten draußen.

»Hör zu«, sprach der Magister, nachdem ihnen der Wirt zwei tönerne Becher mit Wein hingestellt hatte. »Ich will keinen Streit mit dir. Du bist uns als Händler willkommen. Aber bedenke, der Handel braucht seine Ordnung. Am nächsten Markttag kommen vielleicht andere Händler und am übernächsten wieder andere, und sie werden dann immer mehr. Sie fangen dann an, sich über die besten Marktstände zu streiten. Bald würden einige wichtige Händler gar keinen Platz mehr finden. Die Zufahrtswege würden verstellt werden, und alles endete im Chaos und Streit.«

»Und das Chaos kannst du verhindern?«, fragte Thorbrand ungläubig.

»Nun ja, meistens genügen ein paar meiner Männer. Friedlichen Handel können aber nur die römischen Legionen gewährleisten. Sie gewähren Schutz vor Plünderung und sichern die Handelswege. Nur so sind dauerhafte Geschäfte möglich.«

»Nun, wenn es nur um den Schutz geht, da wissen wir Bataver uns schon selbst zu helfen.«

Laurentius schmunzelte. »Bei allem Respekt, was wisst ihr schon über Vertrag und Recht?«

»Was soll daran so schwierig sein?«

»Glaub mir, es ist schwierig. Nehmen wir einmal an, ein Römer bestellt Ware bei dir. Du sollst sie ihm nach Rom schicken, sagen wir einhundert Felle. Du lieferst sie und erwartest die vereinbarte Bezahlung: ein Denar pro Fell. Doch statt der einhundert Denare will er dir plötzlich nur noch fünfzig zahlen. Der Römer behauptet einfach, er hätte mit dir den geringeren Kaufpreis vereinbart. Was machst du dann?«

»Ich würde den elenden Hund erschlagen.«

»Das würde dir wohl kaum gelingen. Und selbst wenn du es schafftest, würdest du bald am Galgen enden.«

Magister Laurentius nahm einen Schluck Wein und beobachtete in Thorbrands Gesicht die Wirkung seiner Worte, stellte jedoch nur ein wütendes Schnaufen fest.

»Ein Bataver lässt sich nicht betrügen«, brüllte Thorbrand trotzig.

»Das muss ja auch gar nicht sein«, fuhr der Magister mit einem überlegenen Lächeln fort. »Selbst wenn du ihn töten würdest, bekämest du nicht die fehlende Kaufsumme zurück.«
»Aber ...«
»Aber du könntest ihn beim Statthalter verklagen, und falls du im Recht bist, wird er dir mit der ganzen römischen Macht zu deinem Geld verhelfen.«
»Ha, dass ich nicht lache. Du glaubst, ein Dummkopf sitzt vor dir. Niemals würde ein römischer Statthalter einem Bataver helfen.«
»Du bist wirklich ein schlauer Kopf. Du hast recht, kein Statthalter oder irgendein Advocatus würde auch nur einen Finger für dich krumm machen. Es verhielte sich aber anders, wenn ich deine Klage als dein Patron vortrüge.«
»Was sollte da anders sein? Recht bekäme ich so oder so nicht.«
»Oh, da unterschätzt du aber das römische Recht. Es ist eine von den Göttern bestimmte heilige Ordnung. Sie nicht zu akzeptieren, hieße, Rom nicht zu akzeptieren, und das würde kein noch so hoch angesehener Römer riskieren.«
»Heilige Ordnung hin, heilige Ordnung her. Es ist die Ordnung römischer Götter. Zum Schluss würde alles doch nur so gedreht werden, dass immer ein Römer recht bekäme.«
»Du irrst, Bataver. Natürlich ist das nicht immer so einfach, aber wenn man die Spielregeln kennt und sich nach diesen richtet, bekommt man sein Recht, auch als Bataver.«
»Und wie soll das gehen?«
»Nun das Ganze geschieht nach Rechtsordnung und Logik.«
»Was soll das Geschwätz.«
»Es gilt das Prinzip pacta sunt servanda, Verträge müssen eingehalten werden. Wer den Vertrag nicht einhält, muss für den Schaden aufkommen.«
»Das gleiche Prinzip gilt bei uns Batavern auch. Es heißt: Halte dein Wort oder stirb.«
Der Magister Laurentius verdrehte die Augen.

»Ein Vertrag ist etwas anderes. Du musst aber natürlich beweisen, dass ein solcher zustande gekommen ist.«

»Wie soll das gehen, das Wort ist Rauch, der vom Winde verweht wird.«

»Mit Wachstäfelchen kannst du die Worte bannen. Auf zwei Wachstäfelchen steht der gleiche Text geschrieben, zum Beispiel dass einhundert Felle für je einen Denar geliefert werden sollen. Jeder bekommt ein Wachstäfelchen, das man jeweils in ein Kästchen legt, welches wiederum mit dem Siegel des anderen verschlossen wird. Wird das Siegel bei Gericht gebrochen, steht fest, welcher Preis vereinbart war.«

Thorbrand wurde schwindlig. War es der Wein? Wohl eher die wirren Worte des Magisters. Doch er ahnte: Dies war kein hohles Geschwätz. Das schien etwas anderes, etwas Höheres zu sein, etwas, von dem man wissen musste, wollte man in Frieden mit den Römern Geschäfte machen. Das verunsicherte ihn.

Der Magister lächelte. »Du gibst mir drei von zehn eingenommenen Denare. Einen davon bekomme ich. Dafür sorgen meine Männer, dass kein anderer Fellhändler dir Konkurrenz macht. Einen weiteren bekommt der Statthalter. Falls es Schwierigkeiten gibt, steht er immer auf unserer Seite. Den dritten Denar bekommt der Kaiser als Steuer für dein Marktrecht.«

»Und was ist, falls ich mich weigere?«

Der Magister lachte laut auf, sodass sich die Leute an den Nebentischen nach ihnen umschauten.

»Also ich sag es dir jetzt, und hör genau zu.« Obwohl er flüsterte, klangen seine Worte bedrohlich. »Das erste Mal wirst du verwarnt. Das tue ich gerade.« Er schaute Thorbrand mit einem überlegenen Lächeln an. »Das zweite Mal wirst du verjagt, und deine Felle werden beschlagnahmt. Sie sind dann Eigentum Roms.« Wieder machte er eine kleine Pause, nahm einen Schluck Wein und fuhr fort. »Solltest du aber so töricht sein, ein drittes Mal zu betrügen, wirst du verhaftet, und kein Mensch wird dich je wiedersehen.«

Thorbrand, dessen Wut sich im Laufe des Gespräches in Interesse gewandelt hatte, schoss erneut das Blut in den Kopf. Bevor er jedoch etwas sagen konnte, besänftigte ihn der Magister, der in den freundlichen Tonfall zurückfiel.

»Aber ich glaube nicht, dass du ein Narr bist. Du machst lieber mit Rom Geschäfte, und du wirst sehen, sie werden dir gut bekommen.«

»Also gut«, sprach Thorbrand plötzlich. »Dann machen wir es so.«

Wieder lächelte der Magister leicht abschätzig. »Denk gar nicht erst daran.«

»Woran?« Thorbrand fühlte sich in seinen Gedanken ertappt.

»Daran, uns zu betrügen.« Laurentius erhob seinen gestreckten Zeigefinger und wedelte damit Thorbrand vor der Nase herum. »Pacta sunt servanda. Wer Rom betrügt, wird versklavt.« Er blickte Thorbrand scharf in die Augen, wobei sein Lächeln zu einem kalten Ausdruck erstarrte. »Oder noch schlimmer, er wird aufgehängt.«

Jetzt griff Thorbrand nach dem Becher und leerte ihn in einem Zug. Er wollte mit dieser Geste seine Unsicherheit verbergen.

»Lass zwei Sesterze für den Wirt da. Das sollte dir unsere geschäftliche Zusammenarbeit wert sein.« Laurentius erhob sich. »Komm. Wir wollen sehen, wie geschäftstüchtig dein Gehilfe war.«

Thorbrand bezahlte den Wirt, der sofort auf sie zukam, als sie sich vom Tisch erhoben hatten. Ein Bataver lässt sich nicht lumpen, dachte Thorbrand, wenn ihm auch der unverschämte Laurentius ganz und gar nicht gefiel. Aber seine Laune verbesserte sich, als er feststellte, dass Mustafa inzwischen einen Großteil der Felle verkauft hatte.

»Wie viel hast du eingenommen?«, fragte er.

»Neun Denare.« Mustafas Augen glänzten. Er reichte Thorbrand das Geld.

»Nur neun Denare?« Thorbrands Laune verdüsterte sich. »Du hast vorhin für ein Stück drei Denare bekommen und für den ganzen Rest hast du nun nur neun Denare eingenommen? Wieso hast du so schlecht verkauft?«

»Die Felle nicht so wertvoll sein.« Mustafa hob seine Hände. »Ich bei Wotan schwören, ist Wahrheit. Mustafa ehrlich Mensch.«

»Er lügt!«, hörte Thorbrand einen Mann in Lumpen sagen, der ihm bisher nicht aufgefallen war. Er sah aus wie ein Dieb oder Bettler, der sich zwischen den Marktständen herumtrieb.

»Warum soll ich dir glauben?«, fragte ihn Thorbrand verächtlich.

»Weil er einer meiner Leute ist«, wandte plötzlich Laurentius hinter ihm ein.

Der Mann in den Lumpen grinste. »Ich habe gesehen, wie er zwanzig Denare eingenommen hat. Überprüf es. Er hat so wenig die Wahrheit gesagt, wie er an Wotan glaubt.«

Noch bevor Thorbrand darüber nachdenken konnte, gab Laurentius seinen Leuten einen Wink. Die ergriffen Mustafa und durchsuchten ihn. Sie fanden eine Geldbörse, in der sich zehn Denare befanden.

»Das meine, nicht aus Fellkauf. Ich verloren ohne Geld, bitte glauben.«

Laurentius zählte vor den Augen Thorbrands die Münzen ab, dann reichte er ihm fünf Denare und sagte: »Der elende Dieb hat dich betrogen. Ohne meinen Mann wäre dir das Geld verloren gegangen. Also ist es nur recht und billig, dass wir uns den Betrag teilen.«

Mustafa jammerte. »Oh bitte Meister, ihm nicht glauben. Seien Mustafa Münzen. Ich sterben ohne Münzen, kein Essen.« Er begann, herzzerreißend zu winseln.

Thorbrand fühlte sich überfordert. Wem sollte er glauben? Laurentius war mit seinen bewaffneten Männern in der Übermacht. Und warum sollte er sich wegen Mustafa schlagen, eines Fremden wegen, der ein Dieb sein konnte? Schließlich nahm er das Geld an.

Im selben Augenblick prügelten Laurentius' Leute Mustafa vom Marktplatz.

Als sich Laurentius mit seinen Leuten zurückgezogen hatte, fing Thorbrand an zu überlegen. Ihm fiel auf, dass etwas nicht schlüssig war. Der Mann in den Lumpen hatte behauptet, dass Mustafa zwanzig Denare eingenommen habe. Dann hätten sich in seiner Geldbörse aber elf Denare befinden müssen, denn neun Denare hatte er von den angeblich zwanzig eingenommenen Denaren abgerechnet. Hatte sich der Mann nur geirrt, oder hatte er gelogen? Thorbrand wurde unsicher. Er hielt es für unwahrscheinlich, dass Mustafa vorher nicht eine einzige Münze besessen haben sollte. Er war zu findig, als dass er sich nicht hin und wieder etwas Geld verdient hätte. Thorbrand spürte erneut die Wut und den Hass auf die Römer, die in ihm nie wirklich zur Ruhe gekommen waren. Dieser Laurentius, dieser hinterhältige erbärmliche Römer, hatte zu ihm mit großen Worten über das römische Recht gesprochen und einen Augenblick später, ohne zu zögern, selbst Unrecht begangen. Die Römer hatten ein falsches Spiel gespielt und ihn hereingelegt. So sind sie doch noch zu ihren Einnahmen gekommen, auf die sie zuerst großzügig verzichtet hatten.

Thorbrand ärgerte sich über das Leid, das die Römer Mustafa zugefügt hatten. Er hatte ihnen vertraut und dadurch einen guten Mann verloren. So beschloss er, Mustafa zu suchen, um ihm die fünf Denare zurückzugeben und ihn zu bitten, weiterhin für ihn zu arbeiten. Er packte die Ware in seine Kiepe und durchstreifte den Marktplatz.

Als er von einem Verkaufsstand zum anderen lief und sich bei den Händlern nach Mustafa erkundigte, stellte er bei diesen eine merkwürdige Zurückhaltung fest, obwohl ihnen das Verjagen seines Gehilfen nicht entgangen sein konnte. Schließlich traf er einen Cananefaten, der ihm die Richtung zeigte, in die Laurentius' Männer Mustafa verschleppt hatten. Er führte ihn in einen nahe gelegenen Wald, wo sie tatsächlich Mustafa fanden, der bewegungslos am Wegesrand lag. Als sie näher kamen, atmete er noch. Die halbe Tunika war von einer Stichwunde am Bauch mit Blut durchtränkt. Mustafa schaute Thorbrand ängstlich an. Er röchelte und stammelte mühsam: »Laurentius, Mörder, Betrüger ...« Dann schloss er seine Augen und hörte auf zu atmen.

»Elende Römer«, sprach Thorbrand zu sich selbst. Er glaubte Mustafa. Warum sollte ihn ein Sterbender belügen? Aber weshalb hatten sie ihn getötet und sich offensichtlich keine Mühe gegeben, den Mord zu vertuschen? Es konnte nur bedeuten, dass sie ihn warnen wollten. Dafür hatte der arme Mustafa sein Leben lassen müssen. Thorbrand empfand erst Mitleid, dann Zorn. Diese Römer sollten niemals einen Bataver einschüchtern. Dieser Mord hatte seine Ehre verletzt.

Auf dem Markt kaufte Thorbrand den ersehnten Weizen. Er bekam zwei Säcke und ein großes Tongefäß voll Honig. Es blieb sogar noch etwas Geld übrig. Der Erfolg seiner Mission dämpfte seine Wut.

Am Kontrollposten auf dem Rückweg zu seinem Kanu übergab er dem Wachmann die zwei geschuldeten Sesterze und das beschriebene Holzstück, um das hinterlegte Pfand einzulösen. Es dauerte eine Weile, ehe der Legionär wieder zurückkam. Doch er brachte kein Fell. Stattdessen reichte er Thorbrand die zwei Sesterze zurück.

»Was soll das? Ich will mein Fell, nicht das Geld!« Thorbrand wies die Münzen zurück.

»Dein Fell ist verkauft. Das Geld gehört dir.«

»Verkauft? Aber es war viel mehr wert als zwei Sesterze. Ich verlange mehr Geld dafür!«, forderte Thorbrand wütend.

Von dem lautstarken Streit aufmerksam geworden, kamen zwei weitere Legionäre aus dem Wachhäuschen heraus, die sofort ihre Schwerter blankzogen.

»Wir haben das Recht, Pfandsachen zu verkaufen.« Der Legionär streckte Thorbrand erneut seine Hand mit dem Geld hin. »Was glaubst du, soll der Kaiser mit all dem Plunder anfangen, der nicht wieder ausgelöst wird? Nur die bare Münze zählt. Also zahl beim nächsten Mal den Einfuhrzoll gefälligst in bar! Nimm das Geld und verschwinde!« kochte vor Wut. Was nahmen sich diese Römer alles heraus! Am liebsten hätte er einen von ihnen auf der Stelle getötet, aber er wusste, dass es klüger war, der Übermacht zu weichen. Doch er würde es ihnen bei nächster Gelegenheit heimzahlen.

Als Thorbrand wieder in seinem Kanu saß, stieß er das Paddel so voller Wut ins Wasser, dass es spritzte, obwohl das völlig unnötig war, da er doch auch dieses Mal wieder infolge der Ebbe des Meeres mit der natürlichen Flussströmung fuhr. Im Geist suchte er Laurentius auf und schlug ihm mit dem Schwert den Kopf ab. Wieder und wieder, doch anstelle des Schwertes mit seinem Paddel, was ihn schneller als gewöhnlich an sein Ziel kommen ließ.

11

Das Getreide, das Thorbrand aus dem Erlös des Fellhandels gekauft hatte und das von den Frauen mit Stößeln zu Mehl und danach im offenen Feuer des Lehmofens zu duftenden Brotfladen verwandelt worden war, vertrieb nicht nur den Hunger in der Familie, sondern auch das Fieber aus dem zierlichen Körper seiner Schwester. Der Honig tat das Übrige, sodass sie bald zu Kräften kam.

Der Winter verabschiedete sich zeitiger als in den vergangenen Jahren. Die ersten warmen Sonnenstrahlen des Frühlings scheuchten Thorbrands griesgrämige Laune davon. Er hatte gehört, dass die Einsaat des Weizens gegenüber dem Einkorn zu einem höheren Ernteertrag führen würde. Und so nahm er sich vor, von dem Getreide nur so viel zu verbrauchen, wie es unbedingt notwendig wäre, um den Rest dann als Saatgut zu verwenden. Er träumte davon, einmal so viel zu ernten, dass er den Überschuss gewinnbringend auf dem römischen Markt verkaufen könnte.

Thorbrand hatte in der Familie ungemein an Anerkennung gewonnen. Der Vater, dessen langes Lungenleiden sich im Winter weiter verschlechtert hatte, würde nicht mehr lange leben. Nach dessen Tod würde er das Oberhaupt werden, der Pater Familias, und da war es gut, dass seine jüngeren Brüder schon jetzt in ihm eine Respektsperson sahen. Der Erfolg in Fectio und die Arbeit des heraufziehenden Frühjahrs, die Thorbrand sehr in Anspruch nahm, kühlten zunächst seinen Hass auf die Römer ab. Allerdings ahnte er auch noch nicht die Folgen der politischen Umwälzungen im fernen Rom, die sein Leben vollständig aus den Angeln reißen würden.

Im Frühjahr 69 befahl nämlich Vitellius seine germanischen Legionen nach Italia, um sich dort den Truppen Kaiser Othos zu stellen. Für Thorbrand wandte sich deshalb zunächst alles zum Besseren. Die Ausdünnung der Kastelle am Rhenus nutzte er aus, um sich für das erlittene Unrecht durch die Römer zu rächen. Er überquerte illegal die schwach bewachte Reichsgrenze und bestach auf dem Markt in Fectio den Aufpasser des Magisters Laurentius. Er bot ihm Geld, damit dieser dem Magister seinen Handel verschwieg, und bedrohte ihn gleichzeitig mit dem Tod, sollte er sein Angebot ablehnen. Dem Schurken fiel die Wahl nicht schwer. Die geringe Präsenz römischer Legionäre hatte die öffentliche Ordnung geschwächt, und mancher Halunke nutzte das zu seinem Vorteil aus. Magister Laurentius ließ sich an diesen Tagen nicht mehr blicken.

Aber noch schwerwiegender als die Zunahme der Schmuggler wogen die Überfälle der Chatten, die den Römern schon immer feindlich gesinnt waren. Sie stießen weit in das römische Hinterland vor, wo sie brandschatzten, mordeten und plünderten. Vitellius war zum Handeln gezwungen. Er befahl daher, die Grenzkastelle mit neuen Rekruten aus den gallischen und germanischen Stämmen aufzufüllen.

Vitellius' Befehl kam bei den in Germania zurückgebliebenen Legionären gut an, denn die Aushebungen boten ihnen die Gelegenheit, selbst Kasse zu machen. Während ihre Kameraden auf den Schlachtfeldern in Italia Ruhm und Ehre einheimsten, indem sie Vitellius zur Macht verhalfen und dafür Lohn erwarten durften, fiel ihnen in Germania die undankbare Aufgabe der Grenzsicherung zu. Sie waren deshalb bei der Durchführung des Befehls nicht zimperlich und stets auf ihren eigenen Vorteil bedacht – als Ausgleich für die Zurückstellung in der Provinz. Die Legionäre verlangten rücksichtslos die Rekrutierung aller wehrhaften Männer der Stämme. Das erzürnte besonders die Bataver, die schon viele Kämpfer für Rom abgestellt hatten und in dem Vorgehen einen Vertragsbruch sahen.

Im römischen Imperium gab es aber nichts, was nicht mit Geld geregelt werden konnte. Die Legionäre waren bei ihren Zwangsrekrutierungen nicht wählerisch. Sie verschleppten auch Halbwüchsige und Alte, um diese gegen Bares wieder freizulassen. So waren sie auch auf Thorbrands Hof gekommen, um ihn selbst, seine drei Brüder und sogar den todkranken Vater zu rekrutieren. Thorbrand hatte gezahlt, sodass die Legionäre ohne die von ihnen gewünschten Männer abrückten. Doch nach kurzer Zeit wiederholten die Römer das Spiel und erleichterten Thorbrands Geldbeutel erneut.

Inzwischen war alles Geld aus dem Fellhandel in die Taschen der bestechlichen Römer geflossen. Und es schien nur eine Frage der Zeit, wann sie erneut auftauchen würden. Zu oft hatten sie ihr Wort gebrochen. Ohne die Männer könnte die Familie die Felder und das Vieh nicht bewirtschaften. Es käme ihrem Untergang gleich. Thorbrands Traum vom Glück und Reichtum auf römische Art durch Handel und Geschick wäre zerplatzt.

»Sie kommen schon wieder«, rief der Vater seinen Söhnen zu.

Zusammen mit seinen beiden Brüdern war Thorbrand gerade dabei, den Stall auszumisten. Er trat ins Freie und schirmte mit der Hand die Augen vor der blendenden Sonne ab. In der Ferne erkannte er vier Soldaten. An seinem querstehenden Helmbusch machte er einen Centurio aus.

»Dieses Mal werden sie nichts bekommen«, brummte er leise.

»Es sind nur vier Mann, genauso viele, wie wir es sind«, knurrte sein jüngster Bruder entschlossen.

»Schweig«, herrschte ihn der Vater an. »Willst du mit der Mistgabel gegen Legionäre kämpfen?«

»Bruder, du hast recht«, entgegnete Thorbrand. »Außer dem Tod werden die Römer nichts bekommen, kein Geld und keine Rekruten.«

»Bei den Göttern, Thorbrand«, flehte ihn der Vater an. »Besinne dich auf deinen Verstand. Sie werden uns alle töten.«

»Das werden sie nicht. Schau doch, sie kommen nur zu viert, weil sie mit unserer Feigheit rechnen. Aber dieses Mal irren sie sich.«

»Thorbrand! Gehorche mir! Ich bin dein Vater. Hören wir sie doch erst einmal an. Wir haben schon zweimal bezahlt. Das werden sie nicht vergessen haben. Sie werden nicht so dreist sein, uns trotzdem zu rekrutieren.«

Thorbrand schaute seinem Vater in die Augen.

»Du glaubst an ihre Ehre?«, fragte er mit verächtlicher Miene. »Ich nicht. Ich kenne ihre Gier.« Seinen Brüdern rief er zu: »Stellt euch in ihrem Rücken auf. Auch eine Mistgabel besitzt tödliche Zinken, wenn man kräftig damit zustößt.«

»Lasst das sein!«, rief der Vater verzweifelt. »Ihr könnt nicht mit Holz eine Rüstung aus Stahl durchschlagen. Euer Bruder hat den Verstand verloren.«

»Achtet auf ihre Hälse, Brüder. Sie sind genauso verwundbar wie die unsrigen. Ein Römer stirbt genauso leicht wie ein Bataver. Und nun schweigt, damit sie unsere Gedanken nicht erraten.«

Als die Soldaten am Gehöft angelangt waren, verkündete der Centurio in offiziellem Gebaren den Befehl des Kaisers. Die Bataver hatten diesen Vortrag schon zweimal gehört. Ohne eine Miene zu verziehen, ließen sie ihn ein drittes Mal über sich ergehen.

Der Centurio wartete auf eine Reaktion und blickte dabei abwechselnd zu Thorbrand und zu dessen Vater. Doch die beiden Männer schwiegen.

Thorbrand erkannte in den Augen des Centurio Unsicherheit. Ihm musste in diesem Augenblick wohl klar geworden sein, dass er ein hohes Wagnis eingegangen war. Sein Trupp war viel zu klein, um vier Bataver zu rekrutieren. Offensichtlich hatte er damit gerechnet, wieder über das Bestechungsgeld verhandeln zu können, wobei das Kalkül war, dass der Anteil bei weniger Leuten entsprechend höher ausfiele.

Der Centurio versuchte augenscheinlich, die brenzlige Lage durch Entschlossenheit auszugleichen, indem er Thorbrand wütend ansah. Aber dieser begegnete seinem Blick mit ebensolcher Entschlossenheit. Er wusste, dass es für den Centurio unmöglich war, unverrichteter Dinge abzuziehen. Das widerspräche seinem Ehrencodex. Er hatte nur eine Wahl, wollte er sein Gesicht wahren: Gewalt. Und auf diese war Thorbrand eingestellt.

»Du und du – ihr kommt mit«, befahl der Centurio und wies mit dem Finger auf Thorbrand und dessen Vater. Doch seine Worte zeigten keine Wirkung.

Der Centurio zog sein Schwert blank. »Ihr wollt euch gegen Rom stellen?«

Der Vater wollte sich schon in sein Schicksal ergeben, doch Thorbrand hielt ihn energisch an der Tunika zurück. Er starrte den Centurio mit einem Blick an, der sagte: Bis hierher und nicht weiter!

»Ergreift ihn!«, schrie der Centurio und wies mit dem Schwert auf Thorbrand.

Zwei Legionäre näherten sich. Der Dritte hielt sein Pilum wurfbereit in der Hand.

Thorbrand war zu allem entschlossen, sollte es auch sein Leben kosten. Die Erniedrigung der Römer hatte die erträgliche Grenze überschritten.

Blitzschnell zog Thorbrand aus einer Schlaufe im Rücken seines Gewandes ein Spax heraus, ein langes Messer, das er einem Legionär treffsicher in die Kehle stieß. Das heraussprudelnde Blut durchtränkte rasch das Wolltuch an dessen Hals. Der Streich war so schnell ausgeführt, dass Thorbrand sofort dem zweiten, überraschten Legionär mit dem Ellbogen einen Schlag gegen seinen Helm versetzen konnte. Der Soldat taumelte zurück. Sofort stürmte Thorbrand auf ihn los. Da der überrumpelte Legionär sein Schild auf der abgewandten Seite trug, konnte er den Angreifer nicht damit abwehren. Er ließ das für den Nahkampf nutzlos gewordene Pilum fallen und versuchte, seinen Gladius aus der Scheide zu ziehen, was ihm jedoch nicht rechtzeitig gelang. Im nächsten Augenblick stürzte er ebenfalls durch einen Streich getroffen leblos nach vorn. Auch aus seinem Hals schoss ein pulsierender Blutstrahl.

Thorbrand war selbst verwundert, welchen Erfolg er hier durch den überraschenden Vorstoß und seine körperliche Stärke erzielt hatte. In seinen Adern rauschte jetzt das heiße Blut der Rache, das ihn schneller als seine Widersacher handeln ließ. Instinktiv duckte er sich nach dem zweiten Streich. Gerade noch rechtzeitig. Er spürte den Wind in seinen Haarspitzen und hörte das Zischen, bevor er begriff. Das Pilum war knapp über ihn hinweggeflogen.

Thorbrands Brüder warfen sich gegen den Legionär, der den Speer geworfen hatte. Noch ehe er seinen Gladius ziehen konnte, rissen sie ihn zu Boden und rammten ihm die Stahlkante seines eigenen Schildes in die Kehle.

Es blieb nun nur noch der Centurio übrig. Der ältere Offizier besaß einen kräftigen Körperbau, war mit Helm und Schienenpanzer bestens geschützt und hielt in seinen Händen ein römisches Schwert, das Thorbrands Spax an Länge weit übertraf. Auf ein Überraschungsmoment durfte Thorbrand jetzt nicht mehr hoffen. Er wusste, dass Roms Legionäre sehr gut ausgebildet waren und mit dem Schwert geschickt umgehen konnten. Demgegenüber waren die Bataver eher im Kampf mit Wurfspieß und Lanze geübt.

Die beiden Männer belauerten sich. Thorbrand bückte sich und ergriff das am Boden liegende Schwert, das sein erster Gegner verloren hatte. Im selben Moment machte der Centurio einen Ausfallschritt. Thorbrand wich flink zurück, den Vorteil seiner leichten Bekleidung nutzend, während der schwere Schienenpanzer den Centurio langsamer machte.

Beide seiner jüngeren Brüder hatten sich inzwischen mit einem Pilum der niedergestreckten Legionäre bewaffnet und versuchten, den Centurio von hinten anzugreifen. Thorbrand wies seine Brüder jedoch zurück, um mit dem Römer einen fairen Zweikampf auf Leben und Tod zu führen. Da vernahm er ein Stöhnen hinter sich. Als er sich umdrehte, sah er, dass das

Pilum, welches ihn verfehlt hatte, in der Schulter seines Vaters steckte, der mit schmerzverzerrtem Gesicht auf der Seite lag. Blut rann in zunehmendem Maße aus der Wunde.

In diesem Moment entfuhr Thorbrands Mund ein entsetzlicher, wilder Schrei. Es war ihm, als käme er von einem Dämon in seinem Inneren, der sein Gemüt mit tiefem Hass überzog. Alle Muskeln und Sehnen seines Körpers spannten sich. Den ersten Schwertstreich parierte der Centurio, verlor dabei allerdings das Gleichgewicht und stürzte, von der massiven Angriffswucht getroffen, rücklings zu Boden.

Thorbrand hieb in schneller Folge auf ihn ein. Der Centurio wehrte die mit roher Gewalt ausgeführten Schläge ab, indem er sein Schwert mit ausgestreckten Armen über seinen Kopf hielt. Dabei griff er mit der linken Hand in die Schneide, was Thorbrand mit unbändiger Energie auf das Schwert schlagen ließ, bis die Schneide dem Centurio den Daumen von der Hand abtrennte und dessen Schwert zu Boden glitt.

Erst jetzt gönnte sich Thorbrand eine Pause. Selbst außer Atem, blickte er in das von Entsetzen gezeichnete Gesicht des schwer atmenden Centurio. Thorbrand setzte seine Schwertspitze auf dessen Kehlkopf und sah, wie der Centurio mit geschlossenen Augen den Todesstoß erwartete. Thorbrand wusste, dass er den Mann in wenigen Augenblicken töten würde. Seine Wut wich mit einem Mal einem erlösenden Gefühl des Sieges. Er zögerte den Schwertstoß ein wenig hinaus, denn es war ihm so, als läge nicht nur der Centurio, sondern ganz Rom zu seinen Füßen. Dieses überschwängliche Gefühl der Überlegenheit genoss er. Ein wie ein Elixier wirkendes Gefühl des Stolzes durchströmte ihn, zerbrach in ihm eine innere Fessel, befreite ihn von der Enge der Unterwerfung, als hätte er in diesem Moment das ganze verhasste Römische Reich besiegt und könnte Rom für alle Repressalien und das erlittene Unrecht mit einem einzigen Schwertstich sühnen lassen. Nachdem er diese Gedanken während eines einzigen Atemzugs genossen hatte, stieß er kraftvoll zu. Als er das hervorspritzende Blut sah und das Röcheln des sterbenden

Centurio hörte, fühlte er sich wie ein anderer Mensch – wie ein würdiger Bataver-Krieger, so einer, wie er sie aus den Sagen seiner Vorfahren kannte.

12

Den Leichnam des Vaters hatten Thorbrand und seine Brüder auf einem Holzstapel in der Mitte des heiligen Hains aufgebahrt und seinen Körper in ein weißes Tuch gehüllt. Auf den Rändern der Bahre lagen persönliche Gegenstände für seine Reise nach Walhalla. Alle Angehörigen der Sippe hatten sich rund um ihn versammelt. Die Frauen klagten laut, die Männer schwiegen in Ehrfurcht.

Die Hoffnung, dass sich der Vater von der Wunde des römischen Pilum erholen würde, hatte sich nicht erfüllt. Die bösen Geister hatten die Heilerinnen aus seinem fiebergeschüttelten Körper nicht zu vertreiben vermocht.

Thorbrand schmerzte der Irrtum des Vaters, der an ein einträchtiges Leben mit den Römern geglaubt hatte. Doch er selbst hatte es schon immer geahnt: Einen Frieden mit Rom würde es niemals geben. Im Tod des Vaters sah er ein Zeichen der Götter. Der Kampf für die Freiheit hatte begonnen. Nicht länger würden sich die Bataver der Herrschaft Roms unterwerfen.

Thorbrand hielt als neues Oberhaupt der Familie eine brennende Fackel in der Hand. Sein wilder Bart war verschwunden, und sein glattrasiertes Gesicht mit den gestutzten Haaren hätte ihm ein freundliches Aussehen verliehen, wäre es nicht an der rechten Schläfenseite zu einem Suebenknoten geflochten worden, dem Symbol der Männer, die im Kampf einen Feind getötet hatten. Jetzt war er ein Krieger geworden. Über seiner Schulter hing an einem Gurt das Schwert des Centurio, seine erste Beute.

Er schaute sich in der Runde um. Seine Brüder und weitere Männer der Sippe hatten ebenfalls diesen Knoten geflochten, und in ihm entbrannte der sehnlichste Wunsch, dass bald alle Bataver diesen Knoten tragen würden. Auch diese Männer hatten Angehörige zu beklagen, die von den Römern erschlagen worden waren. Sie hielten Fackeln in den Händen, um ihren Toten, die ebenfalls in dem Hain aufgebahrt waren, die letzte Ehre zu entbieten.

»Tod allen Römern«, schrie Thorbrand und reckte seine Fackel in den Nachthimmel empor. Und die Männer stimmten sämtlich kraftvoll ein. »Tod allen Römern.« Es war ein machtvolles Racheversprechen der Sippe an ihre Toten und an die Götter im heiligen Hain. Sie alle hatten bei diesem Ruf die Fackeln emporgerissen und entzündeten nun die trockenen Holzstapel. Wie ein Fanal gingen diese gleichzeitig in Flammen auf.

13

Rom
17. Juni 69 n. Chr.

Vitellius' Feldzug endete glücklich. Kaiser Otho, der für die Ermordung Galbas verantwortlich war, hatte sich nun selbst gerichtet, nachdem seine Truppen am 14. April 69 in der Schlacht von Cremona unterlegen waren. Sein voreiliger Angriffsbefehl gegen Vitellius' Legionen, noch bevor seine Verbündeten in der Lage gewesen waren, zu Hilfe zu eilen, hatte ihn das Leben gekostet – nach nur drei Monaten Herrschaft. Der Weg nach Rom war für Vitellius frei. Niemand konnte ihn noch aufhalten.

Vierzig Tage nach dem Aufeinandertreffen der Legionen betrat Vitellius das Schlachtfeld von Cremona. Wohin er auch blickte, überall lagen verweste Soldatenleichen und Pferdekadaver in einem Meer aus Schlamm, Blut und Eisen. Ihn beeindruckte die Brutalität der Schlacht, die seinetwegen geschlagen worden war: Eine graue, abgetrennte Hand hielt noch das Schwert. Eine Lanze steckte in einem gespaltenen Schädel. Getrocknete Gedärme hingen aus klaffenden Wunden heraus. Festgewordene Hirnrinnsale klebten an einem Schild. Riesige Fliegenschwärme überdeckten dunkle, geronnene Blutlachen; und über allem lag ein starker, penetranter Verwesungsgeruch, der einem das Atmen erschwerte. Es war ein Ort des Grauens.

Eilfertig führten ihn die Generäle zu den Abschnitten, an denen die Schlacht entschieden worden war. Dabei hoben sie ihre eigenen Leistungen hervor – oft auf übertriebene und manchmal auch verlogene Weise. Für die kampferprobten Heerführer war der Anblick des Todes Teil ihres Berufsbildes. Ihr Ehrgeiz hatte keinen Platz für Trauergefühle. Obwohl ihre Gegner römische Soldaten waren, sprachen sie über die Besiegten, als handelte es sich nicht um ihre Landsleute, sondern um Fremde aus einem fernen Land. Auch Vitellius stellte das Feindbild über die nationale Trauer. So ließ er sich zu den verhängnisvollen Worten hinreißen:»Ich liebe den süßlichen Verwesungsgeruch unserer Feinde. Noch süßer riecht es aber, wenn sie Römer sind.« Hier sprach jemand im Übermut des Sieges.

Der Modergeruch des Krieges wich der Süße des Triumphes. Er hatte jetzt den Höhepunkt seiner Karriere erreicht und würde sich später danach sehnen, dass die Götter diese Augenblicke für immer bannen und den Weltenlauf in jene Tage des Glücks zurückdrehen würden.

Aber zunächst setzte er seinen Einzug nach Rom sorgenlos und voller Freudentaumel fort. Senatoren und Ritter waren ihm entgegengereist und wünschten ihm alle Glück und langes Leben. Die Besitzer der Latifundien luden ihn zu grandiosen Festmahlen ein. Schausteller und niederes Volk umsäumten seinen Tross, und es herrschte eine solche Hochstimmung, wie sie die Menschen erfasst, wenn sie vom Glanzlicht des Siegers ebenfalls etwas abhaben wollen.

Als er in Rom über die Milvische Brücke einzog, kostete er den Höhepunkt seines Machtantritts in allen nur erdenklichen Zügen aus: Hoch zu Ross, eingekleidet in die Toga Praetexta mit dem breiten Purpursaum, das offizielle Amtsgewand der Konsuln und des Kaisers, vor ihm die vier Adler seiner Legionen und weitere Fahnen und Feldzeichen, Tribune und Centurionen in weißen Gewändern, überdeckt von kreisförmigen Ehrenzeichen und goldenen Ketten, der Lohn für in Tapferkeit gewonnene Schlachten, gefolgt von Tausenden Legionären im Gleichschritt ihrer eisenbeschlagenen Sandalen, deren Knallen aber im Jubelgeschrei des zahlreich erschienenen Volkes unterging. In diesem Augenblick war ihm so, als hätten die Götter ihn ebenbürtig in ihren Kreis aufgenommen, und niemand war da, der ihm gesagt hätte:»Bedenke, du bist nur ein Mensch.«

14

**römische Provinz Moesia
Anfang Juli 69 n. Chr.**

Alarm! Verus sprang aus seinem Bett. Vom Schlafentzug brannten ihm die Augen. Er hatte sich erst wenige Minuten zuvor hingelegt. Der schrille Klang einer Trillerpfeife hatte ihn aus einem tiefen Erschöpfungsschlaf gerissen. Zusammen mit seinen Kameraden war er den ganzen Tag zur Beschaffung von Nahrungsmitteln unterwegs gewesen. Dieser an sich angenehme Dienst hatte sich letztendlich bis tief in die Nacht hingezogen, weil das Rad eines Wagens zerbrochen war. Den Radmacher der nächstgelegenen Ortschaft war man gerade dabei zu beerdigen, weshalb sie viele Stunden den Proviant hatten bewachen müssen, bis der Schaden von einem aus dem Kastell herbeigeholten Handwerker repariert worden war.

Das nervige Trillern des Läufers, der zwischen den hölzernen Mannschaftsbaracken des Kastells hindurch rannte, stach wie Nadeln in seinen benommenen Kopf. Er zog sich das kalte Kettenhemd über den bettwarmen Körper, was ihn hellwach werden ließ. Über die Schultern hängte er seinen ovalen Schutzschild und das Sparta, setzte den Bronzehelm mit dem quer verlaufenden Busch auf und griff nach seiner Lanze und den Wurfspeeren. Später würde er diese an den Hörnern seines Sattels befestigen.

Verus trat aus der Baracke. Seine Männer waren schon angetreten, dreißig an der Zahl, und hielten ihre Pferde an den Zügeln. Rechts von ihnen standen noch zwei weitere Abteilungen zum Abmarsch bereit.

Wenig später erschien Claudius Pulcher, der Präfekt des Kastells, ein Ritter um die fünfzig, der den Befehl erläuterte. An der Grenze hatte es offenbar einen Vorfall gegeben. Genaueres wusste er nicht. Die Feuerstafette kam von den östlichen Beobachtungstürmen.

Verus sollte mit seiner Abteilung entlang der Grenzstraße an der Ister nach Osten vorrücken. Sie würden auf einen Boten treffen, der sie instruieren würde. Zwei zusätzliche Trupps sollten ihnen im Abstand von einer halben Meile folgen und helfend eingreifen, falls der erste Trupp in einen Hinterhalt geriete.

»Präfekt«, erwiderte Verus. »Verzeih. Meine Abteilung war achtzehn Stunden lang im Sattel. Die Männer sind müde. Können sie nicht ausgetauscht werden?«

»Du kannst dich gern beim Kaiser beschweren«, wischte der Präfekt den Einwand gereizt beiseite. »Vielleicht hört er auf dich und schickt uns Verstärkung. Mein Dank wäre dir gewiss.«

»Welchen Kaiser meint er?«, rief ein Mann aus Verus' Abteilung, der auf den häufigen Kaiserwechsel anspielte.

»Wer war das? Sofort vortreten!«, befahl der Präfekt zornig.

Der Rufer trat mit gesenktem Kopf hervor. Anscheinend hatte er sein vorlautes Auftreten schon bereut.

»Lagerpräfekt!«, befahl Claudius Pulcher. Ein Offizier, nicht viel jünger als er selbst, nahm Haltung an. »Für diesen Mann drei Monate halber Sold und Gerste statt Weizen!«

»Jawohl, Präfekt.«

An den Delinquenten gewandt, sagte er dann: »Die Soldkürzung ist für dein vorlautes Mundwerk und die Gerste für deine Vergesslichkeit. Dein Kaiser heißt jetzt Vespasianus. Ihm hast du die Treue geschworen. Vergiss das nicht noch einmal! Eintreten!«

Jetzt wandte sich der Präfekt an Verus: »Decurio! Du übernimmst das Kommando über alle drei Abteilungen. Ich erwarte von deinen Männern korrekte Pflichterfüllung. Verstanden?«

»Jawohl, Präfekt.«

»Abrücken!«

Verus ärgerte sich über die Dummheit seines Mannes, den eine außergewöhnlich harte Strafe getroffen hatte. Der Präfekt war in letzter Zeit besonders streng. Es kursierte das Gerücht, er solle zum Kommandanten einer tausend Mann starken Ala Miliaria befördert werden. Das war der wichtigste Posten außerhalb der Legion, der sehr viel Ehre und Sold versprach. Diesen außerordentlichen Karrieresprung wollte Claudius Pulcher anscheinend nicht durch Nachlässigkeit gefährden. Von daher war äußerste Zurückhaltung angebracht, denn es könnte auch leicht eine kollektive Strafe drohen. Verus kam deshalb nicht umhin, seine Männer noch einmal zur strikten Disziplin und Tapferkeit gegenüber dem Feind zu ermahnen. Dann brachen sie auf.

Einem Decurio standen zwei Pferde zur Verfügung, sodass Verus jetzt auf dem ausgeruhten schwarzen Araber ritt, dem Geschenk des damaligen Statthalters Plautius Silvanus. Zart kündigte sich am Horizont der Anbruch des neuen Tages an.

Die kühle Luft und die Anspannung hatten Verus' Müdigkeit vollständig vertrieben. Ab und zu ließ er sich zurückfallen, um die Ordnung der Kolonne zu kontrollieren und hin und wieder einen Befehl zu geben. Doch die erfahrenen Reiter gaben dazu kaum Anlass. Es herrschte Ruhe unter ihnen, und nur gelegentlich unterbrach das Schnauben eines Pferdes das eintönige Hufgetrappel. Immer wieder schaute Verus konzentriert in die Ferne, ob ihm der Bote entgegenkam.

Verus wandte den Blick nach links, wo die Ister im silbernen Mondlicht glänzte. Er dachte dabei an Licinia. Sie trafen sich immer noch heimlich am Fluss. Und gleichzeitig bedrohte Tullius, der Tribun, auch weiterhin ihre Liebe.

Als die Legionen von der Ister nach Italia abmarschiert waren, hatte Tiberius seine Tochter wieder nach Hause geholt. Und als Verus wieder in das Kastell an der Ister zurückgekehrt war, hatte er sie nicht mehr fortgeschickt. Doch trotz der Freude über ihr erneutes Zusammensein war die Zeit unruhig geblieben.

Der frühe Sieg der germanischen Legionen bei Cremona hatte Verus zwar den Kampfeinsatz erspart, aber der neue Kaiser Vitellius hatte den Statthalter Plautius Silvanus abberufen. Verus hatte damit einen Förderer und sein Vater einen Freund verloren. Und kaum war der neue Amtsinhaber in Moesia angekommen, hatte es einen neuen Usurpator gegeben – Vespasianus, den die Legionen in Aegyptus und wenige Tage später in Judäa zum Kaiser ausgerufen hatten. Er schickte Gaius Fonteius Agrippa an die Spitze der Provinz.

Vespasianus genoss einen guten Ruf, weshalb ihm die Legionen an der Ister begeistert den Treueid leisteten. Die Älteren hatten ihm einst in Britannia gedient und reichlich Beute gemacht. Bald würden sie wieder unter seiner Standarte ins Feld ziehen, erneut gegen Vitellius und gegen die verhassten germanischen Legionen. Sie warteten nur noch auf die Streitmacht des syrischen Statthalters Mucianus, um sich gegen den römischen Kaiser zu vereinen. Mucianus' Legionen befanden sich schon auf dem Marsch.

Tullius war es infolge der politischen Wendungen unmöglich, eine Quästur in Rom anzutreten, denn als Tribun einer Legion an der Ister galt er als ein Feind von Kaiser Vitellius. Und so blieb die Hoffnung der Liebenden auf ein ungestörtes Glück unerfüllt. Das Schicksal wollte es, dass der neue Statthalter obendrein ein enger Freund der Cornelier war.

Der Schatten eines Reiters, der auf ihn zuhielt, riss Verus aus seinen Gedanken.

»Halt«, rief er und hob seinen rechten Arm. Die Abteilung stoppte. Die Männer in der vorderen Linie griffen nach ihren Wurfspeeren. Als der Reiter nah genug herangekommen war, erkannte ihn Verus. Er gehörte zur Legion.

»Parole?«, fragte Verus pflichtbewusst.

»Der Nachtflug der Eule«, kam die richtige Antwort.

»Erstatte Bericht!«

»Befehl vom Legaten. Folge mir!«

Verus war verwundert. Ein Legat war an dem Kommando beteiligt? Das war sehr ungewöhnlich. Sollten sich die Roxolanen so schnell von ihrer Niederlage erholt und einen größeren Angriff gewagt haben?

»Was ist geschehen?«, fragte Verus.

»Du bekommst die Befehle vom Legaten!«, antwortete der Legionär kurz angebunden.

Verus ärgerte sich. Ein typischer Römer, der sich höhergestellt fühlte als ein Auxiliar. Natürlich war er nicht befugt zur Auskunft und höchstwahrscheinlich unwissend, aber ein wenig kameradschaftliche Höflichkeit, einen kleinen Hinweis hätte er schon erwartet.

Als die beiden Männer schweigend nebeneinander ritten, gefolgt von den übrigen Reitern, kehrten Verus' Gedanken zu Licinia zurück. Seit einiger Zeit wurde sie von Tullius wieder stärker umworben. Sie beide litten darunter, sich nicht öffentlich zeigen zu können. Wie lange noch würde die Geheimhaltung ihrer Beziehung glücken?, fragten sie sich jeden Tag. Die Furcht vor Entdeckung wuchs und belastete ihre Gefühle. Betraten römische Legionäre das Gasthaus, schlug Licinias Herz bis zum Hals. Und Verus zuckte jedes Mal zusammen, wenn er zum Präfekten gerufen wurde.

Die Hoffnung, dass Tullius seine Avancen einstellen würde, wenn Licinia ihm nur lange genug standhalten würde, erfüllte sich nicht. Im Gegenteil. Die Werbungen des Militärtribuns wurden hartnäckiger, und ihr Vater, ein gutherziger Mensch, der seiner Tochter nur das Beste wünschte, drängte sie entmutigt zum Nachgeben. Der Druck, dem er sich ausgesetzt fühlte, war höher geworden, als er zu ertragen bereit war. Gäste, die er nie zuvor gesehen hatte, sprachen ihn unvermittelt auf Licinia an. Sie gaben ungebetene Ratschläge und warnten ihn. Es sei gefährlich, ein Mitglied des Hochadels abzuweisen. Und es kam noch schlimmer. Erst zertrümmerten üble Landstreicher seine Möbel, und dann kündigten ihm langjährige Handelspartner die Zusammenarbeit.

Licinia war verzweifelt. In ihrer Unsicherheit hatte sie von Tullius ein goldenes Geschmeide angenommen. Sie hatte nicht gewagt, es abzulehnen, aus Angst, ihrem Vater zu schaden. Später quälten sie Gewissensbisse, denn ihr ungebetener

Verehrer fühlte sich nun erst recht ermutigt. Tullius' Laufburschen überbrachten weitere Geschenke und Einladungen. Sie stellte sich krank. Doch alles half nichts. Die Entscheidung ließ sich nicht mehr aufschieben. Sie musste entweder ihren Vater dazu bringen, Tullius mit klaren Worten abzuweisen, oder sich in das unvermeidliche Schicksal fügen. Und blieb ihr überhaupt eine Wahl? Verus fürchtete das Zerbrechen ihrer Liebe, wenn großes Unheil über ihre Familien käme. Wie würden sie mit dieser Schuld weiterleben können? Bei ihrem letzten Treffen am Fluss hatten die Liebenden nur wenig miteinander gesprochen. Sie hatten es nicht über das Herz gebracht, sich Lebewohl zu sagen, sondern sich nur lange in die tränengefüllten Augen geblickt. Es war so etwas wie ein wortloses Abschiednehmen gewesen.

Verus wurde aus seinen Gedanken gerissen. Der Bote nahm ihn ein Stück beiseite und sagte leise: »Ab jetzt müssen die Reiter zurückbleiben. Der Legat befiehlt es. Mit dir, Decurio, will er persönlich sprechen. Es handelt sich um eine Operation mit höchster Geheimhaltung. Deshalb musst du auf weitere Begleitung verzichten.«

Verus war verwundert. Einen Augenblick lang zweifelte er an der Legitimation des Reiters. Der Mann kannte zwar die Parole, aber er könnte ihn auch in eine Falle locken. Kein Legat verlangte im Normalfall, dass sich ein Decurio während einer Operation mit dem Feind von seiner Truppe entfernte. Doch er war unsicher. Er dachte an die Mahnung des Alenpräfekten kurz vor dem Abmarsch. Eine Geheimoperation wäre eine Erklärung für den ungewöhnlichen Befehl. Ihn zu verweigern, könnte seinem Vorgesetzten die Karriere kosten. Die Rache des Präfekten wäre ihm sicher.

Verdammt, dachte er und schaute unschlüssig den Legionsreiter an. Doch ihm fiel nichts Regelwidriges an ihm auf. Seine Kleidung war so, wie sie sein sollte, korrekt bis ins kleinste Detail. Er hatte auch exakt die Marschordnung beachtet. Verus fegte schließlich seine Zweifel beiseite, allerdings mehr aus

Ratlosigkeit als vom Verstand her. Die Götter mögen mir beistehen, betete Verus im Stillen und befahl einem anderen Decurio, ihn bis zu seiner Rückkehr zu vertreten.

Die beiden Männer ritten ins Landesinnere, wo sie in eine Gegend kamen, die Verus sehr gut kannte, denn er war hier aufgewachsen. Die Morgendämmerung war inzwischen fortgeschritten, und aus dem Morgendunst tauchte die Landvilla seines Vaters auf. Sie ritten geradewegs auf diese zu.

»Der Legat ist in dieser Villa?«, fragte Verus verdutzt.

Der Legionsreiter antwortete nicht.

Was sollte das bedeuten? Ein Legat im Haus seines Vaters? Darauf machte sich Verus keinen Reim. Ihm fiel auf, dass er nirgendwo Wachen entdeckte. Ein Legat schutzlos auf geheimer Mission? Verus erschrak. Das war eine Falle! Unverzüglich zog er einen der Wurfspeere aus dem Köcher, doch der vermeintliche Legionär zielte bereits mit einem gespannten Bogen auf ihn. Es war ein typischer sarmatischer Reiterbogen, und in diesem Augenblick wurde Verus klar: Der Mann war ein Roxolane. Sein Geschick, wie er mit Pfeil und Bogen umzugehen wusste, ließ keinen Zweifel zu. Er beherrschte diese Kunst. Die Roxolanen waren wie alle Sarmaten hervorragende Bogenschützen. Sie konnten selbst im vollen Galopp einen Pfeil treffsicher nach hinten abschießen. Verus begriff. Auch nur der kleinste Widerstand oder gar die Flucht würde seinen sicheren Tod bedeuten. Zum Hades, dachte er, jetzt saß er wegen seines Kadavergehorsams in der Falle. Der Roxolane hatte den Bogen die ganze Zeit geschickt unter seiner Reitdecke versteckt gehabt, und die Dunkelheit hatte ihm geholfen, sein Geheimnis zu hüten. Um am Leben zu bleiben, musste sich Verus nun fügen.

Vor der Villa warteten weitere Roxolanen. Verus sorgte sich um seinen Vater. Doch zum weiteren Nachdenken kam er nicht, denn sie zerrten ihn vom Pferd herunter und drückten ihn zu Boden. Als er wieder aufblickte, sah er in das Gesicht von Torobax, dem Todfeind seiner Familie.

15

Torobax' Männer schubsten Verus so heftig in den Vorratskeller, dass er stürzte. Die Tür knallte hinter ihm, und das Schloss schnappte zu.

Er rappelte sich auf und sah plötzlich seinen Vater vor sich stehen.

»Verus? Du hier?«

»Vater. Den Göttern sei Dank, du lebst.« Verus umarmte den Vater, aber der Gedanke an den Tod trübte seine Wiedersehensfreude. »Schön, dass wir uns noch einmal sehen, bevor wir sterben«, sagte er leise. »Wir haben Torobax unterschätzt.«

Der Vater zuckte die Achseln. »Ich bin nicht sicher, aber vielleicht will er uns gar nicht umbringen.«

»Das glaube ich nicht. Was soll es geben, das wertvoller als seine Blutrache ist?« Verus stutzte bei seinen eigenen Worten. Auf einmal schien ihm der Gedanke des Vaters nicht abwegig. Steckte womöglich doch mehr dahinter? Immerhin gab es eine Reihe von Ungereimtheiten. »Mich wundert, dass Torobax unbehelligt herkommen konnte«, entwickelte er sprechend seine Gedanken. »Es hatte einen Alarm gegeben. Er musste doch damit rechnen, dass ihn die Grenzreiter jagen, und zusehen, dass er ungeschoren wieder nach Dacia kommt. Zeit ist das, was er am wenigsten hat. Warum also hat er uns nicht sofort getötet?«

Der alte Mann ballte wütend die Faust. »Unter Silvanus wäre das nicht passiert. Er hat uns vor Torobax immer geschützt.«

»Auch Fonteius ist verpflichtet, uns zu schützen. Aber etwas anderes ist noch viel rätselhafter. Stell dir vor: Torobax hat mich entführen lassen.«

»Du bist von ihm entführt worden?«

»Ja. Ich befand mich mit meinen Reitern auf Alarmritt. Ein Bote sollte mich instruieren. Wie sich herausstellte, war der Mann einer von Torobax' Männern. Er kannte die Parole und hat hundert meiner Männer an der Nase herumgeführt. Das stinkt doch nach Verrat.« Verus schüttelte den Kopf. »Jemand hat Torobax geholfen. Und dieser Jemand muss ein hoher Römer sein.«

Verus' erster Gedanke war Tullius, aber dann entdeckte er die nachdenkliche Miene des Vaters. Dessen Stirn kräuselte sich, und er wiegte den Kopf.

»Was hast du, Vater?«, fragte Verus besorgt.

»Verus, mein Junge, ich habe einen Verdacht.«

»Sprich!«

»Ich muss dir erzählen, wie es zur Feindschaft zwischen unseren Familien gekommen ist. Du sollst die Wahrheit erfahren, wie ich zu Torobax' Ländereien gekommen bin.«

»Torobax war zu den Roxolanen geflohen und hatte seine Ländereien im Stich gelassen«, fiel Verus seinem Vater ins Wort. »Der Grund war sein großer Hass auf Rom.«

Der Vater seufzte tief. »Es stimmt. Rom hasst er abgrundtief. Aber trotzdem verzichtet niemand freiwillig auf sein Land.« Der Vater schaute Verus mit bitterer Miene an. »Unsere Sippen hatten sich damals versammelt. Torobax hatte zum Widerstand aufgerufen. Er wollte die Römer aus unserem Land vertreiben. Ich aber habe ihn und unseren Stamm verraten. Er musste danach vor den Römern fliehen, um sein Leben zu retten.«

»Du darfst dir keine Vorwürfe machen, Vater. Ihr hättet Rom nicht aufhalten können. Dessen Legionen werden eines Tages auch Dacia erobern, und alle Skythen, Jazygen, Roxolanen und sarmatischen Stämme werden sich ihm unterwerfen. Jeder Widerstand bedeutet Tod und ist sinnlos. Rom ist zu mächtig. Ich weiß es besser als du. Weder du noch Torobax hätten die Römer besiegen können.«

Der Vater schüttelte den Kopf. »So einfach ist es nicht, mein Sohn. Es genügt nicht, ein Gebiet militärisch zu unterwerfen. Viel schwieriger ist seine Befriedung. Rom braucht dazu einheimische Verbündete, Männer mit Einfluss.«

»Du hast dich also auf die Seite der Römer gestellt?« Verus hob die Schultern. »Na und? Wenn nicht du, dann hätte es ein anderer getan. Es ist dir nicht vorzuwerfen, dass du die Situation richtig eingeschätzt hast.«

»Plautius Silvanus hat mich zum Dank für meinen Verrat mit Torobax' Ländereien belohnt und mir obendrein später noch seine Freundschaft geschenkt.«

»Das war vernünftig. Torobax' Familie hatte seit vielen Jahren versucht, uns von unserem Land zu vertreiben. So konntest du den Konflikt ein für alle Mal für dich und unsere Familie loswerden. Das hast du gut gemacht. Du musst dir dafür keine Vorwürfe machen. Im Gegenteil, du hast unserer Familie Frieden und Wohlstand gebracht. Und dafür bin ich dir dankbar.« Verus nahm seinen Vater in den Arm und drückte ihn herzlich an sich.

»Das ist noch nicht alles, Verus. Ich hatte mit Silvanus einen Pakt geschlossen. Im Gegenzug für Torobax' Land verpflichtete ich mich, zehntausend Sesterze in die römische Provinzkasse zu zahlen. Ich glaube, Plautius Silvanus wollte sie anfangs selbst behalten.«

»Zehntausend Sesterze?«, wiederholte Verus überrascht, um gleich die ahnungsvolle Frage zu stellen: »Und du hast die Schuld immer noch nicht beglichen?«

»Silvanus und ich waren damals noch keine Freunde. Er hat mir die Rückzahlung gestundet. Später haben wir nie wieder darüber gesprochen. Ich glaube, er hatte später, als wir Freunde wurden, nicht mehr vor, das Geld von mir zu fordern. Mir kam das entgegen, denn ich brauchte Sklaven, um das größere Land zu bewirtschaften. Torobax hatte alles, was nicht nagelfest war, mitgenommen. Er floh mit seinen Sklaven nach Dacia. Doch jetzt hat Fonteius Anspruch auf die Summe erhoben.«

»Fonteius? Der Statthalter? Wie kommt denn der dazu?«

»Er hat ein Schriftstück gefunden, aus dem meine Schuld hervorgeht, und verlangt jetzt die Rückzahlung. Sofort!«

»Kannst du zahlen?«
»Nein.«
»Vater! Du musst die Schuld begleichen! Du wirst sonst alles verlieren!«
»Ich weiß.«
»Dann leih dir das Geld.«
»Daran hatte ich auch schon gedacht, aber niemand streckt mir die Summe vor. Ich glaube, Torobax und sein neuer Freund, der Statthalter, stecken dahinter.«
»Torobax ist ein Feind Roms. Das ergibt keinen Sinn.«
»Doch, mein Sohn. Ich habe nachgedacht. Fonteius ist ein Mann Vespasianus'. Der wird mit einem Großteil seiner Legionen gegen Vitellius ziehen und muss daher unter allen Umständen verhindern, dass die Barbaren aus Dacia die entblößte Reichsgrenze ausnutzen, um in die Provinz einzufallen. Er braucht Frieden mit den Roxolanen und muss ihn mit dem Geld und dem Land der einheimischen Stammeseliten erkaufen.«

»Ich verstehe. Er braucht jetzt Torobax!« Dies war ein schrecklicher Gedanke. Verus war nicht entgangen, dass der Erzfeind ihrer Familie inzwischen großen Einfluss bei den Roxolanen gewonnen hatte. Dadurch wurde er wertvoll für den Statthalter. Verus begriff jetzt: Torobax stand in den Diensten des Statthalters. Das erklärte, wieso er ungehindert herkommen und ihn entführen konnte.

»Verus, jeder Landbesitzer in Moesia fürchtet um seinen Besitz. Um des römischen Machterhalts willen ist Fonteius jetzt alles recht und billig. Torobax hilft ihm, Ruhe an der Reichsgrenze zu schaffen. Es steht jetzt ein noch höheres Interesse im Vordergrund: Vespasianus will neuer Kaiser werden.« Der Vater schüttelte resignierend den Kopf. »Ich habe mich mit meiner Habsucht selbst aus dem Spiel gebracht.«

»Torobax gehört ans Kreuz.« Verus schlug mit seiner rechten Faust in die linke Hand. »Ach, wenn ich ihn doch nur erwischt hätte, dann wäre er für immer aus unserem Leben verschwunden.«

Plötzlich schnappte das Schloss auf. Erschrocken suchte Verus nach einer Waffe, mit der er sich wehren könnte. In der Eile fand er aber nichts Brauchbares, weshalb er sich schon darauf einstellte, sich und seinen Vater mit den Fäusten zu verteidigen. Doch zur Überraschung der beiden Männer kam niemand zu ihnen herein.

Sie warteten eine Weile, aber nichts geschah. Vorsichtig näherte sich Verus der Tür. Er drückte die Klinke herunter, und tatsächlich, die Tür ließ sich öffnen. Langsam trat er in den Kellergang. Dort war niemand, jedoch entdeckte er auf dem Boden die vollständige Ausrüstung, die ihm Torobax' Männer abgenommen hatten. Der Anblick seiner Waffen ließ Verus jedes Zögern vergessen. Doch kaum hatte er sich sein Schwert umgehängt, stürmten schon römische Legionäre die Treppe herunter und rissen ihn zu Boden.

»Ich bin Decurio Verus. Lasst mich los!«, schrie er wütend.

Ein Centurio trat hinzu, während er gefesselt wurde, und sagte: »Decurio Verus, du bist verhaftet.«

16

Licinia hatte den Tribun Tullius bei seinen vorangegangenen Besuchen immer höflich empfangen, ihm aber nie Anlass gegeben, auf den Erfolg seiner Avancen hoffen zu dürfen. Ihr weiches und schönes Antlitz hatte sie stets hinter einer kühlen Maske versteckt. Sie vertraute ihrem Vater, dem allein das Recht zustand, über die Ehe seiner Tochter zu entscheiden. Ihm hatte sie das Versprechen abgerungen, einer Ehe mit Tullius nicht zuzustimmen. Doch je öfter und hartnäckiger Tullius um sie warb, desto unsicherer wurde er. Sie hätte es lieber gesehen, wenn die abweisenden Worte gegenüber dem Tribun deutlicher ausgefallen wären. Aber der Vater fürchtete die Konsequenzen und flüchtete sich immer nur in Ausreden. Einmal jammerte er, dass er sie nicht entbehren könne, weil sie fürs Geschäft zu wichtig sei. Ein anderes Mal schützte er Zweifel an ihrer Schicklichkeit für die hohe Gesellschaft vor.

In Tullius' Augen waren die Ausflüchte des Vaters nur lästige Winkelzüge. Er glaubte, er wolle damit nur die Mitgift drücken und bessere Bedingungen für die Eheschließung herausschlagen. Der Gedanke, dass man ihm, dem Sohn einer der namhaftesten Familien des römischen Hochadels eine Absage erteilen könnte, war für ihn so fernliegend wie die Vorstellung eines Verzichts auf ein Leben im größten Luxus. Jede junge Frau in Rom hätte sich ihm dafür an den Hals geworfen und jedem Vater wäre vor Stolz die Brust geschwollen. Licinias trotziger Widerstand hatte ihn nur noch mehr angestachelt. Er war der festen Ansicht, dass sie die richtige Frau für ihn sei. Ihre kühle Art strahlte eine Würde aus, die sonst nur die Damen des Hochadels zur Schau trugen. Mit ihr würde er in Rom Staat machen. Den Makel ihres niederen Standes wischte er beiseite, denn ihre Anmut würde alles überstrahlen. Man würde über den Sohn des früheren Konsuls und seine schöne Frau reden. Er wusste um die Bedeutung, beachtet zu werden, gerade in Rom, wo das Ansehen zuweilen höher geschätzt wurde als der Geldbesitz.

Von Kind an war es Tullius gewohnt, mit Ehrfurcht behandelt zu werden. Den Respekt rechnete er nicht nur seinem Stand zu, sondern auch sich selbst, seinen eigenen Fähigkeiten. Eines Tages würde er genau wie einst sein Vater die Toga Praetexta eines Konsuls tragen, von zwölf Liktoren begleitet werden und das Anrecht auf den kurulischen Stuhl besitzen. Er erinnerte sich an dieses stolze Gefühl aus seiner Kindheit, als er der Sohn eines so mächtigen Mannes gewesen war. Seither war es sein ganzes Streben, seinem Vater nachzueifern. Die erste Station auf dem senatorischen Cursus honorum hatte er als Militärtribun schon fast durchlaufen. Sobald Vespasianus offiziell Kaiser werden würde, und daran zweifelte er nicht, könnte er in Rom eine Ämterlaufbahn beginnen. Dabei waren gewisse Erwartungen zu erfüllen. Schon Kaiser Augustus hatte zu seiner Zeit angeordnet, dass alle Amtsträger bei der Zeugung von Nachwuchs mit gutem Beispiel vorangehen sollten. Er hatte auf die Vorbildrolle gesetzt, um die geringe Geburtenrate in Rom zu verbessern. Da das Edikt noch immer galt, wäre für Tullius eine Karriere ohne Kinder undenkbar. Er warb daher so intensiv um Licinia, um mit ihr nicht nur die amtliche Pflicht zu erfüllen, sondern auch seine Begierde zu befriedigen.

Vor Tagen hatten seine Erwartungen allerdings einen schweren Dämpfer erhalten, als er von Torobax über Licinias Liebesverhältnis zu dem Decurio Verus aufgeklärt worden war. Tullius war so wütend gewesen, dass er seinem Informanten um ein Haar den Dolch in die Kehle gestoßen hätte. Glücklicherweise hatte er sich beherrscht. Sonst hätte er nicht mitbekommen, auf welch brillante Weise er Verus würde beiseiteräumen können.

Um seinen perfiden Plan umzusetzen, begab er sich am Folgetag zum Statthalter Fonteius, der ein Freund seines Vaters war, weshalb er mit dessen Unterstützung rechnete. Torobax hatte behauptet, dass der Vater des Decurio der Provinzkasse zehntausend Sesterze schuldig sei. Das war eine Summe, die erwartungsgemäß Fonteius' Interesse geweckt hatte. Aber der Statthalter forderte einen Beleg für Torobax' Behauptung. Er sagte, dass er ohne Beweis nichts machen könne. Sein Vorgänger habe außerdem keine rechtliche Grundlage für die Forderung gehabt. Schon aus diesem Grunde müsse er sich etwas einfallen lassen. Rom sei verpflichtet, die Verbündeten auch ohne Gegenleistungen zu schützen.

Das erste Gespräch mit Fonteius war daher nicht so verlaufen, wie es sich Tullius vorgestellt hatte. Aber er hatte noch nachlegen können. Torobax schlug ihm nämlich einen Handel vor. Er wolle das Geld vorstrecken, wenn er im Gegenzug seine ehemaligen Ländereien zurückbekäme und von Strafverfolgung befreit werden würde. Mit dem Geld und seiner Fürsprache würden sich die Anführer der Roxolanen bestechen lassen. Eine geraume Zeit wäre es so möglich, dass sie mit Rom Frieden schlössen, um so Vespasianus den Rücken für den Krieg gegen Vitellius freizuhalten.

Damit hatte Tullius den Ehrgeiz des Statthalters geweckt. Jetzt ging es nicht mehr nur um Geld, sondern auch darum, dass Fonteius dem zukünftigen Kaiser einen großen Dienst erweisen können würde. Sein Widerstand war gebrochen, jetzt musste nur noch der kleine Rest seines Zweifels ausgeräumt werden.

»Was ist, wenn an der Sache nichts dran ist?«, hatte der Statthalter gefragt. »Dieser Torobax könnte uns belogen haben. Ich muss genau wissen, ob wir diesem Mann vertrauen können.«

Tullius hatte daraufhin tagelang das Archiv auf der Suche nach der Schriftrolle durchstöbert. Er bat die Götter inständig um Hilfe und opferte ihnen an jedem zweiten Tag. Die Zeit drängte, denn Mucianus war mit drei Legionen aus Syria im Anmarsch. Er sollte sich mit den Legionen und Auxiliaren an der Ister vereinigen und gegen Vitellius nach Rom ziehen. Befände sich Verus erst einmal im Krieg, wäre sein Plan gescheitert. Sein

Ehrgeiz wurde nicht nur durch sein Begehren gegenüber Licinia angetrieben, sondern auch durch die Rache für die erfahrene Ehrverletzung. Dieser Decurio war nicht einmal ein römischer Bürger und erdreistete sich, einem Patrizier die Frau streitig zu machen. Darauf gab es nur eine Antwort: Er musste sterben.

Wenige Tage später fand Tullius endlich die ersehnte Schriftrolle. Fonteius hatte er nun überzeugt, und nach einigen Bechern Wein war der Plan, den Decurio und seinen Vater auszuschalten, gefasst.

Verus wurde verhaftet, und Tullius harrte jetzt begierig auf den Moment, Licinia am nächsten Tag zu besuchen. Er war gespannt darauf, wie sie ihn unter den neuen Umständen empfangen würde.

Und tatsächlich. Licinia hieß den Tribun dieses Mal, und sogar aus tiefstem Herzen heraus, im höchsten Maße willkommen. Die Nachricht, dass Verus angeklagt worden war und dass ihm der Tod durch das Henkerschwert drohte, hatte sie ins Herz getroffen. Der Schock saß tief, und ihre Verzweiflung war groß. Sie wusste sich keinen Rat mehr. Nur Tullius konnte Verus retten. Nur er besaß den nötigen Einfluss. Plautius Silvanus hätte vielleicht noch helfen können, aber der ehemalige Statthalter war nicht mehr in Moesia. Und Verus' Vater weinte sich hilflos die Augen aus. Nur Tullius blieb. Ausgerechnet der Mann, der für Verus' Leben den höchsten Preis von ihr verlangen würde. Sie war bereit, ihn zu bezahlen, für Verus und ihre Liebe, obwohl sie wusste, dass sie bei Tullius niemals ihr Glück finden würde.

Während sie so grübelte, war ihr Vater bereits dabei, roten Falerner, die sündhaft teure Edelweinsorte aus dem Norden Campanias, in zwei gleiche silberne Scyphi einzuschenken. Die beiden Trinkkelche zierte ein Relief, auf dem ein amouröses Paar auf einer Kline zu sehen war, das in einer Weinlaube saß und von einem geflügelten Mundschenk bedient wurde. An diesen Kelchen hingen süße Erinnerungen von Licinias Vater an seine verstorbene Frau, ihre Mutter. Nie wurden sie benutzt und nie

Fremden gezeigt. Doch dieses Mal ging es um das Leben von Verus, der großen Liebe seiner Tochter. Ihr Vater stellte den einen Scyphus Tullius, den anderen ihr selbst hin.

Tullius, der sonst den angebotenen Wein immer abgelehnt hatte, fiel der prunkvolle Kelch sofort auf. Als er das symbolträchtige Motiv wahrnahm, das ihm Licinias Vater in auffälliger Weise hingedreht hatte, wurde ihm klar, in welchem Maße sein Plan aufgegangen war. Er hatte sein Ziel erreicht. Der Vater würde in die Ehe seiner Tochter einwilligen. Es bereitete ihm Mühe, seine Freude zu verbergen. Die tiefe innere Zufriedenheit, die ihn in diesem Augenblick des Triumphes ergriff, entsprang seinem Selbstbewusstsein, die Dinge des Lebens immer klug regeln zu können.

»Tullius, du umwirbst nun schon so lange meine Tochter, dass ich an deinen edlen Absichten keinen Zweifel mehr hege«, hörte Licinia ihren Vater sagen. Es hatte schon etwas Feierliches an sich, wie er so sprach. In seinen Worten schwang eine Erleichterung mit, die sie nachvollziehen konnte. Der Vater hätte ihr das gemeinsame Glück mit Verus vom Herzen gegönnt, aber sie verstand auch die Sorgen um sein Lebenswerk. Indem er sich der Macht des Tullius' beugte, war er mit sich im Reinen. Anders als sie selbst. Sie würde zwar dem Tribun das Ja geben, aber ihm nicht ihre Liebe schenken. Die würde auf ewig Verus gehören. Ihre Gedanken verbarg sie hinter einem flüchtigen Lächeln.

Es war das erste Mal, dass ihn Licinia anlächelte. »Ich freue mich, dass du mein wahres Wesen erkannt hast«, erwiderte Tullius auf die Worte des Vaters.

»Da ich nun geneigt bin, dir die Hand meiner Tochter zu geben und wir damit in den Kreis deiner edlen Familie aufrücken, erlauben wir uns, dir eine Bitte anzutragen.«

»Es erfüllt mich mit Freude, euch helfen zu können. Sagt es nur frei heraus.« Tullius war von frühen Jahren an in Rhetorik unterrichtet worden. Er hatte es sich antrainiert, seine Gedanken hinter Worten, Mimik und Gestik zu verbergen. Es fiel ihm leicht, freundlich zu wirken, wenn er Hass empfand, zynisch zu reagieren, wenn er angegriffen wurde, und ohne die geringste Unsicherheit zu lügen, wenn er sich einen Vorteil versprach.

»In den nächsten Tagen beginnt ein Prozess gegen einen Decurio. Sein Name ist Verus. Wir sind mit seiner Familie befreundet. Durch unglückliche Umstände ist er angeklagt worden.«

»Du kennst ihn«, ergänzte Licinia. »Er diente im Reiterkastell. Du hast mit ihm gesprochen, als wir uns zum ersten Mal in Vaters Taverne begegnet sind.«

»Ja, ich kenne ihn. Fonteius hat ihn neulich erwähnt. Er ist wohl in eine dumme Sache hineingeraten, und nun droht ihm die Todesstrafe. Näheres weiß ich nicht.« Tullius bemerkte die Blässe in Licinias Antlitz, ließ sich aber nichts anmerken.

»Wir kennen Verus und seine Familie sehr gut«, fuhr der Vater fort. »Er war immer ein pflichtbewusster Soldat. Die gegen ihn erhobenen Vorwürfe sind unwahr. Wir würden es als Wertschätzung unserer Familie gegenüber empfinden, wenn du deinen Einfluss geltend machtest, um Verus zu retten.«

Es waren die Worte, die Tullius erwartet hatte. Der Vater hatte soeben das Leben des Decurio gegen die Ehe mit seiner Tochter angeboten. Tullius schaute fragend Licinia an. Er zweifelte nicht daran, was sie sagen würde.

Und wie zur Bestätigung erwiderte sie: »Es wäre darüber hinaus das Zeichen deiner Zuneigung mir gegenüber als deiner zukünftigen Ehefrau.« Ein Lächeln huschte über ihr Gesicht, hinter dem der Tribun jedoch eine kaum merkliche Nuance von vergeblich unterdrückter Qual, Verzweiflung und selbstzerstörerischer Unterwerfung wahrnahm.

Tullius genoss den Augenblick. Er liebte es zu siegen. Nichts verursachte ihm größere Freude als die Demut von Menschen, die sich vorher gegen ihn gestellt hatten. Als Lohn dafür, dass er den Decurio verschonen würde, versprach er sich von Licinia lebenslange Dankbarkeit und Achtung, vielleicht sogar eines Tages Liebe. Der Erfolg seiner Intrige war größer, als er zu hoffen gewagt hatte. Und ihr Einverständnis zeigte deutlich, dass sie nichts von dieser Intrige ahnte.

»Natürlich sehe ich mich in der Pflicht, für den mir neu zugewachsenen Teil der Familie alles zu tun, um auch dessen Freunde zu schützen. Seit vielen Jahren besteht zwischen meiner Familie und dem Statthalter eine enge Freundschaft. Ich bin mir sicher, dass Fonteius, der dem Prozess vorsteht, für euer Anliegen, das nun auch das meinige ist, die rechten Mittel und Wege finden wird.«

»Wie können wir da sichergehen, und wie kannst du das bewerkstelligen?«, fragte Licinia verängstigt nach.

»Erwartet bitte nicht zu viel von mir. Auch Fonteius kann das römische Recht nicht beugen. Alles, was ich euch zusagen kann, ist die Abwendung der Todesstrafe.« Tullius war sich sicher, dass ihm Fonteius diesen Gefallen nicht abschlagen würde, war dieser doch selbst in das Komplott verwickelt und hatte daher ein großes Interesse daran, sich mit seinem Mitintriganten einvernehmlich zu stellen.

»Also Versklavung«, konstatierte der Vater.

Als ihr Vater dieses Wort aussprach, spürte Licinia eine Welle des Schmerzes in sich aufsteigen. Es bereitete ihr viel Überwindung, Haltung zu bewahren.

»Ja«, antwortete Tullius kalt. »Aber es ist sicher einzurichten, dass er in ein angenehmes Umfeld verkauft wird. Er ist schließlich gebildet. Da lässt sich einiges machen. Viele Sklaven haben auf diese Weise sogar ein sehr angenehmes Leben. Manchmal ist sogar ein Aufstieg möglich. Ja, selbst die Freiheit ist erreichbar.«

Licinia nickte hoffnungsvoll. Sie wollte nur allzu gern an eine Zukunft ihres Geliebten glauben. Vielleicht, so hoffte sie, könnte sie später einmal Verus freikaufen. Dieser Gedanke beruhigte sie ein wenig und erweckte ein zartes Gefühl der Dankbarkeit für

Tullius in ihr. Hauptsache, ihrem Geliebten ginge es gut. Dann könnte sie auch ihren Frieden mit Tullius finden.

Nun hörte sie ihren Vater wieder besorgt sagen: »Den Verlauf eines Prozesses kann man nicht vorherbestimmen. Vieles ist ungewiss.«

»Keine Sorge«, erwiderte Tullius. »Ich lasse euch morgen den Namen eines Advocatus zukommen. Den müsst ihr engagieren. Wenn sich Richter und Advocatus des Angeklagten einig sind, dann kann nichts mehr passieren.«

»Ich danke dir«, sprach ihr Vater erlöst.

»Ich danke dir auch«, sagte Licinia und hielt Tullius mit einem aufrichtigen Gefühl der Wertschätzung den Scyphus entgegen, um mit ihm zur Besiegelung der gegenseitigen Versprechen anzustoßen. Ihre Gedanken galten dabei aber Verus, und es war ihr, als prostete sie nicht dem Tribun, sondern einem gütigen Gott zu, der ihr Opfer großmütig angenommen hatte und ihren Geliebten retten würde. Der große Schluck starken Weins wärmte sie innerlich und verlieh ihrer verwundeten Seele den so bitter benötigten Trost.

17

Es war zu ungeheuerlich, als dass Verus es zunächst glauben konnte. Er war Opfer einer Intrige geworden. Aber wer steckte dahinter?, fragte er sich. Er hatte keine Feinde, außer vielleicht Tullius. Dieser könnte es ihm aus Rache für sein Verhältnis mit Licinia angetan haben, sofern er davon gewusst hätte. Das bezweifelte er aber. Womöglich ging es gar nicht um ihn selbst? Hatte es der Statthalter auf seinen Vater abgesehen? Wollte er sich an seinem Vater rächen, weil er dessen Schuld nicht eintreiben konnte? Und nahm er deshalb auch noch seinen Sohn mit in Sippenhaft? Für Fonteius sprachen die Fakten. Auch der Alarm passte dazu. Tullius konnte ihn nicht ausgelöst haben. Er war nur ein Tribun. Auch für die Inszenierung des Roxolanen als Boten, der die Parole kannte, kam er nicht infrage. Dazu war er ein zu kleines Licht. Der Statthalter allerdings besäße die Macht dazu. Nur Fonteius wäre imstande gewesen, das alles einzufädeln. Mit dem Alarmritt hatte dieser ihn in die Falle gelockt. Verus erinnerte sich an den Mann aus seiner Abteilung, der sich vorlaut beschwert hatte. Die Dummheit dieses Kerls erklärte sich Verus im Nachhinein nur mit einer Posse. Man hatte ihm dafür gewiss versprochen, ein Jahr vom Latrinendienst befreit zu werden. Der Präfekt hatte ihn, Verus, damit unsäglich unter Druck gesetzt, auf die Einhaltung der Disziplin zu achten. Die Angst vor Bestrafung hatte ihn in diese Intrige hineingetrieben. Claudius Pulcher hatte wohl dem Statthalter die Gefälligkeit nicht abschlagen können. Schließlich wollte er seinen Aufstieg nicht gefährden. Die Legionäre, die ihn in der Villa seines Vaters verhaftet hatten, passten perfekt in dieses Possenspiel. Sie waren genau aufs Stichwort gekommen, wie im Theater. Das alles war nur möglich gewesen durch eine Intrige von höchster Stelle aus. Verus zweifelte nicht mehr daran: Fonteius hatte das alles inszeniert. Und nun sah er sich den schwersten Vorwürfen ausgesetzt, die man einem Soldaten machen konnte: Verrat und Fahnenflucht. Darauf stand die Todesstrafe. Welch absurde Anklage gegen einen Mann wie ihn, der stets in vorderster Linie tapfer gekämpft hatte.

Wenigstens hatte ihm Licinias Vater einen Advocatus an die Seite gestellt. Der Mann war jung und schien noch nicht viel Erfahrung zu haben. Aber so, wie er ihn in allen Einzelheiten ausgefragt hatte, wirkte er fachkundig. Auch stellte er sich intelligent an, doch hielt ihn Verus für nicht besonders ehrgeizig. In dem einzigen Gespräch, das zwischen ihnen geführt worden war, hatte er abgeraten, Fonteius zu beschuldigen. Die Frage, ob er ihm nicht glaubte, hatte der Advocatus zwar verneint, aber dann darauf hingewiesen, dass Fonteius Richter und Intrigant in einer Person sei. Da dieser das Schwertrecht ausübe, sei ihm, Verus, die Todesstrafe sicher, sollte er ihn beschuldigen. Die Strategie des Advocatus' lief deshalb darauf hinaus, die gegen Verus erhobenen Vorwürfe zu erschüttern. Auf diese Weise, so glaubte er, sei es vielleicht möglich, eine Hinrichtung zu verhindern. Gleichzeitig nahm er ihm aber jegliche Hoffnung auf einen Freispruch.

Am nächsten Tag eröffnete der Statthalter die Verhandlung. Auf dem Forum, wo diese stattfand, hatten sich viele Schaulustige versammelt. Es wimmelte nur so von weißen Togen. Fonteius begrüßte die Geschworenen und forderte den Anklagevertreter zu seinem Vortrag auf.

Ein älterer Advocatus mit weißem Haar trat vor, verbeugte sich und begann:»Ich vertrete den Ankläger, Claudius Pulcher. Er ist der Vorgesetzte des Angeklagten.« Dabei wies er mit der Hand auf den Präfekten.»Dem hier anwesenden Angeklagten übertrug Claudius Pulcher vor vier Tagen das Kommando über drei Reiterabteilungen. Es war Alarm ausgelöst worden. Doch statt die Befehle zu befolgen, ließ der Angeklagte sein Kommando im Stich, um seinen Vater, in dessen Haus eine Roxolanenhorde Zuflucht gefunden hatte, zu warnen. Das ist Verrat und Fahnenflucht. Ich beantrage daher die Todesstrafe.«

Es war genau das, was Verus befürchtet hatte. In ihm stieg Wut empor. Welch ehrlose Verleumdung. Er hatte stets treu seine Pflicht erfüllt. Der junge Advocatus hatte ihm schon vom Vorwurf gegen seinen Vater berichtet. Man hatte in dessen Haus angeblich Diebesgut aus Roxolanenüberfällen gefunden, worauf sein Vermögen konfisziert wurde. Aber Verus war überzeugt, dass man seinem Vater das Raubgut untergeschoben hatte.

Der Statthalter wandte sich an den jungen Advocatus: »Du hast das Wort.«

»Wir bestreiten den Vorwurf. Der Angeklagte hat seine Befehle strikt ausgeführt. Die Reiter, die an dem Einsatz teilgenommen haben, werden zweifelsfrei bezeugen können, dass Verus einem Boten begegnet ist, der ihn dann führte. Er hatte den ausdrücklichen Befehl, dessen Instruktionen zu befolgen, so wie es üblich ist. Es gab keinen Grund, an der Legitimation des Boten zu zweifeln, da er die Parole kannte. Von einem Im-Stich-Lassen seines Kommandos kann also keine Rede sein.«

Was erzählte der Advocatus da?, dachte Verus. Warum sagt er nicht, dass der Bote ein Roxolane war?

»Verehrter Kollege«, erwiderte der ältere Advocatus. »Unbestritten ist, dass der Angeklagte einen Boten getroffen hat. Als der Angeklagte dabei erfuhr, dass sich der Einsatz gegen seinen Vater richtete, widersetzte er sich aber dessen Anweisungen, um seinen Vater und die Feinde Roms zu warnen.«

»Hier steht Aussage gegen Aussage«, widersprach der junge Advocatus. »Niemand kann bezeugen, welche Befehle der Bote tatsächlich übermittelt hat. Er hatte den Angeklagten absichtlich zur Seite genommen. Kein Dritter hat die Worte gehört.«

»Das lässt sich leicht erklären. Die Befehle waren geheim«, beeilte sich der Advocatus des Anklägers zu entgegnen.

»Wenn wir schon nichts über den Inhalt des Befehls erfahren dürfen, so kannst du aber bestimmt denjenigen nennen, der den Befehl erteilt haben soll. Der kann die Sache aufklären. War es der Legat Dillius Aponianus persönlich?«

Nun schritt Fonteius ein. »Es steht keinem zu, hier in einer öffentlichen Verhandlung Fragen zu geheimen Befehlen zu stellen.«

Dieser verdammte Statthalter, dachte Verus. Wenn es so weiterginge, wäre sein Leben bald verwirkt. Sein Advocatus schien keine Hilfe zu sein, und zu seinem Entsetzen nickte der junge Advocatus auch noch.

»Natürlich ist es nicht unsere Absicht, militärische Geheimnisse auszuspähen«, fuhr der junge Advocatus fort. »Wenn die Befehle des Boten aber geheim waren, so können sie auch nicht als Beweis für die Anklage zugelassen werden. Verzeih, edler Statthalter, aber die Anklage muss schon konkret ausführen, welche Befehle der Bote übermittelt haben will. Da sie das nicht kann, wird die Zeugenaussage des Boten wertlos.«

»Welchen anderen Grund sollte es wohl sonst für den Angeklagten gegeben haben, um zum Anwesen seines Vaters zu reiten, als diesen zu warnen?«, fragte der ältere Advocatus. Man sah ihm seine Unzufriedenheit an, weil sein Zeuge, auf dem die ganze Anklage aufgebaut war, demontiert wurde.

»Ganz einfach«, entgegnete der junge Advocatus. »Der Angeklagte wurde in eine Falle gelockt. Es sei hier dahingestellt, ob sein Vater mit den Barbaren gemeinsame Sache gemacht hat, was für sich gesehen ja noch gar nicht feststeht. Doch selbst wenn, würde diese Tatsache nicht den von dem Ankläger erhobenen Vorwurf begründen. Er hätte auch von dem Boten dorthin geführt worden sein können.«

»Wer sollte daran ein Interesse haben?«

»Vielleicht stand er einem Konkurrenten für einen militärischen Aufstieg im Wege?«

»Genug debattiert! Vermutungen führen uns nicht weiter.« Der Statthalter schlug mit der flachen Hand auf den Tisch. »Der

Decurio Verus hat seinen Posten verlassen. Das steht fest. Ebenso, dass er im Haus seines Vaters festgenommen wurde. Er hätte zu seinem Kommando zurückkehren können. Das genügt. Wir kommen jetzt zum Urteil.«

Verus überraschte es, mit welcher Unverfrorenheit der Statthalter erneut die Verhandlung unterbrochen hatte, gerade als sein Advocatus dabei war, der Sache auf den Grund zu gehen. Er spürte eine heiße Welle in sich aufsteigen. Sein Körper rebellierte gegen die Ungerechtigkeit. Voller Bitterkeit dachte er an Licinia, die er nie wiedersehen würde. Wer immer ihn vernichten wollte, er hatte gesiegt. Warum nur hatte Licinia ihm ausgerechnet diesen unerfahrenen Advocatus an die Seite gestellt?

»Hoher Herr, gestatte mir noch eine Bemerkung«, wandte sich dieser an den Statthalter. Verus glaubte, dass er nun ein Plädoyer halten würde, wie es jeder Anwalt meist nutzlos versuchte, um das zu erwartende Urteil noch etwas abzumildern.

»Nun gut, aber wirklich nur ein letztes Wort«, räumte ihm Fonteius ein.

»Ich möchte nur bemerken: Falls der Angeklagte zum Tode verurteilt werden sollte, werden wir an den Kaiser eine Provocatio richten.« Die Zuschauer reagierten mit einem »Ohhh …«. Und dem Ankläger blieb eine Erwiderung im Halse stecken. Erstaunt über die Kühnheit des jungen Advocatus öffnete er die Lippen.

Auch Verus war überrascht. Sein Advocatus hatte ein solches Vorgehen nicht mit ihm abgesprochen. In Unkenntnis der Rechtslage verstand er nicht, worauf er hinauswollte. Er wusste nicht, dass durch die Provocatio das Schwertrecht per Gesetz an den Kaiser überging. Der konnte es zwar ablehnen und an den Statthalter zurückverweisen, aber sicher war das nicht. Vespasianus könnte den Fall zum Anlass nehmen, um in aller Öffentlichkeit seinen Sinn für Gerechtigkeit zu zeigen. Das kam beim Volk immer gut an, besonders weil die letzten Cäsaren dieser Rolle wenig Aufmerksamkeit geschenkt hatten.

Der Statthalter machte ein nachdenkliches Gesicht. »Nun, Advocatus, das ist dein Recht, aber moralisch bedenklich. Du weißt genau, dass wir den Kaiser in schwierigen Zeiten wie diesen nicht mit solchen Entscheidungen belasten wollen.«

»Dann verzichte auf die Todesstrafe und diene damit dem Kaiser.«

Es gab kein einziges Augenpaar, das in diesem Augenblick nicht auf Fonteius gerichtet gewesen wäre. Verus ahnte, dass dieser Moment über sein Leben entscheiden würde. Als der Statthalter, der die ganze Zeit eine strenge Amtsmiene zur Schau getragen hatte, auf einmal überraschend dem Advocatus zulächelte, schöpfte er Hoffnung.

Fonteius forderte die Geschworenen auf, ihr Urteil zu sprechen. Die Männer in ihren weißen Togen steckten die Köpfe zusammen und waren sich nach kurzer Zeit einig. Ein jeder übergab dem Statthalter eine Karte. Fonteius wertete sie aus und gab sofort das Ergebnis bekannt: »Alle Geschworenen haben für schuldig plädiert«, um dann unverzüglich den Schuldspruch zu verkünden: »Der Angeklagte verliert seine Freiheit und wird auf dem nächsten Sklavenmarkt verkauft.«

Es war ein Urteil, mit dessen Milde niemand gerechnet hatte. Verrat duldete keine Gnade, denn die Schlagkraft der römischen Armee war auf unabdingbarer Treue und Disziplin aufgebaut. Nur zwei Männer schauten sich unmerklich zufrieden an. Es waren der junge Advocatus und der Tribun Tullius.

18

Verus' Freude, mit dem Leben davongekommen zu sein, wurde von den neuen Lebensumständen überschattet. In einem nach Urin und Kot stinkenden Massenverlies für Sklaven harrte er seit Tagen der Dinge. Seine Zukunft war ungewiss. Nachts lag er mit auf dem harten Lager schmerzenden Gliedern mehr wach als schlafend auf einem dreckigen Strohsack. Tagsüber brannten seine Augen von diesem Schlafentzug. An der Wade juckten Wanzenstiche, und am Fuß nässte ein eitriger Entzündungsherd. Der Hunger verkrampfte am Morgen seinen Magen, und seine Zunge klumpte im Hals vor Durst. Oft wurden die Sklaven von den Wärtern misshandelt. Die Schreie der Gequälten gellten bis tief in die Nacht hinein, und am Tag erzählte die Angst in ihren Augen von ihren Erlebnissen. Mancher der armen Seelen hatte schon einen gebrochenen Blick. Und wem die Gewalt der Wärter erspart geblieben war, bekam es mit den eigenen Leidensgefährten zu tun. Nach einem Streit um den dünnen Brei und das knappe Wasser blühten die Blessuren an ihren geschundenen Leibern. Geschrei und Geheul, Jammern und Stöhnen ließen Verus nicht zur Ruhe kommen. Er dankte den Göttern für seine große und kräftige Statur. Niemand hatte es gewagt, ihn anzugreifen. Was ihn aber wahrhaftig quälte, war der üble Geruch. Der einzige Topf für die Notdurft, der in der Mitte des Gefängnisses stand, war ständig besetzt. Die Schwächsten und bereits Dahinsiechenden entleerten ihren Darm dort, wo sie gerade lagen. Der entsetzliche Gestank übertünchte selbst den Leichengeruch.

Nach Tagen derartiger Erniedrigung wurde Verus zusammen mit den anderen Sklaven auf den Hof vor dem Gefängnis getrieben. Die Frische belebte seine Lebensgeister. Er atmete tief ein, um die verfaulte Luft aus seinen Lungenspitzen zu pressen. Wie wenig war doch nötig, um einen aus dem Elend gekommenen Menschen ein wenig glücklich zu machen, dachte er sich. Er blinzelte. Es dauerte eine Weile, ehe sich seine dem Licht entwöhnten Augen der Helligkeit anpassten. Die Sonne schien ihm ins Gesicht, und ihre warmen Strahlen erinnerten ihn an den Luxus der Freiheit.

Doch schon verscheuchte ein Schlag in seinen Rücken die übermütigen Gedanken. Ein Wärter hatte ihn mit einem Peitschenknauf vorwärts gestoßen, denn er war als Nächster dran, in Ketten gelegt zu werden. Ein Schmied schloss eiserne Schellen um die Gelenke seiner Hände und Füße und verband die Fesseln mit einer Kette, sodass er nur noch in kleinen Schritten vorankam. Rohe Wärter trieben ihn zur Eile an. Er trippelte in der Gruppe der keuchenden und mit ihren Ketten scheppernden Sklaven mit. Bei den geringsten Störungen sausten die Schwänze der Peitschen auf sie nieder.

Als Verus stolperte, traf ihn ein Riemen quer über den Rücken. Ein Mann mit faltigem Gesicht und kleinen Augen, der eine abgewetzte Tunika trug, hatte die Peitsche geschwungen. Der Hieb brannte zwar auf Verus' Haut, aber noch mehr schmerzte sein verletzter Stolz. Nicht einmal von seinen Vorgesetzten bei den Auxiliaren war er jemals geschlagen worden. Und jetzt hatte es einer getan, der noch vor wenigen Tagen weit unter ihm gestanden hatte. Dieser Mann war ein Wärter, während er selbst Elitesoldaten befehligt hatte. Dieser Mann war ein Niemand, während er selbst aus einer Fürstenfamilie stammte. Dieser Mann war ehrlos, während er im Kampf gegen die Feinde Roms Ruhm und Ehre erworben hatte. Und nun nannten ihn diese Männer nicht einmal mehr beim Namen, sondern redete ihn mit »Sklave« an: »Halt still, Sklave«, »Lauf, du Drecksssklave«, »Halts Maul, du Sklavenpisse.«

Die Einteilung in Freie und Sklaven hatte Verus bisher als eine natürliche Ordnung der Welt betrachtet, die seit Tausenden von Jahren bestanden hatte. Ohne Sklaven gäbe es nicht das römische

Imperium und dessen atemberaubenden Glanz. Die Starken hatten das Recht, die Schwachen und Barbaren auszubeuten. Das war das eherne Gesetz der Völker. Anders waren Reichtum und Macht in der Fülle, wie sie in Rom vorherrschten, nicht zu gewinnen. Es gab in diesem ewigen Kampf nur zwei Möglichkeiten: Entweder zu siegen oder geknechtet zu werden. Die Römer waren von den Göttern auserwählt, um andere Völker zu beherrschen und in einem Imperium zu vereinen. Verus hatte sich deshalb immer mit Roms Stärke identifiziert. Er war bereit, das Imperium bis zu seinem Tode zu verteidigen.

Doch jetzt gehörte er selbst zu den Schwachen, den Rechtlosen, den Gedemütigten. Es wäre besser gewesen, Fonteius hätte ihn hinrichten lassen. Dann hätte er seine Ehre und seinen Stolz behalten und ins Elysium mitgenommen. Jetzt aber war ihm alles genommen worden, was er jemals besessen hatte.

Die Wärter zwangen die Sklaven, auf Käfigwagen aufzusteigen. Dort mussten sie sich auf Holzbänke setzen, jeweils vier einander gegenüber. Während jemand sie an das Gitter ankettete, machte ein Mann auf sich aufmerksam. »Alle mal herhören«, rief er von einem Balkon. Seine saubere orangefarbige Tunika machte deutlich, dass es sich bei ihm um einen hohen Herrn handelte.

»Mein Name ist Marcus Lucretius Sulpa. Ich bin euer Dominus.« Er machte eine Pause. Das Knallen der Aufseherpeitschen verstummte allmählich, und nun hörte auch der letzte Sklave demütig zu. »Viele von euch hatten bis vor Kurzem noch ihre Freiheit. Ihr wart es gewohnt, eigene Entscheidungen zu treffen. Ihr hattet Familien, Freunde, Gewohnheiten, Besitz, Ehre und Stolz. Alles das gibt es nicht mehr für euch. Alles an euch gehört jetzt mir oder wenn ihr verkauft werdet, eurem neuen Dominus. Und wenn ich sage alles, dann meine ich auch alles: euren Leib, euer Blut, euren Willen, eure Gedanken, eure Träume, euer Leid, selbst eure Pisse, euer ganzes erbärmliches Leben. Alles das ist jetzt mein Eigentum. Es gibt von nun an nur eine Zukunft für euch, und die heißt Gehorsam. Ohne Gehorsam habt ihr keine Zukunft. Alles, wofür ihr da seid, alles, was ihr tut und denkt und fühlt, dient dem Wohle eures Dominus. Vergesst, dass ihr je Menschen wart. Vergesst alles aus eurem bisherigen Leben, denn ihr seid jetzt alle Sklaven. Und Sklaven sind gehorsame sprechende Tiere. Wer das begreift, wird leben. Die anderen werden sterben. Allerdings müsst ihr wissen: Aufsässige Sklaven sterben den langsamen und qualvollen Tod am Kreuz.«

Der Sklavenhändler hatte zwischendurch immer wieder eine Pause eingelegt, während der ein anderer Mann, der neben ihn auf den Balkon getreten war, seine Worte ins Griechische übersetzte. Dann fuhr er fort. »Wir ziehen nun nach Italia. Einige von euch werden auf dem Sklavenmarkt in Aquileia verkauft. Ich rate euch, während der Reise dorthin keine Schwierigkeiten zu machen. Sklaven mit zerschundenem Körper werden nicht gern gekauft. Man sieht ihnen ihre Aufsässigkeit sofort an. Ihr müsst wissen, dass sich dort euer zukünftiges Schicksal entscheiden wird. Wer nicht verkauft werden kann, wird an wilde Tiere in der Arena verfüttert. Also achtet auf euren Körper und tut, was man euch sagt!«

Als der Sklavenhändler geendet hatte, gab er mit der Hand ein Zeichen, und die Kolonne setzte sich in Marsch. Mit dem Rattern und Wanken des Wagens ließen die Ketten der Gefangenen das ständige und eintönige Lied der Unfreiheit ertönen. Trotzdem hatte Sulpas Rede in Verus eine Hoffnung geweckt. In der reichen Handelsstadt Aquileia gab es einen großen Sklavenmarkt. Dorthin zog es wohlhabende und zahlungskräftige Kunden. Vielleicht hatte er Glück und kam in ein gutes Haus. Vielleicht wartete dort ein besseres Leben auf ihn als in den letzten Tagen. Still richtete er seine Gebete an die Götter und hoffte, dass sie auch Sklaven beistehen mochten.

Der offene Wagen, der nach einer Meile zum Stehen kam, gewährte Verus einen unverstellten Blick auf die Umgebung, setzte ihn aber gleichzeitig auch der sengenden Sonne aus, die immer höher und heißer am Himmel emporstieg. Kein Lüftchen wehte ihm Abkühlung zu, und er wünschte sich sehnlichst eine schattenspendende Plane. Aber darauf durfte er nicht hoffen. Der freie Blick auf die Sklaven musste stets gewährleistet sein. Das kannte Verus aus der Zeit, als er selbst noch Sklavenhändlern Geleitschutz gab.

Verus hatte schnell erkannt, dass sich die Wagenkolonne mit den Sklaven dem großen Tross anschloss, der mit den Legionen von der Ister wegzog. Ein Posten schwang Fähnchen und versuchte, Ordnung in das Durcheinander zu bringen. Einmal winkte er einen reitenden Kurier durch. Ein anderes Mal marschierten Kolonnen von Legionären vorbei, voran die Standartenträger mit den Tierfellen auf dem Kopf, die den Legionsadler vorantrugen. Auf ihren Schilden erkannte Verus den Stierkopf, das Zeichen der Legion III Gallica. Ochsen zogen Katapulte und Fuhrwerke mit Belagerungsgerät hinter sich her. Scharfe Befehle durchschnitten die Luft. Der aufgewirbelte Staub erschwerte Verus das Atmen und verursachte Juckreiz auf seiner schweißbedeckten Haut. Durst quälte ihn. Er sehnte sich nach dem kühlen Wasser aus dem Brunnen seines Vaters, das er an heißen Tagen getrunken hatte. Im Überfluss war es ihm damals am Kinn heruntergelaufen.

Da weckte ihn das vertraute Wiehern von Pferden aus seiner heilen Welt der süßen Erinnerungen. Deutlich sah er in der Ferne den roten Helmbusch seines ehemaligen Präfekten. Die Reiter hatten das Kastell verlassen. Der Anblick schmerzte ihn. An der Spitze seiner Abteilung ritt jener Mann, der in der Nacht ihres Aufbruchs seinem Vorgesetzten die Provokation vorgegaukelt hatte – ein Bild, das ihn an sein früheres Leben und an den Verrat erinnerte. Langsam verschwanden die in der Sonne blitzenden Bronzehelme hinter einem Hügel. Ihnen folgte der Tross der Fuhrwerke. Und dahinter marschierten Soldaten. Verus wunderte sich über die Größe des Aufmarsches. Wie es schien, waren die Legionen schon jetzt nach Italia gegen Vitellius aufgebrochen. Oder war Mucianus schon hier angelangt? War in dem dunklen Gefängnis mehr Zeit verstrichen, als er dachte?

Plötzlich rief eine vertraute Stimme seinen Namen. Sie gehörte seinem Vater, den er suchend zwischen den Wagen umherirren sah.

»Vater, hier!«, schrie Verus voller Freude. Er wollte ihm zuwinken, doch die Kette zerrte an seinem Handgelenk. Der Vater hatte ihn aber schon gehört und kam zum Wagen gelaufen. Er ergriff seine Hand und umklammerte dabei die Eisenfessel.

»Oh Verus, mein Sohn. Es bricht mir das Herz, dich so zu sehen.«

»Mach dir keine Sorgen. Mir geht es gut«, log Verus, der den tränengeröteten Augen seines Vaters ansah, dass er ihm nicht glaubte. »Wie geht es dir?«

»Sie haben meinen Besitz konfisziert und mich ausgepeitscht.«

»Und Licinia?«

»Ihr geht es gut. Wohin bringt man dich?«

»Nach Aquileia auf den Sklavenmarkt. Vater, was geht hier vor? Ist etwa Mucianus mit seinen Legionen schon eingetroffen?«

»Antonius Primus zieht mit seinen Legionen los. Er hat keine Geduld, auf Mucianus zu warten. Die Moesier folgen ihm.« In der Kürze der Antwort spürte Verus, dass der Vater etwas auf dem Herzen hatte.

»Verus, wir kaufen dich frei«, sagte er. »Licinia tut alles, um dich zu retten. Der Tribun Tullius hat versprochen, dass dir ein angenehmes Sklavenlos beschieden wird.«

»Der Tribun Tullius?«, fragte Verus überrascht.

»Ja.« Der Vater sah Verus leidvoll an. »Licinia hat seinen Werbungen nachgegeben, damit du leben kannst.«

Verus vermochte erst nicht zu erfassen, was ihm der Vater gerade gesagt hatte. Bei seinem letzten Abschied von Licinia hatte er zwar schon etwas in diese Richtung geahnt, war doch der Druck auf ihren Vater zu stark geworden. Aber dass sie es dennoch getan hatte, versetzte seinem Herzen einen Stich.

Plötzlich fuhr einer der Sklavenaufseher den Vater an. »He du, scher dich weg von hier!«

»Der Mann ist mein Sohn. Lass mich noch ein paar Worte mit ihm wechseln«, beschwor ihn der Vater.

»Er ist nicht mehr dein Sohn. Er ist jetzt ein Sklave. Vergiss ihn und verschwinde, sonst wirst du meine Peitsche zu spüren bekommen.« Dabei schlug er mit dem Peitschenstiel drohend in seine hohle Hand.

Das Geschrei des Sklavenaufsehers hatte seinen Dominus, den Sklavenhändler Lucretius Sulpa, angelockt.

»Was gibt es hier?«, fragte er barsch.

»Der Mann hier hat mit dem Sklaven gesprochen, Herr.«

Sulpa wandte sich freundlich an den Vater. »Hör zu, mein Lieber«, versuchte er ihn zu beruhigen. »Die Sklaven sind mein Eigentum. Du kannst nicht einfach mit ihnen reden.«

»Herr«, flehte ihn der Vater an, sich selbst erniedrigend, war er doch vor Kurzem noch selbst so angesprochen worden. »Der Sklave ist mein Sohn. Ich kaufe ihn dir ab. Sag mir schnell den Preis.«

»Du willst ihn kaufen?« Sulpa wandte sich an seinen Aufseher. »Wer ist der Sklave?«

»Herr, das ist doch dieser Thraker, dieser Decurio, dem der Prozess gemacht wurde.«

»Ach ja.« Sulpa schüttelte den Kopf. »Tut mir leid. Diesen Sklaven darf ich nicht an dich verkaufen.«

»Bitte, gütiger Herr. Hast du nicht selbst einen Sohn? Ich zahle dir jeden Preis.« Der Vater sank auf die Knie.

»Steh auf, guter Mann«, erwiderte Sulpa und half dem Vater wieder auf. »Ich muss mich an das Gesetz halten, sonst verliere ich meine Erlaubnis zum Sklavenhandel. Das musst du verstehen, so gern ich dir auch helfen würde.«

»Niemand wird es erfahren. Es soll nicht dein Schaden sein.«

Verus sah dem Sklavenhändler an, dass diesem das Betteln des Vaters allmählich lästig wurde. Plötzlich reichte dieser jedoch Sulpa einen Geldbeutel. Sulpa nahm ihn in die Hand, warf einen Blick hinein und schüttelte ihn, sodass die Münzen satt rasselten. Dabei machte er ein zufriedenes Gesicht und sagte im verschlagenen Ton: »Ich darf den Sklaven zwar nicht direkt an dich verkaufen. Doch könntest du ihn von seinem Käufer in Aquileia aushandeln. Das hat dann nichts mehr mit mir zu tun.«

»Hinterlasse dort bei den Priestern im Tempel der Concordia den Namen des neuen Besitzers, und der Beutel soll dir gehören.«

Sulpa schaute sich nach allen Seiten um, nickte und steckte das Geld unauffällig mit den Worten ein: »So soll es geschehen. Und nun verschwinde, ehe ich es mir anders überlege.«

Verus, der alles mit angehört hatte, bekam noch kurz mit, wie ihm sein Vater noch einmal zuwinkte, bevor er aus seinem Blick verschwand. In dessen gelöstem Lächeln und den funkelnden Augen nahm er eine große Hoffnung auf die Freiheit seines Sohnes wahr.

Plötzlich glaubte Verus wieder an Rettung. Doch er wusste nicht, dass er seinen Vater zum letzten Mal im Leben gesehen hatte. Die Erinnerung an den Abschied, an sein Winken und an die Zuversicht in seinem Gesicht sollten ihn noch viele Jahre quälen. Er würde nie erfahren, was dann mit seinem Vater geschah. Aus dem Tross, mit dem der Vater seinem Sohn folgen wollte, würde man diesen brutal verjagen. Jeder Sklavenhändler in Aquileia würde die Frage nach seinem Sohn verneinen. Und dennoch würden ihn seine Schuldgefühle nicht aufgeben lassen, bis zu jenem Tag, an dem ihn ein Fuhrwerk erfassen würde. Im Sterben würde er den Göttern danken, sein Leben im Tausch für die Freiheit seines Sohnes gegeben zu haben. Doch die Götter würden wie so oft grausam sein und ihm das Leben nehmen, ohne seine Bitte zu erhören.

Doch im Moment war die Hoffnung in Verus' Herzen groß, und er richtete seine Gedanken auf die Zukunft. Er zweifelte nicht mehr daran, durch seinen Vater in Freiheit zu kommen. Und diese Hoffnung führte seine Gedanken erneut zu Licinia hin. Wie schön wäre das Leben mit seiner Geliebten. In Erwartung der Wiederauferstehung seines Lebensglücks, in der er jeden Gedanken an den Tribun Tullius verdrängte, malte er sich aus, wie er, mit ihr wiedervereint, seine Liebe ausleben würde. Diese Hoffnung tat ihm gut. Er schöpfte neue Kraft, und ihm war, als erlebe er gerade nur einen bösen Traum, eine Prüfung der Götter, einen Zustand, der nur von kurzer Dauer sein würde. Er sah zu seinen Leidensgefährten, die teilnahmslos in die Ferne oder leer auf den Boden des Wagens blickten. Sie alle konnten nicht auf ein solches Glück hoffen. Sie alle hatten nur eine düstere Zukunft zu erwarten. Ihm aber winkte aus der Ferne schon die Freiheit zu.

Während er diesen Gedanken noch nachhing, verfing sich sein Blick plötzlich im grinsenden Gesicht von Torobax. Der Todfeind seiner Familie hatte sich an den Wagen herangeschlichen. In dessen Augen entdeckte Verus den Siegesgenuss, und gleichzeitig hörte er sein höhnisches Lachen.

»Da haben wir ja den einst so stolzen Decurio. Wollte er nicht Torobax gefangennehmen? Und nun sieht Torobax den Decurio in Ketten. Wie haben sich doch unsere Schicksale gewandelt!«

»Wenn ich wieder freikomme, werde ich dich töten.«

Torobax lachte noch lauter auf als vorher. »Frei willst du kommen? Sterben wirst du, langsam und qualvoll und schlimmer als am Kreuz. Doch ich will dir noch eine zusätzliche Qual mit auf den Weg geben. Weißt du, wer dein Techtelmechtel an den Tribun Tullius verraten hat?«

Verus verstand nicht. Torobax hatte seine Liebesbeziehung mit Licinia entdeckt?

»Ja. Ich habe dich beobachten lassen«, rief er begeistert, »welch wunderbares Paar ihr wart, der stolze Decurio und die schöne Licinia! Wie Venus und Adonis, wurde mir berichtet. Doch der Tribun war ziemlich sauer, als er davon erfuhr. Für mich ergab sich daraus ein gutes Geschäft. Meine Ländereien gehören jetzt wieder mir, und die deines Vaters kommen noch dazu. Du aber wirst in die illyrischen Minen verkauft. Dort wirst du bald verrecken, während der Tribun deine Hure fickt.«

Verus sah, wie Torobax in dem hemmungslosen Triumph, den dieser empfand, seine gelben Zähne beim Lachen entblößte. Er zerrte an den Ketten, dass ihm die Handgelenke schmerzten.

»Sei dir nicht so sicher, Torobax. Ich werde wieder freikommen, und dann werde ich dich töten«, schrie Verus im Glauben an seine baldige Freiheit.

»Glaubst du wirklich, der Tribun lässt dich am Leben?« Torobax lachte erneut laut auf.

Die Frage fuhr Verus wie ein jäher Dolchstoß ins Herz, dorthin, wo er seine Hoffnung aufbewahrte.

»Er hat mir versprochen, dass du sterben wirst. Unter den Peitschen der Aufseher wirst du in einem Erdloch das Erzgestein schlagen, so lange bis du nur noch aus einem Haufen verfaulten Fleisch bestehst. Nie wieder wirst du den Himmel sehen.«

Verus hörte die Worte mit großem Entsetzen. Was zuerst wie leeres Getöne klang, ergab plötzlich einen Sinn. Es beantwortete die letzte Frage in seinem Prozess: Warum hatte der Statthalter diese Intrige gegen ihn inszeniert? Jetzt wusste er es. Dieser war nur das Werkzeug gewesen. Der Intrigant, der hinter allem seine Fäden gezogen hatte, war Tullius gewesen, und Torobax hatte ihm mit seinem Verrat dabei geholfen.

»Deinem Gesicht entnehme ich, dass du erst jetzt begreifst, wer dich wirklich vernichtet hat«, triumphierte Torobax. »Das war ich.« Er schlug sich dabei gegen die Brust. »Ich habe Wotan mit einem Lamm dafür gedankt, dass sich der Tribun in deine Licinia verguckt hat. Welches Glück. Jahrelang hatte ich darüber gegrübelt, wie ich euch vernichten kann, und dann auf einmal war es so einfach.«

»Freu dich nicht zu früh, Torobax. Noch bin ich am Leben. Du hast dich vielleicht schon auf meine Hinrichtung gefreut. Doch du siehst: Ich lebe. Und wisse, solange ich lebe, wirst du jeden Tag meine Rache fürchten müssen.«

»Warum sollte ich die Rache eines Todgeweihten fürchten?« Torobax schüttelte sich vor Lachen. »Der Tribun hat für dein Ende gesorgt. Dieser Mann ist zu mächtig, als dass du noch einmal zwischen ihn und Licinia treten könntest.«

Ein Aufseher erlöste Verus von seinen Qualen, indem er Torobax fortjagte. Verus schrie ihm nach: »Torobax! Ich werde freikommen und dich töten.« Als er diesen aber auf seinem geliebten Araber davonreiten sah, da brach ihm die Stimme. Seine Worte, die er schon leiser wiederholte, »Ich werde freikommen ...«, erstickte ein Weinkrampf, der seinen gesamten Leib durchschüttelte. Röchelnd rang er nach Luft. Tränen und Speichel liefen an ihm herab. Der innerliche Schmerz, der stärker als Feuer brannte, hatte einen Namen: Licinia. Die Vorstellung, wie sich seine Geliebte dem Tribun in die Arme warf, zerriss ihm das Herz und stieß ihn in einen Abgrund tiefer seelischer Not. Die anderen Sklaven sahen ihn mitleidvoll an.

Der Knall einer Peitsche durchschnitt die Luft. Mit einem Ruck, der ihn durchrüttelte und zu sich kommen ließ, setzte sich das rollende Gefängnis in Bewegung. Nach einer Weile begann er in sich das Wiedererstarken seiner Lebenskraft zu spüren. Ein Gedanke riss ihn aus dem Sog der Verzweiflung heraus: Wenn er schon sterben müsste, dann nicht, ohne es vorher zu wagen, seine letzte Chance – für sein Leben, seine Rache und seine Liebe – zu nutzen: die Flucht.

19

Verus suchte unentwegt nach Fluchtwegen. Das Risiko des Scheiterns wurde ihm jedoch drei Tage später vor Augen geführt, als der Tross in der Stadt Bononia ankam. Die dortigen Bewohner hatten einen entflohenen Sklaven aufgegriffen und ihn gegen Belohnung an den Sklavenhändler ausgeliefert, woraufhin Marcus Lucretius Sulpa seine sofortige Hinrichtung befahl. Zum Leidwesen dieses Mannes stand vor den Toren der Stadt auf einem Hügel ein Kreuz. Es mochte schon viele Jahre alt sein, wie Verus am verwitterten Zustand des Holzes erkennen konnte. An den Löchern in den Balken und einigen verrosteten Nägeln waren noch die Gebrauchsspuren vorangegangener Kreuzigungen auszumachen. Alle Sklaven wurden gezwungen, die Hinrichtung mit anzusehen, damit ihnen jede Lust auf Flucht vergehen sollte. Tatsächlich würden sie das Schauspiel ihr ganzes Leben lang nie vergessen.

Sulpas Knechte entfernten zunächst den Querbalken, indem sie ihn mithilfe von Leitern aus dem Pfahlzapfen heraushoben. Dann entkleideten sie den Delinquenten bis auf einen Lendenschurz. Sie legten ihn mit ausgebreiteten Armen auf den losen Querbalken und trieben Nägel durch die Handwurzeln des Mannes hindurch in das Holz. Verus zuckte zusammen, als er das Knacken der Knochen hörte. Der Mann schrie aus Leibeskräften.

Danach hoben die Urteilsvollstrecker den Querbalken auf, an dem nun der Angenagelte hing, und begannen damit, ihn in den Zapfen des Pfahls einzufädeln. Doch das Geschicklichkeit erfordernde Unterfangen gelang nicht. Der Querbalken entglitt ihnen und stürzte zu Boden. Dabei riss eine Hand des Gekreuzigten vom Nagel ab und verwandelte sich in eine furchtbare Wunde, die aussah, als hätte sie ein wildes Raubtier zerfleischt.

Der Mann wimmerte und zitterte am ganzen Körper. Da die schwer verletzte Hand nicht mehr angenagelt werden konnte, befestigten die Vollstrecker den Arm mit einem Strick an dem Balken.

Beim zweiten Versuch gelang das Einfädeln. Nun schlugen die Soldaten lange Nägel durch die Fußwurzelknochen des Todgeweihten hindurch in die Seiten des Pfahls. Zu Verus' Überraschung schrie der Mann nicht mehr, sondern reagierte auf jeden Nagel nur noch mit einem flachen keuchenden Geräusch. Der Gekreuzigte rang nach Luft.

Das Erlebnis fuhr Verus und all seinen Leidensgenossen in die Glieder. Verus war schlachterprobt, kannte die Gewalt und das Leid durch Verstümmelungen. Doch das alles war im Kampf geschehen. Das Töten eines Feindes hatte er bislang immer als Erleichterung empfunden, weil damit der Verlust des eigenen Lebens zu vermeiden war. Wenn möglich, versetzte man dem Feind einen tödlichen Hieb, um ihm das Leiden zu verkürzen. Doch was Verus hier sah, war ein Handwerk, das die Qual hinauszögerte, eine Strafe, bei der er sich fragte, ob die Götter so etwas guthießen.

Der Sklavenhändler trat vor.

»Schaut genau hin!« Er zeigte dabei mit dem linken Arm auf den Gekreuzigten. Seine Stimme klang laut, bedrohlich und beschwörend.

»Das erwartet diejenigen, die fliehen wollen. Noch kann sich dieser Mann mit den Füßen abstützen, obwohl es ihm große Qualen bereitet. Doch in einigen Stunden wird er dazu nicht mehr in der Lage sein. Die Kraft wird ihn irgendwann verlassen. Bis dahin wird er bis zum letzten Atemzug um sein Leben ringen. Diesen Kampf am Kreuz wird er verlieren. Obwohl er das weiß, wird er sich gegen den Tod wehren und alle Qualen ertragen, bis zum Schluss. Sein eigenes Körpergewicht wird ihm dann, wenn er nur noch kraftlos herabhängt, die Lunge abquetschen, und sie wird sich mit Wasser füllen. Er wird immer weniger Luft bekommen, bis er langsam erstickt. Dieser Mann, den ihr hier seht, hat das Schlimmste noch vor sich. Schaut genau hin und merkt euch diesen Anblick.«

Die Männer in den Ketten mussten lange stehen bleiben, und wer sein Gesicht abwandte, bekam sofort die Peitsche zu spüren. Verus hatte schon Menschen am Kreuz gesehen. Aber nie waren ihm ihre Qualen so nahegegangen wie an diesem Tag. Noch viele Nächte würde ihn das Schauspiel in Träumen verfolgen und jeglichen Gedanken an eine Flucht ersticken.

Es regnete in Strömen, als der Sklaventross in der Stadt Aquileia ankam.

Verus beobachtete, wie ein Teil der Legionäre am Flusshafen ein Schiff bestieg, während andere ein Marschlager errichteten. Sklaven karrten Gestein, das meist dunkelsilbern glänzte und manchmal mattrostbraun schimmerte, in den Bauch der Schiffe am Kai. Sie entluden das Eisenerz von den Ochsengespannen, die es von den illyrischen Minen hierher gebracht hatten. Es ließ Verus mit Schaudern an den Ort denken, an dem sich nach dem Willen des Tribuns sein Schicksal erfüllen sollte.

Die Aufseher trieben die Sklaven aus ihren vergitterten Wagen auf die Straße hinaus. Der Marsch in Ketten führte sie an einem Aquädukt eine schnurgerade Straße entlang, die sie zum Forum gelangen ließ. Dort sollte ihr Verkauf stattfinden.

In letzter Zeit machten die Bewacher kaum noch Gebrauch von ihren Peitschen. Die Sklaven bekamen auch mehr Essen und Trinken als bisher. Der Grund war offensichtlich. Marcus Lucretius Sulpa wollte seine Ware in vorteilhaftem Zustand verkaufen. Er sorgte dafür, dass sie sich wuschen und sich die Haut mit einem Öl einrieben, das einen angenehmen Duft verströmte. Die Aufseher achteten streng darauf, dass sie ihren Mund mit Essigwein ausspülten, um üble Gerüche zu überdecken. Faule Zähne drückten den Marktwert der Sklaven. Ihre Haare wurden geschnitten und gekämmt, die Bärte abrasiert. Sie verwandelten sich in kurzer Zeit von erbärmlichen Kreaturen in ansehnliche Menschen. Dass sie es dennoch nicht waren, konnte man in ihren Augen lesen, die unverändert traurig und verängstigt zu Boden blickten.

Ein jeder bekam ein Schildchen umgehängt, auf dem die besonderen Eigenschaften seines Trägers vermerkt waren und woher er kam. Auf Verus' Schild stand: Ich bin Thraker und war Soldat.

Am Forum bauten einige Sklaven ein Podest mit einem Baldachin auf, welches die Verkaufsfläche vor dem Regen schützen sollte. Die Sklaven mussten sich bis auf einen Lendenschurz entkleiden und sich in einer langen Reihe zur Begutachtung für die Käufer aufstellen. Später würde dann die Auktion stattfinden. Weil es immer noch wie aus Kannen goss, fand die Sklavenschau unter einem schützenden Portikus statt, von denen drei ihrer Art das Forum hufeisenförmlich umschlossen.

Auf das Forum strömten viele Besucher, die in den Säulengängen vor dem Regen Schutz suchten, unter ihnen interessierte Kunden und Neugierige. Immerzu wurde Verus befühlt. Man prüfte seine Muskeln und schaute ihm in den Mund, um den Zustand seiner Zähne zu erforschen. Halbwüchsige machten sich lustig, und alte knorrige Kunden mokierten sich über die schlechte Qualität, die früher besser gewesen sein sollte.

Verus fiel eine kräftige Frau in mittlerem Alter mit großem Busen auf. Sie griff an den Lendenschurz der Sklaven mit muskulöser Statur und manchmal auch darunter. Auch vor Verus war sie stehen geblieben.

»Na, Soldat. Hast du auch ein großes Schwert?« Sie lächelte lüstern und griff, wie befürchtet, zu. Verus zuckte zusammen. Er war nicht lange genug Sklave, um nicht unter dieser Erniedrigung zu leiden.

»Der ist unverkäuflich, Claudia«, hörte Verus den Sklavenhändler sprechen, der hinter die Frau getreten war.

Die Angesprochene drehte sich mit unzufriedenem Blick um. »Wieso unverkäuflich, Marcus? Habe ich nicht immer gut gezahlt?«

»Er ist für die Minen vorgesehen.«
»Bei Tyche, welche Verschwendung. Das kannst du mir nicht antun.«
»Tut mir leid, Claudia. Befehl von Fonteius in Moesia.«
»Fonteius? Mein alter Freund Fonteius? Pass auf, Marcus. Du bekommst fünf meiner Rammler im Tausch für den da. Die bekommen ohnehin keinen mehr hoch. Aber zum Steinebrechen sind sie allemal gut genug. Du weißt, ich stehe nur auf kräftige Kerle. Und um Fonteius sorge dich nicht. Er ist mir noch einen Gefallen schuldig.«
»Liebste Claudia. Ich fürchte, das ist dieses Mal ein anderer Fall. Glaube mir, du kannst ihn nicht kaufen.«
»Was willst du damit sagen? Was für ein Fall?«
»Ich erkläre es dir ...«

Sulpa hakte die Frau, die er Claudia nannte, unter und führte sie von den Sklaven weg. Was sie sprachen, konnte Verus nicht hören. Aber er dachte voller Schrecken an die Worte von Torobax, die Sulpa soeben bestätigt hatte.

Nach einer Weile kehrte Claudia wieder zu den Sklaven zurück, schaute mit einem kurzen Seufzer noch einmal kurz zu Verus herüber und setzte ihre auffällige Begutachtung der Sklaven fort.

Nun begann die Auktion. Sulpa stellte die ersten Sklaven auf der Verkaufsfläche in einer Reihe auf und forderte von den Käufern die ersten Gebote. Da der Regen in ein Sprühnieseln übergegangen war, trauten sich die meisten Leute ins Freie und kamen näher ans Verkaufspodest heran. Die Kunden boten ihre Preise. Einmal überschlugen sich die Angebote, ein anderes Mal ging es eher zäh voran. Sulpa log wie ein alter numidischer Kameltreiber, um den Preis hochzuschrauben. Nach zwei Stunden waren nur noch wenige Sklaven unverkauft. Darunter befand sich Verus, den man bis dahin noch nicht angeboten hatte.

Sulpa kam auf einen seiner Gehilfen zu. Verus konnte hören, was sie sprachen.

»Wo zum Hades bleibt Cornelius?«, schrie er ihn an. »Wir müssen heute verkaufen. Morgen müssen wir mit den Legionen weiterziehen. Ich kann nicht auf ihn warten, sonst gehen mir die Geschäfte des Krieges verloren. Warum kommt er ausgerechnet heute nicht pünktlich?«

»Herr, ich habe im Hafen mitbekommen, dass eine Brücke eingestürzt sein soll. Im Norden hat das Unwetter Bäche in reißende Ströme verwandelt. Der Nachschub an Eisenerz bleibt ebenfalls aus. Der Weg zu den Minen ist unterbrochen. Ich fürchte, er wird es nicht hierher schaffen.«

»Zum Hades mit diesem Wetter. Fonteius wird mich hängen lassen, wenn er davon erfährt.«

»Herr, wie soll er das? Verkauf ihn einfach. Wer kräht schon nach einem Sklaven? Du bekommst für ihn hier bestimmt noch einen besseren Preis als von diesem Schlächter Cornelius.«

Sulpa wiegte nachdenklich den Kopf und nickte schließlich. Dann wandte er sich an Verus. »Hör zu. Kannst du noch etwas anderes außer kämpfen?«

»Mein Vater besitzt ein Latifundium. Ich kenne mich ein wenig in der Landwirtschaft aus.«

»Gut, dann los.« Auf Sulpas Wink hin wurde Verus auf die Verkaufsfläche geführt. Da er dort als Einziger stand, schöpfte er neue Hoffnung. Aber die meisten Käufer hatten die Auktion schon verlassen. In der stark gelichteten Menschenmenge nahm Verus Claudia wahr, die erfreut lachte, als sie ihn erblickte.

Sulpa klopfte mit einem Hammer auf den Tisch. »Hier ist noch ein Hauptangebot. Sein Verkauf wurde eben erst möglich. Es lohnt sich, bei Marcus Lucretius Sulpa bis zum Schluss zu bleiben.« Dann wies er mit verkäuferischer Pose auf Verus. »Hier ist ein junger und kräftiger Sklave. Er ist körperlich ertüchtigt, hat als Soldat gekämpft und kennt sich bestens in der Landwirtschaft aus. Wer ihn kauft, bekommt nicht nur einen perfekten Landarbeiter, sondern auch einen, der weiß, wie man ein Landgut führen muss. Ich höre das erste Gebot.«

Bei diesen Worten horchte ein älterer Mann auf, dessen Kopf graues, schütteres Haar bedeckte. Er trug eine saubere, aber einfache Tunika und trat näher an das Verkaufspodest heran.

Claudia brüllte ein Angebot.

»Wer bietet mehr?«, rief Sulpa.

Verus erschrak. Diese Claudia wollte ihn nur erniedrigen und würde ihn später einem schlimmen Schicksal aussetzen. Sehnsüchtig blickte er in die Runde, in der Hoffnung, dort eine bessere Zukunft zu finden. Doch niemand meldete sich. Auch nicht der ältere Mann mit dem schütteren Haar, der eben noch interessiert näher gekommen war. Er machte ein nachdenkliches Gesicht und schwieg.

»Kein weiteres Angebot?«, fragte Sulpa noch einmal.

Wieder keine Reaktion.

»Nun dann ...« Doch bevor Sulpa den Satz zu Ende sprechen konnte und damit das Geschäft besiegelt hätte, rief der Mann seinen Preis. Sofort erhöhte Claudia mit trotziger Miene.

»Bietest du noch mit?«, fragte Sulpa.

»Ja«, kam prompt die Antwort. »Ich biete im Namen des ehrwürdigen Senators Helvidius.« Er hatte es lauter als nötig ausgerufen.

Daraufhin drehte sich Claudia mit einem enttäuschten und, wie es Verus schien, etwas erschrecktem Gesicht um und verließ die Auktion. Verus war erleichtert. Obwohl sich Sulpa redlich Mühe gab, den Preis noch zu erhöhen, bot keiner mehr mit. Es wollte sich ganz offensichtlich niemand mit diesem Senator anlegen, dessen Name Verus unbekannt war, der aber in der Region ein großes Gewicht haben musste.

»Fortuna liebt dich, Sklave. Du kommst auf ein großes Landgut. Da geht es den Sklaven besser als in den Minen«, sagte Sulpa.

»Bitte hinterlege im Tempel der Concordia für meinen Vater die Nachricht. Es soll nicht dein Schaden sein.«

Sulpa lachte. »Unverschämter Sklave. Sei froh, dass du nicht in den Minen verreckst.«

20

Verus schmerzte der Rücken. An Händen und Füßen angekettet, lag er im Frachtraum eines Schiffes. Mit dem Kreuz lehnte er am harten Holz eines Spanten, der ihm bei jedem Schlingern die Haut wund rieb. Die Kette war zu kurz, als dass er seine Lage nennenswert verändern konnte. Er sah die untersten Stufen einer Treppe, die auf das Deck hinaufführte, über die er hierhergebracht worden war. Deshalb wusste er, dass sie an einer kleinen offenen Luke endete, durch die ein Spalt Tageslicht und frische Luft zu ihm hereindrangen.

Nach einiger Zeit hatten sich seine Augen an das Dämmerlicht gewöhnt. Im Laderaum stapelten sich Waren bis zur Decke. Amphoren, Säcke und Ballen türmten sich neben ihm bedrohlich auf. Lautes Knarren, Flattern und Poltern vermischten sich mit dem Rauschen der Wellenbrecher und raubten ihm sein Vertrauen in Gefährt und Ladung.

Die Corbita, ein Handelsschiff von mittlerer Größe, hatte im Morgengrauen in Aquileia abgelegt. Er dachte an seinen Vater und hoffte, dass ihn die Fahrt über die See nicht in ein fernes Land verschlüge. Der Sklavenhändler Sulpa würde im Tempel der Concordia keine Nachricht hinterlegen. Er würde das Risiko vermeiden, dass der Statthalter Fonteius von dem abweichenden Geschäft erführe. Damit sanken die Chancen seines Vaters, ihn zu finden und freizukaufen. Je weiter weg ihn die Seefahrt von Aquileia fortführte, desto geringer würden die Aussichten auf seine Befreiung werden. Dieser Gedanke beunruhigte ihn. Würde er seine Geliebte je wiedersehen? Könnte er die Sklavenketten jemals abschütteln?

Doch der Anflug von Resignation wich einem festen Glauben an Rettung. Sollte der Vater ihn nicht finden und loskaufen, dann müsste er selbst alles tun, um die Freiheit zu gewinnen. Er war entschlossen, Licinia, die für ihn ihr Glück geopfert hatte, von Tullius zu befreien.

Erst jetzt, nachdem sich seine Augen besser an die Dunkelheit unter Deck gewöhnt hatten, fiel ihm auf, dass das, was er neben sich für einen Sack gehalten hatte, ein Mensch war. Ebenfalls angekettet, lag dieser regungslos da. Lebte er noch? Als Verus die Luft anhielt, hörte er ein leises Atmen. Das beruhigte ihn.

»He, du«, flüsterte er leise und stupste mit dem Fuß sacht den Leib an.

Der vermeintliche Sack drehte sich um und starrte Verus verwundert an.

»Geht es dir gut?«, fragte Verus.

»Warum fragst du mich das?«, antwortete ihm ein Mann in mittleren Jahren mürrisch. Verus erkannte ein faltiges Gesicht und schmale Lippen. »Kennst du Sklaven, denen es gut geht?«

»Ja, die kenne ich.«

»So?«, brummte der Alte. »Dann warst du Haussklave in einer schönen Stadtvilla. Was hast du angestellt, dass man dich aufs Land verbannt hat?«

»Vor kurzer Zeit war ich noch ein Decurio, und ich werde auch bald wieder in Freiheit kommen.«

Der Alte lachte zynisch. »Willst du fliehen? Für uns Sklaven gibt es nur eine Freiheit: den Tod!«

Verus bemitleidete den Mann, aus dessen Mund nur Worte der Trostlosigkeit drangen. Umso mehr wurde er in seiner Hoffnung auf Freiheit bestärkt. Was nützte alles Jammern? Mit Können und ein wenig Glück würde er sein Sklavenlos verbessern können. Fortuna war ihm anscheinend wohlgesonnen. Zweimal hatte sie ihn bereits vor einem schlimmen Schicksal bewahrt. Die sichere Todesstrafe hatte sie in Versklavung abgemildert und ihm den qualvollen Tod in der Mine erspart. Auf dem Landgut war die Arbeit zwar auch schwer, doch kannte er sich damit bestens aus. Bevor er Soldat wurde, hatte er auf dem Gut seines Vaters gearbeitet und viele Erfahrungen gesammelt. Dabei hatte er bei der Leitung sogar größeres Geschick als sein älterer Bruder gezeigt, dem aber das Erbe zugestanden hatte. Von daher wusste er, dass Sklaven auch aufsteigen konnten. Mancher Sklave lebte sogar besser als ein besitzloser Tagelöhner oder glückloser Pächter. Verus kannte die Sklavenbesitzer, wusste, worauf sie Wert legten. Sein Vater hatte selbst mehr als einhundert Sklaven besessen. Oft hatten sie überlegt, was wirtschaftlich günstiger wäre: Sklaven zu halten oder Pächter einzustellen. Sklaven bekamen zwar keinen Lohn, aber dem Ertrag ihrer Arbeit standen ihre hohen Anschaffungskosten, ihre Unterhaltung und die geringe Arbeitsleistung gegenüber. Dazu kam das Gesundheitsrisiko. Die Kosten für Nahrung und Kleidung fielen auch in Zeiten an, in denen weniger zu tun war oder Teile der Ernte von Sturm und Hagel vernichtet wurden. Pächter dagegen mussten für sich selbst sorgen. Der Pachtzins für das überlassene Land war jedoch immer fällig, egal, wie hoch der Ertrag ausfiel. Sie trugen das volle Risiko. War die Ernte reichlich, machten sie ordentliche Gewinne. Bei Misserfolg aber riskierten sie die Versklavung. Das Sklavenlos hingegen hing von der Klugheit des Herrn ab, von dessen Talent, gut zu wirtschaften.

Auf dem Gut seines Vaters hatten sie eine erfolgreiche Methode eingeführt, die gute Arbeit belohnte und schlechte bestrafte. Dadurch war es ihnen gelungen, die Arbeitsleistungen der Sklaven zu steigern. Außerdem waren die Kosten gesunken, weil sie weniger Aufseher brauchten. Einige Sklaven hatten es nicht begriffen. Ihnen ging es schlecht. Die Peitsche konnte aber ihren fehlenden inneren Antrieb nur mit mäßigem Erfolg ersetzen.

»Du darfst dich nicht hängen lassen. Beweise deinem Dominus, dass du ihm nützlich bist. Dann wird er dich gut behandeln«, munterte Verus seinen Mitgefangenen auf.

Der Sklave schaute ihn mit verständnislosen Augen an. »Du meinst, wenn ich mich anstrenge, werde ich belohnt?«

»Das ist schon möglich. Auf dem Latifundium meines Vaters haben wir es so gehalten. Wer das Prinzip begriffen hatte, konnte ein auskömmliches Leben führen.«

»Ach, so einer warst du, ein Gutsbesitzer. Ich habe schon oft als Sklave auf dem Land gearbeitet, aber so etwas kenne ich nicht. Wenn du dich anstrengst, bekommst du vielleicht ein paar Schläge weniger, aber stirbst dafür ein paar Jahre früher. Lerne das Leben eines Sklaven am eigenen Leib erst einmal kennen, dann wirst du mich verstehen.« Der Mann schüttelte den Kopf.

»Hast du es je versucht?«, fragte Verus.

»Alles, was ich versuche, ist, so lange wie möglich zu überleben. Die Freiheit winkt vielleicht den Stadtsklaven, die den reichen Römern die Haare brennen. Uns aber auf dem Land bleiben nur Schufterei und Schläge.«

Verus ahnte, dass der Mann zur Masse jener Sklaven gehörte, die nicht an eine Zukunft glaubten, sondern sich mit ihrem Los abgefunden hatten. Sie hatten nichts, was ihnen Halt geben konnte. Ihr Leben war leer. Sie waren tatsächlich nur sprechende Tiere. Doch Verus fühlte jetzt umso deutlicher, dass er nicht die Seele eines Sklaven besaß. Er würde sich nie mit einem Leben in Ketten abfinden. Der Mann, der neben ihm lag, war so gut wie gestorben, ihm fehlte jegliche Kraft. In Verus aber rebellierten alle aktiven Lebensgeister. Er glaubte an eine Zukunft. Und seine Liebe zu Licinia und der Hass auf Tullius verliehen ihm zusätzliche Energie.

»Ich rate dir, dein Schicksal in Demut zu ertragen«, warnte ihn der Sklave, als hätte er Verus' Gedanken erraten. »Sklaven steht es nicht zu, ihrem Dominus Ratschläge zu erteilen. Vergiss, wer du warst, wenn du überleben willst. Du hast keine Chance gegen die Verwalter und Aufseher. Du bist Tag und Nacht ihrer Willkür ausgeliefert. Außerdem fürchten sie sich vor klugen Sklaven.«

»Ich weiß es besser. Glaube es mir!«, beschwor Verus den Sklaven. »Du musst es einfach versuchen.«

Der Sklave lachte. »Was weißt du schon vom Sklavenleben? Du bist jung und hast noch großen Lebenswillen. Ich aber habe schon viele Jahre lang erfahren müssen, was es heißt, Sklave zu sein. – Wie heißt du eigentlich?«

»Nenne mich einfach Verus.«

»Mein Name ist Asclepius. Ich war einst auch einmal frei und voll von Tatendrang, so wie du, Verus.« Während er sprach, schaute Asclepius in eine unbestimmte Ferne. Verus sah ihm an, wie er sich einige Augenblicke lang in das Land seiner Erinnerungen begab. »Ich pachtete Ackerland und träumte vom Wohlstand. Tag und Nacht schuftete ich für den Ertrag auf dem Feld. Doch der Acker hat wenig getaugt. Meine geringe Erfahrung verleitete mich zu einem schlechten Vertrag. Ich verrannte mich in blindem Eifer und verlor den Überblick. Die Schulden wurden immer größer, sodass ich mit der Pacht und der Kopfsteuer hoffnungslos in Verzug geriet. Mein Verpächter verklagte mich, und ich wurde zum Schuldsklaven verurteilt.«

Als Asclepius endete, erkannte Verus trotz der Dunkelheit in seinen Augen den Glanz der Tränen. »Dann hast du doch Hoffnung. Lebenslange Schuldknechtschaft ist verboten. Irgendwann hast du deine Schuld abgeleistet und erhältst wieder deine Freiheit zurück«, munterte ihn Verus auf.

Der Sklave lachte verbittert. »Das dachte ich anfangs auch. Um die Zeit als Sklave zu verkürzen, schuftete ich, um die Schuld schnellstens abzutragen. Doch als Sklave bist du rechtlos. Du bist auf Gedeih und Verderben von deinem Dominus abhängig. Das schlechte Land und mein negatives Beispiel hatten dazu geführt, dass der Verpächter keinen Nachfolger mehr fand. Er machte mich für den anhaltenden Verlust haftbar. Schließlich rächte er sich an mir und bestach den Prokurator der Sklavenregistratur. Danach hat er mich verkauft. Seitdem bin ich für immer Sklave.«

»Hat sich niemand für dich eingesetzt?«

»Niemand, der mir hätte helfen können, hatte davon erfahren. Niemanden hatte ich benachrichtigen können. Niemand interessiert sich für das Los eines Sklaven. Als Sklave bist du rechtlos und ohne Zukunft. Meiner Familie wird man gesagt haben, dass ich gestorben bin.«

Asclepius' Los erinnerte Verus auch an sein eigenes. Leicht konnte man versklavt werden. Und so erzählte er Asclepius, auf welche heimtückische Weise er selbst in die Versklavung geraten war. Ja, Asclepius hatte schon recht. Der Sklave war mit Haut und Haaren von seinem Dominus abhängig. Verus widersprach dennoch seinem Leidensgenossen. Er wollte nicht einsehen, dass es ihm nicht gelingen sollte, seinen Herrn zu überzeugen. Er musste nur seinem neuen Dominus zeigen, dass dieser einen höheren Nutzen von ihm hatte, wenn er ihn gut behandelte. Darauf konnte er vertrauen. Nichts interessierte einen Sklavenhalter mehr als die Wirtschaftlichkeit seines Sklaven.

»Hör zu!« Asclepius ergriff Verus' Hand und redete eindringlich auf ihn ein. »Nimm von mir einen Rat an. Du bist klug, Verus. Halte damit hinterm Berg. Sag niemandem, dass du Decurio warst. Behalte es für dich, dass du selbst einmal Sklaven besessen hast. Glaube mir. Deine Sklavenbrüder werden sich an dir rächen wollen. Sie besitzen nicht mehr als ihr Leid, und es gibt einige unter ihnen, die davon träumen, die Sklavenbesitzer zu töten. Sie hassen solche wie dich, die Rom gedient haben. Nur ihre Feigheit hindert sie am Aufbegehren. Sie alle haben Angst, am Kreuz zu sterben. Wenn sie aber erfahren, dass du dich als einer der verhassten Sklavenhalter in ihrer Gewalt befindest, werden sie alles versuchen, um dich zu töten.«

Asclepius' Worte hatten Verus tief getroffen. Sie hatten ihm eine wichtige Einsicht vermittelt: Für die Sklavenhalter war er ein Sklave, für die Sklaven aber ein Sklavenhalter. Er war zu sehr mit seinem eigenen Schicksal beschäftigt gewesen, als dass er zu dieser einleuchtenden Überlegung fähig gewesen wäre. Er erinnerte sich an zahlreiche Fälle, in denen Sklaven untereinander in Streit geraten waren. Zwar war es auf dem Gut seines Vaters nie zu Todesfällen gekommen, aber sie hatten doch von der Brutalität gezeugt, welche die ungebildeten Sklaven gegeneinander entwickeln konnten. Jetzt hatte ihm Asclepius die Augen für diese Gefahren geöffnet. Dafür nickte er ihm dankbar zu.

Gegen Abend – das Licht durch die Luke erzeugte nur noch eine Schattenwelt – hörte Verus, wie die Ankerketten schepperten.

In der Nacht war er wegen des unbequemen Lagers immer wieder aufgewacht. Das Geräusch beim Lichten des Ankers am Morgen riss ihn deshalb aus einem tiefen Schlaf. Nach kurzer Fahrt legte die Corbita erneut an.

Matrosen führten die beiden Sklaven in Ketten auf das Deck. Verus erkannte an Land die typischen Arkaden einer Arena. Sie waren in der Hafenstadt Pola angekommen, in der Colonia Pietas Julia Pola. Diese Kolonie kannte er. Von hier aus war er während seines Militärdienstes zweimal verschifft worden. Das Landgut, auf das er kommen sollte, konnte nicht weit weg sein, denn die Stadt befand sich in Histria, auf einer großen Halbinsel, die zu Italia gehörte. Die Aussicht, dass ihn sein Vater hier finden könnte, hatte sich zu seiner Freude wieder verbessert.

Der Mann, der ihn in Aquileia ersteigert hatte, nahm die beiden Sklaven in Empfang und ließ sie von den Matrosen auf einem kleinen Pferdefuhrwerk anketten. Dann stieg er selbst auf den Bock, wo ihn ein Kutscher erwartete. Der schwang die Peitsche, und die zwei vorgespannten Pferde trabten los.

Jetzt hatte Verus Zeit, sich die beiden Männer genauer anzuschauen. Derjenige, der ihn in Aquileia ersteigert hatte, drehte sich hin und wieder nach ihm um. Er besaß ein faltiges Gesicht mit einer auffallend großen Hakennase und mochte um die Mitte fünfzig sein. Ihm zur Seite saß ein korpulenter Glatzkopf mit kräftigen Armen. Auf seinem Sklavenschild las Verus den Namen Semprosius. Er sah zwanzig Jahre jünger aus als der Ältere. Seine Tunika war aus dem gleichen grauen Stoff wie die seines Nachbarn, aber schmuddelig. Semprosius blickte Verus über die Schulter hinweg mit verächtlicher Miene an.

»Wie heißt du?«, fragte der Ältere.

»Verus.«

»Das ist gut«, brummte er zu seinem Nachbarn auf dem Kutschbock. »Mein Name ist Colponius. Ich bin der Verwalter des

Latifundiums. Du musst mich und Semprosius mit HERR anreden!«, sagte er ruhig. »Wann wurdest du versklavt?«

»Vor drei Wochen.«

»Das heißt: vor drei Wochen, Herr«, brüllte Semprosius. »Bei den Furien. Der Scheißkerl ist noch nicht geschliffen worden.« Verus fiel es schwer, diesen Verwalter mit HERR anzureden.

»Du verstehst etwas von Landwirtschaft?«, fragte Colponius unbeeindruckt.

Verus dachte kurz an Asclepius' Rat, entschloss sich aber trotzdem, seinen Plan umzusetzen. »Mein Vater besaß einige Ländereien, Herr.«

Colponius' Gesicht erhellte sich.

»Hattet ihr Sklaven?«

Verus überlegte kurz und sagte: »Nein, Herr.«

»Keine Sklaven?«, hakte Colponius noch einmal eindringlich nach.

Verus schluckte. »Nein, keinen einzigen. Wir haben nur mit Pächtern und Tagelöhnern gearbeitet.«

Semprosius lächelte verächtlich. Er glaubte ihm anscheinend nicht.

»Wie kam es, dass du Sklave wurdest?«, fuhr Colponius fort.

»Ich wurde verurteilt, Herr.«

»Für welches Vergehen?«

Verus erschrak über die Frage. Würde er wahrheitsgemäß antworten, käme heraus, dass er Decurio war. Wenigstens seinen Dienstrang wollte er verheimlichen.

»Es war bei den Auxiliaren. Verletzung der Disziplin. Doch ich war unschuldig.«

»Erzähl nicht solche gequirlte Scheiße!«, brüllte Semprosius. »Und die Disziplin bringe ich dir schon bei. Dafür, dass du schon wieder vergessen hast, HERR zu sagen, wirst du die Peitsche spüren.« Semprosius entblößte grinsend seine Zähne, die einem Pferdegebiss ähnelten.

»Semprosius hat bei uns die Oberaufsicht«, sprach Colponius ruhig. »Er ist für den reibungslosen und fachgerechten Ablauf

auf dem Latifundium verantwortlich. Du musst ihm gehorchen! Er lässt nicht mit sich spaßen.« Dann wandte er sich an seinen Nachbarn: »Nicht die Kugelpeitsche und nicht mehr als drei Schläge!«

»Ja, Herr.« Das Grinsen in Semprosius' Gesicht erstarb. Sein Pferdegebiss verschwand in seinem schmollenden Mund.

Verus wurde unmittelbar klar, dass er sich vor Semprosius in Acht nehmen musste.

Die Straßen und Wege außerhalb der Stadt wurden deutlich schlechter. Verus wurde ordentlich durchgeschüttelt, als sie durch Schlaglöcher fuhren. Und das passierte andauernd. Nach einiger Zeit bedeutete Colponius, dass sie jetzt das Land ihres Dominus erreicht hatten. Verus sah, dass die Felder sorgsam bearbeitet waren, und schöpfte Hoffnung auf ein mildes Sklavenlos.

Gleichzeitig dachte er die ganze Zeit an die bevorstehende Bestrafung mit der Peitsche. Die Prügelstrafe musste furchtbar sein. Er hatte ihr früher ein paarmal beigewohnt. An ihm selbst war sie jedoch nie vollzogen worden.

Nach einer weiteren Stunde trafen sie an dem Herrensitz ein. Verus staunte. Die Villa strotzte vor Luxus. Sie besaß drei Gebäudeflügel, die durch einen zweigeschossigen Säulengang miteinander verbunden waren. Den mittleren Flügel krönte ein prachtvolles Säulenportal. Von hier aus musste man einen herrlichen Blick auf die umliegenden Weinberge und Olivenhänge haben.

Semprosius lenkte das Fuhrwerk auf den Westflügel zu, wo ein kleiner Hof, umgeben von einer Mauer aus Natursteinen, angrenzte. In der Mitte entdeckte Verus einen Holzpfahl, der bei ihm ein mulmiges Gefühl auslöste. Semprosius befahl einem herbeigeeilten Sklaven, Tertullus zu holen, und trug ihm gleichzeitig auf, die Peitsche nicht zu vergessen. Es schien so, als ob er die Bestrafung sofort vollziehen wollte.

Nach einiger Zeit kam der Sklave zurück, begleitet von einem kräftigen Mann, der in seiner Hand eine Peitsche mit mehreren Schwänzen hielt, in die kleine Metallkügelchen eingearbeitet waren.

»Nein, nicht die Kugelpeitsche, Tertullus.« Semprosius winkte ab. »Colponius will, dass wir diesen Kerl nur streicheln.« Dabei lachte er und zeigte sein Pferdegebiss in voller Breite. »Hol die Lederpeitsche.« Tertullus verschwand und kam kurze Zeit später zurück. Die Peitsche in seiner Hand hatte daumenbreite Lederstreifen.

»Drei Schläge«, befahl Semprosius.

»Nur drei?«, fragte Tertullus enttäuscht.

»Dir juckt wohl auch das Fell?«, brauste Semprosius auf.

»Jawohl Herr, drei Schläge«, lenkte Tertullus kleinlaut ein.

Die beiden Sklaven ergriffen Verus. Er wehrte sich instinktiv und schleuderte mit einem kurzen Ruck einen von sich weg. Tertullus riss daraufhin aber Verus zu Boden. Die Fußfessel behinderte diesen, sodass er den Sturz nicht vermeiden konnte. Die beiden Männer schleiften Verus an einen Pfahl und banden ihn dort fester als nötig an. Dann rissen sie ihm die Tunika vom Leib, sodass sein nackter Oberkörper den Peitschenhieben schutzlos ausgeliefert war.

Verus spürte das rauhe Holz des Pfahles an seiner Wange. Was hinter ihm vorging, sah er nicht. Dann hörte er ein Zischen und fühlte einen brennenden Schmerz auf seinem Rücken. Er rang nach Luft. Sein Rücken verspannte sich. Da knallte schon der zweite Peitschenhieb auf ihn ein, noch schmerzhafter als der erste. Instinktiv zerrte er an seiner Fessel. Als zum dritten Mal die Peitsche auf ihn herniederging, konnte er vor Schmerz ein lautes Röcheln nicht unterdrücken.

»Hat er für seine Störrigkeit nicht noch mehr Hiebe verdient, Herr?«, fragte Tertullus nach.

»Du hast recht«, sagte Semprosius. »Gib ihm noch einen.« Und im nächsten Augenblick klatschten die Riemen erneut knallend über seinen Rücken und nahmen ihm vor Schmerz die Luft.

»Hütet euch vor ihm!«, sagte Semprosius. »Er besaß einmal ein großes Landgut mit Sklaven. Er dünkt sich klug und biedert sich Colponius an.«

»Ich hatte keine Sklaven, und das Landgut gehörte mir nicht, sondern meinem Vater«, schrie Verus, um sich vor der Rache der Sklaven zu schützen. Da sah Verus im äußersten Blickwinkel, wie Semprosius Tertullus wütend die Peitsche aus den Händen riss und damit zuschlug. Verus konnte gerade noch sein Gesicht wegdrehen, bevor er weitere drei Schläge verspürte. Sein Rücken brannte wie Feuer. Der Schmerz war so stark, dass er aufschrie.

»Wage nicht noch einmal, ohne Erlaubnis zu sprechen oder mich auch nur anzusehen, oder ich lasse dir mit der Kugelpeitsche das Fleisch von deinen Knochen abschälen«, rief Semprosius jähzornig.

Auf Befehl des Oberaufsehers wurden Verus und Asclepius in einen Waschraum der Sklaven geführt. Dort fanden sie eine Schüssel mit kaltem Wasser vor, mit dem sie sich den Schweiß von der Haut wuschen. Die Schwielen auf Verus' Rücken gaben das rohe Fleisch frei. Asclepius reinigte behutsam dessen Wunden mit einem Schwamm, was Verus ein Brennen verursachte.

»Du hast nicht auf meinen Rat gehört«, sagte Asclepius vorwurfsvoll. »Ich kenne solche Schinder wie Semprosius. Sie mögen keine Sklaven, die sich klug dünken. Sie fürchten um ihre privilegierte Stellung.«

»Ich habe doch kaum etwas gesagt«, entgegnete Verus verärgert.

»Es genügt, dass du Landbesitzer warst. Jeder versucht hier, eine bevorzugte Position zu erlangen. Deine Worte waren ein Angriff auf Semprosius' Stellung. Glaubst du, er sieht einfach zu, wenn einer wie du daherkommt und ihn mit klugen Reden verdrängen will?«

»Verdammte Sklaven«, fluchte Verus. »Ich werde es ihnen schon zeigen.«

»Du vergisst, dass du jetzt selbst Sklave bist, Verus«, ermahnte ihn Asclepius. »Du glaubst immer noch, du bist etwas Besseres. Ich rate dir noch einmal: Halte dich zurück. Sei froh, dass du

nicht die Kugelpeitsche abbekommen hast. Lerne wenigstens erst einmal die Rangordnung unter den Sklaven kennen. Sonst wirst du hier nicht lange überleben. Jeder braucht hier Verbündete. Allein bist du verloren. Doch du wirst kaum jemanden finden, der zu dir hält. Semprosius wird es allen verkünden, dass du Sklavenhalter warst.«
»Er weiß es doch gar nicht. Er behauptet es doch nur, ohne es zu wissen.«
»Verus!«, beschwor ihn Asclepius. »Du selbst hast gesagt, dass du ein großes Landgut besessen hast. Es gibt aber kaum Landgüter ohne Sklaven. Deshalb wird es ihm jeder glauben. Und sie werden es ihm gern glauben, denn so haben sie einen, der noch weiter unter ihnen steht als sie selbst.«

Verus und Asclepius erhielten von Sklavinnen solche frischen grauen Tuniken, wie sie auch die anderen Sklaven trugen. Anschließend wurden sie in den Speisesaal geführt, in dem lange Tische und Bänke standen. Dort hielt sich jedoch niemand auf. Alle Sklaven waren bereits zur Arbeit abgerückt. Verus und Asclepius hatten am Morgen des Vortages das letzte Mal etwas gegessen, weshalb ihnen der Magen knurrte.

Aus der angrenzenden Küche kam eine junge Sklavin, die den beiden eine Schüssel mit Brei und einen Krug voll Wasser brachte. Sie hatte kurze schwarze Haare, war sehr schlank, und unter ihrer Tunika wölbten sich kleine stramme Brüste. Ihre Schönheit fesselte Verus, und einen kurzen Augenblick lang begegneten sich ihre Blicke. Das Mädchen schaute sofort verlegen zu Boden und verschwand wieder in der Küche.

Die beiden Sklaven aßen schweigend. Dann betrat Tertullus den Raum. »Beeilung! Wir haben nicht den ganzen Tag Zeit«, schrie er die Sklaven an.

Verus und Asclepius schlangen den Brei herunter, während Tertullus mit dem Peitschenknauf immer wieder auf den Tisch klopfte, um sie dadurch anzutreiben. Verus, der jetzt nicht mehr gefesselt war, dachte einen Moment daran, sich an Tertullus für die Schläge zu rächen. Doch er beherzigte Asclepius' Worte und fügte sich den Befehlen.

Tertullus führte die beiden Sklaven in die Latrine, die Löcher für zehn Personen hatte. Er warf Asclepius einen Strick zu. »Los! Binde die Leine dem Sklavenschinder um und seile ihn dann ab!« Verus schaute Tertullus entsetzt an. In diese eklige Brühe aus Pisse und Scheiße sollte er hinabsteigen? Als Decurio war er es nicht gewohnt, Latrinendienst zu verrichten. Er ballte die Fäuste. Tertullus begegnete seinem Blick mit erhobenem Haupt. Seine Augen senkten sich auf Verus' Fäuste. Dabei lächelte er selbstsicher.

Verus schnaubte vor Wut. Die Demütigung ging zu weit. Dieses verfluchte Sklavenpack, dachte er. Doch er war Tertullus chancenlos ausgeliefert. Er würde ihn zwar sofort töten können, doch das wäre auch sein eigenes Ende. Mit der Kugelpeitsche würde Semprosius ihm das Leben aus dem Leib schlagen. So schluckte er seine Wut hinunter und gehorchte widerwillig.

Unten in der Latrine angekommen, stand er mit nacktem Oberkörper bis zum Bauch in der widerlichen Brühe, an deren Oberfläche kleine Bläschen tanzten. Ein ekliger Gestank raubte Verus den Atem und löste mehrmals Brechreiz bei ihm aus. Asclepius ließ zu ihm einen Eimer herunter, der an einem Strick befestigt war und den er dann aufgefüllt wieder nach oben zog. Obwohl sich Asclepius die größte Mühe gab und sich immer wieder entschuldigte, konnte er nicht verhindern, dass jedes Mal dünne Scheiße auf Verus herabtropfte und sich auf seinem gesamten Körper verteilte. Auch dessen Haare waren bald von der ekelerregenden Jauche verklebt. Nach einigen Stunden hatten sie die Latrine entleert, und Verus wurde von Asclepius wieder heraufgezogen.

Doch dieses Mal gestattete Tertullus ihnen nicht, sich im Waschraum zu reinigen, um diesen nicht einzusauen, wie er sagte. So musste Verus hinaus auf die Wiese. Asclepius holte einen Wassereimer nach dem anderen und spülte das stinkende Braun von Verus' Leib ab. Doch selbst als alles abgewaschen war, stank er noch immer. Nicht einmal heftiges Schrubben, das sich auf Verus' Rücken wegen der Wunden kaum durchführen ließ, vermochte ihn von dem üblen Geruch zu befreien.

Inzwischen war es Abend geworden, und die Sklaven begaben sich in den Speiseraum. Als Verus und Asclepius dort eintrafen, rümpften alle die Nase. Niemand wollte Verus zum Sitznachbarn haben, was offenkundig nicht nur an seinem üblen Geruch lag, sondern auch an einer vorherrschenden Sitzordnung. Aber irgendwo mussten sie einen Platz finden, an dem sie den Brei löffeln konnten. Verus setzte sich schließlich auf eine Bank in der hintersten Ecke. Sofort kam ein kräftiger Sklave und forderte ihn auf, den Platz freizugeben. Verus hatte inzwischen begriffen, dass hier Schikane im Spiel war, denn der gleiche Mann hatte ihn bereits vorher schon einmal von einem anderen Platz vertrieben. Er blieb daher unbeeindruckt sitzen.

»Verschwinde, du Stück Scheiße!«, schrie der Sklave aggressiv.

Verus spürte, dass sich sein Schicksal jetzt entscheiden würde. Er würde jetzt jedem zeigen müssen, dass er nicht zu den Sklaven gehörte, die sich ewig in den unteren Rängen duckten. Feigheit wäre das Ende vom Aufstieg in der Sklavenhierarchie. Deshalb erhob er sich ebenfalls und stand nun dem anderen Sklaven entschlossen gegenüber.

Der Aggressor war einen halben Kopf größer als Verus und schien sich über den Erfolg seiner Provokation zu freuen. Er lächelte überlegen und schrie Verus an: »Bist du taub? Weg von hier, oder ich breche dir alle Knochen.«

»Du hast mir gar nichts zu befehlen!«, erwiderte Verus mit fester, aber ruhiger Stimme, die jeder in dem Raum hören konnte.

Das Klappern der Essbestecke auf den Tellern erstarb plötzlich. Kein einziges Wort war mehr zu hören.

Der Sklave drehte sich lächelnd zu den anderen um und griff plötzlich an. Doch Verus war militärisch ausgebildet. Den Nahkampf, auch ohne Waffen, hatte er trainiert. Und so nutzte er den Angriffsschwung seines Gegners geschickt aus, indem er ihn am linken Arm ergriff, seinen eigenen Körper in ihn hineindrehte und ihn mit seinem Becken aushebelte. Der Angreifer verlor auf diese Weise den Boden unter den Füßen und flog im hohen Bogen gegen die Wand.

Der Sklave machte ein überraschtes und wütendes Gesicht, stand aber sofort wieder auf, als wäre nichts geschehen, und holte weit mit der Faust zum Schlag aus. Doch Verus reagierte mit einer geschmeidigen Ausweichbewegung, sodass der Schwinger des Sklaven knapp an seinem Gesicht vorbei ins Leere zischte. Durch den Luftschlag taumelte der Sklave nach vorn und rannte so in Verus' Aufwärtshaken hinein. Ein dumpfes Krachen am Kinn stoppte ihn. Dann sackte er zusammen und blieb bewegungslos am Boden liegen. Verus hielt sich die rechte Faust. Der Knöchel schmerzte ihm von dem harten Schlag und schwoll an.

Die Unbeteiligten an den Tischen schauten überrascht auf den niedergeschlagenen Sklaven. Nachdem der Angreifer einige Minuten später wieder zu Bewusstsein gekommen war, taumelte er mit blutbefleckter Tunika an seinen Platz zurück. Schmerzverzerrt hielt er sich den Mund. Als er, am Tisch sitzend, die Hand von seinem Kinn nahm, klappte der Unterkiefer schlaff nach unten, und zwei blutige Zähne fielen auf die Tischplatte. Die Wucht des Schlages musste ihm schwere Kieferbrüche zugefügt haben. Er konnte weder kauen noch den Mund schließen. Und Verus wusste, dass der Mann die schwere Verletzung ohne Behandlung durch einen teuren Chirurgus nicht überleben würde. Er bezweifelte, dass sich der Wert des Sklaven im Vergleich zu den hohen Kosten für den chirurgischen Eingriff und die anschließende Genesungszeit rechnen würde.

Verus tat der Mann einen Moment lang leid. Er hatte nicht beabsichtigt, den Sklaven so schwer zu verletzen. Doch dann begriff er die Wirkung seines Sieges. Er hatte gewaltigen Respekt gewonnen. Alle Sklaven, die er anschaute, senkten verlegen die

Augen. Keiner legte es darauf an, Verus auch nur mit einem Blick herauszufordern.

Doch dieses Siegesgefühl währte nur kurze Zeit. Denn wenig später kam Semprosius, kochend vor Wut, in Begleitung von vier Wachmännern. Er ließ Verus ergreifen. Ein Wachmann schlug ihm den Schwertknauf auf den Kopf. Dann wurde es um ihn dunkel.

Als Verus wieder zu sich kam, fand er sich erneut gefesselt am Pfahl wie schon am Morgen. Sein Oberkörper war entblößt und nass. Sein Blick fiel auf einen Wachmann, der noch den leeren, tropfenden Eimer in der Hand hielt. An seiner rechten Wange spürte er warmes Blut.

Semprosius kam in sein Blickfeld. In der Hand hielt er den Peitschenkauf. An den locker herabhängenden Schwänzen klebten kleine Bleikügelchen. Semprosius' Gesicht war wutverzerrt. »Für Pullo sollst du büßen«, schrie er.

Verus zweifelte nicht daran, wen er mit Pullo meinte.

»Ich werde dir persönlich das Rückgrat freilegen«, brüllte Semprosius. »Du wirst die Götter verfluchen, dass du geboren wurdest. Ich sorge dafür, dass du den nächsten Morgen nicht erleben wirst. Ich peitsche dich so lange aus, bis du in deinem eigenen Blut ersäufst, du elende Ratte.«

Verus fiel Asclepius' Rat ein. Hätte er doch auf ihn gehört. Jetzt war es zu spät. Sein Leben würde in Kürze enden, in einem elenden und qualvollen Tod. Wäre er von Fonteius zum Tode verurteilt worden, hätte er ein kurzes und schmerzloses Ende durch das Schwert gefunden. Der tödliche Stahl wäre ihm vom Schlüsselbein aus ins Herz gestoßen worden. Diese Hinrichtung wäre ehrenhaft gewesen. Und als Offizier hätte sie ihm zugestanden. Jetzt aber erwartete er einen Tod, der grausam und entwürdigend war.

Er dachte an Licinia und wunderte sich darüber, dass er in dieser Sterbestunde nicht einmal mehr die Kraft besaß, Tullius zu hassen. Wenn der Fährmann Charon später kommen würde, um ihn am Ufer des Flusses Styx abzuholen, fände er nur noch einen gebrochenen Mann vor. Nicht einmal mit einer Silbermünze würde er den düsteren Gesellen belohnen können, der ihm deshalb die Überfahrt ins Totenreich verwehren würde. Hundert Jahre lang müsste er dann am Ufer ein elendes Schattendasein fristen.

Verus dachte an seinen Vater, und ihm tat dessen vergebliche Suche leid. Er sah zum blutroten Himmel hinauf, als hätten ihn die Götter für seine letzte Stunde geschmückt. Dann bat er diese um ein schnelles Ende. Ihn ergriff eine Angst, wie er sie noch nie zuvor erlebt hatte. Er schloss die Augen und erwartete den ersten Schlag.

Doch plötzlich hörte er die Stimme von Colponius. »Bindet den Mann sofort los!«, befahl dieser laut.

»Der Mann hat Pullo schwer verletzt. Er verdient den Tod«, protestierte Semprosius.

»Es steht dir nicht zu, ein Todesurteil zu sprechen, Semprosius!«, vernahm Verus wieder Colponius' Stimme. »Bindet den Mann los – sofort!« Zwei Wachmänner führten seinen Befehl augenblicklich aus.

Verus sah sich verwundert von seinen Fesseln befreit.

»Du begehst einen Fehler, Colponius«, rief Semprosius mit erhobenem Zeigefinger. »Wenn du mich hinderst, für Ordnung zu sorgen, musst du mit den Folgen leben. Ich kann dann für nichts mehr garantieren.«

»Drohe mir nicht, Semprosius! Oder ich lasse dich in Ketten legen«, schrie Colponius.

Colponius ließ Semprosius stehen und nahm Verus mit ins Kontor. Unterwegs ließ er nach Lucillus rufen, dem Präfekten der Wachmannschaft. Eine angespannte Situation war entstanden, seitdem Verus den Sklaven niedergeschlagen hatte. Er ahnte, dass er irgendetwas mit dem Faustschlag ausgelöst hatte. Er fand es merkwürdig, dass ihn Colponius in sein Kontor mitnahm. Dort hatten die Sklaven auf dem Latifundium seines Vaters nichts zu suchen. Nun stand er vor einem großen aufgeräumten

Schreibtisch, hinter den sich Colponius auf einen Sessel mit hoher geschnitzter Lehne gesetzt hatte.
»Was ist mit deiner Hand?«, fragte er Verus ruhig.
»Ich weiß nicht. Vielleicht gebrochen.«
»Kannst du die Finger bewegen?«
Verus konnte es, wenn auch unter Schmerzen.
»Es ist nichts gebrochen«, konstatierte Colponius. »Du wirst die nächste Nacht in einem sicheren Raum verbringen. Ich sorge dafür, dass du kaltes Wasser zum Kühlen deiner Hand bekommst und deine Kopfwunde versorgt wird. Sei unbesorgt. Du wirst nicht bestraft werden.«
»Danke, Herr«, antwortete Verus irritiert über die unverhoffte Behandlung.
»Du wunderst dich, dass ich dich gerettet habe?«
»Ja, Herr.« Das HERR sprach Verus diesmal mit tieferer und ehrlicher Dankbarkeit aus.
»Nun, ich will offen sein. Wir beide haben heute etwas getan, was die Verhältnisse auf diesem Latifundium erheblich erschüttert hat. Du hast einen Mann ausgeschaltet, der für Semprosius sehr wichtig war. Er galt als der Stärkste unter den Sklaven. Jeder fürchtete sich vor ihm. Du hast heute seinen Platz eingenommen und damit Semprosius enorm geschwächt. Deshalb wollte er dich töten.«
Verus schöpfte wieder neuen Mut. Sein Verdacht hatte sich bestätigt. Er spürte die positive Wendung seines Schicksals.
Inzwischen hatte der Präfekt der Wachmannschaft den Raum betreten.
»Lucillus! Achte darauf, dass der Schlafraum der Sklaven in dieser Nacht sorgfältig abgeschlossen wird. Und leg sie noch zusätzlich in Ketten! Semprosius' Quartier wird ebenfalls abgeschlossen. Ich will in der Nacht keine Vorkommnisse erleben.«
»In Ordnung, Colponius. Ich sorge dafür.«
Colponius dankte Lucillus, der daraufhin den Raum verließ, und wandte sich wieder Verus zu. »Sag mir die Wahrheit, Verus.

Du musst nichts fürchten. Hattet ihr auf eurem Landgut wirklich keine Sklaven?«

Verus verwunderte diese Frage, die er in diesem Augenblick nicht erwartet hatte. Eine kurze Verunsicherung ergriff ihn, aber er fasste zu Colponius Vertrauen. Außerdem hatte ihm bisher das Verschweigen nichts genützt. »Wir besaßen etwa einhundert Sklaven, Herr«, gab er nach kurzem Zögern zu.

»Das ist gut. Ich hatte es gehofft.« Colponius atmete erleichtert auf. »Verus, du kannst uns beiden helfen.«

Verus wartete gespannt. Er hatte schon geahnt, dass auf ihn eine besondere Rolle zukommen würde.

»Unser Dominus, der Senator Helvidius, hat vor ein paar Jahren eine Sklavenselbstverwaltung eingeführt. Dadurch konnte er Kosten durch die Reduzierung der Wachmannschaft einsparen. Du hast es ja erlebt. Der Tagesablauf wird durch ausgewählte Sklaven organisiert. Sie erhalten dafür große Vergünstigungen. Doch Semprosius hat seine Macht immer weiter ausgedehnt. Er hat um sich ein System von Abhängigkeiten, ja eine Art Terrorregime aufgebaut. Jüngst habe ich bemerkt, dass er sogar die Wachmannschaft bestochen hat.«

»Die Wachmänner gehorchen dir aber noch, sonst wäre ich jetzt wahrscheinlich tot«, erwiderte Verus.

»Das ist richtig. Aber das Blatt kann sich wenden. Die Wachmänner sind nicht besser als Semprosius' Leute. Es handelt sich um Männer, die aus der Legion verstoßen wurden, hier nicht viel verdienen und keine Beute machen können. Jede Bestechung nehmen sie gern an. Ohne die Befehlsgewalt über die Wachmänner bin ich aber machtlos.«

»Du befürchtest einen Aufstand?«

»Nein. So dumm ist Semprosius nicht. Er will mich beseitigen, um meinen Platz einzunehmen. Damit erringt er seine Freiheit. Auch ich war Sklave, bevor Helvidius mir die Freiheit schenkte. Wenn er mich tötet, kann er sich ungehindert Geld aneignen.«

»Hat dich dein Dominus nicht unterstützt?«

»Leider konnte er sich in den letzten Jahren nicht um das Landgut kümmern, weil er von Nero verbannt worden war.«

»Ist er etwa immer noch verbannt?«

»Nein, aber Helvidius legt sich in Rom mit allen möglichen mächtigen Leuten an und will das Imperium retten. Für die Angelegenheiten hier hat er keine Zeit. Nur sein schwuler Verwalter Cleander hat sich hier manchmal blicken lassen. Doch der war keine Hilfe. Der hatte nur ein Auge für die Bücher, für die Gewinne und hat sich junge Sklaven gefügig gemacht. Alles andere hat ihn wenig interessiert.«

»Wie kann ich dir helfen?«, fragte Verus ungeduldig.

Colponius sah Verus eindringlich an. »Wir brauchen ein anderes System der Sklavenführung. Der Einzige, der von dem Gewaltsystem profitiert, ist Semprosius. Er und noch ein paar seiner Helfer bekommen Geld. Doch das genügt ihm anscheinend nicht. Aber ich kann ihm nicht mehr geben, denn das Landgut wirft zu wenig ab, und ich muss dafür sorgen, unseren Dominus mit Gewinnen zufriedenzustellen. Ich brauche deshalb einen neuen Oberaufseher, so einen wie dich, der sich gut auskennt, vor dem alle Respekt haben und der mir hilft, wieder Ordnung zu schaffen und die Wirtschaftlichkeit zu verbessern. Als ich dich auf dem Sklavenmarkt in Aquileia gesehen habe, kam mir plötzlich der Gedanke, dass du mir behilflich sein könntest. Deshalb habe ich dich gekauft.«

Verus lächelte. Dies war so ungewöhnlich, dass er kurz überlegen musste, wann er zum letzten Mal diese Gefühlsregung hatte. Das Gespräch mit dem Verwalter ließ sein Schicksal eine überraschende Wende nehmen. Hatte er eben noch mit dem Leben abgeschlossen, sah er auf einmal eine große Chance, sein Ziel doch noch zu erreichen.

»Semprosius wird sich nicht einfach abservieren lassen«, gab Verus zu bedenken.

»Das ist richtig. Aber wenn es dir gelingt, die Sklaven in einem neuen System so zu führen, dass sie mehr Gewinn erwirtschaften, dann wird seine Macht mit der Zeit geringer werden. Du hast dir im Kampf gegen Pullo großen Respekt erworben. Du bist klug und kannst es schaffen. Semprosius ist zwar ein guter Antreiber und versteht es zu organisieren. Aber ihm fehlt es an landwirtschaftlicher Erfahrung. Ich glaube – ich hoffe –, du bist ihm überlegen.«

»Ich weiß nicht«, gab Verus zu bedenken. »Sie hassen mich, weil sie in mir einen Sklavenbesitzer sehen.«

»Was macht das schon?« Colponius winkte ab. »Sie hassen Semprosius ebenfalls. Er treibt sie an, erniedrigt und bestraft sie bei jeder Gelegenheit. Wer ihm nicht folgt, den schindet er bis in den Tod, und er hat einige Leute, die ihn dabei unterstützen. Es ist eine richtige Bande.«

»Warum setzt du ihn nicht einfach ab?«

Colponius seufzte. »Ich hätte es tun müssen, als es noch möglich war. Er hat seine Leute so eingeschworen, dass ohne ihn die Selbstverwaltung zusammenbricht. Man kann nicht alle Probleme mit der Peitsche lösen. Das weiß Semprosius auch. Er wird gegen mich immer respektloser.«

»Wie willst du sichergehen, dass ich dich nicht verrate und mich eines Tages genau wie Semprosius gegen dich stelle?«

»Ich kann da nicht sicher sein. Ich vertraue dir einfach aus der Not heraus und setze auf deine Ehre als Soldat. So wie auch du mir vertrauen musst, dass ich deine Treue später nicht verraten werde.«

Verus nickte. Er hatte in letzter Zeit am eigenen Leib so viel Niedertracht und Verrat erfahren, dass er eine große Sehnsucht nach Ehre und Anstand verspürte. Colponius erweckte sein Vertrauen. Das Bündnis mit ihm war für ihn die einzige Möglichkeit zu überleben. Und wie es schien, verhielt es sich umgekehrt genauso. Er hatte erfahren, dass die Not Männer zusammenschweißt. Im Kampfgetümmel hatte er nie den Überblick gehabt, ob die Schlacht ein gutes Ende finden würde. Nur das Vertrauen in ihren Feldherrn hatte den Soldaten die Kraft, die Disziplin und den Mut gegeben, die Formation standhaft zu halten. Ohne dieses Vertrauen wären sie im Felde verloren gewesen.

»Ich hätte schon Ideen«, sagte Verus nachdenklich.

Colponius sah ihn erwartungsvoll an.

»Nach meiner Erfahrung werden die Sklaven besser arbeiten, wenn wir die Unterdrückung durch Anreize ersetzen. Das wird umso besser funktionieren, je mehr wir ihnen eine Lebensperspektive bieten. Wir haben das auf unserem Latifundium erfolgreich ausprobiert.«

»Eine ungewöhnliche Methode. Sprich weiter.«

»Sie ist nicht so ungewöhnlich. Viele große Ländereien haben ein Problem damit, die Sklavenwirtschaft erfolgreich zu führen. Mit der Peitsche lässt sich viel bewirken, aber es gibt noch eine viel größere Kraft.«

Colponius öffnete erstaunt den Mund. »Welche mächtigen Götter haben euch geholfen?«

»Du weißt, die Götter helfen nur den Starken.«

»Lass hören, welch wunderbares Mittel ihr gefunden habt.«

»Es ist auf seine Art recht einfach. Als Erstes haben wir die Sklaven beim Arbeiten von ihren Ketten befreit.«

Semprosius schüttelte den Kopf. »Aber dadurch ist die Fluchtgefahr sehr groß. Wir müssten die Wachmannschaft verdreifachen. Wie sollen höhere Kosten den Ertrag steigern?«

»Keine Sorge. Die Sklaven werden ihre Chancen nicht durch Flucht aufs Spiel setzen. Gib ihnen wie den Pächtern ein Stück Land und beteilige sie an dem Ertrag.«

»Du meinst, wir geben allen ein Peculium?«

»Ja. Sie müssen nur darauf vertrauen können, dass sie darüber frei verfügen dürfen. Sie können es dann ansparen, um sich damit später freizukaufen.«

»Aber das tun wir bereits jetzt. Das ist nicht neu.«

»Ja, das weiß ich. Aber ihr gebt ihnen erst die Freiheit, wenn sie alt sind, wenn sich ihre Sklavenhaltung nicht mehr lohnt. Der Dominus befreit sich dadurch von den Verpflichtungen zur Altersversorgung und allen Risiken. Und das lässt er sich dann auch noch vom Sklaven bezahlen. Der Sklave selbst ist dann zwar frei, aber arm und abhängig wie zuvor.«

»Ich verstehe dich nicht. Soll er Sklave bleiben?«

»Nein! Er soll so zeitig seine Freiheit erhalten und so viel Geld übrigbehalten, dass er sich dann noch ein gutes Leben aufbauen kann.«

Colponius schaute Verus an, als hätte er soeben die Göttin Ceres beim Nacktbaden entdeckt. »Aber dann verlieren wir Sklaven.«

»Nein, Colponius. Einen Teil des zusätzlichen Gewinns können wir für neue Sklaven verwenden.«

»Das funktioniert aber nur, solange genügend Sklaven vorhanden sind. Der Krieg in Judäa hat den Sklavenmarkt überschwemmt. Das kommt deinem Vorschlag entgegen.«

»Die geschicktesten Sklaven werden wir später, wenn sie frei sind, als Pächter einsetzen.«

»Verus, wenn ich nicht wüsste, dass ihr es auf eurem Gut schon so gemacht habt, ich würde nicht glauben, dass es funktioniert.«

»Es funktioniert. Vertrau mir. Gib den Sklaven eine Zukunft und sie werden sich anstrengen.«

In Colponius' Gesicht stand immer noch der Zweifel geschrieben. »Denkst du nicht dabei mehr an deine eigene Freiheit«, fragte er hintersinnig, »als an das Wohl des Landgutes? Welchen Vorteil haben wir, wenn wir Sklaven wie Pächter behandeln?«

»Ja, natürlich sehe ich auch meinen eigenen Vorteil. Ich will es dir nicht verhehlen. Zum Lohn erwarte ich meine Freiheit in wenigen Jahren. Aber bis dahin werde ich dir einen Nachfolger präsentieren. Die Aussicht auf Freiheit schmälert nicht den Gewinn, sondern erhöht ihn. Und darauf kommt es doch an. Du musst mir einfach vertrauen.«

»Ich fürchte, ich habe keine andere Wahl, wenn ich auch, ehrlich gesagt, von deinen Methoden überrascht bin. Aber zuerst müssen wir unseren Dominus überzeugen. Nur er kann darüber entscheiden. Ich glaube nicht, dass er zustimmen wird.«

»Wir müssen einfach damit beginnen. Wenn wir hohe

Gewinne erzielen, wird er es erlauben. Dann kannst du auch Semprosius endgültig entmachten.«

Colponius wiegte zweifelnd den Kopf. »Damit Helvidius zustimmt, müssen wir ihm einen Beweis vorlegen, aber der Beweis wird ohne seine Zustimmung unmöglich zu erbringen sein. Das ist ein Dilemma. Wie soll das also gehen?«

»Übergib mir eine Parzelle, und ich gewinne dafür Männer. Zuerst können wir die Belohnung mit besserer Nahrung und auch mit der Zuteilung von Frauen vornehmen.«

»Aber alles hängt vom wirtschaftlichen Erfolg ab. Schaffst du das nicht, haben wir verloren und Semprosius wird es gegen uns verwenden. Ich fürchte, dann sind wir beide verloren. Ich kann mir nicht vorstellen, dass dann Helvidius noch hinter mir steht.«

»Das mag sein. Ich vertraue aber den Menschen. Die Aussicht auf ihre Freiheit wird den Erfolg sichern.«

»Du nennst sie Menschen?«

»Warst du früher nicht ebenfalls ein Sklave? Sind wir deshalb weniger Menschen?«

»Verus, du und ich, wir sind etwas Besonderes, wie auch Semprosius und Tertullus. Die meisten aber sind willenlose sprechende Tiere. Ich habe Zweifel, dass sie dir folgen. Für die ist die Freiheit ein Leben ohne Ketten. Aber sie werden gar nichts mit ihrer Freiheit anfangen können. Sie werden Freiheit mit Faulheit verwechseln. Sie werden essen wollen, statt zu arbeiten. Und vor allem, sie werden fliehen wollen.«

»Ja. Es wird ein paar geben, die das nicht begreifen werden. Ohne die Peitsche werden wir nicht auskommen. Aber viele werden es mit der Zeit begreifen, welch große Chance sie haben.«

»Semprosius hat immer noch große Macht. Er wird dich sabotieren oder dich töten wollen.« Colponius kaute auf einer Lippe. Er schien entsetzt über Verus' Vorschläge.

Auch Verus sah das große Risiko. Er nickte schweigend. Ihm war klar, dass Semprosius alles daransetzen würde, ihn zu behindern oder gar zu töten. Aber die größte Herausforderung sah er darin, die gedemütigten Sklaven für die Aufgabe zu gewinnen. Doch mit seinem Faustschlag und seiner Rettung durch Colponius war die Entscheidung bereits gefallen. Es gab für sie beide kein Zurück mehr.

Colponius ließ Verus und auf seine Bitte hin auch Asclepius in einen gesonderten Raum im Hauptgebäude einquartieren. Kaum waren sie dort, erschien die junge Sklavin, die ihnen bereits am Morgen Speisen gebracht hatte. Sie trug einen Krug Wasser und eine Schüssel herein. Dann wusch sie Verus die Kopfwunde und verband sie. Verus sah sie dabei intensiv an. Einmal begegneten sich ihre Blicke, und sie lächelte kurz zurück. Dann entfernte sie sich, ließ aber die Schüssel mit einem Schwamm da. Das kühle Wasser tat Verus' Hand gut.

Nur wenig später brachten zwei weitere Sklavinnen Speisen. Die beiden Frauen stellten reichlich Obst auf den Tisch, gebratenes Geflügel, dazu weißes Brot und verdünnten Wein. Selbst Garum zum Würzen fehlte nicht. Dann verließen sie den Raum.

Asclepius begeisterte das Mahl. »Weißt du, wann ich das letzte Mal so gut gegessen habe?«, sagte er, während er nach einer großen Weintraube griff, flink die Beeren abpflückte und sie sofort mit genüsslicher Miene in seinem Mund verschwinden ließ. »Du bist ein ungewöhnlicher Mensch, Verus. Einmal wandelst du am Rande des Hades, dann wieder scheint sich für dich alles Glück der Welt zu ergießen.«

»Es war kein Glück«, widersprach Verus. Dann erzählte er, wie es zu seiner Rettung kam. Am Schluss lachte er. »Weil ich Colponius entgegen deinem Rat die Wahrheit über meinen Landbesitz erzählt habe, können wir jetzt die guten Speisen genießen.«

»Red keinen Unsinn, Verus. Mach dir nichts vor!« Asclepius' Gesicht verfinsterte sich. »Natürlich hattest du Glück, mehr als ein einzelner Mensch erwarten kann. Du konntest den Konflikt zwischen Colponius und Semprosius nicht voraussehen. Nur deshalb hat dich Colponius gerettet, ansonsten wärst du jetzt ein toter Mann.«

Verus nickte und lächelte dabei Asclepius zu. »Dann wollen wir den Göttern danken, damit sie uns weiterhin helfen.«
Asclepius seufzte. »Hoffentlich sind sie mir auch so gewogen wie dir, denn jetzt bin ich mit deinem Schicksal verbunden.«
Verus lachte und prostete Asclepius mit einem Becher Wein zu. »Komm, Feigling. Trinken wir auf die Gunst der Götter.«
Nach der reichlichen Mahlzeit legten sich die Männer zum Schlafen nieder. Die Kopfwunde brannte Verus ein wenig, aber ihn beschäftigten viele Gedanken. Morgen musste er Sklaven für sein Vorhaben gewinnen, und er hatte noch keinen Plan, wie er das bewerkstelligen wollte. Es kam alles so plötzlich.
Verus genoss die weiche Matratze seines Betts. Wochenlang hatte er auf dem harten Fußboden genächtigt. Das bequeme Nachtlager und das schmackhafte Essen versetzten ihn in gute Laune. Die Stimmung ließ ihn an Licinia denken, was ihn jedoch sofort wieder in tiefe Traurigkeit versinken ließ. Ein Druck legte sich auf sein Herz, und das Atmen fiel ihm schwer. Die Vorstellung, dass sich seine Geliebte dem Tribun Tullius hingab, raubte ihm den eben gewonnenen Lebensmut. Er litt unter der Last ihres Opfers. Licinia hatte sein Leben über ihr eigenes Glück gestellt. Es gab nur einen Weg, es ihr wieder zurückzugeben. Er musste freikommen. Aber würde es ihm auch wirklich gelingen? Kettete ihn der Pakt mit Colponius nicht noch mehr an sein Sklavenschicksal, als dass es ihm half, schon bald zu entkommen? Wie viele Jahre würde es ihn kosten, ehe Semprosius ihn in die Freiheit entlassen würde? Wie viele es auch sein würden, es würden die Jahre ihrer Jugend sein, ihre besten Jahre.

21

Manche Ereignisse sind anfangs so bedeutungslos, dass man später von ihren Folgen überrascht ist. Ein solches fand weit weg von Thorbrands Stammesgebiet statt und beeinflusste nicht nur sein Schicksal, sondern veränderte auch den Lauf der Geschichte.

Zwei Monate nach Vitellius' Triumphzug in Rom lagerten nahe der Stadt Augusta Taurinorium acht Auxiliarkohorten der Bataver dicht neben der vierzehnten Legion. An der Schlacht bei Cremona hatten die Vierzehner, wie die Bataver diese damals feindlichen Legionäre auf Othos Seite nannten, nicht teilgenommen. Vitellius hatte die Legion, nachdem sie ihm Treue geschworen hatte, nach Britannia befohlen. Die Bataver eskortierten sie.

Beide Zeltlager waren unbefestigt, da der Marsch durch befriedetes Gebiet führte. Lediglich einige Wachposten patrouillierten. Den Ruhetag nutzten die Soldaten, um ihre Ausrüstungsgegenstände zu überprüfen und kleinere Reparaturen durchzuführen.

Plötzlich kam aus der Zeltstadt der Hilfstruppen ein Zivilist hinüber zu den Legionären gerannt. Er floh vor einem Auxiliar, der ihm dicht auf den Fersen folgte. Im letzten Augenblick, noch bevor ihn der Bataver einholen konnte, erreichte er das Legionslager. Ungehindert rannte er am Wachposten vorbei. Seinem Verfolger stellte sich der Legionär aber in den Weg.

»Wohin?«, fragte er barsch.

»Soeben hast du den Schuster Albius durchlaufen lassen. Er schuldet uns Geld«, antwortete der Bataver außer Atem.

Der Legionär schubste den Germanen jedoch grob zurück. »Verzieh dich!«

»Hör zu. Wir sind euch nicht mehr beigestellt. Ihr habt keine weitere Befehlsgewalt über uns. Also führ dich nicht so auf!«

Inzwischen trafen weitere Bataver ein, die ihm gefolgt waren, worauf der wachhabende Legionär nervös in seine Trillerpfeife blies. Sofort kamen aus den Zelten bewaffnete Soldaten heraus und stellten sich an seine Seite. Aus ihrer Mitte trat ein Centurio hervor.

»Was geht hier vor?«, fragte er streng.

»Der Schuster Albius hat schlechte Arbeit abgeliefert«, antwortete der Bataver ruhig. »Wir verlangen unser Geld zurück. Gebt ihn an uns heraus.«

»Seit wann haben Auxiliare einem Centurio etwas zu befehlen?«

»Es ist kein Befehl, Centurio. Wir fordern nur unser Recht.«

»Fordern willst du? Du könntest mich bitten, Hilfssoldat. Aber Forderungen darfst du an römische Legionäre nicht stellen. Das steht dir nicht zu!« Dann wandte er sich an die anderen Bataver. »Also verschwindet jetzt!« Dabei machte er mit der Hand eine Bewegung als verscheuchte er Ungeziefer.

»Wir gehen erst, wenn wir unser Recht bekommen!«, beharrte der Bataver und verschränkte die Arme. Auch die anderen rührten sich nicht vom Fleck.

»Ihr seid wohl seit Cremona übermütig geworden?«, schrie der Centurio wütend. »Verschwindet endlich, sonst bringe ich euch Manieren bei.«

Unter den versammelten Batavern erhob sich mit einem Mal ein gellendes Pfeifkonzert. Plötzlich trat ein Germane vor, der den Centurio um Kopfgröße überragte. Das Pfeifen verebbte augenblicklich.

»Die Sieger einer Schlacht bitten nicht, Centurio«, sprach er selbstbewusst. »Sei froh, dass du noch lebst. Das wäre nicht der Fall, wären wir uns damals bei Cremona begegnet.«

Der Centurio lachte überheblich. »Hätte uns Otho in die Schlacht geschickt, stündest du heute nicht vor mir und könntest keine respektlosen Reden schwingen, elender Barbar.«

Der Bataver sah sich zu seinen Leuten um und erkannte an ihren geballten Fäusten, dass sie ihr Recht entschlossen verteidigen wollten.

»Hör zu, Centurio«, sprach der batavische Wortführer, dieses Mal eindringlicher als vorher. »Entweder du übergibst uns jetzt den Schuster oder wir holen ihn uns mit Gewalt.«

Die Legionäre zogen daraufhin ihre Schwerter blank, bekamen aber vom Centurio mit erhobener Hand Einhalt geboten.

»Auxiliar! Du trittst jetzt sofort zurück! Das ist ein Befehl!«

Doch anstatt zu gehorchen, packte der Bataver den überraschten Centurio, hob ihn über seinen Kopf und schleuderte ihn zu Boden, wo dieser regungslos liegen blieb. »Wir sind unbewaffnet. Werft eure Waffen weg und kämpft gefälligst wie Männer«, schrie er die Legionäre an, »oder seid ihr wieder so feige wie in Cremona?«

Ein Legionär, fast noch ein Kind, preschte daraufhin wütend vor und schlug mit seinem Gladius nach dem Bataver. Dieser wich aber dem hitzig geführten Streich rechtzeitig aus, packte den Jungen und warf ihn ebenfalls zu Boden.

»Feiges Pack. Bei der Ehre Roms. Lasst eure Schwerter fallen und kämpft gefälligst wie Männer«, schrie er.

Einer von ihnen warf wütend seinen Gladius nieder. Er trat dem jungen, am Boden liegenden Kameraden, der feige den Angriff mit dem Schwert gegen einen Unbewaffneten geführt hatte, mit verächtlicher Geste in die Seite. Auch die anderen schlossen sich seiner Meinung an und warfen ihre Waffen hin. Dann fielen die Männer mit Fäusten übereinander her. Bald schon lagen Soldaten von beiden Seiten kampflos am Boden. Schließlich räumten die Legionäre geschlagen den Kampfplatz. Sie waren den körperlich überlegenen Germanen ohne Waffen nicht gewachsen. Die Bataver triumphierten laut und zogen, Schmähungen rufend, ab. An den Schuster dachte niemand mehr.

Julius Civilis, der Bataverpräfekt, schrie seinen Landsmann, der den Centurio angegriffen hatte, donnernd an: »Bist du wahnsin-

nig?«, brüllte er. »Du hast sie entehrt. Du kennst doch ihren Stolz. Zu den Verlierern eines Krieges zu gehören, ist das Schlimmste für sie, und du provozierst sie auch noch.«
»Tut mir leid, Präfekt.«
»Es tut dir leid? Erkläre du deinen Kameraden, warum einige von ihnen bald sterben müssen.«
»Wie meinst du das, Präfekt?«
»Was glaubst du? Sie werden wiederkommen, mit Waffen und in Formation, um ihre Ehre wiederherzustellen. Du hast sie doppelt bestraft. Du hast sie als Verlierer beschimpft und ihnen Feigheit vorgeworfen. Das werden sie nicht auf sich sitzen lassen. Sie waren im Kampf in Britannia eine ruhmreiche Legion gewesen, die unter Otho ihre Ehre schuldlos verlor.«
»Das wird ihr Legat nicht zulassen. Wir können uns doch nicht gegenseitig dezimieren.«
»Oh doch, das können wir. Nichts anderes haben wir in den letzten Monaten getan. Ihr Legat würde jede Achtung verlieren, wenn er nicht dem Racheverlangen seiner Männer nachgäbe.«

Civilis' Stirn kräuselte sich. Plötzlich war wieder Krieg. Statt eines Marsches durch befriedetes Gebiet erschienen am nächsten Tag die Vierzehner in vollständiger Kampfausrüstung. Sie nahmen Angriffsformation ein und warteten nur noch auf die Befehle. Aus ihrer Mitte ritt ihr Legat auf den Schildwall der Bataver zu. Sein roter Helmbusch leuchtete in der Sonne. Civilis kannte ihn und hörte, wie er seinen Namen rief.

Nun trabte ihm auch Civilis auf seinem Pferd entgegen. Dann standen sich die beiden Offiziere, nur wenige Schritte voneinander entfernt, gegenüber, allein, ohne Eskorte, ganz im Vertrauen auf die Ehre des anderen.

»Gruß dir, Civilis. Du weißt, warum ich hier bin?«
»Gruß dir, Commodus. Ich weiß es.«
»Nun gut, dann kommen wir gleich zur Sache. Übergib uns deine Schläger von gestern zur Bestrafung, und die Angelegenheit ist vergessen.«
»Du weißt, dass ich das nicht tun kann.«

»Ja, ich weiß, aber ich musste dich das fragen.«
»Wir können einen Kampf vermeiden«, schlug Civilis vor.
»Kannst du auf die Herausgabe meiner Männer verzichten? Ich bin bereit, deinen Männern Tapferkeit und Ehrenhaftigkeit zu bezeugen.«
»Du weißt, auch ich kann das nicht tun.«
»Ich weiß, aber auch ich musste es dich fragen. Jeder von uns beiden hat die Ehre seiner Männer zu verteidigen. Dann haben wir keine andere Wahl?«
»Keine andere Wahl, Civilis. Es wird also Blut fließen. Ich wünsche dir, dass du überlebst.«
»Danke, Commodus. Auch ich wünsche dir Gesundheit und ein langes Leben.«

Der Legat der Vierzehner erwies Civilis die Ehrenbezeugung, die dieser erwiderte. Dann ritt jeder zu seinen Männern zurück.

Civilis dachte daran, wie sie noch vor wenigen Jahren siegreich Seite an Seite in Britannia gekämpft hatten. Gewiss, es gab immer Streit zwischen den überheblichen Legionären, die sich römische Bürger nennen durften, und den Männern aus der Hilfstruppe, die dieses Recht nicht besaßen. Doch es war im normalen Rahmen geblieben. Erst als der Aufstand gegen Nero begonnen hatte, zu jener Zeit als seine Auxiliare und die Vierzehner damals noch in Gallia stationiert waren, verschlechterte sich das Verhältnis, und aus Verbündeten wurden im Verlauf des Bürgerkrieges Feinde. Jetzt war der traurige Höhepunkt erreicht. Verrat und Machtbesessenheit führten dazu, dass sich brave Männer gegenseitig umbrachten, die einst für die gleiche Ehre und den gleichen Ruhm gestritten hatten. Was ist nur aus Rom geworden?, dachte Civilis.

Die Legionäre marschierten in Angriffsformation auf die Bataver zu. Nur noch hundert Schritte trennten sie voneinander. Da preschten plötzlich Reiter zwischen die verfeindeten Parteien. Sie gehörten zu zwei Kohorten Prätorianern, die gerade angekommen waren. Der Angriff der Legionäre stockte. Der Prätorianerpräfekt rief die beiden Anführer zu sich heran.

»Seid ihr wahnsinnig? Während ihr hier gegeneinander kämpft, marschiert Vespasianus gegen Rom«, schrie der Präfekt der Prätorianer.

»Vespasianus? Das kann nicht sein. Er kann unmöglich schon hier sein«, erwiderte Commodus.

»Er ist es auch nicht persönlich, sondern die mit ihm verbündeten Legionen von der Ister unter Antonius Primus.« Dann blickte er voller Groll zu Civilis. »Was erlaubst du dir, dich gegen Römer zu stellen?«

»Das entspricht nicht der Wahrheit. Du hast ganz genau gesehen, dass nicht wir die Angreifer sind.«

»Präfekt, vergiss nicht, dass du Hilfstruppen anführst! Auxiliare haben sich immer den Legionen unterzuordnen!«

»Gilt das auch für feindliche Legionen?«

»Ich sehe keine Feinde.«

»Aber sie haben auf der Seite Othos gegen uns gekämpft.«

»Soweit ich weiß, hat Vitellius ihnen verziehen, und sie haben ihm die Treue geschworen. Damit ist die alte Ordnung wiederhergestellt.« Der Prätorianerpräfekt überreichte Civilis eine Depesche des Kaisers. »Neuer Marschbefehl für dich nach Germania«, wies er ihn an. »Ihr begebt euch sofort nach Bonna und wartet dort auf weitere Befehle. Der Vorfall wird später untersucht und die Schuldigen werden bestraft.«

Der Vorfall bei Augusta Taurinorium lag inzwischen einige Tage zurück. Jetzt ritt Julius Civilis an der Spitze seiner Bataverkohorten auf einem Wallach. Er war der Sohn eines edlen Bataverfürsten und schon im Kindesalter als Geisel nach Rom gekommen. Dort wurde er ausgebildet und erzogen, und dort begann er auch eine militärische Karriere. Er hatte in der römischen Armee viele Jahre lang ein ruhmreiches und erfülltes Leben genossen. Während dieser Zeit nahm er an mehreren erfolgreichen Feldzügen teil, die ihm ein beachtliches Vermögen einbrachten. In Dacia verlor er sein linkes Auge, und eine Klappe verdeckte seitdem diesen Teil seines Gesichtes. Die Achtung der römischen Standarten und die römische Lebensweise waren ihm in Fleisch und Blut übergegangen. Nach fünfundzwanzig Jahren Dienstzeit hatte er auch das römische Bürgerrecht erworben und eine gute Lebensperspektive gewonnen. Doch jetzt hatte ihn tiefer Zweifel gepackt. Das Getrappel und Schnauben der Pferde, auf denen die Offiziere die Kohorten anführten, rückte in den Hintergrund seiner Wahrnehmung.

Es war nicht nur der Vorfall bei Augusta Taurinorium, der seinen Geist aufwühlte, sondern überhaupt die Ereignisse der letzten Monate. Die Hinrichtung seines Bruders Claudius Paulus auf Befehl Neros, der ihm Verrat vorwarf, obwohl er Rom jahrelang die Treue hielt, hatte ihn tief erschüttert. Die Zwietracht unter den Legionen und ihren Legaten befremdete ihn. Man hatte ihn gezwungen, seine Loyalität zu wechseln, erst von Nero zu Galba, dann von Galba zu Vitellius. Und nun wurde er erneut aufgefordert, sich zu entscheiden. Entweder hielte er Vitellius die Treue oder er folgte dem nächsten Usurpator: Vespasianus. Er wollte eigentlich mit den Machtkämpfen nichts zu tun haben. Seine Loyalität galt Rom, seinem Senat, seinem Volk und seinem Kaiser, wer auch immer dies war. Und er dachte dabei an den Papyrus in seiner Satteltasche, den er von den Vespasianern vor einer Stunde erhalten hatte. Würden Vitellius oder seine blutrünstigen Legaten davon erfahren, wäre es sein sicherer Tod. Bereits ein Zögern würde man ihm als Verrat auslegen. Schon einmal war er nur knapp einer Hinrichtung entgangen. Die Machtergreifung Galbas hatte ihm im letzten Augenblick das Leben gerettet. Für seinen Bruder war sie zu spät gekommen. Jetzt könnte ihn das gleiche Schicksal ereilen. Deshalb musste er nun schnell auf die überbrachte Botschaft des Legaten Antonius Primus antworten, der die Legionen von der Ister für Vespasianus nach Italia anführte. Er verlangte von Civilis, dass er in Germania einen Aufstand entfachen sollte, um damit die Kräfte des Vitellius zu binden.

Tatsächlich hegte Civilis größere Sympathien für Vespasianus als für seinen Kaiser. Er hatte unter ihm in Britannia gedient. Dort hatte er ihn als gerechten und tapferen Legaten kennengelernt, anders als Vitellius, der im sicheren Tross den Legionen gefolgt war, ohne einen persönlichen Einfluss auf den Ausgang der Schlachten genommen zu haben. Unverdient ließ sich der Feigling auf den Straßen Roms in einem Triumphzug wie ein großer Feldherr feiern. Aber es war nicht das Einzige, wofür er Vitellius verachtete. Fassungslos sah er dem ungezügelten Treiben von dessen Anhänger und Legionäre zu. Ungeniert verschwendeten diese fremdes Geld, schacherten um die besten Ämter, stockten maßlos die Prätorianerkohorten auf und erhöhten hemmungslos den Sold. Voller Neid und Habgier intrigierten sie gegeneinander und mordeten sogar ungestraft, wenn es sie nach Rache gelüstete. Sie warfen die Rechte in Roms Kloaken und machten aus der Stadt ein Narrenhaus.

Von den Belohnungen wurden die Bataver stets ausgeschlossen, obwohl sie an vorderster Front gekämpft hatten. Ihre Zurücksetzung im Streit mit den Vierzehnern zeigte auch dem letzten Bataver, dass sie von Vitellius keinen Lohn und keine Gerechtigkeit erwarten durften. Civilis' Entscheidung neigte sich deshalb Vespasianus zu. Doch niemand vermochte sicher vorhersagen, wer aus dem unvermeidbaren Aufeinandertreffen der Legionen siegreich hervorgehen würde. Blieb Vitellius der Sieger, würden die Bataver nicht auf die Gnade seiner Legaten hoffen können. Sie wären alle dem Tode geweiht. Und selbst bei einem glücklichen Ausgang wäre es nicht sicher, ob nicht irgendeine Legion noch einen weiteren Usurpator ausrufen würde. Die Machtkämpfe würden so kein Ende finden, und das Überleben wäre vom Zufall abhängig wie bei einem Würfelspiel. In Wahrheit war es nicht das Treuebekenntnis, sondern der Treuebruch, der stets von ihm gefordert wurde. Davon hatte er genug. Rom hatte die Würde verloren, für die es sich zu kämpfen lohnte. Es gab nur eine Chance, diesem tödlichen Spiel des Zufalls zu entkommen: Er musste selbst ein Spieler werden. Das Angebot des Antonius Primus, einen Aufstand in Germania auszulösen, gab ihm dazu die Würfel in die Hand.

22

Einige Tage später, an einem milden Augustabend, tauchte die tiefstehende Sonne den heiligen Hain der Bataver in ihr weiches rotes Licht. Auf dem Kultplatz nebenan glimmte die Glut niedergebrannter Feuer. Darüber hingen Spieße, bestückt mit dem gebratenen Fleisch der Opfertiere, und darum herum standen oder saßen die Krieger der verschiedenen Sippen. Jeder von ihnen hielt ein Trinkhorn in der Hand. Einige hatten dem Met schon kräftig zugesprochen. Das ungewohnt reichhaltige Mahl und der Honigwein hatten für eine ausgelassene Stimmung gesorgt. Fortwährend vorgetragene Trinksprüche stimmten die Männer siegesmutig und heizten ihren Hass auf Rom an.

Das Opferfest verdankten sie ihrem Stammesfürsten, der den Göttern für die Heimkehr seines Sohnes Civilis danken wollte, wenn dieser auch samt seiner Familie noch auf sich warten ließ.

Thorbrand würde in der bald beginnenden Stammesversammlung seine Sippe vertreten. Während er ein Stück aus der Keule eines Hirsches verzehrte, dachte er über den tieferen Anlass der Zusammenkunft nach. Gewiss war die Heimkehr des Sohnes ein freudiges Ereignis für die Sippe des Fürsten, doch es könnte hinter dem Festmahl auch noch anderes stecken. Wollte der Heimkehrer den Stamm etwa zur Aussöhnung mit Rom aufrufen? Immerhin hatte Civilis dem römischen Kaiser ein Leben lang treu gedient. Hatten ihn die Römer hergeschickt, damit er mit Met und Speise die Kriegslust dämpfen sollte?

Die Sonne war inzwischen untergegangen. Das Fleisch war aufgezehrt, und der reichlich fließende Alkohol hatte die Nasen der Männer schon rot gefärbt, als endlich der alte Stammesfürst mit seiner Familie ankam. Die Priesterfrauen gingen ihm voran, und die Bewaffneten folgten ihm. Der Aufzug unter Fackeln inmitten des heiligen Hains erzeugte eine sakrale Würde, die das Lachen verstummen und die Lieder verklingen ließ. Thorbrand musterte im Schein der zahlreichen Lichter den Fürstensohn, den er sofort erkannte. Civilis war durch und durch römisch gekleidet und trug das Kettenhemd der Auxiliaren. Seinen Präfektenhelm mit dem dunklen Buschkamm hielt er in der rechten Hand. Eine schwarze Klappe verdeckte sein linkes Auge. Bei dem Anblick fühlte Thorbrand Wut und Enttäuschung in sich aufsteigen. Er wartete nur darauf, dass Civilis damit begann, vom römischen Frieden zu reden – dann würde er lautes Murren anstiften.

Der alte Stammesfürst begrüßte die Anwesenden und dankte ihnen für ihr Kommen. Dann bat er seinen Sohn, zu den Versammelten zu sprechen.

»Brüder«, begann Civilis, was Thorbrand Worte erwarten ließ, die aus dem Mund dieses zu einem Römer gewandelten Bataver nur Verrat bedeuten konnten.

»Ich habe viele Jahre den römischen Imperatoren gedient«, sprach Civilis mit fester Stimme, »in manche Ecke der Welt bin ich dem Adler der Legionen gefolgt: nach Dacia, nach Britannia und auch nach Italia, wo erst kürzlich Römer gegen Römer gekämpft haben. So wie ihr habe auch ich eine lange Zeit daran geglaubt, dass sie uns Wohlstand und Glück bringen werden. Viele von euch haben für diesen Traum Opfer gebracht, haben ihre Söhne und Brüder für Rom in den Krieg geschickt – und nicht wenige von ihnen haben dabei ihr Leben verloren.«

Civilis legte eine kurze Pause ein und schaute dabei in die gespannten Gesichter seiner Stammesbrüder, von denen viele nickten.

»Doch wie hat Rom euch das gedankt?«, fragte er plötzlich.

Thorbrand überraschte diese Frage, und für einen Augenblick begegnete er Civilis' Blick, in dem er ein Funkeln des Aufruhrs zu erkennen glaubte.

»Wohin ist die Kriegsbeute geflossen aus den zahlreichen Schlachten, die wir geschlagen haben?« Es war kein Laut mehr unter den Stammesbrüdern zu hören. »Ich will es euch sagen: in die Taschen der römischen Aristokraten, die es mit ihrem luxuriösen Leben verprasst haben. Sie haben den Reichtum verschwendet, den wir mit unserem Blut und unserem Leben erkämpft haben, ohne je einen Gedanken an uns und unser Volk zu verschwenden.«

In der Runde brach lautes Raunen aus. In den Gesichtern der Männer konnte Thorbrand erkennen, dass sie Civilis zustimmten. Die Ansprache war nicht so, wie er sie erwartet hatte.

»Ich habe es erlebt, wie sich der neue Kaiser Vitellius in Rom pompös als Triumphator feiern ließ. Ich habe an der Schlacht bei Cremona teilgenommen. Wir Bataver haben tapfer gekämpft und gesiegt, doch Vitellius habe ich dort nicht gesehen. Er ließ sich da wohl gerade die Locken brennen.«

Gelächter erfüllte die Runde, und Thorbrand spürte, dass dieser Mann im Begriff war, die Herzen seiner Stammesbrüder zu erobern.

»Brüder, die Römer sprechen von Frieden, doch in Wahrheit dient ihr Pax Romana nur der Ausbeutung unseres Volkes. Die Römer sprechen davon, dass wir ihre Verbündeten seien, doch in Wahrheit behandeln sie uns schlechter als ihre Sklaven. Die Römer sprechen von Treue, doch in Wahrheit üben sie Verrat. Die Römer sprechen von Recht und Ordnung, doch in Wahrheit brechen sie alle Gesetze, schänden und rauben alles, was sie bekommen können.«

Die Männer reckten zustimmend und kampfesmutig ihre Speere hoch und schlugen damit gegen die Schilde, ganz als wären sie bereit, sofort in die Schlacht zu ziehen.

Thorbrand vernahm Worte, die nicht die eines Römers waren. Civilis sprach wortgewaltig das aus, was alle Bataver fühlten und verstanden. Und als sich Thorbrand in der Runde umschaute, sah er in den Augen seiner Stammesbrüder das Leuchten der Begeisterung und sogar so manche Träne. Noch nie hatte er einen Mann so sprechen hören.

»Brüder, wir nehmen es nicht länger hin, dass sich die römischen Legionäre wie Räuber benehmen, die alles stehlen und niederbrennen, wie es ihnen beliebt. Wir nehmen es nicht mehr hin, dass sie unsere Töchter und Söhne schänden. Wir nehmen es nicht mehr hin, dass sie unsere Ehre in den Schmutz ziehen, unseren ruhmreichen sieggewohnten Stamm mit Dreck besudeln. Wir glauben nicht mehr an ihre Pax Romana. Lasst uns für uns selbst kämpfen, für unsere Heimat und für unsere Freiheit, für ein Leben ohne römische Unterdrückung und Willkür.«

Die Krieger johlten zustimmend und schlugen kampfesmutig ihre Waffen aneinander, und auch Thorbrand ließ sich von der Begeisterung mitreißen. Civilis' Worte hatten ihn ergriffen und jeden Zweifel am Sohn des Stammesfürsten hinweggefegt. Nein, Civilis war kein Römer. Er war ein Bataver. Kein anderer hätte den Kampfesmut seiner Stammesbrüder so entfachen können, wie er es getan hatte. Und jetzt wusste er auch, wer dieser Mann in Wirklichkeit war, denn er sah ihn ganz plötzlich mit anderen Augen. Ja, da stand einer dieser aus den Liedern bekannten Helden, der sein Volk in den Kampf führen würde, vereint und unerschrocken, klug und charismatisch. Da stand dieser Mann im Fackelschein, hatte inzwischen sein Schwert blankgezogen und reckte es in den Himmel, sodass es im Schein der Flammen leuchtete. Es war das Erhabenste, das Thorbrand bis dahin erlebt hatte. Und als Civilis zum Freiheitskampf aufrief, da bebte sein Herz, und auch er riss sein Schwert aus der Scheide und schwenkte es kampfesmutig in die Höhe, so wie es ihm alle anderen mit Schwertern und Speeren gleichtaten. Jedes Wort, das Civilis sprach, zeugte von seinem großen Weltverständnis, säte Zuversicht und Vertrauen in den Sieg. Ja, er war vom gleichen Schlag wie der Cherusker, der einstmals die drei römischen Legionen vernichtet und den weiteren Vormarsch der Römer in die germanischen Wälder gestoppt hatte. Civilis sprach vom Bürgerkrieg, davon, dass Galba gegen Nero gezogen sei und seinen Tod befohlen habe. Davon, dass sein leiblicher Bruder, obwohl er

Rom allzeit treu gedient habe, von Nero hingerichtet worden sei. Davon wie Otho Galba verraten und wie die habsüchtigen Legaten der Nordlegionen die Lage ausgenutzt und Vitellius zum Kaiser ausgerufen hätten. Thorbrand und seine Stammesbrüder erfuhren, wie Vitellius' Legionäre ihr eigenes Volk in Rom ausplünderten, dass es dort keine Ordnung mehr gebe, dass man dort ungestraft morde, ein Gelage nach dem anderen abhalte und sich alles nehme, was zu bekommen sei, und dass ständig um Macht und Ämter gestritten würde.

»Nie war Rom so schwach wie heute«, fuhr Civilis fort. »Und schon rückt der nächste General gegen Rom und Vitellius vor. Es ist Vespasianus mit den Legionen im Osten. Sie kommen, um sich gegenseitig umzubringen. Brüder, das ist unsere große Chance, die römische Knechtschaft abzuschütteln. Und ich frage euch nun: Seid ihr dazu bereit?«

Ein Sturm der Zustimmung setzte ein. Irgendjemand rief den Namen des Fürstensohnes, und im nächsten Augenblick skandierten alle versammelten Bataver: »Civilis, Civilis, Civilis ...« Sie waren willens, ihm bis in den Tod zu folgen.

Nachdem die Vertreter der Sippen mit erfüllten Herzen den heiligen Hain verlassen hatten, schickte Civilis drei Depeschen auf den Weg. Eine ließ er an Brinno überbringen, an den benachbarten Fürsten der Canninefaten mit der Botschaft, dass der gemeinsame Aufstand beginnen könne. Eine zweite Depesche sandte er an die batavischen Kohorten nahe bei Mogontiacum, auf dass sie sich gegen Vitellius sammeln sollten. Niemand aus den Sippen ahnte, dass die dritte Depesche an Marcus Antonius Primus ging, dem römischen Feldherrn der Legionen von der Ister. Darin sicherte ihm Civilis zu, die Bataverkohorten auf Vespasianus einzuschwören.

23

Rom
18. Dezember 69 n. Chr.

Sechs Monate waren seit Vitellius' Triumph in Rom und seiner Inthronisierung vergangen. Die Zeit danach erlebte er wie in einem Albtraum. Ach, hätte sein Marsch nach Rom doch nur ewig gewährt, denn nur zwei Wochen später, im Juli 69, meldete man ihm, Vespasianus sei der neue Usurpator geworden. Die Legionen in Alexandria und Judäa hätten ihn per Akklamation zum Kaiser ausgerufen. Die Nachricht beunruhigte ihn damals nicht sonderlich, wähnte er sich doch mit den Göttern im Bunde. Als jedoch die Legionen an der Ister von ihm abfielen, meldeten sich erste Zweifel an. Wie er hörte, hatten sie ihm die Hinrichtung der tapfersten Centurionen auf Othos Seite nach der Schlacht bei Cremona nicht verziehen. Panik erfasste ihn, als seine Truppen im Oktober ebenfalls nahe Cremona von den Legionen des Antonius Primus besiegt wurden. Die Schlacht fand fast an derselben Stelle statt, wo er ein halbes Jahr zuvor über Otho triumphiert hatte.

In kürzester Zeit hatte sich das Blatt gewendet.

Die Götter schienen ihm übel mitzuspielen. Warum wollten sie ihm nach den wenigen Monaten seiner Herrschaft das hohe Amt schon wieder nehmen? Und wie zur Bestätigung seiner Ahnung überbrachte man ihm die Nachricht, dass seine Legionen in Narnia übergelaufen waren. Der Weg seiner Feinde nach Rom war frei.

So blieb ihm nichts weiter übrig, als sich in sein Schicksal zu fügen und sich mit Flavius Sabinus, dem Bruder des Gegenkaisers, im Tempel des Apollo auf dem Palatin zu treffen. Er war froh, dass Sabinus sein Kapitulationsbegehren angenommen und ihm die Schonung seines Lebens versprochen hatte. Im Glauben, von sämtlichen Göttern verlassen zu sein, beschloss Vitellius seinen Rücktritt. Das Amt, das er nicht angestrebt und das ihn verführt hatte, wollte er, einer Schlange gleich, wie eine alte lästig gewordene Haut abstreifen, als trüge sie alle Verantwortung für das Leid der Schlachten auf ihrem Rücken.

Von Kopf bis Fuß von einer schwarzen Toga umhüllt, begab er sich auf das Forum, wo sich Senat und Volk versammelt hatten.

Er begann zu sprechen: »Ihr ehrwürdigen Senatoren, Bürger von Rom. Die Götter hatten mich auserwählt, um euch von dem Tyrannen Otho zu befreien. Das habe ich getan. Doch seht selbst, wie es jetzt mit ihrer Gunst um mich bestellt ist. Unsere Legionen sind geschlagen oder haben kapituliert. Rom ist seinen Feinden schutzlos ausgeliefert, und Vespasianus erhebt Anspruch auf das Kaiseramt. Die Götter haben mich verlassen und beschlossen, dass ich zurücktreten soll. Es ist genug römisches Blut geflossen. Deshalb gebe ich nun meinen Dolch an das Volk und an den Senat von Rom zurück. Ich tue dies um des Friedens und des Staates willen.«

Dann reichte er seinen Dolch, das Insignium seiner Macht über Leben und Tod und seiner uneingeschränkten Staatsgewalt, dem nächststehenden Konsul. Dies war Cecilium Simplex, der jedoch ablehnte, und nach ihm weitere Senatoren.

»Noch ist Rom nicht verloren«, rüttelte Cecilium Simplex die Anwesenden auf. »Noch ist die Schlacht nicht entschieden. Noch gibt es viele tapfere Kämpfer in der Stadt, die nicht bereit sind, Vespasianus anzuerkennen. Eine Rückgabe der von Senat und Volk verliehenen Macht in der Stunde der Gefahr können wir nicht akzeptieren.«

»Ja, der Konsul hat recht«, schrie ein Senator. »Wir werden Rom mit unserem Leben verteidigen. Rom ist noch stark genug. Es wird sich niemals dem Usurpator Vespasianus beugen. Du, edler Vitellius, du bist unser Cäsar, dir gehört nach wie vor und jetzt erst recht unser volles Vertrauen.«

Ein weiterer Senator ergriff das Wort und wandte sich dabei

an Vitellius: »Bedenke: Von Cäsar bis Nero hat man keinem den Rücktritt gestattet. Sie sind sämtlich durch heimtückischen oder offenen Mord gefallen. Auch Nero hat man in den Tod getrieben. Wir lassen es nicht zu, dass der beste und teuerste Sohn Roms dem Tyrannen Vespasianus zum Opfer fällt.«

Die Versammelten spendeten laut Beifall, und viele schrien, er solle hochleben.

Vitellius rührten die Worte und die Unterstützung des Volks zu Tränen. Wollten ihn die Götter nur prüfen? Durfte er die Zeichen der Zustimmung und das Vertrauen des Senates und des Volkes von Rom missachten? Nein. Und so beschloss er, die ihm von den Göttern zugewiesene Rolle weiter auszufüllen, und ging nicht wie ursprünglich beabsichtigt, in das Haus seiner Frau auf den Aventin zurück, sondern begab sich in seinen Palast auf dem Palatin, in das Machtzentrum von Rom.

24

Abends am selben Tag. Das Fest der Saturnalien war in den zweiten Tag gegangen. Domitianus und Sabinus lagen in ausgelassener Stimmung beim Abendmahl. Auch Catulus und weitere Sklaven hatten es sich auf den Klinen bequem gemacht, die sonst nur den Gästen des Hauses vorbehalten waren.

Gewöhnlich blickte Domitianus mürrisch drein, wenn er in Gesellschaft von Sklaven speisen sollte. Er hasste diese Überlieferung, nach der die Sklaven an diesen Tagen ihren Herren gleichgestellt wurden und sogar straffrei ihre Meinung sagen durften. Doch dieses Mal erlebte Catulus ihn in einer solchen Hochstimmung, dass Domitianus offenkundig selbst über das Fest der Sklaven, wie er es geringschätzig nannte, ohne Groll hinwegsah.

Den Grund für diese Gemütslage hatte ihm sein Onkel Sabinus geliefert, dem gegenüber vor wenigen Stunden Vitellius die Kapitulation erklärt hatte. In ein oder zwei Tagen würden die Legionen seines Vaters kampflos in Rom einmarschieren und ihm eine glanzvolle Zukunft bescheren.

Doch die launische Fortuna hatte mit ihm anderes vor. Catulus hatte sich kaum die Hände gewaschen und noch keine der Köstlichkeiten probiert, da kam der Sklave Silvio ins Triclinium gestürmt.

»Herr, der ehrenwerte Senator Publius Saltus wünscht, dich dringend zu sprechen.«

Sabinus zog ein verärgertes Gesicht. »Was gibt es so Dringendes, dass er uns beim Festmahl stört?«

»Er ist sehr aufgeregt und lässt sich nicht abweisen. Er sagt, er käme im Auftrag des Konsuls Quintius Atticus.«

»Bei Juno, dann soll er hereinkommen.«

Silvio nickte und kehrte im nächsten Augenblick mit dem Senator zurück.

»Salve Sabinus, salve Domitianus. Verzeiht die Störung. Wenn es nicht so wichtig wäre ...«

»Komm zur Sache, Saltus. Was gibt es?«, unterbrach ihn Sabinus ungehalten.

»Vitellius' Versuch der Amtsniederlegung ist gescheitert. Der Senat hat seinen Antrag nicht angenommen und ihn umgestimmt.«

»Was sagst du da? Woher hast du das?« Sabinus war derart überrascht, dass er seine bequeme Position aufgab und sich zum Sitzen aufrichtete.

»Ich war auf dem Forum und habe es mit eigenen Ohren vernommen. Seine Anhänger haben dort ihre zahlreichen Klienten versammelt. Auch Atticus' Mitkonsul hat sich auf seine Seite gestellt. Sie haben Vitellius artig hochleben lassen und ihn überredet, sich dem Kampf zu stellen.«

»Verdammter Narr.« Sabinus warf wütend eine Hühnerkeule auf den Tisch, was einen Stapel mit Fleischklößchen umfallen und zu Boden rollen ließ.

»Verzeih, verehrter Saltus. Ich meinte nicht dich, sondern Vitellius. Vor zwei Stunden hatte er noch den festen Willen zum Rücktritt. Seine Anhänger fürchten anscheinend unsere Rache. Ich hatte nicht damit gerechnet, dass sie sich durchsetzen können würden.«

»Der Konsul Atticus bittet dich dringend, die Stadtkohorten zu unserem Schutz zu befehlen. Wir alle, die mit deinem Bruder sympathisieren, sind in höchster Lebensgefahr.«

Sabinus schwieg einen Moment. Im Raum herrschte eine angespannte Atmosphäre. Die zuvor so gelöste Stimmung war in einem einzigen Augenblick gekippt. Statt Glanz und Gloria drohten nun Tod und Verderben.

Catulus löste sich als Erster aus der lähmenden Starre. Er wandte sich an Sabinus. »Die Anhänger Vitellius' werden sich rächen wollen, weil du ihn zur Kapitulation hast bewegen wollen.«

Sabinus hob Unschuld beteuernd die Hände. »Er kam von selbst. Er bat mich, ihm sein Leben zu lassen.«

»Das spielt keine Rolle. Du bist Vespasianer! Das allein zählt. Sie werden dich des Hochverrats beschuldigen wie uns alle, die wir an deiner Seite stehen.«

»Während der Saturnalien wird man uns nicht verhaften.« Sabinus winkte ab. »Das ist gegen die Tradition.«

»Du vertraust der Tradition?« Catulus lachte zynisch. »Du solltest wissen: Unter den Waffen schweigen die Gesetze.«

»Catulus hat recht. Wir müssen sofort aufbrechen!«, stotterte Domitianus.

Wäre die Situation nicht so bedrohlich gewesen, hätte Catulus lachen können. Domitianus hatte ihm aus Angst um sein Leben recht gegeben. Ein einmaliges Vorkommnis in all den Jahren. Doch stand es um sie alle viel zu ernst, als dass Catulus diesen Augenblick hätte genießen können.

Sabinus nickte. »Also gut. Lasst uns aufbrechen, bevor sie uns den Hals durchschneiden!«

Catulus warf im Bedauern, auf die Leckereien verzichten zu müssen, einen letzten Blick auf den reich gedeckten Speisetisch und griff sich noch schnell eine Hühnerkeule.

Die Garnison der Stadtkohorten erreichten sie nach wenigen hundert Schritten. In den Gesichtern der Legionäre war helle Aufregung zu lesen. Der diensthabende Centurio hatte die Truppe bereits in Alarmbereitschaft versetzt.

Als Sabinus sich die Stadtsoldaten anschaute, verließ ihn das Vertrauen in ihre Kampfstärke. Er fürchtete die Feigheit seiner Männer, die sich gewöhnlich mit Dieben, randalierenden Trunkenbolden und entlaufenen Sklaven herumplagten. Gegen kampferprobte Prätorianer hatten sie keine Chance. Er versammelte deshalb ausgewählte Männer um sich, um mit ihnen zum Kapitol zu marschieren.

Unterwegs stießen sie auf bewaffnete Vitellianer. Die gegnerischen Parteien erschraken über dieses unvermutete Treffen. Sie zogen sofort ihre Schwerter blank. Harter Stahl schepperte aufeinander. Ein wilder Kampf entbrannte, der die Passanten schreiend in die engen Gassen fliehen ließ.

»Wir können nicht gewinnen«, rief Sabinus seinem Primipilaris zu. »Wir ziehen uns zum Kapitol zurück. Dort sind wir vorerst sicher.«

Catulus war froh, dem Gemetzel unverletzt entkommen zu sein, und lief wie alle anderen um sein Leben. Zum Glück folgten ihnen die Vitellianer nur halbherzig, was ihn unbeschadet das Heiligtum erreichen ließ. Das Innere des Tempels des Jupiter Optimus Maximus mit den vergoldeten Felderdecken, in denen Elfenbein glänzte, strahlte die gewohnte sakrale Ruhe aus und verlieh Catulus ein Gefühl des Friedens und der Sicherheit.

»Steh nicht herum. Hilf mit!«, brüllte ihn Sabinus an, was ihm die Gefahr wieder ins Bewusstsein rückte.

Sabinus wies die Männer an, die Zugänge zum Tempel mit Statuen und Sockeln zu verbarrikadieren. Selbst die Senatoren, unter ihnen der Konsul, legten Hand an und machten sich ihre weißen Togen schmutzig. »Wir werden uns hier verteidigen bis zum Eintreffen der Legionen meines Bruders«, rief Sabinus den Männern Mut zu.

Catulus schickte er zum angrenzenden Tempel der Minerva. Er sollte dort Ziegel vom Dach reißen und sie bereitlegen, um sie später auf die Angreifer zu werfen. Es fiel Catulus jedoch schwer zu glauben, dass sich damit Prätorianer aufhalten ließen.

Obwohl der Hügel des Kapitols von den Vitellianern umstellt worden war, blieb es in der Nacht überraschend ruhig. Sabinus schickte gegen Morgen seinen Primipilaris zu Vitellius, um sich bei ihm über das gebrochene Wort zu beschweren. Es war noch dunkel, als es dem Mann im Nieselregen gelang, die Umklammerung zu umgehen. Sabinus rechnete nicht mit dessen Rückkehr, aber nach zwei Stunden kam der Mann tatsächlich lebend zurück.

»Du hast mit Vitellius gesprochen?«, fragte Sabinus erwartungsvoll.

Der Mann nickte stumm.

»Was hat er gesagt? Nun rede schon!«

»Präfekt, mein Eindruck ist, dass er selbst die Kontrolle verloren hat.«

»Sie gehorchen nicht mehr seinen Befehlen?«

»Ja, Präfekt, so sagte er es selbst. Er entließ mich über einen Geheimgang. Sonst wäre ich wohl jetzt nicht mehr am Leben.«

Sabinus zog ein sorgenvolles Gesicht. »Mögen die Götter uns beistehen, dass wir diesen Tag überleben«, brummelte er in sich hinein.

Dann ließ er Catulus und Domitianus kommen. Drei Diener aus dem Tempel der Osiris brachten zwei Priestergewänder, die sich Catulus und Domitianus überzogen.

»Die Priester führen euch hinaus«, wies Sabinus an. »Catulus, du achtest auf Domitianus. Viel Glück.«

Catulus nickte. »Ja, Herr.«

»Onkel, ich brauche den Sklaven nicht.«

»Schweig und gehorche!«, schrie Sabinus genervt.

Es regnete heftiger, was Catulus, Domitianus und die Priester die Kapuzen tief ins Gesicht ziehen ließ. Vom Hügel aus sah Catulus die Bewegungen der Vitellianer. Es war höchste Zeit. Sie waren dabei, den Ring enger zu ziehen. Ihnen in ihren Priestergewändern schenkten sie glücklicherweise keine Beachtung.

»Hier entlang!« Catulus versuchte, das Kommando zu übernehmen.

Doch Domitianus winkte trotzig ab. »Geh du deiner Wege.«

»Sie werden mit Hunden nach uns suchen«, entgegnete Catulus, griff kurzentschlossen in Domitianus' Gewand und zerrte diesen in Richtung Tiber. Domitianus ließ es sich gefallen. Catulus wusste, wie sehr dieser sich vor Hunden fürchtete.

25

Aulus Vitellius schaute vom Tiberianischen Palast hinüber zur Kapitolinischen Trias mit den drei wichtigsten Tempeln Roms, dem des Jupiter Optimus Maximus, der Juno und der Minerva. Der heilige Hügel bot noch einen Anblick des Friedens. Von seinem Palastfenster auf dem Palatin aus beobachtete er, wie sich seine Soldaten dem Tempelkomplex über den Clivus Kapitolinus näherten. Sie stürmten die Felsentreppe hinauf, die zum Kapitol führte. Vor der großen Treppe des Jupitertempels kam ihr Vorstoß zum Stehen. Von den Dächern der angrenzenden Tempelbauten wurden sie mit Steinen und Ziegeln bombardiert. Vergeblich suchten sie Deckung hinter der Granitschale für die Opferrituale. Es war ihnen unmöglich, in den Tempel einzudringen. Statuen und Sockel blockierten den Zugang. Flavius Sabinus hatte den Tempelkomplex in eine Festung verwandelt. Unverrichteter Dinge zogen sie sich zurück. Der anscheinend führerlose und planlose Angriff war gescheitert.

Kurz darauf griffen seine Soldaten ein zweites Mal an, wie Vitellius mit panischem Entsetzen bemerkte. Sie hielten brennende Fackeln in ihren Händen. Er schrie aus dem Fenster einen Befehl des Einhalts. Aber keiner der Angreifer in der Ferne hörte ihn.

Schon quoll dicker schwarzer Rauch aus den heiligen Säulengängen heraus und bewegte sich wie ein Wurm zu seinem Palast hin. Es sah aus wie der drohende Fingerzeig Jupiters selbst.

Vitellius sank in sich zusammen. Jetzt hatte er die Gunst der Götter endgültig verloren. Das würden sie ihm nie verzeihen. Doch im selben Augenblick erwachte er aus seiner in sich gesunkenen Haltung und in dem Gefühl, dass an die Stelle der

Götter die Gunst des Senates und des Volkes von Rom getreten war. Sie hatten ihm das Vertrauen ausgesprochen. Es war ihm so, als erhöbe ihn dieses Vertrauen hunderttausender Seelen dieser Stadt, die ihr Schicksal in seine Hände gelegt hatten, zum wahrhaft ungeteilten Herrscher über die Welt.

Mit Freuden beobachtete er, wie seine Feinde, um dem Flammentod zu entkommen, aus dem Kapitol direkt in die Arme seiner Soldaten flohen. Wenig später führte man ihm die Gefangenen in Ketten vor, darunter Flavius Sabinus. Vitellius stand auf der obersten Treppenstufe seines Palastes und schaute auf sie herab. Als seine Augen denen von Sabinus begegneten, fiel ihm ihre Verhandlung vom Vortag wieder ein, als ihm Sabinus versprochen hatte, sein Leben zu schonen. Aus Dankbarkeit wollte er nun auch Sabinus' Leben retten.

Doch es erhob sich ein Geschrei des Volkes, das den Tod des Sabinus forderte. Man gab diesem und seinem Gefolge die Schuld am Niederbrennen des Kapitols. Da überkam ihn erneut das altbekannte Gefühl der Demut. Als Herrscher konnte ihm das Volk nicht gleichgültig sein. Wo er doch schon die Gunst der Götter verloren hatte, durfte er nicht auch noch die seines Volkes riskieren. Und so ordnete er unter dem Jubelgeschrei des Pöbels die Hinrichtung aller Gefangenen an.

Am nächsten Tag rückten die vespasianischen Truppen in Rom ein. Vitellius hatte mit Sabinus' Tod und dem Niederbrennen des Kapitols jegliche Chance auf Schonung seines Lebens verspielt. Im Norden der Stadt entbrannten heftige Straßenkämpfe. Er suchte das Haus seiner Ehefrau auf dem Aventin auf, verabschiedete sich von ihr unter Tränen und kehrte auf den Palatin zurück, um den Kampf bis zum Ende als Staatsmann an der Spitze zu führen. Doch dort angekommen, stellte er, in den Räumen herumirrend, fest, dass sein Palast von allen Menschenseelen verlassen war. In diesem Moment überkam ihn die gleiche Einsamkeit, die bereits alle seine Vorgänger kurz vor ihrem Ende heimgesucht hatte.

Während er sich selbst ohne Hoffnung in seinem Palast verkroch, kämpften seine Prätorianer vergeblich gegen die Übermacht der Feinde und tränkten mit ihrem Blut das Straßenpflaster Roms. Und so dauerte es nicht lange, bis ihn Soldaten ergriffen und zum Forum schleppten, wo ihn der Pöbel umringte, dessen Loyalität er sich bis vor einer Stunde noch sicher wähnte. Sie spuckten auf ihn und bewarfen ihn mit Abfällen. Erniedrigt wurde er über die Via Sacra geschleift, mit zerrissenem Gewand, ein Schwert um seinen Bauch gebunden, dessen Spitze gegen seine Kehle stieß und so verhinderte, dass er sein Haupt vor Scham zu Boden neigen konnte.

Er konnte es nicht glauben. War dies dasselbe Volk, das ihm zugejubelt und erst gestern das Vertrauen ausgesprochen hatte? Und er begriff. Es war dasselbe Volk, das zuvor auch Galba und Otho hatte hochleben lassen und sich am Tode Galbas an ebendieser Stelle ergötzt hatte. Es war dasselbe Volk, das sich ohne Erinnerung hinter der Anonymität seiner eigenen Masse versteckte und das stets sich selbst folgte. Einmal in Brand gesetzt, lodert es wie trockener Zunder auf, angetrieben von Neid, Hass, Schadenfreude und Neugier.

In diesem Moment überlagerte das Gefühl der Überlegenheit seine Angst, und er wuchs über sich selbst hinaus und erlangte jene Willenskraft, die ihm als Kaiser gefehlt hatte. War nun vielleicht alle Macht verloren und sollte auch bald sein Leben verwirkt sein, so war ihm doch eines nicht mehr zu nehmen: Ihn hatte das Schicksal dazu bestimmt, Kaiser des römischen Imperiums zu sein, der Herrscher der Welt, der erste Bürger und oberste Priester Roms.

Als ein Soldat ihn in die Seite trat, entgegnete er ihm daher mit fester Stimme: »Und doch war ich dein Imperator.« Es waren seine letzten Worte.

26

Die Flucht aus dem Jupitertempel hatten Catulus und Domitianus glücklich überstanden. In der Nacht, als das Kapitol niedergebrannt war, hatte Catulus sie beide durch das Wasser des Tiber geführt und dadurch ihrer beider Leben gerettet, hatten sie Vitellius' Bluthunde dort doch nicht aufspüren können.

Nach dem Sieg seines Vaters war Domitianus wie verwandelt. Er strahlte eine große Selbstzufriedenheit aus und behandelte die Sklaven überaus gütig. Endlich bekam sein Ehrgeiz eine Perspektive. In der Sitzung am Nachmittag würden ihn die Senatoren zum Prätor mit konsularischer Gewalt wählen. Damit wäre nicht nur das Wohnrecht im Kaiserpalast verbunden, sondern er würde eine Machtstellung erhalten, die dem Cäsar von Rom gleichkäme.

Domitianus' Vater und sein älterer Bruder Titus sollten gleichzeitig in Abwesenheit zu Konsuln gewählt werden. Zwar würde Domitianus an jenem Tag zurücktreten müssen, an dem sie nach Rom zurückkehrten, aber er tröstete sich mit dem Gedanken, dass der Krieg im fernen Judäa noch eine Weile andauern würde und dort alles Mögliche geschehen könne. Vorerst würde Domitianus der erste Mann in Rom werden.

Catulus fürchtete zunächst, dass ihn Domitianus nach dem Tod seines Onkels ungestraft quälen würde. Aber glücklicherweise war dies nicht der Fall. Im Gegenteil. Er bestimmte Catulus zu seinem persönlichen Sekretär, was diesen freute, konnte er doch auf diese Weise seinem wahren Dominus am besten dienen und aus erster Hand Informationen über das politische Rom erhalten, um sie im Geheimen an Vespasianus weiterzuleiten. Angesichts seiner neuen Verdienste hoffte er, eines Tages doch noch die Freiheit geschenkt zu bekommen.

Catulus lief im Abstand von zwei bis drei Schritten hinter Domitianus her. Sie waren auf dem Weg zur Curia Julia am Forum Romanum. Dort würde die erste Senatssitzung nach Ende des Krieges stattfinden. Domitianus hatte Catulus kurz vor ihrem Aufbruch befohlen, die Versammlung zu protokollieren. Er hatte ihm eingeschärft, besonders auf Worte zu achten, die gegen ihn und seine Familie gerichtet wären, um so politische Gegner rechtzeitig zu entdecken, ehe sie gefährlich werden könnten.

Schon vor dem Eingang zur Curia passten die Senatoren Domitianus ab. Sie grüßten ihn überaus freundlich, als wären sie seit vielen Jahren mit ihm befreundet. Domitianus kannte die meisten Männer in den weißen Togen mit den breiten roten Streifen nicht, weshalb er die Grüße häufig nur ohne Namensnennung erwidern konnte. Er genoss jedoch sichtlich die Aufmerksamkeit der Führungselite Roms, die um ihn herum inzwischen eine Menschentraube gebildet hatte und ihn, so umdrängt, in die Curia begleitete.

Catulus erstaunte das Sitzungsgebäude, das äußerlich im Vergleich zu den Tempeln und Basiliken, die das Forum säumten, eher bescheiden wirkte. Es überkam ihn Stolz, diesen Ort betreten zu dürfen, an dem die Geschicke des Imperiums entschieden wurden. An den Längsseiten des rechteckigen Raumes erstreckten sich drei breite, niedrige Stufen aus Marmor, auf denen die Sesselreihen der Senatoren standen. An einer Querseite zwischen den beiden Eingangstüren reckte die geflügelte Göttin Viktoria ihre Arme in die Höhe. Sie stand auf einem Globus und demonstrierte Roms Weltherrschaft. Davor entdeckte Catulus den verwaisten kurulischen Stuhl, der ihm in Anbetracht der Machtfülle des Mannes, der auf ihm Platz nehmen würde, eher bescheiden vorkam. Der Raum war annähernd so hoch wie lang. Das lockere Geplauder der Senatoren hallte überall wider und überlagerte sich zu einem gleichförmigen Stimmenrauschen, das dem Saal die würdige Aura eines Machtzentrums verlieh. Als der Älteste mit einem Stock auf den marmornen Fußboden stampfte, verebbte allmählich das Stimmengewirr, und alle Senatoren nahmen ihre Plätze ein.

»Wie jeder weiß, sind die Ämter der Konsuln vakant.« Mit diesen Worten eröffnete der Älteste die Sitzung. »Gibt es Vorschläge für die Neuwahl?«

Ein Senator hob seinen rechten Arm. Er war von kleinem Wuchs, hatte eine schlanke Figur, und sein Haupt bedeckte schlohweißes dünnes Haar.

»Senator Helvidius, du hast das Wort.«

Helvidius trat in die Mitte des Saales, reckte das Kinn nach oben, winkelte die Arme an und krallte seine Hände in die Toga. Während er sich nach sämtlichen Seiten umwandte, verebbten allmählich alle störenden Laute, sodass eine erwartungsvolle Spannung entstand.

Catulus hatte den Namen des Senators schon einmal gehört, im Sommer des vergangenen Jahres im Feldlager in Jericho. Helvidius hatte damals Galba unterstützt. Er erinnerte sich genau daran. Der Senator, der seinem Dominus den Wachskopf des Galiläers gezeigt und ihm gedroht hatte, berief sich damals auf Helvidius. Sein Dominus hatte daraufhin den Angriff auf Jerusalem verschoben.

»Ehrwürdige Senatoren.« Die deutliche und feste Stimme des Senators hallte im Raum. »Der Krieg unter Römern, der große Teile unseres Imperiums und selbst unsere heilige Stadt Rom erfasst hatte, ist nun endlich beendet. Auf den Schlachtfeldern hat der eine Römer den anderen, der Bruder den Bruder, der Vater den Sohn erschlagen. Rom ist daraus geschwächt hervorgegangen und unsere Feinde wurden ermutigt. In Germania bedroht eine Revolte unsere gallischen Provinzen. Der Aufstand in Judäa ist noch nicht niedergeschlagen, und an der Ister erhöhen die Sarmaten den Druck auf unsere Grenze. Die Kornspeicher der Stadt sind leer. Chaos und Anarchie haben Hunger und Not nach Rom gebracht. Unser Allerheiligstes, das Kapitol, ist eine Ruine, und die Staatsfinanzen befinden sich in einem desaströsen Zustand. Nichts braucht das Reich jetzt nötiger als Frieden. Doch die Pax Romana können wir nicht bis an die Grenzen unseres Imperiums tragen, wenn wir nicht hier im Senat unseren Frieden schließen, wenn wir nicht die Feindschaft begraben, die zwischen uns gestanden hat. Reichen wir uns deshalb die Hände und vertrauen dem Mann, der uns gerettet hat, der mit der Weisheit seines Alters und dem Ruhm seiner Taten das Reich und seine Legionen wieder vereint hat, vertrauen wir Titus Flavius Vespasianus.«

Heftiger Beifall entbrannte. Helvidius nickte dankbar nach allen Seiten, und nachdem das Klatschen leiser geworden war, begann er wieder zu sprechen.

»Titus Flavius Vespasianus kennen wir seit vielen Jahren. Ja, er entstammt nur dem Ritterstand. Aber Rom ist nicht durch Geburt stark geworden, sondern durch die Taten, die Willenskraft und den Mut seiner Bürger. Alle diese Eigenschaften besitzt Vespasianus. Er wäre ein würdiger Princeps. Sein Sohn Titus steht ihm in nichts nach. Und wir alle wissen, wie sehr sie von allen Legionen geliebt werden. Ich schlage deshalb beide für das Amt der Konsuln vor. Als Princeps soll Vespasianus dann später, wenn er zu uns in den Senat zurückkehrt, alle Rechte seiner Amtsvorgänger erhalten, so wie sie einst Augustus, Tiberius und Claudius besessen haben. Da sich die beiden gegenwärtig nicht in Rom aufhalten, sollte Vespasianus' zweiter Sohn Domitianus bis dahin die Prätur mit konsularischem Imperium erhalten.«

Jetzt erhoben sich die Senatoren, während sie applaudierten. Die Männer in der ersten Reihe verließen ihre Sessel und liefen mit ausgestreckten Armen auf Helvidius zu, um ihm die Hände zu schütteln. Sie gratulierten ebenfalls Domitianus, der die Glückwünsche strahlend entgegennahm.

Catulus hatte eifrig mitgeschrieben. Er notierte: großer Applaus und Händeschütteln. Die anhaltende Zustimmungsbekundung für den Antrag verschaffte ihm eine kleine Pause. Während er sich in der Runde umschaute, war ihm aufgefallen, dass nicht alle Senatoren begeistert klatschten. Er entdeckte unter ihnen manch einen, der boshaft dreinblickte. Die Anhänger seines

Dominus hatten offensichtlich für ihre einstigen Gegner, die nun ihre eigene Rettung bejubelten, nur unverhohlene Verachtung übrig. Sie vergaßen ihnen anscheinend nicht ihre Euphorie für Vitellius, die Ablehnung seines Rücktrittverlangens vor zwei Tagen, den Niederbrand des Kapitols und Sabinus' Tod. Auch Catulus fragte sich, ob sein Dominus darüber hinwegsehen und auf die Rache für die Ermordung seines Bruders zum Wohle des Staates verzichten würde.

Die Sitzung wurde fortgesetzt. Catulus musste sich nun wieder aufs Schreiben konzentrieren. Die aufgeputschte Stimmung der Senatoren ebbte ab, und der Senatsälteste verkündete das Ergebnis der Abstimmung durch Akklamation. »Der Vorschlag ist angenommen.«

Wieder brausender Applaus.

»Wir kommen nun zum zweiten Punkt, zur Wahl der Ehrengesandten, die dazu auserwählt sein werden, den beiden Konsuln die Nachricht über den Senatsbeschluss zu überbringen. Entsprechend unserer Tradition und auch Vespasianus' Wunsch soll darüber das Los entscheiden.«

»Warum das Los?«, warf Helvidius ein, ohne um das Wort gebeten zu haben. »Sollte nicht der Senat selbst durch namentliche Abstimmung die Gesandten benennen? Hat es Vespasianus nicht verdient, dass ihm wirklich nur die untadeligsten Männer gegenübertreten? Und sollten wir nicht den Zufall des Loses vermeiden, der die Ankläger seiner hingerichteten Freunde zu ihm schicken könnte?«

Die eben noch zur Schau getragene Eintracht der Senatoren wich im nächsten Augenblick einem aufbrausenden Protest. Obwohl niemand von Helvidius namentlich erwähnt worden war, entbrannte eine laute und leidenschaftliche Debatte. Gegner und Befürworter fauchten sich gegenseitig an.

Mucianus, der Statthalter von Syria, den Catulus noch vom Feldlager in Judäa her kannte und der neben Domitianus saß, zischte diesem zu: »Er greift unter dem Deckmantel des Moralisten deinen Vater an! Du musst ihn verteidigen!«

Doch Domitianus fand über die eigene Entrüstung hinaus keine Worte.

Stattdessen ergriff der Senator Eprius Marcellus, ein begnadeter Redner, der sein Talent oft für Anklagen im Senat genutzt hatte, das Wort. Er war selbst unter Galba erfolglos von Helvidius angeklagt worden, aus Rache dafür, dass er die Hinrichtung von dessen Schwiegervater während Neros Herrschaft betrieben hatte. Eprius drohte dafür zwar keine Strafe mehr, doch hatte er offensichtlich die Feindschaft mit Helvidius lange noch nicht begraben.

»Wir alle sollten Vespasianus unserer Freundschaft versichern«, begann Eprius, indem er, sich dabei im Kreis drehend, aufstand und sich an alle Senatoren wandte. »Die alten Prozesse sind abgeschlossen. Es geht heute in dieser Frage nicht um einzelne Personen, sondern um die Zukunft Roms und darum, dem Princeps den Rücken zu stärken, ihm zu zeigen, dass alle Senatoren«, und Eprius wiederholte, »alle Senatoren – ohne Ausnahme – seine Freunde sind. Die namentliche Bestimmung durch den Senat ist deshalb das falsche Zeichen. Helvidius will, dass der Senat Vespasianus die Auswahl der Gesandten vorschreibt. Damit spaltet er dieses heilige Gremium. Das ist feindliche Opposition.«

Einige wenige Zwischenrufe waren zu hören, von denen sich Eprius aber nicht ablenken ließ. »Deshalb rufe ich alle Senatoren auf, den Antrag des Princeps zu unterstützen, denn auf dieses Bekenntnis kommt es um des Friedens willen an.«

Viele Senatoren nickten. Der Senatsälteste wiederholte noch einmal den Antrag, durch Los zu entscheiden. Durch die Abstimmung erlitt Helvidius eine deutliche Niederlage. Doch machte er durchaus nicht den niedergeschlagenen Eindruck eines Verlierers. An seinem Lächeln konnte Catulus ablesen, wie er noch nachträglich die stürmische Debatte genoss, aus der heraus er sich offenbar mit der Zeit wachsenden Einfluss versprach.

Catulus war froh, dass die Senatsversammlung durch eine Pause unterbrochen wurde. Die ungewohnten Themen hatten ihn sehr in Anspruch genommen. Die meisten Senatoren verließen ihre Plätze, um sich die Beine zu vertreten oder in kleinen Grüppchen weiterzudiskutieren.

Mucianus rückte näher an Domitianus heran und winkte Eprius herbei. Catulus bekam mit, wie er leise sagte: »Helvidius ist eine Giftschlange, die zertreten werden muss.«

»Ein Stoiker wie sein Schwiegervater, der sich überall ungefragt eingemischt hat«, pflichtete ihm Eprius bei. »Er will die alten Regeln der Republik wieder einführen. Der Mann war mir schon immer lästig.«

»Wir können ihn aber nicht beseitigen«, versuchte Domitianus zu beschwichtigen. »Jedenfalls jetzt noch nicht. Er besitzt ein hohes Ansehen und hat viele Anhänger.«

Catulus überraschte die Weitsicht Domitianus'.

»Du hast recht«, pflichtete ihm Mucianus bei. »Dein Vater hat den Titel des Augustus angenommen. Er steht damit in dessen Tradition, zum Senat ein gutes Einvernehmen anzustreben. Da können wir unmöglich mit Säuberungsexzessen beginnen.«

Alle nickten zustimmend.

Der Senatsälteste rief zur Fortsetzung der Sitzung auf. Es folgte eine Erörterung der erschöpften Staatsfinanzen. Als über den Wiederaufbau des Kapitols gesprochen wurde, entbrannte erneut eine heftige Debatte. Abermals stand Helvidius im Mittelpunkt. Er beantragte, für die Sanierung dem Senat alle Vollmachten zu übertragen.

Eprius widersprach entrüstet und mahnte: »Das Kapitol ist das religiöse Zentrum in Rom. Sein Wiederaufbau steht daher nur dem Princeps zu. Ihm das abzusprechen, käme einer Abwertung seines Herrschaftsanspruches gleich.«

»Nichts liegt mir ferner als das«, räumte Helvidius ein. »Doch gebe ich zu bedenken, dass Vespasianus formal noch nicht Princeps ist, sondern nur Konsul. Zur Vermeidung von Missverständnissen sollten wir ihm alle Vollmachten erteilen. Darüber hinaus aber dürfte gegen eine finanzielle Beteiligung aus der Senatskasse nichts einzuwenden sein.«

Ein Teil der Senatoren klatschte, und es gab Zustimmungsrufe. Doch Eprius hob Einhalt gebietend den Arm. »Auch das, ehrwürdige Senatoren, liegt im Ermessen von Vespasianus. Seit Augustus steht dieses Recht uneingeschränkt dem Princeps zu. Dieses haben wir ihm heute zuerkannt, auch wenn es erst nach seiner Rückkehr nach Rom wirksam werden wird. Der Niederbrand des Kapitols hat unsere Feinde ermutigt. Das Recht, die bedeutendsten Götter um Versöhnung zu bitten, steht unabänderlich dem Princeps zu.«

Dieses Mal fürchtete Catulus, dass Helvidius in der tumultartigen Auseinandersetzung eine Mehrheit auf sich vereinen könnte. Dessen Antrag war ein unverhüllter Angriff auf Vespasianus' öffentliche Reputation und seine Machtstellung. Helvidius strebte offensichtlich eine Spaltung des Senats an, um so eine Opposition gegen den Kaiser zu bilden. Wie immer ging es darum, die Rechte des Kaisers zugunsten des Senats zu beschneiden. Catulus schaute sich deshalb besorgt um. Domitianus schien die Lage nicht zu begreifen, denn er verfolgte die Diskussion mit unbekümmertem Gesicht, während Mucianus wütend die Fäuste ballte.

»Mir scheint, Helvidius möchte die Traditionen der alten Republik wieder aufleben lassen«, schrie Mucianus schließlich ungeduldig und erzürnt. Er hatte sich als Feldherr der siegreichen Legionen bisher aus der Debatte herausgehalten, um den Eindruck eines militärischen Drucks auf die Senatoren zu vermeiden. Sein lautstarker und schwerer Vorwurf an Helvidius konnte aus dem Munde eines Generals, der lediglich vorübergehend sein militärisches Amt niedergelegt hatte, nur als eine Drohung verstanden werden. Es trat augenblicklich eine bedrückende Stille ein, so als könnten jeden Moment wie zu Cäsars Zeiten Legionäre mit blankgezogenen Schwertern in der Curia auftauchen. »Das, was Helvidius vorschlägt, ist für Rom sehr gefährlich.« Mucianus, der inzwischen aufgestanden und in die Mitte des Saales getreten war, erhob bei diesen Worten seinen Zeigefinger. »Es öffnet die Tore für die schlimmsten Feinde unseres Imperiums: für innere Zwistigkeit, Habsucht und Machtgier. Wie soll der innere Frieden einkehren, wenn wir Senatoren den Princeps missachten, wenn wir uns ständig um Einfluss streiten, uns unermüdlich gegenseitig anklagen? Schaut euch um. Seht ihr nicht die vielen verwaisten Sessel hier im Saal? Die Senatoren, die einst darauf saßen, es waren Hunderte, sie alle wurden Opfer der Machtkämpfe in den letzten Monaten. Sie alle leben heute nicht mehr.« Mucianus machte eine kleine Pause, in der er seine Worte wirken ließ. Und Catulus, der nun selbst von ihrer Schärfe überrascht war, sah, als er aufblickte, in demütige und teils ängstliche Gesichter. Nur ein Senator lächelte. Es war Domitianus.

Jetzt ging Mucianus auf Helvidius zu und zeigte auf ihn wie auf einen Angeklagten. »Ja. Ich gebe jenen recht, die glauben, dass dieser Mann die Standhaftigkeit eines Brutus oder Cassius besitzt.« Wieder machte Mucianus eine Kunstpause, die ihre Wirkung nicht verfehlte. Jeder wusste, dass die beiden einstigen Gegner des Augustus im Bürgerkrieg vor einhundert Jahren den Tod gefunden hatten. Es lag etwas Bedrohliches in der Luft. Würde Mucianus als Nächstes Helvidius des Hochverrates beschuldigen? Im Antlitz vieler Senatoren sah Catulus Angst und Sorge. Die Furcht, das Henkerschwert der Majestätsbeleidigung könnte wieder mit neronischer Leichtigkeit über sie alle hinwegschwingen, war ihnen anzusehen.

»Doch wohin haben diese Männer Rom geführt?«, fuhr Mucianus fort. »In einen blutigen Krieg! Genau in einen solchen, den wir gerade durchlebt haben und dem viele Römer zum Opfer gefallen sind. Es ist genug Blut geflossen. Vespasianus dagegen ist die neue Hoffnung für ein friedliches Rom. Er besitzt die Weisheit des Augustus, das militärische Geschick eines Cäsars und das Charisma eines Cicero. Senatoren von Rom! Setzt die Zukunft des Imperiums nicht aufs Spiel! Folgt nicht Helvidius! Besinnen wir uns auf das goldene Zeitalter des Augustus, als Rom in Marmor gemeißelt wurde! Rufen wir diese Zeit zurück mit unserem neuen Cäsar Vespasianus Augustus!«

Mucianus' glühende Rede quittierten die Senatoren mit Beifall, Nicken und auch mit Erleichterung. Das Schwert war an ihnen noch einmal vorbeigegangen. Doch Catulus sah in den nunmehr entspannten Gesichtern vieler Senatoren auch die Enttäuschung. Die gerade aufgeflammte Hoffnung auf das Wiederaufleben republikanischer Zeiten war nun erneut erstickt worden. Es schien so, als hätten sie eben noch geglaubt, dass mit dem Tod des Vitellius das Schlimmste überwunden und durch die Abwesenheit des Princeps der Zeitpunkt günstig gewesen sei, die Rolle des Senates zu stärken. Mucianus' Rede aber hatte sie wieder in die Realität zurückgeführt. In seiner Person erkannten sie, dass es die Legionen waren, die Vespasianus und all seine Vorgänger an die Macht gebracht hatten. Sie nahmen es hin, weil Worte gegen Schwerter nichts ausrichten konnten. Doch es war der Beginn dieser leidenschaftlichen Feindschaft zwischen dem Senator Helvidius und dem späteren Kaiser Vespasianus, die Catulus' Traum vom Aufstieg noch schwer erschüttern sollte.

27

Drei Tage vorher.

Während Vespasianus' Legionen noch vor den nördlichen Toren Roms standen, um bei Sonnenaufgang das Machtzentrum des Imperiums anzugreifen, näherte sich der Stadt von Süden her, nur eine Tagesreise entfernt, ein Tross aus Händlern und Bauern. Deren Ochsenfuhrwerke, die Obst und Gemüse für den nächsten Markttag auf dem Forum geladen hatten, ratterten gemächlich über das Basaltpflaster der Via Appia hinweg. Zwischen dem Fußvolk, das sie begleitete, führten Knechte Esel am Zaum, die links und rechts an ihren Flanken Weidenkörbe, Amphoren oder Säcke trugen.

Auf einem der Karren saß ein fünfzehnjähriger Bursche. Er sah jünger aus als die meisten Gleichaltrigen, was auch daran lag, dass er klein und schmächtig geraten war, weshalb ihn seine älteren Brüder zu Hause auch den kleinen Philippus nannten. Die dunkelbraunen Haare hingen ihm halblang in die Stirn hinein. Und der graue Mantel, den er über seiner Tunika trug, zeigte Spuren eines nächtlichen Lagers in freier Natur. Der Junge reiste allein. Ein mitleidiger Bauer ließ ihn auf seinem Ochsenkarren mitfahren, sodass er seine Füße ausruhen konnte, die ihm vom ungewohnten Wandern schmerzten. Er saß mit dem Rücken in Fahrtrichtung, während seine Beine vom Wagenheck herabbaumelten.

Im Tross wanderten auch zahlreiche kräftige Knechte und Sklaven mit. Sie hielten große Stöcke in den Händen. Man sah ihnen an, dass sie diese bei Bedarf nicht nur zum Wandern benutzten. Philippus war froh, mit ihnen gemeinsam zu reisen. Allein hätte er sein Leben aufs Spiel gesetzt. Aber auch so war es nicht leicht für ihn. Nicht alle Reisende, von denen die meisten mit ihren Familien unterwegs waren, konnten sich eine Unterkunft in einem der Rasthöfe leisten, sondern manche von ihnen mussten wie er selbst im Freien übernachten. Sie drängten sich in der Nacht eng aneinander und wärmten sich so gegenseitig. Philippus hatte allerdings nicht einmal eine Decke, und wenn er am Morgen steif und durchgefroren aufgewacht war, hatte er Heimweh nach der Geborgenheit des elterlichen Hofs, den er vier Wochen zuvor verlassen hatte. Aber ihn beflügelte eine große Hoffnung. Nur noch eine Nacht und einen Tag würde er Kälte und Hunger ertragen müssen, dann würde er in Rom ankommen und bei seinem Onkel Rufus ein neues Zuhause finden. Dann wäre seine Flucht zu Ende.

Er dachte zurück, wie er auf dem Heuschober des elterlichen Hofes gesessen und heimlich einen Papyrus betrachtet hatte, der ihm von seinem Onkel Rufus geschenkt worden war. Mit einem Kohlestift war darauf ein Teil des Forums in Rom dargestellt. Es zeigte die Basilica Julia, den Tempel des Saturn und darüber den Kapitolinischen Hügel, auf dem der Jupitertempel thronte.

Rufus hatte es ihm bei einem seiner seltenen Besuche geschenkt und ihm dabei viel über Rom erzählt, wo er ein Baugeschäft betrieb. Seitdem träumte Philippus von dieser Stadt, die zum Ort seiner Sehnsucht geworden war. Wie glücklich mussten sich die Menschen dort fühlen, dachte er, die in dieser Pracht leben durften.

Währenddessen bekam er heimlich mit, dass sich seine Eltern stritten. Dies beunruhigte ihn zuerst nicht, denn das taten sie sehr häufig. Doch als plötzlich sein Name fiel, horchte er auf.

»Du darfst Philippus nicht verkaufen. Er ist dein Sohn«, flehte die Mutter den Vater an.

»Ein Sohn muss mich respektieren. Das macht er aber nicht. Schuld daran ist Rufus, der ihm nur Flausen in den Kopf gesetzt hat.«

»Dann lass ihn doch nach Rom ziehen. Soll er doch bei ihm Steinmetz werden.«

»Nein. Rufus will nur einen Nachfolger haben. Er soll selbst Kinder in die Welt setzen und von meinen die Finger lassen. Ich mache dem jetzt ein Ende und verkaufe den Jungen. Schluss! – Außerdem können wir das Geld gut gebrauchen.«

»Aber das Geld wird dir auch Rufus geben, wenn du Philippus zu ihm nach Rom schickst. Ihm wird es bei deinem Bruder gut gehen.«

»Nein«, schrie der Vater die Mutter an. »Ich belohne Philippus nicht auch noch für seinen Ungehorsam. Er wollte es so. Nun wird er Sklave. Morgen fahre ich mit ihm nach Capua auf den Sklavenmarkt. Es ist mein Recht, und ich bestehe darauf.«

»Du bist ein Sturkopf. Ich hasse dich«, schrie die Mutter und lief weinend davon.

Als Philippus das Unfassbare begriff, fühlte er sich wie vom Blitz Jupiters getroffen. Er hatte gehofft gehabt, dass ihn sein Vater eines Tages doch noch zu seinem Onkel Rufus nach Rom ziehen lassen würde, aber jetzt schien sein Traum, das Steinmetzhandwerk zu erlernen, für immer verloren zu sein.

Gewiss, das Verhältnis zum Vater war seit Langem getrübt. Dass dieser aber seine Liebe der Eitelkeit eines verletzten Patriarchen opfern würde, indem er bereit war, das Leben seines Sohnes für Geld zu zerstören, das hätte er nicht erwartet. Nie war so etwas in ihrer Familie jemals geschehen. Er kannte seinen Vater und wusste, dass dessen Entscheidungen stets endgültig waren. Philippus hatte auch keine Möglichleit, sich dagegen zu wehren, denn der Vater besaß als Pater familias das uneingeschränkte Recht, über seine Frau und die Kinder zu bestimmen, sogar über deren Leben und Tod.

Als Philippus mit seiner Mutter zusammentraf, musste sie in seinem verängstigten Gesicht erkannt haben, dass er vom Plan des Vaters wusste. Sie riet ihm in ihrer Fürsorge zur Flucht, nicht ohne jedoch den Vater zu verteidigen, den wirtschaftliche Nöte dazu zwingen würden. Zu große Schulden, missratene Ernten und eine schlechte Gesundheit hätten den Vater zu diesem Entschluss getrieben, jammerte sie. Er müsse den Hof retten, um seiner Familie und kommenden Generationen eine Zukunft zu sichern. Philippus spürte ihre innere Zerrissenheit. Sie brachte es nicht über ihr Mutterherz, dafür mit dem Leben ihres jüngsten und liebsten Sohnes zu zahlen, der in die Sklavenknechtschaft geraten sollte, nur um das von den Göttern vorherbestimmte Schicksal des Hofes noch ein wenig aufzuhalten.

Philippus hatte den Starrsinn seines Vaters nie verstanden, erst recht nicht, nachdem ihm sein Onkel Rufus manche Zusammenhänge erklärt hatte. So wie seinem Vater erging es nämlich vielen Kleinbauern. Sie hatten den aggressiven Preisdiktaten der Latifundien nichts entgegenzusetzen. Viele hatten bereits aufgegeben und ihre Höfe den reichen Adligen, den Besitzern dieser großen Landgüter, überlassen. Die Mutter hoffte jedoch unter Tränen, dass es schon irgendwie weitergehen würde. Vielleicht käme der Vater eines Tages doch noch zur Vernunft und ließe von dem aussichtslosen Festhalten am Hof ab, mit dem er all seine Ehre verband. Er hatte diesen von seinem Vater und der wiederum von seinen Vorvätern über viele Generationen geerbt. Halsstarrig weigerte er sich, das Angebot eines Lebens in Rom von Rufus anzunehmen, obwohl er am Wohlstand seines Bruders würde teilhaben können. Aber er wollte nicht derjenige sein, der das Erbe der Väter zum Scheitern bringen würde. Und weil er befürchtete, dass auch seine anderen Söhne dem erbärmlichen Leben auf dem Hof den Rücken zukehren könnten, ließ er auch Philippus nicht nach Rom ziehen.

Die Mutter holte aus der Speisekammer den letzten halben Laib Brot und packte ihn zusammen mit etwas Käse, ein paar Möhren und Oliven in einen kleinen Leinensack. Dann rannte sie zum Schober und kam mit einem Säckchen Dinkel zurück, den Philippus unterwegs gegen Essbares eintauschen können würde. Zuletzt hatte sie aus einer Amphore ein paar Kupfermünzen herausgefingert. Es waren neun Asse, alles, was sie besaß. Dafür würde sie am Abend die Schläge des Vaters ertragen müssen.

Die Zeichnung des Jupitertempels hatte Philippus mit auf die Reise genommen. Jeden Abend, noch bevor die Kälte unter seine

Kleidung gekrochen war, hatte er sich mit dem Abbild Roms getröstet und von dessen unbeschreiblicher Schönheit und Größe geträumt. Nirgendwo auf der Welt gab es einen vergleichbaren Ort, und nun trennte ihn nur noch ein einziger Tag von der Erfüllung seiner größten Sehnsucht. Rom, das war der Olymp der Götter. Dort reihten sich die Tempel mit ihren hohen Säulen und die mächtigen Triumphbögen, durch welche die Kaiser, aus siegreichen Schlachten zurückkehrend, zogen, Paläste waren in seinem Geiste emporgewachsen, und Prunkplätze, die im Glanz zahlreicher Marmorstatuen schimmerten. Edelleute in herrlichen Gewändern, Gladiatoren und Senatoren flanierten durch die belebten Geschäftsstraßen, wo man alles kaufen konnte, was es in der Welt gab. In dieser prächtigen Stadt wollte er unter dem Schutz der Götter und seines Onkels leben.

Philippus wusste, sein Onkel würde ihn mit offenen Armen empfangen und vor allen Gefahren beschützen. Rufus hatte seinem Bruder immer wieder angeboten, nach Rom zu kommen, wohin er vor Jahren selbst ausgewandert war. Er hatte den Hof verlassen, nachdem sein Vater, Philippus' Großvater, der alte Pater familias, gestorben war. Inzwischen war er dort zu ansehnlichem Wohlstand gekommen. Er hatte ein kleines Baugeschäft gegründet, das nach dem großen Brand vor fünf Jahren enorm aufgeblüht war. Von Kaiser Nero waren damals Edikte erlassen worden, von denen Rufus mit seiner Ziegelei stark profitiert hatte. Aus Gründen des Brandschutzes hatte Nero die Verbreiterung der Straßen angeordnet und den Neubau von Holzhäusern verboten. Die hohe Nachfrage an Ziegeln, die für den Wiederaufbau der zerstörten Stadt und für Neros Goldenes Haus benötigt worden waren, hatte ihm in kurzer Zeit so viel Wohlstand eingebracht, dass er sich nicht nur ein ansehnliches Haus mit Garten und Peristyl leisten konnte, sondern zusätzlich noch eine Steinmetzwerkstatt.

Philippus freute sich darauf, im Unternehmen seines Onkels das Handwerk eines Steinmetzes zu erlernen. Vielleicht würde er einmal eine Marmorfassade bearbeiten können, die weit über sein Leben hinaus Zeugnis von seiner Arbeit ablegte. Sein Onkel hatte ihm schon früher eine entsprechende Ausbildung angeboten, worüber aber der Vater zornig geworden war. Bei seinem letzten Besuch hatte Rufus ein Stück Sandstein dagelassen, an dem Philippus heimlich geübt hatte. Der Vater hatte ihn aber dabei erwischt und ihn so verprügelt, dass er zwei Tage nicht aufstehen konnte.

Philippus hatte stets darunter gelitten, dass der Vater ihn in das Joch des Hofes pferchen wollte, um dort das Armenschicksal für alle Zeiten mit der Familie zu teilen. Nur die Hoffnung, sich eines Tages im Unternehmen seines Onkels eine bessere Zukunft aufbauen zu können, hatte ihm die Kraft gegeben, dieses Leben zu ertragen. Bestimmt war es ein Schicksalswink der Götter gewesen, der ihn nun doch noch nach Rom führte. Und bestimmt würden sie ihm beistehen, damit der Vater seine Drohung nicht verwirklichen könnte. Er hatte mehrmals angekündigt, ihn totzuschlagen, sollte er den Hof verlassen. Aber Philippus glaubte nicht daran, dass ihn der Arm des Vaters im fernen Rom unter der Obhut seines Onkels erreichen könnte.

Während Philippus so seinen Gedanken nachhing, hörte er im Rücken aufgeregte Stimmen. Er drehte sich um und sah eine Schar Soldaten ihnen entgegenkommen. Der Tross stockte.

Mit einem Mal sprang ein junger hochgewachsener Mann zu ihm auf den Wagen und schubste ihn rabiat zur Seite. Er war vielleicht drei Jahre älter als Philippus, hatte tiefschwarzes kurzes Haar und trug über seinem schlanken Körper eine hellgrüne Tunika aus teurem Leinen.

»Verzeih meine Aufdringlichkeit«, entschuldigte er sich mit besorgtem Blick auf die Legionäre. »Aber hier auf dem Wagen fühle ich mich sicherer.«

Philippus verstand ihn. Auch er fürchtete sich vor den Soldaten. Er hatte davon gehört, dass sich römische Legionen feindlich gegenüberstünden und dass römische Soldaten die römische Stadt Cremona geplündert und verwüstet hätten. Wenn das stimmte, konnte kein Römer mehr vor ihren Übergriffen sicher sein.

Doch die Angst verflog, als die Soldaten mit hängenden Köpfen an ihrem Wagen vorüberzogen und die Reisenden kaum beachteten. Die Beulen an ihren Schienenpanzern zeugten von der Härte des Gefechtes, das sie trotz offenkundig zahlreicher Verletzungen überlebt hatten. Viele der Binden an ihren Köpfen, Armen und Beinen waren blutdurchtränkt. Nicht wenige liefen an Krücken oder benutzten als Gehhilfe eine Lanze. Ihnen folgten Pferdegespanne, auf deren mit Stroh ausgelegten Pritschen Legionäre lagen, dem Tode näher als dem Leben. Mit Stöhnen reagierten sie auf jede Unebenheit der Straße.

Die ganze Zeit, während die Soldaten an ihnen vorbeigezogen waren, hatten Philippus und sein ungebetener Nachbar noch kein Wort miteinander gesprochen. Jetzt brach der Fremde jedoch sein Schweigen.

»Ich heiße Trinitius und komme aus Paestum. Reist du auch nach Rom?« Trinitius' freundliche Art zu reden beruhigte Philippus. Er hatte schon befürchtet, dass er ihm den Platz auf dem Karren streitig machen wollte.

»Mein Name ist Philippus. Ich komme von einem Bauernhof in der Nähe von Capua. In Rom erwartet mich mein Onkel. Ich will in seinem Unternehmen Steinmetz werden.«

»Steinmetz!« Trinitius spitzte anerkennend die Lippen. »Das ist ein ehrbarer Beruf. Mein Vater ist nur Arzt.«

»Arzt?«, wiederholte Philippus überrascht.

Trinitius ergänzte beleidigt: »Ja, wir sind Griechen.«

»Ich habe nichts gegen Griechen«, entgegnete Philippus. Ihn wunderte nur, dass Trinitius eine Familie verließ, die ihm doch Sicherheit versprach. Deshalb fragte er: »Warum hast du deinen Vater verlassen?«

»Ich möchte ein richtiger Medicus werden. In Rom gibt es Gladiatorenschulen. Dort kann man viel lernen. Vor ein paar Jahren war ich mit meinem Vater schon einmal in einer solchen. Ein Verwandter arbeitete dort in einem Ludus. Er ist aber inzwischen leider verstorben.« Trinitius seufzte. »Aber wer weiß, ob wir in die Stadt hineinkommen.«

Philippus erschrak. Er hatte nichts mehr zu essen und auch kein Geld mehr. Was sollte aus ihm werden, wenn er aufgehalten werden würde. »Meinst du, sie kämpfen auch in der Stadt?«, fragte er ängstlich.

»Aber klar. Sie streiten um die Macht in Rom. Nach Neros Tod herrscht nur noch Krieg.«

»Nero ist tot?«, fragte Philippus entsetzt.

»Schon lange. Im Sommer vorigen Jahres ist er gestorben.«

»Und wer ist jetzt Kaiser?«

»Sein Name ist Vitellius. – Willst du sehen, wie er aussieht?«

»Du hast ein Bild von ihm?«

Statt einer Antwort zog Trinitius eine Goldmünze aus seinem Beutel und gab sie Philippus. »Da sieh, auf der Rückseite ist sein Gesicht eingeprägt.«

»Ist das Gold?« Philippus hatte niemals zuvor eine Goldmünze in der Hand gehabt. Der Ertrag des elterlichen Hofes hatte immer gerade zur Selbstversorgung gereicht. Der geringe Erlös aus dem Überschuss war für den Schuldendienst verwendet worden. Da war kaum Geld ins Haus gekommen.

»Ja. Das ist ein Aureus.«

»Ich habe zwei Asse und zwei Quadranten. Wie viel Asse ist ein Aureus wert?«

»Vierhundert Asse.« Trinitius zeigte ihm dabei die ausgestreckten Finger der rechten Hand, wobei Ring- und Mittelfinger abgeknickt waren. Dann sagte er mitleidvoll: »Zwei Asse sind verdammt wenig Geld. Hast du noch etwas zu essen?«

»Leider nein, aber morgen Abend sind wir ja in Rom. Bei meinem Onkel Rufus kann ich mich satt essen.«

»Wenn du bis dahin nicht schon verhungert bist.«

»Ach, ich halte es schon aus.« Philippus winkte ab. »Ich bin Schlimmeres gewohnt. Glücklicherweise brauche ich nicht zu laufen. So kann ich Kräfte sparen.«

»Hier, ich borge dir vier Sesterze. Du wirst sie brauchen können.« Trinitius reichte Philippus die Messingmünzen.

»Nein, lieber nicht.« Philippus kannte die verderbenbringende Wirkung des Schuldenmachens von seinem Vater her. Dem war es nie gelungen, die Schulden zurückzuzahlen, weil ihn die hohen Zinsen gedrückt hatten. Es war wie eine Sklavenknechtschaft ohne Entkommen.

»Komm, nimm schon! Ich verlange keine Zinsen. Gib es mir zurück, wann du dazu in der Lage bist.«

»Und wo finde ich dich?«, fragte Philippus, während er die Hand für die Münzen aufhielt. Die angebotenen Bedingungen stellten kein Risiko dar, und er hoffte, sie nicht ausgeben zu müssen.

»An dieser Frage erkenne ich deine Ehrlichkeit.« Trinitius lachte. »Du findest mich in irgendeiner Gladiatorenschule in Rom.«

»Wir kennen uns noch nicht lange, und doch vertraust du mir Geld an?«

»Vielleicht hilfst du mir ja auch eines Tages. Wer weiß. Es kann nicht schaden, in einer Stadt wie Rom einen Freund zu haben.«

Ein Freund! Das war für Philippus eine neue Erfahrung. Bisher hatte er nur ein Leben der Unterdrückung durch den Vater und seine älteren Brüder gekannt. Dass ihm jemand einen Vorteil gönnte, ohne im Gegenzug dafür selbst etwas zu wollen, das überraschte ihn. Es war aber ein gutes Gefühl, und er nahm sich vor, das von Trinitius geschenkte Vertrauen nicht zu enttäuschen. Und sollte dieser einmal in Not geraten, so wollte er ihm ebenfalls helfen.

Die frischgebackenen Freunde begannen sich ihre Lebensgeschichten zu erzählen, und als der Tross nach Stunden an einem Rasthof anhielt, verband sie eine Seelenverwandtschaft. Der eine wie der andere suchte in Rom sein Glück und träumte von einem besseren Leben. Der Gasthof war vollständig überfüllt, was dazu führte, dass die neu angekommenen

Reisenden sich im Freien ihr Nachtlager einrichten mussten. Wer einen geschlossenen Wagen hatte, konnte sich glücklich schätzen.

Trinitius schaffte es jedoch, dass der Wirt ihnen eine trockene Schlafstelle auf dem Heuschober zuwies. Sein Geld half aus der Not.

»Du bleibst hier und passt auf, dass niemand unser Lager belegt. Ich besorge uns etwas zu essen«, sagte er. Dann war Trinitius wieder verschwunden.

Philippus schaute sich um. Die Scheune war bis auf den letzten Platz belegt, es herrschte ein Menschengewirr aus Soldaten, Knechten und Sklaven. Auch einige Frauen waren darunter. Ein Neugeborenes schrie, ein kleines Mädchen weinte.

Kurze Zeit später kam Trinitius wieder zurück, in beiden Händen eine Schale mit Brei tragend. Und unter dem Arm hatte er sogar einen Laib weißes Brot geklemmt.

»Hier, iss schnell, bevor es uns jemand streitig macht!«

Die beiden machten sich hastig über das Essen her. Der Brei aus Weizen war warm, fast heiß, was Philippus ungemein wohltat. Und die würzigen gebackenen Weizenfladen schmeckten Philippus wie seit Jahren nicht mehr.

Trinitius rülpste nach dem Essen. »Die Bauern wollen morgen nicht weiterfahren.«

»Warum nicht?«, fragte Philippus enttäuscht.

»Sie haben Angst um ihre Waren. Vor den Toren Roms sollen Kämpfe stattfinden.«

»Können wir nicht einfach ohne den Tross weiterziehen?«, fragte Philippus.

»Du hast recht. Hier wird es nicht sicherer sein als in Rom.«

»Wie meinst du das?«

»Vielen Leuten wird das Geld ausgehen, genauso wie dir. Und was glaubst du, wie sich der Hunger auf die Menschen auswirkt? Dann ist dein Leben vielleicht nicht einmal ein Stück Brot mehr wert.«

Philippus bewunderte Trinitius, der alles sofort durchschaute. Er sprach sehr klug und welterfahren. Philippus dagegen war in seinem bisherigen Leben kaum vom Hof und den Feldern weggekommen. Er kannte nur Vater, Mutter, seine fünf Brüder und den Prokurator des benachbarten Latifundiums, der immer wieder mit seinen groben Knechten und Sklaven gekommen war, um vom Vater die Rückzahlung der Schulden einzufordern, indem er mit dem Zwangsverkauf des Hofes drohte.

Für einen Augenblick überkam ihn ein Angstgefühl, dass ihm irgendjemand etwas antun könnte, und er war froh, nichts zu besitzen. Doch Trinitius hatte Geld. Um ihn, seinen Freund, sorgte er sich. Philippus hatte beim Essen so manches Augenpaar auf sich gerichtet gesehen. Es waren die Augen hungernder Menschen gewesen, die beim Anblick Essender noch mehr gelitten hatten. Und doch hatten sie ihre Blicke nicht abgewendet, obwohl durch jedes schmatzende Geräusch und jedes Schnalzen der Zunge ihre Qualen noch größer geworden waren. Philippus kannte das deprimierende Hungergefühl, das sich vom drückenden Magen her bis hin zum Kopf ausbreitete und einen in den Wahnsinn trieb.

Damit verglichen, konnte Philippus mit sich zufrieden sein. Die Reise war bisher sehr glücklich verlaufen. Ja, er hatte gehungert, als ihm zuerst niemand den Sack Dinkel abkaufen wollte. Ja, er hatte nächtelang jämmerlich gefroren, weil seine Kleidung vom Regen feucht geworden war. Aber die Jahreszeit hatte auch ihr Gutes. So war er nicht tagsüber der sengenden Hitze wie im Sommer ausgesetzt gewesen. Und als sie die Pontinischen Sümpfe überquert hatten, war er nicht von deren Ausdünstungen heimgesucht worden, von denen Trinitius in Erinnerung seiner ersten Reise Schauergeschichten erzählt hatte, brachten sie doch Krankheit und Verderben über die Reisenden. Ja, er war alles in allem gut vorangekommen und hatte jetzt dank seiner neu gewonnenen Freundschaft einen vollen Magen und ein warmes trockenes Strohlager. Es war seit damals auf dem Dachboden der erste Augenblick, in dem sein schmächtiger abgemagerter Körper und sein von Ängsten gequälter Geist eine süße wohltuende Ruhe fanden. Sein letzter Gedanke vor dem

Einschlafen galt dem bevorstehenden Wiedersehen mit seinem Onkel Rufus, das sich wie das rettende Ufer des irdischen Elysiums im tosenden Meer seines Schicksals abzeichnete. Er nahm sich vor, von den Freuden des nächsten Tages zu träumen, verfiel jedoch schon nach wenigen Atemzügen in den traumlosen Schlaf der Erschöpfung.

28

Am nächsten Morgen.
In den Heuschober drang nur spärliches Dämmerlicht herein. Philippus trat froh gelaunt ins Helle. Die frische Morgenbrise erquickte ihn und befreite seine Lungen von der stickigen Luft des Nachtlagers. Auch das Jucken der kleinen Plagegeister auf seiner Haut hielt sich in Grenzen. Die Sonnenstrahlen, die den Himmel über dem flachen Horizont rot färbten, versprachen einen klaren Wintertag. Statt eines Frühstücks nahm er ein paar Schlucke aus seiner Trinkflasche, die er danach am nahen Brunnen wieder mit frischem Quellwasser auffüllte. Er war froh, das Wasser nicht teuer kaufen zu müssen.

Philippus' Laune verbesserte sich zusätzlich, als Trinitius seinen Arm ausstreckte und in der Ferne auf Reisende zeigte, die bereits vor ihnen zu Fuß nach Rom aufgebrochen waren. Sich beeilend, holten die beiden Freunde schon nach kurzer Zeit die Wanderer ein, die inzwischen zu einer größeren Gruppe angewachsen waren, was allen ein höheres Sicherheitsgefühl verlieh. Mit der Zeit ermüdeten die harten Basaltplatten des Straßenbelages Philippus' Füße, und da es den anderen genauso erging, wechselten sie auf die im Gras ausgetretenen weicheren Pfade. Die Aussicht auf das baldige Wiedersehen mit seinem Onkel mobilisierte bei Philippus neue Kräfte und ließ ihn das Brennen der Sohlen vergessen.

Als sie sich der Stadt näherten, erhoben sich beiderseits des Weges Bauwerke, die immer prachtvoller wurden, je weiter sie vorankamen. Philippus kamen sie sehr merkwürdig vor, hatten sie doch gar nichts mit seiner Vorstellung von den Häusern und Villen in Rom gemein. Einige von ihnen sahen aus wie unvollendete Tempel, andere wie massive niedrige Rundtürme, und manchmal schwangen sich einsame Torbögen ohne ersichtlichen Sinn empor.

»Was sind das für komische Bauten?«, fragte Philippus.

»Du kannst nicht lesen?«

»Warum fragst du?«

»Ganz einfach. Könntest du es, dann hättest du an den Inschriften erkannt, dass es Gräber sind. Was du hier siehst, ist der Friedhof von Rom.«

Philippus schämte sich, obwohl auf dem Land kaum einer lesen und schreiben konnte. Sein ältester Bruder, der den Hof des Vaters einmal erben sollte, war vor Jahren von einem Lehrer unterrichtet worden. Aber das lag lange zurück, als die Familie noch bessere Zeiten kannte.

Eine so große Anzahl prunkvoller Gräber, die sich endlos an der Straße entlang zogen, hatte Philippus noch nie gesehen. Er bewunderte die unterschiedliche Architektur und war überrascht von deren unglaublicher Vielfalt und Schönheit.

An einem Grabstein, den an beiden Seiten Säulen einfassten, blieb er stehen.

»Was steht hier geschrieben?«, fragte er Trinitius.

Trinitius las vor: »Fremder, ich danke dir, dass du an meinem Grabe stehen geblieben bist. Nun lebe wohl, lass es dir gut gehen und schlafe ohne Sorge!«

Philippus beeindruckte dieses Grab. Er fühlte sich angesprochen und dankte in Gedanken dem unbekannten Verstorbenen für die guten Wünsche. Es imponierte ihm, dass sich der Tote mit der Inschrift im Stein unsterblich gemacht hatte. Und ihm wurde noch mehr bewusst, welch schönen Beruf er bei seinem Onkel Rufus erlernen würde. Gern hätte er mehr Botschaften gelesen, doch Trinitius drängte ihn zum Weitergehen.

Während er seine Augen umherschweifen ließ und alles Neue in sich aufsog, sah er erneut Soldaten auf sie zukommen. Sie liefen dieses Mal ungeordnet, und Philippus erschrak, als einige auf die vor ihnen laufenden Wanderer losgingen. Noch bevor die beiden Freunde über das Gräberfeld davonlaufen konnten, steuerte einer von ihnen auch auf sie zu. Er war einen Kopf größer als Philippus und von kräftiger Statur, roch entsetzlich aus dem Mund nach faulen Zähnen und setzte ihm seinen Wurfspeer, das Pilum, so derb unter das Kinn, dass es schmerzte.

»Los runter mit dem Bündel!«, schrie er.

Philippus nahm unverzüglich den Stock von seiner Schulter, an dem das Bündel aufgesteckt war, sodass es zu Boden rutschte.

»Hast du Geld?«, herrschte ihn der Legionär erneut an und verstärkte dabei den Druck des Speeres.

»Nur vier Sesterze und zwei Asse«, antwortete ihm Philippus wahrheitsgemäß. Die Todesangst ließ ihn tief atmen.

»Und du?«, wandte er sich an Trinitius. »Hast du Geld?«

»Wir sind Brüder. Er hat alles Geld, das wir besitzen«, log Trinitius.

»Du willst mich wohl verarschen, du dreckiger Grieche?«

Trinitius' griechischer Akzent hatte es dem Legionär leichtgemacht, ihn zu durchschauen. Vor allem strafte ihn seine Kleidung aus feinem Stoff Lügen, die im unübersehbaren Kontrast zu Philippus' Tunika und Mantel aus groben Leinen stand.

Als der Legionär schon mit seinem Pilum ausholte, um Trinitius einen Stoß zu versetzen, schrie Philippus verzweifelt: »Wir sind römische Bürger.«

Ein Centurio, der gerade vorüberkam, verhinderte das Schlimmste, indem er dem Soldaten mit seinem aus Rebenholz gefertigten Stab einen Schlag auf den Rücken versetzte, worauf dieser das Pilum senkte.

»Legionär, wer gibt dir das Recht zum Plündern eines römischen Bürgers?«, brüllte der Centurio vorwurfsvoll.

»Wer das Recht hat, Römer zu töten, dem sollte wohl auch das Recht zum Plündern zustehen«, knurrte der Soldat.

»Zurück mit dir!«, schrie der Centurio energisch, wobei er sein Züchtigungswerkzeug drohend zum Schlag ausholte.

Der Soldat hatte offensichtlich keine Lust auf weitere Hiebe und gehorchte. Auch die anderen Legionäre hatte der Centurio bereits von ihren Plünderungen abgehalten.

»Wohin wollt ihr?«, fragte der Centurio.

»Nach Rom«, antworteten Philippus und Trinitius gleichzeitig.

»Dorthin könnt ihr nicht. Dort finden Straßenkämpfe statt.«

»Aber wir müssen nach Rom!«, erwiderte Philippus verzweifelt.

»Wenn ihr sterben wollt, dann geht dorthin«, sagte der Centurio trocken. Er verschwand so schnell, wie er gekommen war, und die beiden Freunde konnten ihm nicht einmal für seine Hilfe danken.

»Ihr wollt nach Rom?«, fistelte plötzlich eine dürre Stimme in ihrem Rücken.

Als sie sich umdrehten, erblickten sie ein Pferdegespann. Die Fistelstimme gehörte einem schon älteren Legionär, der helmlos auf dem Kutschbock des Planwagens saß und sie verschlagen musterte.

»Du kannst uns nach Rom bringen und Sicherheit garantieren?«, fragte Trinitius etwas von oben herab.

»Das kann ich! Natürlich nicht umsonst. Ihr habt doch Geld?«

Er wollte sich wohl von Trinitius das Geld holen, das der marodierende Legionär nicht bekommen hatte.

Trinitius überging die Frage. Philippus sah es ihm an, dass er dem Mann nicht traute. »Soweit ich weiß, darf doch tagsüber kein Fuhrwerk in die Stadt hineinfahren?«, fragte er provozierend.

»Meines schon!«, antwortete der Mann auf dem Kutschbock selbstsicher. »Ich fahre im Auftrag des Kaisers.«

»Das sollen wir dir glauben?«

»Glaubt es oder lasst es sein. Es kostet jeden zehn Denare!«

»So viel haben wir nicht«, entgegnete Trinitius entrüstet.

»Wie viel könnt ihr denn zahlen?«

»Zwei Denare für jeden. Das ist mehr als genug.«

Der alte Legionär lachte. »Das mag sein, aber nicht hier und jetzt, und ohne meine Hilfe kommt ihr nicht nach Rom. Die siegreichen Legionen lassen niemanden hinein und niemanden hinaus.«

»Wie steht es denn überhaupt mit den Kämpfen in der Stadt?«, erkundigte sich Trinitius.

»Von daher droht keine Gefahr mehr. Die Vespasianer haben gesiegt«, fistelte der Alte. »Fünf Denare für jeden. Dafür bringe ich euch zum Forum. Da seid ihr sicher. – Also, was ist? Entscheidet euch! Ich muss weiter.«

»Vier Denare für jeden, oder du kannst ohne uns fahren«, pokerte Trinitius mit fester Stimme.

»Her mit dem Geld und steigt auf! Beeilt euch!«

Philippus war froh, dass Trinitius' energisches Handeln Erfolg gehabt hatte. Sein Freund gab dem Halsabschneider aber erst einmal nur vier Silbermünzen und zeigte ihm den Rest der Summe. »Die bekommst du, wenn du dein Wort gehalten hast.«

Der Alte brummte unzufrieden, nahm das Geld und bedeutete ihnen mit einer Kopfbewegung, dass sie aufsteigen sollten. Dann gab er seinen Pferden die Peitsche.

Die beiden Freunde hockten sich im Dämmerlicht des Planwagens auf den strohbedeckten Boden. Es stank nach Urin, und stellenweise war die Streu mit getrocknetem Blut verschmiert, sodass sie auf ihre Tuniken achten mussten.

»Das ist ein Lazarettwagen«, flüsterte Trinitius.

»Hoffentlich hält der Alte sein Wort«, hauchte Philippus verunsichert zurück.

»Ich denke schon. Wenn er uns umbringen wollte, hätte er nicht so hartnäckig verhandelt. Ich glaube, wir sind erst einmal sicher.«

»Maul halten da hinten!«, hörten sie den Alten rufen.

Philippus war froh, dass es wieder vorwärtsging. Er spürte immer noch die Auswirkungen von diesem Angriff des Legionärs in seinen Knochen. Es gelang ihm nicht, ein Zittern zu unterdrücken. Erst jetzt bemerkte er den Schmerz, den ihm die kleine Wunde unter dem Kinn verursachte, die ihm der Legionär mit seinem Pilum zugefügt hatte. Er hoffte, dass es kein Fehler gewesen war, ihr Schicksal diesem zwielichtigen Alten anzuvertrauen. So kurz vor dem Ziel nach so vielen Tagen seines Leidens durften ihn die Götter nicht im Stich lassen. Er betete innerlich zu Fortuna, bat um ihren Beistand und versprach ihr als Opfer eine Taube, ohne eine Idee zu haben, wie er zu einer solchen kommen sollte. Die Angst um sein Leben hatte auch jeglichen Einspruch hinsichtlich der Erhöhung seiner Schulden gegenüber Trinitius erstickt. Auf vier Denare und vier Sesterzen waren sie nun angewachsen, eine Menge Geld für einen mittellosen Bauernjungen.

Das Rattern und Wanken des Wagens wurde manchmal durch einen kurzen Halt unterbrochen, was die beiden Freunde jedesmal angstvoll hoffen ließ, dass niemand die Plane anheben, sie entdecken und herauszerren würde. Doch der Alte war anscheinend bekannt, denn die Fahrt setzte er jedes Mal nach kurzem Wortwechsel fort. Nach einiger Zeit kamen sie erneut zum Stehen. Plötzlich hob tatsächlich jemand die Plane. Helles Tageslicht blendete Philippus, und er war froh, als er in das Gesicht des Alten blickte.

»Wir sind am Ziel. Her mit den restlichen Denaren.«

Trinitius übergab ihm die vereinbarte Summe. Der Alte ließ sie vom Wagen absteigen und zeigte ihnen den Weg zum Forum. »Dort entlang. Es sind nur etwa hundert Schritte.« Dann fuhr er davon.

»Der langgestreckte Bau dort ist der Circus Maximus«, sagte Trinitius sichtlich erfreut. »Wie es ausschaut, haben sogar die Läden in den Katakomben geöffnet. Komm, wir kaufen uns etwas zu essen. Du hast doch bestimmt auch Hunger.«

Hunger hatte Philippus immer. Und so betraten sie die Welt unterhalb der Tribünen des Stadions. Es fand zwar im Moment keines der berühmten Wagenrennen, von denen Philippus schon gehört hatte, in der Arena statt, aber auch die Katakomben an sich waren schon fantastisch. Ein Verkaufsstand nach dem anderen reihte sich beiderseits des Ganges im Schein der Laternen – offenes Feuer gab es unter der Holzkonstruktion nicht – zu einer nicht enden wollenden Kette aneinander. In der Ladenstraße drängelten sich Menschen. Und wenn sie es nicht genau gewusst hätten, die beiden Freunde hätten es nicht geglaubt, dass noch am selben Tag in den Straßen Roms blutige Kämpfe ausgetragen worden waren. Nur die zahlreichen Soldaten in den roten Mänteln verrieten den Ausnahmezustand der Stadt.

Die beiden Freunde kauften jeder ein großes Stück Käse und ein kleines süßes Honigbrot. Philippus gab dafür zwei Sesterze aus. Er bezahlte mit dem geliehenen Geld, das er eigentlich nicht hatte ausgeben wollen. Aber das störte ihn nun nicht mehr. Er war jetzt glücklich und hätte die Welt umarmen können.

Als sie, an ihrem Brot und ihrem Käse knabbernd, in Richtung Forum am Augustustempel vorbeischlenderten, blieb Trinitius plötzlich stehen und fragte: »Wo steht das Haus deines Onkels?«

»Auf dem Esquilin«, antwortete Philippus.

»Und weiter?«

»Wie weiter?«

»Wo genau wohnt er auf dem Esquilin? In welcher Straße?«

»Er wohnt auf dem Esquilin, mehr weiß ich nicht.«

»Oh, ihr Götter! Weißt du, wie groß Rom ist? Das esquilinische Viertel ist ein Stadtteil mit unzähligen Häusern. Wie sollen wir da deinen Onkel finden?«

In der Aufregung hatte Philippus vergessen, die Mutter nach der genauen Adresse zu fragen. Aber vielleicht wusste sie es selbst nicht besser. Seine Eltern waren einfache Bauern. Sie wussten nicht, was Esquilin bedeutete. Es war eben eine Adresse. Man begab sich dorthin und fragte sich durch. Was konnte daran so schwierig sein?

»Weißt du, wo das Esquilin-Viertel liegt?«, fragte Philippus schüchtern.

»Ja«, knurrte Trinitius ungehalten.

»Kannst du mich dorthin führen? Wenn du willst, frage ich meinen Onkel, ob du in seinem Haus übernachten kannst. Er wird bestimmt nichts dagegen haben.«

Trinitius' finstere Miene hellte sich wieder auf. »Damit würdest du mir sehr helfen.«

Und so machten sie sich auf den Weg. Philippus sorgte sich nicht sonderlich. Jetzt, wo er schon so weit gekommen war, würde er das Haus seines Onkels schon finden. Er hatte zum Grübeln gar keine Zeit, denn die Eindrücke in der Stadt überwältigten ihn. Der Anblick des Augustustempels beeindruckte ihn stark. Während sie so dahingingen, reihte sich Tempel an Tempel, und dazwischen standen überall Prachtbauten mit üppigen Marmorverkleidungen.

Trinitius hatte weniger Sinn für die Architektur der Stadt. Seine Augen hielten nach praktischen Dingen Ausschau. Plötzlich deutete er zum Straßenrand: »Sieh, da ist ein Brunnen.«

Das klare und kühle Wasser, welches aus einem bronzenen Schlangenkopf heraussprudelte, erfrischte die beiden jungen Männer und löschte ihren Durst. Philippus öffnete den Verschluss seiner Flasche, um sie aufzufüllen. Aber Trinitius winkte ab.

»Das brauchst du nicht. Frisches Wasser gibt es in Rom an jeder Ecke, und es ist völlig kostenlos.«

Als sie am Forum angekommen waren, erhob sich plötzlich ein wildes Geschrei. Die Leute liefen zusammen und schimpften. Mit erwachter Neugier ließen sich die beiden Freunde vom Menschenstrom mitreißen.

»Wenn wir uns verlieren, treffen wir uns am Augustustempel!«, hörte Philippus Trinitius rufen. Dann wurden sie in dem Gedränge auch schon getrennt.

Philippus gelang es, sich mit seinem kleinen Körper geschickt durch die Menge zu drängeln, bis er vorn in der ersten Reihe angekommen war und den Grund der Aufregung sehen konnte.

Soldaten schleiften einen gefesselten Mann über den Platz. Man hatte ihm ein Schwert um den Bauch gebunden, dessen

Spitze ihm beim Gehen den Hals aufritzte. Seine Kehle war bereits blutbeschmiert. Der Mann versuchte, dem Schmerz auszuweichen, indem er seinen Kopf in den Nacken verrenkte. Doch gelang ihm dies nicht immer, zumal ihn die Leute mit Abfällen bewarfen und manche sogar mit Steinen.

Wer war dieser Mann?, fragte sich Philippus. Seine zerrissene und schmutzige Tunika bestand aus edlem Stoff und goldenen Stickereien. Er war unglaublich dick und hinkte. Man hatte ihm die Hände auf dem Rücken zusammengebunden und zog ihn an einem Strick um den Hals über das Forum, wie einen Hund. Soldaten drängten das Volk ab, was auch nötig war, denn Philippus entdeckte in so mancher Hand ein Messer.

Plötzlich trat ein Legionär dem Mann so heftig in die Rippen, dass dieser unter dem Beifall der Zuschauer stöhnend umfiel. Aber er rappelte sich sofort wieder auf und schrie lauthals zurück, sodass es jeder hören konnte: »... und doch war ich dein Imperator!«, woraufhin ihm der Legionär die Faust ins Gesicht schlug, sodass er anschließend Zähne ausspuckte.

Der Mann ist der Kaiser, durchfuhr es Philippus. Ja, er erinnerte sich. Sein Gesicht ähnelte dem auf der Goldmünze, die ihm Trinitius gezeigt hatte. Um sich zu vergewissern, fragte er eine Frau neben sich: »Ist das der Kaiser?«

»Ja. Das ist Vitellius, dieser Blutsauger. Schau dir den Fresssack an. Für uns Arme hat er nichts übriggehabt.«

Die Frau hielt Philippus aufgrund seiner Kleidung wohl auch für einen Römer ihres Plebejerstandes. Sie schrie auf einmal laut: »Iugula, iugula, iugula! – Murks ihn ab, murks ihn ab, murks ihn ab!« Und mit einem Mal stimmten Hunderte, ja Tausende in diesen Ruf ein. Über den ganzen Platz schallte die Mordlust des Volkes.

Philippus glaubte, nicht richtig zu hören. Diesen Ruf kannte er aus der Arena in Capua, als ihn sein großer Bruder einmal mitgenommen hatte. Aber das hier war derCed Kaiser von Rom, kein Gladiator, dem man nach einem verlorenen Kampf das Leben nahm. Wie war so etwas möglich?

Er sah in den Gesichtern der Menschen unendlichen Hass, aber auch Genugtuung, die sich in lästernden und witzelnden Bemerkungen Luft machte. Und dann geschah etwas Unglaubliches: Der Legionär schlug dem Kaiser mit seinem Schwert den Kopf ab. Die Masse schrie dabei triumphierend auf wie ein einziger Mann. Der Kopf rollte ein Stück auf die Zuschauer zu, und die weit aufgerissenen Augen starrten Philippus an. Unter dem Johlen der Menschenmenge fiel der Rumpf blutüberströmt zur Seite. Ein Legionär kam mit einem Fleischerhaken angelaufen und schleifte damit den Leichnam fort. Ein anderer spießte den Kopf auf seine Lanze. Mit diesen Trophäen entfernten sich die Soldaten in Richtung Tiber. Das Volk folgte ihnen und stieß dabei Freudenschreie aus.

Philippus war vor Schreck und Entsetzen erstarrt. Was er soeben gesehen hatte, konnte er nicht verstehen. Wie konnte man so brutal, ja geradezu barbarisch gegen seinen eigenen Kaiser vorgehen?, fragte er sich. Rom ist doch die Stadt der Schönheit und des Marmors, der Tugend und Vollkommenheit. Er sah sich um, während der Teil des Forums, auf dem er regungslos stand, sich zu lichten begann und das Grölen des mordlüsternen Volkes in der Ferne leiser wurde, und versuchte eine Erklärung zu finden, wie das eben Erlebte zu dieser wunderschönen Stadt passte.

Da fiel sein Blick auf einen Tempel hoch oben auf einem Hügel. Ungläubig betrachtete er ihn. Das Heiligtum war zerstört. Aus dem Schutt ragten verrußte abgebrochene Säulen heraus, zwischen denen noch dünne Rauchfahnen aufstiegen. Es war ein jämmerlicher Anblick.

Den jähen Verdacht, der ihn plötzlich überkam, versuchte er durch das Absuchen des Horizontes zu verdrängen, aber er wurde zur brutalen Gewissheit: Ja, es war der Jupitertempel. Kein anderes Gebäude, das er sah, war höher gebaut. Der Hügel voller Traurigkeit musste das berühmte Kapitol sein.

Was war nur geschehen, dass jenes Bauwerk, das die Standarte seiner Hoffnung auf ein besseres Leben gewesen war, nun der Zerstörung anheimgefallen war? Plötzlich überkam ihn ein großer Zweifel, der ihm das Herz abschnürte. War das ein unheilvolles Zeichen der Götter? War dieses Rom wirklich der Ort seiner Träume? Eine Ungewissheit beschlich ihn, die sich wie eine große Leere in seinem Kopf ausbreitete und nur noch für eine einzige Frage Platz ließ: Konnte er in dieser Stadt sein Glück finden, wo nicht einmal ein Kaiser seines Lebens sicher war?

29

Als Philippus am Augustustempel ankam, erwartete ihn Trinitius bereits. Er saß auf der obersten Stufe am Fuß der sechs korinthischen Säulen. Als er Philippus entdeckte, kam er die Treppe herunter. Die beiden Freunde liefen in Richtung des Esquilin, in der Hoffnung, dass Fortuna ihnen bei der Suche nach dem Haus von Philippus' Onkel helfen mochte.

Doch hatten sie die Göttin nicht schon über die Maßen in Anspruch genommen? Konnten sie überhaupt noch mit ihrer Gunst rechnen? Wie oft schon hatte die Glücks- und Schicksalsgöttin in übler Laune Verderben über Menschen gebracht, deren Wünsche nie enden wollten.

Unterwegs stießen sie auf große Lücken in den Häuserfronten, die der verheerende Brand vor fünf Jahren eingefressen hatte und bisher noch nicht durch Neubauten geschlossen worden waren. Gerüste und aufgestapelte Ziegel deuteten auf eine rege Bautätigkeit hin. Eigentlich war es ein guter Ort, um sich nach Philippus' Onkel zu erkundigen. Aber zum Leidwesen der beiden Freunde arbeitete niemand dort. Da fiel ihnen ein, dass ja die Festtage der Saturnalien gefeiert wurden, sodass ihnen nichts weiter übrigblieb, als wahllos Passanten zu fragen. Doch keiner kannte den Baumeister Rufus.

Trinitius beschwerte sich bei den Göttern, dass diese sie ausgerechnet an solch einem Tag nach Rom geführt hatten, als die Stadt von aufständischen Legionen erobert wurde.

Niemand konnte sich am heutigen Tag sicher fühlen.

Die Rache und der Zorn, die zu allen Zeiten in den Herzen der Menschen schlummerten, warteten nur auf solch einen Tag, um im Augenblick der Unordnung und Anarchie entfesselt zu werden. Es war der Zorn derer, die während der Herrschaft des

Vitellius die Verlierer gewesen waren, und es war die Wut jener, die zu allen Zeiten als Versager galten, jener, die es aus Trägheit, Unfähigkeit oder aufgrund von Schicksalsschlägen zu nichts gebracht hatten und die immerfort nach Schuldigen suchten. Ihre Rache galt denjenigen, welche als Herrschende oder Begünstigte ihre Macht ausgenutzt hatten, um nun, schuldig oder nicht, geopfert zu werden, oder die einfach eine Strafe aus dem Grund verdienten, dass es ihnen besser ging.

Gab es irgendjemanden an diesem Tag in Rom, der nicht einen Feind oder Neider zu fürchten hatte, der nicht um sein Leben bangen musste? Es sei denn, er stand unter dem Schutz des Siegers, oder er war so unbedeutend, dass er zu keiner Zeit mit der Beachtung seiner Mitmenschen rechnen durfte. Armut und Bedeutungslosigkeit boten an diesem Tag den besten Schutz dafür zu überleben. Armut und Bedeutungslosigkeit erhoben sich zu Tugenden, bekamen einen merkwürdigen Glanz der Unschuld und der Befreiung, als wäre der Kampf der Mächtigen nur wegen ihres Glückes geführt worden. Und so neigten sich die Menschen, wie es zu allen Zeiten üblich war, den Siegern zu, verbanden sie doch mit diesen die Hoffnung auf eine Besserung ihres eigenen Schicksals. Und sie waren glücklich, von den Siegern und Rachesuchenden weiter unbeachtet zu bleiben, denn sie waren nur die Beobachter von Reinigung und Neuordnung.

Philippus und Trinitius trafen auf eine merkwürdige Atmosphäre in der Stadt. Es schien so, als wäre an diesem Tag kein Mensch zu Hause geblieben, als triebe einen jeden die Neugier und die Suche nach Schutz in Massen zusammen. Eine quirlige Menschenmenge lief in den Straßen und Gassen hin und her. Überall boten Krämer etwas zum Verkauf an, überschlug sich ihr Geschrei aus Anpreisung, Feilschen und Streit. Huren buhlten schamlos um Freier, was Philippus die Schamröte in den Kopf schießen ließ. Und in den zahlreichen Tavernen herrschte bei denjenigen, die ihren Sieg feierten, eine weinselige Hochstimmung, während die anderen ihren Kummer in Wein ertränkten.

Plötzlich zeigte Philippus auf eine Gruppe Männer mit blutverschmierten Tuniken und langen Dolchen in den Händen. Sie drangen in ein Haus ein. Kurz darauf vernahm er das entsetzliche Geschrei einer Frau. Keiner der Menschen auf der Straße zeigte auch nur die geringste Regung.

Da stürzte die Männerschar wieder aus dem Haus heraus, und Philippus war, als wäre die Tunika des Anführers noch stärker mit Blut durchtränkt als vorher. Das verzweifelte Geschrei der Frau war inzwischen in ein winselndes Wehklagen übergegangen und vermischte sich mit dem grölenden Gesang der Betrunkenen in der Taverne und den flotten Tönen einer Flötenspielerin.

Die beiden Freunde sahen sich schockiert an. Allmählich bekamen sie eine Vorahnung davon, wie es in der Nacht zugehen würde. Angstvoll begannen sie eine sichere Übernachtung zu suchen. Der Tag war schon weit fortgeschritten, und die Sonne warf in die engen Gassen bereits dunkle und lange Schatten. Doch wen sie auch fragten, sie wurden überall abgewiesen. Nirgendwo fanden sie ein freies Plätzchen zum Schlafen. Sie waren schon am Ende ihrer Kräfte, ihre Fußsohlen brannten, und ihre Hoffnung auf Unterkunft oder darauf, jemanden zu treffen, der Rufus kannte, schwand in dem gleichen Maße, wie die Müdigkeit ihrer Beine zunahm. Doch kurz bevor sich die völlige Schwärze der Nacht über Rom senkte, lief ihnen ein Mann über den Weg, der Rufus nicht nur kannte, sondern ihnen sogar den Weg zu dessen Haus beschrieb. Sie dankten Fortuna, dass sie doch noch ein Einsehen mit ihnen gehabt hatte.

Diese freudige Nachricht verlieh den beiden Freunden neue Kräfte. Schon nach kurzer Zeit erreichten sie ihr Ziel. Das Haus, vor dem sie standen, musste es sein. Neben dem Eingang plätscherte ein Brunnen. Das Wasser sprudelte aus einem Löwenkopf, genau wie es der Mann beschrieben hatte. Sie sahen sich beide lachend an, waren sie doch schon mehrmals daran vorbeigegangen. Noch ein paar Schritte und es würde sie die Sicherheit eines Hauses mit einem robusten Tor und dicken

Mauern empfangen, hinter denen sie Speisen, Ruhe und Frieden erwartete.

Doch im letzten Augenblick ereilte sie Fortunas Strafe. Sie waren in ihren verzweifelten Gebeten wohl zu weit gegangen, ohne der Göttin das geringste Opfer darzubringen. Das Ziel vor Augen, stellte sich ihnen plötzlich dieselbe Männerschar mit den blutigen Tuniken in den Weg, die sie vorher mordend in das Haus hatten rennen sehen.

»Ihr habt nach Rufus gefragt? Ihr kennt ihn?«, fragte der Anführer barsch.

»Er schuldet mir Geld«, antwortete Trinitius geistesgegenwärtig, und dieses Mal gelang ihm die Täuschung. Er gab sich alle Mühe, seinen griechischen Akzent herauszustreichen, damit ihn niemand verdächtigen könnte, er sei mit Rufus verwandt.

»Du wirst kein Geld von ihm bekommen! Er ist geflohen, der Hund. Und er wird nicht wiederkommen.«

»Was hat er getan?«, fragte Trinitius.

»Das geht dich nichts an. Er ist ein Feind Roms.« Dann zog die Männerschar weiter.

Philippus erschrak. Die Worte der Mörder schienen wahr zu sein. Vor dem Haus seines Onkels patrouillierten Soldaten. Und wieder entstand diese lähmende Leere in seinem Kopf. Da war er so weit gereist, hatte alle Gefahren überstanden, sah das Haus seines Onkels, das Ziel seiner Sehnsüchte, nur wenige Schritte entfernt vor sich, und doch war es von einem Augenblick auf den anderen in unerreichbare Ferne gerückt. Als Trinitius ihn schließlich am Arm in eine Seitengasse gezogen hatte, brach das ganze Unglück aus seinem Inneren heraus. Er sackte an einer Hauswand in sich zusammen, begrub sein Gesicht in beide Hände und begann jämmerlich zu weinen. Die Tränen, die über seine Wangen strömten, waren vollbepackt mit Kummer und Enttäuschung. Es war das Begräbnis der Vollkommenheit Roms und das Ende seiner Hoffnung auf eine bessere Zukunft. Er dachte schon daran, sein junges Leben aufzugeben. Doch als sein Weinen in Schluchzen überging und schließlich verebbte, erwachten in ihm wieder die Lebensgeister, die ihm sofort mit der Härte des Lebens die Frage stellten, wie es nun weitergehen sollte.

Trinitius wusste Rat. Nachdem sich Philippus ein wenig beruhigt hatte, zeigte er auf eine Straßenecke. »Es ist schon sehr dunkel«, sagte er leise. »Sieh da drüben, hinter dem Brunnen, können wir uns verstecken und die Nacht verbringen. Es hat jetzt keinen Zweck mehr, nach einem Gasthof zu suchen. Im Dunkeln ist es zu gefährlich.«

Die Stimme des Freundes ließ Philippus endgültig aus seiner inneren Welt der Verzweiflung in die Wirklichkeit zurückkehren. Er sagte sich, dass er ja lebte und unversehrt geblieben war. Vielleicht würde er morgen irgendeine Arbeit und eine Bleibe finden. Es konnte nicht jeder Tag so schrecklich sein. Das große Rom musste ihm doch irgendetwas zu bieten haben. Vielleicht käme ja sein Onkel wieder zurück, und die Vorhersage der Männer mit den blutigen Messern würde sich nicht erfüllen. Sie könnten sich ja irren. Sein Onkel sollte ein Staatsfeind sein? Nein, das glaubte er nicht. Bestimmt würde sich später alles aufklären.

Die beiden Freunde legten sich auf den harten, kalten Steinboden. Bald umhüllte sie tiefste Dunkelheit, die ihnen Sicherheit versprach. Doch der Schein der Geborgenheit war trügerisch. In der Nähe hörten sie Frauenkreischen und grässliche Schreie. Immer wieder liefen auf der Hauptstraße Menschen vorbei. Der Widerschein ihrer Fackeln fiel jedes Mal in ihre Gasse hinein und ließ sie aufschrecken. Zum Glück wurden sie nicht entdeckt, auch nicht, als einmal ein Mann mit einer Fackel forschend hineinleuchtete. Unentwegt hörten sie die Geräusche der Fuhrwerke, deren eisenbeschlagene Räder über das Pflaster ratterten. Nur langsam gewöhnten sie sich daran, und die Kälte kroch unter ihre Tuniken.

Kaum waren sie eingedöst, da weckte sie ein markerschütternder Schrei. Kurz bevor fluchtartig ein paar Männer um die Straßenecke bogen, hatte der Widerschein ihrer Fackeln einen Mann in einer prächtigen Toga beleuchtet, die am Bauch großflächig mit Blut durchtränkt war. Er lehnte mit dem Rücken an einer Hauswand. Sein Kopf war auf die Brust gesunken. Wenige Augenblicke später hatte die Nacht gnädig ihre Schatten über ihn geworfen, und nur sein jammervolles Stöhnen verriet, dass er noch dalag und lebte.

Trinitius wollte schon aufstehen, um dem Mann zu helfen, als ihn Philippus an der Tunika zurückhielt. »Geh nicht dorthin. Wenn jemand vorbeikommt, wird man glauben, du hättest ihn ermordet.«

Trinitius nickte dankbar. »Dann ist es besser, wir verschwinden von hier.«

Die beiden Freunde brachen auf. Sie liefen in die Tiefe der Gasse hinein, da sie sich vor der Hauptstraße fürchteten. Es war stockfinster, sodass Philippus kaum seine Hand vor Augen erkennen konnte. Nur wenn er nach oben blickte, schimmerte blass das Dämmerlicht des mondlosen Himmels, das um die Schatten der Häuser herum ein wenig Orientierung bot. Plötzlich stieß Philippus mit dem Fuß an einen Tonkrug, der krachend zerbrach. Ein strenger Uringeruch stieg ihm in die Nase.

Die beiden Freunde versteckten sich in einer Nische und warteten. Da sich aber niemand um den nächtlichen Lärm scherte, liefen sie weiter. Doch bald versperrte ihnen eine Mauer den Weg.

»Verdammt, eine Sackgasse«, fluchte Trinitius leise.

Sie kehrten um, rochen erneut den Urin aus dem umgestürzten Tonkrug, um dann wieder am Brunnen anzugelangen.

»Es ist zu dunkel. Morgen früh, im Morgengrauen, verschwinden wir«, sagte Trinitius.

Philippus nickte.

Die beiden Freunde waren sehr aufgewühlt. Hinzu kam das Stöhnen des Verletzten, das sie nicht einschlafen ließ. Bald hatte die Erschöpfung jedoch ihr Recht eingefordert. Kurz bevor Philippus in einen tiefen Schlaf fiel, dachte er noch an den Grabstein, den sie auf der Via Appia gesehen hatten, und daran, dass der Wunsch des Verstorbenen nach einer Nacht ohne Sorgen nicht in Erfüllung gegangen war.

30

Philippus erwachte. Jemand hatte ihm in die Rippen getreten und »Aufwachen« gebrüllt. Es war schon taghell, und als sich seine Augen an das Licht gewöhnt hatten, sah er über sich einen Soldaten stehen.

»Erhebt euch!«, brüllte dieser. Philippus gehorchte, und ihm wurde mit Erschrecken klar, dass sie den Aufbruch in der Dämmerung verschlafen hatten. Er schaute auf die Stelle, wo der Verletzte gelegen hatte. Doch dort lag niemand mehr. Nur ein wenig Blut auf dem Pflaster verriet, was sich letzte Nacht zugetragen hatte.

Die Patrouille einer Vigil-Kohorte, die für den Brandschutz und die Sicherheit der Stadt sorgte, hatte die beiden Freunde geweckt und verhaftet. Die Männer ketteten Philippus und seinen Freund auf einem Fuhrwerk an, vor dem zwei Pferde angeschirrt waren. Trotz der Wagengitter verschraubte ein Legionär ihre Hände noch zusätzlich mit einem Holzjoch. Dann knallte der Mann auf dem Kutschbock die Peitsche, und ihr rollendes Gefängnis ruckte an. Als sie an zwei Pritschenkarren vorbeifuhren, die am Straßenrand standen, entdeckte Philippus darauf hochgestapelte Leichen. Das Ausmaß der blutigen Nacht verursachte ihm Gänsehaut.

In der Garnison wurden sie von den Vigiles in eine überfüllte Zelle gestoßen. Der Raum war so klein, dass die etwa zwanzig eng zusammengepferchten inhaftierten Männer darin nur stehen konnten. Durch ein winziges Fenster fiel etwas Licht herein, das die stickige Luft nur unwesentlich auffrischte. Der Gestank von Schweiß und Darmausdünstungen erschwerte das Atmen.

Ab und zu wurde jemand aus der Gefängniszelle herausgeholt. Die Hoffnung, etwas mehr Luft zu bekommen, erfüllte sich jedoch nicht, denn bald darauf kamen neue Häftlinge an, und es wurde noch stickiger. Sprechen wurde ihnen unter Androhung von Prügel verboten.

Trinitius nutzte die Gelegenheit, als ein Mann geräuschvoll hereingeführt wurde. Er flüsterte: »Philippus, erwähne nicht deinen Onkel, solange du nicht weißt, ob er wirklich kein Staatsfeind ist.«

»Warum nicht?«, fragte Philippus leise.

»Man könnte dich in Sippenhaft nehmen.«

»Wer quatscht da?«, schrie ein Bewacher und suchte mit seinen Augen nach den Schuldigen.

Die beiden Freunde schwiegen und entgingen seiner Bestrafung.

Philippus verspürte Hunger und Durst, aber niemand in dem Gefängnis kümmerte sich darum. Hätte er doch bei seiner Ankunft in Rom wenigstens seine kleine Flasche mit Wasser aufgefüllt!

Nach qualvollen Stunden wurden die beiden Freunde endlich einem Präfekten vorgeführt.

»Wie heißt du, wo wohnst du, wer ist dein Patron?«, fragte der Präfekt.

Trinitius erzählte ihm, dass er aus Paestum komme und Arbeit als Arzt in einer Gladiatorenschule suche.

Der Präfekt horchte auf. »Du bist Arzt?«

»Ja, Herr.«

Der Präfekt schrie jemandem zu, der sich im Nebenzimmer aufhielt. »Aeneus, hol Clodius! Wir haben hier einen Arzt.«

»Und wohin willst du?«, wandte er sich an Philippus.

Philippus schoss das Blut in den Kopf. Er dachte an Trinitius' Warnung und die womöglich drohende Sippenhaft. Deshalb vermied er es, von seinem Onkel zu sprechen.

»Ich komme aus Capua. Mein Vater ist Bauer und ich suche in Rom Arbeit.«

»Kannst du lesen und schreiben?«, fragte ihn der Präfekt.

»Nein.«

»Hast du sonst etwas gelernt?«

»Ich kann auf dem Feld arbeiten.«

»Du suchst Feldarbeit in Rom?« Der Präfekt grinste verächtlich. »Und anderes hast du nicht gelernt?«

Philippus schüttelte verlegen den Kopf.

»Wer ist dein Patron?«

Philippus verstand nicht und zuckte die Achseln.

»Zieh dich aus!«, befahl der Präfekt plötzlich.

Trinitius protestierte: »Er ist kein Sklave!«

»Das werden wir sehen. Los ausziehen!«

Philippus schaute Trinitius verängstigt an. Und als sein Freund nickte, gehorchte er dem Befehl des Präfekten.

Inzwischen war der gerufene Clodius eingetreten. »Du hast einen Arzt hier?«

»Dort drüben!« Der Präfekt wies mit der Hand auf Trinitius.

»Hoffentlich ist es nicht wieder so ein Möchtegernquacksalber«, sagte der Mann und fragte, an Trinitius gewandt: »Kannst du Wunden versorgen?«

»Ja, sehr gut«, antwortete Trinitius.

»Sehr gut? Dann hast du wohl auch Instrumente?«

»Ja, die habe ich. Wie sollte ich sonst als Wundarzt arbeiten?«

»Zeig her!«

Trinitius öffnete sein Bündel und holte ein ledernes Etui heraus. Auf einem Tuch breitete er die Utensilien aus.

»Gute Instrumente«, brummte Clodius anerkennend. »Du weißt, wie man damit umgeht?«, fragte er mittlerweile schon wieder misstrauisch.

Trinitius grinste überlegen. »Ja natürlich.«

»Wozu ist das hier?«

»Das ist ein Wundhaken. Damit kann man die Wunden während der Operation offenhalten.«

»Und das hier?«

»Das ist der Löffel des Diokles. Damit lassen sich Geschosse mit Widerhaken entfernen.«

»Wie es aussieht, hat der Mann die Wahrheit gesprochen«, sagte Clodius. »Liegt etwas gegen ihn vor?«

»Nein«, antwortete der Präfekt.

»Gut. Dann nehme ich den Arzt mit.«

Inzwischen hatte der Präfekt den nackten Philippus untersucht und festgestellt, dass er kein Sklavenbrandmal trug. »Du kannst dich wieder anziehen«, befahl er ihm, was dieser sich nicht zweimal sagen ließ.

Der Präfekt wandte sich an Trinitius: »Du gehst mit Clodius! Die Legionen suchen dringend Ärzte. Es gibt hier viel für dich zu tun. Clodius hat gute Kontakte zu den Gladiatorenkasernen. Mach deine Arbeit ordentlich und er wird dir helfen.«

»Was ist mit Philippus? Ich brauche ihn als Gehilfen«, forderte Trinitius.

»Gehilfen haben wir genug«, erwiderte Clodius. »Den brauchen wir nicht.«

»Was wird aus ihm?«, fragte Trinitius besorgt.

»Du hattest recht«, sagte der Präfekt. »Er ist kein Sklave. Um den kümmern wir uns. Sei unbesorgt.« Dabei bedeutete er mit einer Handbewegung, dass Trinitius nun endlich verschwinden solle.

Philippus hörte die Worte mit Wehmut. Die Ratschläge und Fürsorge seines Freundes würden ihm fehlen. In einer für ihn ungewissen Zukunft war er ab sofort ganz auf sich allein gestellt. Aber was sollte er von Trinitius erwarten? Für ihn hatte sich das Glück gewendet. Er bekam eine Anstellung in der römischen Armee. Im Weggehen sah er ihn lächeln. Dann war er verschwunden.

»Ruf Diones!«, wies der Präfekt den Mann im Vorzimmer an.

Wenige Augenblicke später erschien ein mittelgroßer, kräftiger Mann, der auf diesen Namen hörte.

»Wie viel zahlst du für ihn?«, fragte diesen plötzlich der Präfekt, auf Philippus zeigend.

»Ich bin römischer Bürger!«, schrie Philippus verzweifelt, der mit großem Schrecken erkannt hatte, dass Diones ein Sklavenhändler war.

»Schweig!«, herrschte ihn der Präfekt an.

»Nun, wie viel, Diones?«

»Er ist keine einhundert Denare wert«, brummte Diones abfällig. Sklavenhändler kannten sich mit Menschen aus. Das war ihr Geschäft. Diones wusste, dass solche Jungen, die vom Lande kamen, meistens ungebildet waren. Philippus' Kleidung verriet es ihm.

»Er ist ein zarter Jüngling. Du kannst ihn als Lustsklave teuer weiterverkaufen.«

Philippus wurde fast ohnmächtig vor Entsetzen.

»Dazu ist er schon zu alt! Was soll ich mit einem Bauernlümmel, der nichts weiter kann und für harte Arbeit untauglich ist?«

»Ach, komm, du willst wieder einmal den Preis runterhandeln.«

»Ich bin römischer Bürger. Ihr dürft mich nicht versklaven!«, schrie Philippus. »Mein Vater wird euch den Prozess machen.«

Der Präfekt lachte laut auf. »Dein Vater, der nicht einmal seinen Sohn ernähren kann, will mich, einen Vigil-Präfekten, verklagen?« Auch Diones fiel in sein rohes Lachen ein.

Philippus, der fühlte, wie ihm die Selbstsicherheit des Präfekten die letzte Widerstandskraft raubte, fürchtete, nun doch noch das Los der Sklavenknechtschaft erleiden zu müssen. Eine große Verbitterung befiel ihn, dass ihn das Schicksal so hart strafte. Sein Vater hätte mit dem Verkauf noch Einfluss nehmen können, um ihm das Los erträglich zu gestalten, vielleicht hätte er ihn nur auf Zeit verkauft. Bei Diones aber war alles ungewiss, denn den interessierte nur das Geldverdienen.

Doch gerade dieser geldgierigen Eigenschaft hatte Philippus die glückliche Wendung seines Schicksals zu verdanken. Diones schien keine Lust auf den Handel zu haben. Man bot ihm in diesen Tagen viele Sklaven an, sodass er sich aussuchen konnte, worin er seine begrenzten Mittel investierte. Philippus schien ihm wohl keine lukrative Geldanlage darzustellen. Deshalb griff er den verzweifelten Versuch Philippus' auf und sagte zu dem Präfekten: »Du weißt, dass es nicht ohne Risiko ist. Du kennst den Jungen nicht, wer weiß, wer sich für ihn noch einsetzen wird. Ich habe an Schwierigkeiten kein Interesse.«

»Diones. Er hat keinen Patron, keinen Wohnaufenthalt in Rom. Er ist ein Nichts. Was soll schon passieren?«

»Ich bin römischer Bürger«, schrie Philippus, der wegen Diones' Einwurf plötzlich wieder Hoffnung schöpfte. Es war der einzige Satz, an den er sich klammern konnte. Aber er ahnte, dass ihm sein Bürgerrecht nicht helfen würde, wenn der Präfekt dies missachtete. Wer sollte sich für ihn, den kleinen Philippus, einsetzen? Nur sein Onkel Rufus könnte es tun, weshalb er mit sich rang, dem Präfekten damit zu drohen. Was machte es schon für einen Unterschied, ob er in Sippenhaft geraten oder als Sklave verkauft werden würde?

»Tut mir leid«, sagte Diones zum Präfekten und hob dabei abwehrend die Hände. »Dein Wort genügt mir nicht. Du müsstest es amtlich bestätigen.«

Diese Worte waren Philippus' Rettung. Er sah, wie der Präfekt abwinkte, und war froh, seinen Onkel nicht erwähnt zu haben.

»Das nächste Mal machst du mir aber nicht so viele Schwierigkeiten, sonst suche ich mir einen anderen Geschäftspartner!«, knurrte der Präfekt.

Philippus war unendlich erleichtert, als Diones sich daraufhin verbeugte und den Raum verließ. Während er wieder in seine Gefängniszelle zurückgeführt wurde, hörte er den Präfekten dem Mann im Vorzimmer zurufen: »Hol Cleander her.« Wer ist Cleander?, fragte sich Philippus. Ein anderer Sklavenhändler?

31

Nach einer Stunde, in der sich Philippus sorgenvoll Gedanken über sein Schicksal machte, führte man ihn erneut dem Präfekten vor. Bei ihm am Tisch saß ein älterer Mann mit einer gepflegten Tunika und schütteren grauen Haaren. Er war hager und lächelte Philippus freundlich an. Dann nickte er dem Präfekten zu und reichte diesem ein paar Münzen.

»Das ist Cleander, der Verwalter eines vornehmen Hauses«, sagte der Präfekt. »Du hast keine Wohnung und keine Arbeit. Deshalb musst du einen Patron haben. Du gehst mit ihm! Verstanden?«

Philippus wusste nicht, was das zu bedeuten hatte. Cleander war aber offensichtlich kein Sklavenhändler, und was sollte es Schlimmeres geben als hierzubleiben? Er nickte daher.

Cleander bedeutete ihm freundlich, mitzukommen.

Philippus war froh, als er im Freien die frische Luft atmete und die Sonnenstrahlen auf seinem Gesicht spürte.

»Wohin gehen wir?«, fragte er.

»In das Haus meines Dominus«, antwortete Cleander.

Philippus dachte an das Geld, das Cleander dem Präfekten gegeben hatte. »Bin ich dein Sklave?«

»Nein.« Cleander lachte. »Du bist frei. Du bist nur der Klient meines Dominus.«

»Was ist ein Klient?«

»Nun, Helvidius ist dein Gönner. So einen Menschen nennt man Patron. Er hilft dir. Du bist der Empfänger seiner Gunst. Deshalb bist du sein Klient. Von einem Klienten wird im Gegenzug erwartet, dass er seinem Patron die Treue hält.«

»Ich brauche aber seine Hilfe nicht«, entgegnete Philippus trotzig.

»Soso. Du meinst also, auf seine Hilfe verzichten zu können?«, fragte Cleander herausfordernd. »Kannst du beweisen, dass du römischer Bürger bist?«

Philippus zuckte mit den Schultern.

»Du hast es selbst erlebt, wie schnell du versklavt werden kannst. Und wer hilft dir dann?«

»Und dein Dominus kann mir helfen?«, fragte Philippus.

»Er hat dir schon durch mich, seinen Verwalter, geholfen. Was glaubst du, wie viele Menschen täglich in Rom einwandern und sich auf Kosten der Stadt und des Kaisers speisen lassen wollen. Die Not lässt sie raubend und mordend durch die Straßen ziehen. Die Vigiles und die Stadtkohorten ergreifen dieses heimatlose Gesindel und versklaven es. Nur so können sie einigermaßen für Ordnung und Ruhe in der Stadt sorgen.«

»Aber ich bin römischer Bürger und kein Sklave.«

»Ach. ICH BIN RÖMISCHER BÜRGER. Das hört der Präfekt jeden Tag und glaubt es niemandem, der nicht einen Fürsprecher nennen kann. Diesen Spruch lernt jeder, und wenn er sonst kein Wort Latein spricht. Jeder in Rom will römischer Bürger sein. Und wenn die Kohorten nicht für Ordnung sorgten, dann wäre hier in Rom das reinste Chaos. Von überall kommen sie her und wollen unser gutes Brot essen.«

»Aber ich bin wirklich römischer Bürger!«, versicherte Philippus.

Cleander lachte. »Ja, das glaube ich dir, doch musste ich dem Präfekten versprechen, dass ich es beweisen werde. Nur deshalb hat er dich freigelassen und nicht versklavt.«

»Meinst du, er will mich noch immer versklaven?«

»Mach dir keine Sorgen. Ich werde schon bald jemanden zu deinem Vater schicken und dein römisches Bürgerrecht durch schriftlichen Zeugenbeweis sichern lassen.«

Philippus erschrak. Sein Vater würde sofort von seinem patriarchischen Recht Gebrauch machen und ihn töten lassen. Das durfte auf gar keinen Fall geschehen. Das wäre ja schlimmer als Sklavenknechtschaft. Doch wie sollte er Cleander davon abhalten? Er konnte ihm unmöglich von seiner Flucht erzählen. Er würde ihn womöglich aus einem Gerechtigkeitssinn heraus ausliefern. Philippus hatte schon davon gehört, wie Väter ihre Söhne unter Tränen hatten hinrichten lassen. Davor hatte er unsägliche Angst. Der Vater war bisher in seinen Gedanken in weite Ferne gerückt. Doch jetzt war er ihm plötzlich wieder bedrohlich nahegekommen.

Cleander ahnte nichts von Philippus' wahren Gedanken und deutete sein Nachsinnen falsch.

»Mach dir keine Sorgen. Du hast großes Glück. Dein Patron ist in der Stadt hoch angesehen. Er ist ein bedeutender Senator. Du wirst es sehr gut haben.«

Philippus hatte plötzlich eine Idee. Cleander schien ihm wohlgesinnt zu sein, und er musste ihn davon abbringen, mit seinem Vater Kontakt aufzunehmen. Er fasste daher den Entschluss, Cleander ins Vertrauen zu ziehen.

»Es gibt jemanden hier in Rom, der mein römisches Bürgerrecht bezeugen kann«, sagte er.

Cleander blieb stehen und horchte überrascht auf. »Wer soll das sein?«

»Mein Onkel Rufus.«

»Welcher Rufus?«

»Er ist Baumeister und wohnt im Esquilin-Viertel.«

»Ach der«, sagte Cleander trocken. Philippus war, als schwinge eine gewisse Enttäuschung in dieser Aussage. »Den kenne ich. Warum hast du das dem Präfekten nicht gesagt?«

»Gestern haben wir Leute getroffen, die behaupteten, er sei ein Staatsfeind. Da hatte ich Angst wegen der Sippenhaft.«

Cleander lächelte überlegen. »Er ist geflohen, nicht wahr?«

Philippus nickte.

»Ja, ja, halb Rom besteht in diesen Tagen aus Staatsfeinden.« Während Cleander so sprach, grüßte er zwischendurch einen Bekannten. »Es ist eine schlimme Zeit. Dein Onkel war ein Günstling des Kaisers Nero.«

»Mein Onkel kannte den Kaiser?«

»Nicht persönlich, wo denkst du hin.« Cleander schüttelte über Philippus' Einfältigkeit den Kopf. »Aber er war der Klient von einem hohen Beamten, der ihm gute Aufträge verschafft hatte. Da gab es unter seinen Konkurrenten so manche Neider, die sich nun gern rächen wollen.«

Die beiden hatten ihren Weg inzwischen fortgesetzt, und Cleander fuhr mit seiner Erzählung fort: »Nach Neros Tod kam Galba an die Macht. Nur ein halbes Jahr später haben ihn die Prätorianer wie seinen Vorgänger Nero umgebracht. Ihm folgte Otho, der gerade einmal drei Monate lang Kaiser war, bevor er Selbstmord beging. Er wurde von Vitellius besiegt. Und nun ist auch noch der dritte Kaiser innerhalb eines Jahres abgeschlachtet worden. Gestern wurde Vitellius auf dem Forum getötet.«

»Das habe ich gesehen«, warf Philippus ein.

»Soso«, brummte Cleander. »Aber es gibt ja schon wieder einen Neuen, der von seinen Legionen zum Kaiser ausgerufen wurde. Er heißt Vespasianus und wartet in Alexandria darauf, dass ihn der Senat zum Princeps ernennt. Er wäre der vierte Kaiser, den Rom innerhalb eines Jahres bekäme.«

Das war für Philippus neu, und er fand es interessant. Zwar hatte er vom Bürgerkrieg gehört, aber keine Einzelheiten gekannt.

»Wann kommt der neue Kaiser nach Rom?«, fragte Philippus in freudiger Erwartung eines triumphalen Einzuges.

»Vielleicht gar nicht«, sagte Cleander. »Unser Dominus meint, Rom bräuchte keinen Kaiser. Alle bisherigen Cäsaren hätten nur an ihre eigene Macht gedacht. Sie seien grausam gewesen und unfähig, das Reich zu regieren. Vespasianus bliebe deshalb besser von Rom fort. Der Senat könnte dann wieder die Republik ausrufen.«

Philippus schöpfte plötzlich neue Hoffnung. »Wäre dann mein Onkel kein Staatsfeind mehr?«

Cleander winkte ab. »Klammer dich mal nicht so an deinen Onkel. Wer weiß, ob der sich jemals wieder nach Rom traut.

Verlass dich lieber auf mich, der deinen Patron vertritt. In ein paar Tagen wird einer unserer Klienten nach Süden reisen. Er wird uns helfen.«

Philippus war mit dieser Antwort nicht zufrieden. Doch er hatte erst einmal Zeit gewonnen, sein Leben neu zu ordnen. Es schien ihm zunächst nicht nachteilig, von einem bedeutenden Patron beschützt zu werden. Und falls dieser dafür seine Treue einforderte, so wollte er sie ihm nicht schuldig bleiben. Was sollte schon Besonderes von ihm verlangt werden? Philippus nahm sich aber vor, weiter seinen Onkel zu suchen und mit dessen Hilfe dann sein Schicksal selbst in die Hand zu nehmen. Er sah nicht ein, dass Rufus das schöne Haus und sein erfolgreiches Unternehmen aufgeben sollte. Was Cleander sagte, klang nicht so schlimm. Es konnte nicht halb Rom ein Staatsfeind bleiben. Alles würde sich schon irgendwie richten. Die Zeit war seine Verbündete. Er wollte sie nutzen.

Inzwischen waren sie am Haus des Dominus angelangt. Cleander klopfte gegen das schwere Tor. Bald darauf öffnete ein Sklave, und sie traten ins Atrium. Die Ausstattung überwältigte Philippus. Marmorsäulen und kunstvolle Alabasterfiguren umsäumten ein flaches Wasserbecken. Die Wände waren mit kräftigen Farben und geometrischen Motiven bemalt. Und von jeder Ecke der quadratischen Dachöffnung ragte ein Regeneinlauf in Gestalt eines kunstvoll gefertigten Vogelschnabels in das Innere des Raumes hinein.

Cleander führte Philippus direkt in ein Bad. Auch solch einen Raum hatte er noch nie zuvor gesehen. Die Wände und den Fußboden schmückten kunstfertige Mosaike aus Fischmotiven. Und in der Mitte war ein mit Najaden, Muscheln und Eroten verziertes Becken, auf dessen türkisfarbenem Wasser Rosenblüten schwammen.

»Verzeih, du stinkst wie ein Rhinozeros. Nimm erst einmal ein Bad«, forderte ihn Cleander auf.

Philippus glaubte zu träumen. War er vor wenigen Stunden vom Schicksal der Sklavenknechtschaft bedroht gewesen, so bescherte ihm Fortuna nun Augenblicke der höchsten Wonne. Nachdem sich Cleander entfernt hatte, entkleidete er sich. Unter seinen nackten Sohlen spürte er auf dem Boden eine angenehme Wärme. Neugierig stieg er über Marmorstufen ins wohlig warme Wasser hinab und aalte sich darin. Er fühlte sich wie ein großer römischer Aristokrat, der seine bediensteten Sklaven erwartete. In seinen Vorstellungen hatte er den goldenen Muskelpanzer aus der siegreich geschlagenen Schlacht im Nebenraum abgelegt und bereitete sich nun auf den Empfang beim Kaiser vor, um von ihm die Triumphalinsignien verliehen zu bekommen. Während er so vor sich hin träumte und ein Bild an der Decke betrachtete, von dem aus ihm Neptun freundlich zulächelte, bemerkte er plötzlich einen Schatten. Er wandte sich um und sah, wie eine Sklavin zu ihm ins Becken stieg. Unwillkürlich schreckte er auf und suchte mit beiden Händen seine Scham zu verbergen. Das Mädchen war jung, schön und splitternackt. Eine Locke aus ihrem langen schwarzen Haar fiel auf ihre jugendliche pralle Brust. Sie hielt ein Ölfläschchen und eine Strigilis in der Hand.

»Verzeih die Störung«, sagte sie. »Mein Name ist Acne. Ich soll dir beim Bad helfen.«

Philippus schluckte, unfähig, etwas zu erwidern. Er roch den Rosenduft, den das Mädchen verströmte, und er verspürte gegen seinen Willen in seiner Lende die Lust wachsen. Eine unbekannte Verunsicherung erfasste ihn. Am liebsten hätte er die Flucht ergriffen.

Das Mädchen lächelte ihn mit ihren dunklen Augen an, und sein Blick wanderte wie magnetisch angezogen auf die zarte bronzene Haut ihrer Brüste, bevor sie hinter ihn trat und, ihn sanft massierend, seinen Rücken mit Öl einzureiben begann. Philippus genoss den einfühlsamen Druck ihrer Hände, und die Lust in seinen Lenden wuchs an. Dann streifte sie das aufgetragene Öl mit der Strigilis ab, was Philippus' Haut erfrischend prickeln ließ. Aufgeregt wartete er auf den Augenblick, an dem Acne mit seinem Rücken und seinen Armen fertig sein und sich ihm von vorn nähern würde. Bei diesen Gedanken schloss er die Augen.

Plötzlich beunruhigte ihn jedoch ein Geräusch. Als er aufblickte, sah er Cleander hinter einem Vorhang hervorschauen und ihn mit lüsternen Augen beobachten. Philippus schreckte zusammen und bedeckte seine Scham. Seine Bewegung war so heftig, dass es spritzte und Acne, ebenfalls vor Schreck, das kleine Ölfläschchen fallen ließ. Nachdem sie es aus dem Wasser herausgefischt hatte, sagte sie betrübt: »Verzeih meine Ungeschicktheit, das gute Öl ist ausgelaufen«, und zog sich zurück. Auch Cleander war verschwunden.

Philippus war von dem abrupten Ende des Bades enttäuscht. Am Beckenrand fand er ein Handtuch zum Abtrocknen und eine saubere Tunika. Zwar hatte er Cleander die süße Begegnung mit Acne zu verdanken, aber gleichzeitig ärgerte er sich auch über ihn.

Nachdem Philippus das Bad verlassen hatte, nahm ihn Cleander wieder in Empfang. Dieser tat so, als wäre nichts geschehen, denn er ging mit keiner Silbe auf den Vorfall im Bad ein. Cleander führte Philippus in die Küche und bot ihm einen Schemel am Tisch an, wo ihm eine dicke Küchensklavin süffisant zulächelte und ihm reichlich Obst, weißes Brot und verdünnten Wein hinstellte. Philippus machte sich gierig über das Essen her und bemerkte dabei gar nicht, wie Cleander das Küchenpersonal wegschickte.

»Was wirst du nun tun?«, fragte ihn dieser und rückte näher an Philippus heran.

»Ich hoffe, dass mein Onkel bald in sein Haus zurückkehrt. Dann will ich bei ihm Steinmetz werden«, antwortete der Junge und griff nach einer Aubergine.

»Das ist aber ein schweres Handwerk, immer den Hammer zu schwingen ...«, sagte Cleander, dabei Philippus' dünne Muskeln befühlend.

»Ich habe schon die Kraft dafür«, entgegnete Philippus, während er die Aubergine kaute. »Das Korn mit dem Dreschflegel zu schlagen, ist auch keine leichte Arbeit.« Da spürte er in seinem Nacken Cleanders faulen Atem.

»Soso, mein starker Junge«, vernahm er die schmierige Stimme Cleanders und bemerkte, wie dieser dabei an seinem Tunikasaum herumnestelte.

Philippus fuhr erschrocken zurück. »Ich bin nicht dein Sklave, ich bin römischer Bürger.«

»Das wird sich noch herausstellen«, entgegnete Cleander barsch. »Und wenn es nicht stimmt, was du sagst, dann kann ich mit dir als Sklave machen, was ich will. Aber auch so wäre es für dich ratsam, mir die eine oder andere Gefälligkeit zu erweisen. Rom ist eine wunderbare Stadt, aber sie kann auch schlimmer sein als der Hades. Du kannst wählen, ob du starke Verbündete oder mächtige Feinde haben möchtest.«

Mit einem Schlage wurde Philippus klar, welches Treuebekenntnis Cleander von ihm als Klienten erwartete. Der Gedanke, der Geilheit dieses Menschen ausgeliefert zu sein, ekelte ihn.

»Ich soll dir ausrichten, dass dich mein Dominus morgen früh zu einer Mahlzeit einlädt. Bedenke, der Klient – und das gilt für jeden – muss den Einladungen seines Patrons unbedingt Folge leisten.« Ein geiles Grinsen begleitete seine nächsten Worte. »Vergiss auch nicht die Verpflichtung zur Gegenleistung gegenüber dem Dominus und seinem treuen Verwalter. Dafür sorge ich auch gut für dich. Wer weiß, ob dein Onkel Rufus je wieder nach Rom zurückkehrt.« Seine Stimme wurde nun wieder unnachgiebig. »Falls du fernbleibst, lasse ich dich suchen. Seinem Patron nicht zu folgen, ist eine schwere Verfehlung, die schlimme Strafen nach sich zieht.«

32

Philippus trat frisch gebadet und gesättigt auf die Straße hinaus. Er atmete befreit auf, die Wärme der Sonne auf seinem Gesicht genießend, deren Strahlen den Schatten der engen Gassen während der kurzen Mittagszeit vertrieben hatten. Die schrecklichen Eindrücke der Flucht, die sein Gemüt schwer belastet hatten, waren auf einmal wie ein morgendlicher Nebel verflogen. Immer wieder musste er an das Zusammentreffen mit Acne denken, an die süße Begegnung im Bad. Und obwohl es nur um einen kurzen Moment gegangen war, hatte ihn diese Sklavin so sehr in ihren Bann gezogen, dass er sich eingestehen musste, unsterblich verliebt zu sein. Um so schneller wollte er nun, wenn möglich, seinen Onkel finden und ihn zur Rückkehr bewegen, um in dessen Unternehmen viel Geld zu verdienen. Philippus malte sich aus, dass er damit Acne freikaufen würde. Die Vorstellung ihrer unendlichen Dankbarkeit erfüllte ihn mit neuem Lebensmut und Zufriedenheit. Sie würde ihn bis zum Ende seiner Tage lieben. Wie schön konnte doch das Leben sein.

Auf dem Weg zum Haus seines Onkels verführte ihn die Stadt zum ziellosen Schlendern. Seine Sehnsucht hatte sich erfüllt, und er genoss dieses Rom, das gerade begann, seinen Schrecken zu verlieren, als wollte es ihm sagen: Guten Tag, Philippus, sei herzlich willkommen.

An den Läden der Schuhmacher vorbeigehend, konnte er nicht glauben, dass es so viele unterschiedliche Modelle geben sollte. Ein paar Schritte weiter sah er einem Töpfer zu, wie dieser aus einem unscheinbaren Tonklumpen, der auf einer Drehscheibe lag, mit seinen geschickten Händen eine Amphore formte. Neugierig zog ihn auch das Scheppern eines Kupferschmieds an, der mit einem kleinen Hammer auf das Blech vor sich schlug und daraus eine filigrane Schale zauberte.

Schon verfingen sich verführerische Düfte von frischem Brot in seiner Nase. Er dachte an die zwei Sesterze, die er noch besaß. Sie warteten darauf, ausgegeben zu werden. Er überlegte, was er dafür kaufen konnte. Vielleicht würde das Geld für ein kleines Geschenk an Acne reichen? Das Angebot an schönen Dingen war groß, wenn auch das meiste für ihn unerschwinglich war. Als er sich wieder daran erinnerte, wie er für die Erfüllung seiner Liebe Geld verdienen konnte, lenkte er seine Schritte zum Haus seines Onkels hin.

Nach einigen Irrungen kam er dort schließlich an. Zu seiner Freude waren die Soldaten verschwunden, die gestern noch dort patrouilliert waren. Vorsichtig näherte er sich dem Tor. Er klopfte erst zaghaft daran, dann kräftiger. Weil sich nichts rührte, legte er sein Ohr an das harte Holz. Doch im Inneren des Hauses blieb alles still.

Ein unbestimmtes Gefühl beschlich Philippus. Sich umdrehend, begegnete er dem Blick eines Jungen, der länger anhielt, als es der Zufall erlaubte. Hatte dieser ihn beobachtet? War er womöglich ein Spion Cleanders?

Philippus wollte dies herausfinden. Schnell schritt er die Straße entlang. Und tatsächlich, der Junge folgte ihm. War das erneut ein Zufall? Philippus bog nach rechts ab, dann nach links, wieder nach rechts, wieder nach links. Er schaute sich um. Der Bursche war noch immer da. Jeder Zweifel war nun ausgeschlossen, und Philippus beschloss, seinen Verfolger zur Rede zu stellen. Notfalls könnte er ihn verprügeln, denn er war diesem körperlich überlegen. Als er direkt auf ihn zurannte, floh der Junge, aber nur so weit, dass er Philippus im Auge behalten konnte. Es gab für dieses Verhalten nur eine Erklärung: Dieser Junge war ein Spion Cleanders, den er so schnell wie möglich abschütteln musste. Das Beste wäre, in Richtung Forum zu laufen, dorthin, wo es die größten Menschenansammlungen gab. In der Masse würde er schon irgendwie untertauchen können.

Nach einiger Zeit war Philippus am Viehmarkt angelangt. Das Brüllen der Kühe, das Meckern der Ziegen, das Gackern der Hühner und den Wirrwarr der Stimmen vernahm er bereits vom Weiten, nur der bronzene Stier, zu dem Philippus seine Schritte lenkte, gab keinen Laut von sich. Schon bald umgab ihn ein Gedränge. Ein Mann drängelte sich ihm entgegen. Er hatte ein Hühnchen kopfunter an den Füßen gefasst und schubste Philippus rücksichtslos zur Seite. Andere trampelten ihm auf die Füße, als Knechte die Menschenansammlung teilten, um zwei Ochsen aus dem Markt zu führen. Philippus roch Blut und erinnerte sich dabei an bessere Zeiten auf dem Hof seines Vaters, als dort noch geschlachtet wurde. Fast hätte er den Jungen vergessen. Er suchte nach ihm, konnte ihn aber unter den vielen Menschen nicht mehr entdecken. Und als er im Schutz eines dichten Menschenstroms den Markt verließ, war sein Verfolger nirgendwo mehr zu sehen.

Wieder einmal neigte sich der Tag viel zu früh der Nacht zu, und Philippus musste sich einen Schlafplatz suchen. Er hatte die Zeit vertrödelt. Morgen, so nahm er sich vor, würde er sich nach Arbeit umschauen. Wer weiß, wann sein Onkel heimkehren würde. Bis dahin musste er irgendwie überleben. Zu Cleander wollte er niemals mehr zurückkehren. Eher war er bereit zu verhungern. Weil er keine bessere Stelle kannte und diese auch nicht weit vom Haus seines Onkels entfernt lag, begab er sich wieder an diesen Brunnen, an dem er schon die letzte Nacht zusammen mit Trinitius verbracht hatte. Sollte er erneut von den Vigiles ergriffen werden, so würde er sich immer noch auf Cleander berufen können, der ihn und seine Gegenleistungen in der Frühe erwartete.

33

Kaum war Philippus eingeschlafen, da weckten ihn Schreie. Im Dunkeln, nur wenige Schritte von ihm entfernt, schlugen drei finstere Gestalten auf einen am Boden liegenden Mann ein, bis dieser sich nicht mehr rührte. Die Räuber durchsuchten seine Kleidung, fanden eine Geldbörse und flüchteten. Philippus erschauderte; vor seinen Augen hatte sich ein schrecklicher Raubmord zugetragen. Schon wieder so ein Tötungsverbrechen wie in der letzten Nacht. Philippus zitterte vor Furcht und Kälte. Er war jetzt hellwach, und ihn bedrängte nur ein Gedanke. Er musste fort von hier, sofort und so weit es ging, und nie wieder diesen Ort zu seinem Schlafplatz wählen. Doch im Schock gehorchten ihm die Beine nicht. Ein Gedanke lähmte ihn. Wenn die Räuber noch einmal zurückkehrten, würden sie ihn entdecken und ebenfalls ermorden. Er würde kaum darauf hoffen dürfen, dass sie einem Zeugen erlauben würden, weiterzuleben. Deshalb ließ er sich weiterhin von der Finsternis behüten.

Auf einmal jedoch stöhnte der Totgeglaubte, rappelte sich behäbig auf und begann sehr lebendig auf die Diebe zu fluchen. Philippus hielt die Luft an. Langsam und lautlos kroch er tiefer in den Schatten des Brunnens hinein. Doch da geschah es. Er stieß gegen seine Trinkflasche, die er für die Nacht bereitgestellt hatte. Das Leder, mit dem die Holzflasche umhüllt war, dämpfte zwar deren Fall, aber das leise Geräusch reichte doch aus, um die Aufmerksamkeit des Mannes zu erregen.

Die Gestalt kam näher. Philippus sprang auf und wollte fliehen, doch der Mann war schneller. Er kam auf ihn zugerannt und stieß ihn mit dem Gewicht seines Körpers zu Boden. Philippus sah den Widerschein eines Messers aufblitzen und schrie auf. Der Mann, der schon dabei war zuzustechen, hielt in seiner Bewegung inne.

»Du verdammter Dieb. Ich bringe dich um«, schrie er Philippus wütend an.

»Nein, bitte nicht. Ich habe dich nicht ausgeraubt. Schau nach. Ich besitze kein Geld.«

»Wer bist du? Was treibst du hier?«

»Ich bin Philippus. Mein Onkel ist der Baumeister Rufus.« Vielleicht kannte der Mann ja seinen Onkel.

»Wenn das stimmt, warum schleichst du dann hier herum?«

»Ich bin gestern erst aus Capua hierhergekommen. Doch im Haus meines Onkels ist niemand. Er ist geflohen.«

»Das stimmt«, sprach der Mann, während er Philippus beim Aufstehen half. Zu dessen großer Erleichterung steckte er das Messer weg. »Du siehst nicht aus wie ein Pauper und stinkst auch nicht wie einer von denen«, sagte er im ruhigen Ton. »Ich will dir glauben. Ich heiße Trimalchio. Wenn du mich belogen hast, dann wirst du es bereuen.« Dann nickte er Philippus zu. »Komm mit. Auf den Straßen Roms ist es nachts zu gefährlich.«

»Wohin gehen wir?«, fragte Philippus.

»Ich verwalte einige Mietshäuser. In einem der Häuserblocks ist noch ein Zimmer frei. Dort bringe ich dich über Nacht unter. Morgen früh sehen wir weiter.«

Philippus ging mit, zwar mit mulmigem Gefühl, aber dennoch froh, die Situation heil überstanden zu haben und die Nacht in der gefährlichen Stadt nicht mehr im Freien verbringen zu müssen. Sie waren nicht weit gegangen, als sie in einer dunklen Gasse an einem Mietshaus ankamen. Trimalchio klopfte gegen die Tür, die nach einiger Zeit von einem verschlafenen alten Mann geöffnet wurde, der unverständliche Worte brummelte, mit denen er sich anscheinend über die Störung zu später Stunde beschwerte.

Im Flur hingen Ölkandelaber an Ketten von der Decke herab, die den Fußboden aus edlen Terrakottafliesen und die farbenprächtige Wandmalerei hell genug beleuchteten, um Philippus beim Anblick dieser Pracht den Mund vor Staunen offenstehen zu lassen.

Sie stiegen eine steinerne Treppe hinauf in die oberen Flure, die allesamt im trüben Licht den Blick auf spartanisch angestrichene Wände freigaben, und stießen im vierten Stock schließlich auf völlige Dunkelheit. Trimalchio nahm von einem Wandhaken eine Laterne, in der eine Kerze brannte, und ging mit dieser weiter.

»Das Herumtragen einer offenen Flamme ist strikt verboten«, mahnte er Philippus.

Beißender Gestank machte sich jetzt breit. Ein Baby schrie, und plötzlich gackerten aufgeschreckte Hühner in einer dunklen Ecke. Es ging immer höher hinauf, nun über Holzstufen, und zum obersten Stockwerk nur noch über eine Leiter. Trimalchio öffnete eine Tür. Als sie den dahinter liegenden Raum betraten, flatterten erschreckt Tauben davon. Die schräge Decke bildete die Unterseite des Ziegeldachs. Das Zimmer wurde von mehreren Tüchern abgeteilt, die aussahen, als wären sie auf einer Leine zum Trocknen aufgehängt worden, aber sie waren nicht nass, sondern flatterten leicht im Luftzug. Philippus konnte die vollständige Größe des Raumes, auf dessen Fußboden ein Strohsack und eine Decke lagen, nicht abschätzen.

»Wer da?«, hörte er eine Männerstimme hinter dem Vorhang rufen.

»Du bekommst einen Gast. Schlaf weiter«, antwortete Trimalchio.

Der Mann lachte, und eine Frau kicherte.

Dann wandte sich Trimalchio an Philippus: »Ich komme morgen früh wieder. Vielleicht habe ich für dich eine Lohnarbeit, bis dein Onkel zurückgekehrt ist. Draußen auf dem Flur steht eine Wanne mit Löschwasser. Ich rate dir dringend, nicht davon zu trinken. Du könntest sonst schwer krank werden. Hier oben wechseln oft die Mieter. So mancher hat schon da reingepisst und wer weiß was noch ...« Dann verschwand er.

Philippus schaute durch einen Spalt im Dach, der ihm einen überwältigenden Ausblick bot. Von der luftigen Höhe aus konnte er bis zum Forum sehen. An vielen Stellen war die Stadt erleuchtet, und das große Lichtermeer beeindruckte Philippus. Doch Begeisterung wollte sich dieses Mal nicht einstellen. Er fühlte sich unendlich allein und hatte großen Durst. Die Schönheit der Stadt hatte eine furchtbare Kehrseite. Wehmütig dachte er an seine Kemenate auf dem Bauernhof seiner Eltern zurück. Er vermisste die Zuwendung seiner Mutter, die er wohl nie wiedersehen würde.

Hinter der Decke hörte er jetzt ein zweites Mal das Kichern einer Frau, dann rhythmische Geräusche und ein unzweideutiges Stöhnen, das seine Gedanken zu Acne hinlenkte und eine begehrende Sehnsucht nach ihr weckte.

Am nächsten Morgen wurde Philippus von Trimalchio geweckt.

»Ich hoffe, du wirst bei deinem Onkel ein gutes Wort für mich einlegen«, sprach er, während er Philippus ein Stück Graubrot und stark verdünnten Wein reichte.

Philippus nickte, bedankte sich und begann sofort zu essen. Er gewann den Eindruck, dass sich Trimalchio von seiner Hilfe irgendeinen Vorteil versprach.

»Wenn du willst, kannst du dir als Hausknecht etwas Geld verdienen. Zwei Sesterze pro Tag und freie Unterkunft. Bist du interessiert?«

»Was muss ich tun?«

Während Philippus aß, erklärte Trimalchio ihm seine Pflichten. »Ich zeige dir, welche Häuser du betreuen musst. Du schaffst die Nachttöpfe raus und kontrollierst den Löschwasservorrat auf jeder Etage und auch die Öllaternen. Falls nötig, füllst du alles auf. Dann beseitigst du den Unrat. Auf die Straße darfst du nichts werfen, sonst bekommst du großen Ärger. Letzte Nacht hat wieder jemand seinen Nachttopf aus dem Fenster entleert. Wenn du so was bemerkst, meldest du es mir. Du triffst mich in meiner Wohnung im ersten Stock. Mein Name steht an der Tür.

Wenn ich nicht da bin, hinterlass beim Hausmeister eine Nachricht.«

Philippus nickte. Er konnte zwar nicht lesen, würde aber die richtige Tür schon finden. Viel mehr Sorgen machte ihm die scheußliche und schlecht bezahlte Arbeit, die aber immerhin ein Anfang zum Überleben war.

Plötzlich erschien ein verschlafener Mieter. »Trimalchio! Aus der Wohnung von Lucius kommt Gestank. Ich habe ihn lange nicht gesehen. Wer weiß, ob er noch lebt.«

Trimalchio knurrte missmutig und forderte Philippus auf mitzukommen. Als sie durch die Tür traten, sahen sie einen alten Mann auf einem Strohsack liegen. Der Alte war offenbar schon vor Tagen gestorben. Trimalchio rümpfte die Nase. »Zum Hades mit ihm. Er war mit der Miete im Rückstand.« Dann winkte er Philippus zu sich heran. »Pack ihn an den Füßen. Er muss aus dem Haus.«

Der Verwesungsgestank löste bei Philippus einen Brechreiz aus, den er nur mühsam unterdrücken konnte. Sie trugen den Toten hinunter auf die Straße, wo sie ihn einfach mit dem Rücken gegen die Wand lehnten.

»Wird er nicht beerdigt?«, fragte Philippus.

»Übernimmst du die Kosten?«, fragte Trimalchio gereizt zurück.

Philippus schüttelte den Kopf.

»Na also. Die Sklaven des Magistrats werden ihn schon abholen. Und jetzt an die Arbeit. Das Zimmer des Alten musst du auch noch entrümpeln.«

Wie ausgehandelt, hatte Philippus am Nachmittag den vereinbarten Lohn von zwei Sesterze erhalten. Obwohl er nun freie Zeit zur Verfügung hatte, bedrückte ihn seine Lage. Die Arbeit, bei der er die menschlichen Exkremente entsorgen musste, gefiel ihm nicht. Der tote alte Mann, der auf der Straße lag, ging ihm nicht aus dem Sinn. Er bedauerte ihn. Niemand würde dafür sorgen, dass er seinen Frieden im Totenreich fand. Er fürchtete sich davor, dass es auch ihm so ergehen könnte. Und da war noch Cleander, dessen Aufforderung er missachtet hatte, war er doch am Morgen nicht der Einladung seines Patrons gefolgt, was ihn beunruhigte, wusste er doch nicht, ob ihm wegen der Pflichtverletzung eine Gefahr drohte.

Seine Gemütslage verdüsterte sich noch weiter, als er mitten in der Stadt auf einen Misthaufen stieß, auf dem mitten zwischen den Abfällen ein Säugling lag, aus dessen Bäuchlein sich die blutige Nabelschnur herauskringelte und der aus Leibeskräften schrie. Die Mutter hatte sich seiner dort entledigt. Ein Mann mit verschlissener Tunika kam interessiert heran, eine Schar Krähen aufscheuchend. Jetzt sah Philippus, woran die Vögel gepickt hatten. Es war ein weiteres Neugeborenes, und das war tot. Die Krähen hatten ihm die Augen ausgehackt, und überall an seinem zarten Leib waren die blutigen Spuren ihrer hungrigen Schnäbel zu sehen.

Der Mann hob den anderen noch lebenden Säugling auf und schaute nach dessen Geschlecht. Nachdem sich seine argwöhnische Miene erhellt hatte, als er feststellte, dass es weiblich war, hüllte er das Kind in eine schmutzige Decke ein und lief mit ihm davon. Das kleine Mädchen hatte Glück gehabt. Es würde nicht den Krähen zum Fraß dienen, sondern als Sklavin aufwachsen. Der Finder würde für die herangewachsene Frau, falls er sie später einmal verkaufen wollte, einen guten Preis erzielen. Wäre der Säugling männlich gewesen, dann hätte er ihn gewiss ebenfalls den Vögeln überlassen.

Das bunte Treiben in der Stadt nahm Philippus jetzt kaum wahr. Er hatte plötzlich Angst vor diesem Rom, das so viele Gefahren und Grausamkeiten in sich barg, und wünschte sich sehnlichst die Rückkehr seines Onkels herbei. Seitdem er in diese Stadt gekommen war, hatte er noch nie eine so große Sehnsucht nach familiärer Geborgenheit verspürt. Er wollte nicht mehr länger ein Teil dieses Abschaums von Rom sein. Er wollte sich davon befreien, endlich seinen Traum verwirklichen, an der Schönheit dieser Stadt teilhaben und alles Schreckliche vergessen.

Mit unsicherer Erwartung lief er ein weiteres Mal zum Haus seines Onkels. Wie am Vortag öffnete niemand auf sein Klopfen hin. Er presste sein Ohr an das Tor, vernahm dahinter aber wiederum keinen Laut. Ihn beschlich die Furcht, Rufus könnte ebenfalls umgekommen sein und ihn in diesem schrecklichen Rom allein zurückgelassen haben. Das Gefühl der Hilflosigkeit lenkte seine Gedanken zu Cleander und zu seinem Spion hin. Ruckartig drehte er sich um. Und tatsächlich. Da war er wieder, dieser Junge von gestern. Ihre Blicke begegneten sich. Philippus lief, so schnell wie er konnte, los, um seinen Beschatter zu fangen.

Als er um eine Hausecke rannte, verspürte er jedoch einen Schlag gegen seine Brust, der ihn zu Boden stürzen ließ. Benommen sah er zwei finstere Gestalten, die ihn packten, fesselten und ihm einen Sack über den Kopf stülpten. Philippus wollte schreien, doch Staub behinderte seine Atmung. Er hustete und rang nach Luft. Sein Herz raste. Die knappe Atemluft versetzte ihn in Panik. Er fühlte sein Ende nahen. In wilden Bilderfetzen dachte er an seine Mutter, die ihn vor der Versklavung gerettet, an den ermordeten Kaiser, über dessen Tod das Volk triumphiert hatte, an den dahinsiechenden Mann in der Toga am Brunnen, dessen Stöhnen ihn kaum hatte einschlafen lassen, an die lynchenden Männer, die mit ihren blutigen Messern Rache übten, an den gestorbenen Alten, den niemand hatte beerdigen wollen und an die Neugeborenen auf dem Misthaufen. Und nun würde er wohl selbst das Opfer dieses blutrünstigen Roms werden, wo überall der Tod lauerte. Wen interessierte es schon, dass ein Junge aus Campania sterben musste!

Er spürte, wie feste Hände ihn an Schulter und Füßen griffen, ihn aufhoben und auf einer harten Fläche ablegten. Als er durchgeschüttelt wurde und das Rattern von Wagenrädern hörte, wusste er, dass man ihn auf einem Karren fortschaffte. Doch wohin? Sein Leib schmerzte von den Stößen der harten Planke. Er hörte viele Menschenstimmen – also befand er sich noch innerhalb der Stadt –, dann quietschte ein Tor. Als ihn erneut Hände an Schulter und Beine griffen und auf die Füße stellten, überkam ihn Todesangst. Der Sack wurde ihm abgestreift, und Tageslicht blendete ihn. Blinzelnd erspähte er die Deckenöffnung eines Atriums. Die kunstvollen Schnäbel, die das Regenwasser einleiteten, kamen ihm bekannt vor. Und als er den Kopf zur Seite drehte, blickte er auch schon in das Gesicht des Verwalters, auf dem ein triumphales Lächeln lag.

»Nun, Philippus, hatte ich dir nicht gesagt, dass ich dich finden werde?«, vernahm er Cleanders Stimme, die zwar mahnend, aber überraschend milde klang. »Niemand kann sich der Verpflichtung gegenüber seinem Patron entziehen. Ich hoffe, das merkst du dir.«

Philippus schwieg aus Furcht, beruhigte sich jedoch langsam. Er wischte sich den kalten Angstschweiß von der Stirn.

Ein Sklave betrat das Atrium und wandte sich an den Verwalter. »Herr, es wird Zeit.«

»Ach ja.« Cleander bestrafte sich selbst mit einem Klaps auf die Stirn, weil er anscheinend etwas Wichtiges vergessen hatte. »Es warten gerade andere Verpflichtungen auf mich«, sagte er zu Philippus und befahl dem Sklaven: »Ruf Acne her. Sie soll sich um ihn kümmern.«

Als der Name der Sklavin fiel, errötete Philippus. Sein Herz, das eben erst zur Ruhe gekommen war, schlug wieder schneller. Dass er so bald wieder mit Acne zusammentreffen würde, hatte er nicht erwartet. Gleichzeitig schämte er sich, sah er doch nach seiner Entführung völlig verdreckt aus.

Kurz darauf betrat die schöne Sklavin das Atrium. Sie lächelte Philippus an, nahm ihn bei der Hand und führte ihn in das Bad. Dort ließ sie ihre Kleider fallen. Philippus sog tief die Luft ein vor Aufregung und folgte verunsichert ihrer Aufforderung.

Einen Moment später standen beide nackt im Wasser, was Philippus erneut auf ihre prallen jugendlichen Brüste starren ließ. Es war so, als hätten die Götter die Zeit zurückgedreht bis zu jenem Augenblick, als er am gestrigen Tag Cleanders Blick begegnet war. Doch als er zum Vorhang blickte, entdeckte er dieses

Mal vom Verwalter keine Spur. Acne stand ihm direkt gegenüber und schaute ihn mit ihren geheimnisvollen dunklen Augen an. Dabei ergriff sie seine Hände und führte sie an ihre Brüste.

»Hast du schon einmal ein Mädchen gehabt?«, fragte sie plötzlich.

Ihre offene und direkte Art machte Philippus noch verlegener. Schüchtern schüttelte er den Kopf, was ihm ein ermutigendes Lächeln von Acne eintrug.

»Komm!«, sprach sie und nickte dabei auffordernd mit ihrem Kopf.

Sie stiegen aus dem Bassin, trockneten sich ab und liefen nackt in einen Nebenraum, in dem Wein und Obst bereitstanden. Acne griff nach der Karaffe und schenkte ein. Sie reichte Philippus einen Kelch aus wertvollem Glas. »Genier dich nicht. Trink!«

Philippus, dem vor Aufregung der Mund ausgetrocknet war, trank den Kelch in einem Zug leer. Der unverdünnte Wein erwärmte ihn von innen und verscheuchte seine Hemmungen. Acne nahm ebenfalls einen Schluck, um ihn danach auf den Mund zu küssen. Dann zog sie ihn auf das Bett. Sie küssten sich immer wieder. Als Philippus in sie eindrang, hörte er ihr leises Stöhnen. Während er zum Höhepunkt kam, spürte er, wie Acne ihn an sich presste. Lange hielten sie sich fest umschlungen.

Philippus glaubte, vor Glück zu sterben. Das Mädchen war so wunderbar, so schön und so lieb. Sie war der Traum seines Lebens. Alles würde er für die Erfüllung seiner Liebe hingeben.

Sie tranken Wein, aßen Obst und herzten einander. Weil es ihm vorkam, als kenne er Acne seit Ewigkeiten, schüttete er ihr sein Herz aus. Er erzählte von seinem Vater, von seinem Onkel, seinen Träumen und von seiner Flucht. Und da sie ihm so verständnisvoll zuhörte, gestand er ihr auch seine Liebe und schwor, sie freizukaufen.

Acne lachte plötzlich laut auf. Glaubte sie ihm etwa nicht? Er schwor bei seinem Leben, alles zu tun, um sie aus ihrer Sklavenknechtschaft zu befreien. Gerade in diesem unpassenden Augenblick, als er dabei war, seine tiefsten Gefühle zu offenbaren, zog Acne an einer Kordel. Philippus glaubte zuerst, sie riefe einen Sklaven. Doch dann stand plötzlich Cleander da.

»Hast du Neuigkeiten zu berichten?«, fragte er Acne.

»Ich glaube schon«, entgegnete die Sklavin, süffisant lächelnd. »Er ist vor seinem Vater geflohen, und er will mich freikaufen.«

Cleander brüllte vor Lachen. »Du kleiner Bastard willst die Edelsklavin Acne freikaufen? Hast du eine Ahnung, wie viel für sie zu bezahlen ist?«, fragte er Philippus herablassend.

Dieser sah, wie ihn Acne spöttisch anlächelte. Dann neigte sie ihren Kopf zur Seite, und in ihrem Blick lag ein Anflug von Mitleid. »Hast du wirklich geglaubt, dass ich so einen wie dich lieben könnte?«

Philippus war entsetzt. Völlig verstört zweifelte er einen Augenblick lang, dass sie ihre Worte ernst meinte. Besonders die Worte »so einen wie dich« schienen nicht die gleichen Lippen geformt zu haben wie die, die ihn eben noch so zärtlich liebkost hatten. Als er aber in Acnes höhnischem Gesicht die Freude über seine Verstörung entdeckte, erkannte er in ihr die Hure. Sie hatte ihm Liebe vorgegaukelt, um sein Geheimnis zu erkunden. Ihr liebloser Blick durchbohrte sein Herz wie ein kaltes, scharfes Schwert. Der Verrat machte ihn wütend. Er ärgerte sich über seine Einfältigkeit. In einem einzigen bitteren Augenblick schlug seine Liebe zu Acne in Hass um. Das Blut schoss ihm in den Kopf und versetzte seinen Verstand in Raserei. Er hätte sie am liebsten töten mögen. Doch er begriff, dass Acne seine Gefühle nicht wert war. Sie erfüllte nur einen Teil des hinterhältigen Spiels des Verwalters. Und jetzt war es nicht mehr zu ändern. Cleander kannte nun sein Geheimnis.

34

Philippus fand in der Nacht keinen erholsamen Schlaf. Cleander hatte ihn in der Stadtvilla eingesperrt. Aber er konnte das bequeme Bett nicht genießen. Schweißgebadet wälzte er sich von einer Seite auf die andere. Das Erlebnis mit Acne hatte ihn fast um den Verstand gebracht. Während seines Dämmerschlafs erschienen ihm Traumbilder. Den süßen Umarmungen von Acne folgte das hämisch grinsende Gesicht Cleanders. Es gab aus diesem Traum kein Entkommen. Immerfort quälten ihn diese Bilder, bis er sich, zuweilen schwer atmend, aufrichtete, vergeblich zu sammeln versuchte, um danach erneut todunglücklich wieder in diesen quälenden Seelenzustand zurückzuverfallen. So sehr er Cleander auch hasste, so sehr fühlte er sich außerstande, sich die Zuneigung zu Acne aus seinem Herzen zu reißen. Zu groß war noch seine Liebe, zu ermattet seine Kraft, um über diese Enttäuschung hinwegzukommen. Sein Verstand suchte nach einer Erklärung. Hin- und hergerissen, zermürbte ihn der Schmerz des Verrates, um sich im nächsten Augenblick wieder von einer Illusion betören zu lassen. Der Gedanke, Acne habe nur aus Gehorsam gehandelt, gab ihm Hoffnung, die aber kurz darauf wieder von Zweifeln zerfressen wurde. Sehnsucht und Wut, Selbsttäuschung und Vernunft stritten schmerzhaft in seiner Brust. Verloren suchte er in sich Halt. Doch er taumelte durch das Chaos seiner Gefühle, ohne festen Boden, ohne Richtung und Ziel.

Am nächsten Morgen zwang ihn Cleander, im Atrium, wo schon zahlreiche Männer warteten, am Empfang der Klienten teilzunehmen. Beifall klatschend begrüßten sie den Hausherrn, als dieser in einer prachtvollen Toga erschien. Cleander und ein

Sklave verteilten an die Anwesenden Körbchen mit Speisen. Manchem gab er auch Geldmünzen. Philippus erhielt ein Bastkästchen, das den herzhaften Duft einer Wurst verströmte. Helvidius hob grüßend den rechten Arm. Er drehte sich dabei nach allen Seiten um, nickte seinen Klienten wohlwollend zu und lächelte. Sein Blick blieb an Philippus haften, und er fragte seinen Verwalter: »Ist das der Neffe von Rufus?«

»Ja, Herr. Er konnte gestern nicht erscheinen, weil er überfallen worden war, und er bittet dich um Vergebung.«

»Oh der Ärmste, ich hoffe, er ist unversehrt.«

»Das ist er, Herr. Er hat nur ein paar Kratzer abbekommen«, sagte Cleander, der verschwieg, dass die Verletzungen von der von ihm selbst inszenierten Entführung herrührten.

Helvidius ging ein paar Schritte auf Philippus zu. »Dein Onkel war nicht gerade ein Freund meines Hauses«, sagte er freundlich. »Ich kann aber verstehen, dass er sich von den vielen Aufträgen an Neros Goldenem Haus hat verführen lassen. Richte ihm aus, dass alles verziehen und vergessen ist.« Zu Cleander sprach er: »Gib dem Jungen zum Zeichen meiner Wertschätzung noch ein paar Marken für die kostenlose Brotverteilung.«

Cleander reichte daraufhin Philippus kleine Bleimünzen.

Dann wandte sich Helvidius mit einer lauten Ansprache an seine Klienten. »Liebe Freunde. Danken wir den Göttern für Neros Tod und für die Wiederkehr der Freiheit. Rom ist durch Diebe, Schmarotzer und Denunzianten verseucht. Ihr hier Versammelten seid Sinnbild für die Zukunft, die nur nach den alten Sitten durch familiäre Verbundenheit zu neuem hoffnungsvollem Streben führt. Da am Neujahrstag die beiden Konsuln wegen Abwesenheit ihr Amt nicht antreten können, hat mich der hochverehrte Pontifex Maximus Titus Plautius Silvanus ersucht, die Gebete anlässlich der Weihe des Bauplatzes für die Wiederrichtung des Kapitols zu sprechen. Ich möchte, dass ihr mich alle an diesem Tag zum Kapitolinischen Hügel begleitet. Bringt eure Familien und Verwandten mit und erscheint so zahlreich wie möglich.«

Endlich aus den Fängen Cleanders entlassen, machte sich Philippus auf den Weg zu Trimalchio. Unterwegs zermarterte er sich den Kopf darüber, wie er seine Pflichtvernachlässigung begründen könnte. Wenn Trimalchio erführe, dass er ein Klient Helvidius' wäre, könnte sich das nachteilig auf seine Anstellung auswirken. Philippus kannte Trimalchio nicht und wusste daher auch nicht, wie dieser reagieren würde. Er fürchtete den Verlust seiner Arbeit und den Rauswurf aus dessen Haus.

Überrascht stellte Philippus jedoch fest, dass Trimalchio ihn überaus freundlich empfing. Kein Vorwurf, nicht einmal eine Nachfrage kam über seine Lippen. Stattdessen erkundigte er sich besorgt nach seinem Befinden und führte ihn in ein schönes Haus, wo er ihm im Erdgeschoss eine Wohnung mit üppiger Ausstattung zeigte.

In der Mitte eines Raumes stand ein Tisch, darum herum mehrere Stühle, und in dem Regal in der angeschlossenen Küche lagerten viele Haushaltsgegenstände. In einer Ecke entdeckte Philippus einen regelrechten Luxus: einen eigenen Trinkwasserbehälter. Philippus wunderte sich, denn der Raum war sauber und ordentlich aufgeräumt. Welche Arbeit sollte er hier verrichten?

»Ich hoffe, es gefällt dir hier«, fragte Trimalchio und schaute dabei Philippus erwartungsvoll an. Ein Grinsen lag auf seinem Gesicht.

Philippus verstand die Frage nicht.

»Hier wohnst du jetzt«, half ihm Trimalchio auf die Sprünge. Dann übergab er ihm einen Beutel mit Geld und den Wohnungsschlüssel.

Philippus war verwirrt. Eine so schöne Wohnung konnte er sich unmöglich leisten. Und wofür war das Geld? »Ist das ein Vorschuss?«, fragte er verwirrt.

Trimalchio lachte. »Das Geld ist geschenkt, die Wohnung kostet dich nichts. Mehr kann ich im Moment nicht sagen.«

»Was muss ich dafür tun?«

»Nichts.«

»Nichts?« Es gab nur eine Erklärung. Trimalchio verwechselte ihn offenbar mit jemand anderem. »Du irrst dich«, sprach Philippus und hielt Trimalchio den Geldbeutel und den Schlüssel hin. »Ich bin gewiss nicht der, für den du mich hältst. Ich bin nur ein einfacher Junge vom Lande, Philippus aus Capua.«

»Ich weiß. Es hat aber alles seine Richtigkeit«, beharrte Trimalchio, der das Geld und den Schlüssel zurückwies. »Ruh dich aus. Es wird alles gut. Den Nachttopf stellst du morgens vor die Tür. Um seine Entleerung brauchst du dich nicht zu kümmern. Das Wasser kommt übrigens aus dem Aquädukt.« Er öffnete kurz ein Absperrventil, aus dem sofort das Wasser heraussprudelte. »Du musst also keine Eimer schleppen. Das Abwasser schüttest du in diesen Ausguss. Hast du noch Fragen?«

Philippus schüttelte sprachlos den Kopf.

»Gut, dann lasse ich dich jetzt allein. Wenn du etwas benötigst, melde dich einfach bei mir.« Dann ging er.

Eine greifbare Gefahr hatte den Vorteil, dass man ihr konkret begegnen konnte. Aber diese Situation war so undurchsichtig, dass sie ihn trotz der Annehmlichkeiten beunruhigte. Wer steckte dahinter? Niemand verschenkt Geld an einen Fremden, ohne etwas dabei im Schilde zu führen. Steckte da vielleicht Cleander dahinter? Doch das ergab keinen Sinn. Er hätte ihm das Geld heute Morgen geben können und nicht nur eine Wurst und die Bleimarken. Oder war etwa sein Onkel nach Rom zurückgekehrt? Dieser Gedanke elektrisierte Philippus und ließ ihn sofort aufbrechen, um dies zu überprüfen. Doch das Haus seines Onkels fand er nach wie vor unbewohnt vor.

In den folgenden Tagen vermied es Philippus, nach draußen zu gehen. Die Angst, erneut entführt zu werden, konnte er nicht so leicht aus den Kleidern schütteln. Doch während Cleanders Sklaven allmählich ihren Schrecken verloren, quälte ihn die Sehnsucht nach Acne umso mehr. Nach einer Woche hielt er es nicht mehr aus und beschloss, diese vor Helvidius' Stadtvilla abzupassen, um sie zur Rede zu stellen. Er wollte wissen, ob sie gegen ihren Willen gehandelt hatte. Dann könnte er ihr verzeihen. Und tatsächlich. Er musste gar nicht lange warten, da öffnete sich das Tor und Acne kam heraus. Doch als sie ihn nach wenigen Schritten erblickte, rannte sie erschrocken wieder ins Haus zurück. Philippus ärgerte sich über den Umstand, dass er mit ihr kein Wort hatte wechseln können. Er hätte sich selbst aber besser auch schnell davongemacht, denn wenige Augenblicke später kamen aus dem Tor der Stadtvilla drei Sklaven angelaufen und ergriffen ihn.

Dieses Mal zeigte Cleander offen seine Wut. »Du willst es auf die harte Tour«, sprach er mit steinernen Gesichtszügen. »Das sollst du haben.« Dann wandte er sich ab, woraufhin die Sklaven Philippus in den Keller hinunterschleppten und ihn dort in einen fensterlosen Raum einsperrten.

Zwei Tage lang, ohne zu wissen, was mit ihm geschehen würde, musste Philippus in dem Verlies ausharren. Danach brachten ihn Cleanders Sklaven zum Forum, zum Gerichtshof in die Basilica Aemilia. Dort musste er stundenlang warten, ehe ein Urteilsrichter, der minderbedeutende Fälle im Schnellverfahren abhandelte, sich mit dem seinen beschäftigte. Unter den Anwesenden entdeckte Philippus Cleander, der ein ernstes Gesicht machte. Wie sich herausstellte, war er der Ankläger. Philippus war so aufgeregt, dass es ihm nur schwer gelang, dem geschwollenen Gerede zu folgen. Schließlich begriff er. Cleander behauptete, Philippus habe das römische Bürgerrecht verloren, weil ihn sein Pater familias als Sklave habe verkaufen wollen und er sich dem nur durch Flucht entzogen habe. Cleander verlangte nun das Vorkaufsrecht, da er des Jungen habhaft geworden sei und er, Philippus, sich zudem als Klient bei seinem Dominus eingeschlichen habe.

Der Richter wandte sich an Philippus. »Ist das wahr, was Cleander sagt?«

Philippus schluckte ratlos.

Bevor er aber noch antworten konnte, hörte er plötzlich die vertraute Stimme seines Onkels. »Ein freier Bürger Roms muss sich nicht rechtfertigen gegenüber frei erfundenen Verleumdungen. Ich bürge mit meinem Namen und meiner Ehre, dass Philippus mein Neffe ist und das römische Bürgerrecht besitzt. Es ist an Cleander, zu beweisen, dass er dieses Recht verloren haben soll.«

Trotz der misslichen Lage, in der er steckte, erfasste Philippus eine große Freude. Sein Onkel Rufus war zurückgekehrt. Ihre Blicke begegneten sich, und das ermutigende Lächeln seines Onkels nahm ihm die Sorgen. Jetzt würde alles gut werden. Er war nicht mehr allein.

Auch der Richter wirkte überrascht darüber, dass plötzlich ein angesehener Bürger für den angeklagten Jungen Partei ergriffen hatte. »Kannst du deine Behauptung beweisen?«, wandte er sich an Cleander.

»Ja, der Beschuldigte hat es gegenüber meiner Sklavin gestanden.«

Cleander winkte Acne zu sich heran. »Bestätige dem Gericht das Geständnis, das Philippus dir gegenüber gemacht hat.«

Doch noch bevor die Sklavin etwas sagen konnte, fuhr Rufus wieder dazwischen. »Hochverehrter Vitalis Maximus«, sprach er den Richter an. »Was ist die Aussage einer Sklavin wert? Es ist doch offensichtlich, dass Cleander, dessen Neigungen zum eigenen Geschlecht bekannt sind, den Jungen aus naheliegenden Gründen versklaven will. Und gleichzeitig liegt es auf der Hand, dass die Sklavin ihm Gehorsam schuldet und alles behaupten wird, was er verlangt.«

»Die Sklavin spricht aber die Wahrheit«, entrüstete sich Cleander.

»Wird sie ihre Aussage auch unter Folter noch wiederholen?«, fragte Rufus scharf.

Acne erbleichte und blickte hilfesuchend zu Cleander. Philippus sah dem Verwalter an, wie diesen die Frage erschreckte. Aber auch Philippus schockierte sie. Und Cleander hatte wohl sofort begriffen, was die Folter bedeuten würde. Die Schönheit der Edelsklavin und damit ihr Wert würden bedeutenden Schaden nehmen.

»Es gibt andere Möglichkeiten«, lenkte er ein. »Ich werde den Vater des Jungen als Zeugen herbeischaffen. Dann werden wir sehen, wer recht hat.«

Damit war der Prozess einstweilen beendet und Philippus frei.

Er lief sofort zu seinem Onkel, in dessen Armen er in Tränen ausbrach. Jetzt endlich war er wirklich in Rom angekommen. Jetzt wurde er beschützt. Jetzt hatte er wieder eine Zukunft. Endlich. Wie hatte er doch gelitten.

Plötzlich entdeckte er Cleanders Spion. Philippus zeigte auf ihn und rief anklagend: »Der da hat mich verraten.«

Doch zu seiner Überraschung lief der Junge dieses Mal nicht davon, sondern lächelte, und sein Onkel ebenfalls. »Nein, das ist Loris. Ihm verdankst du deine Freiheit. Nur durch ihn habe ich von dem Prozess gegen dich erfahren und konnte dir helfen.«

Philippus war überrascht. »Du hast mich nicht verraten?«, fragte er ungläubig nach.

Der Junge schüttelte den Kopf.

»Im Gegenteil. Er hat dich gerettet«, bekräftigte Rufus.

»Und ich habe dich für einen Spion Cleanders gehalten.« Er schüttelte den Kopf. »Aber warum bist du vor mir weggelaufen? Warum hast du mir nicht gesagt, dass du in Diensten meines Onkels stehst?«

»Er hat nur meinen Befehl ausgeführt«, verteidigte ihn Rufus. »Wir hätten dich nur gefährdet, wenn du von meiner Anwesenheit in Rom erfahren hättest. Wer in Rom zu Neros Zeiten geschäftlich erfolgreich war, hatte nach dessen Tod eine Menge Feinde. Doch inzwischen hat sich die Lage beruhigt, und ich konnte zurückkehren. Wie du gesehen hast, gerade noch rechtzeitig.«

»Danke, Loris«, sagte Philippus, indem er auf den Jungen zuging und ihm die Hand entgegenstreckte.

»Dank ist nicht angemessen, Philippus. Der Junge ist mein Sklave.«

»Ist Trimalchio auch dein Sklave?«

»Nein, er verwaltet meine Mietshäuser. Ich hatte ihm verboten, über mich zu sprechen. Du warst sicherlich sehr verwundert, plötzlich eine Wohnung und Geld zu erhalten.« Philippus bejahte dies. »Aber woher hast du gewusst, dass ich in Rom bin?«

»Trimalchio hat mir von deiner Ankunft berichtet. Ich werde deinem Vater Geld schicken, damit er dich nicht mehr aus Not versklaven muss. Aber du kennst ja den Dickkopf. Ich weiß nicht, ob ich damit seine gekränkte Ehre wiederherstellen kann. Ich fürchte, seine Wut auf uns beide wird noch anwachsen. Die Sache mit Cleander dürfte deshalb noch nicht ausgestanden sein.«

35

Rom
im Juli 70 n. Chr.

Domitianus bekleidete nun bereits seit Monaten das Amt des Prätors und fühlte sich mit jedem Tag ein wenig mehr zum Cäsar geboren. Obwohl der Fall Jerusalems unmittelbar bevorstand, machte er keine Anstalten, sich auf die schon bald zu erwartende Rückkehr von Vater und Bruder vorzubereiten.

Mit Domitianus war auch Catulus in den Kaiserpalast eingezogen. Täglich begab er sich zum Prätor, gewöhnlich dabei zahlreiche Schriftrollen unter dem Arm tragend. Und immer dann, wenn dabei sein Blick über die marmornen mosaikgeschmückten Fußböden, die hohen säulenumrahmten Hallen und die prunkvollen schweren Wandvorhänge schweifte, spürte er eine tiefe Befriedigung, ja sogar etwas wie Dankbarkeit gegenüber Domitianus, der ihn mit seinem Aufstieg hierher gebracht hatte, an diesen Ort, den er in seinen Träumen so oft schon betreten hatte.

Doch zum Genießen war wenig Zeit. Offiziell hatte Catulus in der Hofverwaltung den Posten des ab epistulis übertragen bekommen. Damit war er von seinem persönlichen Ziel zwar noch weit entfernt, beaufsichtigte aber mehrere kaiserliche Sekretäre, deren Aufgabe hauptsächlich darin bestand, zu schreiben, ohne nennenswerten Einfluss auf den Inhalt zu nehmen. Dieses Amt wurde vor seiner Zeit durch Freigelassene besetzt, was Catulus als ein hoffnungsvolles Zeichen für die Erfüllung seines Traumes wertete.

Das Amt des Prätors nahm Domitianus anscheinend stärker in Anspruch, als er es erwartet hatte. Denn er stöhnte oft unter der Last der Arbeit. Aber er hatte das Talent, sich geschickt seiner Aufgaben zu entziehen, indem er Catulus eine Unmenge davon aufbürdete. Und so stapelten sich Papyrusrollen auf dessen Schreibtisch und quollen aus den Regalen.

Mucianus ging in der kaiserlichen Kanzlei mehrmals täglich ein und aus. Er erlangte in sehr kurzer Zeit großen Einfluss auf Domitianus und bestimmte, wer zu ihm vorgelassen werden durfte und wer nicht. Catulus, der zunehmend auch Aufgaben von Mucianus übertragen bekommen hatte, musste auf diese Weise feststellen, dass dieser eigentlich faktisch die Führung in Rom übernommen hatte. Und so war es nicht ungewöhnlich, dass er in zunehmendem Maße auf dessen Geheiß Briefe an die Legionen und Provinzen verfassen musste, die Domitianus dann, oft erst nach mehrfachem Mahnen, in einem lästigen Pflichtakt unterschrieb.

Domitianus hatte offensichtlich nichts gegen den Tatendrang von Mucianus einzuwenden, machte dieser es ihm doch möglich, seine neue Leidenschaft zügellos auszuleben. Er hatte nämlich festgestellt, dass Menschen mit Geld und Macht augenblicklich bei den Frauen an Attraktivität und Anziehungskraft gewannen. Gerade weil er dem weiblichen Geschlecht früher eher schüchtern begegnet war, entwickelte er nun ein umso hemmungsloseres Interesse für sie. Ständig verkehrten Frauen im Palast, viele davon verheiratet, aber oft im Einvernehmen mit ihren Ehemännern, und manchmal auch in Begleitung eines Prätorianers. Domitianus' Affären waren zunächst nur Gegenstand des Palastgetratsches. Aber es dauerte nicht lange und man lästerte über ihn in Roms Straßen und Kneipen im untersten Gassenjargon.

Catulus fiel auf, dass es Domitianus trotz Mucianus' Einflussnahme verstanden hatte, um sich herum Untergebene zu scharen, die ihm uneingeschränkte Loyalität zusicherten, zumindest aber existenziell von ihm abhängig waren. Er beherrschte es geschickt, durch Bestechung und Nötigung seine Macht zu festigen, was bei Catulus die Frage aufwarf, warum er all diesen Aufwand betrieb, wo er doch nur auf Zeit herrschte. Wollte er etwa die Übergabe der Machtbefugnisse an seinen Vater nach dessen Rückkehr verweigern?

Mucianus, von dem Catulus wusste, dass er sich mehr Vespasianus als dessen Sohn in Treue verpflichtet sah, schien diese Frage ebenso umzutreiben. Eines Tages ließ er einen von seinen Spionen denunzierten Bäcker zu Domitianus schleppen, als der gerade wieder eines seiner Feste gab und dem Wein schon kräftig zugesprochen hatte – wie immer umgeben von zahlreichen Frauen.

Mucianus ließ den Mann vor Domitianus führen und fragte ihn im Befehlston: »Sprich, was schwatzt man in Roms Kneipen über unseren jungen Cäsar?«

Der junge Mann warf sich zu Boden und flehte Mucianus an: »Herr, ich weiß nicht, wovon du sprichst.«

Mucianus zückte seinen Dolch und hielt ihn dem Mann an die Kehle, während er gleichzeitig dessen Kopf an den Haaren nach hinten riss. »Sprich, du elende Ratte, oder du wirst auf der Stelle sterben.«

»Verzeih göttlicher Domitianus«, jammerte der Bäcker mit zittriger Stimme. »Man spricht darüber, dass du nicht mit dem Schwert eroberst, sondern ...«, seine Stimme erstarb vor unsäglicher Angst.

»... sondern?«, drängte Domitianus. »Womit erobere ich, wenn nicht mit dem Schwert? Sprich!«, schrie er.

Mucianus erhöhte den Druck seines Dolches an der Kehle des Mannes, sodass schon etwas Blut floss, und wiederholte die Frage. »Womit erobert der Cäsar, wenn nicht mit seinem Schwert?«

»Mit seinem Schwanz ...« Der Bäcker schloss die Augen.

Eine unheimliche Stille trat ein. Domitianus' Kopf färbte sich augenblicklich tiefrot. Er schnaubte, stürzte sich auf Mucianus, entriss ihm den Dolch und stieß diesen dem Bäcker mit aller Kraft in dessen Schritt. Der Mann brüllte auf vor Schmerz und kippte zur Seite. Eine sich rasch vergrößernde Blutlache war zu sehen. Überall im Saal herrschte Betroffenheit. Selbst die Blicke der anwesenden Prätorianer verrieten Entsetzen und Abscheu.

Domitianus ließ den Dolch fallen und schrie: »Hinaus mit euch! Das Fest ist beendet.«

Als sich die Gäste zum Gehen wendeten, rief er ihnen noch nach, indem er mit der linken Hand auf den vor Schmerz winselnden Bäcker deutete: »Seht euch diesen Sohn einer dreckigen Hure an. So wird es jedem ergehen, der auch nur ein Sterbenswörtchen über diese elende Verleumdung verbreitet.«

Dann war Domitianus mit Mucianus allein. Dieser wischte an der Tunika des inzwischen verstorbenen Bäckers das Blut von seinem Dolch ab. Catulus war längst ins Nebengemach geflohen, denn er fürchtete, ebenfalls ein Opfer von Domitianus' Zornausbruch zu werden. Er konnte aber von dort hören, was die beiden Männer sprachen.

»Sag mir, Mucianus, warum spricht das Volk so über mich?«, fragte Domitianus in einem hilflosen Ton.

»Du bist ein Cäsar«, sprach Mucianus in einer Weise, als müsse er als ein Vater seinem Sohn den Glauben an sich selbst wiedergeben. »Die Götter schauen auf dich. Du stehst im Mittelpunkt Roms. Du bist Rom. Doch noch weiß das Volk nichts von deinen Fähigkeiten, von dem Glück eines begnadeten Herrschers, wie du einer bist. Du musst dem Volk dein wahres Gesicht zeigen, damit sie deinen wahren Charakter sehen.«

»Du hast recht, Mucianus«, sprach Domitianus, in dessen Augen schon wieder Zuversicht funkelte. »Du bist ein wahrer Freund.« Er packte ihn voller Tatkraft mit beiden Händen an den Schultern. »Es wird Zeit, dem Volk zu zeigen, wer ich wirklich bin.« Plötzlich schaute er an die Decke, und sein Blick wurde weich, als hätte irgendein Gott ihm gerade seine Berufung eingegeben. »Titus ist im Begriff, Jerusalem zu erobern«, sprach er, Mucianus wieder anblickend. »Und auch ich werde mich mit dem Lorbeerkranz eines Siegers schmücken. Das Volk soll wissen, dass die Feinde Roms jeden Flavier fürchten müssen. Morgen ziehen wir nach Germania. Ich werde die aufständischen Barbaren abschlachten. Als Caesar Germanicus werde ich nach Rom zurückkehren und dem Volk die Köpfe der Rädelsführer präsentieren. Bereite mit Catulus alles Nötige vor, Mucianus. Auf nach Germania!«

36

**Bataverland
September 70 n. Chr.**

Mehr als ein Jahr nachdem Civilis die Bataver zum Aufstand gegen Rom aufgerufen hatte, kehrte Thorbrand auf den Hof seiner Familie zurück. Doch anstelle von Wiedersehensfreude packte ihn blankes Entsetzen. Das Anwesen bot ihm nur noch einen traurigen Anblick der Zerstörung. In seiner Nase verfing sich der Kadavergeruch des Viehs, das, von Fliegen umschwärmt, überall herumlag. Tote Ziegen, Schafe und Katzen; kein einziges Tier hatten die Römer verschont. An ihren Fellen klafften große Wunden, die von Schwerthieben herrührten. Und um eine erloschene Feuerstätte herum lagen zerbrochene Metkrüge, abgegessene Knochen von Gebratenem und Hühnerfedern, die vom üppigen Mahl der Sieger zeugten. Vom gestelzten Kornspeicher war nur noch ein Haufen Asche übriggeblieben, der Thorbrand flüchtig an seinen Traum von Weizenanbau und Handelsglück denken ließ und nun mit dem Rauch verflogen war. Von seinen Familienangehörigen fehlte jede Spur. Da er ihre Leichen nicht fand, fürchtete er, dass sie versklavt worden waren. Er kletterte über die rauchenden Trümmer des Wohnhauses hinweg und suchte darin die Erinnerungen an friedliche Zeiten. Aus dem Schutt zog er ein verrußtes Holzschaf hervor, das er vor Jahren seiner kleinen Schwester geschnitzt hatte. Beim Anblick des Spielzeugs liefen ihm Tränen über die Wangen. Die Vorstellung, dass sie womöglich von Legionären geschändet würde, löste in ihm Schuldgefühle aus. Der Aufstand gegen Rom, den die Bataver bis in deren gallische Provinz getragen hatten, war mit brutaler Gewalt in seine Heimat und sein Vaterhaus zurückgekehrt.

Dabei hatte alles so hoffnungsvoll begonnen. So viele Römer hatten sie getötet, so viele Legionen aufgerieben, so viele Kastelle zerstört. Wie hatten sie gejubelt, als sie vom Niederbrand des Kapitols mit seinem wichtigsten Heiligtum, dem Jupitertempel, hörten. Sie hatten damals geglaubt, deren Götter hätten die Römer verlassen, während sie selbst von Wotan mit dem Schlachtenglück reichlich beschenkt worden seien. Zum Dank dafür weihten sie ihrem Kriegsgott die Früchte ihres Sieges, indem sie ihm die Gefangenen opferten und mit ihren Leichen die Sümpfe füllten. Es gab damals keinen Zweifel am Sieg. Selbst die Seherin Veleda hatte ihn prophezeit, und für Thorbrand schienen sich die Träume von Ruhm und Reichtum, Ansehen und Ehre zu erfüllen. Sogar seine Familie konnte er üppig versorgen, nachdem er mit seiner Schwadron einen randvoll mit Getreide beladenen Prahm gekapert hatte, der wegen des niederen Wasserstandes in dem trockenen Sommer auf Grund gelaufen war.

In jener Zeit war es ihm vergönnt gewesen, Beute zu machen. Er hatte nach jeder Schlacht manch wertvolles Stück geraubt, das vorher von einem Römer erbeutet worden war. Das Blut der Feinde hatte er sein Schwert reichlich kosten lassen, während er selbst nur kleinere Wunden davongetragen hatte. Eine tiefe Narbe über seinem rechten Auge trug er mit dem Stolz eines mutigen Kämpfers. Sie ersetzte das, was die Römer Orden nannten. Der Sieg über Rom schien schon vollendet, ein eigenes Reich greifbar nahe.

Doch das ersehnte Ende wollte sich einfach nicht einstellen. Der römische Kriegsgott Mars musste sehr mächtig sein, denn immer wieder schickte er ihnen neue Römer entgegen; stärker als je zuvor kamen sie auf die Schlachtfelder zurück. Immer zahlreicher rückten ihre Legionen gegen die Bataver vor, zu viele, als dass man sie hätte besiegen können. Irgendjemand hatte von einer Hydra gesprochen, der aus einem abgeschlagenen Kopf drei neue nachwuchsen. Immer weiter waren sie von den Römern zurückgedrängt worden, bis über den Rhenus zurück in ihr eigenes Stammesgebiet.

Überall auf dem Rückzug war Thorbrand auf zerstörte Siedlungen, verwüstete Felder und Leichen getöteter Stammesbrüder gestoßen. Viele Kämpfer waren in den zahlreichen Schlachten gefallen, darunter auch seine jüngeren Brüder. Und es nahm kein Ende. Immerfort hörten sie den schauerlichen Klang ihrer Hörner über die Ebene hinweg dröhnen, wurden ihre Wagenburgen durch Feuer vernichtet und ihre Frauen und Kinder verschleppt. Das Kriegsglück hatte sich endgültig gewendet, und Verrat breitete sich aus. Die gallischen Anführer unterwarfen sich erneut ihren ehemaligen Besatzern und retteten damit ihr eigenes Leben. Aber die schwindende Aussicht, sich dem wiederkehrenden römischen Joch zu widersetzen, hatte den trotzigen Hass auf Rom in Thorbrands Herzen umso mehr anwachsen lassen.

Thorbrand verließ den Hof und begab sich zu seiner Kämpferschar, die am Waldrand auf ihn wartete. In Anerkennung seines Mutes und seiner Umsicht hatte ihm Civilis das Kommando über den kleinen Spähtrupp erteilt. Der Befehl lautete, sich an das römische Feldlager heranzuschleichen, um die Stärke der Römer und ihre Absichten zu erkunden. Je nach Möglichkeit sollten sie dem Feind Schaden zufügen. Die entscheidende Schlacht stand seinem Volk noch bevor.

Thorbrand selbst war inzwischen wie alle seine Kämpfer mit Kettenhemd, Helm und Schild der Auxiliare ausgerüstet – alles aus dem Bestand der von den Gefallenen reichlich hinterlassenen Waffen. Das von dem Centurio erbeutete Schwert aber hing immer noch über seiner Schulter.

Es begann zu dämmern. Aus dem Moor zogen dicke Nebelschwaden auf, weshalb Thorbrand seine Stammesbrüder über sichere Trampelpfade in Einerreihe anführte. Jeder konnte in dem dichten Nebel gerade noch seinen Vordermann sehen. Thorbrand kannte sich in seiner heimatlichen Gegend gut aus, und auch die Kampfgefährten konnten auf entsprechende Erfahrungen bauen, denn manch einer von ihnen war schon in den bodenlosen Morast gerutscht und wäre verloren gewesen, hätten ihn seine Stammesbrüder nicht wieder herausgezogen. Zur

Sicherheit ließ er seine Männer mit langen Stöcken die Festigkeit des Pfades prüfen und mit Weidenstöckchen abstecken. Falls sie später angegriffen werden würden, könnten sie den sicheren Weg leicht wieder aufspüren, anschließend die Markierungen entfernen und sich auf diese Weise vor Verfolgung schützen.

Nach einiger Zeit hatten sie das Moor durchquert, ohne einen Zwischenfall. Thorbrand befahl seinen Männern, sich zu tarnen. Die Bataver schmierten ihre Gesichter mit Schlamm ein, befestigten Zweige an Helme und Rüstungen und versteckten sich anschließend im Gelände. Vor ihnen erstreckte sich eine gut einsehbare Ebene. In der Ferne hatte sich der Nebel gelichtet und gab im Abendlicht die milchigen Umrisse des römischen Marschlagers frei. Deutlich erkannte Thorbrand die Gräben, Erdwälle und Palisaden.

Plötzlich hörte er in der Nähe Stimmen und Pferdeschnauben. Er warf sich flach auf den Boden. Doch plötzlich erschrak er. Dicht vor ihm lief ein Römer vorbei. Er hatte über seinen Helm den Kopf eines Löwen gestülpt, dessen Fell über die Schultern des Mannes herabfiel. So ein Tier hatte Thorbrand noch nie zuvor gesehen, weshalb er dessen Träger zuerst für eine wilde Kreatur gehalten hatte. Mit beiden Händen hielt der Römer eine Standarte hoch. Ihm folgten weitere Legionäre, die sich in gleicher Weise mit Fellen von Wildkatzen geschmückt hatten, aber anstelle einer Standarte Musikinstrumente trugen. Hinter ihnen ritt hoch zu Ross ihr Anführer auf einem edlen Schimmel. Auf dessen Helm wogte ein Busch von weißen Straußenfedern. Unter seinem geöffneten pelzbesetzten Purpurmantel blitzte ein weißer Muskelpanzer hervor. Ein General, dachte Thorbrand. Vier Offiziere ritten an seiner Seite. Dahinter marschierte eine Legionärskolonne mit viereckigen Schilden, auf deren rotem Grund ein großer schwarzer Skorpion abgebildet war.

»Prätorianer«, flüsterte der Kämpfer neben Thorbrand. »Wo im Felde der Skorpion auftaucht, kann der Kaiser nicht weit sein. Vielleicht ist er es sogar.« Dabei zeigte er auf den Reiter im Purpurmantel.

Thorbrand schaute den Mann neben sich, einen Soldaten aus Civilis Auxiliarkohorte, verwundert an. Er konnte es kaum glauben. Da ritt der römische Kaiser nicht einmal einen Lanzenwurf entfernt genau auf sie zu, ohne die Gefahr zu ahnen, in der er sich befand. Welches Geschenk präsentierte ihm hier Wotan? Welche Schande, es abzuweisen!

Thorbrand gab seinen Männern, die zwar in der Unterzahl, aber allesamt todesmutige Kämpfer waren, Handzeichen, die sie untereinander weitergaben.

Als die römischen Reiter nah genug an sie herangekommen waren, warfen die Bataver ihre Speere auf den Schimmel des Kaisers und auf die Offiziere. Der Angriff glückte. Der Kaiser stürzte, die Reiter an seiner Seite fielen getroffen zu Boden. Ihre Pferde scheuten und preschten kehrtmachend in die Legionärskolonne hinein, was diese völlig durcheinanderbrachte. Diese Unordnung ausnutzend, ergriffen zwei Bataver den Kaiser und schleppten ihn zurück ins Moor.

Ein Centurio brüllte, und die Römer formierten sich wieder. Einige jagten ihrem Kaiser hinterher. Doch da sie sich mit dem gefährlichen Gelände nicht auskannten, brach gleich die Hälfte von ihnen in den Schlamm ein. Bis zum Bauch eingesunken, schrien sie um ihr Leben. Ihre Kameraden kamen zu Hilfe und wurden dadurch von der Verfolgung abgehalten.

Der Centurio schrie sie an. Das Heil des Kaisers stand im höheren Rang als das Leben ihrer Kameraden. In dem Durcheinander gewann Thorbrand mit seinen Männern und dem gefangenen Kaiser den entscheidenden Vorsprung. Die wenigen Prätorianer, die ihnen nachsetzten, wurden im Kampf Mann gegen Mann am Vorwärtskommen gehindert. Der dichte Nebel und die Tücke des Moores erwiesen sich letztendlich wirkungsvoller als die höchste Palisade. Sie machten den Römern eine Verfolgung unmöglich. Nur wenige Bataver reichten aus, um das weitläufige Moor gegen eine Übermacht zu verteidigen.

Thorbrand, seine Männer und der kaiserliche Gefangene durchquerten das Moor und erreichten die Stelle wieder, wo sie ihre Pferde zurückgelassen hatten. Weiter ging es im Galopp. Ihr Ziel war das Hauptquartier, wo sich ihr Anführer Civilis aufhielt. In der inzwischen mondlosen, wolkenverhangenen Nacht war es stockdunkel geworden. Nur das spärliche Licht der Fackeln verhinderte, dass sie sich verirrten.

Doch plötzlich hörten sie hinter sich Hufschläge. Berittene Prätorianer hatten das Moor umgangen und waren ihnen nun gefährlich auf den Fersen. Die Römer waren hervorragende Reiter, und ihre Pferde waren schneller als die etwas kleineren der Bataver. Immer deutlicher hörte Thorbrand das Stampfen der Hufe. Als der Vorsprung bedrohlich zusammengeschmolzen war, versperrte ihnen plötzlich ein breiter Nebenarm des Rhenus den Weg. Der Gefangene, den sie, auf ein Pferd gefesselt, mitführten, jubelte und forderte sie zur Aufgabe auf. Doch als Thorbrand seine Reiter direkt in die starke Strömung lenkte, schrie er vor Schrecken auf.

Zufrieden stellte Thorbrand fest, dass die Pferde der Verfolger das Wasser scheuten. Die Prätorianer blieben am Ufer zurück, bis sie der Nebel verschluckte. Thorbrand hatte gewusst, dass sie es nicht gewohnt waren, auf Pferden Flüsse zu durchschwimmen.

Er war froh, als sie unbeschadet in der stark gesicherten Wagenburg eintrafen. Rundherum standen das batavische Haupheer und die restlichen Truppen seiner Verbündeten. Überall brannten unzählige Lagerfeuer. Es dauerte nicht lange, da erschien Civilis persönlich, dem man die Gefangennahme des römischen Kaisers gemeldet hatte.

Im Schein des Lagerfeuers musterte er den Mann im Purpurmantel. Dann sagte er: »Du bist nicht der Kaiser.«

Thorbrand war enttäuscht.

»Ich bin Domitianus, Prätor von Rom.«

»Domitianus, Vespasianus' Sohn?«, fragte Civilis.

Der Mann nickte.

»Ich nehme an, du willst am Leben bleiben?«

»So wie du selbst. Du bist doch Civilis?«, antwortete Domitianus mit erhobenem Haupt und fester Stimme.

»Ja, der bin ich. – Willst du uns ein Angebot unterbreiten?«
»Nein.«
»Also willst du doch sterben?«
»Du kannst mich töten, aber du wirst dann dies Schicksal mit mir teilen. Nur wenn du mich verschonst, kannst du dein eigenes Leben und das deines Volkes retten. Aber ich bitte dich nicht darum.«

Civilis machte ein nachdenkliches Gesicht, dann erwiderte er ruhig: »Mein Bruder wurde einst hingerichtet, obwohl er Rom die Treue hielt. Was soll ich Geringeres für einen Aufstand gegen Rom erwarten als den Tod?«

»Wenn du mich bittest, steht es in meiner Macht, dich und dein Volk vom Untergang zu verschonen.«

»Ich soll dich bitten?« Civilis lachte laut auf. »Du vergisst, dass ich dich auf der Stelle töten könnte.«

»Ja, das könntest du. Doch bedenke: Ich bin zurzeit der erste Mann in Rom. Ich bin Cäsar. Wir können den Krieg ehrenhaft beenden. Ich weiß, du hast im Auftrag von Antonius Primus gehandelt. Du standest auf der Seite meines Vaters. Das vergesse ich dir nicht. Für die Erhebung der Gallier trifft dich keine Schuld.«

»Du gibst mir die Ehre der Bataver zurück?«

»Sie wurde dir nie genommen. Doch du kannst sie immer noch verlieren. Entscheide schnell. Die Legionen werden den Tod ihres Cäsars bitter rächen.«

Thorbrand hatte das Gespräch mit Unverständnis verfolgt. Der Mut des Kaisersohnes hatte ihn beeindruckt. Doch das Auftreten seines eigenen Anführers verunsicherte ihn. Was hatte Domitianus damit gemeint, dass Civilis auf der Seite dessen Vaters gestanden hätte? Sollte dies etwa bedeuten, dass er und seine Stammesbrüder, ohne es zu wissen, nicht für ihre eigene Freiheit, sondern für Rom gekämpft hatten? War ihr Aufstand nur Teil eines Krieges zwischen verschiedenen Römerparteien gewesen? War dafür seine Familie ausgelöscht worden? War dafür so viel Bataverblut vergossen worden?

Thorbrands Gedanken wurden plötzlich durch aufgeregte Stimmen unterbrochen. Er sah Männer seines Trupps mit einem großen hageren Mann in einer feinen blauen Tunika herankommen.

»Was geht dort vor?«, fragte Civilis ungehalten.

»Der Mann hat sich uns gestellt«, antwortete einer von Thorbrands Männern. »Er behauptet, der persönliche Sekretär des Prätors zu sein.«

Domitianus drehte sich um und bestätigte: »Es ist die Wahrheit. Das ist Catulus, mein Sklave.«

»Was will er?«, fragte Civilis.

»Dieser Sklave kann sofort die Kapitulationsbedingungen aufschreiben.«

Kapitulationsbedingungen? Thorbrand kochte vor Wut.

»Ich kann nur unter einer Bedingung akzeptieren«, sagte Civilis. »Und die wäre, dass das Volk der Bataver und seine Kohorten wieder genau in den gleichen Stand versetzt werden, wie sie ihn unter Nero besaßen.«

»Wir können es dem Sklaven sofort diktieren, und ich setze mein Siegel darunter.« Domitianus hob bei diesen Worten demonstrativ seine rechte Hand in die Höhe, damit jeder den Siegelring an seinem Finger sehen konnte.

Civilis' Gesicht nahm jetzt wohlwollende Züge an. Er nickte und sagte freundlich: »Domitianus, ich darf dich als Gast in mein Zelt bitten. Verzeih die Unannehmlichkeiten. Niemand konnte von deiner edlen Absicht etwas ahnen.«

Obwohl das sich abzeichnende Einvernehmen der beiden Heerführer die Schonung seines eigenen Lebens bedeutete, durchfuhr Thorbrand großes Entsetzen. Sein Herz raste, und das Blut schoss ihm in den Kopf. Was hatte Civilis ihm hier angetan? Sein Mut, seine Opferbereitschaft, der Verlust seiner Familie und seiner Existenz, das alles sollte nur dem schlimmsten Feind gedient haben? Alles sollte nur eine Finte, das falsche Spiel eines erbärmlichen Römers im Batavergewand gewesen sein, der ihn und sein Volk getäuscht hatte? Freiheit oder Tod hatten sie ihm einst geschworen. Doch was er jetzt erlebte, war weder das eine noch das andere, sondern eine Verhöhnung ihrer Götter, die Civilis' Schwur bezeugt hatten. Thorbrand hätte schreien mögen. Und sein Geist suchte verzweifelt nach einem Ausweg. Was konnte er tun?

Mit Missvergnügen nahm er zur Kenntnis, dass sein Gefangener plötzlich mit höchsten Ehren behandelt wurde. Die Welt schien auf dem Kopf zu stehen. Alle Werte, für die Thorbrand je eingestanden war, zerbrachen plötzlich. Alle Opfer waren umsonst gewesen, alles wertlos geworden, in einem einzigen Augenblick. Der Stolz seines Volkes war zu einem Krämerhandel über Pfründe und Posten verkommen. Er blickte sich um. Keiner der Anwesenden schien seine Gefühle zu teilen. Alle waren bereit, sich Roms Herrschaft zu unterwerfen, dessen Repressalien und Demütigungen erneut zu ertragen. Hätte er den Kaisersohn doch getötet, als er es gekonnt hatte! Hätte er ihn doch nur getötet! In diesem Augenblick blitzte in seinem Kopf plötzlich ein Gedanke auf. Nur wenige Schritte vor ihm lief der Cäsar. Nah genug und völlig schutzlos, um das Versäumte noch nachzuholen. Ein kurzer Streich würde genügen, und die Ehre seines Volkes wäre gerettet. Und schon führte der Gedanke seine Hand an den Knauf seines scharfen Schwertes ...

37

Thorbrands Angriff auf den Cäsar war gescheitert. Civilis' Leibwache hatte ihn daran gehindert, Domitianus zu töten. Aber glücklicherweise war es ihm gelungen, das Chaos nach dem Attentat auszunutzen, um im Schutz der Nacht zu fliehen. Jetzt lag er im feuchten Laub am Waldesrand und beobachtete, wie Civilis' Männer mit Fackeln nach ihm suchten. Würden sie ihn entdecken, wäre dies sein sicherer Tod. Gegen die Übermacht hätte er keine Chance. Aber glücklicherweise sah er sie nur ziellos umherirren, sodass er vorerst sicher war, wenigstens in dieser Nacht. Wehmütig nahm er das geringe Gewicht der Scheide auf seinem Rücken wahr, denn sie war leer. Den Gladius hatte er im Handgemenge verloren. Nur der Dolch war ihm noch geblieben.

Zum Glück kannte er sich in der Gegend gut aus und vermochte, sich auch im Dunkeln zu orientieren. Er wollte im Westen sein Glück suchen, im Land der Cherusker. Ihm fiel nichts Besseres ein als dieser Stamm, der vor Jahren die Römer besiegt hatte. Er hoffte, bei den Feinden Roms eine sichere Bleibe zu finden. Und da er ein guter Kämpfer war, rechnete er sich einen Platz im Gefolge ihres Fürsten aus. Von den Batavern war er für immer ausgeschlossen, denn er hatte sich gegen ihr Stammesoberhaupt gestellt und damit den Treueid gebrochen. Ihm blieb keine andere Wahl als die Flucht und die Suche nach einem neuen Herrn. Ein Einsiedlerdasein im Wald wäre für ihn, der eine Kriegerseele besaß, eine unannehmbare Perspektive.

Der Nacht zum Trotz brach er auf und betete zu den Göttern, dass sie ihm die Ruhestörung im Wald verzeihen mochten. Doch schon nach kurzer Zeit musste er sein Unterfangen aufgeben, weil er im Finsteren nicht mehr den Weg erkannte. Er kauerte sich nieder, lehnte sich an einen Baum an und hüllte sich in seinen dünnen Mantel, um so ein wenig zu schlafen. Sein Geist war allerdings stark aufgewühlt, sodass es lange dauerte, bis er endlich Ruhe fand. Die Kälte, die er durch Kreisen der Arme aus den Gliedern zu vertreiben versuchte, weckte ihn immer wieder auf, bis schließlich doch der tiefe Schlaf der Erschöpfung über ihn kam.

Er wachte sehr früh auf und fror erbärmlich. Sein Leib zitterte. Irgendwann hatte er sich doch auf den feuchten Boden niedergelegt, der ihn völlig ausgekühlt hatte. Er blinzelte in die düstere Morgendämmerung und nahm mit Schrecken wahr, von welcher Todesgefahr er in der Nacht bedroht gewesen war. Einige Schritte von ihm entfernt dampfte das Moor.

Bald fand er den unbefestigten Handelsweg, der so breit war, dass ihn gerade ein einzelnes Fuhrwerk befahren konnte, wenn es nicht bei starkem Regen im Schlamm stecken blieb. Dort kam er schneller voran als im Gehölz. Pausen während des Laufschritts gönnte er sich nur in der Weise, dass er das Tempo verringerte. Sobald es seine Kräfte wieder zuließen, rannte er weiter. Er wusste, dass Civilis die Suche nach ihm niemals aufgeben würde. Immer wieder hielt er an, um, von Angst getrieben, nach etwaigen Hufschlägen der Häscher zu lauschen. So hastete er vorwärts, ohne auf eine Menschenseele zu treffen. Nur sein Keuchen und das Gezwitscher der Vögel unterbrachen die Stille des Waldes.

Gegen Mittag begann es zu nieseln. Eine Siedlung umging er im weiten Bogen, um nicht entdeckt zu werden, und nahm dafür in Kauf, sich mühsam durch das Dickicht schlagen zu müssen. Dornengestrüpp riss ihm die Haut auf, glitschige Wurzeln brachten ihn zum Stolpern.

Der Tag war schon weit fortgeschritten, als ihn eine leichte Übelkeit überkam. Der Hunger meldete sich. Seine letzte Mahlzeit, ein Fladenbrot mit Honig, hatte er am Morgen des Vortages gegessen. An Durst litt er nicht, denn der Wald bot ihm viele Wasserquellen. Doch der Hunger quälte ihn. Er musste etwas essen, sonst würden ihn auf der langen Wanderung bald die Kräfte verlassen.

Mit dem Einbruch der Nacht entdeckte er an einem Hang eine höhlenartige Vertiefung, die sich zum Schlafplatz eignete. Um sich dieses Mal besser vor der Kälte zu schützen, baute er sich ein Nachtlager. Für dessen unterste Schicht trug er große Steine zusammen, die er mit abgestorbenen Ästen abdeckte, auf welche er eine dichte Lage aus Tannenzweigen legte. Zum Schluss sammelte er Laub, das er in seinen Mantel stopfte, der ihm als warme Decke dienen sollte. Diesem Konstrukt vertraute er, hatte er auf diese Weise doch bereits mehrfach übernachtet, als er früher auf mehrtägigen Jagdpirschen unterwegs gewesen war.

Kaum war er fertig, begann es stark zu regnen, und er war froh, dass ihn die Höhle vor der Nässe schützte. Die Mühsal des Tages forderte schnell ihren Tribut, und er schlief ein.

Etwas krabbelte an seiner Wange. Er schlug mit der Hand danach, öffnete die Augen und stellte erschrocken fest, dass ihn bereits der helllichte Tag blendete. Die Sonne schien, und die Luft war klar. Er wischte das Blut des erschlagenen Käfers mit einem Blatt von Hand und Wange ab. Gerade wollte er sich erheben, da hörte er Hufe auf dem Waldboden stampfen. Sofort legte er sich wieder flach auf den Boden und sah am Fuße des Hangs Bataverreiter vorbeigaloppieren. Sie kamen aus der Tiefe des Waldes und ritten in Richtung ihres Stammesgebietes zurück. Thorbrand hatte die Luft angehalten und atmete nun entspannt aus. Sie hatten ihn nicht bemerkt. Glücklicherweise hatte der starke Regen in der Nacht seine Spuren verwischt, sonst wäre es um ihn geschehen gewesen. Und hätte er nicht verschlafen, wäre er seinen Verfolgern vermutlich direkt in die Arme gelaufen. Er dankte Mutter Erde dafür, dass sie ihn beschützt hatte. Die überstandene Gefahrensituation versprach ihm auch für die nächsten Stunden Sicherheit, denn sie würden bestimmt nicht so schnell zurückkommen. Aber in seinem Magen machte sich der Hunger mittlerweile schon schmerzhaft bemerkbar. Lange würde er es ohne Nahrung nicht mehr aushalten. Er spürte schon seine Kräfte schwinden.

Etwas Linderung verschaffte er sich, indem er den Gürtel an seiner Tunika festerschnallte. Jetzt war es ihm egal, er würde es riskieren, die nächste Siedlung aufzusuchen. Der Beutel an seiner Brust war mit Beutestücken gefüllt: Münzen aus Gold, Silber und Messing, aber auch Ringen und Bernstein. Auf einem römischen Markt wären dies Reichtümer gewesen. Doch in den Wäldern musste er erst einmal eine wohlhabende Sippe finden, deren Oberhaupt bereit war, lebenswichtige Nahrung dagegen einzutauschen.

Einen kurzen Augenblick überlegte er, ob er das Kettenhemd verkaufen oder gar zurücklassen sollte. Wenn er nicht bald etwas Essbares fände, könnte es ihn das Leben kosten. Das Gewicht, das schwer an seinen Schultern hing, zehrte an seinen Kräften. Schließlich zog er es aber doch wieder über. Es war zu wertvoll. Ein ganzes Jahr lang hatte ein Mann daran gearbeitet, um es herzustellen. Und später würde es ihm in der Gefolgschaft gute Dienste leisten, ihm sogar das Leben retten können.

Gegen Mittag machte er in der wärmenden Sonne eine Ruhepause. Dann lief er weiter. Doch eine Siedlung, in der er etwas zu essen kaufen könnte, war nicht in Sicht. Als es dämmerte, baute er erneut so ein Nachtlager wie am Abend zuvor.

Der Hunger ließ ihn kaum zum Schlafen kommen, und am nächsten Morgen plagte ihn große Übelkeit. Er trank reichlich Wasser, was seine Not etwas linderte. Aber das war nun schon der dritte Tag, an dem er nichts gegessen und die meilenweite Wanderschaft an seinen Kräften gezehrt hatte. Er spürte, dass seine Beine wacklig wurden und ihn häufig zu Pausen zwangen. Dabei überkam ihn ein schrecklicher Gedanke, während er über den Angriff auf den Prätor nachdachte, mit dem er Civilis' Verrat hatte heilen wollen. Würde er für das erlittene Unrecht, die vergeblichen Kämpfe und seine gefahrvolle Wanderschaft den Lohn eines neuen ehrenhaften Lebens finden können? Oder würde er schon bald kraftlos zusammenbrechen und, statt als Held nach Walhalla zu fahren, eine Beute wilder Tiere werden? Es war eine traurige, bedrückende und angstbeladene Vorstellung. Während er so unter den wärmenden Sonnenstrahlen, die zwischen Lücken im Blätterdach auf sein Gesicht schienen, auf einem umgefallenen Baumstamm am Wegrand saß und überlegte, ob er je wieder aufstehen sollte, drangen aus weiter Entfernung Geräusche eines Pferdefuhrwerks an seine Ohren, die seine Kraftreserven mobilisierten. Er sprang unverzüglich auf und suchte hinter einem Baum Deckung. Von dort aus hatte er gute Sicht auf den Waldweg.

Bald tauchte hinter einer Biegung ein vierrädriger Planenwagen auf, der von zwei Pferden gezogen wurde. Dann ein zweiter und noch ein dritter. Dahinter folgten drei Reiter. Als die Wagen näher herangekommen waren, atmete er auf. An den Kleidern der Fuhrleute erkannte er römische Händler. Sie wagten sich wohl nach dem Krieg als Erste in die Tiefen der germanischen Wälder vor. Thorbrand gab die Deckung auf und stellte sich dem Tross in den Weg. Die Fuhrwerke hielten an. Sofort kamen die drei Reiter von hinten auf ihn zugeprescht.

»Aus dem Weg!«, schrie einer von ihnen.

»Seid gegrüßt«, entgegnete Thorbrand höflich. »Ich führe nichts Böses im Schilde. Ich bitte euch nur, mir etwas Essbares zu verkaufen.«

»Wir handeln nicht auf Reisen. Aus dem Weg.«

»Wölfe haben mir meinen Proviant abgejagt. Ihr wollt doch einem Mann in Not die Hilfe nicht versagen?«

»Kannst du zahlen?«, fragte ein bärtiger Mann von kleinem, aber kräftigem Wuchs, der vom ersten Wagen abgestiegen war.

»Ja, ich habe römische Münzen.«

»Zeig her!«

Thorbrand fingerte aus seinem Beutel einen silbernen Denar hervor und zeigte ihn dem Bärtigen.

»Was willst du dafür haben?«

»Brot und Passage«, antwortete Thorbrand.

»Passage? Wohin?«

»So weit wie möglich nach Westen, bis zu den Cheruskern.«

»Du wolltest zu Fuß zu den Cheruskern?«, fragte der Mann argwöhnisch. »Was willst du dort? Du bist doch ein Bataver?«

Thorbrand antwortete nicht, sondern kramte aus seinem Beutel einen Aureus heraus und zeigte ihn dem Bärtigen, dessen Augen beim Anblick des Goldstückes leuchteten.

»Keine Fragen, nur gutes Essen und Passage«, sagte Thorbrand im Vertrauen auf die Wirkung des Goldes.

Der Händler ergriff die Münze und biss mit den Backenzähnen kräftig auf sie. Zufrieden stellte er ihre Echtheit fest.

»Steig auf«, sagte er. Auf sein Nicken hin ritten die Knechte wieder ans Trossende zurück.

Thorbrand setzte sich auf den Kutschbock neben den Fuhrknecht und den Bärtigen, der ihm ein großes Stück Brot reichte. Er begann gierig zu essen.

»Mein Name ist Lucius Petronius. Ich bin Händler aus Lugdunum«, stellte er sich vor.

»Thorbrand.«

»Es muss schon eine Weile her sein, seitdem dir die Wölfe dein Futter abgejagt haben. Und dein Schwert haben sie dir wohl auch entrissen?«, fragte Petronius spöttelnd.

Thorbrand schwieg.

»Du bist desertiert?«

»Warum fragst du das?«

»Nun, wir haben vor einigen Stunden Auxiliare der Bataver getroffen. Sie hatten uns nach so einem wie dich gefragt. Mir scheint, sie suchen dich.«

»Wir hatten vereinbart: keine Fragen.«

»Geht mich ja nichts an. Hauptsache, du zahlst. Du siehst müde und mitgenommen aus. Leg dich hinten auf die Säcke. Dort kannst du schlafen, und wir haben es hier vorn etwas bequemer.«

Dieser Vorschlag kam Thorbrand recht, denn die Kälte und das unbequeme Lager in den letzten zwei Nächten hatten ihm sehr zugesetzt.

»Ich rate dir, dein Kettenhemd auszuziehen und deinen schwarzen Mantel zu verstecken. Sonst wird man dich schnell erkennen und bald aufspüren. Wir bekommen dann nichts als Ärger. Hier nimm den!« Petronius warf Thorbrand einen grauen Mantel zu.

Thorbrand dankte und befolgte den Rat. Im Schaukeln des Wagens verfiel er sofort in einen tiefen Schlaf.

38

Jemand rüttelte Thorbrand wach. Als er die Augen aufschlug, sah er Petronius ins Gesicht. »Wir machen hier Halt. Pack mit an. So fällst du am wenigsten auf.«

Sie waren in einer Siedlung der Brukterer angekommen. Die Knechte des Händlers begannen sofort damit, Verkaufsstände aufzubauen. Thorbrand griff mit zu. Auf den Tischen breitete Petronius prachtvolle Waren aus: glänzendes Tongeschirr aus Terra Sigillata mit filigranen Reliefs, Bronzeeimer mit Jagdmotivverzierungen, gläserne Rippschalen, Bronzefibeln, Silberschmuck, Ballen mit Wollstoffen aus Tarent und Mäntel aus der Isterregion.

Die Bruktererfrauen, die grob gewebte Kleider mit Flicken trugen, waren von den leuchtenden feinen Stoffen begeistert. Sie guckten aber nur und konnten sich die luxuriösen Waren anscheinend nicht leisten. Ein gut gekleideter Mann kaufte für seine Frau mit vielen römischen Münzen einen Schal, der aus fein gesponnenen Fäden gewebt war und fast durchsichtig schien.

Es dauerte nicht lange, da bot ein Brukterer Petronius Pelze an. Thorbrand trat interessiert näher heran. Als Petronius mit dem Verkäufer schon fast handelseinig war, griff Thorbrand ein. »Die Pelze sind zu teuer«, sagte er. »In Fectio sind sie günstiger zu haben. Entweder du verlangst den dort üblichen Preis oder du kannst deine Felle behalten.«

Petronius machte ein erstauntes Gesicht. Noch mehr staunte er aber, als der Brukterer mit wütender Grimasse auf die Forderung einging.

Es kam Thorbrand nicht darauf an, dem Brukterer das Geschäft zu verderben. Vielmehr wollte er sich Petronius andienen. Er traute ihm nicht und sah es durchaus als möglich an, dass dieser ihn im Durchzugsgebiet der Chatten als Sklave verkaufen könnte. Dieser Stamm, von dem sich seine Vorfahren früher abgespalten hatten, war auf die Bataver nicht gut zu sprechen. Auf solche Ideen würde Petronius nicht kommen, wenn er in Thorbrand einen tüchtigen Gehilfen sah, der ihn im Ernstfall auch verteidigen könnte.

Der Handel hatte sich für Petronius nicht gelohnt, wohl aber für Thorbrand, der sich nun hinten auf dem Wagen auf weiche Felle legen konnte. Und so ging die Reise nach kurzem Aufenthalt weiter. Gegen Abend erreichten sie eine Lichtung, wie sie durch Brände entstehen. Dort machten sie Rast an einem Lagerfeuer. Ein solches hatte Thorbrand in den letzten Nächten aus Angst vor Entdeckung nicht zu entzünden gewagt. Jetzt genoss er dessen Wärme umso mehr und den warmen Brei, den man ihm reichte.

Petronius rückte näher an Thorbrand heran und musterte die Scheide seines Schwerts. »Ein schönes Stück. Ohne Schwert nützt sie dir aber nichts. Verkauf sie mir!«, sagte er plötzlich.

»Sie ist unverkäuflich«, antwortete Thorbrand trocken.

»Sie ist eine Trophäe, nicht wahr? Sie gehörte früher einem römischen Offizier. Ein edles Stück. Ich zahle dir einen guten Preis dafür.«

»Ich sagte doch, sie ist unverkäuflich«, brummte Thorbrand mürrisch. Petronius hatte zwar recht. Die Schwertscheide nützte ihm ohne Schwert nichts. Aber an ihr hing seine Ehre. Sie war das Symbol seines Widerstandes gegen die Römer. Mit dieser Waffe hatte er die Würde des Kriegers errungen. Freiwillig würde er sich nicht davon trennen.

»Du bist mutig, so einsam ohne Schutz durch die hiesigen Wälder zu wandern«, beendete Petronius eine kleine Pause, während der er sich einen Apfel mit einem Dolch schälte.

»Bist du das nicht auch? Drei Männer sind kein ausreichender Begleitschutz für einen Handelstross.«

»Der eine schon. Er war einst ein siegreicher Gladiator. Er wiegt mehr als fünf Mann auf.« Dabei wies Petronius mit dem

Dolch auf den, der Thorbrand aufgefordert hatte, den Weg freizugeben.»Das ist Forus. Er soll in der Arena hundert Männer getötet haben.« Dann winkte er ab.»Na ja. Das ist gewiss übertrieben. Aber es müssen viele gewesen sein, sonst hätte der Kaiser ihm nicht die Freiheit geschenkt.«

Thorbrand hatte schon von Gladiatorenkämpfen gehört, aber noch nie einen erlebt. Er schaute zu Forus hinüber, der ihn jedoch nicht beachtete, obwohl er nah genug saß, um das Gespräch verfolgen zu können.

»Gladiatoren sind doch Sklaven, und er hat durch den Kampf seine Freiheit bekommen?«, fragte Thorbrand und schaute erneut zu Forus hinüber, der aber trotz der ihm erwiesenen Bewunderung teilnahmslos tat.

»Nicht alle sind Sklaven. Es gibt auch Freiwillige. Soweit ich weiß, wurde Forus in Britannia als Kriegsgefangener versklavt. Eigentlich hat er es gar nicht nötig, mit mir mitzuziehen. Für seine Siege in der Arena hat er, neben der Freiheit, auch noch einen Batzen Geld bekommen. Doch er liebt den Kampf auf Leben und Tod.«

Thorbrand schaute erneut zu dem Mann. Er bewunderte ihn, hatte er doch seine Freiheit aus eigener Kraft gewonnen, ohne von einem Heer oder einem Stamm abhängig zu sein. Niemand konnte ihn verraten oder hintergehen. Im Kampf Mann gegen Mann hatte er nur für sich allein gestanden und dadurch Reichtum erlangt. Vom niedrigsten Stand aus war er zu einem freien Mann aufgestiegen, dem man Respekt zollte. Welches Ehrgefühl musste in ihm wohnen.

»Du sagst, nicht alle sind Sklaven. Demnach gibt es auch freiwillige Gladiatoren? – Du meinst, man kann sich einfach dort melden?«, fragte Thorbrand.

Petronius hielt im Schälen des Apfels inne und sah Thorbrand verwundert an.»Willst du etwa Gladiator werden?«

Thorbrand brummte unentschlossen.»Hmm, vielleicht.«

Jetzt begegnete Thorbrand dem ausdruckslosen Blick von Forus.

»Vergiss es«, hörte er Petronius sagen. »Die meisten sind schon nach kurzer Zeit tot. Aber du könntest für mich arbeiten. Du siehst kräftig aus und kannst bestimmt gut kämpfen. Sonst hättest du nicht das römische Schwert erobert. Du scheinst auch vom Handel etwas zu verstehen. Was hältst du von dem Vorschlag?«

»Das könnte mir schon gefallen, doch in meinem Stammesgebiet kann ich mich nicht mehr blicken lassen.«

»Ach, das macht nichts. Wir ziehen meistens durch Gallia, durch Raetia und manchmal auch durch Italia. Du kommst mit mir viel rum. So einen wie dich kann ich gut gebrauchen. Es soll nicht dein Schaden sein. Es lässt sich sicher einrichten, dass du nur an Touren teilnimmst, die nicht durchs Batavergebiet führen. Da komme ich sowieso kaum hin.«

»Ich überlege es mir.« In die Dienste eines Römers einzutreten, gefiel Thorbrand eigentlich nicht. Aber es verschaffte ihm erst einmal Sicherheit, Petronius in dem Glauben zu lassen.

»Gut, aber bedenke, am Ende der Reise will ich deine Entscheidung hören. Noch einmal werde ich dir das Angebot nicht unterbreiten.«

Thorbrand war zufrieden mit dem Ausgang des Gesprächs, erkannte aber Petronius' Schläue. Der konnte sich sicher denken, dass Thorbrand vorhatte, in die Dienste eines Cheruskerfürsten einzutreten. Mit dem Ultimatum wollte er verhindern, die zweite Wahl zu sein.

»Bist du oft bei den Cheruskern?«, fragte Thorbrand.

Petronius schüttelte den Kopf. »Vor drei Sommern war ich das letzte Mal dort. Es ist eigentlich zu gefährlich, aber es lohnt sich. Je tiefer man vordringt, desto weniger Konkurrenz muss man fürchten. Die Pelze edler Tiere und die Haare ihrer Frauen bekommt man dort sehr günstig.«

»Was willst du mit den Haaren?«

»Das verstehst du nicht. Du bist eben ein Barbar. Sie werden zu Perücken verarbeitet. Die römischen Frauen schmücken sich gern mit den blonden und roten Haaren eurer Frauen. Blond und Rot sind göttliche Farben. Damit kann man gutes Geld verdienen.« Petronius lachte selbstzufrieden. »Aber glaub ja nicht, dass du göttlich bist.«

»Kaum zu glauben. Und das, obwohl ihre Fürsten mit Rom verfeindet sind.« Thorbrand schüttelte den Kopf.

»Von welchen Fürsten redest du? Es gibt, soweit ich weiß, nur einen einzigen. Der heißt Italicus und ist nicht mit Rom verfeindet, sondern war im Gegenteil sogar ein guter Freund Neros.« Thorbrand glaubte, nicht richtig zu hören. Ein Cheruskerfürst war ein Verbündeter von Rom? »Aber sie haben doch römische Legionen besiegt«, sagte er ungläubig.

»Das ist lange her. Nach ihrem Sieg haben sich die Cheruskerfürsten gegenseitig ausgerottet. Ihr Barbaren seid merkwürdige Völker. Im Kampf gegen Rom wart ihr einig. Aber kaum habt ihr gesiegt, sind die Zwistigkeiten wieder von vorn losgegangen. Euch fehlt eben der Genius einer Zivilisation.« Petronius schüttelte seinen Kopf und schob sich ein Stück Apfel, das er zwischen Daumen und Dolch hielt, in den Mund.

Thorbrand verspürte eine tiefe Enttäuschung. Er hatte nicht damit gerechnet, dass Roms Macht so weit in die Wälder hineinreichen könnte. Wohin sollte er nun gehen? Bei den Cheruskern wäre er jedenfalls nicht sicher. Die Gefahr, dass sie ihn an Rom auslieferten, war viel zu groß. Immerhin hatte er versucht, den Sohn eines römischen Cäsars zu töten. Da gefiel ihm Petronius' Vorschlag schon besser. Bei ihm könnte er erst einmal untertauchen, und dann würde er später weitersehen.

Plötzlich hörten sie Pferdegetrappel.

»Es ist besser, du versteckst dich im Wagen«, zischte Petronius.

Das ließ sich Thorbrand nicht zweimal sagen. Von dort aus beobachtete er durch einen Schlitz in der Plane die Ankömmlinge. Es waren die gleichen Bataver, die er in der Frühe des vergangenen Tages gesehen hatte. Er hegte nicht den geringsten Zweifel daran, dass sie ihn suchten. Es waren zehn schwer bewaffnete Männer. Im Ernstfall könnte er ihnen lediglich mit einem Dolch entgegentreten, was seinen sicheren Tod bedeuten würde. Deshalb musste er sich versteckt halten. Für eine Flucht war es noch zu hell.

Die Bataver stiegen von ihren Pferden ab und begannen, in der Nachbarschaft ebenfalls ein Lager für die Nacht einzurichten. Unter ihnen fielen Thorbrand kräftige dunkelhäutige Männer auf, die nicht zu den Batavern gehörten, aber ebenso bewaffnet waren wie sie.

Plötzlich wurde die Plane seines Wagens zurückgeschlagen. Forus hielt zum Schrecken von Thorbrand ein Schwert in der Hand. Wie es schien, wollte er ihn an die Bataver ausliefern. Doch zu seiner Überraschung drehte Forus das Schwert um und reichte es ihm, den Schaft voran. Als Thorbrand danach griff, war Forus so schnell verschwunden, dass er sich bei ihm gar nicht bedanken konnte.

Thorbrand war froh, wieder ein Schwert zu besitzen, konnte sich aber die ungewöhnliche Geste des Gladiators nicht erklären. Die Waffe vergrößerte seine Chance auf eine erfolgreiche Flucht. Durch den Schlitz in der Plane überblickte er einen großen Teil der Lichtung. Einer der Bataver unterhielt sich mit Petronius. Plötzlich sah der Bataver zu ihm herüber. Thorbrand rückte sofort vom Sehschlitz weg. Hatte man ihn gesehen? Den Schwertschaft hielt er fest umschlungen. Jeden Augenblick erwartete er, dass Bataver die Plane zurückschlagen und ihn ergreifen würden.

Nach einiger Zeit hörte Thorbrand tatsächlich Schritte. Er war entschlossen, dem Ankömmling sofort das Schwert ins Gesicht zu rammen. Als die Plane sich lichtete, wollte Thorbrand schon in höchster Anspannung zustoßen, sah dann aber in Petronius' entsetzte Augen, die auf die Schwertspitze starrten. Beide Männer atmeten tief durch, als Thorbrand das Schwert senkte.

»Zum Hades, was hast du verbrochen?«, wütete Petronius aufgeregt mit unterdrückter Stimme. »Weißt du, was das für Männer sind?«

»Bataver«, antwortete Thorbrand gleichgültig.

Petronius schüttelte den Kopf. »Nicht alle. Es sind auch drei der übelsten Kopfgeldjäger darunter, die ich kenne. Gegen die hast du keine Chance.«

Thorbrand zuckte mit der Schulter und tat gelassen. Das würde sich erst zeigen müssen. Auch er konnte gegenüber Wotan schon dreiundvierzig Feinde abrechnen, die er im Kampf getötet hatte – alle waren gut ausgebildete Römer.

»Unterschätze diese Männer nicht! Die suchen keine gewöhnlichen Deserteure. Zum Hades. Wer bist du? Was hast du angestellt? Hoffentlich muss ich es nicht bereuen, dich mitgenommen zu haben.«

»Warum regst du dich auf?«, beschwichtigte ihn Thorbrand. »Morgen früh sind sie wieder weg. Bis dahin verstecke ich mich hier.«

»Du musst in der Nacht verschwinden«, beharrte Petronius. »Mir ist das zu gefährlich. Du kannst von Glück reden, dass sie gestern nicht bei den Brukterern waren. Du musstest dich ja unbedingt in mein Geschäft einmischen. Morgen wollen sie dorthin. Der Fellverkäufer wird dich mit Sicherheit verraten, und dann kommen sie zurück.«

Thorbrand nickte. »Gut, ich werde verschwinden.«

Petronius schien erleichtert und entfernte sich.

Als Thorbrand wieder allein war, überlegte er. Offensichtlich hatte der römische Cäsar spezielle Kämpfer geschickt, um ihn für den Angriff auf sein Leben mit dem Tod zu bestrafen. Früher oder später würden sie ihn stellen. Da war der heutige Abend zum Sterben so gut wie jeder andere.

Jetzt aber war die Gelegenheit für einen Angriff günstig. Das Überraschungsmoment läge auf seiner Seite. Er schaute wieder durch den Sehschlitz in der Plane. Die Häscher hatten sich inzwischen auf die Nacht vorbereitet, einige schienen bereits zu schlafen. Er überlegte: Stürmte er mit seinem Schwert vor, könnte er zwei, drei Mann töten, noch bevor die anderen kampfbereit wären. Er könnte zurück zum Wagen laufen und sich dort den Rücken freihalten. Die Überlebenschancen wären nicht sehr hoch, doch allemal höher, als wenn er irgendwann einmal unvorbereitet auf sie träfe.

Nachdem sich seine Verfolger alle hingelegt hatten, dachte er sich: Einer gegen zehn. Dann atmete er tief durch und stürmte, das Schwert in der Hand, aus dem Wagen heraus. Zwei dicht nebeneinander liegenden Batavern schnitt er im Laufen mit schnellen Schwertstreichen die Gurgeln durch. Einer gegen acht. Einem dritten stach er in den Bauch, als dieser sein Schwert ergreifen wollte. Einer gegen sieben. Dem Schwerthieb des nächsten Batavers wich er aus, indem er sich abduckte. Dann drehte er sich um die eigene Achse und durchtrennte mit einem Schwerthieb dessen rechte Wade. Der Mann schrie vor Schmerzen auf und kippte zur Seite weg. Ein dicker Blutstrahl spritzte pulsierend aus seinem Beinstumpf hervor. Einer gegen sechs.

Jetzt standen ihm die restlichen drei Auxiliare und die drei Kopfgeldjäger kampfbereit gegenüber. Ein Sieg schien angesichts von deren Übermacht aussichtslos, musste er doch erkennen, dass sein ursprünglich geplanter Rückzugsweg an den Wagen inzwischen durch die Fremden verstellt worden war. Doch er wollte seine Haut so teuer wie möglich verkaufen.

Seine Gegner umkreisten ihn und forderten, er solle aufgeben. Aber Thorbrand dachte nicht daran, sich abschlachten zu lassen. Er stürmte nach vorn, um die Umkreisung zu durchbrechen. Der Bataver, der ihm den Weg versperrte, wehrte zwar seinen kräftigen Schwerthieb ab, stürzte aber durch die Wucht zu Boden, sodass Thorbrand die Umzingelung durchstoßen konnte. Da hörte er dicht hinter sich einen scheppernden Schlag von Eisen auf Eisen. Als er sich umdrehte, begriff er, dass Forus den Schwerthieb eines Kopfgeldjägers abgewehrt hatte. Im nächsten Augenblick sank dieser Mann auch schon tot zu Boden. Ohne diesen unerwarteten Beistand wäre Thorbrands Schicksal entschieden gewesen. Die ebenfalls überraschten Gegner mussten sich auf die neue Situation erst einstellen, sodass Thorbrand den am Boden liegenden Bataver ohne Gegenwehr niederstrecken konnte. Jetzt stand es zwei gegen vier.

Thorbrands Gegner wichen zurück. Den beiden letzten überlebenden Batavern sah man den Schrecken an. In kurzer Zeit waren sie stark dezimiert worden und standen zwei Kämpfern gegenüber, die großen Mut und Entschlossenheit zeigten.

Ihre Blicke begegneten sich kurz. Dann entschieden sie sich zur Flucht. Sie sprangen in ihre Sättel und waren im Begriff wegzureiten, als Forus auf einen der Reiter zulief und ihm, als dieser vorbeigaloppierte, einen Schwertstreich versetzte. Das Pferd trabte daraufhin aus, und der Bataver fiel tot von ihm herunter. Forus sprang auf sein eigenes Pferd. Doch bevor er sich an die Verfolgung des anderen Reiters machte, wandte er sich an die beiden übriggebliebenen Kopfgeldjäger.

»Der Mann gehört mir. Wagt nicht, ihn anzugreifen. Ich komme wieder zurück.« Dann sprengte er davon.

Die beiden Kopfgeldjäger hielten ihre Schwerter immer noch kampfbereit. Es schien nicht so, dass Forus' Worte sie beeindruckt hätten, zumal die beiden anderen Begleiter des Trosses unbeteiligt geblieben waren.

Doch da rief ihnen Petronius zu: »Ich rate euch, hört auf ihn. Das ist der Gladiator Forus. Er hat mehr als hundert Männer in der Arena getötet.«

Die Kopfgeldjäger sahen sich an. Den Namen des Gladiators kannten sie anscheinend, oder sie waren von der Anzahl seiner getöteten Gegner beeindruckt. Jedenfalls senkten sie augenblicklich die Schwerter.

Für Thorbrand blieb die Situation undurchsichtig. Zunächst schien er gerettet. Doch die beiden Kopfgeldjäger warteten nur ab. Sie hielten ihre Schwerter noch immer in den Händen, auch wenn sie ihn nicht angriffen. Thorbrand fing an, sich Gedanken zu machen. Warum hatte Forus ihm geholfen? Doch er fand keine plausible Antwort auf seine Frage. Aber er sagte sich, wie es auch kommen mochte, er konnte sich jetzt vom Kampf erst einmal erholen. Ihm blieb nichts weiter übrig, als abzuwarten und sein Schicksal in die Hände der Götter zu legen.

Nach einiger Zeit kam Forus zurückgeritten, in seiner Hand den Zügel des Pferdes haltend, das dem zweiten geflohenen Bataver gehört hatte. Thorbrand freute sich: Zwei gegen zwei.

Forus wandte sich an die Kopfgeldjäger. »In wessen Auftrag sucht ihr ihn?«

»Im Auftrag von Domitianus, dem Prätor von Rom.«

Forus brummte und sah anerkennend zu Thorbrand herüber. »So etwas Ähnliches habe ich erwartet.« Dann richtete er sich wieder an die Kopfgeldjäger. »Der Mann gehört mir. Ich gebe euch für ihn fünfzig Denare. Dem Prätor berichtet ihr, dass er zu Tode gekommen sei.« Dabei zeigte er auf Thorbrand.

»Wir müssen dem Cäsar den Kopf bringen.«

»Sucht euch einen Kopf aus. Hier liegen genug herum. Ihr könnt entscheiden. Entweder ihr nehmt das Geld und tut, was ich sage, oder ihr verliert euer Leben.«

Thorbrand wusste nicht, wie er das Gespräch deuten sollte, sah dann aber die Kopfgeldjäger das Geld annehmen und einem Bataver den Kopf abtrennen.

»Überlegt euch, was ihr dem Prätor berichtet. Er würde es euch nicht verzeihen, wenn herauskäme, dass ihr ihn für Geld verraten habt«, mahnte Forus mit erhobenem Zeigefinger.

Die Kopfgeldjäger bestiegen ihre Pferde und ritten in die hereinbrechende Nacht.

Was war geschehen?, fragte sich Thorbrand. Hatte Forus ihn eben etwa als sein Sklave gekauft? Dann sah er den Gladiator auf sich zukommen und stand auf.

»Leg das Schwert nieder!«, forderte ihn Forus auf.

»Du hast mir nichts zu befehlen. Ich bin ein freier Mann«, entgegnete ihm Thorbrand trotzig.

Forus lächelte. »Ohne mich wärst du jetzt ein toter Mann. Dein Leben gehört mir. Also gehorche! Leg das Schwert nieder!«

Thorbrand dachte bei sich: Einer gegen einen. Sollte er doch kommen. Die Chancen standen bisher nicht besser. Er richtete sein Schwert auf.

Forus lachte. »Das habe ich erwartet.« Dann sprang er vor.

Thorbrand schlug zu. Aber der heftige Schwertstreich ging dieses Mal ins Leere und brachte ihn aus dem Gleichgewicht. Im nächsten Moment spürte er an seiner Schläfe einen harten Schlag. Er stürzte, wollte sofort wieder aufspringen, aber seine Beine versagten ihm den Dienst, waren auf einmal bleiern schwer. Seine Umgebung nahm er nur verschwommen wahr. Er keuchte und spürte, wie Forus ihm die Hände mit einem Strick zusammenschnürte. Langsam erholte er sich, aber gefesselt konnte er nicht weiterkämpfen. Er war besiegt. Thorbrand konnte es nicht fassen. Das war bisher keinem seiner Gegner gelungen. Wütend zerrte er an der Fessel.

»Was hast du mit ihm vor, Forus?«, fragte Petronius.

»Er wird ein guter Gladiator werden.«

»Du hast ihm das Schwert gegeben, um zu sehen, wie er kämpft?«

»Ja.«

»Woher wusstest du, dass er gut kämpfen kann?«

»Er kann nicht gut kämpfen. Aber er wird es lernen. Eines Tages wird er einer der Besten sein.«

Petronius sah Forus ungläubig an. »Bist du sicher?«

»Ich habe es in seinen Augen gesehen.«

»In seinen Augen?«

»Ich habe gegen viele Kämpfer in der Arena gestanden. Ich habe ihren Atem gespürt und die Angst in ihrem Schweiß gerochen. Ihre Gesichter waren meist durch einen Helm verdeckt, aber ihre Augen konnte ich sehen. Sie lügen nicht.« Forus zeigte auf Thorbrand. »Schau nur hin, Petronius. Siehst du das Feuer in seinen Augen? Erkennst du die Todesverachtung?«

»Ja, er blickt wie ein wildes Tier drein.«

»Er hat den Blick meiner gefährlichsten Gegner. Er ist stark, schnell und sehr beweglich. Alles, was ihm fehlt, ist Ausbildung und Übung. Ich werde aus ihm einen großen Gladiator machen und viel Geld mit ihm verdienen.«

Und an Thorbrand gewandt sagte er lächelnd: »Bald werden wir Brüder sein.«

39

Petronius beschwerte sich bitter bei Forus, als er erfuhr, dass die beiden ihn sofort verlassen wollten. Er warf ihm Vertragsbruch vor und drohte mit Klage. Doch Forus ließ Petronius' Fluchen gelassen über sich ergehen. Einen Händlertross zu beschützen, interessierte ihn nicht mehr. Mit Thorbrand sah er die letzte Chance, seinen großen Traum eines eigenen Ludus doch noch zu verwirklichen. Davon wollte er sich nicht abbringen lassen.

Drei Jahre waren vergangen, seit ihm der Kaiser in Rom den Rudis überreicht hatte, dieses hölzerne Schwert der Freiheit. Er war von da an nicht nur ein freier Mann, sondern besaß obendrein ein ansehnliches Geldvermögen. Er hatte es mithilfe der zahlreichen Kampfprämien angespart, denn er war jahrelang einer der höchstrangigen Gladiatoren gewesen. Seinen Namen, Forus Maximus, kannte man in vielen Arenen des Reiches. In Rom stieg er zu einem der besten Arenenkämpfer auf, füllte die Zuschauerränge bis auf den letzten Platz und gewann eine große Anhängerschar. Sein Kampfwert war in den letzten Jahren seiner Gladiatorenlaufbahn rasant gestiegen. Nur noch die zahlungskräftigsten Veranstalter und zuletzt der Kaiser konnten seinen hohen Kampfpreis bezahlen.

Die wenigsten Gladiatoren schafften es, so weit aufzusteigen. Die meisten waren mittelmäßige Kämpfer und verloren ihr Leben schon nach ein paar Monaten, während die talentierten zwei, drei Jahre länger leben durften. Aber nur den ganz großen Ausnahmeathleten gelang es, über viele Jahre hinweg Kämpfe zu überstehen, das Volk für sich einzunehmen und am Ende die Freiheit zu gewinnen.

Forus, der nach seinem letzten Kampf in der Arena selbst schon einmal einen Ludus geführt hatte, wusste um die

Bedeutung prominenter Gladiatoren. Sie waren existenziell wichtig. Nur die Helden der Arena spülten das große Geld in die Kassen und glichen die durch die Mittelmäßigen verursachten Kosten wieder aus. Nur ein einziges Mal brachte der wenig talentierte Gladiator ordentliches Geld ein, nämlich im Augenblick seines Todes in der Arena, für den der Veranstalter gut bezahlte.

Wie alle Lanista, also Gladiatormeister, hatte Forus ständig neue Talente gesucht. Doch es erforderte nicht nur Geld und Geduld, aus einer Vielzahl an Kämpfern wertvolle Gladiatoren zu formen, sondern es musste auch das Glück mithelfen. So konnte ein Schaukampf, bei dem das Überleben der Kämpfer abgesprochen worden war, durch unglücklichen Verlauf trotzdem zum Tod oder zur Verkrüppelung des Gladiators führen. Alle Kosten seiner Ausbildung waren dann vergebens.

Das Glück, das Forus als Gladiator treu geblieben war, hatte ihn leider als Lanista verlassen. Obwohl er ein Auge für gute Kämpfer besaß, verschlang deren Ausbildung mehr Geld, als sie in der Arena einbrachten.

Ein guter Gladiator war eben noch lange kein erfolgreicher Lanista. Diese Erfahrung blieb auch Forus bei seinem ersten Versuch nicht erspart. Seine Gladiatoren verbluteten, weil sie zu früh gegen überlegene Gegner gekämpft hatten. Das Geschäft war nicht nur für die Gladiatoren hart, sondern auch für einen neu ins Geschäft eingestiegenen Gladiatormeister, der sich gegen die etablierten nur schwer durchsetzen konnte.

Das Scheitern seines Unternehmens hatte Forus gezwungen, sich bei Petronius zu verdingen – ein ehrloser Dienst für einen Mann, dem einst Tausende Römer in der Arena zugejubelt hatten und der so manche reiche Witwe zu verzücken imstande gewesen war. Geblieben war ihm nur die Erinnerung an diese glorreichen Zeiten. Inzwischen waren die Graffiti mit seinem Namen an den Häuserwänden Roms verblasst, die Souvenirs mit seinem Konterfei auf den Müll geworfen worden und die Öllampen, die ihn in Kampfpose zeigten, unbeachtet in verstaubten Truhen gelandet. Der einstige Held war in die Niederungen der Krämerknechtschaft herabgesunken, um sich mit ehrlosem räuberischen Gesindel herumzuschlagen. Doch nun war ihm Thorbrand begegnet. Ein Glücksfall, ein Geschenk der Götter. Dieser Germane gehörte nicht zu den gescheiterten Existenzen, die in der Arena Flucht vor Gläubigern gesucht hatten oder ihre Freiheit aus einem naiven Ehrgeiz heraus aufgaben. Dieser Germane hatte sich mit dem Cäsar angelegt. Er war etwas Besonderes, das hatte er von Anfang an geahnt.

Aufmerksam hatte Forus damals dem Gespräch gelauscht, als Petronius dem Germanen die Schwertscheide abkaufen wollte. Seine Gleichgültigkeit hatte er nur gespielt, denn er hatte sehr wohl registriert, dass sich Thorbrand für den Gladiatorenkampf interessierte.

Als die Kopfgeldjäger zu ihrem Lager gekommen waren, hatte er sehen wollen, wie gut sich der Germane schlagen würde und ihm deshalb das Schwert zugesteckt. Thorbrands Schnelligkeit und körperliche Robustheit hatten ihn beeindruckt. Noch mehr imponierte ihm aber, wie er das Schwert führte. Er tat es so sicher und überlegt, wie es nur ein Mann mit großem Mut zu tun vermochte. Die Angst vor dem Tod schien ihm fremd zu sein. Forus wusste, wie Todesangst lähmen konnte. Diese hatte so manches Talent, das in gefahrlosen Übungen vorher vielversprechend kämpfte, in der Arena ins Fiasko gestürzt. Mit Thorbrand glaubte er endlich einen Kämpfer gefunden zu haben, der alle Anlagen für einen großen Gladiator besaß. In ihn setzte er die Hoffnung auf einen glücklichen Einsatz seines restlichen zusammengeschrumpften Vermögens. Sollte ihn dieser Germane enttäuschen, wäre er endgültig mittellos und für immer von solchen Leuten wie Petronius abhängig. Thorbrand war seine letzte Chance für eine Rückkehr in das Feld der Ehre, in die Arena.

Die beiden ungleichen Männer ritten die große Heerstraße am Rhenus flussaufwärts entlang. Unterwegs verkaufte Forus die erbeuteten Pferde und Waffen. Auch Thorbrands Schwertscheide wechselte den Besitzer. Der Verlust der symbolträchtigen Beute, mit der er Krieger geworden war, verletzte sein Ehrgefühl tief. Er hasste den Gladiator dafür. Aber noch mehr ärgerte es ihn, dass er von Forus besiegt worden war und seither von ihm wie ein Sklave behandelt wurde. Nachts fesselte ihn Forus so stark, dass er kaum schlafen konnte, und am Tag zog er ihn festgebunden auf einem Pferd hinter sich her.

Für einen Sklaven bekam er allerdings ungewöhnlich gutes Essen. Forus stellte ihn nicht schlechter als sich selbst. Und nachdem Thorbrands Wutrausch über seine Gefangennahme etwas abgekühlt war, zog Forus auch sein Pferd näher an das seine heran und begann mit ihm vertraulich zu reden. Wäre Thorbrand nicht gefesselt gewesen, hätte sie ein Außenstehender für zwei einträchtig miteinander Reisende halten können.

Forus erzählte von seinem Leben als Gladiator, von dem Training im Ludus, von seinen Gladiatorenbrüdern und vor allem von der Arena und wie man dort zu Geld, Ruhm und Ehre kommen konnte. Thorbrand hörte ihm zwar interessiert zu, zog es aber vor zu schweigen. Er hatte andere Pläne. Tagelang sann er über eine Fluchtmöglichkeit nach, denn eine Sklavenknechtschaft, welcher Art sie auch sein mochte, stand wider seine Natur. Da Forus aber nicht aufgab und immerfort und immer eindringlicher auf ihn einredete, erreichten seine Worte schließlich Thorbrands Ohr, formten sich in dessen Geiste zu Bildern und lösten in ihm eigene Überlegungen aus.

Ihm fiel auf, dass sich das Leben der Gladiatoren offenkundig sehr deutlich von dem gewöhnlicher Sklaven unterschied. Man badete, massierte und salbte sie. Aber vor allem erwarben sie Ansehen und Ehre. Und das war es, was Thorbrand faszinierte. Die Vision, wie er, in Eisen gekleidet, in die Arena einschritt, ihn Tausende Zuschauer bestaunten, anfeuerten und feierten, faszinierte ihn. Denn für Reichtum und Ehre wollte er schon immer kämpfen.

»Du kannst ein großer Gladiator werden«, redete Forus noch leidenschaftlicher auf ihn ein. »So einer wie einst ich selber einer war. Du kannst viel Geld verdienen und zusätzlich den Ruhm eines Helden gewinnen. Du musst es einfach einmal erleben, wie dir Tausende Zuschauer zujubeln, wie sie deinen Namen rufen, wie sie deinen Sieg feiern.« Forus' Stimme bebte vor Begeisterung.

Doch auch wenn Thorbrand diese Aussichten durchaus gefielen, hegte er weiterhin Zweifel. Fiele er im Kampf auf einem Eroberungsfeldzug seines Stammes, dann erhielte er Einlass in Walhalla. Zwar versprach der Sieg in der Arena ebenfalls hohe Ehre, doch hemmte ein anderer Gedanke seine Begeisterung. Es widerte ihn an, als Sklave für das Vergnügen der Römer kämpfen zu sollen. Das Schändlichste, das ihm je widerfahren könnte, wäre, unter deren Jubelgeschrei zu sterben.

»Wie kann ich als Gladiator Stolz empfinden, bin ich doch ein Sklave, der zum Vergnügen der Zuschauer sein Leben aufs Spiel setzt?«, entgegnete er verächtlich.

»Viele schauen auf uns Gladiatoren abwertend herab. Das ist schon wahr«, pflichtete ihm Forus bei, »aber nicht in der Arena. Dort ist das anders. Dort sind wir den Römern überlegen. Dort lieben uns alle: die Bürger, die Senatoren und sogar der Kaiser. Und sie geben alles, damit sie uns siegen sehen.«

»Was du da beschreibst, gilt nur während der kurzen Zeit des Kampfes. Wenn sie danach in ihre Gefängnisse zurückkehren, sind die Gladiatoren in den Augen der Römer wieder Abschaum. Ihre Ehre ist nur Schein und Rauch. Anders ist es, wenn mein Stamm einen anderen unterwirft, dann bleibt etwas für immer bestehen, wovon noch die Nachfahren erzählen, dann bin ich ein wahrer Held.«

»Thorbrand!« Forus hob beschwörend die Hände. »Es geht hier um dich selbst. Auf deinen Namen kommt es an.« Und Forus fuhr fort, als wäre jeder Gladiator ein Gott. »Die Leute draußen auf den Straßen werden noch lange danach deinen Namen voller Bewunderung aussprechen, ihn mit Tapferkeit und Todesverachtung verbinden. Sie werden ihn an Häuserwände schreiben und Dinge kaufen, die mit deinen Abbildungen versehen sind. Viele Frauen werden sich nach deinen starken Armen sehnen.« Dann machte Forus eine abfällige Handbewegung. »Überleg doch einmal. Wer bist du schon als Einzelkämpfer in deinem Stamm? Ein Namenloser. Siegt dein Stamm, fällt die Ehre deinem Stammesfürsten zu. Niemand erinnert sich an dich. Dein Name wird vergessen. Den Lohn deines Mutes und deiner Opferbereitschaft erntet der Stammesfürst. Sein Name – nicht deiner – wird gepriesen.« Dann begannen seine Augen wieder zu leuchten. »In der Arena aber bist du auf dich allein gestellt. Dort kann dir niemand den Sieg nehmen, kein Feldherr und kein Kaiser, er gehört nur dir allein. Nur dein Name – kein anderer – ist der des Siegers.«

»Aber man kann dort auch in Schande sein Leben lassen«, beharrte Thorbrand.

Forus lachte. »Sterben kannst du überall und jederzeit. Du hast es selbst erlebt, wie dich zehn Männer töten wollten. Der Tod durch feige Hand ist nicht ehrenvoll. In der Arena kann dir das nicht passieren. Als Gladiator droht dir dort niemals die Hinrichtung. Waffen und Können sind stets in Chancengleichheit ausgewogen, und die Schiedsrichter sorgen für einen fairen Kampf. Stirbst du in der Arena, stirbst du in jedem Fall ehrenvoll. Wenn deine letzte Stunde kommt, empfängst du demütig das Eisen. Du erweist damit deinem Sieger dieselbe Ehre, wie du sie gleichfalls von ihm gewährt bekommen hättest. Es ist der ehrenvollste Tod, der deinen Namen weiterleben lässt. Du bleibst unvergessen. Dein Grabstein, den dir deine Gladiatorenbrüder setzen werden, wird nachkommenden Generationen von deinem großen Leben erzählen. Du lebst weiter, solange man sich deiner erinnert. Das ist so viel mehr wert, als es die meisten Freien zu hoffen wagen würden. Sie geben für ihr Grabmal ein Vermögen aus, und doch erreichen sie nicht die Strahlkraft deiner Begräbnisstätte. Du bist zwar Sklave, doch bedeutet wahre Freiheit nicht ein Leben für einen Traum der Unsterblichkeit?«

So ging das tagein und tagaus. Und mit der Zeit entwickelte sich die Arena in Thorbrands Gedanken allmählich tatsächlich zu einem Sehnsuchtsort. Wo sonst, fragte er sich, würde er in seiner Lage Erfüllung finden können? Von seinem Stamm wurde er geächtet, die Suche nach einem neuen Stammesfürsten hatte sich als Illusion erwiesen, und Petronius wollte ihn auch nicht mehr in seine Dienste nehmen. Allein wäre er verloren. Er würde sich nicht ewig verstecken und in der Einöde des Waldes sein Dasein fristen können. Eines Tages würden ihm Wegelagerer im Schlaf den Hals durchschneiden oder ihn ein hungriges Wolfsrudel in Stücke zerreißen. Und selbst wenn das nicht geschähe, so wäre er vor Entdeckung nicht sicher. Die Rache Domitianus' und Civilis' würde ihn immer noch erreichen können. Forus schien sein Schicksal zu sein. Und wie es sich anhörte, ein gutes.

Forus, der sich mit dem Fortschritt des Germanen zufrieden zeigte, plagte aber inzwischen eine andere Sorge. Er musste einen Ludus finden. Er wusste, dass es nur dort möglich wäre, einen Gladiator auszubilden. Noch war er dem Germanen weit überlegen, aber irgendwann würden dessen Fähigkeiten sich so entwickelt haben, dass er für ihn selbst zur Gefahr werden würde. Gladiatoren mussten deshalb strikt von scharfen Waffen getrennt werden. Es war wichtig, diese sorgfältig einzuschließen und durch bewaffnete Wachmänner kontrollieren zu lassen. Manchmal passierte es, dass durch Unachtsamkeit der Wächter Gladiatoren zu Waffengewalt kamen. Meist wurden diese Revolten schnell niedergeschlagen, doch zeigten sie, wie überlegen die gut ausgebildeten Gladiatoren den Wachmannschaften waren. Es dauerte seine Zeit, bis die Gladiatoren gegenüber ihrem Lanista ein demütiges Verhältnis entwickelt hatten, bis sie ihren Schwur auf sein Haus mit tiefer innerer Überzeugung erfüllten und sich der Ehre in so hohem Maße verpflichtet fühlten, dass diese ihnen mehr als ihr eigenes Leben bedeutete. Irgendwann musste sich der Lanista auf die Bereitschaft seines Gladiators verlassen können, das ihn tötende Eisen ehrenvoll zu empfangen und ihm Schande zu ersparen. Es war ein langer

Weg, den er bei der Ausbildung des Germanen gehen musste. Doch dazu brauchte er eine Gladiatorenschule.

Als sie wenig später die Stadt Colonia Aggripinensis erreichten, beschloss Forus, dort einen Lanista um Hilfe zu bitten. Am Tor der dortigen Gladiatorenkaserne wurde ihm gesagt, dass er den Lanista auf dem Forum antreffen könne, wo gerade ein Spektakel stattfände.

Da Forus keine Zeit zu verlieren hatte, begab er sich mit dem immer noch gefesselten Thorbrand dorthin. Das Brüllen und Johlen der Menschenansammlung vor Ort führte sie schnell ans Ziel.

Das Spektakel fand in einer notdürftig errichteten Arena statt. Die Banden und Zuschauertribünen waren aus Holz gezimmert. Solche Wettkampfstätten konnten schnell auf- und wieder abgebaut werden. Und Forus wusste, dass diese nicht der Ort wirklich großer Gladiatorenkämpfe waren.

Als sie eintrafen, stellten sich ein Provocator, und als dessen Gegner ein Murmillo auf. Die Schiedsrichter gaben den Kampf frei, und die beiden Widersacher gingen ungestüm aufeinander los. Ihre großen Schilde krachten gegeneinander, und sie stachen mit ihren Schwertern über die Schildkanten hinweg, um den Gegner am Rücken zu verletzen.

Forus erkannte sofort, dass hier eine billige Schau abgehalten wurde. Die Waffen waren stumpf. Nicht einmal der untalentierteste Gladiator würde mit scharfen Schwertern so ungestüm kämpfen. Die Schwerthiebe führten sie in die Luft, dann verkeilten sie sich ineinander und rangelten schlagend und stechend miteinander, bis einer zu Boden fiel. Die Schiedsrichter gingen dazwischen, und die Menge schrie begeistert: »Er ist getroffen«, obwohl außer ein paar Hautabschürfungen keine Wunden zu sehen waren. Der Begeisterung der Zuschauer schien das aber nicht abträglich zu sein. Und schon wiederholte sich das traurige Schauspiel von Neuem. Schließlich wurde einer zum Sieger erklärt, und das Publikum applaudierte. Beide Kämpfer verließen lebend und beinahe unverletzt die Arena.

Forus schüttelte verächtlich den Kopf und wollte sich schon abwenden, als er plötzlich erstaunt in den Augen Thorbrands den Glanz der Begeisterung entdeckte. Der Germane hatte anscheinend zum ersten Mal einen Gladiatorenkampf gesehen. Denn nur so war erklärbar, dass ihn diese erbärmliche Vorstellung fasziniert hatte. Es ging ihm nicht besser als den Zuschauern, die in dieser abgelegenen Provinz am Rande des Imperiums noch nie ein würdiges Spektakel hatten erleben dürfen.

»Ich will auch kämpfen«, forderte Thorbrand plötzlich.

Doch Forus schüttelte lachend den Kopf. »Du kannst dich nicht einfach so in der Arena herumprügeln. Wie stellst du dir das vor?« Er stieß entrüstet Luft aus. »Du kennst die Regeln nicht und bist nicht ausgebildet. Jeder, der hier kämpft, kommt aus einem Ludus und schlägt sich für seinen Lanista. Anders geht das nicht.«

»Dann will ich, dass du mich ausbildest«, antwortete Thorbrand. »Ich will in der Arena kämpfen.«

»Dann musst du mir zuerst Treue schwören.«

»Das will ich tun.«

Forus lächelte zufrieden und überrascht. Tagelang hatte er den Germanen bearbeitet, und dieses miese Spektakel hatte mehr bewirkt als tausend seiner Worte.

»Gut«, sprach Forus. »Schwörst du mir bei deiner Ehre ewige Treue?«

»Ich schwöre es.«

»Dann beweis es jetzt!« Mit diesen Worten zückte Forus ein Messer und durchschnitt Thorbrands Fessel.

Gespannt wartete er auf dessen Reaktion. Er war erleichtert, dass der Germane ihn nicht angriff. Wäre es dazu gekommen, dann hätte er ihn auf der Stelle niederstrecken müssen und damit seinen eigenen Traum vernichtet.

Auf der Suche nach dem Lanista drängelten sie sich durch die Menschenmassen. Endlich gelang es ihnen, bis zu dem Gesuchten vorzudringen, der ihnen den Rücken zukehrte. Als dieser sich umdrehte, erhellte sich dessen düstere Miene.

»Bruder Forus!«, rief der Lanista erfreut. »Welche Freude, dich gesund zu sehen.« Er streckte ihm seine Arme entgegen, mit denen er ihn umschlang und an sich drückte.

»Bruder Marenus. Ist es wahr, du bist vom Gladiator zum Lanista aufgestiegen?«, fragte Forus erfreut.

»Die Götter wollten es so.« Marenus winkte bescheiden ab. »Wie geht es dir? Was treibt dich in die Provinz?«

»Es freut mich, dass du ein erfolgreicher Lanista geworden bist. Mir waren die Götter leider nicht so gewogen. Meinen Ludus habe ich verloren.«

»Zu viel der Ehre, Bruder. Der Ludus gehört mir nicht. Hast du die Kämpfe gesehen?«

»Nur den letzten, Provocator gegen Murmillo.«

Marenus zuckten die Mundwinkel. »Dann weißt du, dass deine anerkennenden Worte übertrieben sind. Ich weiß, du achtest nur höheres Niveau. Du warst schon immer einer, der in der Arena das Besondere wollte. Deshalb haben dich die Götter geliebt. Ich jedoch begnüge mich mit Bescheidenerem.«

»Und doch hast du mich einmal besiegt.«

»Der Sieg war geschenkt. Mir war damals nicht entgangen, wie du eine Unachtsamkeit von mir nicht ausgenutzt hattest. Ich hatte schon dein Schwert in meinem ungedeckten Hals erwartet. Du aber wolltest den Kampf noch nicht beenden. Du warst immer der große, überlegene Kämpfer, der trotz seiner häufigen Siege dennoch seine Gegner verschonte.«

»Das Volk hat mich dafür geliebt.«

»Das stimmt. Dann hast du mich zu Boden geworfen. Doch der Hauptschiedsrichter – nur die Götter wissen, wer ihn gekauft hatte – erklärte dich nicht zum Sieger, und der Kampf wurde fortgesetzt. Später warst du gestolpert, und obwohl du von mir nicht zu Boden gestoßen worden warst, hat er den Kampf nicht unterbrochen. Ich nutzte diesen wiederholten Regelverstoß aus und hielt dir mein Schwert an die Kehle.«

Forus lachte. »Ich rechnete mit der Missio, die du nicht bekommen hättest.«

»Das ist wahr. Ich war froh, dass das Volk nicht deinen Tod gefordert hatte. Er hätte mir nicht zur Ehre gereicht. Doch glaube mir, ich habe deine Großmut in der Arena nicht vergessen. Ich stehe in deiner Schuld.«

»Marenus, du warst ein ehrenvoller Kämpfer, der mir alles abgefordert hatte. Wir wollen deshalb nicht von Schuld sprechen. Aber, wenn du willst, kannst du mir jetzt helfen.«

»Was kann ich für dich tun?«

»Ich will es als Lanista noch einmal wagen, mit diesem Germanen.«

Marenus schaute Thorbrand ungläubig an. »Du willst mit nur einem einzigen Kämpfer einen Neuanfang angehen?«

»Ich weiß, es ist riskant, aber er wird einer der Besten werden. Später werde ich weitere Sklaven hinzukaufen.«

»Verstehe. Du suchst einen Ludus.«

»Ja, kannst du mir helfen?«

»Aber ja, Bruder. Ich baue gerade eine neue Gruppe auf, zwei Gallier, ein Syrer, ein Numider und ein Thraker. Da könnte ich ihn mit aufnehmen. Ich habe einen erstklassigen Ausbilder. Du wirst zufrieden sein.«

»Ich danke dir, Bruder. Aber seine Kampfausbildung übernehme ich selbst.«

Marenus machte ein nachdenkliches Gesicht. »Ich helfe dir gern, Bruder. Ich habe auch nichts gegen einen Germanen, obwohl es heißt, dass sie schwierig sind. Aber du kennst die Regeln des Ludus.«

»Wie kaum ein Zweiter. Viele Jahre habe ich in einem solchen verbracht. Und deshalb sind mir auch deine Einwände klar.«

»Dann weißt du auch, was du von mir verlangst.« Marenus schüttelte verzweifelt den Kopf. »Er ist ein Anfänger, nicht wahr?«

»Ja, das ist er.«

»Jeder sieht, dass ihm das Ludusmal fehlt, und trotzdem bekommt er als lausiger Tiro gleich eine Sonderausbildung und obendrein von Forus Maximus, so als wäre er schon ein Held der

Arena. Was werden meine besten Kämpfer dazu sagen? Sie werden anfangen zu zweifeln, ob sie in der Arena noch die Ehre erkämpfen können, die ihnen zusteht. Du weißt, sie ist ihnen genauso viel wert wie das Preisgeld. Ihre Unzufriedenheit wird mir sehr große Probleme bereiten, und der Magistrat lässt mich ...«

Forus legte Marenus seine Hand auf die Schulter, um diesen zu beruhigen. »Ich weiß, wie wichtig die Rangordnung ist«, sagte er verständnisvoll. »Der Germane wird schnell aufholen. Das verspreche ich dir. Dann werden ihn die anderen respektieren. Er ist ein sehr guter Kämpfer. Ich habe gesehen, wie er es unerschrocken allein mit zehn Mann aufgenommen und sechs von ihnen niedergestreckt hat.«

»Bruder Forus«, seufzte Marenus. »Du weißt, Geschichten zählen hier nicht. Es gibt hier nur einen Ort, an dem man Ehre gewinnen kann.«

»Ich weiß, aber vertrau mir. Er wird bald in der Arena kämpfen. Schon deshalb, weil mein Geldbeutel eine längere Ausbildung nicht hergibt. Ich bin so gut wie pleite.«

Forus lachte Marenus aufmunternd zu, der es ihm verkrampft gleichtat.

»Wenn ich ihn selbst ausbilde«, wurde Forus wieder ernst, »wird er schneller Fortschritte erzielen als in der Gruppe. Er wird bald kämpfen.«

Marenus überlegte, wiegte zweifelnd den Kopf und nickte schließlich zustimmend. »Ich bin es dir schuldig, Forus. Aber er muss sehr bald in die Arena. Lange kann ich seinen Sonderstatus nicht dulden.«

Forus nickte dankbar. »Ich weiß, und ich schätze deine Hilfe.«

»Vielleicht kannst du selbst wieder ...?«

»Nein, Marenus. Meinen in Rom etwas verblassten Namen kann ich vielleicht wieder als Lanista aufpolieren. Kämpfe ich aber hier in der Provinz, ist mein Name für immer ruiniert.«

»Verzeih. Du hast recht. Es war töricht von mir. Ich schlug es dir vor, weil ich dir leider nicht mit Geld helfen kann. Die

Einnahmen und Ausgaben des Ludus halten sich gerade so die Waage, und der Procurator schaut mir ständig auf die Finger.« Er hob wie zur Entschuldigung die Schultern. »Die Provinz, verstehst du?« Dann fragte er skeptisch: »Wirst du den Germanen in so kurzer Zeit schon für die Arena bereit haben?«

»Das werde ich«, entgegnete Forus entschlossen. »Ich glaube an ihn.«

40

Die erste Nacht im Ludus verbrachte Thorbrand zusammen mit den neuen Rekruten in einer offenen Gitterzelle. Es herrschte eine rohe, gewalttätige Stimmung. Die beiden Gallier versuchten, durch Drohungen und Schmähungen die anderen zu dominieren. Erst als Thorbrand im Streit um das Nachtlager einen von ihnen durch einen Faustschlag niederstreckte, trat Ruhe ein.

Am nächsten Morgen führte sie ein Wachmann in den Speisesaal. Zufrieden genoss Thorbrand den Respekt seiner Zellengenossen, die ihm den Vortritt ließen. Dieses Gefühl währte aber nicht lange. An der Essenausgabe hielt sie ein Aufseher zurück. »Zuerst die Veteranen!«, befahl er. Seine Worte galten großen Männern, die in diesem Moment den Raum betraten. Über ihre breiten Schultern trugen sie jeweils eine graue Paenula. Das Haar hatten sie am Hinterkopf zu einem kleinen Schwanz zusammengebunden. Ihre ärmellosen Gewänder, die eher einem Sack mit Halsausschnitt ähnelten, streiften sie über ihre Köpfe ab und hängten sie an die Haken an der Wand.

Massige muskulöse Körper kamen zum Vorschein, die Ehrfurcht einflößten. Die Männer mit den meisten Narben bekamen als Erste zu essen. Offensichtlich waren sie die Ranghöchsten mit den häufigsten Kämpfen.

Diese Zurücksetzung gefiel Thorbrand nicht, doch er akzeptierte sie, denn eines Tages würde man ihn genauso respektieren. Das Frühstück, das aus einem dicken Gerstenbrei bestand, schmeckte zwar abscheulich, war dafür aber reichlich vorhanden, sodass sich Thorbrand damit den Bauch vollschlug.

Anschließend trainierten die Neuen das Laufen. Sie rannten Runde um Runde im Kreis, und Thorbrand gewann dabei erneut das Gefühl der Überlegenheit zurück. Während die anderen Rekruten vom Schlagstock des Trainers getrieben werden mussten, litt Thorbrand nur unter der schweißtreibenden Hitze und seinem trockenen, immer dicker werdenden Gaumen.

Nach der Mittagspause, in der die Rekruten wie tot vor Erschöpfung am Boden lagen, war das gemeinsame Training mit den Veteranen am Pfahl angesagt. Jeder bekam einen Gladius aus Holz, der allerdings eher einem Knüppel ähnelte und mindestens doppelt so schwer war wie das Schwert des Centurio, das Thorbrand einst erbeutet hatte.

Während die fortgeschrittenen Kämpfer komplizierte, sich wiederholende Übungen aus Schlagen, Stechen, Abducken, Vorspringen und Zurückweichen vollzogen, mussten die Neuen nur stupide auf den Pfahl einschlagen. Rechts-links-rechts-links. Und nach einer kurzen Pause erneut: rechts-links-rechts-links. Und wieder von vorn.

Der Sinn dieser eintönigen Übung wurde Thorbrand bald klar, denn der schwere Gladius ließ einen schnell ermüden und sollte Ausdauer antrainieren. Nach einiger Zeit begann sein Arm zu schmerzen. Als er zur Linderung die Übungswaffe senkte, traf ihn plötzlich ein heftiger Schlag am Kopf. Er wandte sich um und blickte in das erzürnte Gesicht des Trainers, dessen Wange von einer tiefen Narbe durchschnitten war, die ihn gefährlich aussehen ließ.

»Wer das Schwert im Kampf senkt, findet einen schnellen Tod«, ermahnte er ihn barsch.

Die Wut über diese Demütigung ließ Thorbrand seinen Schmerz vergessen. Er richtete das Holzschwert wie zum Kampf auf, was der Trainer mit einem weiteren Schlag auf dieselbe Stelle quittierte. Dieses Mal tat es noch heftiger weh, und für einen kurzen Augenblick ergriff ihn ein Schwindel. Er verlor das Gleichgewicht und stürzte hin. Um ihn herum ertönte lautes Lachen.

»Übung fortsetzen!«, brüllte der Trainer energisch in die Runde. Die Häme verstummte, und es setzte wieder das dumpfe Klappern der Holzschwerter gegen den Pfahl ein.

»Aufstehen!«, brüllte der Trainer Thorbrand an.

Thorbrand gehorchte.

»Arbeite gut am Pfahl, dann wirst du in der Arena überleben«, belehrte ihn der Trainer. Thorbrands brummender Schädel gab ihm recht.

»Übung fortsetzen!« Der Respekt aller Gladiatoren vor dem Trainer und die harten Schläge, die er hatte einstecken müssen, ließen Thorbrand dem Befehl folgen. Er schlug auf den Pfahl ein, fester und fester, den Schmerz verachtend, denn er wollte einmal der Beste sein und so schnell zuschlagen können wie der Trainer.

Wie er feststellte, ging es den anderen Neulingen nicht besser. Der Syrer wurde vom Trainer so zusammengeschlagen, dass man ihn auf eine Trage legen musste.

»Es gibt immer einen, der wie ein Hund stirbt, noch bevor er den Sand der Arena betritt«, sagte der Trainer warnend, während der halbtote Syrer vom Übungshof zum Medicus getragen wurde.

Am Abend saßen die Neuen auf ihren Strohsäcken, betupften ihre Blessuren mit schmerzstillenden Tinkturen und sprachen kein Wort mehr. Der Syrer fehlte weiterhin.

Der erste Tag in der Gladiatorenschule war nicht so verlaufen, wie es sich Thorbrand vorgestellt hatte. Sie bekamen zwar reichlich zu essen, wurden dafür aber geschunden und geschlagen. Niemand badete sie. Niemand massierte sie. Niemand salbte sie. Stattdessen machte sich die Tagesplage juckend auf seiner Haut bemerkbar. Forus hatte immer nur von den Siegen und der Ehre gesprochen. Die Schmerzen und die Demütigungen des Trainings hatte er verschwiegen. Nur ein Gedanke tröstete Thorbrand. Bald würde er kämpfen, Mann gegen Mann. Er war überzeugt, dass er das gut konnte.

Drei Tage lang bekam Thorbrand Forus nicht zu Gesicht. Sein Körper wurde zwischenzeitlich zu einer einzigen brennenden Wunde. Seine Muskeln waren hart wie ausgetrockneter Käse, seine Gelenke ähnelten verrosteten Scharnieren, und die Schwellungen von den Schlägen des Ausbilders schmerzten, als hätten Pferde auf ihm herumgetrampelt. So schlecht war es ihm noch nie ergangen. Er konnte sich kaum bewegen und verfluchte den Treueschwur, den er Forus geleistet hatte.

Aber dann lernte er die andere Seite des Gladiatorenlebens kennen. Sklaven führten sie am Abend in ein Kellergewölbe, aus dem ihnen beim Treppenabstieg feuchte Wärme entgegenschlug. Unten angekommen, standen sie vor großen Tonnen, in denen heißes Wasser dampfte. Als Thorbrand seinen Körper darin eintauchte, war ihm, als befände er sich im Elysium. Die Muskeln entkrampften sich, und ihn umfing eine wohlige Müdigkeit. Als ein Sklave ihm anschließend mit Birkenzweigen sanft auf die nackte Haut schlug, kribbelten auf ihr tausend Lebensgeister. Der Kaiser könnte es nicht besser haben, dachte Thorbrand. Noch nie in seinem Leben hatte er, wie dann im Anschluss, eine so geruhsame und erfrischende Nacht verbracht.

Am nächsten Morgen stand er ausgeruht und mit neuem Mut Forus in der Arena gegenüber. Ein Sklave brachte Holzschwerter, die denen aus Stahl schon eher ähnelten und auch deren leichteres Gewicht hatten.

»Wir üben jetzt den Kampf mit dem Gladius«, kündigte Forus an. »Zeig, was du kannst!«

Das ließ sich Thorbrand nicht zweimal sagen. Jetzt konnte er es Forus zeigen und sich für die Niederlage rächen. Kaum hatten die beiden Kämpfer Aufstellung genommen, da stürmte Thorbrand auch schon brüllend auf Forus zu. Sein Schlag traf Forus' Schwert, doch nicht auf den erwarteten Widerstand, sondern glitt stattdessen nur an diesem ab, sodass er durch den Schwung des Angriffs an ihm vorbeistürzte. Ein Tritt in die Beine brachte ihn endgültig zu Fall.

»So schnell willst du sterben?«, fragte Forus provozierend.

Thorbrand stand auf und wiederholte den Angriff, mit dem gleichen Ergebnis. Irritiert fragte er sich, wieso er Forus nicht treffen konnte.

Prompt sagte dieser: »Die Arena ist kein Ort, an dem man sich prügelt, sondern einer, an dem man kämpft. Und das musst du erst lernen.«

»Ich kann kämpfen. Das nächste Mal schlage ich noch härter zu. Schon viele starke Männer sind, von meinen Hieben getroffen, zu Boden gegangen.«

»Das glaube ich dir«, erwiderte Forus. »Du hattest es mit römischen Legionären zu tun. Die haben gelernt, in der Formation zu kämpfen. Darin sind sie unbesiegbar, nicht aber im Zweikampf. Bei einem Gladiator ist das eine andere Sache. Er ist ein Einzelkämpfer, genau wie du einer werden willst. Er weiß, dass im Kampf Mann gegen Mann nicht allein die Gewalt entscheidet, sondern auch das Geschick.«

»Dann hilf mir, geschickter zuzuschlagen!«

»Ein Schlag kostet Kraft, kann dich leicht aus der Balance bringen und entblößt deine Deckung. Falls er dir gelingt, versetzt er dem Gegner zwar eine heftige Wunde, richtet jedoch meist wenig Schaden an.«

»Meiner schon«, beharrte Thorbrand.

»Hast du die Veteranen gesehen?«, fragte Forus. »Durch ihre Fettschicht und ihre Knochen dringst du nicht so leicht durch, um sie lebensgefährlich zu verletzen. Sie bluten zwar, und das Publikum schreit vergnügt, doch im nächsten Augenblick zwingen sie dich zur Aufgabe, und du stirbst.«

»Was muss ich also tun?«, fragte Thorbrand verunsichert.

Forus lachte. »Stechen sollst du! Stechen ist effektiver als Schlagen. Der Stich kostet weniger Kraft und geht tiefer ins Fleisch. Er verletzt den Gegner ernsthaft. Ein Stich passiert schneller und ist unberechenbarer, besonders wenn du ihn aus dem Schutz des Schildes heraus führst, sodass deine Absicht verborgen bleibt.«

»Gut, dann werde ich ab jetzt stechen statt schlagen.«

»Versuch es!«

Thorbrand war es gewohnt zu schlagen. Das Stechen hatte er am Pfahl noch nicht trainiert, wollte es aber versuchen. Er stürmte erneut auf Forus zu. Doch der erfahrene Gladiator trat nur einen Schritt beiseite und hieb Thorbrand das Schwert aus der Hand.

»Stechen ist schlecht«, konstatierte Thorbrand. »Ich bleibe doch lieber beim Schlagen.«

»Ich zeige dir, wie man sticht.« Forus setzte demonstrativ den linken Fuß vor den rechten. Dann stieß er zu, indem er seinen ganzen Körper in die Stichrichtung hineindrehte, um dann sofort wieder in seine Ausgangsstellung zurückzuweichen.

»Hast du zugeschaut? Du darfst nicht laufen, sondern musst fest stehen bleiben und immer die Balance halten. Verlierst du sie, riskierst du dein Leben.«

Thorbrand machte es ihm nach. Doch Forus wehrte den Stich abermals mit Leichtigkeit ab, fand aber, dass es schon besser war.

»Du konntest sehen, dass ich den Stich noch immer gut verteidigt habe. Merke dir, ein Angriff ist nicht nur gefährlich für deinen Gegner, sondern auch für dich selbst. Deshalb musst du den Stich wohlüberlegt anbringen, den richtigen Zeitpunkt wählen und gleichzeitig auf die Deckung achten. Sonst läufst du in einen tödlichen Konter. Das Schlagen dient nur zur Vorbereitung dazu, deinen Gegner zu Fehlern zu zwingen. Erst, wenn du das alles gelernt hast, bist du ein Gladiator.«

»Dann lass uns keine Zeit verlieren. Warum soll ich sie am Pfahl vergeuden? Der wehrt sich nicht. Lass uns lieber gemeinsam üben.«

»Der Pfahl ist dein Bruder. Er erträgt die Angriffe ohne Klage. Er bereitet dich darauf vor, die Abfolge von Schlägen und Stichen sicher zu beherrschen, sodass du sie noch im Schlaf ausführst. Pass auf!« Mit diesen Worten preschte Forus plötzlich vor und griff an. Thorbrand gelang es, zwei Schläge abzuwehren. Doch als sich Forus plötzlich um seine eigene Achse gedreht hatte, spürte er dessen hölzernen Gladius am Hals.

»Die Zuschauer in der Arena wollen einen technisch anspruchsvollen Kampf sehen und keine wilde Schlägerei«, kommentierte Forus seine Attacke. »Sie lieben erfolgreiche Finten und überraschende Angriffe. Metzeleien können sie bei den Hinrichtungen haben. Sie wollen nicht nur einfach Blut fließen sehen. Sie wollen Kämpfer bewundern, mit denen sie sich selbst identifizieren können. Sie wollen, dass der Sieger ihnen den Unterlegenen präsentiert, damit sie mit ihrem Daumen über Leben und Tod entscheiden können. Nur hierfür gibt der Editor der Spiele ein halbes Vermögen aus.«

»War das der Grund, weshalb du Marenus damals verschont hast?«, fragte Thorbrand plötzlich.

»Wie du die Gunst des Publikums erringst, erkläre ich dir später«, antwortete Forus barsch.

»Ich hätte ihn nicht verschont«, beharrte Thorbrand. »Die Ehre erreichst du nur durch einen Sieg und nicht durch Dummheit.«

»Du willst mir erklären, wie man das Volk für sich gewinnt?«, fragte Forus aggressiv zurück.

Thorbrand schwieg.

»Ehre bekommt nur der, dem Ehre gebührt.« Forus hob mahnend den Zeigefinger. »Auch das musst du noch lernen. Die Römer auf den Rängen verehren nicht uns, sondern sich selbst, indem wir ihnen die Welt, wie sie selbst sie sehen, vorspielen. Dafür belohnen sie uns. Nicht dafür, dass wir einen anderen Sklaven vor ihren Augen abschlachten. Wenn du das eines Tages begreifst, wirst du in der Niederlage überleben.«

»Ich werde nicht verlieren.«

Forus lachte. »So wie du eben gekämpft hast, hättest du in der Arena schon dein Leben gelassen.«

»Du wirst mich das Siegen lehren.«

»Nein. Das Überleben werde ich dich lehren.«

41

**Rom
im Oktober 70 n. Chr.**

Inzwischen war Domitianus aus den germanischen Wäldern nach Rom zurückgekehrt, gerade noch rechtzeitig, um seinen Vater bei dessen Ankunft in der Stadt begrüßen zu können. Während der Reise hatten Catulus und alle Knechte seine Schikanen über sich ergehen lassen müssen. Niemand hatte es ihm recht machen können. Die Wut über den schlecht ausgehandelten Frieden mit den Batavern hatte er seine Höflinge und Sklaven bei jeder Gelegenheit spüren lassen. Die Sorge, sein Vater könnte Rom in seiner Abwesenheit wie eine eroberte Stadt übernehmen, hatte ihn zur Eile getrieben. Er musste sie ihm unbedingt übergeben, um nicht den Rest der Ehre, die ihm als Prätor noch verblieben war, auch noch zu verlieren. Die Pferde hatten am meisten zu leiden, was dazu führte, dass jedes Mal bei der Ankunft am Rasthof auf ihren Fellen große weiße Schweißflecken der Schinderei schimmerten.

In seinen Träumen hatte Domitianus sich früher die Heimkehr seines Vaters mit den süßesten Gefühlen ausgemalt. Stolz hatte er ihn begrüßen und sich von ihm dafür danken lassen wollen, ihn in Rom so würdig vertreten zu haben. Mit dem ehrenvollen Beinamen Germanicus hatte er den Vaterkaiser beeindrucken und ihn zugleich demütigen wollen, indem er ihm sein Fehlurteil über seinen Sohn vor Augen geführt hätte. In seinen geheimsten Gedanken hatte er sogar mit der Möglichkeit gespielt, die liebgewonnene Macht nicht mehr aus den Händen zu geben. Doch jetzt, da die Stunde gekommen war, bedrückte ihn erneut seine Erfolglosigkeit und lähmte seinen Mut. Neidvoll musste er die Eroberung und Zerstörung Jerusalems durch seinen Bruder Titus hinnehmen, den dessen Legionen sogar zum

Imperator ausgerufen hatten, während er selbst auf keine einzige Schlacht verweisen konnte. Heimlich hatte er dem Gott Mars geopfert, dass er ihm die Schmach des öffentlichen Bekanntwerdens seiner Gefangennahme ersparen möge.

Auf dem Forum hatte sich das Volk versammelt, das den neuen Kaiser voller Hoffnung auf Brot und Frieden erwartete. Prätorianerspaliere hielten die Menschen davon ab, in ihrer Begeisterung auf den Platz zu stürmen. Vor der Curia Julia wartete die offizielle Abordnung der Senatoren, die zur Begrüßung durch Losentscheid ausgewählt worden war. Unter ihnen waren zwei weißhaarige Senatoren, denen das lange Stehen so zusetzte, dass Jüngere ihre geschwächten Körper abstützen mussten. Was für den einen Glück und Ehre bedeutete, wurde dem anderen zur Qual der Pflicht. Ein Meer aus weißen Togen mit Purpurstreifen leuchtete in der Sonne. Vornan waren die Prätoren Domitianus und Helvidius. Hunderte weitere Senatoren standen entlang des Portikus der Basilica Aemilia, daneben die angesehensten Bürger Roms. Catulus wartete hinter den in der vordersten Reihe stehenden Senatoren Mucianus und Eprius auf das Eintreffen seines Dominus.

Endlich war es so weit. Von der Via Sacra drang aus den Volksreihen Jubelgeschrei herüber, das immer näher kam und lauter wurde. Hörner schmetterten Töne des Sieges, und Trommelwirbel grollten wie auf einem Schlachtfeld. Kurz darauf schritt Vespasianus über das Forum. Welch ein bescheidener Einzug, dachte Catulus, der den prunkvollen Pomp des Vitellius noch in Erinnerung hatte. Vitellius war damals auf einem stolzen Schimmel eingeritten und hatte sich von seiner halben Streitmacht feiern lassen. Vespasianus dagegen hatte seine Soldatenkleidung gegen eine Toga Praetexta getauscht, das Amtsgewand des Konsuls, und ließ sich lediglich von zwölf Liktoren begleiten.

Das Forum befand sich innerhalb des Pomeriums, des sakralen Zentrums von Rom. Keiner durfte in diesem Teil der

Stadt Waffen tragen. Wie jeder andere Feldherr, der keinen Triumphzug abhielt, hatte Vespasianus vor dem Betreten des heiligen Bezirks seine militärischen Ämter niedergelegt.

Catulus wusste, dass sich Vespasianus keinesfalls aus Respekt vor den alten Traditionen in Zivil gekleidet hatte. Er hatte vielmehr vermeiden wollen, als militärischer Sieger in Rom einzuziehen, so wie es einst Vitellius getan hatte.

Nachdem die Hörner und die Trommeln verstummt waren, ging Domitianus auf seinen Vater zu, blieb zehn Schritte vor ihm stehen und rief laut die kaiserlichen Ehrentitel, sodass es über den Platz schallte:

»Imperator Caesar Vespasianus Augustus! Der Senat und das Volk von Rom heißen dich willkommen.«

Die Menschen jubelten. Bekränzte Blumenmädchen rannten dem Kaiser entgegen. Die Senatoren klatschten in würdiger Haltung Beifall und lächelten wohlwollend. Nur einer unter ihnen fiel Catulus auf: Helvidius, dessen Hände sich nicht rührten und dessen Miene nicht die geringste Spur der Freude und Zustimmung erkennen ließ.

Vespasianus lief auf Domitianus zu, im linken Arm mehrere Blumensträuße haltend. Mit der freien Hand ergriff er Domitianus' Unterarm, schaute ihn verschmitzt an und flüsterte: »Ich danke dir, mein Sohn, dass du mir die Macht in Rom zurückgibst.« So jedenfalls reimte sich Catulus die Lippenbewegungen seines Dominus zusammen.

Domitianus trat müde lächelnd beiseite, während sich Vespasianus auf einem Blumenteppich der Senatsabordnung näherte. Helvidius, der sich aus der Gruppe gelöst hatte, kam ihm entgegen. Er hob die Hand, was das Jubelgeschrei abebben ließ.

»Konsul Titus Flavius Vespasianus!«, rief er laut und gedehnt, sodass die Worte widerhallten. »Es ist mir eine Ehre, dir im Namen aller Senatoren unsere Freundschaft zu bezeugen.«

Catulus sah, dass Mucianus empört den Atem durch die Lippen presste. »Das ist doch nicht möglich.« An den neben ihm stehenden Eprius gewandt, ereiferte dieser sich: »Er hat es gewagt, ihn öffentlich mit bürgerlichem Namen anzusprechen! Die Verweigerung der kaiserlichen Titel ist eine unerhörte Missachtung seines Ranges.«

Der Affront verfehlte nicht seine Wirkung. Auf Helvidius' Worte folgte nur der Jubel des unbedarften Volkes. Nachdem dieser verebbt war, breitete sich eine bedrohliche Stille aus. Lediglich das Krakeelen einiger Betrunkener war zu hören. Wie würde Vespasianus auf den Eklat reagieren?

Dieser verharrte wortlos. Catulus spürte, wie sein Kaiser die Anspannung auskostete. Die plötzliche Ruhe wirkte wie ein Protest gegen Helvidius' Schmähung.

Catulus hatte Helvidius' provozierende Ansprache erwartet. Er hatte seinen Dominus regelmäßig in Briefen darüber informiert, dass Helvidius bereits während der Senatssitzungen bei jedem Edikt die kaiserlichen Titel missachtet hatte. Deshalb wirkte Vespasianus auch nicht überrascht und erwiderte in freundlichem Ton: »Ich danke dir, Helvidius. Mögen uns die Götter im Bestreben, Rom zu dienen, allzeit gewogen sein.« Dann winkte er den Senatoren staatsmännisch zu, worauf erneut der Volksjubel aufbrauste.

»Das wird ihm Vespasianus nicht durchgehen lassen«, prophezeite Mucianus.

»Das hoffe ich doch«, erwiderte Eprius, »wenngleich sich Helvidius streng genommen nur an das Recht hält.«

Mucianus entgegnete verächtlich: »Wie oft wurde das Recht in den letzten Jahren missachtet? Hunderte oder gar Tausende Male? Und ausgerechnet jetzt, da in Rom wieder Frieden und Stabilität einkehren, beruft sich dieser Senator auf das Recht?« Mucianus ballte die Faust. »Vespasianus ist Kaiser! Die Legionen haben ihn dazu ausgerufen, und der Senat wurde gezwungen, ihm per Lex de imperio alle Vollmachten zu verleihen. Was soll also die Posse dieses alten verstockten Philosophen?«

»Trotzdem. Vespasianus wurde Kaiser, so illegal wie Galba, Otho und Vitellius. Ich glaube, Helvidius fordert ihn zur

Rechtsachtung heraus, wenigstens in der Weise, wie sie einst Augustus gepflegt hatte. Die Verleihung des Titels Augustus war schon immer das Vorrecht des Senats. Vespasianus' Selbsternennung ist dem Gesetz zufolge nicht nur illegal, sondern auch eine Demütigung aller Senatoren. Doch die meisten sehen darüber glücklicherweise hinweg.«

Mucianus schüttelte den Kopf. »Helvidius ist wahnsinnig.«

»Wahnsinnig ist er nicht, aber eben ein unverbesserlicher Stoiker. Es entspricht seiner Natur, sich gegen alles zu stellen, was gegen die alten Traditionen ist. Aber aus dem gleichen Grund ist er auch an die Gesetze gebunden. Vespasianus hat verkündet, sich in eine Linie mit Augustus zu stellen. Das heißt, er strebt ein einvernehmliches Regieren mit dem Senat an. Wen wundert es, dass Helvidius daraus den Mut zur Opposition schöpft? Er stemmt sich gegen den Verlust senatorischer Freiheiten.«

»Aber das hat doch keinen Zweck. Er wird ihm seine Rechte als Kaiser nicht beschneiden können.«

»Ich glaube nicht, dass das seine Absicht ist. Die Verweigerung des Titels ist rechtlich nur eine Formalie. Helvidius pocht akribisch auf die Gewaltenteilung zwischen Princeps und Senat. Soll er doch. Dem Kaiser wird es nicht schaden.«

»Aber es bleibt die Schmähung. Sie könnte ihn teuer zu stehen kommen. Er wird so enden wie sein Schwiegervater.« Mucianus deutete mit der Handkante ein Durchschneiden der Gurgel an.

»Schon möglich«, antwortete Eprius. »Aber im Moment wird er kaum Konsequenzen zu fürchten haben. Dafür ist er zu klug und zu bekannt. Du hast gehört, wie er laut und deutlich Vespasianus die Freundschaft aller Senatoren bezeugt hat. Damit hat er sich selbst mit eingeschlossen. Er wird ihm also nachher im Senat, wie wir es alle tun werden, die Rechte bestätigen, die in Bronze festgeschrieben sind. Und damit werden Vespasianus' Handlungen, auch die zurückliegenden, als er noch Usurpator war, römisches Recht.«

»Bei den Göttern«, fluchte Mucianus. »Dieser Helvidius wird uns noch viel Ärger machen.«

»In diesem Punkt stimme ich dir zu«, sagte Eprius, während die beiden Männer sich dem Senatorenstrom in Richtung Curia anschlossen.

Es kam so, wie es Eprius vorausgesagt hatte. Vespasianus ging als Konsul in das Versammlungsgebäude hinein und kam als legitimer Kaiser des römischen Imperiums wieder heraus. Einmütig hatten ihm die Senatoren die kaiserlichen Titel verliehen.

Da es der einzige Tagesordnungspunkt war, bei dem sich Kaiser und Senat in blumigen Reden nur gegenseitigen Respekt versichert hatten, begab sich Vespasianus bald darauf in den kaiserlichen Palast, in Neros Goldenes Haus. Dort wurde er von seinen Vertrauten empfangen, die ihm vorausgeeilt waren. Unter ihnen wartete auch Catulus.

Mucianus lief dem Kaiser freudig entgegen. »Ich gratuliere dir zur Inthronisierung.«

»Mein lieber Mucianus«, entgegnete ihm Vespasianus im spöttelnden Ton. »Du bist doch kein Anhänger von Helvidius?«

»Nein, natürlich nicht«, erwiderte Mucianus erschrocken.

»Hast du es vergessen? Kaiser wurde ich bereits am 1. Juli, nicht heute. Die Legionen in Aegyptus und Judäa haben mich dazu gemacht, nicht der Senat heute. Nur als Imperator bin ich Kaiser, als Augustus bin ich Demokrat. Wäre ich nicht Imperator, wäre ich auch heute kein Demokrat.«

»Wie gedenkst du, Helvidius zu bestrafen?«

»Gar nicht. Als Demokrat kann er mich schmähen. Demokraten, die das aushalten, liebt das Volk. Solange ich Imperator bin, kann er mich nicht schwächen.«

Mucianus lächelte gequält.

»Ich will dir etwas verraten, mein Freund.« Vespasianus hakte Mucianus unter, während er im Gehen weitersprach. »Nicht der Senat kann meine Macht erschüttern und auch nicht das Pomerium. Die kleinen Grenzsteinchen im Pflaster Roms besitzen nicht die Zauberkraft, meinen Rückhalt in den Legionen auszuschalten. Das Einzige, vor dem ich nicht sicher sein kann, ist das Volk.«

»Das Volk?«

»Du hast richtig gehört, Mucianus. – Sag mir, wie viel Prätorianer gibt es in Rom?«

»Neun Kohorten zu je fünfhundert Mann werden es bald sein, also viertausendfünfhundert Prätorianer insgesamt. Aber das weißt du doch selbst. Du willst sie ja auf diese Stärke reduzieren. Warum also fragst du mich?«

»Ganz einfach. Allein in der Stadt Rom gibt es nicht weniger als eine Million Einwohner. Was glaubst du, mein Freund: Wie lange würden die Prätorianer dieser Übermacht standhalten? – Zwei Tage? Oder drei?«

»Das kann man nicht vergleichen. Die Prätorianer sind stark bewaffnet, hervorragend ausgebildet und besser organisiert als der einfache Pöbel.«

»Du sprichst, als wärest du nie in Judäa gewesen.« Vespasianus blieb stehen und blickte Mucianus fest in die Augen. »Mucianus, mein Freund, wir haben den Widerstand der Aufständischen gebrochen, indem wir sehr viele von ihnen getötet und ihre Städte zerstört haben. Aber in Rom ist das nicht möglich. Du kannst in die Stadt keine Legionen schicken, denn du fändest anschließend keinen Ort auf der Welt, wo du deinen Triumph feiern könntest.«

Mucianus brummte: »Ein makabrer Gedanke, - aber hast du nicht selbst deine Legionen hergeschickt?«

»Ja, du hast recht. Aber ich tat es nicht, um Rom zu bekämpfen, sondern um es zu befreien.«

Mucianus zog die Mundwinkel nach unten.

»Keine Sorge, Mucianus.« Vespasianus zeigte auf den Prachtbau des Goldenes Hauses. »Mit dem Volk von Rom habe ich anderes vor. Gebe ich ihm Brot und Spiele, dann ist es auf meiner Seite. Gebe ich ihm darüber hinaus noch das Gefühl, dass ich nicht zu mächtig bin, dass ich Recht und Ordnung anerkenne, wird es mich lieben. Ich werde ihm ein anderer Kaiser sein als Nero und Vitellius. Das ist der Grund, weshalb wir diesen Palast sofort niederreißen werden.«

Catulus, der alles mit angehört hatte, schockierten diese Worte. Sein Dominus wollte diesen wunderbaren Palast zerstören?

»Wo wirst du dann wohnen?«, wollte Mucianus wissen.

»In den Gärten des Sallustius.«

»Das ist eines Kaisers nicht würdig«, entgegnete Mucianus irritiert, »und außerdem zu weit entfernt vom Palatin.«

»Auf dem Palatin wohnen Roms muffige Geister. Dort zieht es mich nicht hin.«

»Aber du bist jetzt Kaiser. Du bist der Würde des Amtes verpflichtet.«

»Mein lieber Mucianus. Nero hat für seinen Palast dem Volk einen großen Teil seiner Stadt gestohlen. Manche behaupten sogar, er selbst hätte dafür Rom in Brand gesetzt. Soll ich dieses Diebesgut behalten?« Vespasianus schaute den erstaunten Mucianus fragend an. »Nein«, antwortete er selbst. »Ich werde den Bürgern wiedergeben, was ihnen genommen wurde und was sie verdienen. An seiner Stelle, mein lieber Freund, errichte ich ein Amphitheater, so groß, wie es die Welt noch nicht gesehen hat. Ich gebe dem Volk seine Stadt und seine Würde zurück. Es soll erleben, wie es sich anfühlt, Teil eines großen Imperiums zu sein. Sie werden stolz auf ihren Kaiser sein, der ein solches Monument erbauen kann. Das wird mir mehr nützen als Eitelkeit.«

»Ein nobles und ehrgeiziges Vorhaben«, bemerkte Mucianus. »Ich fürchte nur, es wird ein Traum bleiben. Den Plan hatte schon Augustus, aber auch er konnte ihn nicht finanzieren.«

»Das Volk sehnt sich schon lange nach einem steinernen Amphitheater, das der Stadt und seiner Bürger würdig ist. Nero hatte für sie nur eines aus Holz übriggehabt. Nach dem letzten Brand sind nur noch verkohlte Balken von ihm übriggeblieben.

Das ist alles, was das Imperium im Moment für sein Volk zu bieten hat. Die Bürger Roms haben es nicht verdient, hinter den Provinzen zurückzustehen, von denen viele ein steinernes Amphitheater besitzen. Sie haben es satt, erst nach Fidenae reisen zu müssen, um einmal ein Spektakel zu erleben.«

»Die Senatoren fürchten, dass so viele Gladiatoren in Rom auch gefährlich sein könnten.«

»Ach was«, Vespasianus winkte ab, »es steckt euch immer noch Spartacus in den Knochen. Ich fürchte mich nicht vor Gladiatoren. Alles, wovor ich mich fürchte, ist das Volk. Und das wird mich für das Amphitheater lieben, das ich ihm schenken werde.«

»Aber die Kosten!«

»Wir finanzieren es aus der Beute des jüdischen Krieges.«

»Die Staatsfinanzen sind erschöpft. Das Kapitol liegt in Trümmern, die Folgen des letzten Brandes sind noch nicht ausgemerzt ...«

»Ich weiß, ich weiß«, unterbrach ihn Vespasianus. »Wir brauchen Geld, sehr viel Geld.« Jetzt winkte er Catulus heran.

Dieser verbeugte sich. »Salve Dominus.«

»Sag, Catulus! Welche Summe hast du als nötig errechnet, um das marode Rom wieder aufzupäppeln.«

»Vierzig Milliarden Sesterze, Herr.«

Mucianus' Unterkiefer klappte herunter. Eine solch hohe Summe konnte selbst ein römischer Kaiser unmöglich aufbringen. Und obendrauf wollte er auch noch ein monströses Amphitheater bauen.

»Wie ich sehe, Mucianus, erkennst du die Größe der Aufgabe«, sprach Vespasianus gelassen. »Es wird unumgänglich sein, in den Provinzen die Steuern zu erhöhen. Einige unserer Freunde werden uns das übelnehmen. Doch Rom muss erneuert werden, die Stadt und der Senat, die Bauten und die Köpfe. Dazu brauchen wir Geld, Geld und nochmals Geld.«

ZWEITER TEIL

(71 n. Chr.)

42

**Rom
im Sommer 71**

Eineinhalb Jahre waren inzwischen vergangen, seit Philippus bei seinem Onkel das Steinmetzhandwerk zu lernen begonnen hatte. Eines Nachts, während in Rufus' Haus auf dem Esquilin alle Bewohner schliefen, schlich der Junge heimlich aus seiner Kemenate die Treppe hinunter in die kleine Werkstatt. Dort hatte sein Onkel vor Jahren bescheiden mit seinem Steinmetzbetrieb angefangen. Der große Handwerksbetrieb, in dem die Skulpturen und Säulen für das Amphitheater hergestellt wurden, befand sich hingegen unweit der Marmorkais auf dem Marsfeld.

Im trüben Schein der Öllampe betrachtete Philippus sein erstes selbstständiges Werk, ein Eckgesims, das ihn vor Aufregung nicht einschlafen ließ. Unter den schuppenverzierten Balken schmiegte sich eine gewölbte Blattreihe. Zärtlich folgte sein Finger den gleichmäßig geschwungenen Linien im Sandstein, für die ihn Rufus mit Worten und die Gesellen mit einem anerkennenden Lächeln gelobt hatten. Philippus war stolz auf seine Arbeit. Der Meißel gehorchte seinen Hammerschlägen immer besser und formte den weichen Stein genau nach dem Vorbild des verwitterten Musters. Er machte sich erste Gedanken, einmal etwas Eigenes zu kreieren. Die Arbeit ging ihm inzwischen leicht von der Hand, und sein Traum war es, eines Tages selbst etwas Bleibendes aus Marmor zu erschaffen, das ihn unsterblich machen würde.

Jetzt im Moment dachte er an seine ersten ungeschickten Versuche zurück. Der Stein war ihm oft weggebrochen, und er hatte ihn mühsam wieder glatt meißeln müssen, bevor er erneut mit der Arbeit hatte beginnen können. Die Schwielen an seinen Händen und die Schmerzen in seinen Armen hatten ihm den Mut geraubt, weil er die Sehnsucht nach der Beherrschung dieses schönen Handwerks zunächst nicht hatte stillen können. Die Angst vor dem Versagen hatte ihm schwer zugesetzt. Es war ihm einfach nichts gelungen, und er hatte damals gefürchtet, dass sein Talent über das einfache Behauen von Steinquadern nicht hinausreichen würde. Das filigrane Kunsthandwerk, das bei den anderen fast mühelos ausschaute, war ihm unerreichbar erschienen.

Doch dann war der Knoten geplatzt, und jetzt, nach einem knappen Jahr, hatte er es endlich geschafft. Beständiger Ehrgeiz und Fleiß hatten ihn ans Ziel gebracht. Zufrieden atmete er durch. Jetzt war er ein anerkannter Steinmetz, so einer wie sein Onkel und dessen zahlreiche Gesellen. Jetzt war er in Rom endgültig angekommen.

Doch gerade jetzt beschlich ihn die Sorge, dass sein Glück bald wieder zerstört werden könnte. Obwohl seit seiner Flucht inzwischen sehr viel Zeit vergangen war, empfand er eine wachsende Furcht vor seinem Vater und Cleander. Im Frühjahr und in den Sommermonaten hatte er die Gefahr gut verdrängt, wusste er doch, dass in dieser Zeit die Feldarbeit den Vater an den Hof fesselte. Doch nun, da die Ernte eingebracht sein dürfte, wuchs die Wahrscheinlichkeit, dass der Vater mit Cleanders Hilfe in Rom ankommen und seine Rechte einfordern könnte.

Rufus hatte versucht, ihn zu beruhigen. Mit Geld könne in Rom alles geregelt werden. Aber Philippus kannte seinen Vater und bezweifelte, dass dieser sich kaufen ließe.

Am nächsten Morgen klopfte tatsächlich jemand heftig gegen die Pforte, was Philippus' Herz schneller schlagen ließ. Nachdem Loris das Tor geöffnet hatte, sah er den Prätor Helvidius davorstehen, begleitet von acht Liktoren. Philippus erkannte sie an den in Rutenbündel eingewickelten Äxten, die sie über ihren Schultern trugen. Der Anblick ließ ihn erschrecken. Warum stellte der Prätor seine Amtsgewalt so nachdrücklich zur Schau? Um ihn abzuholen? Seit ihrer ersten Begegnung damals während des Klientenempfangs hatte er den Prätor nicht wiedergesehen und war der Ansicht gewesen, dieser habe nach dem verlorenen Prozess seines Verwalters auf seinen Klientenanspruch verzichtet. War er nun hier, weil der Vater inzwischen nach Rom gekommen war? Philippus spürte seine Knie weich werden.

»Oh, Prätor Helvidius«, rief der herbeigeeilte Rufus. »Welchem Umstand verdankt mein bescheidenes Haus die Ehre deines Besuches?«

»Die Sorge um Rom, mein lieber Rufus, und die Hoffnung auf das Ehrgefühl von Männern, denen das Gemeinwohl ihrer Bürger nicht gleichgültig ist.«

Rufus lächelte höflich. »Tritt näher und sei mein Gast.«

Der Senator trat ein, während die Liktoren draußen blieben.

Philippus schlug das Herz noch immer bis zum Halse, obwohl es anscheinend einen anderen Grund für den Besuch des Prätors gab, als er befürchtet hatte. Aber dessen Worte konnten auch nur banales Vorgeplänkel gewesen sein. Philippus musste erfahren, was der Senator wollte.

Rufus begleitete Helvidius ins Triclinium und wies die Haussklaven an, sie nicht zu stören. Die Situation erinnerte Philippus an besagten Tag, an dem er seine Eltern belauscht hatte. Damals war es der Zufall gewesen, der ihm die Versklavung erspart hatte. Doch heute wollte er sein Schicksal nicht Fortuna überlassen. Leise schlich er sich heran, um das Gespräch vom Atrium aus zu belauschen. Er versteckte sich hinter dem Hausaltar der Laren, wobei ihm zugutekam, dass Rufus einen Vorhang zuzog.

»Etwas Wein?«, hörte er seinen Onkel fragen.

»Keine Umstände, Rufus. Ich will nicht lange stören. Du sollst nur wissen: Was zwischen uns gewesen war, ist vergessen. Es zählt nur die Zukunft. Deshalb biete ich dir meine Freundschaft an.«

»Freundschaft ist nicht gerade das, was uns in den letzten Jahren verbunden hat«, erwiderte Rufus. »Umso mehr erfreuen mich deine Worte.«

»Neros Herrschaft ist zu Ende. Vergessen wir diese schreckliche Zeit«, beschwichtigte ihn Helvidius. »Den Göttern sei

Dank. Sorgen wir dafür, dass über Rom nur noch die Sonne strahlt.«

»Wie es scheint, ist unter Vespasianus wieder eine gute Zeit angebrochen, Senator.«

»Es sieht so aus, Rufus. Aber am Horizont ziehen schon dunkle Wolken herauf.«

»Was meinst du damit?«

»Es geht um seine Nachfolge! Er besteht darauf, dass ihm seine Söhne ins Amt folgen und sonst niemand.«

»Ich finde, das ist besser als ein neuer Krieg um die Macht, Senator.«

»Zweifelsohne, Rufus. Aber sollte ein Nachfolger nicht besser im Senat durch die Wahl des Optimus, des Besten, bestimmt werden?«

Rufus überhörte die Frage. Stattdessen fragte er: »Etwas Wasser, Senator?«

»Einen kleinen Schluck vielleicht.« Philippus hörte, wie Wasser in Gläser gegossen wurde, und dankte den Göttern, dass die beiden Männer nicht über ihn sprachen.

»Du bist doch nicht hergekommen, um mit mir zu philosophieren?«, fragte sein Onkel.

»Ich möchte gern, dass du mir hilfst, Rufus. Du bist der Präfekt eines der bedeutendsten Handwerker-Collegien, des Collegiums der Steinmetze. Du bist ein angesehener Mann und hast großen Einfluss auf die öffentliche Meinungsbildung. Es wäre sehr hilfreich, wenn deine Handwerker meinen Standpunkt teilen würden. Der Kaiser wird den Volkswillen nicht einfach ignorieren können. Kann ich auf dich zählen?«

»Du verlangst, dass ich mich gegen den Kaiser stelle?«

»Aber nein. Meine Sorge gilt ausschließlich dem Wohle Roms und seinen Bürgern. Die Götter kennen meine lauteren Absichten.«

»Bei allem Respekt, Senator. Die Männer meines Collegiums sind froh, dass Frieden herrscht. Neue Machtkämpfe schaden ihren Geschäften. Der Krieg hatte viele in den Ruin getrieben. Alle sind froh, dass sich die Zeiten wieder gebessert haben.«

»Das soll auch so bleiben«, wiegelte Helvidius ab. »Der Senat unterstützt sämtliche Bauvorhaben des Kaisers, sogar sein neues Amphitheater, solange es aus der Kriegskasse bezahlt wird. Ein großer Bau, wie ich hörte. Da haben alle Handwerker über viele Jahre zu tun.« Helvidius machte eine Pause, in der er einen Schluck Wasser trank. Philippus hörte das leise Geräusch, als er das Glas wieder auf dem Tisch abstellte.

»Aber muss es nicht unser Ziel sein«, fuhr Helvidius fort, »auch für die Zukunft die Weichen für Frieden und Wohlstand zu stellen? Wer gibt uns die Gewissheit, dass nicht eines Tages wieder ein Tyrann Rom regiert? Jeder einzelne Bürger Roms sollte sich im Interesse des Friedens gegen eine neue Cäsarendynastie stellen. Siehst du das nicht auch so?«

»Verehrter Senator«, antwortete Rufus in ausweichendem Ton. »Meine persönliche Meinung tut hier nichts zur Sache. Aber allein schon die Satzung des Collegiums spricht dagegen. Wir kümmern uns um Beerdigungen unserer Mitglieder, helfen, wenn jemand benachteiligt wird, und wir feiern zusammen das Quinquatrusfest zu Ehren der Minerva. Politik ist nicht unsere Angelegenheit. War es nicht sogar der Senat, der uns die Einmischung in die Politik einst verboten hat? Ein Zuwiderhandeln wäre ein Risiko, das niemand eingehen wird.«

»Keine Sorge, den Senat hättest du hinter dir.«

»Nein!« Rufus klang entschlossen. »Bei allem Respekt, verehrter Helvidius, ich bin den Mitgliedern des Collegiums verpflichtet. Sie würden mir nicht folgen. Deshalb kann ich deine Bitte nicht erfüllen.«

»Das ist schade, Rufus.« Helvidius' Stimme wirkte jetzt unterkühlt. »Aber dann lass uns über etwas anderes sprechen.« Es entstand eine Pause. »Wie ich hörte, hängst du sehr an deinem Neffen.«

Philippus horchte auf.

»Mein Verwalter ist ein Sturkopf. Wenn er sich etwas in den Kopf gesetzt hat, kann man ihn nicht so leicht davon abbringen. Er will unbedingt deinen Neffen kaufen, als Sklaven, verstehst du? Und er bedrängt mich jeden Tag, dass ich endlich dessen Vater nach Rom hole. Bisher bin ich standhaft geblieben, doch nun ...«

Philippus atmete hastig.

»Senator! Was hat der Junge mit der Politik zu tun?«, entgegnete Rufus entrüstet.

»Politik, mein lieber Rufus, ist immer ein Spiel der Interessen.« Die Stimme des Senators klang schmierig, Überlegenheit ausstrahlend. »Man könnte sie als Interessenhandel bezeichnen, wenn es nicht so schrecklich entwürdigend klänge. Derjenige, der etwas zu verkaufen hat, kann dafür eine Gegenleistung erwarten. Wenn es zum gegenteiligen Vorteil führt, nennt man das Diplomatie.«

»Du willst mich erpressen?«

»Mein lieber Rufus, welch vulgäres Wort. Helfen will ich dir. Cleander ist ein Freigelassener, den ich nicht wie einen Sklaven behandeln möchte. Allerdings wäre es mir ein Leichtes, ihm das eine oder andere zu verbieten; ein Freundschaftsdienst in Gegenleistung für einen anderen verdient nicht ein solch schmutziges Wort. Denk darüber nach!«

Philippus' Herz raste. Ein Fluchtimpuls durchfuhr seinen Körper. Er sprang auf, stieß dabei aber in seiner Aufregung eine Schüssel um, welche die Sklaven zum Waschen der Hände reichten.

»Ein heimlicher Lauscher«, rief Helvidius entrüstet. Dann trat er aus dem Triclinium heraus, vor dem er Philippus entdeckte. »Es ist dein Neffe, Rufus.« Und an Philippus gewandt sagte er tadelnd: »Es gehört sich nicht, einen Senator zu bespitzeln.«

»Verzeih, Senator. Ich habe nicht gelauscht«, log Philippus mit hochrotem Gesicht. »Ich bin eben erst hergekommen, um die Schüssel mit Wasser zu füllen.«

Helvidius brummte ungläubig. »Ich muss dich jetzt verlassen, Rufus«, sagte er kurz angebunden, um sich dann grußlos zum Gehen zu wenden. »Ach mir fällt ein«, fügte er jedoch hinzu, während er sich noch einmal umdrehte. »Mir ist zu Ohren gekommen, dass dein Neffe meine Sklavin Acne begehrt. Ich könnte sie dir günstig überlassen.« Mit einem kurzen Blick überprüfte er, wie Philippus darauf reagierte.

Dessen Herz klopfte wild vor Aufregung.

»Vielleicht versteht es ja der Junge, dich zu überzeugen – danke, ich finde selbst hinaus.« Dann schritt er eilig davon.

»Was fällt dir ein?«, herrschte der Onkel Philippus an, nachdem der Senator das Haus verlassen hatte.

»Ich habe Angst. Er will mich versklaven. Bitte hilf mir. Tu, was er von dir verlangt, mir zuliebe.«

Rufus antwortete nicht, sondern drückte Philippus an sich.

»Fürchte dich nicht. Alles wird gut.«

Erst jetzt, als ihn sein Onkel in die Arme nahm, merkte Philippus, wie stark er zitterte. Ein hoher Magistrat mit Liktoren war gekommen und hatte ihm mit der Sklavenknechtschaft gedroht. Nie war ihm die Gefahr so groß erschienen, nicht einmal als Cleander ihn vor Gericht gezerrt hatte. Er fürchtete, dass sein Onkel ihn nicht mehr beschützen können würde, jetzt wo sein Schicksal in die Mühlen der großen Politik geraten war. Und mit einem Mal kam er sich wieder so verloren vor wie in jenen Tagen, als er diesem grausamen Rom wehrlos ausgeliefert gewesen war.

43

Helvidius' Aufbegehren gegen Vespasianus, der nur seine Söhne als seine Nachfolger ins Kaiseramt akzeptieren wollte, blieb erfolglos. Im Gegenteil: Weil er nicht aufhörte, den vom Volk geliebten Kaiser zu schmähen, verstimmte er die Volkstribune so sehr, dass sie ihn am Ende verhafteten.

Als Vespasianus jedoch den verlassenen Sessel von Helvidius im Senat erblickte und in die schweigenden Gesichter der Senatoren schaute, wusste er, dass ihm die Verhaftung dieses Mannes mehr schadete als nützte und dass Helvidius ihn mit seiner Abwesenheit stumm anklagte. Ein Senator, der im Carcer Tullianum schmachtete, in diesem Hochsicherheitsgefängnis, in dem gewöhnlich Staatsfeinde auf ihre Hinrichtung warteten, warf ein schlechtes Licht auf ihn. Unausgesprochen und doch allgegenwärtig schwebte der Nimbus eines Tyrannen über ihm, gleich einem Regensack an einer Schönwetterwolke. Es brachte ihn in die Nähe jener Gewaltherrscher, die hinterlistig Drähte spannten, in denen sich jeder leicht verfangen konnte. War erst einmal ein solcher Leumund in die Welt gesetzt, wäre das verlorene Vertrauen nur schwerlich wieder zurückzugewinnen. Niemand würde ihm glauben, dass er mit dieser Verhaftung nichts zu tun hatte. Um sich selbst vor übler Nachrede zu schützen, blieb ihm daher nichts anderes übrig, als Helvidius zu begnadigen.

Doch wollte er aus dem Straferlass wenigstens einen Nutzen ziehen. Mit seiner Großzügigkeit hoffte er, den Konflikt mit dem störrischen Senator durch sanfte Diplomatie entschärfen zu können, befürchtete er doch, dass das stete mutige Auflehnen des Stoikers doch irgendwann einmal vom Volk bewundert werden könnte. Der Pöbel liebt Typen mit starkem

Charakter, verehrt die Unbeugsamen, die ihre Ideale über das eigene Leben stellen. Vespasianus kannte die Menschen. Sie vergessen leicht die Leistungen ihrer einstigen Idole, und ihre Verehrung ist in der Lage, über Nacht in Hass umzuschlagen. Eines Tages könnten seine Siege in Germania, Britannia und Judäa, die Rom den Frieden gebracht hatten, so verblasst sein, dass sie von den Tugenden des Helvidius überstrahlt und die verbrämten Erinnerungen an die untergegangene Republik wieder wachgerufen werden könnten. Das durfte nicht geschehen, weshalb er die sofortige Begnadigung des Senators verfügte.

Zum Zeichen seiner Freundschaft und des guten Willens lud er Helvidius, kaum dass dieser freigelassen worden war, in sein Haus ein, um ihn in der Frage der Kaisernachfolge umzustimmen, hegte er doch die Hoffnung, dass der fehlende Rückhalt der Volkstribune und der Schrecken der Inhaftierung den Stoiker zur Vernunft gebracht hatten.

Helvidius folgte der Einladung. Die beiden Männer tauschten Freundlichkeiten aus, versicherten sich gegenseitiger Wertschätzung, waren aber selbst nach stundenlangem Disput nicht in der Lage, sich in der Sache anzunähern.

»Wir müssen eine Lösung finden, Helvidius«, begann Vespasianus schließlich, nachdem er hatte einsehen müssen, dass der stoische Senator durch kein Argument zu überzeugen war. »Es ist mein unverrückbarer Wille: Meine Söhne werden mir nachfolgen, und sonst niemand.« Dann schwieg er einen kurzen Augenblick, als wägte er seine Worte sorgfältig ab. »Doch will ich deine Zustimmung nicht erzwingen. Bleibe der Senatssitzung einfach fern, und ich werde dich dafür nicht kritisieren.«

Helvidius ging jedoch nicht über die angebotene Brücke. Stattdessen entgegnete er: »Es steht in deiner kaiserlichen Macht, mich nicht Senator sein zu lassen. Solange ich es aber bin, muss ich dem Senat auch beiwohnen.« Er redete so voller Überzeugung, als spräche er über die Unmöglichkeit, den Regen abzustellen.

Vespasianus hob sorgenvoll die Augenbrauen. »Es ist besser, du erscheinst dort nicht. Erscheinst du dennoch, muss ich dich fragen. Könntest du dann schweigen?«

»Frage mich nicht, und ich werde schweigen.«

»Aber, du weißt, dass ich dich fragen muss.«

»So, wie du mich fragen musst, so muss ich auch antworten. Und ich muss sagen, was ich für richtig halte.«

»Aber versteh doch. Wenn du deine Meinung aussprichst, muss ich dich töten. Willst du das?«

»Habe ich dir gegenüber jemals behauptet, dass ich unsterblich bin? Du wirst das machen, was in deiner Macht steht, und ich werde das Meine tun. Du kannst mich töten, ich aber werde in diesem Fall sterben, ohne zu zittern.«

Vespasianus schoss das Blut in den Kopf. Dieser Narr, dachte er. Wollte er sich tatsächlich für seine sinnlosen Ideale opfern? Oder spielte er mit hohem Risiko, weil er wusste, dass er ihn unmöglich hinrichten lassen konnte, obwohl es durchaus in seiner kaiserlichen Macht läge. Er kannte Helvidius' Schläue. Er traute ihm zu, mit seinem Leben zu spielen, weil er den hohen Preis kannte, den er als Kaiser zu zahlen scheute. Helvidius' Hinrichtung würde seiner Reputation beim Volk immens schaden. Der Senator wusste genau, wie sehr er, der Kaiser, fürchten musste, in die Nähe der Tyrannen Caligula und Nero gerückt zu werden. Er gab Unsummen für den Bau dieses Amphitheaters aus, war dabei, ein Friedensforum zu errichten, und stand kurz davor, zum Zeichen, dass nirgends im Imperium mehr Krieg herrschte, die Tore des Janustempels zu schließen. Darüber hinaus sollte das Kapitol in einem Glanz erstrahlen, wie ihn die Welt noch nicht gesehen hatte. Das Volk liebte ihn dafür. Er brauchte diese Liebe, denn sie brachte Stabilität in die Stadt. Der Frieden stand jedoch noch auf wackligen Füßen, die Heeresreform war noch nicht abgeschlossen, der Senat nicht erneuert. Er wollte aber alles tun, damit spätere Generationen ihn als guten Kaiser in Erinnerung behielten, als einen Kaiser, der dem Volk Frieden und Wohlstand gebracht hatte.

Und jetzt fiel dieser stoische Helvidius ihm in den Arm. Die Götter hatten ihnen beiden ein langes Leben geschenkt. Was würde geschehen, wenn ihn – den Kaiser – plötzlich der Schlag treffen würde? Einen neuen Machtkampf durfte es nicht geben, sein Werk musste von seinen Söhnen fortgesetzt werden, von denen er sich, wie er wusste, wenigstens auf Titus verlassen konnte. Es musste einen Weg geben, das Leben des Stoikers zu retten und dennoch seine gefährliche Gegenrede im Senat zu verhindern.

Es schien so, als bewegte Helvidius der gleiche Gedanke, als wollte er dem hohen Einsatz des Spiels aus dem Weg gehen, der ihm das Leben kosten könnte, denn er ergänzte plötzlich: »Du kannst mich verbannen, und ich kann gehen, ohne zu trauern.«

»Es ist bedauerlich, Helvidius, dass wir keine Einigung finden«, sagte Vespasianus. »Aber uns bleibt noch Zeit. Mein Sohn Titus ist aus Judäa zurückgekehrt, und Jerusalem ist gefallen. Du solltest unseren gemeinsamen Triumphzug zu Ehren des Sieges über die Juden mitfeiern.«

Helvidius schwieg mit zu Boden gesenktem Blick.

Vespasianus gingen Helvidius' letzte Worte durch den Kopf. Eine Verbannung käme genauso wenig infrage wie eine Hinrichtung. Doch plötzlich hatte er einen Einfall.

»Helvidius, mein Freund. Vielleicht solltest du die Sommerfrische auf einem deiner Landgüter genießen und alles noch einmal in Ruhe überdenken. Du könntest rechtzeitig in den Senat zurückkehren, wann immer du es wünschst.«

Helvidius schaute überrascht auf. Dann lächelte er nachdenklich. »Eine gute Idee, mein Kaiser. Hab Dank für die Erlaubnis, Rom verlassen zu dürfen.«

44

Philippus hatte seit dem vor Tagen erfolgten Besuch des Senators Helvidius das Haus nicht mehr verlassen, fürchtete er doch, auf offener Straße ergriffen zu werden, wie es ihm schon einmal passiert war. Als er dann aber von Helvidius' Verhaftung gehört hatte, war er so erleichtert gewesen, dass er Minerva eine Taube opferte. Er wiegte sich in völliger Sicherheit. Doch das Gefühl war trügerisch, wusste er doch nicht, dass Helvidius inzwischen vom Kaiser begnadigt worden war. Und so kam es, wie es kommen musste. Kaum wurde Helvidius in die Freiheit entlassen, überfielen dessen Sklaven den ahnungslosen Philippus und stülpten diesem erneut einen Sack über den Kopf.

Obwohl er ahnte, wer hinter dem Überfall steckte, erschreckte ihn doch die neuerliche Entführung. Als er, von dem Sack befreit, Cleander vor sich sah, war er sogar fast erleichtert. Ihn hätte auch ein schlimmeres Schicksal treffen können.

Hinter sich hörte er den Senator sprechen. Er drehte sich um und blickte in Helvidius' mildes Gesicht.

»Sei unbesorgt, Philippus. So schnell werde ich dich nicht versklaven. Ich hoffe doch, dein Onkel kommt noch zur Vernunft. Dann wirst du wieder frei sein. Anderenfalls werde ich dich Cleander schenken. Er ist ein treuer Verwalter und hätte ein solches Geschenk verdient.«

Philippus erschrak, während Cleander zufrieden lächelte.

Der Senator winkte seinen kräftigen Sklaven zu, die daraufhin Philippus mit harter Hand ergriffen und ihn erneut in den Keller einsperrten, wie es schon einmal ein Jahr zuvor geschehen war. Philippus trommelte mit Fäusten gegen die Tür und schrie. »Ihr dürft mich nicht festhalten. Ich bin römischer Bürger. Mein

Onkel wird euch verklagen.« Doch seine Hilferufe drangen nicht durch die dicken Mauern nach außen.

Nach einer Weile beruhigte sich Philippus. Sein Schreien war sinnlos, und ihm wurde auch klar, dass sich der Senator um seine bürgerlichen Rechte nicht scherte. Er musterte sein Verlies. Die Kemenate war fensterlos, und die Tür, die sie verschloss, massiv. Ein Öllämpchen auf dem Tisch spendete düsteres Licht. Ein Entkommen schien unmöglich.

Plötzlich riss ihn eine weibliche Stimme aus seinen Gedanken.

»Philippus?«, hörte er sie hinter der Tür flüstern.

Philippus ging näher heran. »Wer dort?«, fragte er leise.

»Acne. Erkennst du nicht meine Stimme?«

»Acne?«, wiederholte Philippus verwundert.

»Ich will dir helfen. Wenn ich zu dir reinkomme, schlägst du mich dann?«

Philippus antwortete nicht sofort. Die Frage verwirrte ihn. Acne, die ihn schon zweimal verraten hatte, wollte ihm helfen?

»Ich schlage dich nicht«, antwortete er leise. »Aber wie willst du mir helfen?«

»Morgen ist der große Triumphzug. Der Dominus und Cleander werden an den Festlichkeiten teilnehmen. Es wird kaum jemand im Haus sein. Ich werde die Tür öffnen, damit du fliehen kannst. Aber du musst mir versprechen, mich nicht zu schlagen.«

»Ich verspreche es«, antwortete Philippus. Dann hörte er an ihren Schritten, wie sich die junge Sklavin entfernte.

Philippus' Herz durchströmte ein Glücksgefühl. Acne würde ihm zur Flucht verhelfen. War das nicht ein Eingeständnis ihrer Liebe? Die süßen Erinnerungen an den Liebesakt vor einem Jahr verdrängten die schlechten Erfahrungen, die er danach mit ihr gemacht hatte. Wie konnte er sie hassen, war sie doch nur ihrem Sklavenlos verpflichtet, das sie zum Verrat gezwungen hatte. Seine Befreiung jetzt betrieb sie jedoch aus freien Stücken. Er hatte es schon immer geahnt und zweifelte jetzt auch nicht mehr: Acne liebte ihn.

In der Nacht fand Philippus keine Ruhe. Immer wieder wachte er auf. Das Öl des Lämpchens, das er über Nacht hatte brennen lassen, war aufgebraucht, was ihn in der stockfinsteren Kemenate die Orientierung verlieren ließ. Qualvolle Stunden vergingen, ehe das Schloss aufschnappte. Aber zu seiner Enttäuschung kam nicht Acne herein, sondern einer der Sklaven. Er tauschte die Öllampe aus, legte einen Brotkanten auf den Tisch und stellte daneben einen Krug. Mehr als über Speis und Trank freute sich Philippus über das Licht. Der Sklave verließ die Kemenate, und das Schloss schnappte zu.

Philippus biss von dem trockenen Brot ab und spülte es mit einem Schluck verdünnten Wein herunter. Die Aufregung war größer als der Hunger, und er schielte immer wieder zur Tür hin. Doch nichts rührte sich.

Als ihm schon Zweifel kamen, schnappte das Schloss erneut auf, und zu seiner Erleichterung stand Acne in der Tür und winkte ihn heraus. Er ging auf sie zu und wollte sie küssen, doch sie drehte ihren Kopf zur Seite.

»Du musst sofort verschwinden!«, forderte sie ihn leise auf, nahm ihn an der Hand und führte ihn in den Garten hinaus. Die weitläufige Anlage endete an einer Mauer, in die ein Gittertor eingelassen war. Acne schloss es auf, und Philippus war frei.

»Warum tust du das?«, fragte Philippus in der Hoffnung auf ein Liebesgeständnis.

»Cleander hat mich beauftragt, ein Bad für dich zu bereiten. Er will dich schänden. Ich hoffe, du vergisst meine Hilfe nicht, wenn ich später in das Haus deines Dominus verkauft werde.«

»Ich werde es nicht vergessen. Aber sag mir: War es die Wahrheit, als du gesagt hast, dass du so einen wie mich nicht lieben kannst?«

Acne schubste Philippus ins Freie hinaus. »Lauf! Wir haben keine Zeit.« Sie schaute sich ängstlich um. »Wenn der Dominus erfährt, dass ich dir geholfen habe, schlägt er mich tot.«

Philippus erschrak. Er wollte Acne nicht in Gefahr bringen.

»Danke«, sagte er und küsste sie auf die Wange. Dann rannte er davon.

Hoffentlich schaffe ich es bis zum Haus meines Onkels, dachte Philippus. Am Viehmarkt versperrte ihm eine große Menschenansammlung den Weg. Philippus hatte sich tagelang auf den Triumphzug gefreut. Aber jetzt hasste er ihn. Er blickte zurück, um sich zu vergewissern, dass ihm niemand gefolgt war, entdeckte dann aber tatsächlich erschrocken zwischen den frohgelaunten Leuten einen von Helvidius' Sklaven. Der kräftige Kerl hatte ihn auch schon gesehen und rannte auf ihn zu. Philippus drängelte sich panisch durch die Menschenmenge. Er steckte viele Fußtritte und Knuffe ein, ehe er die vordere Reihe erreichte. Die Zuschauer, die Philippus unsanft zur Seite gerempelt hatte, beschwerten sich lautstark. Ihr Schimpfen weckte die Aufmerksamkeit eines Prätorianers, der die Aufgabe hatte, darauf zu achten, dass niemand die Straße überquerte. Dieser versetzte Philippus mit dem Stiel seiner Lanze einen so heftigen Schlag in die Magengegend, dass der sich vor Schmerz krümmte.

Aus dem Augenwinkel heraus sah er einen langen Strom Soldaten vorbeiziehen, die mit einer fremdartigen, aber waffenlosen Kampfausrüstung bekleidet und untereinander an eine Eisenkette gefesselt waren, die längs mitten durch ihre Reihen führte. Römische Legionäre trieben sie unter Peitschenhieben vorwärts. Es mussten Hunderte, wenn nicht gar Tausende Gefangene sein. Die Römer am Straßenrand riefen diesen in ausgelassener Freudenstimmung Schmähungen zu.

Der Schmerz ließ nach, und Philippus rappelte sich wieder auf. Und erschrak. Sein Verfolger, der die dicht gedrängten Zuschauer brutal zur Seite schob, war nur noch zwei Armlängen von ihm entfernt und hätte ihn im nächsten Augenblick gepackt, wenn die Rangelei sich nicht in eine wilde Schlägerei entwickelt hätte. Die meisten Menschen waren kreischend auseinandergestoben, und der Sklave hätte zu Philippus freien Weg gehabt, wenn seine Widersacher von ihm abgelassen hätten, was sie aber glücklicherweise nicht taten. Ein halbes Dutzend Soldaten der Stadtkohorte kamen hinzu, um die Streithähne auseinanderzubringen. Sie hielten Philippus' Verfolger endgültig auf, indem sie Helvidius' Sklaven brutal verprügelten.

Diese Ablenkung nutzte Philippus aus. Er bückte sich, kroch unter den Seilen der Absperrung hindurch, rannte ein Stück am Gefangenenzug entlang und überquerte die Straße, als sich eine Lücke auftat. Bevor ihn noch ein Soldat ergreifen konnte, rettete er sich in die Menschenansammlung auf der anderen Seite und konnte daraufhin zufrieden feststellen, dass er seinen Verfolger ordentlich abgehängt hatte. Vorerst war er in Sicherheit.

Doch als er sich dem Circus Maximus näherte, entdeckte er auf der anderen Straßenseite den Sklaven, der ihm am Morgen das Frühstück gebracht hatte. Zum Glück zog ein weiterer Tross Gefangener vorbei, deren lange Ketten dem Sklaven den Weg versperrten. Vergeblich suchte dieser eine Lücke, bis auch er von Soldaten zurückgeprügelt wurde.

Philippus rannte am Palatin vorbei in Richtung Forum und in der Hoffnung, in der Menschenmenge untertauchen zu können. An der Basilica Julia stieß er auf eine Tribüne, die von Soldaten bewacht wurde. Auch an der gegenüberliegenden Basilica Aemilia war eine Tribüne aufgebaut worden. Über den Köpfen der Menschen sah Philippus zwei Mann hoch Gestelle aufragen, die vorübergezogen wurden und prachtvolle Teppiche zeigten. Philippus hörte Ohs und Ahs der Bewunderung und des Entzückens. Dann klatschten die Leute Beifall und wiederholten im Chor die Rufe eines Stimmungsmachers auf der Tribüne: »Lang leben die Imperatoren Vespasianus und Titus!«

Der Jubel steckte Philippus an und ließ ihn die Gefahr der Flucht vergessen. Ihn packte die Neugier. Doch das Gedränge war dieses Mal so dicht, dass er nicht vorwärtskam. Nachdem er einen kräftigen Faustschlag gegen die Rippen hatte einstecken müssen, gab er auf und fing stattdessen an, nach einem Ort zu suchen, von dem aus er das Treiben beobachten konnte. Aber er fand keinen. Selbst die zahlreichen Denkmäler und Säulen waren schon von jungen Männern, die keinerlei Respekt vor den marmornen Kaisern und ruhmreichen Feldherren zeigten, erklommen worden.

Plötzlich hatte Philippus eine Idee. Die Soldaten, welche die Tribüne bewachten, vernachlässigten nämlich immer wieder ihren Dienst, indem sie ebenfalls neugierig die Hälse reckten. Kurzentschlossen kroch Philippus bei einer solchen Gelegenheit unter die Holzkonstruktion, wo er eine Plane fand, die er über sich zog. Aufgeregt spitzte er die Ohren, ob sein tollkühner Einsatz wohl entdeckt worden war. Doch wider Erwarten packten ihn keine Hände an den Füßen, und sein Mut wurde mit einem herrlichen Blick auf die Pompa belohnt. Lediglich die Beine der über ihm sitzenden Honoratioren schränkten die Sicht etwas ein.

Durch seine Flucht hatte er die bedächtig vorangekommenen Pompa überholt, sodass er jetzt die Spitze des Zuges sehen konnte, der von der Via Sacra herkam und zwischen den Tribünen vorbeizog.

Vier bekränzte Männer in weißen Umhängen trugen einen siebenarmigen Leuchter, der, wie ein Sprecher auf der Tribüne verkündete, aus purem Gold bestand. Die Träger schwitzten unter der Last. Nicht weniger anstrengend war der Umzug für diejenigen, die einen Tisch vorbeitrugen, der ebenfalls aus purem Gold war. Von einem Gestell, das vier Stockwerke in die Höhe ragte, fiel eine Stoffbahn herab, auf der Szenen von der Eroberung Jerusalems zu sehen waren. Ein weiteres Bild veranschaulichte die dreifache Befestigung der eroberten Hauptstadt. Feine Gewänder mit goldenen Stickereien und Truhen, angefüllt mit Gold und Edelsteinen, wurden vorbeigetragen und zeugten vom Reichtum des besiegten Volkes.

Nie im Leben hatte Philippus so etwas Schönes gesehen, und ihn überkam eine Mischung aus seltsamer Demut und patriotischem Stolz. Die Schau verlieh ihm das Glücksgefühl, Teil dieses mächtigen Roms zu sein und mit diesem über alle anderen Völker der Welt emporgehoben zu werden.

Die Triumphatoren Vespasianus und Titus fuhren in einem von Schimmeln gezogenen Vierspänner vorbei. Über ihren Schultern hingen Purpurmäntel, und ihre Häupter schmückten goldene Lorbeerkränze. Ihre Gesichter leuchteten in der Farbe des Blutes, in der Farbe Jupiters. Und die Menschen riefen ihnen unablässig zu: »Heil dir, Vespasianus. Heil dir, Titus.«

Philippus lief eine Gänsehaut über den Rücken. Vespasianus und Titus erschienen ihm wie Götter, und Rom verlor allen Schrecken, der ihm widerfahren war, und erstrahlte stattdessen in Glanz und Gloria.

Über sich vernahm er Stimmenfetzen:

»Die Hinrichtungen beginnen ...«

»... ist das Simon, der Sohn des Gioras?«

»Ja, das ist er. Siehst du es nicht? Er trägt noch immer die Uniform des jüdischen Generals ...«

»... schau, Clodius, wie blau sich sein Gesicht verfärbt.«

»Ich finde, sein Kehlkopf ist ihm viel zu schnell zerdrückt worden ...«

Philippus reckte den Hals, konnte aber die Hinrichtungen nicht sehen. Stattdessen entdeckte er zwischen den Magistraten, die hinter den Triumphatoren liefen und ins Stocken geraten waren, den Prätor Helvidius. Obwohl der Senator ihn nicht gesehen hatte und ihn auch gar nicht hätte aufhalten können, verließ Philippus doch panisch sein Versteck, um schließlich unbehelligt den Esquilin zu erreichen.

In den fast menschenleeren Gassen war die Euphorie des Triumphes schnell verflogen.

Philippus, der sich endlich nach Sicherheit sehnte, klopfte am Haus seines Onkels an das Tor.

»Wer da?«, hörte er den Sklaven Loris fragen.

»Ich bin es, Philippus. Mach schnell auf.« Er hörte, wie Loris die Verriegelung entfernte. Aber als sich die Tür wenig später öffnete, wurde Philippus von hinten gepackt. Er sah noch kurz in Loris' verschrecktes Gesicht, danach wurde es dunkel, und er schnappte erneut in einem über seinen Kopf gestülpten Sack nach Luft.

45

Kurz darauf im Spätsommer 71

Fast zwei lange Jahre waren inzwischen vergangen, seit es Verus auf das Latifundium nach Histria verschlagen hatte. Sein Leben als Sklave hatte sich in dem Maße verbessert, wie es ihm gelang, die Herrschaft Semprosius' zurückzudrängen und seine eigene Führung auszubauen. Durch den Erfolg seiner Arbeit und seine als gerecht empfundene Oberaufsicht schrumpfte die Gefolgschaft seines Widersachers so stark zusammen, dass dieser auf dem Landgut kaum noch eine Rolle spielte. Selbst Pullo, den Verus gesundpflegen ließ, hatte aus Dankbarkeit die Seiten gewechselt. Und sogar der schwermütige Asclepius, dem er aus Freundschaft nur leichte Arbeit zuwies, lächelte manches Mal.

Die Schufterei in den Olivenplantagen und auf den Weizenfeldern blieb Verus als dem neuen Oberaufseher erspart. Colponius, dessen rechte Hand er wurde, war mit seiner Arbeit zufrieden, warf doch das Landgut jetzt hohe Gewinne ab. Verus war längst, obwohl nicht offiziell, zum zweiten Verwalter aufgestiegen. Nur mit der Auszahlung des Peculium tat sich Colponius schwer. Allerdings nicht gegenüber Verus, dem er treu im Wort stand. Wie sehr er diesem vertraute, zeigte sich auch daran, dass er ihm sogar erlaubte, das Landgut ohne Bewachung zu verlassen. Nicht ein einziges Mal tadelte er ihn, wenn er später aus Pola zurückkehrte, als es eine Besorgung erfordert hätte.

Colponius wusste nichts von Verus' Liebe zu Licinia und dessen Rachegelüsten. Er ahnte nicht, dass Verus über Flucht nachdachte, wenn er durch die Gassen der Stadt schlenderte, dass dessen Sehnsucht nach Licinia wuchs und dieser mit dem Gedanken spielte, ein Pferd zu kaufen, um sein Schicksal in die eigenen Hände zu nehmen.

Viele Sesterze hatte Verus gespart, um sich damit so früh wie möglich seine Freiheit zu erkaufen. Doch an die inzwischen beträchtlich angewachsene Summe kam er nicht heran, da sie Colponius verwahrte. Er gestattete Verus nicht, darüber frei zu verfügen. So nutzte ihm das Geld nichts, denn ohne dieses würde er nicht weit kommen. Er dachte daran, die Tageseinnahmen eines Markttages zu unterschlagen, wenngleich er damit nicht über die Summe seines angesparten Peculiums kommen würde. Aber der Gedanke verursachte ihm ein mulmiges Gefühl. War es wegen des dann unvermeidbaren Vertrauensbruchs gegenüber Colponius? Oder war seine Feigheit der Grund? Jedes Mal, wenn sich ihm die Gelegenheit einer Flucht bot, fand er jedenfalls einen Grund, diese zu verwerfen, bis er sich schließlich eingestehen musste, dass es die Furcht vor dem Risiko war, die ihn davon abhielt. Ein Fehlschlag würde sein Leben brutal verändern. Er trüge fortan auf der Stirn das Tätowierungsmal eines geflohenen Sklaven, und die Gewalt und die Rache Semprosius' würden über ihn kommen, schlimmer als je zuvor. Alle Anstrengungen wären dann umsonst gewesen. Das Risiko war so hoch, dass es ihn lähmte.

Doch immer dann, wenn er wieder einmal das Lager der Verwalterin Attia verließ, wo diese ihn zwang, in ihren Schoß einzudringen, litt er unter der Sklavenknechtschaft. Ihre vulgäre Art des Begehrens weckte zwar in seiner Lende das Tier und einen animalischen Trieb der Lust, doch jedes Mal, wenn er sich in sie ergossen und sie ihm den Rücken zerkratzt hatte, lastete Schwermut auf ihm. Der Gedanke, während dieses Koitus mit einer Frau ohne Reiz selbst zum willenlosen Sklaven, zum sprechenden Tier geworden zu sein, nagte an seinem Stolz. Dabei war die Möglichkeit, eine Frau zu haben, ein Privileg, über das sich nur sehr wenige Sklaven freuen konnten.

Attia war nicht die Einzige, der er beischlafen musste. Colponius hatte ihm regelmäßig die junge Sklavin Sylvia in seine Kemenate geschickt, wenngleich es ihm zugegebenermaßen mit ihr keine Überwindung gekostet hatte. Doch Colponius verfolgte bei diesen Vergnügen, die er Verus gönnte, gleichsam auch ein wirtschaftliches Interesse. Er machte kein Hehl daraus, dass er von einem so kräftigen Kerl, wie Verus einer war, gesunden Nachwuchs erwartete. Sklavenkinder! So eines, wie es Sylvia gerade in ihrem Leib trug. Es löste in Verus das Gefühl aus, dass ein Teil von ihm verdammt war, auf ewig versklavt zu sein. Alles, was er tat, und ähnelte es auch noch so sehr der Freiheit, entpuppte sich als Täuschung. Und so blieben auch die Gefühle für Sylvia im Sklavenstigma gefangen. Vielleicht wäre seine Melancholie nicht so groß, würde in ihm nicht noch die Liebe zu Licinia brennen. Die lange Zeit der Trennung hatte die Erinnerung an sie allerdings schon so vernebelt, dass er befürchtete, diese für immer zu verlieren und die Freiheit, die er irgendwann zurückgewänne, dann nur noch als von geringem Wert zu empfinden.

Eines Tages kündigte Colponius an, dass der Dominus eine Woche später sein Landgut inspizieren wolle. Bis dahin müsse alles in einen vorbildlichen Zustand gebracht werden, wobei ihn nicht interessiere, dass mitten in der Ernte kaum eine Hand entbehrt werden könne. Von diesem Tag an beherrschte das kommende Ereignis den Tagesablauf.

In der Villa wurde staubgewedelt, geschrubbt und poliert. Überall im Haus roch es nach Farbe und frischer Wäsche. Attia tadelte nervös die Sklavinnen, die es ihr nie recht machen konnten. Einmal gefiel ihr ein Blumenarrangement nicht, ein andermal regte sie sich mit hochrotem Gesicht über Schmutz auf der Büste des Thrasea Paetus, des berühmten Schwiegervaters ihres Dominus, auf. Die Sklaven zupften auf dem Hof die Unkrautpflänzchen zwischen den Pflastersteinen heraus, harkten die Wege zwischen den Blumenrabatten, beschnitten gleichmäßig die Akazienstäucher und reparierten Schäden am Zaun. Verus hastete von den Weizenfeldern zu den Olivenhängen und von dort zurück zu den Olivenpressen. Er kam mit der Überwachung der Arbeiten kaum nach. Die Einfuhr der Ernte erforderte ohnehin größte Anstrengung, weshalb die zusätzliche Belastung eigentlich unerträglich war. Doch Colponius und Attia nahmen darauf keine Rücksicht. Ihr Ansehen beim Dominus war ihnen wichtiger als das Leibeswohl der Sklaven, denen weniger Zeit zum Schlafen blieb, als es notwendig gewesen wäre. Schon vor Sonnenaufgang wurden sie geweckt, und sie kamen erst spät bei spärlicher Beleuchtung der Öllampen zu ihrem Nachtlager zurück.

Dann endlich war es so weit, und der ersehnte Tag der Erlösung von diesen auslaugenden Vorbereitungsarbeiten brach an. Der Dominus wurde im Laufe des Tages erwartet, und die Arbeiten auf den Feldern, in den Ställen und Gärten, auf den Wiesen und Weinbergen nahmen wieder ihren gewohnten Gang. Die intensiven Vorbereitungen sollten verborgen bleiben. Alles sollte den Eindruck erwecken, als wäre der vorbildliche Zustand des Gutes Alltäglichkeit.

Verus beaufsichtigte einige Sklaven, die beim Empfang des Dominus ein Spalier bilden sollten – eine Aufgabe, die angenehm war, befreite sie die Teilnehmer doch von ihren sonstigen Pflichten. Es war schon nach Mittag. Und da niemand wusste, wann genau der Dominus ankommen würde, verbrachten die privilegierten Sklaven den Tag mit ungewöhnlichem Müßiggang.

Endlich preschte ein Reiter auf den Hof. »Nachricht für Colponius«, schrie er, ohne abzusteigen.

Colponius und Attia stürzten aus der Villa.

»In einer Stunde trifft der ehrenwerte Senator Helvidius ein. Er wird von dem ehrenwerten Quästor Tullius und dessen junger Frau begleitet. Der Senator wünscht, dass man seinen Gästen ein würdiges Nachtlager bereitet.«

»Melde ihm, es wird alles vorbereitet sein«, rief ihm Colponius zu.

Der Reiter nickte und galoppierte davon.

Attia stieß Luft zwischen den Zähnen aus. »Bei den drei Furien. Von zusätzlichen Gästen weiß ich nichts.«

»Sie kommen erst in einer Stunde«, beschwichtigte Colponius. »Also los, verschwende keine Zeit mit Tiraden.«

Attia verschwand kopfschüttelnd im Haus. Colponius folgte ihr.

Als der Bote den Namen des Quästors genannt hatte, war Verus das Blut in den Kopf geschossen. Sollten der erwartete Gast und sein Todfeind ein und dieselbe Person sein? Wenn das stimmte, dann wäre dessen junge Frau Licinia. Ein seltsames Gefühl beschlich Verus bei diesen Gedanken, eine Mischung aus Freude und Entsetzen. Nichts auf Erden könnte ihn glücklicher machen, als seine Geliebte wiederzusehen. Im Spalier würde er aber auch dem Quästor präsentiert werden. Wenn Tullius ihn entdeckte, würde er erfahren, dass er, Verus, noch lebte und sein Plan, ihn in die illyrischen Minen zu schicken, gescheitert war. Und er würde ihm erneut nach dem Leben trachten. Das Wiedersehen mit seiner Geliebten wäre überschattet von Charons Leichentuch. Die Hoffnung auf eine Zurückgewinnung seines verlorenen Lebens und die Erfüllung seiner Liebe wäre dann für immer zerstört. Sollten die Götter so grausam sein? Sollten sie ihn quälen, indem sie ihm seine Geliebte als Ehefrau eines fremden Mannes vorführten, um ihm danach das Leben zu nehmen? Was konnte er tun? Er durfte beim Empfang seines Todfeindes nicht im Spalier stehen. Er hatte keine andere Wahl. Er musste sich Colponius anvertrauen.

Als Verus ins Kontor eintrat, gab Colponius ihm nervös zu verstehen: »Nicht jetzt!«

»Bitte Herr, es ist sehr wichtig.«

»Nicht so wichtig wie das, was ich noch erledigen muss.«

»Bitte«, bettelte Verus.

»Verus, ich habe dringend zu tun. Der Quästor ist kein harmloser Gast, sondern ein Beamter des Kaisers. Er wird prüfen wollen, ob wir unsere Steuern korrekt bezahlt haben. Dein Anliegen wird wohl noch bis morgen Zeit haben.«

Verus wollte etwas erwidern, aber Colponius hob resolut die Hand und schaute ihn dabei wütend an. Sein Blick hatte die Schärfe eines Todesurteils.

Verus lief in den Garten und vergrub das Gesicht in beide Hände. Was konnte er tun? Sich verstecken und seine Pflicht vernachlässigen? Colponius hasste Ungehorsam. Er konnte dann sehr ungemütlich werden. Er würde ihn dafür bestrafen, ohne dass er vorher etwas sagen können würde. Und die Gefahr, dass Tullius dadurch erst recht auf ihn aufmerksam werden würde, wäre noch größer als in dem Spalier. Vielleicht hatte er Glück und Tullius übersah ihn dort. Es würde nur einen kurzen Augenblick dauern, an dem der Senator mit seinen Gästen vorbeischritte. Vielleicht stellte sich heraus, dass seine Sorge ganz und gar unbegründet war. Der Bote hatte nicht den vollständigen Namen des Quästors genannt. Er könnte auch einen anderen gemeint haben.

Verus verbrachte die gesamte Zeit mit Grübeln. Dann wurde er aufgeschreckt.

»Sie kommen«, schrie Asclepius aus dem Ausguck in der obersten Etage des Herrenhauses.

Verus befahl den Sklaven, sich aufzustellen, und reihte sich selbst mit ein.

Colponius und Attia standen mit bekränzten Häuptern am Eingang der Villa. Wenig später ritten bewaffnete Knechte durch das Hoftor. Es folgten ein zweispänniger geschlossener Reisewagen und weitere Reiter. Ein Sklave sprang vom Pferd und öffnete die Wagentür. Colponius trat ebenfalls heran. Ein Mann um die fünfzig kam heraus. Colponius begrüßte ihn mit einer Verbeugung: »Salve Senator, herzlich willkommen.«

Der Mann, welcher der erwartete Dominus Helvidius sein musste, nickte. »Danke für den herzlichen Empfang, Colponius.«

Danach stieg ein Mann aus dem Wagen, der Verus den Atem stocken ließ. Er hatte Tullius sofort erkannt, obwohl dieser anstelle seiner Tribunenuniform eine prächtige weiße Tunika trug, die mit aufwändigen Stickereien gesäumt war. Eine protzige Goldkette schmückte auffällig seine Brust.

»Das ist der Quästor Gaius Cornelius Tullius aus Rom«, stellte Helvidius diesen Colponius vor, der ihn ebenfalls willkommen hieß.

»Und das ist seine schöne Frau.«

In diesem Augenblick sah Verus Licinia. Tullius reichte ihr die Hand, um ihr aus dem Wagen zu helfen. Dann ließ er sie jedoch allein, um sich an die Seite des Senators zu begeben.

Licinia war noch schöner als früher. Ihr schwarzes, von feinen rötlichen Locken durchsetztes Haar war kunstvoll in die Höhe drapiert und wurde von goldenen Spangen zusammengehalten. Eine faltenreiche Stola aus blauer Seide, das Zeichen der Ehefrau, umhüllte ihren Kopf und fiel auf die mit Blumenmotiven bestickte Tunika herab. Ihr Anblick zerriss Verus fast das Herz. Die Gefahr vergessend, die ihm von Tullius drohte, hatte er nur noch Augen für sie.

Während der Senator mit ausladender Armbewegung die Blicke seines Gastes auf das Anwesen lenkte, lief Licinia teilnahmslos hinter den Männern her. Nur wenige Schritte trennten sie von Verus. Seine Geliebte war so nah, dass sein Herz vor Aufregung bebte. Er meinte, dass sie schon seinen Atem hören müsste. Gleich würde sie ihn entdecken. Ein Blick zur Seite genügte. Sie müsste nicht einmal den Kopf drehen. Sie kam näher, sodass er ihre feinen vertrauten Gesichtszüge sehen konnte. Noch näher. Ihr Profil schimmerte durch den Schleier der Stola. Jetzt hielt sie in ihrem Schritt inne. Sein Herz raste. Sie stand genau vor ihm. Doch sie sah ihn nicht an, da sie die Sklaven nicht beachtete. Und schon war sie an ihm vorbeigegangen. Verus rief in seinem Inneren ihren Namen, so als könnte sie durch die geheimnisvollen Kräfte der Liebe seine schreienden Gedanken vernehmen. Aber sie hörte ihn nicht. Sie entfernte sich, den Blick stur nach vorn gerichtet. Seine Augen folgten ihr, bis sie hinter der Pforte verschwunden war.

Zwei Schritte hatten gefehlt, und er hätte sie mit den Händen berühren können. Nur zwei Schritte. Und gleichzeitig war sie doch so fern. In seiner Nase verfing sich ein teures Parfüm, das ein Windstoß zu ihm geweht hatte, und sie kam ihm in diesem Moment abgrundtiefer Enttäuschung fremd und verloren vor, als wäre ein anderer Mensch in ihren schönen Körper hineingeschlüpft. Der unbekannte Geruch schien von einer fremden Frau zu rühren. Nirgendwo an ihr konnte er mehr das heitere und warmherzige Mädchen entdecken, das er so geliebt hatte. Ihre Schönheit war zu Eleganz, Kälte und Hochmut verkommen. Seine Liebe verkrampfte ihm schmerzvoll das Herz. Die weiterhin im Spalier stehenden Sklaven sahen ihn fragend an. Er schickte sie fort, ohne klare Anweisung, wie im Opiumrausch.

Dann lief er in den Garten. Erst dort gewann er seinen Glauben an ihre gemeinsame Liebe wieder, den wahren Grund ihrer Veränderung erahnend. Sie musste sich voller Demut mit ihrem Unglück an der Seite des ungeliebten Mannes abgefunden haben. Ihr teilnahmsloser Blick rührte nicht von Hochmut, sondern Einsamkeit, ihre Eleganz nicht von kalter Schönheit, sondern Schmerz, das Parfüm hatte nichts mit Eitelkeit zu tun, sondern mit Schicksalsergebenheit.

Erst in diesem Moment begriff er, dass ihn sein Todfeind nicht entdeckt hatte. Doch wollte sich keine Erleichterung einstellen. Seine Seele war verwundet. Als Licinia an ihm vorbeigeschritten war, da schien es ihm, als gähnte ein tiefer, unüberbrückbarer Abgrund zwischen ihnen beiden, als wäre nicht nur ihre gemeinsame Zukunft, sondern auch die Vergangenheit in einer nebligen Ferne untergegangen. Zu groß war die Kluft, die sie trennte, den Sklaven von der Frau eines Angehörigen des Hochadels. Seine Sehnsucht nach Licinia und die Rache an Tullius schienen ihm plötzlich unerfüllbar. Von dieser Begegnung blieben nur Leere und bittere Enttäuschung zurück.

Doch die lähmende Starre wollte er nicht akzeptieren. Dieser kurze Augenblick sollte nicht seine ganze Hoffnung zerstören dürfen, die er so lange in seinem Herzen bewahrt hatte, weshalb er beschloss, im Geheimen zu seiner Geliebten Kontakt aufzunehmen, und sei es nur, um sie an ihr Versprechen zu erinnern, ihn freizukaufen.

Verus durchstreifte das Herrenhaus, immer darauf bedacht, einer Begegnung mit Tullius auszuweichen. Seine neue Stellung erlaubte es ihm, überall ungehindert hinzugehen, ohne Misstrauen zu erregen. Vom Atrium aus sah er den Hausherrn, der einen Weinkelch aus teurem blauem Glas in der Hand hielt und seinem von einem Vorhang verdeckten Gegenüber zuprostete. Verus erkannte die Stimme des Quästors, der sich lobend über das Landgut äußerte. Dessen gekünstelte aristokratische Redeweise widerte Verus an. Selbst im Lob war seine Arroganz unverkennbar, obwohl sein Gastgeber als Prätor im höheren Rang stand. Doch anstelle von Frust verspürte Verus Erleichterung. Nun konnte er ungestört nach Licinia suchen.

Als er an der Küche vorbeikam, schnappte er auf, wie Attia einer Sklavin auftrug, Wasser zum Erfrischen für die Herrin bereitzustellen. Verus wusste sofort, dass damit Licinia gemeint war.

Da entdeckte Attia Verus. »Gut, dass du da bist«, sprach sie in geschäftigem Ton. »Ich möchte der Herrin den Garten zeigen. Sorge dafür, dass wir ungestört sind. Ich will keinem verschwitzten Sklaven begegnen.«

»Jawohl«, antwortete Verus.

Er durchstreifte den Garten, traf aber niemanden an. Ein Gedanke erregte ihn. Während ihr Ehemann bei Helvidius weilte, könnte er Licinia hier treffen, wo sie Bäume und Sträucher vor Blicken schützen würden. Lediglich Attia wäre zugegen. Eine bessere Gelegenheit würde es kaum geben. Auf eine völlig ungestörte Begegnung konnte er nicht hoffen.

Das Warten zog sich hin. Und je länger sich dieses hinzog, umso mehr verunsicherte es ihn. Sollte Licinia an ihrem neuen Leben Gefallen gefunden haben? Könnte es ihr vielleicht so ergangen sein wie ihm selbst, der sich mit seinem Schicksal arrangiert hatte? Konnte er auf ihren Mut hoffen, ihr luxuriöses Leben hinter sich zu lassen, um ihn zu befreien? Durfte er diesen Mut einfordern, der ihm selbst gefehlt hatte? Und wäre vor allem ihre Liebe noch stark genug?

Plötzlich vernahm er Attias Stimme, und im nächsten Augenblick traten die beiden Frauen hinter einem Rosenbusch hervor. Während Attia wie in einem Schwall weiterredete, begegnete sein

Blick dem von Licinia. Sie hatte ihn sofort erkannt. Die Überraschung in ihrem Gesicht wich einem Lächeln, das sie augenblicklich in das Mädchen verwandelte, das er so liebte.

»Verus«, rief sie freudig.

Attia stockte in ihrer Rede. »Du kennst den Sklaven, Herrin?«

»Oh ja, ich kenne ihn«, antwortete Licinia aufgeräumt und wie verwandelt. Alles Steife, Aristokratische war plötzlich von ihr abgefallen.

Verus nahm das große Erstaunen in Attias Gesicht wahr. Sie konnte es nicht fassen, dass eine Angehörige des Hochadels nicht die standesgemäße Distanz zu einem Sklaven wahrte.

»Ach bitte, wäre es möglich, dass ich den Sklaven ungestört sprechen könnte?«, fragte Licinia höflich.

»Ungestört?«, wiederholte Attia verwirrt.

»Ja bitte«, erwiderte Licinia. »Ich möchte mit ihm gern allein unter vier Augen sein.« Jetzt klang sie wieder wie eine Aristokratin, keinen Widerspruch duldend.

Attia begriff. »Aber ja, Herrin«, antwortete sie in unterwürfigem Tonfall, um daraufhin verärgert zu Verus zu blicken und ihm abfällig und schroff zu befehlen: »Falls die Herrin mich braucht, rufst du mich! Ich bin in der Küche.« Dann lief sie davon.

Als Attia ihren Blicken entschwunden war, stürzte sich Licinia in Verus' Arme.

»Oh Verus, mein Liebster.« Sie küsste ihn auf den Mund. »Ich bin so glücklich, dass es dir gut geht.«

Verus trieb es die Tränen in die Augen. Sie liebte ihn noch.

»Ich glaubte schon, Tullius hätte sein Wort gebrochen«, seufzte sie mit feuchten Augen. »Jetzt wird alles gut.«

»Was hat er dir versprochen?«

»Du solltest hingerichtet werden. Tullius aber hat dich gerettet und dir dieses erträgliche Sklavenlos zukommen lassen. Mehr konnte er nicht tun. – Du siehst gut aus«, unterbrach sie sich begeistert. Sie blickte auf seine Hände. »Du hast nicht die Haut von jemandem, der schwer arbeiten muss. Sie ist zarter als früher, als du noch Soldat warst.« Dann wurde sie ernst. »Ich habe Tullius unrecht getan. Ich hatte Zweifel, weil er vorgab, nicht zu wissen, wo du bist. Oh Liebster, ich werde ihn bitten, dich freizukaufen.«

Licinias vertraute Stimme tat Verus so gut, dass er es nicht fertiggebracht hatte, sie zu unterbrechen. Doch jetzt ergriff er ihre Hände und führte sie zu einer Bank, auf die sie sich setzten.

»Hör zu, Licinia!«, sprach Verus eindringlich auf sie ein. »Ich habe nicht viel Zeit. Tullius darf nicht erfahren, dass ich hier bin. Er wird mich töten.«

»Nein!«, erwiderte Licinia mit einem verstörten Lächeln.

»Doch, Licinia. Tullius hat dich belogen. Der Urheber der Intrige gegen mich war er selbst. Er wollte meinen Tod. Ich weiß es von Torobax, der ihm dabei geholfen hat. Dieser hat uns zusammen gesehen und uns an Tullius verraten. Ich sollte in die illyrischen Minen verkauft werden.«

»Oh ihr Götter. Dort ist es schlimmer als im Hades.« In Licinias Gesicht war der Schrecken gefahren. Sie schaute ihn so sorgenvoll an wie damals, als Tullius zum ersten Mal ins Gasthaus ihres Vaters gekommen war.

»Es ist nicht sein Verdienst, dass es mich nicht so hart getroffen hat. Ich hatte nur Glück. Wenn Tullius erfährt, dass ich noch lebe, wird er mich töten. Du musst schweigen.«

Licinia schaute Verus verwirrt an. Dann stellte sie ihm Fragen, und er antwortete, und ihre Fragen wurden immer verzweifelter, hoffte sie doch, etwas Tröstliches zu hören. Verus erzählte ihr von der Schriftrolle, von den Schulden seines Vaters an die Provinzkasse, die den Statthalter gegen ihn aufbrachte, und wie Fonteius seine Anklage konstruiert hatte. Licinia erfuhr nun auch von Tullius' Intrige, bei der ihm Fonteius geholfen hatte. Als ihr Verus von Torobax erzählte, wie dieser ihm in Ketten hämisch seine Zukunft in den Minen prophezeit und er dabei von ihrer Verbindung mit Tullius erfahren hatte, brach sie in Tränen aus. Erst der Pakt mit Colponius beruhigte sie wieder ein wenig.

Mit einem Tuch wischte sie sich die Augen trocken, schaute Verus entschlossen an und sagte: »Ich werde dich befreien, mein Liebster. Tullius soll bereuen, was er getan hat. Er wird nie mehr ein gutes Wort von mir hören.«

»Nein, Licinia! Wenn es dir auch schwerfällt, lass dir nichts anmerken. Er darf nicht erfahren, dass wir uns begegnet sind, sonst ist es mein Tod.«

»Ich werde dich freikaufen, heimlich, ohne dass er etwas merkt, und ihn danach verlassen.«

»Hast du denn Geld?«

»Nein. Geld habe ich nicht, aber Schmuck und schöne Kleider. Ich verkaufe alles für deine Freiheit.«

Verus nahm sie in den Arm. Ihn durchströmte eine lang vermisste Wärme. Licinia, wie sehr liebte sie ihn. Ihm war zumute, als wäre soeben seine Sklavenkette von ihm abgesprungen, als wäre er jetzt schon keine Ware mehr, kein Teil eines Paktes, keine wirtschaftliche Größe, kein Sexspielzeug, sondern endlich wieder ein Mensch, der geliebt wurde. Nie hatte er dieses Gefühl so wertgeschätzt wie in diesem Moment. Und er war so lange nicht mehr in dessen Genuss gekommen, dass er Licinia am liebsten nie wieder losgelassen hätte. Aber dann kehrte sein Verstand zurück.

»Ich hole jetzt die Verwalterin. Wenn sie dich fragt, sage ihr, dass ich früher in deinen Diensten gestanden habe. Erwähne nichts von dem Freikauf. Wir müssen uns jetzt verabschieden. Niemand darf uns entdecken und von uns wissen. Ich kümmere mich um Attia.«

»Ja, Liebster. Ich komme wieder und kaufe dich frei. Niemand soll uns wieder trennen.«

Er küsste sie zum Abschied. Dann ging er in die Küche.

Attia empfing ihn übellaunig. »Woher kennt sie dich?«, ging sie Verus barsch an.

»Ich diente früher in ihrem Haus.«

»Du hast sie gefickt, diese arrogante Zicke. Das sieht man doch sofort.«

»Nein.«

»Mir kannst du nichts vormachen, Verus. Sie will dich zurückkaufen, diese Aristokratenhure. Aber ich sage dir, dein Schwanz bleibt hier. Du bist unverkäuflich.« Dann ging sie, um sich wieder der Frau ihres hohen Gastes zuzuwenden. Noch im Gehen veränderte sich ihre Miene und zeigte einen Ausdruck, der eine Spur zu freundlich wirkte, als dass er sein gekünsteltes Wesen hätte verbergen können.

46

Am nächsten Morgen.
Die Nachricht erschütterte Verus bis ins Mark. Der Senator Helvidius wünschte ihn kennenzulernen. In der Absicht, seine Position zu festigen, hatte Colponius vor ihm dick aufgetragen und Verus in den höchsten Tönen gelobt. Nicht die Begegnung mit dem alten Senator fürchtete Verus, sondern das damit verbundene unvermeidliche Zusammentreffen mit dem Quästor Tullius. Das, was er unbedingt vermeiden wollte, träte dann ein, und die gemeinsame Zukunft mit seiner Geliebten würde erneut verraten werden.

Colponius ahnte nichts von Verus' Sorge. Er schwärmte davon, wie sehr Helvidius von den hohen Gewinnen angetan sei und dass die Zeichen für sie günstig stünden. Oft unterbrach er sich mit einem Dank an Minerva und dem Versprechen, ihr eine Ziege zu opfern.

»Freu dich doch, Verus«, forderte er ihn begeistert auf. »Warum schaust du so grimmig drein? Es könnte nicht besser sein. Ich habe dem Dominus schon von unseren Plänen erzählt. Und er ist einverstanden. Verstehst du?« Und er wiederholte leidenschaftlich: »Er ist einverstanden. Semprosius ist erledigt. Sein Verkauf ist beschlossene Sache.«

Verus hatte Colponius noch nie so gut gelaunt erlebt, bis ihn dieser verärgert anknurrte.

»Verus! So wie du dreinschaust, verdirbst du noch alles. Was ist los?«

»Ich werde sterben, Colponius.«

Colponius riss die Augen auf. »Bist du krank?«

»Nein. Meine Gesundheit ist bestens. Aber der Quästor ist mein Todfeind. Wenn er mich hier auf dem Gut entdeckt, wird er mich töten. Und er wird anwesend sein, wenn der Dominus mit mir spricht. – Oder hast du eine Idee, wie wir ihn davon abhalten können?«

»Der Quästor ist dein Feind? Wieso das?«

»Ich kann dir das jetzt nicht erklären. Aber er hat schon einmal versucht, mich umzubringen.«

Colponius schwieg. Er machte eine nachdenkliche Miene. Dann schüttelte er den Kopf. »Der Quästor ist gekommen, um sich das Gut anzuschauen und die Steuer abzuschätzen. Selbst wenn ich den Dominus bäte, gäbe es keine Möglichkeit, ihn fernzuhalten. Das würde Misstrauen erwecken und wäre unvorteilhaft für eine kaiserliche Prüfung.«

»Vielleicht könnte ich mich krank stellen?«, schlug Verus vor, winkte aber sofort wieder ab.

»Verus, ich weiß nicht, welche Gründe es gibt, dass der Quästor dich töten will, aber wie soll er das anstellen?«, fragte Colponius auf eine Weise, als wisse er selbst die Antwort. »Du bist das Eigentum des Senators, eines Prätors. Dieses wird er nicht anzutasten wagen. Helvidius würde sich das jedenfalls nicht gefallen lassen.«

»Er wird es wagen. Ich kenne ihn.«

»Nein, Verus, das wird er nicht. Helvidius weiß jetzt, wie wertvoll du für sein Landgut bist. Deine Ermordung würde seine Ehre tief verletzen. Er würde den Mörder, der sein Eigentumsrecht so massiv verletzt, nicht davonkommen lassen. Er würde den Quästor verklagen. Nein, das riskiert Tullius nicht. Der Quästor ist jung. Er rechnet gewiss mit einer langen Ämterlaufbahn. Wenn er dich umbringen lässt, würde dies ihm nachhaltig schaden. Nein, Verus, das riskiert er nicht …«, und er fügte abwertend hinzu: »… schon gar nicht wegen eines Sklaven.«

»Doch, er wird es riskieren. Nicht offen, aber im Verborgenen.«

Colponius schüttelte den Kopf. »Verus, du bildest dir etwas ein. Warum sollte er einen solchen Aufwand betreiben? Du bist ein Sklave! Wieso solltest du ihm so viel wert sein?«

»Weil seine Frau und ich uns lieben«, schrie ihm Verus entgegen.

Colponius klappte der Unterkiefer herunter. »Oh ihr Götter«, rief er und fasste sich an den Kopf. »Du hast ihn in seiner Ehre verletzt. Bist du wahnsinnig?«

»Du verstehst das falsch. Ich war damals Decurio einer Reiterabteilung, hoch angesehen und mit großartigen Zukunftsaussichten. In dieser Zeit haben sich seine jetzige Gattin und ich ineinander verliebt. Er hat aus Eifersucht gegen mich intrigiert, um mir die Frau auszuspannen, und dafür gesorgt, dass ich versklavt wurde. Er weiß nicht, dass sein Plan, mich in die illyrischen Minen zu verbannen, gescheitert ist. Doch wenn er mich hier entdeckt, wird er wieder versuchen, mich in den Tod zu treiben.«

Colponius überlegte kurz. Dann schüttelte er erneut den Kopf. »Unmöglich. Das kann er nicht. Einen freien Mann könnte er versklaven oder ihn gar töten. Das wäre möglich. Doch er kann einen Sklaven im Besitz eines Prätors nicht einfach umbringen.« Dann lächelte er Verus aufmunternd an. »Wenn in einem Prozess herauskäme, dass ihm ein Sklave Hörner aufgesetzt hat, würde er sich in ganz Rom lächerlich machen. Das riskiert er nicht!«

Verus konnten diese Worte nicht besänftigen. »Ich weiß nicht, WIE und WANN er es tut«, sagte er leise, während er wie abwesend zu Boden blickte. »Ich weiß nur, DASS er es tut. Solange er lebt, wird er keine Ruhe geben, bis er mich aus der Welt geschafft hat.« Dann sah er Colponius an. »… und mir geht es genauso.«

Colponius schwieg mit entsetztem Gesicht.

Wenig später betraten Verus und Colponius den offenen Innenhof der Villa, wo sie Helvidius im Gespräch mit Tullius antrafen. Die beiden Männer wandten ihnen den Rücken zu. Auch Semprosius war zu ihrer Verwunderung anwesend. Er grinste Verus an, als ob er etwas im Schilde führte. Doch Verus hatte wenig Muse, sich um seinen Widersacher zu kümmern. Sein Blick heftete sich auf Tullius, der dies zu bemerken schien, denn er drehte sich plötzlich um. Ungläubig starrte er Verus an, schürzte die Lippen und kniff die Augen aggressiv zusammen, um dann, arrogant lächelnd, zu sagen: »Ich bin überrascht, dich hier zu sehen, Decurio.«

»Decurio?«, fragte Helvidius erstaunt. »Du redest meinen Sklaven mit einem Ehrentitel an?«

»Verzeih, Prätor. Ich war nur überrascht. Verus diente bei den Auxiliaren, die meiner Legion in Moesia beigeordnet waren.« Scheinheilig fuhr er fort: »Er ist damals irgendwie in eine dumme Sache hineingeraten. Ich weiß nichts Genaues, aber sein Vater soll wohl in die Raubzüge der Roxolanen verwickelt gewesen sein. Aus diesem Grund wurde er zum Sklaven verurteilt. Schade. Er war ein guter Soldat.«

Verus kochte vor Wut, beherrschte sich aber.

»Wie ich hörte, ist sein Vater mittlerweile in Aquileia verstorben«, fügte er noch hinzu. Er schien die Botschaft genüsslich zu verkünden.

Verus starrte Tullius versteinert an. In diesem Augenblick war er unfähig zum Trauern, denn sein Herz füllte sich mit Hass. Als er zur Seite sah, nahm er in Semprosius' Gesicht Triumph wahr.

»Nun, wir wollen nicht über etwas richten, worüber schon in der Vergangenheit Recht gesprochen wurde«, beendete Helvidius das Thema.

»Mein Verwalter berichtete mir von deinen Erfolgen«, richtete er das Wort an Verus, »von denen ich mich auch überzeugen konnte. Doch es gibt Vorwürfe gegen dich.«

Verus sah Helvidius erschrocken an, schwieg aber aus Respekt.

»Welche Vorwürfe?«, fragte Colponius, nicht ohne Verärgerung.

»Semprosius klagt ihn der Zauberei an, und ich muss sagen, dass die Gewinne ungewöhnlich hoch sind, ja beinahe unheimlich hoch.«

Semprosius lächelte verschlagen.

»Wie kannst du das erklären, Verus?«, fragte der alte Senator.

Verus verblüffte die Frage. So viel Unverfrorenheit hatte er von Semprosius nicht erwartet. Darauf war er nicht vorbereitet. Ihm fehlten die Worte.

»Verteidige dich«, forderte ihn Helvidius energisch auf. »Oder gestehst du die Zauberei ein?«

»Nein, Herr. Wenn du wissen willst, wie ich das geschafft habe, dann sieh dich um. Frag diejenigen, denen ich auftrug, das hervorragende Eisengerät zu schmieden, die schweren Hacken und Pflugscharen, mit denen der Boden gründlicher bearbeitet werden konnte. Schau dir die Ochsen im Stall an. Sie sind gesund und gut gefüttert. Sie wurden eng aneinander vor den Pflug geschirrt, weshalb sie sich den Hals nicht wund rieben. So haben sie mehr geschafft als in früheren Zeiten. Ich habe darauf geachtet, nicht verschwenderisch zu säen, dafür aber besser zu pflügen. So haben wir den Ertrag gesteigert. Auch die Gestirne verstehe ich zu lesen und kenne die Regeln des Bauernkalenders. So haben wir zur rechten Zeit gesät und damit Verluste vermieden. Wie man weiß, ist zu spätes Einbringen der Frucht vergebens. Und schau dir deine Sklaven an, Herr. Sie sind wohlgenährt, denn ohne Hoffnung könnten sie nur halb so gut arbeiten. Das sind meine Zauberwerkzeuge. Was ich dir aber nicht zeigen kann, Herr, das sind mein nächtliches Wachen und der Schweiß, den ich vergieße.«

Helvidius lächelte zufrieden. »Ja, ich habe den Räderpflug gesehen. Und es ist wohl wahr. Das Wichtigste auf dem Acker ist das Auge des Herrn.«

»Herr, er verachtet die weisen Lehren, an die wir uns immer gehalten haben«, warf Semprosius ein, der seine Felle davonschwimmen sah.

»Was sagst du dazu?«

»Ja, Herr. Es stimmt, dass ich Unfug vermieden habe. Ich habe nicht die Arbeitskraft deiner Sklaven vergeudet mit unsinnigen Ritualen wie dem Verbrennen lebender Krebse oder dem Vergraben einer Kröte mitten im Feld. Diese können genauso wenig Unwetter fernhalten, wie Semprosius in der Lage ist, dir gut zu dienen.«

»Hast du die Götter geachtet?«

»Oh ja, Herr, das habe ich. Wir haben der Tellus Mater stets eine trächtige Sau geopfert und der Göttin Ceres Ähren dargebracht. Und wir haben den Lar deines Hauses jedes Mal an den vorgeschriebenen Tagen geehrt.«

Der Senator lächelte abermals zufrieden. »Ich sehe, du bist der rechte Mann. Du sollst fortan ohne lästige Störungen dein Tageswerk verrichten.« Dabei schaute er kurz und missfällig auf Semprosius herab, um dann gleich wieder Verus wohlwollend zuzunicken.

»Ich hoffe, du bleibst zu meiner Freude lange gesund.«

»Herr.« Semprosius warf sich zu Boden. »Du darfst mich nicht verschmähen. So viele Jahre diente ich dir treu.«

»Mir scheint, Semprosius, du warst dir nur selbst der treueste Diener.« Auf das Winken des Senators hin erschienen Wachleute. »Führt ihn hinaus!« Dann wandte sich Helvidius an Tullius. »Dieser Sklave steht zum Verkauf an. Hast du Interesse?«

Tullius schüttelte wortlos den Kopf.

»Nun ja, wenn niemand ihn haben will, dann werden sich die Zuschauer in der Arena an ihm ergötzen, wenn er dort zerrissen wird.«

47

Bis zum Sommer 71 hatte Thorbrand die Arena dreimal als Sieger verlassen. In seinem ersten Kampf hatte er seinen weit unterlegenen Gegner durch die Arena geprügelt, bis dieser völlig erschöpft und mit Blut besudelt aufgegeben hatte. Thorbrand hatte die Arme hochgerissen und das Jubelgeschrei der Zuschauer genossen.

Bald darauf war ein weiterer Kampf erfolgt. Eine Unachtsamkeit hatte bei diesem seine Deckung entblößt. Er hatte gerade noch rechtzeitig den Schild herumreißen können, um den tödlichen Schwertstoß abzuwehren. Dabei war ihm die Kante seines eigenen Schildes gegen die Stirn geschlagen und Blut aus der alten, nun wieder aufgerissenen Narbe ins rechte Auge gelaufen. In seiner linken Schulter hatte ihn ein heftiger Schmerz gestochen, der ihm die Kraft in seinem Arm raubte und den Schild zu Boden werfen ließ.

Die Schiedsrichter hatten damals das Niederwerfen als Aufgabe gewertet und sich angeschickt, den Kampf abzubrechen. Aber Thorbrand hatte unmissverständlich sein Schwert in die Höhe gerissen und kampfesmutig aus voller Kehle gebrüllt, was die Zuschauer vor Begeisterung hatte rasen lassen. Der Mut des Germanen hatte sie fasziniert. Der Veranstalter hatte schließlich das Zeichen zur Fortsetzung gegeben und Thorbrand trotz der Beeinträchtigung gesiegt. Doch die Krönung seines Sieges war ihm verwehrt worden. Weil es so vereinbart gewesen war, hatte man ihm nicht gestattet, den Unterlegenen zu töten.

Wenige Monate später war endlich der Moment für seinen ersten Kampf auf Leben und Tod gekommen. Sein Gegner war ein junger Gallier. Er hieß Ajax und wurde zur großen Enttäuschung von Thorbrand von den Rängen frenetisch begrüßt. Er hatte geglaubt, schon selbst ein Held der Arena zu sein.

Ajax war ein guter Gladiator, der sich lange Zeit wacker zu wehren wusste. Aber dann erinnerte sich Thorbrand an die Finte, die ihm Forus beigebracht hatte. Sie war riskant, doch er wagte sie und hatte damit Erfolg. Er hielt das Schwert an die Kehle des am Boden liegenden Galliers, der, um Gnade bittend, drei Finger seiner rechten Hand hob. Die Zuschauer rasten im Blutrausch, und Thorbrand erkannte das ersehnte Zeichen des Veranstalters und wie Ajax mit beiden Armen seinen Oberschenkel umschlang, bereit, den Todesstoß klaglos zu empfangen.

Nachdem das Blut des Galliers den Sand getränkt hatte und dessen lebloser Körper aus der Arena geschleift worden war, vergingen einige Augenblicke, bis Thorbrand aus dem Brüllen der Zuschauer seinen neuen Namen heraushörte. Von nun an hieß er Priscus. Mit dem Sieg hatte er den Titel des Verlierers übernommen und war zum Kämpfer des vierten Pfahls geworden.

Mit der Annahme dieses Kampfnamens brach Thorbrand endgültig mit seiner Vergangenheit und ließ die germanischen Götter und seine batavische Ehre im Sand der Arena zurück. Er war Teil einer anderen Welt geworden, ein Teil Roms. Doch im Geheimen lebte in Priscus immer noch Thorbrand weiter, jener Mann, der Rom abgrundtief hasste. Seine neue Ehre teilte er zwar nicht mehr mit seinem Stamm, aber auch nicht mit den Römern. Sie gehörte ganz allein ihm. Sollte er auch als Priscus in Ketten gelegt zur Unterhaltung seiner Feinde gezwungen sein, so würde er doch als Thorbrand mit jedem gewonnenen Kampf seine Macht über sie genießen. Indem ihm die Römer begeistert zujubelten, entehrten sie sich zugleich selbst. Denn sie taten etwas, das in Thorbrands Augen nur Verachtung verdiente. Je höher sie ihn mit Ehrentiteln von Pfahl zu Pfahl emporheben würden, desto mehr brächten sie ihm Stück für Stück der Freiheit näher. Mit jedem überstandenen Kampf kam er jenem Tag näher, an dem er als freier Thorbrand über sie triumphieren würde. Er wusste, bis dahin wäre es noch ein langer Weg. Doch eines Tages würde er in der Arena in Rom den Kaiser, der einst seinen Tod gefordert hatte, zwingen, ihm die Freiheit zu schenken. Einem Feind unfreiwillig die Freiheit schenken zu müssen, wäre eine große Demütigung und für Thorbrand die schönste Rache.

Der nächste Schritt dorthin sollte schon bald getan sein, denn Marenus fand keinen Editor mehr, der das von Forus verlangte hohe Preisgeld für ein neues Spektakel mit Priscus aufbringen wollte. Die Provinz am Rhenus wurde daher für Forus und Priscus zu eng. Sie mussten weiterziehen, größeren Ehren und höheren Gagen entgegen. Und Forus wusste auch wohin. Es zog ihn nach Histria, in die Stadt Pola und in den Ludus seines ehemaligen Lanista Gnaeus Erasmus. Dort stand ein Amphitheater aus Stein, eines der größten im Imperium, das schon Kaiser Claudius hatte erbauen lassen. In dieser Stadt hatte Forus' Aufstieg, der ihn bis nach Rom in den kaiserlichen Ludus geführt hatte, einst begonnen. Pola war der richtige Ort für einen Gladiator wie Priscus.

Erasmus, der Lanista der größeren der beiden Gladiatorenschulen in Pola, schüttelte seinen Glatzkopf: »Das letzte Mal, dass ich dich unterstützt habe, hat es mich einen Batzen Geld gekostet«, krächzte er ungehalten. Seine rauhe Stimme entbehrte nicht einer gewissen Aggressivität, die selbst Forus und Priscus beeindruckten. Die beiden Männer standen vor einem groben Tisch, hinter dem der mürrisch dreinblickende Lanista saß. Er hatte sich lässig auf seinem Stuhl zurückgelehnt, sodass sein massiger Schmerbauch beim Reden schwabbelte.

»Ich ersetze dir den Verlust«, entgegnete Forus kleinlaut.

»Womit denn? Mit dem Preisgeld, das der da gewinnt?«, brüllte Erasmus und zeigte auf Priscus. »Ich muss ihn nur anschauen, dann weiß ich schon alles: Ein Germane!«, sagte er verächtlich. »Aus dem wird nie ein großer Gladiator werden. Ich habe einen Blick dafür, einen, der sicherer ist als deiner.«

Forus verteidigte sich. »Er hat in Colonia drei Kämpfe siegreich und überlegen gewonnen und …«

»… Colonia«, Erasmus verdrehte die Augen. »Dann geh doch dorthin zurück. Dort ist sein Platz. Hier sind die Götter größer, hier spielt die Orgel in höheren Sphären. Von hier werden nur erstklassige Kämpfer nach Rom verkauft. Alle anderen müssen sterben. Deshalb wird er hier genau so enden wie all deine Gladiatoren vor ihm.«

Es entstand eine Pause. Auf einmal veränderten sich Erasmus' harte Gesichtszüge und wurden versöhnlich. Er neigte sich vor.

»Forus, du hast damals gut für meinen Ludus gekämpft«, sagte er mit sanfter Stimme. »Es war eine erfolgreiche Zeit für uns beide. Den Verlust, den ich durch deine Kämpfer erlitten habe, trage ich dir nicht nach.« Er stand auf und ging auf Forus zu. »Ich habe damals ausgesprochen gut an dir verdient. Deshalb kaufe ich dir jetzt den Germanen ab – aus alter Freundschaft.« Dabei klopfte er Forus auf die Schulter.

Bei dem Wort Freundschaft wurde Forus misstrauisch. Es gab nie irgendeine Freundschaft zwischen einem Gladiator und einem Lanista, nicht einmal zwischen den Gladiatoren selbst. Ihr grober Chorgeist der Brüderlichkeit war aus scharfem Stahl, Blut und Ehre geschmiedet. Freundschaft hatte in diesem Umfeld keine Chance.

Erasmus besaß die Schläue eines Fuchses. Nie hatte er in einer Arena gekämpft. Seine Erfahrungen hatte er in Rom als Procurator des kaiserlichen Ludus erworben, und seine Kontakte zum Geldadel waren exzellent. Man schätzte ihn dafür, dass er die Veranstalter der Kämpfe immer ernsthaft vor allen infamen Anfeindungen geschützt hatte, wurde die Infamia doch noch mehr gefürchtet als die Pest, da sie den Verlust von Ehre, Geld und wichtiger bürgerlicher Rechte nach sich zog. Jene Ächtung traf etwa Römer, deren Handel mit Gladiatoren oder Prostituierten bekannt wurde. Der Lanista kannte sich im Geschäft mit dem Tod aus wie kaum ein Zweiter. Doch über die innere, abgeschlossene Welt der Gladiatoren wusste er nichts. Sie war ihm fremd.

Erasmus' falsche Schmeichelei über Freundschaft ließ Forus die bisherige Unterhaltung in einem anderen Licht sehen. Sollte

der clevere Gladiatormeister seinen Sklaven aus Kalkül herabgewürdigt haben, um sein wahres Interesse an ihm zu verbergen?
»Ich danke dir für das Angebot«, erwiderte Forus selbstbewusst. »Doch verzeih, wenn ich ablehne. Vielleicht interessiert sich ja Castullus Lentulus für mich. Ich hörte, dass er inzwischen auch gute Kämpfer in Pola ausbildet.«
Erasmus lächelte verschlagen. »Lentulus oder Erasmus – darauf kommt es nicht an.«
»Du wirst sicher deine Weisheit mit mir teilen und mir sagen, worauf es ankommt«, provozierte ihn Forus schnippisch.
Doch Erasmus blieb bei seinem vertraulichen Ton. »Schau, Forus. Ich möchte dich nicht beleidigen. Du warst ein großartiger Gladiator, ja der beste, den ich je hatte. Aber du bist kein Lanista. Nimm meinen Rat an und lass es sein. Du taugst dafür nicht. Es reicht nicht aus, nur gute Kämpfer auszubilden. Es ist mehr nötig.«
»Ich will es darauf ankommen lassen«, antwortete Forus trotzig.
»Also gut«, lenkte Erasmus missmutig ein. »Ich habe dich gewarnt. Bevor du bei Lentulus dein sicheres Unglück findest, kannst du es meinetwegen in meinem Ludus versuchen.«
Forus atmete erleichtert auf. »Ich danke dir.«
Erasmus entgegnete, nun wieder missmutig: »Dein Dank ist unnötig. Ich verlange dieses Mal Vorauszahlung.«
»All mein Geld ist für seine Ausbildung und die Reise draufgegangen«, erwiderte Forus verlegen. »Könntest du nicht …?«
»Nein«, konterte Erasmus energisch. »Und Lentulus, dieser armselige Knauser, wird es erst recht nicht.« Dann lächelte er hintersinnig. »Aber du könntest selber etwas tun – kämpfen! Juckt es dich nicht, wieder den Sand der Arena unter den Füßen zu spüren?« Erasmus' Augen leuchteten plötzlich. »Ich organisiere ein Spektakel in Rom. Stell dir vor«, er zitierte mit ausholender Hand eine unsichtbare Werbeschrift, »Forus Maximus – Die Rückkehr. Wie gefällt dir das? Das Preisgeld wird gigantisch sein. Man hat dich in Rom noch immer nicht vergessen.«
»Ich kämpfe nicht mehr«, erwiderte Forus trocken. »Wenn du

mir nicht hilfst, suche ich bei Lentulus mein Glück.« Forus stand auf, winkte Priscus zu und wandte sich zum Gehen.

»Nun warte doch!«, rief ihm Erasmus nach. Er spielte den Beleidigten. »Ich wollte dir doch nur helfen. Willst du noch einen anderen Vorschlag hören?«

Forus kam wieder zurück.

»Ich hätte da einen heiklen Auftrag. Du verstehst?«

Forus verstand. Als Gladiator hatte er nicht nur in der Arena gekämpft, sondern auch gelegentlich grausige Aufträge im Schatten der Nacht erledigt.

»Ein hoher Herr bat mich, einen Sklaven in den Hades zu schicken ...« Erasmus unterbrach sich und schaute zu Priscus. »Dein Sklave ist dir doch treu und schweigt?«

»Wenn es nötig ist, wie ein Grab«, erwiderte Forus. »Um einen Sklaven zu töten, benötigt der Herr Gladiatoren?«

»Der Auftraggeber möchte nicht mit seinem Tod in Verbindung gebracht werden.«

»Wer ist der Sklave?«

»Sein Name ist Verus. Ein Mann namens Semprosius war bis vor Kurzem Oberaufseher auf einem Latifundium, wo dieser Verus dafür verantwortlich sein soll, dass er in Ungnade gefallen ist. Semprosius hasst diesen Verus seitdem. Es dürfte euch nicht schwerfallen, ihn für die Beseitigung seines Rivalen zu gewinnen. Er kennt sicherlich einen Weg, wie ihr unbemerkt in das Landgut eindringen könnt.«

»Wir sollen ihn auf einem Landgut erledigen? Das ist kein guter Ort. Dort gibt es viel zu viel Sklaven und Wachen.«

»Wie gesagt, Semprosius kann euch helfen. Er kennt sich bestens aus. Ihr beide werdet doch wohl mit ein paar Sklaven und versoffenen Wachleuten klarkommen?«

»Und die Belohnung?«

Erasmus lachte. »Sie ist göttlich. Die reicht in jedem Falle aus, um deinen Barbar bei mir auszubilden. Außerdem könnt ihr alles rauben, was ihr kriegen könnt. Ihr tarnt euch, sodass die Tat wie ein Raubzug desertierter Legionäre aussieht.«

»Warum machst du es nicht selber, wenn es so einträglich ist? Brauchst du kein Geld?«

»Der Sklave ist Eigentum eines römischen Prätors. Er wird eine Untersuchung verlangen. Ich bin bekannt für gewisse Dienste, weshalb man mich verdächtigen wird.«

»Zu Recht, du Gauner.«

Erasmus lachte derb. »Aber sie werden feststellen, dass keiner meiner Männer für den Anschlag infrage kommt. Es wird nämlich zu besagter Zeit ein kleines Fest stattfinden, an dem alle aus meinem Ludus teilnehmen und viele Zeugen sich den Bauch vollschlagen werden.«

»Schlau von dir«, erwiderte Forus. Er überlegte. Der Auftrag gefiel ihm nicht. Er schüttelte den Kopf. »Wenn der Prätor zu Schaden kommt, jagt man uns zu Tode. Das ist zu riskant.«

»Keine Sorge. Der Prätor wird nicht anwesend sein. Er wird zum Zeitpunkt des Überfalls unterwegs nach Rom sein. Ihr müsst mit Semprosius verabreden, dass er die dienstfreien Wachleute und die Sklaven einschließt. Wie gesagt, er war dort früher oberster Aufseher und kennt sich aus. Der Widerstand wird sich also in Grenzen halten.«

Forus kratzte sich am Hinterkopf. Es sah nach einem einträglichen Geschäft aus, und er brauchte das Geld. Aber er fragte sich, warum ein Mann für die Tötung eines Sklaven bereit war, so viel Geld auszugeben? Laut sagte er: »Der Auftraggeber muss stinkreich und verrückt sein.«

»Das ist er«, stimmte ihm Erasmus zu. »Nimmst du den Auftrag an?«

48

Der Abschied von Licinia ging Verus nicht mehr aus dem Kopf. Bevor sie vor drei Tagen in den Reisewagen eingestiegen war, war sie noch einmal stehen geblieben und hatte zu ihm herübergeschaut. Über ihr Gesicht mit den tränengefüllten Augen war ein sanftes Lächeln gehuscht.

Auch Tullius hatte kurz verharrt, ehe er seiner Ehefrau in den Wagen gefolgt war. Die Blicke der Männer hatten sich gekreuzt, und Verus war der unverhüllte Hass in Tullius' zugekniffenen Augen nicht verborgen geblieben. Seitdem war die Furcht vor dessen Rache nicht mehr von ihm gewichen.

Und als Verus gehört hatte, dass Tullius wochenlang in der nur wenige Meilen entfernten Stadt Pola zu tun habe, wurde seine Unruhe noch größer. Die Frage, WANN und WO er zuschlagen würde, peinigte ihn ohne Unterlass. Würde er während einer Besorgung in der Stadt einem Auftragsmord zum Opfer fallen? Glückte es Tullius dieses Mal, ihn in die Minen zu verbannen? Schüttete ihm der gekaufte Semprosius womöglich Gift ins Essen? Oder käme er bei einem inszenierten Unfall ums Leben? Nirgendwo würde er in den nächsten Wochen sicher sein. Überall könnte der Tod auf ihn lauern.

Seine Gedanken wurden von Hufgetrappel und dem Rattern eines Reisewagens unterbrochen. Der Senator, der erst vor weniger als einer Stunde in Richtung Rom abgereist war, kehrte zurück.

Colponius eilte zum Wagen.

»Sag Attia, dass ich noch bleibe«, rief ihm der Senator wutentbrannt zu, während er ausstieg.

»Aber wirst du nicht im Senat in Rom erwartet, Herr?«, fragte Colponius.

»Die Prätorianer haben etwas dagegen.«

»Die Prätorianer?«

»Sie versperren die Straße, und ich kenne auch schon den Grund dafür. Der Kaiser möchte meine Anwesenheit im Senat verhindern. Er will die Kaisernachfolge ohne mich durchbringen.«

»Bestimmt irrst du dich, Herr«, beschwichtigte Colponius.

»Wir werden sehen. Schick einen Sklaven! Wenn die Prätorianer diesen durchlassen, dann weiß ich, dass die Sperre nur mir allein gilt.«

»Verus, ruf Asclepius herbei«, befahl Colponius.

»Den habe ich fortgeschickt, Herr. Ich erwarte ihn erst morgen Vormittag zurück.«

Der Senator schaute daraufhin zu Verus hinüber. »Dann muss Verus das übernehmen. Ich brauche darüber hinaus noch einen glaubhaften Zeugen, einen Freien. Verus soll zusammen mit einem Wachmann die Sperre passieren. Die beiden sollen sich als Bauern verkleiden. Verus ist ein kluger Mann. Unsere Absicht, die Prätorianer auf die Probe zu stellen, muss verborgen bleiben.«

»Du hast es gehört, Verus«, befahl Colponius. »Lauf zu Lucillus. Er soll dir einen seiner Männer zuteilen.«

»Ja, Herr.«

Wenig später machten sich Verus und Octavius, ein junger Wachmann, der erst kürzlich eingestellt worden war, auf den Weg. Octavius führte einen Esel am Zaumzeug, der vor einen mit Amphoren beladenen Karren gespannt war. Das störrische Tier wollte ihm nicht gehorchen und blieb unterwegs immer wieder stehen, sodass er mit diesem Langohr seine liebe Not hatte.

Dennoch erreichten die beiden Männer bald den von Helvidius erwähnten Posten. Einer der vier Prätorianer hob seinen rechten Arm und gebot ihnen damit anzuhalten. Während Octavius den Esel festhielt, folgte Verus dem Soldaten, der musternd den Karren umrundete.

»Habt ihr Wein geladen?«, fragte er mit durchschaubarem Interesse.

»Nein«, antwortete Verus. »Die Amphoren sind alle leer.«
Der Prätorianer klopfte mit dem Stiel seiner Lanze an einige der Tongefäße und brummte jedes Mal unzufrieden, weil es hohl klang. Schließlich ließ er sie passieren.
Octavius zog den Esel vorwärts, und Verus dankte den Göttern, dass das Tier diesmal gehorchte.
Nur einhundert Fuß weiter lenkte er das Fuhrwerk auf die Anhöhe eines Olivenhanges. Von dort aus beobachtete er gemeinsam mit seinem Begleiter die Prätorianer und stellte dabei fest, dass alle Reisenden passieren durften.
»Der Dominus hat recht«, flüsterte Verus. »Die Sperre gilt einzig dem Senator. Du wirst das bezeugen.«
Octavius schürzte skeptisch seine Lippen. »Ich weiß nicht. Das sind Prätorianer, Männer des Kaisers. Eine solche Zeugenaussage könnte für mich gefährlich werden. Gegen den Kaiser kann man nicht ankommen.«
»Was daraus wird, werden wir sehen. Wir werden jedenfalls unserem Herrn gehorchen.«
»Du hast gut reden. Du bist ein Sklave. Dein Zeugnis hat geringen Wert vor Gericht. Ich aber könnte leicht meine Freiheit oder mein Leben verlieren.«
Während Octavius so vor sich hin haderte, verrann die Zeit. Die Dämmerung setzte ein, und Verus wurde allmählich ungeduldig. Er wartete auf die Wachablösung. Denn kehrten sie mit den gleichen leeren Amphoren zurück, würden die Wachposten misstrauisch werden. Das Risiko unangenehmer Fragen wollte er vermeiden.
Erst bei hereinbrechender Nacht – die Soldaten hatten schon Fackeln entzündet – kam endlich die Ablösung. Kurz darauf passierten Verus und Octavius mit dem Eselskarren den Posten ohne Probleme.
Als sie am Gut ankamen, fanden sie dort das Tor weit geöffnet vor, was ungewöhnlich für die späte Stunde war. Das Erste, was Verus erblickte, waren die Sklaven aus dem Tross des Senators, die leblos am Boden lagen. Aus dem Innenhof des

Herrenhauses drang Geschrei und das klirrende Geräusch sich kreuzender Schwerter.

Verus begriff im selben Moment. »Ein Überfall. Lauf schnell zurück«, befahl er Octavius. »Hol die Prätorianer zu Hilfe. Sag ihnen, sie sollen sich beeilen, das Leben eines Prätors ist in Gefahr.«

Octavius rannte davon. Bereitwillig gehorchte er dem Befehl des Sklaven, obwohl der ihm eigentlich nichts zu sagen hatte.

Verus folgte dem Lärm und sah im Innenhof zwei Männer in der Montur von Legionären. Sie waren beide von kräftiger Statur und dabei, gegen eine Übermacht von Wachen zu kämpfen. Die Fremden trugen Helme der Kavallerie mit Gesichtsvisier. Sie führten ihre Schwerter sehr geschickt. Zwei Wachmänner hatten dies schon mit ihrem Leben bezahlen müssen. Einer der Fremden schlug sich mit Marcellus und zweien von dessen Männern, die trotz ihrer zahlenmäßigen Überlegenheit Mühe hatten, sich zu wehren.

Zwei weitere Wachmänner, die an der Seite von Colponius kämpften, waren durch den anderen Angreifer ebenfalls in Bedrängnis geraten. Sie standen bereits mit dem Rücken an der Wand. Einer von ihnen krümmte sich nach einem Streich und fiel zu Boden. Der andere wich zur Seite aus und lieferte den ungeschickt fechtenden Colponius schutzlos dem kampferfahrenen Gegner aus. Verus erkannte mit Schrecken, dass Colponius keine Chance haben würde, die nächste Minute zu überleben. Er musste ihm zu Hilfe eilen. Flugs ergriff er das Schwert eines Gefallenen, als er plötzlich Semprosius' Stimme hörte: »Das ist er …« Verus wandte sich um und sah, wie Semprosius mit ausgestrecktem Arm auf ihn zeigte. Dessen Worte retteten Colponius das Leben. Der Fremde ließ unverzüglich von dem Verwalter ab und verharrte. Seine Metallmaske starrte Verus an. Der Wachmann nutzte die Chance und zog Colponius aus der Gefahrenzone heraus. Der Fremde reagierte nicht darauf. Für Colponius schien er sich nicht mehr zu interessieren. Seine im Fackellicht glänzende Maske fixierte nur noch Verus. Und plötzlich rannte er auf ihn zu. Seinen kräftigen Schwerthieb konnte Verus abwehren, doch unter der Wucht des zweiten Schlags stürzte er zu Boden, konnte sich im Liegen aber noch rechtzeitig wegdrehen. Das Schwert des Angreifers schlug dicht neben ihm auf dem Granitpflaster Funken. Der Fremde sprang sofort geschickt zur Seite, sodass ihm Verus nicht die Fersensehnen durchtrennen konnte. Daran erkannte Verus den erfahrenen Kämpfer, während er sich selbst außer Übung fühlte.

Währenddessen hatte der zurückgewichene Wachmann wieder Mut gefasst, sich von hinten an den Fremden herangeschlichen und diesem einen Schwerthieb versetzt. Doch statt den Hals traf er nur den Helm des Mannes. Der Fremde taumelte zur Seite, fing sich aber wieder. Und als der Wachmann ein zweites Mal zuschlug, wich er dessen Schwertstreich geschmeidig aus und stach tödlich zu. Aber der Schlag gegen den Helm war nicht ohne Folgen geblieben, denn der Fremde riss ihn sich nun samt der Maske vom Kopf. Dann wischte er sich Blut aus den Augen, das ihm von einer aufgeplatzten Wunde über den Brauen hineingeflossen war. Verus, der sich inzwischen aus seiner tödlichen Lage herausgewunden hatte, erkannte einen rothaarigen Barbaren. Ihm fiel auf, dass die blutende Narbe aus früherer Zeit stammen musste.

Der Barbar kümmerte sich nicht mehr um seine Tarnung. Während er erneut mit dem Schwert ausholte, hörte Verus plötzlich Colponius rufen: »Senator! Zurück ins Haus! Zurück!«

Erneut hielt der Barbar in seiner Bewegung inne und schaute sich um. Verus folgte seinem Blick, der dem Senator in der Tür galt. Dessen Gesicht war in Todesfurcht erstarrt.

Der Barbar rannte weg. Zunächst dachte Verus, er wolle fliehen, doch dann erkannte er dessen wahre Absicht. Er hatte es auf den Senator abgesehen. Auch Helvidius begriff dies mit aufgerissenen Augen und floh ins Haus. Der Barbar folgte ihm. Verus erkannte an dessen Hinterkopf das Zeichen der Gladiatoren, den zusammengebundenen Haarschopf. In diesem Moment wusste er, dass eine noch viel größere Gefahr drohte: Sollte es dem Barbar gelingen, den Senator zu töten, dann wäre nicht nur sein eigenes Leben, sondern auch das aller Sklaven auf dem Gut verwirkt. Die Lähmung der Angst fiel von ihm ab. Panisch folgte er dem Barbaren ins Haus, wohl wissend, dass er den Vorsprung nicht mehr aufholen konnte. Als Verus in den dunklen Hausflur hineinrannte, stieß er mit dem inzwischen wieder herausstürmenden Fremden zusammen, was beide durch den unerwarteten Zusammenprall zu Boden stürzen ließ.

Noch bevor sie sich wieder aufrappeln konnten, tauchte plötzlich ein Schatten auf – der zweite Mann mit der Maske. »Weg von hier«, befahl er seinem Kumpan. »Prätorianer!« Ohne auf dessen Reaktion zu warten, riss er seinen Kumpanen mit sich fort und floh mit ihm durch den Innenhof. Verus war froh, als sie dort seinen Blicken entschwanden.

Plötzlich hörte Verus einen Schrei. Er drehte sich um und sah Colponius zusammenbrechen. Neben ihm stand Semprosius, der einen blutigen Dolch in der Hand hielt und Verus rachelustig angrinste. Er warf die Waffe weg und folgte den Räubern.

Verus rannte zu Colponius und kniete nieder. Der Verwalter lag auf dem Rücken, unter dem eine Blutlache heraustrat. Er atmete flach und bewegte mühsam seine blutbenetzten Lippen. Wollte er etwas sagen? Verus beugte sich tiefer und hörte ihn kraftlos flüstern. »Semprosius ... Er hat ihnen das Tor geöffnet ... Der Anschlag galt dir, Verus ...« Dann sackte er leblos zusammen.

Obwohl Verus mit dem Verwalter keine Freundschaft verbunden hatte, war ihm dessen Tod nicht gleichgültig, denn mit ihm starb auch seine Hoffnung, aus eigener Kraft in Freiheit zu kommen. Doch wurde seine Trauer von der existenzbedrohenden Sorge um den Senator überschattet. Sollte ihn der Barbar getötet haben, würde das grausame Gesetz zur Anwendung kommen, das den Tod aller Sklaven verlangte, die sich zum Zeitpunkt der Ermordung ihres Dominus unter dem gleichen Dach aufgehalten hatten.

Verus stürzte in das Haus, um dort schnell zu erkennen, dass seine Hoffnung vergeblich war. In der Dämmerung des Flures sah er das weiße Nachthemd des Senators am Boden leuchten. Mit weichen Knien trat er näher an ihn heran und blickte in die weit aufgerissenen Augen des Prätors, die leblos in die Ferne starrten. An seinem Hals klaffte eine große Schnittwunde, um die herum sich eine großflächige Blutlache gebildet hatte.

Plötzlich raschelte es hinter einem Vorhang. Verus zog den Stoff beiseite und schaute in das furchtgeplagte Gesicht eines Jungen, der in einer Nische hockte und am ganzen Leib zitterte.

»Hast du gesehen, was passiert ist?«, fragte er.

Der Junge bewegte seine Lippen, bekam aber kein Wort heraus. Er stand unter Schock.

Verus ließ das Schwert fallen, um ihm die Angst zu nehmen, und versuchte, ihn zu beruhigen. »Du brauchst dich nicht zu bangen. Es ist alles vorbei. Wie heißt du?«

»Philippus.«

49

Licinia bewohnte jetzt schon seit einigen Tagen zusammen mit ihrem Mann in Pola eine Stadtvilla. Sie gehörte einem Patrizier in Rom, der sie ihnen samt Sklaven überlassen hatte. Doch trotz der behaglichen Umgebung hatte sie eine unruhige Nacht verbracht. Die Sorge um Verus hatte ihr den Schlaf geraubt. Mit täglich wachsender Furcht beobachtete sie ihren Ehemann, der sich seit ihrer Abreise von Helvidius' Latifundium verändert hatte. Sie sah ihn oft in ernstes Grübeln vertieft und ahnte große Gefahr für ihren Liebsten. Hinter Tullius' düsterer, gedankenversunkener Stirn vermutete sie einen tödlichen Plan.

Aber ihre innere Unruhe entsprang nicht nur der Sorge um Verus. Als sie vor zwei Jahren Tullius um das Leben ihres Geliebten gebeten hatte, da hatte sie als Gegenleistung einen Teil von sich selbst hingegeben. Sie hatte geglaubt, das wäre der Wille der Götter gewesen. Doch seitdem sie vor wenigen Tagen die Wahrheit erfahren hatte, war ihr klar, dass sie mit Tullius nicht weiterleben konnte. Er hatte sie betrogen und wollte das Liebste in ihrem Leben vernichten. Die Begegnung auf dem Latifundium hatte ihre Sehnsucht nach Verus wiederbelebt und ihr den schmerzhaften Verlust ihrer Liebe ins Gedächtnis gerufen. Dieses Gefühl war so mächtig, dass es für sie kein Halten mehr gab. Es drängte sie fort aus diesem Haus, fort von diesem Mann und fort aus diesem dekadenten Leben voller steifer Empfänge, langweiliger Gastmähler und intrigantem Tratsch. Nicht länger wollte sie eine mit Schmuck und schönen Kleidern behangene Sklavin sein. Die Nähe zu Verus wollte sie um nichts in der Welt mehr missen. Und sollte sie ihre Freiheit mit dem Leben bezahlen müssen, so würde sie den Willen der Götter akzeptieren. Es wäre immer noch besser, als an der Seite dieses verhassten Tullius weiterzuleben. Aber alles, was sie besaß, um Verus aus der Sklavenknechtschaft zu befreien, waren ihre Sachen von Wert und die Stunden eines Tages, denn Tullius wurde erst am Abend zurückerwartet.

Eilig verstaute sie ihre schönsten Kleider und ihren Schmuck in Koffern. Sie besaß weder einen Reisewagen noch einen Plan, nur einen vagen Gedanken und die Hoffnung auf glückliche Umstände.

Sie rief die Sänftenträger herbei und befahl ihnen, sie zum Latifundium des Helvidius zu bringen. Die Sklaven schauten erschrocken auf, denn gewöhnlich verrichteten sie ihren Dienst nur innerhalb der Stadtmauern. Doch sie gehorchten und trugen Licinias Sänfte über das staubige Pflaster der Landstraße. Ihr Weg führte sie vorbei an ausgedehnten Hainen aus Olivenbäumen, zwischen deren Spalieren die frischgepflügte Erde rotbraun in der Sonne leuchtete. Sie begegnete einem herumstreunenden Hund mit traurigen Augen und langer herunterhängender Zunge. Auch dieses Tier schien auf der Suche nach einem besseren Leben zu sein.

Nach mehr als einer Stunde sah Licinia in der Ferne die weißen Mauern des Landgutes in der Sonne flimmern. Sie trieb die erschöpften Sklaven an, die in ihren durchschwitzten Tuniken schwer keuchten. Je näher sie kam, desto unruhiger wurde sie, denn sie entdeckte Prätorianer. Deren blaue Soldatenmäntel hoben sich deutlich gegen die Mauer ab. Etwas war geschehen. Eine entsetzliche Frage lag ihr auf der Seele. War Tullius ihr bereits zuvorgekommen?

Am Tor stieg sie von ihrer Trage ab und zwang sich dazu, ihre Ruhe und ihre Würde zu wahren. Ein Prätorianer hielt sie auf. »Zu wem willst du, Herrin?«

»Zum Senator Helvidius. Lass mich durch!«, befahl Licinia.

»Wie ist dein Name, Herrin? Ich lasse dich beim Duumvir anmelden.«

»Beim Duumvir?«

»Der Senator ist tot, Herrin. Er wurde letzte Nacht ermordet.«

Licinia erschrak. Sie dachte an Verus. Hoffentlich war ihm nichts geschehen.

Der Wachposten rief einen anderen Prätorianer herbei, der Licinia zu Cassius Longinus brachte, einem der beiden Duumvirn von Pola. Der dicke, glatzköpfige Mann mit einem runden Mondgesicht litt unter der Hitze. Aus dem Bausch seiner Toga zog er ein Tuch heraus und wischte sich damit den Schweiß von der Stirn.

»Oh Licinia, dies ist kein Ort für zart besaitete Damen«, warnte sie Longinus statt eines Grußes. »Über diesem Ort schwebt Charons Leichentuch.« Dann schaute er sich um. »Wo ist dein Ehemann?«

»Ich bin allein gekommen.«

»Allein?«

Noch bevor Licinia etwas erwidern konnte, kam eilig ein Diener des Magistrats herangelaufen. »Cassius Longinus, verzeih«, rief er und erlöste damit Licinia von weiteren Fragen. »Du wirst dringend benötigt.«

»Verzeih, Licinia. Die Pflicht ruft!« Longinus zuckte mit den Achseln und entfernte sich. »Verlass diesen Ort des Grauens«, rief er im Gehen und ließ Licinia allein. Niemand beachtete sie.

Licinia ließ ihren Blick umherschweifen. Sie suchte Verus. Etwas abseits entdeckte sie Asclepius, der mit einem Wäschekorb auf dem Arm über den Hof lief. Sie winkte ihn heran.

»Wo ist Verus? Ich muss ihn sprechen.«

»Das ist nicht möglich, Herrin. Alle Sklaven wurden in Ketten gelegt.«

»Alle Sklaven? Und was ist mit dir? Du bist doch auch einer?«

»Ich hatte Glück, Herrin, ich war nicht hier, als es passierte. Es werden nur die Sklaven hingerichtet, die anwesend waren, als der Dominus ermordet wurde.«

Licinia erschrak. »Und Verus?«

»Er gehört zu denen, die hingerichtet werden.« Asclepius senkte den Blick.

Licinias Knie wurden weich.

Unter der Last des Wäschekorbes zog Asclepius eine Miene des Bedauerns. »Ich muss weiter, Herrin.«

Doch Licinia hielt ihn an seiner Tunika zurück. »Du wirst mich jetzt sofort zu Verus führen!«

Asclepius schüttelte den Kopf. »Das ist verboten, Herrin.«

»Wenn du nicht gehorchst, werde ich dich auspeitschen lassen. Ich bin die Ehefrau des kaiserlichen Quästors Gaius Cornelius Tullius und handele in seinem Auftrag! Du schuldest mir Gehorsam.«

Asclepius biss sich auf die Lippe. Er stellte den Korb ab, führte sie in einen Gebäudetrakt und stieg dort mit ihr über eine Treppe hinab in ein großes Kellergewölbe. Dann machte er sich davon.

Die Sklaven lagen in einer Reihe auf Stroh, und ihre Füße waren an eine lange Eisenkette gefesselt. Ihr Liebster schien zu schlafen.

»Verus!«, rief Licinia und hockte sich vor ihm nieder. »Wie geht es dir?«

»Licinia?« Verus richtete sich blinzelnd auf.

Licinia umarmte und küsste ihn. »Was ist geschehen?«

Verus erzählte es ihr. Und nachdem er geendet hatte, rätselten sie gemeinsam über Colponius' letzte Worte.

»Bist du sicher, dass du Colponius richtig verstanden hast?«, hakte Licinia nach. »Die Räuber wollten wirklich DICH töten?«

»Das hat er deutlich gesagt«, beteuerte Verus. »Außerdem habe ich gesehen, wie Semprosius während des Kampfes auf mich gezeigt und ‚DAS IST ER' gerufen hat, worauf der Barbar von Colponius abgelassen und mich angegriffen hat.«

»Aber er hat nicht dich, sondern den Senator getötet«, gab Licinia zu bedenken.

»Er ließ von mir ab, obwohl er im Vorteil war. Deswegen bin ich mir nicht sicher. Aber, wenn es wahr wäre, dann käme nur ein Drahtzieher infrage.«

»Tullius«, schlussfolgerte Licinia.

Verus nickte. »Wenn das stimmt, dann ist der Senator an meiner Stelle gestorben.«

»Und es würde außerdem bedeuten, dass Tullius für den Mord des Senators verantwortlich ist. Wenn wir das beweisen könnten, wäre es sein Ende«, folgerte Licinia. »Gibt es Zeugen?«

»Ich bin der einzige Überlebende. Alle anderen sind tot.«

»Schade.«

»Doch«, sagte Verus plötzlich, »da gibt es noch einen Jungen.«

»Wie ist sein Name?«

»Philippus. Er hat hinter einem Vorhang die Ermordung des Senators beobachtet.«

»Ein Sklave wird uns nichts nützen«, bedauerte Licinia.

»Er ist kein Sklave«, widersprach Verus. »Er kam im Gefolge des Senators auf das Landgut und beteuert seither unentwegt, dass er römischer Bürger sei. Er redete etwas wirr: Der Senator habe ihn aus Rom entführt, um seinen Onkel zu erpressen.«

»Und die anderen Sklaven?«

»Das Quartier der Sklaven wurde während des Überfalls verschlossen und das der Wachleute verbarrikadiert. Die meisten waren nicht in der Lage einzugreifen.«

»Semprosius' Werk?«

»Ja, so sieht es aus. Aber dessen ungeachtet werden wir Sklaven alle hingerichtet.«

»Das ist ungerecht.«

»Ach, Licinia«, stöhnte Verus. »Ich werde sterben. Die Götter wollen es so. Tullius hat gesiegt.«

Als sie den Namen ihres verhassten Ehemannes hörte, wurde Licinia wütend. Sie wollte sich nicht geschlagen geben. Nein, sie hatte eine Entscheidung getroffen. Eine unumkehrbare. Nie wieder wollte sie zu Tullius zurück und ebenso wenig das Leben ihres Geliebten aufgeben. Sie musste eine Lösung finden.

»Nichts ist verloren, Verus. Ich werde dich retten«, erwiderte sie trotzig.

»Was kannst du schon ausrichten?«, fragte Verus resigniert. »Wir müssen Abschied nehmen – für immer.«

»Nein! Das werden wir nicht«, antwortete sie mit der Entschlossenheit der Verzweiflung.

In diesem Augenblick erschien ein Prätorianer. »Was suchst du hier, Herrin? Die Sklaven sind gefährlich. Entferne dich von ihnen!«

Licinia gehorchte, nickte Verus aufmunternd zu und verließ das Sklavenquartier. Plötzlich hatte sie eine Idee.

Auf dem Hof traf sie auf den Duumvir. »Longinus, auf ein Wort.«

»Du bist immer noch hier?«, fragte dieser verwundert. »Was kann ich für dich tun, Licinia?«

»Ich will dir sagen, was du für dich selbst tun kannst, um deinen Kopf zu retten.«

Longinus sah sie misstrauisch an. »Du willst meinen Kopf retten?«

»Es ist nicht klug, alle Sklaven hinzurichten. Du könntest sie noch brauchen, und vielleicht wird es dir der Kaiser einmal danken.«

»Verehrte Licinia«, erwiderte Longinus im Amtston. »Ich muss in der Sache Recht sprechen. Und das verlangt, dass alle Sklaven hingerichtet werden. Wenn das schon für den niedrigsten Sklavenbesitzer gilt, wie kann ich dann bei einem Prätor Roms eine Ausnahme machen?«

»Vielleicht, weil du damit den Kaiser entlastest?«

»Ich weiß genau, was du meinst. Jeder hier hat so seine eigenen Gedanken. Doch wir sollten sie besser in unseren Köpfen verschließen.« Der Duumvir wischte sich mit einem Tuch nervös den Schweiß von der Stirn und schüttelte den Kopf. »Ich kann mir schon denken, warum der Senator sterben musste. Aber ich habe noch all meine Sinne beieinander. Ich halte mich einfach an das Gesetz und lasse lieber alle Sklaven hinrichten, als dass ich nur den geringsten Anlass gebe, den Verdacht auf den Kaiser zu lenken. Du weißt es vielleicht nicht, aber Helvidius war sein erbittertster Gegner im Senat.«

»Wenn du alle Zeugen tötest, wirst du erst recht den Kaiser belasten, und zusätzlich setzt du dich dem Verdacht der Beteiligung aus. Das wird nicht hilfreich für dich sein.«

Longinus zerknitterte das Tuch in seinen fleischigen Händen. »Es gibt nichts, was mir noch helfen kann«, jammerte er kleinlaut.

»Doch, das gibt es.«

Longinus blickte interessiert auf.

»Der Sklave Verus kann dir helfen. Er kann bezeugen, wer den Senator ermordet hat.« Licinia schaute den Duumvir an. »Ich habe einen Verdacht, der den Kaiser entlastet.«

»Welchen Verdacht? Sprich!«

»Ich will nicht jetzt darüber reden. Doch überlege einmal. Hätten die Prätorianer die Mörder vertrieben, wenn der Kaiser dahinter stünde? Ist es nicht wahrscheinlicher, dass seine Gegner ihn mit dem Mord kompromittieren wollten?«

»Bei Jupiter, sprich leiser, Licinia.« Longinus schaute sich verängstigt nach allen Seiten um. »Schon möglich. Aber ich kann nichts anderes tun.«

Licinia ergriff Longinus' Hand. »Doch, du kannst etwas tun. Lass die Sklaven am Leben. Wenn du sie hinrichtest, tötest du einen wichtigen Zeugen, der die Unschuld des Kaisers beweisen kann.«

»Dann soll sie doch der Kaiser selbst begnadigen. Ich habe nicht die Möglichkeit«, entgegnete Longinus gereizt und zog seine Hand zurück.

»Gut. Ich werde ihn darum bitten. Bis der Kaiser entschieden hat, lässt du die Sklaven am Leben. Habe ich dein Wort?«

»Meinetwegen. Aber warum bei Juno engagierst du dich so in der Sache?«

»Es ist eine Gelegenheit, die Gunst des Kaisers zu gewinnen. Tullius ist noch jung, und es wird seinen Aufstieg beschleunigen.«

»Du bist eine Frau! Warum überlässt du die Angelegenheit nicht deinem Ehemann? Hast du überhaupt seine Erlaubnis?«

»Ja. Sonst wäre ich nicht hier«, log Licinia. »Er ist im Moment unabkömmlich, und sein Dank wird dir gewiss sein. Er wird es dir nicht vergessen, und das wird nicht dein Schaden sein.

Tullius wird genauso aufsteigen wie einst sein Vater. Du musst dich sofort entscheiden. Wir dürfen keine Zeit verlieren. Ich muss unverzüglich abreisen.«

»Sofort? Du willst jetzt gleich nach Rom, zum Kaiser? Doch hoffentlich nicht mit der Trage?«

»Ich brauche von dir ein Reisediplom.«

Longinus hob abwehrend die Hände. »Verehrte Licinia, wie stellst du dir das vor? Ein solches kann nur der Kaiser persönlich ausstellen.«

»Dann solltest du schnell jemanden schicken, der bei dir zu Hause deines holt.«

»Oh Licinia. Du irrst dich. Ich habe kein solches Diplom, das der Kaiser immer personenbezogen ausstellt. Selbst wenn ich eines hätte, wäre es schon längst abgelaufen, da es immer nur für maximal vier Wochen gültig ist.«

»Lass gut sein, Longinus«, Licinia winkte ab, »ich kenne mich mit den Gepflogenheiten des Cursus Puplicus aus.« Licinia waren sie über ihren Vater vertraut, dessen Rasthäuser in der kaiserlichen Staatspost eingebunden waren, die ausschließlich der Beförderung von Regierungsdepeschen diente und die nur Personen im Besitz eines gültigen kaiserlichen Reisediploms beförderte. »Ich weiß, dass die hohen Magistrate, zu denen du gehörst, Blankodiplome für den Notfall besitzen. Und das hier ist ein Notfall. Die Ehre des Kaisers steht auf dem Spiel. Du musst dieses Diplom auf mich und einen Jungen ausstellen, für kostenlosen Zugang zu Pferden, Wagen, Schutz und Verpflegung.«

50

»Ich sollte euch auf der Stelle köpfen lassen«, schrie Erasmus. »Ich fasse es nicht. Da sollt ihr einen dreckigen Sklaven töten, und was macht ihr? Ihr bringt einen Prätor aus Rom um. Seid ihr noch zu retten?«

»Es ist nicht unsere Schuld«, verteidigte sich Forus. »Du hast mir versichert, dass der Senator nicht anwesend sei, aber er war es, im Gegensatz zu diesem Verus. Wie bitte schön sollen wir jemanden erledigen, der nicht da ist? Und außerdem frage ich dich, woher plötzlich die Prätorianer gekommen waren. Es war alles anders als abgesprochen. Wir sind nicht schuld, dass es nicht geklappt hat. Deshalb fordere ich auch den vereinbarten Lohn.«

»Du hast nicht geliefert und verlangst trotzdem Geld?«, entrüstete sich Erasmus lautstark.

»Ja«, beharrte Forus. »Wir haben unser Leben riskiert. Wäre alles so gewesen, wie du es behauptet hast, hätten wir den Richtigen getötet.«

»Du denkst wohl, dass mir einer ins Hirn geschissen hat«, schrie ihn Erasmus an. »Da irrst du dich aber gewaltig. Ich bin vollständig im Bilde. Der Sklave Semprosius hat meinem Kontaktmann genau berichtet, was geschehen ist.« Erasmus schaute jetzt grimmig zu Priscus hinüber. »Du weißt genau, was ich meine, Barbar«, zischte er ihn an.

Priscus schwieg. Es war ihm klar, dass er den Sklaven Verus hätte töten können. Doch die Entscheidung, wem er das Leben auslöschen sollte, dem thrakischen Sklaven oder dem römischen Senator, war ihm nicht schwergefallen. Als Mörder des Sklaven wäre er selbst nur ein Sklave gewesen, denn er hätte willenlos einen Auftrag ausgeführt, der ihn nichts anging und keine Ehre einbrachte. Als er aber den schutzlosen Senator zu sehen bekommen hatte, war in ihm der Rom hassende Thorbrand erwacht. Die Vernichtung des Senators hatte ihn einen Sieg über die Römer feiern lassen, den höchsten, den er bisher errungen hatte. Er hatte einen Mann aus ihrem Machtzentrum getötet. Welch ein Triumph. Dafür lebte Thorbrand als Priscus in Forus' Ketten. Deshalb ertrug er das Sklavenlos.

»Der Sklave war erst im letzten Augenblick gekommen«, wehrte sich Forus. »Ich hätte ihn noch immer erledigen können, doch dann rückten die Prätorianer vor, und wir konnten nur ganz knapp noch fliehen. Den Göttern sei Dank, dass der Sklave Semprosius uns zu einem hinteren Ausgang geführt hat.«

»Meine Kunden sind es von mir gewohnt, dass ich ihre Aufträge stets zuverlässig erledige«, knurrte Erasmus. »Ihr habt meinen Ruf ruiniert und gefährdet mein Leben.«

»Ach was.« Forus winkte ab. »Dann töten wir ihn eben beim nächsten Mal.«

»Du hast ja keine Ahnung, Forus«, flüsterte Erasmus geheimnisvoll. »Die Sache wird hohe Wellen schlagen bis in den römischen Senat. Der Prätor war ein Feind des Kaisers. Alle Welt wird glauben, dass der Cäsar hinter eurem Anschlag steckt. Ihr habt meinen Auftraggeber in eine sehr gefährliche Situation gebracht. Er ist außer sich vor Wut. Und das gefällt mir nicht. Ich brauche eine Rückversicherung.«

»Eine Rückversicherung?«, fragte Forus.

»Oh ihr Götter«, brauste Erasmus auf. »Begreifst du nicht? Er wird mich töten wollen, um seine Beteiligung zu vertuschen. Und euer Leben ist dann ebenfalls in Gefahr.«

»Dann sollten wir ihm zuvorkommen und ihn rechtzeitig niedermachen. Wie ist sein Name?«

»Tssss ...« Erasmus schüttelte hysterisch den Kopf. »Du willst wohl mit aller Macht hingerichtet werden?«, brüllte er Forus an. »Jetzt willst du auch noch den kaiserlichen Quästor umbringen. Dämlicher geht es wohl nicht mehr?«

»Das ist besser, als selbst dran zu glauben«, erwiderte Forus. Dann stutzte er. »Aha, dein Auftraggeber ist also ein kaiserlicher

Quästor. Es ist bestimmt nicht schwer herauszufinden, wer das ist.«

»Du kannst Fortuna danken, dass ich cleverer bin als du«, entgegnete Erasmus. »Und du bekommst sogar den vereinbarten Lohn. Der Quästor gibt uns die Chance der Wiedergutmachung. Doch ich vertraue ihm nicht. Ich habe ihm deshalb gesagt, dass seine Verstrickung bekannt wird, wenn er mich ermorden lässt.« Er spitzte kurz nachdenklich die Lippen. Dann fuhr er fort: »Er weiß nicht, wer sonst noch beteiligt war.«

Forus lächelte kaum merklich. Doch Erasmus hatte ihn genau beobachtet.

»Ich hätte besser sagen sollen, im Augenblick weiß er es noch nicht. Ich habe vorgesorgt. Er wird eure Namen erfahren, sobald ich sterbe. Mein Tod wird auch euer beider Ende sein. Ihr werdet also nur am Leben bleiben, wenn ihr das meine beschützt, indem ihr tut, was ich euch sage.«

»Nun sag schon, wer ist er?«, fragte Forus ungeduldig.

»Er heißt: GAIUS CORNELIUS TULLIUS!«

Forus hatte den Namen noch nie gehört.

»Aber es gibt noch eine Möglichkeit, um unser aller Leben zu retten«, fuhr Erasmus fort. »Wir müssen dafür sorgen, dass dieser Verus klammheimlich in die Unterwelt befördert wird. Er ist der einzige Zeuge. Wenn er stirbt, wird niemand erfahren, wer hinter dem Mord steckt. Dann lässt uns der Quästor in Ruhe.«

»Was soll ich tun?«, fragte Forus.

»Bete zu den Göttern, dass sie mir ein langes Leben schenken, und mach, was ich dir sage.« Erasmus lachte zynisch. »Wir werden bald alle tot sein, wenn ihr euch beim nächsten Mal wieder so dämlich anstellt. Wir drei sitzen nämlich in einem Boot. Wir können alle überleben oder gemeinsam sterben. Hast du das endlich verstanden, Forus?«

»Ja, aber was meinst du MIT DEM NÄCHSTEN MAL?«

»Das wirst du rechtzeitig erfahren. Bring deinen verdammten Sklaven ins Quartier meiner Gladiatoren und merk dir den Namen des Quästors. Er heißt: GAIUS CORNELIUS TULLIUS!«

51

Als Tullius von Longinus über die Vorgänge auf dem Latifundium unterrichtet wurde, befand sich Licinia schon außerhalb seines Zugriffs auf hoher See. Zusammen mit Philippus reiste sie unter dem Schutz des kaiserlichen Diploms an Deck einer Corbita nach Rom. Tullius schickte ihr tausend Flüche hinterher. Longinus erkannte nun auch, dass er betrogen worden war. Obwohl er sich nicht mehr an sein Wort gebunden fühlte, widerstrebte es ihm dennoch, die Sklaven hinzurichten. Da er Licinia das Diplom ausgehändigt und damit die Sache in Gang gesetzt hatte, schien es ihm ratsam, die kaiserliche Entscheidung abzuwarten. In der Folge widersetzte er sich daher dem Quästor, der den sofortigen Tod aller Sklaven forderte.

Der Duumvir befand sich in einer misslichen Lage, denn Tullius übte Druck auf ihn aus. Er warf ihm vor, das kaiserliche Diplom leichtfertig missbraucht zu haben. Wenn er nicht nachgäbe, würde er ihn beim Kaiser anzeigen. Diese Drohung lastete schwer auf ihm, denn der Kaiser hatte in letzter Zeit streng durchgegriffen, waren die Diplome doch schon zu oft für private Zwecke auf Kosten der Staatskasse missbraucht worden. Wie erleichtert war er, als sich Tullius am nächsten Tag wieder versöhnlich zeigte und ihm einen Plan unterbreitete, wie er sich aus der unerfreulichen Lage befreien könnte. Longinus stimmte zu. Gemeinsam schickten sie eine Depesche an den Kaiser.

Zwei Wochen nach ihrer Abreise aus Pola trafen Licinia und Philippus völlig erschöpft in Rom ein. Die ersten Tage an Bord der Corbita hatten noch eine gewisse Bequemlichkeit geboten. Aber die neun Tage am Stück, an denen sie in wechselnden Reisewagen vom Hafen in Castrum Truentinum auf der Via

Salaria unterwegs gewesen waren, hatten an ihren Kräften gezehrt. Die beiden Reisenden gingen nun jeder seiner Wege, Philippus zum Haus seines Onkels auf dem Esquilin, und Licinia, da sie als alleinstehende Frau männlichen Beistand brauchte, zum Aventin-Viertel, zu Plautius Silvanus, den ehemaligen Statthalter von Moesia, Förderer ihres Geliebten und Freund von dessen Vater.

Silvanus, der nach seiner Ablösung aus Moesia während der Herrschaft des Vitellius' und aufgrund seiner Parteinahme für Otho täglich um sein Leben hatte bangen müssen, waren Ehre und Ansehen unter Vespasianus zurückgegeben worden. Der Kaiser hatte ihm sogar die Triumphalinsignien für seine Verdienste in Moesia bei der Bekämpfung der Sarmaten und Skythen verliehen. Inzwischen bekleidete er in Rom das Amt des Stadtpräfekten.

Als Plautius Silvanus vom Tod seines Freundes und dem Schicksal von dessen Sohn erfuhr, seufzte er tieftraurig. »Ich hatte das befürchtet und euch gewarnt«, sagte er verbittert. »Aber ich mache euch keinen Vorwurf. Ich selbst bin nicht frei von Schuld, denn ich hätte das belastende Schriftstück vernichten sollen.« Er zuckte hilflos die Achseln. »Meine Ablösung als Statthalter kam sehr schnell – die Lage veränderte sich damals dramatisch –, sodass ich nicht mehr an den Papyrus gedacht hatte. Ich hatte ihn schon lange aus dem Sinn verloren, wollte ich die Summe aus Freundschaft zu Verus' Vater doch nie einfordern. Ich will gutmachen, was ich kann.«

Licinia berichtete ihm von ihrem Verdacht, den auch Silvanus für naheliegend hielt. Dieser mahnte aber zur Vorsicht. Es war nicht ausgeschlossen, dass die Mörder des Senators vom Kaiser gedungen worden waren. Nicht nur Tullius, sondern auch Vespasianus hatte ein starkes Motiv. Im letzteren Fall wäre es besser zu schweigen. Um die Erfolgsaussichten zur Rettung der Sklaven abzuschätzen, hielt Silvanus es für angebracht, die Angelegenheit zunächst mit dem kaiserlichen Sekretär Catulus zu besprechen.

Drei Tage später wurden die beiden freundlich und mit offenen Armen von Catulus empfangen.

»Plautius Silvanus, Präfekt unserer treuen Stadtkohorten, sei willkommen«, grüßte er überschwänglich. Die kurze schäbige Sklaventunika von einst hatte er inzwischen gegen ein langes Gewand aus edlem blauem Stoff eingetauscht, das ihm ein würdiges Aussehen verlieh und darüber hinwegtäuschte, dass Catulus immer noch Sklave war.

»Auch du sei willkommen, liebreizende Licinia, Frau des hochverehrten kaiserlichen Quästors Gaius Cornelius Tullius«, grüßte er mit einer leichten Verbeugung.

Catulus bat sie mit einer einladenden Handbewegung auf Stühlen Platz zu nehmen, während er sich selbst an einen großen Schreibtisch setzte. Eine Schriftrolle lag auf der Marmorplatte. Die geschwungenen Tischbeine, auf der diese ruhte, mündeten in fein gearbeitete Löwentatzen.

»Verzeiht, dass ich auf euer Anliegen erst jetzt zu sprechen komme, aber die kaiserliche Palastpost ist in dem Chaos noch langsamer geworden, als sie es ohnehin schon war. Wir stecken mitten in den Bauarbeiten.« Er zuckte, um Verständnis bittend, mit den Schultern. Dann kam er zur Sache. »Silvanus, du ersuchst den Kaiser um Hilfe bei der Aufklärung des Ablebens von Senator Helvidius?«

»Ganz recht, Catulus. Es gibt dunkle Seiten, die erhellt werden müssen.«

Catulus griff nach der Schriftrolle auf dem Tisch und hob sie bedeutungsvoll in die Höhe. »In dieser Depesche an den Kaiser berichten dein Ehemann«, Catulus nickte Licinia zu, »und der erste Duumvir der Stadt Pola, dass der Fall aufgeklärt ist.«

»Die Mörder sind gefasst?«, fragte Silvanus erstaunt.

»Welche Mörder?« Catulus hob verwundert die Augenbrauen. »Helvidius hat an sich selbst Hand gelegt.«

Silvanus schaute zu Licinia hinüber, die wortlos den Kopf schüttelte.

»Die Nachricht überrascht uns«, sagte Silvanus. »Warum sollte sich der Senator selbst umbringen? Bevor er zu seinem Landgut aufbrach, habe ich ihn als lebensfrohen und kämpferischen Mann erlebt.«

»Diesen Lebensmut muss er wohl verloren haben, nachdem der Quästor seine Steuern überprüft hat«, entgegnete Catulus ungerührt. »Helvidius hat den Kaiser, den Senat und das Volk von Rom um eine schamlos hohe Summe betrogen. Zur Strafe ist sein gesamtes Vermögen in den kaiserlichen Besitz übergegangen. Er wurde mittellos. Mit der Selbsttötung wollte er wohl einer Verurteilung zuvorkommen. Eine Untersuchung ist also unnötig.«

Licinia konnte sich nicht mehr zurückhalten. »Der Senator wurde ermordet!«, platzte sie heraus. »Als ich am Morgen nach der Mordnacht am Tatort eintraf, bestätigte mir das ein Prätorianer. Und der Duumvir wollte alle Sklaven hinrichten lassen. Ich hatte mit ihm persönlich gesprochen.«

»Offensichtlich ein Irrtum«, entgegnete Catulus kühl. »Es ist verzeihlich, dass der Duumvir bei einem hochangesehenen Senator nicht gleich an Selbstmord denkt. Von Sklavenhinrichtungen ist in dem Papyrus nicht die Rede. Ich habe keinen Grund, am Wahrheitsgehalt der Depesche zu zweifeln. Das wird der Kaiser ebenso sehen.«

»Auch nicht, wenn es einen Zeugen gibt?«, warf Licinia wütend ein.

»Einen Zeugen?«, fragte Catulus überrascht und verunsichert. »Wie ist sein Name?«

Licinia wollte antworten. Doch Silvanus hielt sie zurück, indem er sie am Arm fasste. Er ahnte sofort die Tragweite ihrer unausgesprochenen Worte. Würde sie die Identität des kleinen Philippus preisgeben, wäre es dessen sicherer Tod. Sollte der Kaiser die Tötung seines Gegners angeordnet haben, so würden es seine Handlanger – an der Spitze vielleicht Catulus selbst – verhindern wollen, dass die Depesche in Zweifel gezogen würde. Die Selbstmordversion entlastete den Kaiser vom Verdacht des Auftragsmordes. Er hatte kein Interesse, daran etwas zu ändern.

»Es handelt sich um einen verwirrten Halbwüchsigen, nicht glaubwürdig und nicht geeignet, das Wort eines Quästors und Duumvirs infrage zu stellen«, wiegelte Silvanus ab.

Catulus schaute Silvanus mit ernster Miene an. »Also kein Zeuge?«, fragte er scharf.

»Kein Zeuge!«, antwortete Silvanus.

Die beiden Männer schauten sich auf eine Weise an, als wüssten sie nicht, was sie voneinander halten sollten.

Silvanus fragte sich, ob Catulus in einen möglichen Mordkomplott des Kaisers eingeweiht war. Wie weit könnte er gehen, um sich selbst und Licinia nicht in Gefahr zu bringen? Und anderenfalls, wie konnte er Catulus überzeugen, ihm bei der Suche der Mörder zu helfen, ohne den Verdacht auf Tullius offen anzusprechen?

Catulus wiederum schwankte. Sollte er Silvanus' Anliegen unterstützen? Gelänge es ihm, die Unschuld des Kaisers am Tod des Senators zu beweisen, ihn vom Tyrannenverdacht zu befreien, wäre ihm der Lohn der Freilassung gewiss. Obwohl Catulus das Vertrauen seines Dominus besaß, wurde er dennoch nicht in alle delikaten Angelegenheiten eingeweiht. Er wusste von den unvermeidlichen Säuberungen, die Titus als Präfekt der Prätorianer gelegentlich zu vollziehen hatte. Die Tatsache, dass dessen Gardisten in den Vorfall verwickelt gewesen waren, warnte ihn vor übermäßigem Eifer. Catulus hielt es für klüger, zwar eine Rolle bei der Aufklärung zu übernehmen, jedoch im Verborgenen. Bei einem ungünstigen Verlauf könnte er dann immer noch jegliche Beteiligung abstreiten.

Silvanus, dem die Nachdenklichkeit des Sekretärs aufgefallen war, fasste sich ein Herz. »Trotzdem würde eine Überprüfung nicht schaden, um herauszufinden, auf welche Weise der Senator verstorben ist«, bohrte er weiter. »Wir alle wissen doch, was zwischen den Sesseln im Senat so alles getratscht wird. Helvidius' Tod steht so offensichtlich im kaiserlichen Interesse, dass sich böse Zungen kaum zum Schweigen bringen lassen.«

»Es ist leider nicht nur Tratsch«, stimmte ihm Catulus seufzend zu. »An den Kaiser wurden schon offene Anfragen gestellt – und nicht nur von Helvidius' Freunden. Der Zweifel am Selbstmord stellt die Frage in den Raum, wer es gewagt haben könnte, einen Senator ohne die Erlaubnis des Kaisers zu töten.«

»Der Zweifel am Selbstmord lässt sich nur durch harte Fakten ausräumen. Ein Gerücht hält sich oft hartnäckiger als die Wahrheit. Daran kann der Kaiser nicht interessiert sein«, redete Silvanus auf Catulus ein. »Falls später herauskäme, dass der Senator doch ermordet wurde, würden sich viele fragen, warum der Kaiser eine Untersuchung unterlassen hat.«

Silvanus' eindringliche Worte verfehlten nicht ihre Wirkung. Catulus befürchtete, die Anhänger Helvidius' könnten selbst eigene Untersuchungen anstellen. In diesem Fall sähe er sich dem unverzeihlichen Vorwurf der Untätigkeit ausgesetzt.

Silvanus gab zu bedenken: »Ein Beweis seiner Unschuld, so unnötig sie auch momentan erscheint, wird Vespasianus sicherlich vorziehen. Gewöhnlich schneidet sich niemand die Kehle selbst durch, um sich umzubringen.«

»Woher weißt du das?«

»Der Sklave Verus will es gesehen haben.«

»Verus? – Moment.« Catulus entrollte die Depesche auf seinem Schreibtisch und überflog sie. »Ein Sklave dieses Namens wird hier erwähnt. Er war Oberaufseher und ist infolge eines Unfalls verstorben. Redet ihr von dem?«

Licinia erstarrte. Die Nachricht machte sie fassungslos. Sie schwankte zwischen Trauer, Wut und Zweifel. Verus war tot?

»Geht es dir nicht gut, Licinia?«, fragte Catulus besorgt. »Verzeiht meine Unfreundlichkeit.« Er winkte einen Sklaven heran. »Bring Wasser und Wein für unsere Gäste. Schnell!«

»Ja, Herr.« Der Sklave stellte Karaffen und Silberbecher auf das runde Tischlein, das zwischen Licinia und Silvanus stand.

Licinia erholte sich nach einem Schluck Wasser.

»Ja, diesen Sklaven meinen wir«, antwortete Silvanus entmutigt.

»Ein Toter kann keine Fragen beantworten«, schlussfolgerte Catulus. »Der Senator wurde inzwischen ebenfalls dem Feuer übergeben und bestattet. Es gibt nichts, was wir untersuchen könnten.« Mit diesen Worten rollte Catulus die Depesche zusammen, erhob sich von seinem Sessel und verstaute sie in einem Regal.

Doch Catulus hatte seine Entschlossenheit nur vorgespielt. Sie war Teil seines Plans, die Interessen des Kaisers unauffällig weiterzuverfolgen, um rechtzeitig eingreifen zu können, falls dies nötig wäre. Er musste es vermeiden, Silvanus und Licinia offen zu einer Untersuchung anzustiften, von der er nicht wusste, ob sie ihm nicht schaden würde.

Er reichte seinen Besuchern zum Abschied die Hand, um sie dann anschließend mit gespielter Zögerlichkeit wieder zurückzuziehen.

»Ich sehe es euch an. In euren Herzen wohnt der Zweifel. Gibt es etwas, das ich noch wissen sollte? Vielleicht ein konkreter Verdacht?«, fragte er nach.

Licinia schaute Silvanus hilfesuchend an.

»Den gibt es tatsächlich, Catulus«, antwortete Silvanus nach kurzem Überlegen und ermutigt durch die Nachfrage. »Falls der Senator ermordet wurde, wirst du dich fragen, warum der Quästor und der Duumvir den Vorfall als Selbstmord darstellen sollten.«

»Sofern du an eine Beteiligung der beiden am Tod des Senators denkst, könnte ein solcher Verdacht aber auch leicht auf den Kaiser zurückfallen«, mahnte Catulus. »Jeder weiß, wie nötig er Geld braucht. Helvidius' Besitz war nicht unbeträchtlich. Damit bringen wir nur Wasser auf die Mühlen derjenigen, die behaupten, der Kaiser fördere erst die Senatoren, um sie anschließend wie einen vollgesaugten Schwamm wieder auszuquetschen. Von Helvidius' Senatsopposition will ich erst gar nicht reden.«

»Es käme aber auch ein anderes Motiv infrage, ein persönliches«, erwiderte Silvanus.

Catulus schaute nachdenklich Licinia an. »Ich habe mich schon gefragt, warum die hochverehrte Licinia ihren Ehemann belastet«, sinnierte er laut. »Wenn ihr Handeln sich vor mir auch noch im Dunkeln verbirgt, so scheint sie doch deine Worte zu bestätigen. Mit einer unbegründeten Denunziation ihres Ehegatten würde sie sich hohen Risiken aussetzen.«

Catulus beschäftigte die Frage, was zwischen Licinia und Tullius vorgefallen sein könnte. Hätte nicht Silvanus die Angelegenheit vorgetragen, hätte er geglaubt, sie wolle nur persönliche Rachegelüste verfolgen. Auch war ihm Licinias Schwächeanfall aufgefallen, als sie vom Tod des Sklaven Verus erfahren hatte. War dies Zufall, oder spielte der Sklave für sie eine wichtige Rolle? Ein Gedanke, der Catulus für einen Augenblick lang erwärmte.

»Sie klagt Tullius nicht an«, wiegelte Silvanus ab. »Tullius kann getäuscht worden sein. Wir sprechen nur über Möglichkeiten in einem vertraulichen Gespräch.«

»Ja natürlich«, lenkte Catulus ein. »Für das mir entgegengebrachte Vertrauen bedanke ich mich auch. Wenn ihr also weiter nachforschen wollt, so ist das eure Sache. Aber ihr müsst mich laufend unterrichten und nichts ohne die Zustimmung des Kaisers unternehmen.«

»Der Kaiser kann auf unsere Treue zählen«, antwortete Silvanus beflissen.

»Sein Dank ist euch gewiss. Wenn ich kann, werde ich euch gerne helfen. Aber momentan würden wir den Kaiser mit einer offiziellen Untersuchung nur verärgern. Sie könnte missverstanden werden, würden wir uns doch dem Vorwurf aussetzen, an seiner Unschuld zu zweifeln und außerdem noch die Ehre römischer Beamten zu beschmutzen. Denn darauf liefe es hinaus, wenn wir die Beweise schuldig blieben.«

Licinia sprach auf dem Rückweg in Silvanus' Haus kein einziges Wort. Sie hatte gehofft, mit Catulus' Hilfe nach Histria zurückkehren zu können, um das Schicksal ihres Geliebten aufzuklären.

Doch der kaiserliche Sekretär hatte die Erneuerung des Reisediploms abgelehnt. Schon bald würde sie auch Silvanus' Schutz verlieren. In wenigen Tagen würde er Rom verlassen müssen, denn der Kaiser hatte ihm die Statthalterschaft in Hispania angetragen. Dass Silvanus ihr weiterhin Kost und Logis anbot, obwohl er abwesend sein würde, erfüllte sie zwar mit Dankbarkeit, gab ihr aber nur wenig Trost. Es würde sie nicht vor ihrem Ehemann retten. Bald würde dieser nach Rom zurückkehren, und niemand konnte ihm das Recht absprechen, seine Ehefrau in sein Haus zurückzuverlangen.

Doch mehr noch als ihr eigenes Los belastete Licinia die Ungewissheit über Verus' Schicksal. Sie glaubte nicht an seinen Tod. Fest entschlossen wollte sie die Wahrheit herausfinden. Sie musste zurück nach Pola.

52

Das Segelschiff schaukelte im Sturm auf und nieder und hin und her. Dumpf prallten die Wellen gegen die Planken, und es klang, als könnten sie das Schiff jeden Moment in Stücke zerreißen. Ohrenbetäubendes Rauschen, Pfeifen und Knarren drangen bis unter das Deck, wo Licinia, sich an Seilen festhaltend, auf einer Pritsche lag. Ihr war speiübel, und sie fürchtete um ihr Leben. Ein Kaufmann und seine zwei Knechte teilten mit ihr das Unterdeck. Sie schienen nicht weniger besorgt, schwiegen doch auch sie mit ängstlichen Mienen.

Der Kapitän der Corbita hatte Licinia vor den Oktoberstürmen gewarnt und ihr von der Reise über die See abgeraten. Doch sie hatte die Gefahr negiert und vor drei Wochen in Ostia das Handelsschiff bestiegen, um damit zurück nach Pola zu segeln. Schließlich hatte sie keine Zeit zu verlieren. Verus' Rettung zwang sie zu dieser Eile, denn sie fürchtete, zu spät zu kommen. Außerdem gab es noch einen weiteren Grund. Das nur einen Monat gültige Reisediplom würde in wenigen Tagen, noch vor ihrer Ankunft am Zielhafen, verfallen. Mit Nachdruck und Charme war es ihr gelungen, die Erlaubnis des Kapitäns zu erkaufen, denn gewöhnliche Zivilisten erhielten in dieser Jahreszeit keine Passage. Auf dem Landweg würde sie als alleinstehende Frau ohne gültiges Reisediplom ihr Leben riskieren. Nur auf dem Seeweg konnte sie sicher nach Pola kommen.

Mit einem Mal fiel ihr auf, dass das Schaukeln nachließ. Oben an Deck hörte sie laute Befehle. Wenig später erschien ein Seeoffizier zusammen mit einem Matrosen.

»Herrin, du musst sofort das Schiff verlassen. Im Hafen bist du in Sicherheit«, forderte er sie auf.

Licinia atmete auf. Diese furchtbare Reise hatte sie schneller als gedacht überstanden. Sie folgte dem Offizier über eine steile Treppe nach oben, während der Matrose das Gepäck hinterhertrug. An Deck regnete es, und ein kalter Wind verfing sich in ihren Kleidern. Der Anblick des Hafens irritierte sie. Überall sah sie Kriegsschiffe, Triremen, Quadriremen und Liburnen lagen vertäut an den Kais. Das war eindeutig nicht Pola.

»Wo sind wir?«, fragte sie den Offizier.

»Im Flottenhafen Classe, Herrin. Bei dem Sturm ist es zu riskant weiterzusegeln. Wir bringen dich zur Hafenpräfektur. Dort wird man sich um dich kümmern.«

Bereits drei Tage lang wartete Licinia nun vergeblich auf Wetterbesserung. Jedes Mal, wenn sie aufs Meer hinausschaute, bot sich ihr der gleiche traurige Anblick. Der wütend heulende Meeresgott Neptun, der über den Schaumkronen der sich brechenden Wellen den Sturm anpeitschte, hörte nicht ihre flehenden Worte. Am Fensterglas liefen die Regenrinnsale herunter, und das triste Grau von draußen warf nur trübes Licht in ihre Kemenate. Das Wetter ließ sie allmählich verzweifeln. Die Hoffnung, rechtzeitig anzukommen, schwand mit jedem Tag. Außerdem war das Reisediplom abgelaufen, und ohne die Hilfe des Hafenpräfekten Rubrius Barbarus würde sie nicht von hier wegkommen.

Sie hatte in Rom fast ihren gesamten Schmuck zu einem Goldschmied gebracht und dabei kleinlich um jeden Sesterz gefeilscht. Die Angst, nicht genug für Verus' Freilassung herauszuschinden, hatte sie auf ihr Ehrgefühl pfeifen und ihren Stolz in die Gosse des Krämerhandels werfen lassen. Nur zwei Ringe mit je einem Smaragd, ein Collier mit großen weißen Perlen, dazu passende Ohranstecker und eine goldene Haarspange hatte sie behalten. Die Symbole ihrer edlen Herkunft, die sie sich jetzt anlegte, sollten ihr ein sicheres Auftreten verleihen und den Präfekten beeindrucken. Sie warf sich einen Regenmantel über und folgte dem Matrosen auf dem Weg zur Präfektur.

Barbarus, ein kleiner dicker Mann mit einem aufgeschwemmten Gesicht, trug einen Lederharnisch und blickte mürrisch drein.

»Aus welchem Hause kommst du?«, fragte er mit der gängigen Verachtung, wie sie alle Offiziere gegenüber Zivilisten an den Tag legten.

»Aus der Familie der Cornelier«, antwortete Licinia selbstbewusst. »Mein Mann ist der kaiserliche Quästor Gaius Cornelius Tullius. Er hält sich im Auftrag des Kaisers in Pola auf.«

»Tullius?«, wiederholte der Präfekt mit erhobenen Augenbrauen. Der Quästor war ihm offensichtlich nicht bekannt. »Was kann ich für die Frau des Tullius tun?«

»Mein Reisediplom ist abgelaufen. Ich muss aber dringend nach Pola. Der Sturm hat mich aufgehalten. Bitte hilf mir.« Licinia reichte Barbarus den Papyrus.

Der Präfekt las diesen mit überzogener Gründlichkeit.

»Das Diplom wurde in Pola ausgestellt. Wieso hast du es nicht in Rom erneuern lassen?« Er wiegte nachdenklich seinen Kopf.

Ein Wichtigtuer, dachte Licinia. Da half nur resolutes Auftreten.

»Das hat seine Richtigkeit«, entgegnete Licinia selbstsicher. »Wie ich schon sagte, wurde ich aufgehalten. Ich handle in einer wichtigen Angelegenheit des Kaisers.«

»An der Wichtigkeit kaiserlicher Dokumente zweifle ich nicht. Doch es wird auch Missbrauch mit ihnen betrieben«, sagte Barbarus pedantisch und musterte dabei Licinia wie eine Verbrecherin, die man gerade auf frischer Tat ertappt hatte.

»Barbarus!«, sprach Licinia energisch. »Ich möchte eine Antwort auf meine Frage. Wirst du mir helfen? Es gibt keinen Grund, mich zu verhören, und ich akzeptiere auch deine demütigenden Fragen nicht. Wie ich sehe, trägst du den Ring eines Ritters. Ich fordere von dir den standesgemäßen Respekt, den du einer Adligen schuldest.«

Barbarus schürzte die Lippen. »Eine Adlige bist du?«, fragte er höhnisch. »Wo sind deine Sklaven?«

»Also gut, Barbarus. Du willst mir nicht helfen.« Licinia kniff verärgert die Augen zusammen. »Dann schau dir schon mal die Ruderbänke auf den Kriegsschiffen an. Bete zu den Göttern. Vielleicht kommt die Mission ohne deine Hilfe zu einem glücklichen Ende. Dann wird dir vielleicht die Schinderei an den Riemen erspart und du darfst stattdessen an der Trommel den Takt vorgeben. Aber anderenfalls erwarte keine Gnade. Du wirst dann fühlen, wer die Cornelier sind und wie viel Macht sie besitzen.«

Barbarus hob abwehrend die Hände. »Warum so aufgebracht?«, lenkte er ein. »Du könntest in zwei Tagen mit einer Liburne nach Pola reisen.«

»Einer Liburne?« Die Vorstellung, zwischen Soldaten eingepfercht zu werden, behagte Licinia nicht. »Legt die Corbita nicht bald wieder ab?«

»Nein. Sie wurde schwer beschädigt. Und du hast es doch eilig.«

»Ein anderes Handelsschiff steht nicht bereit?«

»Der Hafen von Classe ist nur der Flotte vorbehalten. Die Corbita durfte nur aufgrund des Notfalls einlaufen. Willst du nun mit der Liburne vorliebnehmen?«

Die See stürmte zwar nicht mehr so stark wie bei ihrer Ankunft in Classe, aber noch immer kräuselte sich Schaum auf den Wellenkronen. Die leichte Liburne schaukelte, und Licinia wurde erneut übel.

Die Corbita hatte im Vergleich zur Liburne geradezu luxuriösen Komfort geboten. Auf dem Kriegsschiff saß Licinia zwischen Soldaten eingezwängt. Unter freiem Himmel war sie Wind und Wetter ausgesetzt. Lediglich eine Decke schützte sie vor Kälte. Zum Glück regnete es nicht mehr. Sie lehnte das angebotene Wasser ab, um den Gang zum Toilettentopf zu vermeiden, der keinen Schutz vor neugierigen Blicken bot.

Glücklicherweise erreichte die Liburne im straffen Rudertakt schon nach einem halben Tag Pola, wo sie beim Hafenkommandanten ihre drängende Notdurft verrichtete und ihren Durst stillte. Von der Seefahrt hatte sie genug.

Licinia trug einen Brief an Tiberius Plautius Vibius bei sich. Das war ein ehemaliger Sklave von Silvanus, jetzt Freigelassener und Kaiserpriester in Pola. Sie mietete sich eine Trage und ließ sich vom Hafen zum Forum bringen. Neben dem Jupitertempel standen zwei weitere Heiligtümer. An einem von diesen las sie auf dem dreiseitigen Stützbalken die Inschrift: »Für Roma und Augustus, Sohn des göttlichen Cäsars, Vater des Vaterlandes« Daran erkannte sie den Tempel, welcher der Kaiserverehrung diente. Sie stieg die Treppe empor, die an den korinthischen Säulen endete. Der Tempeldiener, dem sie ihr Anliegen vortrug, rief einen Jungen herbei. Dieser führte Licinia zum Kaiserpriester, der in einer schmalen Seitengasse des Forums wohnte. Das kleine bescheidene Stadthaus war nur wenige Schritte vom Tempel entfernt. Ein mittelgroßer, leicht untersetzter Mann in den Fünfzigerjahren, dessen Glatze ein dünner grauer Haarkranz schmückte, begrüßte Licinia und stellte sich als Vibius vor.

Nachdem er den Brief seines ehemaligen Dominus gelesen hatte, lud er Licinia ein, auf einem Stuhl Platz zu nehmen, und bot ihr eigenhändig Wein, Wasser, Brot und Obst an.

»Bei mir kannst du nicht wohnen«, sagte er ernst. »Aber ich sorge für eine angemessene Unterkunft.«

»Ich danke dir für deine Hilfe.«

»Danke nicht mir, sondern Silvanus. Als sein ehemaliger Sklave, der von ihm freigelassen wurde, bin ich es ihm schuldig. Dein Schicksal und das des Sklaven Verus liegen ihm am Herzen. Deshalb ist dieses nun auch meine Angelegenheit. Ich werde dir genauso zur Seite stehen, wie er es tun würde.«

»Du nimmst deine Pflichten so ernst?«, fragte Licinia verunsichert.

Nicht immer zeigte ein ehemaliger Sklave diese gesetzlich vorgeschriebene Loyalität gegenüber seinem Freilasser in solch akribischer Weise. Es kam sogar vor, dass einige ihn verrieten.

»Sei unbesorgt«, entgegnete Vibius. »Ich tue dies nicht nur aus Verpflichtung, sondern vor allem aus Dankbarkeit. Dankbarkeit ist stärker als Verpflichtung«, ergänzte er. »Als mein Dominus damals nach Vitellius' Sieg über Otho vom Statthalteramt abgesetzt worden war, fürchtete er um sein Leben. Silvanus hatte schon länger vorgehabt, mich für meine Treue mit der Freilassung zu belohnen. Weil durch die Umstände auch mein Leben bedroht war, sorgte er dafür, dass ich bei den Kaiserpriestern in Pola aufgenommen wurde. Dort war ich unangreifbar. Die Priester sicherten meine Rechte als Freigelassener.«

»Warum brauchte er dazu die Priester? Die Freilassung aus der Sklaverei ist doch durch das Gesetz geschützt! Oder hatte Silvanus etwas anderes verfügt?«

»Nein. Er gab mir die unwiderrufliche Freiheit. Doch es herrschte Krieg!«, betonte Vibius. »Im Krieg gibt es keine Garantien. Silvanus hat mir nicht nur die Freiheit, sondern obendrein ein beträchtliches Vermögen geschenkt. Dadurch hat er mir eine sichere Existenz ermöglicht. Als Freigelassener ist es mir zwar nicht gestattet, ein magistrales Amt anzutreten, doch habe ich als oberster Priester des Kaiserkults hier in Pola inzwischen nicht unbeträchtliches Ansehen und Einfluss gewonnen. Mach dir also keine Sorgen. Silvanus hätte dich nicht in meine Obhut gegeben, wenn ich nicht für deine Sicherheit bürgen könnte. Niemand wagt es, einen Priester des Kaisers anzugreifen.«

Vibius' Worte klangen überzeugend, was Licinia beruhigte.

»Verzeih die vertrauliche Frage«, fuhr Vibius fort. »Für dein großes Interesse an der Freilassung des Sklaven Verus finde ich nur eine Erklärung: Es ist Liebe, nicht wahr?«

Licinia nickte. »Ich möchte ihn freikaufen.«

Vibius musterte Licinias Stola, das Symbol einer verheirateten Frau, und erwiderte skeptisch: »Durch die Freilassung würde der Sklave zwar das römische Bürgerrecht erwerben, aber du kannst ihn trotzdem nicht heiraten, falls du das vorhast. Zuerst müsstest du geschieden werden. Würde dein Ehemann einer Trennung zustimmen?«

Die Frage erinnerte Licinia an ihre Mission. »Ich muss erst einmal wissen, ob Verus lebt«, erwiderte sie erschrocken. »Ich muss sofort zum Latifundium des Helvidius.«

An eine Ehe mit Verus hatte sie seit dem Moment seiner Versklavung nie gedacht. Erst jetzt begriff sie, dass ein Freigelassener sofort das römische Bürgerrecht erhielt, also viel eher, als es Verus am Ende seiner Dienstzeit bei den Auxiliaren bekommen hätte. Sie wusste, dass die wenigen bürgerlichen Einschränkungen eines Freigelassenen im privaten Leben so gut wie keine Bedeutung hatten. Sie würde Verus heiraten und mit ihm glücklich werden können. Gäbe es da nicht Tullius. Erst jetzt wurde ihr bewusst, dass mehr nötig war als die Flucht. Das Verstecken und Davonlaufen versprach keine Lösung. Niemals würde Tullius zugunsten von Verus in eine Scheidung einwilligen. Es gab nur einen Weg für ihr gemeinsames Glück: Tullius musste vernichtet werden. Die Konsequenz dieses Gedankens flößte ihr große Besorgnis ein.

»Ich muss sofort zum Latifundium des Helvidius«, wiederholte sie nervös.

»Ohne Geleit kann ich dich nicht fortlassen«, mahnte Vibius. »Wie du siehst, habe ich keine Sklaven, die dich begleiten können. Doch ich kenne einen Mann, der deine Sicherheit gewährleisten wird. Er war einer der besten Gladiatoren des Reiches. Ich spreche heute noch mit ihm. Wenn die Götter uns wohlgesonnen sind, steht er ab morgen für deinen Schutz bereit. Dann kannst du zum Latifundium reisen. Alle Kosten werde ich übernehmen. Jetzt bringe ich dich an einen Ort, an dem du dich erst einmal ausruhen kannst.«

53

Forus nahm Vibius' Angebot des Personenschutzes bereitwillig an. Noch mehr erfreute ihn der Vorschuss, den er von dem Kaiserpriester bekam. Vergnügt wiegte er die Geldbörse in der Hand, genoss die pralle Griffigkeit des Leders unter seinen Fingern und das Gewicht, das deutlich zugenommen hatte.

Die Adligen zahlten großzügig für eine solch leichte Arbeit, doch taten sie es stets nur für kurze Aufgaben, denn für dauerhaften Schutz bevorzugten sie eigene Sklaven. Diese waren zuverlässiger als Freie, weil man sie nicht bestechen konnte. Untreue bedeutete für sie den Tod, mindestens aber die Zerstörung ihrer Hoffnung auf Freilassung. Deshalb hatte Forus den Dienst bei Petronius gewählt, der zwar nicht üppig, dafür aber regelmäßig entlohnte.

Trotz des kühlen Wetters hängte sich Forus den Schwertgurt über eine kurzärmelige Tunika, die seine muskulösen Arme nicht verdeckte. Er wusste, wie man sich Diebe und Mordgesellen vom Leibe hielt. Der kleine Zopf am Hinterkopf, der ihn als Gladiator auswies, die offen zur Schau getragene Waffe, die Narben in seinem Gesicht und sein athletischer Körper verfehlten gewöhnlich nicht ihre Wirkung.

Forus warf sich noch einen Mantel über und begab sich dann zum Haus der Witwe Julia Felix. Das Gebäude am Stadtrand war ungewöhnlich groß. Doch es diente nicht dem Luxus ihrer Besitzerin, sondern als Unterkunft für noble Reisende. Forus meldete sich zu seinem Dienstantritt an der Pforte, die zu den privaten Gemächern führte. Da er zu früh vor Ort war, bat ihn ein Sklave zu warten, woraufhin sich Forus auf eine der beiden Steinbänke für Klienten setzte, die sich neben dem von zwei ionischen Säulen geschmückten Portal befanden, und die Leute beobachtete, die zu dem Gasthof angereist kamen. Ein Sklave spannte die Pferde eines Reisewagens aus, um sie zu versorgen, ein anderer trug Gepäckstücke ins Hausinnere.

Nach mehr als einer Stunde rief ihn der Sklave ins Atrium. Die Domina, eine ältere korpulente, vollbusige Frau, stellte ihm seine neue Herrin vor. »Du bekommst noch zusätzlichen Lohn, wenn du die ehrenwerte Licinia schützt und treu an ihrer Seite stehst«, sagte sie mit Nachdruck. »Du haftest mir für ihre Sicherheit und führst ihre Befehle aus.«

Forus verbeugte sich dienstbeflissen. Dann starrte er die junge Adlige an, deren unerwarteter Anblick ihn überwältigte. Sein Mund öffnete sich staunend, und er schluckte verlegen. Vor ihm stand eine Frau, die an Jugend und Schönheit alles übertraf, was er bisher in seinem Leben gesehen hatte. Sie trug eine lange blaue Tunika. Als sie ihn anschaute, glaubte er in ihren dunklen Augen eine Spur von Traurigkeit zu entdecken. Jedenfalls erweckten sie in ihm ein tiefes männliches Bedürfnis, ihren Leib ohne Rücksicht auf sein eigenes Leben zu schützen. Dass er dafür Geld bekam, vergaß er in diesem Augenblick. Als ihre weiche Stimme den ersten Befehl formulierte, quittierte er diesen mit einem leisen unterwürfigen »Ja, Herrin«.

Sie bestiegen einen kleinen zweirädrigen Wagen, vor dem ein alter Gaul angeschirrt war. Entsprechend gemächlich kamen sie voran. Die schöne adlige Frau saß hinter ihm auf einer gepolsterten Bank, während er auf dem harten Kutschbock die Zügel hielt.

Das Ziel ihrer Ausfahrt behagte Forus nicht, hatte die Herrin ihm doch befohlen, das Gespann zum Latifundium des Helvidius zu lenken, das er Wochen zuvor gemeinsam mit Priscus überfallen hatte.

Er wusste zwar, dass seine Sorge, entdeckt zu werden, unbegründet war, da ihn, im Gegensatz zu Priscus, Helm und Maske vor Blicken geschützt hatten. Aber dennoch beschlich ihn ein mulmiges Gefühl, an den Ort des Verbrechens zurückzukehren.

Die Schöne sprach während der Fahrt kein Wort, und Forus schwieg aus schuldigem Respekt. Als sie am Landgut ankamen, fanden sie das Tor weit offen vor. Forus lenkte das Gespann auf den Hof. Ein älterer, hagerer Sklave, der eine Hecke schnitt, sprang sofort heran.

»Melde uns beim Verwalter!«, befahl Forus, während er vom Kutschbock sprang.

»Wen soll ich ankündigen?«, fragte der Sklave zurück.

Was sollte er antworten? Seine Herrin hatte gewiss einen Titel, aber er kannte ihn nicht. Doch da erlöste sie ihn schon aus der Peinlichkeit.

»Melde: Die Ehefrau des kaiserlichen Quästors Gaius Cornelius Tullius wünscht den Verwalter zu sprechen!«, sprach sie mit fester gebietender Stimme.

Forus klappte der Unterkiefer herunter. Ihr Name erschreckte ihn. Spielten ihm die Götter einen Streich? Ihr Ehemann war ein und dieselbe Person, die ihn mit dem Überfall beauftragt hatte. Warum besuchte sie diesen Ort?

Der Sklave rannte ins Herrenhaus. Schon bald erschien eine kräftige Frau, die am Wagen stehen blieb.

»Salve, verehrte Licinia. Dein Besuch wurde nicht angekündigt«, grüßte sie entschuldigend. Sie wischte sich die Hände an ihrer speckigen Tunika ab. »Semprosius ist gerade in der Stadt. Er kommt frühestens in zwei Stunden zurück. Wenn du warten möchtest, lasse ich dir gern eine Erfrischung bringen. Ich kann …«

»Nach Semprosius verlangt es mich nicht, Attia«, antwortete Licinia schroff.

»Verzeih, ich dachte … Der Sklave sagte, du wolltest den Verwalter sprechen. Ich werde …«

»Wo ist Verus?«, unterbrach sie Licinia schroff.

Forus hatte die Spur eines Bebens in ihrer Stimme bemerkt, das ihr resolutes Auftreten nicht völlig überdeckt hatte. Er war darin geübt, Unsicherheiten seiner Gegner zu erkennen.

»Verus?«, fragte Attia überrascht.

»Wo ist er? Ist er am Leben?«

Attia schüttelte den Kopf. »Ich weiß es nicht, Herrin. Er ist nicht mehr hier.«

Forus beobachtete ein erleichtertes Aufatmen seiner Herrin. Sie schien an dem Sklaven ein persönliches Interesse zu haben, was ihn verwunderte.

»Wo ist er?«, hörte Forus seine Herrin energisch nachhaken.

Attia kam näher an den Wagen heran. »Semprosius hat ihn nach Pola zu den Gladiatoren gebracht«, flüsterte sie und schaute sich dabei ängstlich um. »Ich bitte dich bei Ceres und Vesta. Sorge dafür, dass dein Ehemann einen anderen Verwalter einsetzt. Semprosius führt das Gut wie ein Tyrann. Alle leiden unter ihm.«

Licinia ignorierte die Bitte. »Was waren das für Gladiatoren? Waren es solche, die herumziehen?«

»Nein, er brachte ihn in einen Ludus in der Stadt, ungefähr vor zwei Monaten.«

Forus sah, wie sich Licinias Gesicht merklich entspannte.

»Was ist mit dem Senator geschehen?«, fragte sie in erneutem Befehlston nach.

»Er ist tot, Herrin.«

»Das ist mir bekannt. Wie ist er gestorben?«

»Ich weiß es nicht. Erst hieß es, dass er ermordet wurde. Später sagte man uns, dass er sich selbst getötet habe.«

»Glaubst du das?«

»Ich weiß nicht, was ich glauben soll, Herrin. Ich kann dir gewiss nicht mehr sagen, als du selbst schon weißt. Du hast doch kurz nach seinem Tod mit dem Duumvir und mit dem Sklaven Verus gesprochen.«

Forus horchte auf.

»Ich danke dir, Attia. Wenn du willst, dass ich dir helfe, dann darf Semprosius von meinem Besuch und unserem Gespräch nichts erfahren. Sorge dafür, dass der Sklave, der uns angemeldet hat, schweigt.«

»Ja, Herrin. Mögen die Götter mit dir sein.«

Auf halbem Weg zurück nach Pola befahl Licinia ihrem Beschützer anzuhalten. Sie zitterte immer noch, so sehr hatte sie die Begegnung mit Attia aufgewühlt. Die Antwort, ob Verus lebte, hatte sie auf dem Latifundium nicht gefunden. Aber sie war erleichtert über die Nachricht, dass ihr Geliebter nicht tödlich verunglückt, sondern verkauft worden war. So viel stand für sie fest: Tullius und der Duumvir hatten in ihrer Depesche den Kaiser angelogen. Dafür gab es nur eine Erklärung: Die Ermordung des Senators sollte vertuscht werden. Sie musste Verus aufspüren, noch bevor er bei den Gladiatoren den Tod finden würde, und die Wahrheit ans Tageslicht bringen.

»Forus! Ich muss dich etwas fragen«, bat sie, nachdem der Wagen stillstand.

»Ja, Herrin?« Forus drehte sich auf dem Kutschbock nach ihr um.

»Du warst doch Gladiator und hast bestimmt immer noch Verbindungen. Kennst du einen Sklaven namens Verus? Du hast es gehört, er wurde vor zwei Monaten in den Ludus nach Pola verkauft.«

»Nein, Herrin«, log Forus. »Aber ich kann mich erkundigen.«

»Was geschieht mit einem Gladiator? Könnte er dort überlebt haben?«

»Normalerweise vergeht einige Zeit, ehe Gladiatoren in der Arena auf Leben und Tod kämpfen. Sie müssen vorher zunächst ausgebildet werden. Das dauert gewöhnlich sechs Monate. Anders ist es jedoch bei zu Tode Verurteilten, die man bei nächster Gelegenheit sterben lässt.«

Licinia erschrak und hielt sich die Hände vors Gesicht. Sie ärgerte sich, weil sie ihre Gefühle nicht unter Kontrolle hatte. Dem mitleidigen Blick des Gladiators entnahm sie, dass er ihre Zuneigung zu Verus erkannt hatte.

»Nein, keine Angst«, beruhigte sie Forus. »In letzter Zeit fanden keine Kämpfe statt. Erst zu den Plebejischen Spielen wird es wieder ein Spektakel geben.«

Licinia entspannte sich ein wenig.

»Was meinst du? Ist es möglich, einen Gladiator freizukaufen?«

»Das kommt darauf an. Einen Verurteilten kannst du gewöhnlich nicht herauskaufen. Es sei denn, du hast viel Geld und großen Einfluss.«

»Wie kommst du darauf, dass er verurteilt worden ist?«

»Das Gesetz verbietet es, einen Sklaven grundlos in die Arena zu verkaufen. Dort kämpfen nur Kriegsgefangene, Freiwillige oder Verurteilte, niemals unbescholtene Sklaven aus dem Eigentum eines römischen Bürgers.«

»Wann finden die nächsten Spiele statt?«

»Am Geburtstag des Kaisers.«

»Oh ihr Götter. Das ist ja schon bald«, fuhr Licinia erschreckt auf. »Forus, wirst du mir helfen?«

»Ja, Herrin. Das werde ich.«

54

Zwei Monate zuvor.

Tullius quälten dunkle Gedanken. Nicht Licinias Liebe vermisste er, denn sie war ihm ohnehin nie geschenkt worden. Nicht die weggelaufene Frau verärgerte ihn, besaß er doch alle Rechte, sie zurückzuholen. Und auch nicht die gescheiterte Ermordung seines Nebenbuhlers stimmte ihn misslaunig, da er ihn noch immer töten könnte. Es war etwas anderes, das dieses unbekannte, grausame Gefühl der Ehrverletzung in ihm anheizte; und es dauerte seine Zeit, bis er das Unerhörte, ja geradezu Groteske mit klarem Verstand erfasste: Er hatte versagt.

Der Tod des Senators, mit dem er unbeabsichtigt das kaiserliche Ansehen beschädigt hatte, erschütterte sein Selbstvertrauen so tief, dass es ihn in den selbstzerstörerischen Zweifel trieb, noch die Kontrolle über seine Rache zu haben. Er fragte sich, warum es ihm nicht gelang, Verus zu töten, diesen lausigen, ihm machtlos ausgelieferten Sklaven, der zwischen ihm und Licinia stand, den er doch eigentlich wie eine Fliege zwischen den Fingern zerquetschen können müsste. Er hatte die Fäden geschickt gespannt und war stets darauf bedacht gewesen, dass ihre Enden nicht zu ihm zurückführten. Doch trotz aller Vorsicht war er in eine existenzbedrohende Krise gestürzt. Die Gefahr der Aufdeckung und die Furcht vor dem Verlust seines Ansehens lasteten schwer auf ihm. Die Aristokraten würden ihn meiden. Ihre Frauen würden abwertend über ihn tuscheln, ihre Blicke auf ihn zeigen, aus denen kalte Blitze zuckten: Das ist der gehörnte Mann, dessen Ehefrau es mit einem Sklaven trieb. Das ist der gescheiterte Sohn eines angesehenen Konsuls. Das ist der Mörder, der seinen großen Patriziernamen zerstörte. Mit diesem Mann würde niemand mehr etwas zu tun haben wollen. Noch schlimmer, Verbannung oder gar Hinrichtung könnten ihn erwarten.

Der Gedanke an den Tod ließ ihm eine heiße Welle aus dem Bauch in den Kopf hinauf schießen. Er wischte sich kalten Schweiß von der Stirn. Er wusste, er fände erst dann wieder zu seiner inneren Ruhe zurück, wenn Verus aus seinem Leben verschwände, so still und leise, als wäre er gar nicht geboren worden. Niemand sollte danach fragen, warum er ihn getötet hatte. Die unerfüllten Rachegelüste und sein Versagen nagten an seiner Ehre wie ein Geschwür, das weiter wuchs, je länger der Sklave lebte. Verus musste schnell sterben.

Sein angesehener Familienname, sein gewaltiges Geldvermögen und sein aristokratischer Stand wurden jedoch von etwas noch Größerem besiegt: von der Macht des Zufalls, diesen unvorhersehbaren Ereignissen, die seine Intrigen durchkreuzt hatten. In seinem unverzeihlichen Hochmut hatte er es versäumt, die Schicksalsgöttin um Beistand zu bitten. Zur Strafe hatte sie Verus vor dem sicheren Tod in den Minen gerettet und ihn auf Helvidius' Landgut geschickt, wo Licinia von seinem Verrat erfuhr. Auf dem Latifundium hatten ihm sogar die Prätorianer geholfen; und darüber hinaus hatte es Fortuna gefallen, den Senator Helvidius zu einer Zeit auf sein Landgut zurückkehren zu lassen, an der er nicht dort hätte sein sollen.

Und dessen nicht genug. Die Rache der Schicksalsgöttin war unersättlich. Obwohl er Semprosius zum Verwalter des ehemaligen Landgutes von Helvidius ernannt hatte, hatte auch dies nicht zu Verus' Ende geführt. Semprosius hatte Verus nach dessen Verurteilung nicht, wie Tullius hoffte, an die Kaserne des Gnaeus Erasmus verkauft, wo er schon bald den sicheren Tod gefunden hätte, sondern an den Ludus des Castullus Lentulus. Zu spät hatte Tullius erfahren, dass es in Pola noch eine zweite Gladiatorenschule gab. Und Semprosius, der froh war, seinen verhassten Widersacher endlich für immer loszuwerden, hatte Verus in die Kaserne gebracht, die dem Latifundium am nächsten lag.

55

Der Lanista Castullus Lentulus blickte vom Balkon des Herrenhauses auf die neuen Rekruten hinab. Sie hatten sich in der Übungsarena in einer Linie aufgestellt und waren lediglich mit einem Lendenschurz bekleidet. Um den Arm trug jeder ein farbiges Bändchen, an dem Lentulus erkannte, wer als freier Bürger, wer als Sklave und wer als Verurteilter zu ihm kam. Dieses Mal war nur ein einziger Todgeweihter unter ihnen. Seine große Gestalt und die sehnigen Muskeln weckten das Interesse des Lanista, der bedauerte, solch einen Mann für eine fade Hinrichtung verschwenden zu müssen. Er strich sich mit der Hand über seinen Ziegenbart und dachte darüber nach, wie er den Schuldspruch über den Sklaven möglichst gewinnbringend vollstrecken könnte.

Dieser war vom Duumvir Cassius Longinus zur Damnatio ad bestias verurteilt worden. Doch ein großes Raubtier, das ihn zerfleischen könnte, besaß Lentulus nicht und die Anmietung eines solchen wäre viel zu teuer. Nur zu ausgewählten Anlässen lohnte eine solche Schau, der obendrein auch noch der Kaiser zustimmen musste. Außerdem reichte die Summe, die der Duumvir als Veranstalter für die nächsten Spiele aufzuwenden gedachte, für diese Hinrichtungsart nicht aus, weswegen er auf dessen korrekte Vollstreckung auch keinen Wert legen dürfte. Pola war nicht Rom und seine Gladiatorenschule nicht der Ludus des Kaisers. Deshalb lag es in seinem Ermessen, das Urteil angemessen abzuwandeln.

Lentulus überlegte. Die Damnatio ad gladium wäre eine weniger strenge Strafe. Der Verurteilte müsste gegen einen Veteranen kämpfen, gegen den er keine Chance hätte. Aber für den Gladiator wäre die ungleiche Paarung nicht ehrenhaft. Seinen besten Kämpfern wollte er diese Schmach nicht zumuten. Und was die anderen betraf, so konnte er da nicht sicher sein. Der Verurteilte hatte einen Körper wie Hector. Wenn er so gut kämpfte, wie er aussah, könnte er seinen Gegner vielleicht sogar niederstrecken und damit dem Ludus einen unnötigen Verlust beibringen.

Möglich wäre auch die Damnatio ad ferrum. Aber der Gedanke daran sträubte ihm die Nackenhaare. Diese Hinrichtungsart sah vor, dass mehrere Verurteilte so lange gegeneinander kämpften, bis nur noch einer von ihnen übrigblieb. Diesen würde man am Schluss ebenfalls töten. Es wäre ein ermüdendes Spektakel für die anspruchsvollen Zuschauer von Pola. Die Pfiffe von den Rängen beim letzten Mal klangen Lentulus immer noch in den Ohren. Es gab einfach zu wenige Delinquenten, die sich von ihrer körperlichen Verfassung her für den Gladiatorenkampf eigneten. Außerdem müsste er sie auch noch von anderen Orten herholen lassen. Der Aufwand lohnte sich nicht. Lentulus vermutete, dass der Sklave jeden herkömmlichen Dieb mit einem kurzen Streich töten würde. Nie wieder wollte er sein Publikum mit so einer Schau langweilen.

Was aber wäre, wenn er das Urteil großzügig in ein Damnatio ad ludum auslegen würde? Dieser Gedanke erschien ihm verlockend. Der Verurteilte würde dann in seinem Ludus ausgebildet werden und hätte die gleichen Überlebenschancen wie jeder andere Gladiator. Die meisten überlebten nicht länger als zwei Jahre. Diese Strafe war zwar die mildeste, versprach Lentulus aber die Aussicht auf ein einbringliches Geschäft. So billig wie diesen Verurteilten könnte er einen Rekruten nie bekommen.

Ein Haussklave unterbrach Lentulus in seinen Gedanken. »Herr, der ehrenwerte Lanista Gnaeus Erasmus wünscht dich zu sprechen.«

»Wann und wo?«

»Jetzt, Herr. Er wartet im Atrium.«

Lentulus horchte auf. Der Besuch überraschte ihn. Erasmus hatte als Lanista der größeren Gladiatorenschule von Pola immer auf ihn herabgeschaut und ihn oft genug übervorteilt.

Seine Gladiatoren bestritten stets die wichtigsten Kämpfe der Spiele. Und jetzt kam dieser Mann sogar in sein Haus? Was wollte er?

»Ist er allein?«, fragte er seinen Sklaven.

»Ja, Herr.«

»Führ ihn ins Triclinium – nein warte, ich hole ihn im Atrium selbst ab. Bring etwas vom besten Wein und zwei Becher! – Die silbernen!«, befahl Lentulus aufgeregt.

Als Lentulus ins Atrium trat, begrüßte er Erasmus überschwänglich wie einen alten Freund. »Hochverehrter Gnaeus Erasmus, sei willkommen in meinem Haus. Welche Ehre. Bitte folge mir.«

Doch Erasmus winkte ab. »Keine Umstände, Lentulus. Ich möchte nur etwas klarstellen.«

Die aufgesetzte Freundlichkeit in Lentulus' Gesicht wich einem ängstlich fragenden Ausdruck. Er fürchtete Ärger, denn Erasmus ließ gewöhnlich nicht mit sich spaßen. Nur den angesehensten Leuten schenkte er ein Lächeln.

»Was gibt es klarzustellen?«, fragte er verunsichert.

»Semprosius vom Latifundium des Helvidius hat dir heute einen verurteilten Sklaven verkauft.«

»Ja, das ist wahr.« Lentulus wusste, dass Erasmus den Sklaven meinte, der zur Damnatio ad bestias verurteilt worden war.

»Das war ein Irrtum. Er sollte an mich gehen. Schick ihn in meinen Ludus! Wie viel willst du für ihn haben?«

Lentulus überraschte nicht Erasmus' demütigendes Geschäftsgebaren. Das entsprach dessen Charakter. Aber dass er sich nicht im Geringsten um Freundlichkeit bemühte, sondern stattdessen dreist etwas forderte, worum er ihn eigentlich bitten müsste, kränkte Lentulus so tief, dass er die ihm angeborene Demut gegenüber höher angesehenen Personen vergaß und ein trotziges »Nein!« hervorstieß.

»Was heißt NEIN?«, fragte Erasmus überrascht und ungehalten.

»NEIN heißt NEIN!«

Erasmus verzog hochmütig das Gesicht. »Also, wie viel?«, fragte er, als käme es ihm nicht auf den Preis an.

»Zehn Milliarden Sesterze!«, antwortete Lentulus provozierend.

Erasmus' selbstsichere Miene schlug in eine wütende Grimasse um. Seine Augen funkelten aggressiv. Erst jetzt ahnte Lentulus, dass der Sklave für seinen Konkurrenten von besonderer Bedeutung sein musste. Er glaubte, in dessen Blick einen Ausdruck von Hilflosigkeit zu erkennen. Seine Ahnung schien sich zu bestätigen, als Erasmus etwas tat, das er vorher noch nie getan hatte: Er lächelte ihn plötzlich an.

»Du beliebst zu scherzen, Castullus«, sprach er in versöhnlichem Tonfall. »Ich zahle dir das Dreifache von dem, was dich der Sklave gekostet hat. Einverstanden?«

Die vertrauliche Anrede mit seinem Vornamen machte Lentulus noch selbstsicherer. Er ignorierte das Angebot und grinste Erasmus an.

»Ich verschaffe dir zusätzlich einen Hauptkampf bei den Plebejischen Spielen. Das ist mein letztes Angebot.«

»Das ist sehr großzügig von dir. Doch es bleibt bei dem NEIN.« Erasmus' Feilschen hatte Lentulus' Neugier geweckt. Warum wollte Erasmus so viel Geld ausgeben für einen Sklaven, der nur hingerichtet werden sollte? Dass dieser keinem wilden Tier vorgeworfen werden würde, wusste er so gut wie er selbst. War dieser Sklave so wertvoll, dass er einen Gladiator besiegen könnte? Sah Erasmus in ihm einen zukünftigen Helden der Arena? Dieser Sklave reizte Lentulus. Ihn umgab eine geheimnisvolle Aura, und er wollte sie ergründen.

»Warum ist dir der Sklave so wichtig, Erasmus?«

»Das geht dich nichts an«, antwortete Erasmus barsch. »Für dich ist er wertlos.«

»Wir werden sehen«, entgegnete Lentulus gelassen und seinen Triumph genießend. »Du willst jetzt bestimmt gehen.«

Erasmus brummte beleidigt und folgte dem Rauswurf ohne Gruß.

Kaum war Erasmus fort, befahl Lentulus seinem langjährigen Trainer Gernicus, den Sklaven auf den Übungsplatz zu führen. Anschließend begab er sich ins Haus und betrat kurz darauf den Balkon.

»Nimm ihn hart ran!«, befahl Lentulus dem Trainer, der inzwischen den Sklaven herbeigebracht hatte. »Aber lass ihn am Leben.«

»Ja, Herr«, antwortete Gernicus. Er warf dem Sklaven ein Holzgladius zu und schrie: »Aufheben!«

Lentulus sah den Sklaven das Holzschwert ergreifen. Gewöhnlich würde dieser jetzt, wie jeder Anfänger, eine Tracht Prügel einstecken. Lentulus war gespannt, was jetzt passieren würde. Und tatsächlich, seine Ahnung, dass der Sklave etwas Besonderes war, schien sich zu bestätigen. Kaum hatte der nämlich das Schwert in der Hand, stürzte er auch schon ohne die geringste Furcht auf den Trainer zu. Gernicus wehrte den Angriff ab, musste aber mehrere Schritte nach hinten ausweichen, ohne dass ihm dabei eine Konterattacke gelang.

Der Lanista öffnete erstaunt den Mund. So etwas hatte er bei einem Tiro, wie man die Rekruten nannte, noch nicht gesehen.

Der Trainer schnaufte wütend und griff nun seinerseits den Sklaven an. Er fingierte einen Schlag, drehte sich um seine eigene Achse und versuchte, einen Treffer zu setzen. Doch der Sklave erkannte die Finte und wich aus. Der Ausbilder setzte nach. Die Männer kreuzten die Schwerter, sprangen auseinander, wieder zusammen, umkreisten einander und verkeilten sich, bis der Trainer dem Sklaven einen kräftigen Stoß mit dem Knie versetzte. Durch die Wucht des Trittes wurde der Sklave mehrere Fuß nach hinten geschleudert, wo er auf dem Rücken landete. Der Trainer sprang daraufhin mit der Geschmeidigkeit einer Katze nach vorn und hielt die Spitze seines Schwertes an die Kehle des Sklaven.

»Genug!«, rief Lentulus.

Gernicus ließ tief atmend von dem Sklaven ab und sah zu seinem Lanista auf. »Kein Tiro hat sich bisher auch nur halb so lang gegen mich behauptet wie dieser Sklave. Es ist jammerschade, dass er hingerichtet wird, Herr.«

Lentulus nickte und rieb sich zufrieden die Hände. Wie gut, dass er den Sklaven nicht an Erasmus verkauft hatte. »Bring ihn zu den Gladiatoren.«

»Ja, Herr.«

»Nein, warte noch!« Lentulus musterte eindringlich den Sklaven. Der hatte sich gegen Gernicus zwar gut gehalten und ein vielversprechendes Talent gezeigt, aber dennoch war er nicht wie ein ausgebildeter Gladiator vorgegangen. Warum, fragte er sich, interessierte sich Erasmus dennoch für ihn? Vielleicht ließ sich die Antwort ja bei dem Sklaven selbst finden, der inzwischen aufgestanden war. »Wie ist dein Name?«

»Verus.«

»Warst du mal Gladiator?«

»Nein, Herr.«

»Warst du Soldat?«

»Ich diente als Decurio in einer Auxiliarkavallerie in Moesia.«

Lentulus strich sich mit der Hand über den Ziegenbart. »Schade. Du würdest einen guten Eques abgeben. Aber Gladiatoren auf Pferden bilden wir hier nicht aus. Bist du Skythe?«

»Nein, Herr. Ich bin Thraker.«

»Ausgezeichnet, dann wirst du als Thraex kämpfen. Willkommen im Ludus des Castullus Lentulus.«

56

Nach der Rückkehr von dem Latifundium brachte Forus seine Schutzbefohlene in die Stadtvilla der Witwe Felix zurück. Es kam ihm entgegen, dass die Herrin seine Dienste an diesem Tag nicht mehr benötigte. Der Besuch auf dem Landgut hatte ihn in tiefes Nachdenken versetzt, weshalb er sich sofort in die öffentliche Badeanstalt begeben hatte. Er wusste, dass sich Erasmus gewöhnlich nachmittags dort aufhielt.

Im Bad angekommen, übergab Forus seine Kleider einem Badesklaven. Im Gegenzug bekam er Holzschuhe und ein Handtuch. Letzteres band er sich um die Hüfte. Forsch durchschritt er das von heißem Brodem eingehüllte Caldarium, das ihm den Schweiß aus den Poren trieb. Nach dem kühleren Tepidarium erreichte er die große Halle mit dem Kaltwasserbecken. Dort ging es zwar laut zu, es bot aber dafür eine angenehme Frische und lud auf den zahlreichen Liegen und kissenbestückten Marmorsesseln zum Verweilen ein.

Auf einer der Ruhebänke entdeckte er Erasmus. Er lag auf dem Bauch und unterhielt sich mit zwei Männern. Ein Sklave knetete ihm den speckigen Rücken. Forus überlegte einen Moment, ob er ihn stören sollte.

Das Gespräch schien nicht von ernster Natur zu sein, denn einer der Männer, ein untersetzter Glatzkopf mit einem Mondgesicht, der auf der Bank daneben saß, gestikulierte wild und schien etwas Lustiges zu erzählen. Neben ihm lachte eine hagere Gestalt, deren fliehende Stirn in eine spitze Nase überging. Unter dessen schütteren grauen Haaren schimmerte eine entzündete Kopfhaut durch, was ihm eine gewisse Ähnlichkeit mit einem gerupften Huhn verlieh.

Forus beschloss, näher an die Gruppe heranzutreten.

»Verzeih, Erasmus. Könnte ich dich kurz sprechen?«
»Du siehst doch, dass ich beschäftigt bin«, knurrte dieser ungehalten.
»Es ist sehr wichtig«, beharrte Forus.
»Wir wollten uns sowieso im Frigidarium erfrischen«, lenkte das Mondgesicht ein, warf Forus einen verächtlichen Blick zu und erhob sich. »Unsere Unterhaltung können wir später fortsetzen«, sagte er zu Erasmus und winkte dem gerupften Huhn zu. »Komm Octavius, das Becken ist gerade schön leer.«
Das Mondgesicht bewegte sich trotz seiner Dickleibigkeit auf erstaunlich vitale Weise, wobei er in den Füßen nachfederte. Das gerupfte Huhn stelzte ihm mit gebeugtem Rücken und dürren krummen Beinen hinterher. Die beiden Männer ließen am Beckenrand ihre Handtücher zu Boden fallen. Nackt und pustend stiegen sie die marmornen Stufen ins kalte Wasser hinab, von wo aus sie nicht hören konnten, was Forus und Erasmus miteinander besprachen.
Letzterer schickte mit einer unmissverständlichen Handbewegung den Sklaven weg.
»Wie oft muss ich dir noch sagen, dass Geschäftsleuten in Gegenwart von Gladiatoren leicht die Infamia droht«, zischte Erasmus zornig. »Du hast soeben einflussreiche Freunde vertrieben.«
»Verzeih, Erasmus«, erwiderte Forus geknickt.
»Was gibt es denn so Wichtiges?«
»Ich möchte von dir wissen, wie lange du den Sklaven Verus noch am Leben lässt?«, flüsterte Forus. »Wann wird er endlich sterben?«
»Ist das so dringend, dass du mich deshalb bei meinen Geschäften stören musst?«, antwortete Erasmus genervt.
»Solange der Sklave lebt, könnte er Priscus wiedererkennen«, drängte Forus nervös. »Das beunruhigt mich. Du weißt, dass ich für den Mord meines Sklaven hafte. Und außerdem wüsste man wohl gleich, wer der Mittäter ist. Es geht also auch um meinen Kopf. Und der ist mir verdammt wichtig.«

»Keine Sorge, Forus«, wiegelte Erasmus ab. »Er wird bald das Zeitliche segnen. Vertrau mir. Du hast nichts zu befürchten.«

»Wann wird das endlich geschehen?«

»Ich komme momentan nicht an ihn heran«, entgegnete Erasmus, während er sich aufrichtete. »Semprosius ist dümmer als Homers Margites. Er hat den Sklaven an Lentulus verkauft statt an mich. Ich wollte ihn Lentulus abhandeln, aber der Schwachkopf hat sich stur gestellt. Ich habe den Eindruck, dass er ihn zum Gladiator ausbilden will.« Er winkte ab. »Aber das soll uns nur recht sein. Wir werden seinen Sklaven herausfordern, und Priscus kann ihn dann in der Arena ganz legal erledigen. Sein baldiger Tod ist gewiss.«

»Diese Paarung muss aber erst einmal arrangiert werden«, warf Forus skeptisch ein.

»Zweifelst du an meinen Beziehungen?« Erasmus hob belustigt die Augenbrauen. »Du hast es immer noch nicht verstanden, Forus. Die Lanista bestimmen, wer in der Arena überlebt. Selten kommt es anders.«

»Aber der Sklave ist nicht so schutzlos, wie du annimmst.«

»Was willst du damit andeuten?«

»Du wirst es nicht glauben. Ich bin seit heute der Leibwächter der Frau des Quästors.«

»Schön für dich. Was hat das mit dem Sklaven zu tun?«

»Ich fürchte, mehr als uns lieb ist.«

»Sprich nicht in Rätseln!«

»Ich habe die edle Licinia heute auf das Latifundium des Helvidius bringen müssen. Dort hat sie sich nach Verus erkundigt. Sie sucht den Sklaven, um ihm die Freiheit zu schenken.«

»Warum sollte sie das tun?«

»Vielleicht aus dem gleichen Grund, warum der Sklave sterben soll?« Forus schaute Erasmus spitzfindig an.

»Du meinst, die Frau des Quästors und der Sklave …?« Erasmus öffnete erstaunt den Mund. Dann kicherte er in sich hinein.

Forus nickte. »Ich bin mir sicher.«

»Und wenn schon«, entgegnete Erasmus kühl. »Ihr Ehemann wird sie schon daran hindern.«

»Wie es ausschaut, hat sie ihn verlassen und erfreut sich der Hilfe einflussreicher Leute. Sie wohnt bei der Witwe Julia Felix und genießt die Fürsorge des Kaiserpriesters. Vibius sorgt persönlich für ihren Schutz und bezahlt mich.«

»Warum bei den Göttern beunruhigt dich das? Wenn sie es schafft, den verdammten Sklaven in Freiheit zu bringen, umso leichter ist es doch für uns, ihn zu töten. Dann hätten wir endlich Ruhe vor dem Quästor.«

»Da gibt es aber noch etwas anderes.«

»Was denn noch?« Erasmus verdrehte die Augen.

»Sie hat sich auch noch danach erkundigt, wie der Senator gestorben ist.«

Erasmus blickte Forus ungläubig an. »Wie du das sagst. – Glaubst du vielleicht, es steckt mehr dahinter als pure Neugier?«

»Genau das glaube ich.«

»Willst du damit etwa andeuten, dass sie Zweifel an der Selbstmordversion hat?« Erasmus verzog abwertend den Mund. »Aber Forus – das ist lächerlich.«

»So sieht es aber aus. Vielleicht will sie ihren Ehemann loswerden, damit sie mit dem Sklaven ...«

»... Forus!« Erasmus lachte laut auf. »Deine Fantasie spielt dir einen Streich. Wie kommst du darauf, dass sie glauben könnte, ihr Ehemann stecke hinter der Sache?«

»Weil sie weiß, dass wir es auf den Sklaven Verus abgesehen haben.«

»Aber das kann sie doch gar nicht wissen.«

»Offensichtlich weiß sie es aber. Aus den Worten der Verwalterin auf Helvidius' Gut, wohin ich sie heute gebracht habe, ging eindeutig hervor, dass sie kurz nach dem Überfall das Latifundium schon einmal besucht und dabei sogar mit dem Sklaven Verus gesprochen hat. Der muss doch gemerkt haben, dass wir es eigentlich auf ihn abgesehen hatten. Die Frau weiß anscheinend alles.«

Erasmus' Gesicht wurde plötzlich ernst. »Nicht alles. Von der Beteiligung ihres Ehemannes kann sie nichts wissen.« Erasmus schaute Forus unsicher an. »Oder doch?«

Forus schüttelte den Kopf. »Nein, aber sie scheint etwas zu ahnen. Warum sonst sollte sie auf eigene Faust nachforschen? Sie war sogar nach Rom gereist.«

»Bei den Göttern. Was wollte sie dort?«

»Ich weiß es nicht. Vibius erwähnte es nur kurz.«

»Es ist kaum zu glauben, was du sagst«, sinnierte Erasmus. »Doch wenn ich es recht bedenke, könnte es wahr sein.« Er kratzte sich mit der rechten Hand nachdenklich am Hinterkopf, während er wie abwesend auf den Mosaikboden des Bades schaute. Dann sah er Forus in die Augen. »Vielleicht kann sie uns auch nützen ...«

»... wohl uns eher ins Verderben stürzen.«

»Jammere nicht«, fauchte er Forus an. »Finde heraus, was sie vorhat! Vielleicht ergibt sich ja daraus für uns ein Vorteil. Ich hätte nichts dagegen, wenn sie den Quästor fertigmacht. Wir müssen nur aufpassen, dass wir dabei nicht selber draufgehen.«

»Das werde ich. Doch dazu muss ich ihr Vertrauen gewinnen. Ich werde ihr deshalb helfen, den Sklaven zu befreien.«

Erasmus brummte missmutig. »Sei vorsichtig. Wenn es der Quästor merkt, kann das sehr gefährlich werden.«

»Du bringst es auf den Punkt, Erasmus. Wir sollten stärker an unsere eigene Sicherheit denken. Mir gefällt nicht, dass dieser Semprosius noch lebt. Er könnte mich und Priscus an den Quästor verraten.«

»Aber er weiß ja nicht, dass der Quästor hinter dem Überfall steckt. So dumm ist er nicht, seine Beteiligung einem kaiserlichen Beamten anzuvertrauen.«

»Trotzdem, die Launen der Götter sind unergründlich. Er ist mit Ausnahme von Priscus der Einzige, der meine Beteiligung bezeugen kann. Auch wenn er nicht weiß, dass du auch in die Sache verwickelt bist, solltest du dich vor ihm nicht sicher fühlen. Bedenke, dein Kontaktmann hat ihn mit uns zusammengebracht.«

Erasmus schaute Forus ernst an. »Bei den Göttern, das hätte ich fast vergessen. Du hast recht. Die Launen der Götter sind unberechenbar. Dann wäre es das Beste, beide würden sterben, Semprosius und auch Priscus.«

Forus erschrak. »Nicht Priscus!«

57

Zwei Tage später meldete sich bei Tullius der Stadtpräfekt Placidus, um ihn darüber zu informieren, dass der Verwalter von Helvidius' ehemaligem Landgut ermordet worden sei. Spielende Kinder hätten Semprosius' Leiche in einem Holzverschlag nahe dem Hafen mit durchgeschnittener Gurgel gefunden. Da das Gut in kaiserlichen Besitz und damit in die Zuständigkeit von Tullius übergegangen war, fragte der Präfekt an, ob er eine Untersuchung wünsche. Aber Tullius verzichtete darauf, denn ihm kam die Ermordung des Verwalters nicht ungelegen. Aufgrund von Semprosius' Meineid, den er mit dem Posten des Gutsverwalters belohnt hatte, war Verus vor zwei Monaten zum Tode verurteilt worden. Semprosius hatte behauptet, Verus hätte den Räubern Einlass in das Landgut verschafft. Deshalb war Semprosius besser tot und vergessen, als dass er eines Tages in Gestalt eines belastenden Zeugen quicklebendig wieder auftauchte.

Und so geschah es, dass sein Leichnam von den Dienern des Magistrats in eine offene Grube außerhalb der Stadt geworfen wurde, wo er tagelang zwischen namenlosen Toten, Tierkadavern und Unrat liegen blieb, bis man seine von Ratten und Hunden angenagten Gebeine gnädig zuschüttete. Niemanden interessierte eine Strafverfolgung, niemanden kümmerte das Verbrechen. Im Gegenteil: Die Nachricht vom Tod des verhassten Verwalters versetzte die Sklaven auf dem Latifundium in Freudenstimmung. Attia opferte Minerva drei Tauben und dankte ihr für die vermeintliche Hilfe Licinias.

Wenn ihm Semprosius' Tod und damit die späte Gerechtigkeit der Götter zu Ohren gekommen wäre, hätte das Verus sicher gutgetan. Aber was außerhalb der Mauern des Ludus geschah, erfuhr er nicht. Er wurde wie alle Sklaven Tag und Nacht gefangen gehalten. Lediglich den Gladiatoren, die sich freiwillig verpflichtet hatten, den Auctorati, war es gestattet, die Kaserne zu verlassen, jenen Burschen also, die ein widerliches Selbstvertrauen besaßen und Freude am Töten empfanden. Selbstverschuldete Not, ungezügelte Geldgier oder verblendeter Geltungsdrang hatten sie in die Gladiatorenschule getrieben. Dafür gaben sie auf Jahre hin ihre Freiheit auf und nahmen die lebenslange Ächtung der Infamia in Kauf. Zum Leidwesen des Lanista waren sie es, die den Ludus in der Öffentlichkeit repräsentierten und so die negative Meinung über Gladiatoren maßgeblich prägten. Beim Volk waren sie außerhalb der Arena noch geringer angesehen als Schauspieler und Prostituierte.

Verus jedoch war noch tiefer in die Kloake menschlichen Daseins herabgesunken, tiefer als ein Sklave und tiefer als ein Gladiator, denn Verus war ein Damnatus. Als einziger Verurteilter war er der letzte Abschaum im Ludus. Bei der Essensausgabe ließen ihn die Aufseher wie einen Hund warten. Die Veteranen traktierten ihn mit Fußtritten, spuckten ihm ins Gesicht und beleidigten ihn unentwegt mit den übelsten Schimpfwörtern. Wenn die Gladiatoren nicht miteinander sprechen durften, was die meiste Zeit der Fall war, schlugen ihm verachtende Blicke und bestenfalls Gleichgültigkeit entgegen. Selbst die Sklavenrekruten, obwohl kaum bessergestellt als er selbst, verhielten sich ihm gegenüber nicht minder bösartig.

Vom ersten Tag an spürte Verus die Rivalität im Ludus, die sich in einer Verachtung und Demütigung der unteren Ränge ausdrückte. Am höchsten war Aron angesehen, ein germanischer Gladiator des dritten Pfahls. Der muskulöse, mit zahlreichen Narben übersäte Fleischberg trug seinen Status meist in stummer Würde zur Schau. Die Neuen, die Tirones, verhielten sich schüchtern. Sie wagten kaum ein Wort zu äußern. Die Gladiatoren feindeten sich in den unterschiedlichen Gruppen an; die Syrer hassten die Armenier, der Gallier und der Kelte verschworen sich gegen den Numider, die Veteranen traktierten die Tirones, die Auctorati die Sklaven, und alle zusammen waren sie gegen Verus. Dieser Zustand wurde vom Lanista bewusst in Kauf genommen und zuweilen angeheizt. Obwohl die Gladiatormeister es eigentlich vermieden, die eigenen Männer gegeneinander in einen Kampf auf Leben und Tod zu schicken, konnten sie es doch nur selten verhindern. Freundschaftliche Bande zwischen Gladiatoren, die sich eines Tages in der Arena gegenseitig abschlachten sollten, wären nur schädlich für das Geschäft.

Besonders ein Auctoratus namens Atticus, ein roher Tiro, hatte es auf Verus abgesehen. Er überragte diesen um einen Kopf und besaß schauerliche Armmuskeln, so dick wie bei anderen die Oberschenkel. Sein Kreuz war so breit, dass sein Kopf unnatürlich klein wirkte. Die wässrigen stahlgrauen Augen funkelten stets aggressiv. Selbst sein breites Lachen, das blendend weiße Zähne zum Vorschein brachte, die er sich jahrelang mit Bimsstein und Marmorstaub abgeschmirgelt haben musste, wirkte arrogant und herzlos. Einen Zopf der Veteranen würde er sich nie binden können, denn auf seinem Schädel glänzte eine spiegelglatte Glatze.

Verus verstand jedes seiner lateinischen Worte, denn Atticus war ein Römer, der als Legionär in Pannonia gedient hatte und unehrenhaft entlassen worden war. Von dort war er in die abgelegene Colonia Pola gekommen. Verus kannte solche gescheiterten Existenzen. Sie hatten nichts anderes gelernt als zu töten.

Atticus eckte bei jeder Gelegenheit mit Verus an, beleidigte ihn auf die gemeinste Art und schwor ihm leise, wenn der Trainer es nicht hören konnte, dass er den Sand der Arena mit seinem Blut tränken wolle.

Verus ließ dessen hasserfüllte Worte an sich abtropfen wie kaltes Wasser. Er konnte in seiner Ehre nicht noch tiefer verletzt werden, als es ohnehin schon der Fall war. Es war ihm einerlei, wie er den Tod fände. Nur schnell sollte er kommen. Er glaubte nicht mehr daran, Licinia jemals wiederzusehen und seine Freiheit zurückzugewinnen. Und damit hatte sein Leben jeden Sinn verloren.

Doch hielt ihn dieses Gefühl tiefer Resignation nicht lange gefangen, und obwohl ihn das Schicksal arg geschlagen hatte, gewann sein Lebensmut wieder die Oberhand zurück. Als er eines Abends einsam in seiner engen Zelle auf der wollenen Decke lag, die nur wenig die Härte der Steinpritsche linderte, erinnerte er sich an die Worte des Lanista, die dieser am ersten Tag an ihn gerichtet hatte. Er fragte sich, was Lentulus wohl damit gemeint haben könnte, als er sagte, er sei als Thraex in dessen Ludus willkommen. Könnte das bedeuten, dass er nicht schändlich hingerichtet werden würde, sondern eine Chance in einem fairen Gladiatorenkampf bekäme?

Versklavte Gladiatoren durften kaum auf Freiheit hoffen und starben gewöhnlich nach kurzer Zeit. Gelang es aber einem, viele Jahre zu überleben, verdiente er durch Kampfprämien ein Vermögen und bekam sogar die Chance, vom Kaiser in die Freiheit entlassen zu werden. Jeder Gladiator träumte davon. Wenn es auch nur den wenigsten glückte, so entfachte der Gedanke in Verus doch eine kleine Hoffnung. Eine Hoffnung, die mit jedem Tag, den er im Ludus verbrachte, wuchs und schließlich so groß wurde, dass sie seinen Ehrgeiz weckte.

Der Lanista erlaubte Verus, gemeinsam mit den anderen Tirones zu trainieren. Die Arbeit am Pfahl war ihm von früher her vertraut und unterschied sich kaum von der bei den Auxiliaren. Bei der Ausbildung Mann gegen Mann nützte ihm seine jahrelange Routine. Er führte die Übungen geschickt und diszipliniert aus, was ihn vor Schlägen bewahrte. Atticus hingegen musste sie umso mehr erdulden. Sein mangelnder Respekt vor dem Trainer und sein starrsinniger Widerstand brachten ihm zusätzliche Prügel ein. Die Demütigungen durch den Stock machten sich an zahlreichen roten und blauen Flecken auf seiner Haut bemerkbar. Je schlechter es ihm erging, desto grimmiger wurden seine Blicke, die er dem besser behandelten Verus zuwarf. Mit einem Verurteilten auf die gleiche Stufe gestellt zu werden, hatte Atticus' Ehrgefühl ohnehin schon tief verletzt. Noch unter ihn zu sinken, steigerte seine Wut ins Unermessliche.

Die Schläge, die Atticus einsteckte, gaben Verus manchmal das Gefühl, er wäre bereits ein wenig aufgestiegen, auch wenn die Verachtung der anderen ihn daran erinnerte, dass er nach wie vor ein Damnatus war. Als ihm aber der Trainer eines Tages während einer Übung erhöhte Aufmerksamkeit schenkte, zerstreuten sich seine Zweifel. Seine Zuversicht wuchs mit jedem Tag, als Gladiator weiterleben zu dürfen. Je mehr sich diese Überzeugung verfestigte, desto motivierter führte er die Übungen durch.

Zwei Monate nach seiner Ankunft im Ludus sollten sich die Schicksale der Tirones entscheiden. Sie mussten eine Prüfung bestehen, ehe sie in die Familia der Gladiatoren aufgenommen werden würden. Und wie es schien, sollte auch Verus seine Chance bekommen.

Zusammen mit den anderen Prüflingen wartete er in einem durch ein Eisengitter abgetrennten Bereich darauf, aufgerufen zu werden. Durch die Gitterstäbe hindurch konnte Verus in die Übungsarena blicken, wo in Mannshöhe ein schmales Podest aufgebaut worden war. Dieses ähnelte einer Brücke, nur dass es lediglich von einer Seite über eine Treppe betreten werden konnte. Am gegenüberliegenden Ende erwartete ein Murmillo den Prüfling. Der kräftige Veteran hielt ein hölzernes Kurzschwert in der Hand. Seinen Kopf schützte ein Helm mit einer großen Krempe und breiten Visiergittern, und um sein linkes Schienbein trug er eine Stahlschiene. Das viereckige Schild, das gewöhnlich zur Ausrüstung eines Murmillo gehörte, hatte er nicht dabei. Dafür war außer dem rechten Arm zusätzlich auch sein linker mit mehreren Schichten aus Stoff- und Lederbandagen umwickelt.

Der Prüfling erhielt ebenfalls ein hölzernes Kurzschwert. Bandagierte Arme boten den einzigen Schutz. Der Kampf erforderte hohe Geschicklichkeit und Körperbeherrschung. Beim kleinsten Fehler würde der Besiegte schmerzhaft auf dem nur mit dünnem Stroh ausgelegten Boden landen, das den Sturz vom Podest nur wenig abmildern würde.

Doch mehr als die Schmerzen fürchteten die Sklaven das grausame Los, das diejenigen erwartete, die der Murmillo herabstoßen würde. Jeder Sklave wusste, dass ihn dann der baldige Tod in den illyrischen Minen drohte. Nur den Auctorati bliebe dieses Schicksal erspart. Sie müssten lediglich aus dem Ludus ausziehen und neben dem Gespött die Demütigung der Infamia ertragen, soweit ihr Ansehen nicht schon vorher ruiniert gewesen war. Verus atmete aufgeregt. Sollte er vom Podest fallen, wären die Konsequenzen für ihn noch härter, würde er doch in der Arena zur Belustigung des Volkes grausam hingerichtet werden.

Als Erster erklomm einer der Syrer die Bretter. Er hielt sich kaum länger als drei Atemzüge. Der Murmillo wehrte dessen Schläge mühelos ab und stieß ihn mit der linken Faust in die Tiefe, wo ihn zwei Wachleute ergriffen und fortschleppten. Man würde ihn nie wieder im Ludus sehen. Der Lanista, der das Geschehen vom Balkon aus verfolgte, rief einen nach dem anderen auf. Schreie der Freude und Schmerzen wechselten sich einander ab.

Verus war froh, dass er nicht so früh an die Reihe kam. Dadurch blieb ihm Zeit, den Kampfstil des Murmillo genau zu studieren. Nach dem dritten Kämpfer verstand er dessen Taktik. Der Murmillo versuchte, seine Gegner immer mit der linken Faust vom Podest zu stoßen. Also musste Verus auf seine rechte Flanke achten. Sollte der Murmillo zuschlagen, müsste er in den Schlag hineintreten, sodass sein Gegner nicht die nötige Kraft entfalten könnte.

Nur wenige Tirones bestanden gegen den Veteranen, der, ohne zu wanken, sicher auf dem Podest stand und die Angriffe abwehrte. Die meisten dieser unglücklichen Seelen warf er mit einer geschickten Finte herunter. Wer sich so lange auf den Beinen hielt, bis Lentulus mit einem Knüppel auf die hölzerne Balkonbrüstung klopfte, hatte die Prüfung bestanden. Nur einem gelang es, den Veteranen selbst herunterzustoßen, und das war ausgerechnet Atticus, der seinen Triumph offen zur Schau stellte und Verus einen verächtlichen Blick zuwarf.

Am Schluss winkte der Veteran Verus zu sich herauf. Nervöse Freude ergriff diesen, als er von den Wachen durch die Gittertür geleitet wurde. Doch während er die Holzstufen zum Podest aufstieg, hörte er plötzlich Lentulus rufen:»... diesen Sklaven nicht!«

Verus verfiel in Schockstarre. War das sein Todesurteil? Wie in Trance nahm er wahr, dass ihn die Wachmänner in seine einsame Zelle zurückführten. Die Enttäuschung lastete schwer auf ihm. Er schalt sich einen Dummkopf. Wie hatte er nur glauben können, dass ihm die Hinrichtung erspart bliebe? Er dachte an Licinia, und er dankte demütig den Göttern für ihre Güte und dafür, dass sie ihn mit seiner Liebsten noch einmal im Garten auf Helvidius' Landgut zusammengeführt hatten, wo sie wenige Augenblicke lang von gemeinsamer Freiheit und Glück hatten träumen können.

Am nächsten Tag wurden die Tirones, welche die Prüfung erfolgreich bestanden hatten, in die Familia des Ludus aufgenommen. Nur vier der zwölf Kandidaten hatten es geschafft.

Zunächst mussten sie den Gladiatoreneid ableisten. Dazu stellten sich alle Veteranen vor den Kandidaten auf dem Übungsplatz in einer Ehrenformation auf, dann trat der Trainer Gernicus vor sie hin und sprach ihnen den Schwur vor, welchen die Tirones lautstark unisono wiederholten:»Wir schwören Castullus Lentulus ewigen Gehorsam – wir lassen uns brennen, in Ketten legen, mit dem Stock schlagen und mit dem Eisen töten, alles geben wir für die Ehre seines Ludus hin, unseren Körper und unsere Seelen.« Verus hörte die Worte. Sie drangen über eine Lichtöffnung in der Decke bis zu ihm hinunter in die Zelle.

Die Stimmen waren kaum verklungen, da holten ihn zwei Wachleute ab. Als sie ihn am Übungsplatz vorbeiführten, sah er die Tirones an einem Kohlefeuer anstehen. Ein Sklave brannte gerade einem von ihnen auf die Innenseite seines Unterarmes mit einem glühenden Eisen ein kleines »L« ein. Dieses stand für Lentulus. Nach einem kurzen Aufschrei veränderte sich die

Miene des Tiros in einen Ausdruck des Stolzes. Er gehörte von nun an zur Familia gladiatoria, und die Veteranen würden ihn zukünftig mit »Bruder« ansprechen.

Wie gern hätte Verus den Schmerz des Brenneisens ertragen.

Zu seiner Überraschung führten ihn die Wachleute in die Schreibstube des Lanista, der dort an einem Tisch saß. Als sie eintraten, erhob sich Lentulus von seinem Stuhl, kam auf Verus zu und blieb drei Schritte vor ihm stehen.

»Du gibst mir Rätsel auf, Thraker«, begann er. »Ich habe gesehen, dass du stark bist, dich schnell und ausdauernd bewegst und gut kämpfen kannst. Deshalb wollte ich dich eigentlich zum Gladiator ausbilden ...«

Eigentlich? Verus schaute den Lanista halb fragend, halb entsetzt an. Warum hatte dieser seine Meinung geändert?

»Der Duumvir ist bedauerlicherweise dagegen«, kam prompt die Antwort. »Er besteht auf einer schärferen Hinrichtung.« Lentulus lief nervös in seiner Schreibstube hin und her. »Er hat meine Urteilsauslegung bislang nie korrigiert. Wieso jetzt?«, sinnierte er laut. »Das ist auffällig. Höchst auffällig – wäre aber noch nicht bemerkenswert, gäbe es da nicht Weiteres.«

Verus begriff nicht, worauf der Lanista hinauswollte.

»Eines ist mir schleierhaft«, fuhr Lentulus kopfschüttelnd fort. »Mir ist nie zu Ohren gekommen, dass ein Lanista einem anderen einen zum Tode verurteilten Sklaven abkaufen wollte – und doch war das bei dir der Fall!« Er wandte sich kurz nach Verus um und sagte mit erhobenem Zeigefinger: »Und DAS ist in der Tat bemerkenswert. SEHR bemerkenswert sogar.«

Er blieb stehen und schaute Verus fragend an. »Völlig ungewöhnlich ist aber das Interesse des Kaiserpriesters Vibius an dir, der sich wiederum für die Schonung deines Lebens eingesetzt hat.«

Lentulus hatte seinen Blick fest auf Verus geheftet.

»Wer bist du? Erklär mir das!«

Verus war nicht imstande zu antworten. Er bekam kein Wort heraus. Kurz dachte er an Licinia. Sollte sie ...? Nein. Unmöglich.

Für all das, was Lentulus vorbrachte, hatte auch er keine Erklärung.

»Woher kennt dich der Kaiserpriester?«, unterbrach Lentulus das Schweigen.

»Ich weiß es nicht, Herr. Ich kenne keinen Priester dieses Namens.«

»Sagt dir der Name Gnaeus Erasmus etwas?«

»Nein, Herr. Auch diesen Namen habe ich nie zuvor gehört.«

»Aber den Duumvir wirst du doch kennen?«, donnerte ihn Lentulus genervt an.

»Ja, Herr. Er hat mich verurteilt.«

»Bist du schuldig?«

»Unschuldig verurteilt aufgrund eines Meineids.«

»Was hat man dir vorgeworfen?«

»Die Mitschuld am Tod des Senators Helvidius. Ich soll seinen Mördern geholfen haben. Aber das ist nicht wahr.«

»Seinen Mördern? Wie kommst du darauf, dass er ermordet wurde?«

»Ich war dabei.«

»Hmm ...«, Lentulus lief erneut nachdenklich auf und ab. »Lügst du auch nicht?«

»Warum sollte ich lügen, Herr? Das bringt mir keinen Vorteil.«

»Das stimmt. Offiziell heißt es, der Senator habe sich selbst getötet. Aber es wird gemunkelt, dass er ermordet wurde – das ist höchst interessant.« Lentulus lief schneller hin und her. Dann drehte er sich abrupt um. »Wer hat gegen dich falsches Zeugnis abgelegt?«

»Ein Mann namens Semprosius, Herr. Er ist jetzt Verwalter auf dem Landgut.«

»Ist er nicht mehr. Er ist tot – ermordet«, widersprach Lentulus. »Das ist alles höchst merkwürdig«, murmelte er in seinen Bart.

Verus fand das ganz und gar nicht merkwürdig. Für ihn war es nachvollziehbar, dass Tullius ein großes Interesse an der Beseitigung Semprosius' hatte. Allmählich begann es ihm zu dämmern. »Erlaubst du eine Frage, Herr?«

»Frag!«

»Dieser Erasmus, den du erwähnt hast, ist das derjenige, der mich kaufen wollte?«

»Ja. Warum fragst du? Kennst du ihn doch?«

»Nein, aber der Mörder des Senators war ein Gladiator. Er trug diesen typischen Haarschwanz.«

»Du hast den Mörder gesehen?«

»Ja.«

Lentulus knallte die rechte Faust in seine linke hohle Hand. »Jetzt begreife ich. Erasmus! Dieser elende Hund. Er hat den Senator ermorden lassen«, rief er begeistert. »Jetzt hab' ich ihn am Arsch. Wie hat er es nur geschafft, den Duumvir zu bestechen?«

Verus leuchtete es allmählich ein, warum Erasmus ihn hatte herauskaufen wollen. Der Gladiator, der den Senator ermordet hatte, musste aus seinem Ludus stammen. Das würde das ungewöhnliche Kaufinteresse des Lanista erklären. Er hätte dann in den Mauern seiner Gladiatorenschule Tullius' Mordauftrag zu Ende führen können und damit nachgeholt, was ihm bei dem Überfall auf das Latifundium nicht gelungen war. Und nebenbei hätte er auch noch einen gefährlichen Zeugen beseitigt. Jetzt hegte er keinen Zweifel mehr. Erasmus musste in Tullius' Auftrag gehandelt haben.

»Ich sehe dir an, du denkst das Gleiche wie ich«, orakelte Lentulus. »Hör zu! Ich glaube an deine Unschuld. Wenn du mir hilfst, Erasmus fertigzumachen, tue ich alles, um deine Hinrichtung zu verhindern. Wirst du mir behilflich sein?«

»Ja, Herr.« Das Versprechen fiel Verus nicht schwer, denn auch er hatte ein Interesse an der Aufklärung und sah in Lentulus plötzlich einen unerwarteten Unterstützer.

»Ich brauche dich. Doch ich kann die Hinrichtung nicht verhindern, ohne das Urteil des Duumvirs zu übergehen.« Er biss sich auf die Lippe. Dann blickte er plötzlich mit weiten Augen auf. Die Götter hatten anscheinend seinen Geist erleuchtet.

»Hör gut zu«, redete er eindringlich auf Verus ein. »In acht Tagen finden die Plebejischen Spiele statt. Dort wirst du gegen Atticus auf Leben und Tod kämpfen. Die Paarung wird als Hinrichtung verkündet werden. Atticus wird schwerbewaffnet als Murmillo antreten und du nur mit einem Schwert, ohne Helm, ohne Schild und ohne Bandagen. Es wird so aussehen, als hättest du keine Chance. Niemand wird deshalb Zweifel daran haben, dass es um eine Hinrichtung geht. Aber ich sorge dafür, dass du eine reale Chance bekommst, den Kampf zu gewinnen.«

Verus verstand nicht.

Lentulus packte ihn aufmunternd an den Schultern. »Du wirst das Publikum überraschen. Ich befehle dir zu siegen. Gernicus wird dich morgen unterweisen. Bist du bereit dazu?«

Ich werde sterben, dachte Verus. Gegen den Riesen Atticus hätte er schon mit vollständiger Ausrüstung kaum eine Chance. Wie sollte er ihn dann niederstrecken, nur mit einem Schwert bewaffnet und nackt, lediglich mit einem Lendenschurz bekleidet, während Atticus Schild, Helm und stählernen Schutz tragen würde?

Lentulus hatte seine Resignation bemerkt. »Hab Vertrauen«, sprach er aufmunternd. »Ich werde dir helfen. Wenn du Atticus besiegst, wirst du in die Familia aufgenommen, und ich versichere dir, du wirst dort mit Respekt empfangen werden. Du bist dann nämlich kein Tiro mehr. Hast du verstanden?«

»Ja, Herr.«

»Es wird nicht dein Nachteil sein, wenn du für mich einen Sieg davonträgst.«

»Ja, Herr.«

»Siege und werde ein Gladiator!«

Am nächsten Morgen kamen Wachleute und ketteten Verus auf einem Karren an. Sie fuhren mit ihm durch die Stadt und brachten ihn ins große Amphitheater. Als Verus in der menschenleeren Arena stand, kam er sich verloren vor. Die Anlage war vollständig aus Stein erbaut. Auf den Rängen fänden

Abertausende Zuschauer Platz. Warum hatte man ihn hierhergebracht?

Aus einem dunklen Tunnelgang sah er Gernicus auf sich zukommen. Der Trainer war mit einer grauen Tunika bekleidet, wie er sie auch sonst bei den Übungen trug. Wie immer machte er ein sehr ernstes Gesicht. Und wie immer kam er gleich zur Sache.

»Ich werde dich hier auf den Kampf gegen Atticus vorbereiten«, begann er ruhig. »Achte auf meine Worte. Einfach wird es nicht werden. Aber wenn du meine Hinweise beachtest und intensiv arbeitest, hast du eine reale Überlebenschance. Bist du bereit?«

Verus nickte. Er hatte keine andere Wahl.

»Ich will es hören!«, schrie ihn Gernicus an. »Nur wenn du den Ehrgeiz hast, das Unmögliche zu schaffen, kannst du es auch erreichen. Also sag mir gefälligst klar und deutlich, ob du bereit bist!«

»Ja, Herr«, schrie Verus aus vollem Halse. »Ich bin bereit.«

»Gut.« Gernicus nickte zufrieden. »Dann beginnen wir.« Den Wachen rief er zu: »Nehmt ihm die Ketten ab!«

Die Eisen fielen in den Sand.

»Ich werde dafür sorgen, dass du den Kampf gegen den Scheißkerl gewinnst. Wundere dich nicht über den seltsamen Ort. Hier wird Atticus nicht mitbekommen, wie ich dich vorbereite, und anders als er wirst du ein Gefühl für die Arena bekommen. Der Sand hier ist tiefer als in der Kaserne. Man braucht mehr Kraft beim Laufen, und der Stand ist schwerer. Du musst lernen, dich sicher darauf zu bewegen. Sonst wirst du sterben.«

Gernicus machte eine Pause und ließ seine Worte wirken. Verus nickte verzagt. »Ja, Herr. Das werde ich«, fügte er noch schnell hinzu.

»Atticus hasst dich. Er fühlt sich dir überlegen, ist unerfahren und wird nicht clever kämpfen. Das wirst du ausnutzen. Atticus glaubt, nur Kraft führt zum Sieg. Aber er unterschätzt deine

Schnelligkeit und Ausdauer. Je länger der Kampf anhält, desto schwächer wird er werden. Der große Schild wird mit der Zeit seinen Arm erlahmen, und er wird unter Atemnot leiden und ...«
Gernicus stockte.

Unter Atemnot? Verus verstand nicht.

»Es hat keinen Zweck, dir etwas vorzumachen«, fuhr Gernicus fort. »Wir werden ihm einen schweren Secutorhelm aufsetzen, der sein Gesicht vollständig umschließt. Die beiden kreisrunden Visiergitter sind so eng, dass sie seine Sicht stark einschränken. Wenn du dich schnell bewegst und immer wieder aus seinem Sichtfeld rennst, wird er Schwierigkeiten mit der Orientierung bekommen. Außerdem wird ihm die Luft knapp werden. Der Helm ist deshalb eigentlich ausgemustert worden, was Atticus aber nicht weiß. Halte ihn ständig in Bewegung. Die Zuschauer werden den Trick mit dem Helm nicht bemerken. Er ist außerdem so präpariert worden, dass er ihn ohne Hilfe nicht abnehmen kann. Wir werden ihm noch eine Panzerplatte um den Bauch binden und ihn mit zusätzlichen Beinschienen aus Stahl ausstatten. Der Dummkopf wird denken, dass diese zusätzliche Panzerung sein Vorteil ist. Aber mit der Zeit wird er merken, welch ordentliches Gewicht er zu schleppen hat. Du musst ihn also nur ausreichend beschäftigen. Irgendwann wird ihm der Atem ausgehen, und er wird so schwach werden, dass er stolpert. Dann tötest du ihn.«

Diese perfide Strategie überraschte Verus und ließ etwas Hoffnung in ihm aufkeimen.

»Niemand darf davon erfahren«, schärfte Gernicus ihm ein. »Niemand! Hast du verstanden?«

»Ja, Herr.«

»Und hüte dich davor, selbst zu stürzen. Sein Schild hat eine Stahlkante, mit dem er dir die Knochen brechen wird, um dich danach mit dem Schwert zu massakrieren.«

Verus nickte. »Ich werde nicht stürzen, Herr.«

»Und noch etwas. Weiche ihm nur aus! Versuche nie davonzurennen! – Das darfst du auf keinen Fall. Sonst peitschen dich die Arenadiener in Atticus' Reichweite zurück. Und gegen deren Peitsche wirst du nicht bestehen können. Dann bist du verloren. Deshalb musst du immer mutig kämpfen, ihn angreifen und nicht nachlassen. Nur so wirst du das Publikum gewinnen. Die Leute erwarten von Atticus, dass er sie mit einem Blutbad unterhält, aber noch mehr lieben sie Überraschungen. Das ist deine Chance. Jubelt dir das Volk zu, bist du vor der Hinrichtung geschützt. Hast du alles verstanden?«

»Ja, Herr.«

»Gut. Dann beginnen wir mit der ersten Übung. Du wirst jetzt schnell laufen, und wenn ich in die Hände klatsche, weichst du blitzschnell zur Seite aus. – Fertig? Los!«

Verus rannte. Der Sand gab unter seinen Sohlen nach und ließ einen Teil seiner Kraft verpuffen.

Gernicus klatschte.

Verus wechselte die Richtung. Er verlor den Halt unter den Füßen. Und stürzte.

58

In der Nacht vor den Plebejischen Spielen schlief Verus unruhig. Sein Seelenzustand ähnelte dem von damals, als er in der Infanterie der Auxiliare das erste Mal in die Schlacht ziehen musste. An vorderster Front sollten sie damals den Sarmaten standhalten. Weit vor der Linie der Legionäre waren sie dann der vollen Angriffswucht der Barbaren ausgeliefert gewesen. Die Überlebenschance war nicht hoch gewesen. Damals und später bei der Reiterei hatte er jedoch immer im Verband gekämpft. Aber heute, in der Arena, würde er auf sich allein gestellt sein. Das machte ihm Angst. Jeder Fehler wäre fatal, niemand stünde ihm helfend zur Seite. Im Gegenteil. Das aufgeputschte Publikum würde er gegen sich haben. Rom, das sonst hinter ihm gestanden und für das er stets sein Leben eingesetzt hatte, wollte ihn niederwerfen. Er vergrub das Gesicht in beide Hände. »Oh ihr Götter, steht mir bei.«

Er wägte seine Chancen ab. Jeden Abend nach dem Training hatte man ihn in einen abgeschotteten Bereich des Ludus zurückgebracht. Zu den Gladiatoren hatte er keinen Kontakt. Permanent taten ihm alle Knochen weh. Noch nie in seinem Leben hatte er ein so anstrengendes Training absolviert. Und trotzdem ernüchterten ihn die Ergebnisse.

Das Laufen im Sand hatte mit jedem Schritt erschreckend viel Kraft geraubt. Seine Zweifel, Atticus überwinden zu können, hielten sich hartnäckig. Mit seinem Schwert würde er nur eine Waffe seines Gegners abwehren können: entweder das Schwert oder den Schild. Also blieben ihm nur flinke Ausweichbewegungen. Doch wie sollte er die Schläge und Stiche Atticus' umgehen, wenn er ständig wegrutschte? Er war schließlich keine Eidechse, die leicht über den Sand hinweghuschen konnte.

Mehr Glück hatte er bei der Einhaltung der Distanz. Das hatte er schon als Soldat gelernt. Gernicus lobte ihn dafür. Er war den Stichen sicher ausgewichen, aber dennoch nur so weit zurückgetreten, dass er sofort wieder angreifen konnte. Das würde ihn vor den Peitschen schützen.

Am wichtigsten war aber das Tänzeln. Er sollte ständig in Bewegung bleiben. Das schwere Schild, das in der Formation bei den Legionären unüberwindlich war, würde Atticus im offenen Zweikampf mit einem schnellen, beweglichen Gegner Kraft kosten. Das ständige Suchen durch die kleinen Visierlöcher sollte ihn mit der Zeit zermürben. Denn ehe er ihn fixiert hätte, würde er schon wieder woandershin gelaufen sein.

Gernicus hatte während des Trainings Atticus' Rolle als Murmillo übernommen. Und Verus hatte ihn nicht ein einziges Mal besiegen können. Hatte er dessen Schwert erfolgreich abgewehrt, warf ihn Gernicus mit dem Schild zu Boden. Doch Gernicus war gegenüber Atticus im Vorteil gewesen. Er hatte nicht den Helm getragen, der ihm die Luft nahm. Und er war ungleich erfahrener als Atticus, der nie als Murmillo gekämpft hatte. Das ermutigte Verus ein wenig. Er durfte Atticus keine Pause gönnen. Nur so würde er ihn rechtzeitig in die Atemnot treiben, bevor ihn selbst die Kräfte verließen.

Doch dazu war Ausdauer nötig, große Ausdauer. Gernicus hatte ihn deshalb erbarmungslos durch die Arena gehetzt, bis ihm die Lungen wehgetan und Krämpfe seine Waden verhärtet hatten.

Linderung hatte ihm der allabendliche Besuch in Lentulus' Privatbad verschafft, wo das warme Wasser seine Muskeln entspannte und Sklaven sie wieder geschmeidig massierten. Heimlich war er dazu ins Herrenhaus gebracht worden. Wie groß musste Lentulus' Hass auf Erasmus sein, dachte Verus, dass er keine Kosten scheute und überdies einen Sklaven in seiner Privatsphäre duldete.

Von Gernicus hatte Verus am Vorabend erfahren, dass der Kampf gegen Atticus in der Mittagsstunde stattfinden sollte.

Wachleute weckten ihn vor Sonnenaufgang und brachten ihn in den düsteren Speisesaal. Beim Frühstück sah er zum ersten Mal seit Beginn seines Spezialtrainings die Gladiatoren wieder. Es herrschte eine gedrückte Stimmung. Zwei weitere Paare des Ludus erwartete ebenfalls ein Kampf auf Leben und Tod. Nur Atticus grinste und deutete Verus siegesgewiss mit der Handkante einen Schlag gegen seinen Hals an.

Bevor die Gladiatoren zur Arena aufbrachen, traten sie auf dem Übungsplatz in der Kaserne an. Verus, der von ihnen ausgeschlossen wurde, beobachtete sie von außerhalb. Auf dem Balkon richtete der Lanista nun feierliche Worte an sie.

»Gladiatoren! Einige werden heute ihre erste Bewährung bestehen, um den Eid gegenüber der Familia zu erfüllen. Zum Lohn steigt jeder Sieger zu einem Veteranen des sechsten Pfahls empor, erhält eine Prämie und für die Nacht ein Weib.«

Die Veteranen brüllten lachend auf.

»Seid ohne Furcht. Aufrecht und unbesiegbar müsst ihr sterben. Was macht es schon für einen Unterschied, wenn ihr ein paar Tage oder Jahre mehr herausschindet? Wir alle sind in eine Welt geboren, in der es keine Gnade gibt. Auf Milde oder Mitleid dürft ihr nicht hoffen, ebenso wenig auf die Götter, die ihr anruft, denn sie sind grausam. Alle Opfer an Nemesis, Victoria, Mars oder Diana sind vergebens, wenn ihr sie nicht durch Mut und Können beeindruckt. Nur ihr allein könnt euer Schicksal bestimmen.

Ihr müsst wissen: Wenn ihr mutig kämpft und siegt, dann zeigt ihr den Römern etwas, das die meisten von ihnen nicht besitzen: Tapferkeit und Siegeswillen. Aber die höchste Tugend, weswegen man euch feiern wird, ist eure Todesverachtung. Aus diesem Grund identifizieren sich die Römer mit euch. Diese Tugend ist ihnen so heilig, dass sie euch nicht nur das Leben, sondern obendrein Reichtum und manchem von euch sogar die Freiheit schenken.

Die Römer wollen nicht, dass ihre Helden sterben, denn mit ihnen gehen auch ihre Ideale zugrunde. Seid gewiss: Je öfter ihr siegt, desto mehr werden sie euch lieben, desto mehr werdet ihr zu einem Teil von ihnen selbst und werden sie euch schützen wie ihren eigenen Leib. Deshalb verzeihen sie sogar eine Niederlage, denn sie wollen nicht, dass Roms edelste Tugenden untergehen. Doch wehe, ihr enttäuscht sie. Wenn euch Victoria verlässt, wenden sie sich von euch ab. Die Römer mögen keine Verlierer. Sie lieben nur die Sieger.

Wer in der Arena immer tapfer gekämpft hat und trotzdem besiegt wird, verliert nur sein Leben. Doch er stirbt nicht. Die Familia wird ihn in Würde bestatten. Seine Ehre, sein Ansehen und die Erinnerung an ihn werden ewig fortleben. Denn der Mensch lebt so lange weiter, wie man sich seiner erinnert, und eure Vorfahren werden euch im Jenseits dafür achten.

Seid ihr aber feige, verliert ihr alles: eure Ehre und euer Ansehen. Es wird nichts von euch übrigbleiben außer verfaultem Fleisch für die Ratten. Schmählich im Kampf geschlagen zu werden, ist unwürdig. Rom hat die Macht über die Welt durch Todesverachtung und Stärke errungen. Das ist das Wichtigste, was zählt. Nur deshalb gibt es diesen Ludus. Nur deshalb dürft ihr für Rom kämpfen. Nur deshalb jubeln euch die Massen zu. Habt das vor Augen, wenn ihr kämpft.«

Die Zeit in den Katakomben der Arena von Pola kroch dahin. In der kleinen muffigen und nach Schweiß stinkenden Zelle wartete Verus auf seinen Auftritt. Über sich hörte er die Zuschauer schreien. Sie klatschten, pfiffen oder lachten laut auf.

Wie lange würde er noch leben dürfen? Wie weit war das Programm schon fortgeschritten? Er versuchte, es aus den Wortfetzen der Arenasprecher herauszuhören. Die Pompa war bereits beendet, denn die Gladiatoren und die zur Hinrichtung bestimmten Sklaven kehrten zurück. Die Todgeweihten liefen schweigend an der Gittertür seiner Zelle vorüber. Ihre Ketten schleiften klirrend über die Erde.

Verus erinnerte sich an eine Pompa, zu der ihn Colponius einmal mitgenommen hatte. Die Zuschauer hatten damals die

Todgeweihten mit verdorrtem Gemüse und faulem Unrat beworfen. Diese Schmähung ersparten ihm die Götter heute.

Er stellte sich vor, wie unter Orgelklängen der Duumvir Cassius Longinus, von drei Liktoren begleitet, in die Arena einzog. Dieser Mann, der das Werkzeug seines Todfeindes Tullius war, der ihn unschuldig zum Tode verurteilt hatte und der ihn in der Arena sterben sehen wollte. Sollte der Duumvir doch den Triumph genießen, während er, angeführt von den Priestern für den Opferkult und umgeben von Palmzweigträgern, einmarschierte. Sollte er doch vor Glück strahlen und den begeisterten Zuschauern zuwinken und sich von den Magistraten der Stadt feiern lassen. Sollte er doch die Schiedsrichter und Gladiatoren präsentieren, die ihm hinterhermarschierten, und die Arenadiener, auf deren Tragen die tödlichen Waffen lagen. Und sollte er sich ergötzen an den Todgeweihten, die man in Ketten durch die Arena peitschte. Doch er, der Sklave Verus, würde ihm den Triumph noch verderben und sich dem ihm vorbestimmten Tod widersetzen. Er würde seine Angst besiegen und alles geben. In wilder Entschlossenheit brüllte Verus auf und rüttelte am Gitter, sodass sich die Wachen nach ihm umdrehten. Doch schon im nächsten Moment sah er sie wieder ruhig an.

Unentwegt starrte Verus durch die Gittertür in den Aufgang zur Arena hinein. Tänzerinnen huschten lachend vorbei, Jongleure brachten Bälle und Keulen fort, Musiker trugen Tamburine, Zimbeln und Flöten in ihren Händen, Mimen nahmen ihre Masken ab und beklatschten sich gegenseitig begeistert. Sie hatten die Zuschauer mit ihrer Kunst unterhalten, um sie in freudige Stimmung zu versetzen. Die Spannung stieg. Verus hörte schon die ersten ungeduldigen Rufe nach Blut. Auch seines wollten sie fließen sehen. Es konnte nicht mehr lange dauern. Seine Entschlossenheit wankte kurz. Aber dann rief er sich zu: Nein! Er wollte nicht sterben, nicht auf so erniedrigende, kunstfertig zelebrierte Weise.

Verus erinnerte sich an den Tag, als er vom oberen Rang der Sklaven und Frauen in die Arena herabgeschaut hatte. Die krude

Begeisterung für das Sterben hatte ihn schon damals angewidert. Auf dem Schlachtfeld galt die Freude über den Tod der Feinde dem eigenen Überleben. Doch hier, in den Mauern der Arena, war das Geschrei aus einem geschützten Raum heraus nur Ausdruck feiger Dekadenz. Denn die Möglichkeit, über das Leben anderer zu richten, ohne für deren Niederwerfung ein eigenes Risiko zu tragen, war keine Tugend, sondern dümmliche Selbsttäuschung, die die Zuschauer glauben machen sollte, sie hätten die Macht, über Leben und Tod zu entscheiden. Aber es war nicht die eigene Macht, die sie ausübten. Sie waren nur gefällige Mitspieler, die wählen durften aus dem, was ihnen die wahren Machthaber aus Eigennutz präsentierten. Und dennoch würde Verus nur überleben können, wenn er diese verrohten Wahnbilder nährte, wenn er sie steigerte und zu seinem eigenen Vorteil nutzte. Genauso wie es der Editor tat, weil er damit die Sympathie eines einfältigen Volkes kaufte.

Dieses Mal, nahm er sich vor, sollte es anders kommen. Selbst als Damnatus hatte er eine Chance. Es war ihm möglich, sich gegen das Urteil des Duumvirs zu stemmen. Allerdings auch nur deshalb, weil mächtige Leute es so wollten: der Kaiserpriester, dessen Motiv für ihn im Dunkeln lag, und der Lanista, der einen Konkurrenten hasste.

Nein! Was Castullus Lentulus ihnen heute Morgen zugerufen hatte, war Lüge. Nichts als Lüge. Diese verbrämte das Sterben zu dem einzigen Zweck, mit ihren Leibern sein Vermögen zu mehren. Und das, was sie den Leuten in der Arena vorspielten, war nur eine Theaterposse. Keiner der Gladiatoren verachtete den Tod, egal ob sie Knechtschaft, Not oder Geldgier in die Arena getrieben hatte. Sie kämpften nur mutig, weil sie überleben wollten. Und würden sie das Eisen des Siegers empfangen, so wäre dies allemal besser, als von Charons Hammerschlag wie ein Tier zu enden. Nein. Niemand verachtete den Tod. Kein Einziger!

Die Atmosphäre machte Verus nervös. Die Zeit zog sich hin. Das Vorprogramm konnte nicht endlos lange dauern. Die Hinrichtungen müssten bald beginnen.

Jetzt sah Verus durch die Gittertür, dass Wachleute erneut die Strafgefangenen in den Tunnelgang trieben. Sie nahmen ihnen die Ketten ab und brachen mit Peitschenhieben ihre Gegenwehr. Die Arenadiener zogen ihnen Kostüme an, um sie als wilde Tiere zu verkleiden. Entmutigt und am ganzen Leib zitternd, ließen sie es mit sich geschehen. Verus erkannte einen Wolf, einen Löwen, einen Eber, einen Bär und ein Nashorn. Die Wachmänner peitschten sie unter lautem Geschrei der Zuschauer ins Freie hinaus. Eine Amazone folgte ihnen. Ihr knielanges Gewand hatte sie unter der spärlich bedeckten Brust hochgegurtet. Über der Schulter trug sie einen mit Pfeilen gefüllten Köcher. Den sarmatischen Bogen umfasste sie mit der linken Hand. Weil ein als Hirsch verkleideter Darsteller auf allen vieren neben ihr kroch, erkannte Verus in ihr die Jagdgöttin Diana. Tierbändiger hielten mühevoll Leinen in ihren Händen, an denen bellende Molosser mit hochgezogenen Lefzen und mit fletschenden Zähnen zerrten. Verus kannte diese abgerichteten Kriegshunde. Er hatte auf dem Schlachtfeld gesehen, welch entsetzlichen Bisswunden deren kräftige Kiefer hinterließen.

Beim Klang der Hörner begann die Jagd, und Verus ahnte, jedes Mal wenn die Zuschauer begeistert aufschrien, dass ein Pfeil einen Menschen getroffen hatte oder bei einem enttäuschenden »Oh« nur im Sand stecken geblieben war. Dann bellten Hunde, Schreie gellten und über allem lag der kreischende Jubel des Publikums.

Auch ihn hätte das Leid dieser armen Seelen treffen können, mit einem Pfeil im Leib am Boden zu liegen und von den Bluthunden zerrissen zu werden. Er dankte Fortuna, dass sie ihn vor dieser grausamen Hinrichtung bewahrt hatte. Er hatte eine Überlebenschance und würde selbst im Tod noch einen Rest von Würde bewahren können.

Nach dem erneuten Hörnerblasen, welches das Ende des Abschlachtens verkündete, kehrte Diana in den Tunnelgang zurück, durch das Tor des Lebens. Aus den Mäulern der Hundebestien tropfte Blut, und die Tierbändiger hatten Mühe, die aufgebrachten Hunde fortzuführen. Verus musste an die armen Hingerichteten denken, die man an Haken durch das gegenüberliegende Tor schleifen würde, durch das Tor der Toten.

Verus' Gedanken wurden durch das Scheppern seines eigenen Kerkergitters unterbrochen. Zwei Wachleute geleiteten ihn aus der Zelle. Das Blut wich ihm aus dem Kopf, und seine Knie wurden weich. Jetzt war sie angebrochen, die Stunde, die seine letzte sein konnte.

Die Arenadiener führten Verus den Gang hinauf, an dessen Ende schon Atticus wartete, der Verus einen grimmigen Blick zuwarf. Seine Grimasse verschwand hinter dem großen Helm, den ihm zwei Arenadiener aufsetzten. Anschließend führten sie den Murmillo in die Mitte des Kampfplatzes.

Jubelgeschrei brach aus. Diener übergaben Atticus den Schild. Das Schwert hielten sie noch zurück. Einer von ihnen demonstrierte die Wirkung der tödlichen Waffe. Mit einem zarten Hieb zerteilte er eine Melone. Akkurat glatt geschnittene Hälften fielen an beiden Seiten der Klinge herab, als hätten sie vorher nie eine ganze Frucht gebildet. Ein Schauer durchschüttelte Verus. Er griff sich an den Arm und stellte sich vor, wie leicht seine Muskeln und Knochen durchtrennt werden konnten. Noch mehr als den Schild musste er die scharfe Klinge fürchten.

Ein Arenadiener überreichte nun Atticus das Schwert, das dieser siegesgewiss in die Höhe riss. Das Publikum erwiderte die Geste mit stürmischem Beifall und Anfeuerungsrufen.

Verus hatte eine Unterstützung der Zuschauer für seinen Gegner erwartet. Doch als er sie jetzt so lautstark erlebte, kroch ihm die Angst in die Knochen, und er fühlte sich beklommen. Seine ohnehin schon schwache Zuversicht wich der Mutlosigkeit. Er musste gegen diese ankämpfen, sonst wäre er verloren.

Ein Arenasprecher bat, die Arme hebend, die Zuschauer um Aufmerksamkeit.

Verus hörte seine Ankündigung: »Der ehrenwerte erste Duumvir Cassius Longinus, der gütige Vater unserer Stadt Pola, erfüllt heute sein Wahlversprechen. Er richtet die Spiele zum Großteil auf seine eigenen Kosten aus. Einen geringen Anteil steuern die Stadtkasse und der Tempel des Divus Augustus bei. Wir huldigen Jupiter und unserem Kaiser Imperator Cäsar Vespasianus Augustus an seinem heutigen Ehrentag und danken den Göttern für das Geschenk seiner Geburt.«

Beifall. »Knausriger Geizhals ..., schwanzloser ...«, kam es vereinzelt, aber lautstark, von den Rängen.

»Vor vielen Jahren schickte unser Kaiser Claudius seine Legionen gegen die Barbaren nach Moesia«, fuhr der Sprecher unbeirrt fort, »um deren Aufstand niederzuschlagen und den Frieden an der Grenze unseres Reiches wiederherzustellen. Cassius Longinus präsentiert euch heute: den tapferen Legionär Atticus – Murmillo.«

Aufbrausender Beifall.

»Er kämpft gegen den aufsässigen thrakischen Barbaren – Verus.«

59

Verus bekam einen Stoß in den Rücken. »Vorwärts!«, brüllte ihn der Arenadiener an. Verus lief in die Mitte der Arena. Das grelle Sonnenlicht blendete ihn. Die unteren und mittleren Ränge waren in ein gleißendes Weiß aus Togen getaucht. Darüber ein Band aus bunten Flecken, die Kleidung der einfachen Bürger.

Die Arena erschien ihm kleiner, als er es beim Training wahrgenommen hatte. Er versank in einem tosenden Meer aus Buhrufen und Pfiffen. Ein rohes Ei traf ihn am Oberarm. Fauliger Gestank fuhr ihm in die Nase. Nur wenige Schritte vor ihm stand Atticus. Eine imposante Erscheinung aus Muskeln und Stahl. Die bandagierten Unterschenkel mit den Stahlschienen wirkten wie überdimensionale Stiefel. Über der Panzerplatte am Bauch zuckten mächtige Brustmuskeln. Der Helm mit seiner wuchtigen Krempe und dem stählernen Visier mutete dämonenhaft an.

Zwei Schiedsrichter in weißen Tuniken hielten ihn mit Stöcken zurück. Rote Streifen fielen ihnen senkrecht von beiden Schultern herab. Etwas abseits standen bewaffnete Wachen bereit, unter ihnen Arenadiener mit Peitschen.

Jetzt stupste ihn eine Hand gegen die Brust. Verus sah das Schwert. Ergriff es. Richtete es auf. Beugte die Knie. Das Ungetüm vor ihm hob den Schild aufrecht, setzte den linken Fuß vor und duckte sich ebenfalls zum Angriff.

Eine Tuba ertönte. Der Kampf begann. Die Schiedsrichter sprangen zurück. Verus atmete schnell. Die Angst war verflogen. Sein Lebenswille fuhr ihm in alle Muskeln. Er war bereit. Er wollte überleben.

Atticus preschte vor und stach aus der Deckung des Schildes heraus. Verus sprang zur Seite und stach zurück. Sein Schwert schepperte gegen den Schild.

»Beweg dich!«, rief Gernicus.

Verus lief um Atticus herum. Der richtete sein Schild gegen ihn aus. Stach zu. Traf nicht. Die Beweglichkeit des Murmillo erschreckte Verus. Er musste schneller laufen. Viel schneller. Doch da rutschte er weg. Den Stich des Murmillo parierte er mit dem Schwert. Doch der Schild prallte ihm gegen die Brust. Warf ihn zu Boden.

Ein Aufschrei aus dem Rund erschreckte ihn. Er rollte zur Seite. Hörte den Aufschlag dumpf neben sich. Atticus' Schild knirschte im Sand. Doch er stand schon wieder. Überstanden.

Er pustete durch die Nase. Atmete tief. Fühlte sich gut bei Kräften. Wie lange noch? Der Kampf zog sich hin. Den Stichen wich er aus. Noch konnte er es. Doch es wurde allmählich knapp. Und immer knapper. Plötzlich brüllte es von den Rängen: »Habet, hoc habet!« An seiner linken Schulter fühlt es sich nass und warm an, und etwas lief ihm den Rücken herunter. Blut?

Sein eigenes?

Ja. Er war getroffen worden. Doch nur oberflächlich. Er spürte keinen Schmerz. Die Schwerter klirrten aufeinander. Da knallte ihm der Schild gegen den Kopf. Es krachte. Ein Blitz fuhr ihm ins Hirn. Es klingelte in seinem Ohr. Er reagierte. Sein trainierter Instinkt rettete ihn. Er entkam dem Schild. Kämpfte weiter. Da prallte es wieder auf ihn ein. Sein linker Arm wurde taub. Sand wirbelte auf, spritzte ihm gegen die Brust und ins Gesicht.

Oh ihr Götter. Lasst Atticus ermüden.

Er konnte sich fangen. Stand wieder auf. Blut rauschte in seinem Ohr. In seinen Arm kehrte das Gefühl zurück. Mit der linken Hand griff er in den Sand und schleuderte diesen von sich weg. Gegen Atticus' Helm. Instinktiv hob der den Schild. Verus wich aus, nach rechts. Entdeckte die offene Flanke. Schlug zu. Traf Atticus, oben am linken Schildarm. Hoffnung. Musste er den Schild noch fürchten?

Ja. Atticus kämpfte weiter. Unbeeindruckt. Trotz der Wunde.

Mein Schwert ist stumpf! Ein schrecklicher Gedanke.

Jetzt erst schmeckte Verus Blut. Die geschwollene Nase schmerzte. Luft bekam er nur noch durch den Mund. Er atmete kürzer. Sein Rachen war trocken, sein Gaumen dick. Das linke Auge brannte vom Schweiß, der hineingelaufen war. Er wischte mit dem Handrücken über die Stirn. Sie war klitschnass. Nur weiter, weiter.

Er wich aus – lief – schlug zu – wich aus – lief – schlug zu. Doch Atticus wurde nicht müde.

Verus' Kräfte ließen nach. Allmählich, aber unaufhörlich. In einem unkonzentrierten Augenblick geschah es. Atticus' Schwert traf ihn. Ein harter Schlag. Ein dumpfer Schmerz. Arm und Rücken brannten. Das Publikum schrie. Blut tropfte zu Boden. Der Schmerz lähmte seinen Arm. Jeder Bewegung folgte ein qualvolles Stechen. Der Kampf war vergebens. Die Resignation kehrte zurück. Sein Leben floss dahin, in den Styx. Es war vorbei. Ich kann nicht mehr. Ein gnädiger Gedanke rief: Gib auf. Es hat keinen Sinn.

Doch da hörte er plötzlich ein Fiepen. Und wieder. Und immer wieder. Wie eine Fanfare der Hoffnung pfiff die Lunge des Murmillo. Verus' Kräfte kehrten zurück. Er wich aus – lief – schlug zu – wich aus – lief – schlug zu. Pausenlos. Seine Lunge brannte. Seine Beine wurden schwer. Die Schmerzen im Arm immer rasender. Sein Körper wollte aufgeben. Doch er stemmte sich dagegen. Das Pfeifen wurde stärker. Aber der Murmillo hörte nicht auf zu kämpfen. Seinen Schild konnte er kaum noch heben, aber mit dem Schwert stach er auf ihn ein. Verus parierte. Noch ein Schlag. Noch ein Schritt. Dann wurde ihm schwarz vor Augen. Das Schwert entglitt seiner kraftlosen Hand. Es fiel in den Sand. Die Beine knickten ein. Er sackte auf die Knie. Es war vorbei. Er hatte alles gegeben. Jetzt sollte das Eisen kommen und ihn erlösen.

Doch da sah er Atticus' Schild. Es lag im Sand. Er blickte auf Atticus' Schwert, das diesem am Handgelenk baumelte, an einem Seil. Beide Hände des Murmillo zerrten am Helm. Vergeblich. Er schwankte. Zwischen den Armen konnte er die faltige Haut von dessen Hals sehen.

Er brauchte nur zuzustoßen.

Die Arena erstarrte in Totenstille.

In seinen Schläfen rauschte das Blut. Aufstehen. Er musste aufstehen. Seine Knie zitterten. Sein Gewicht wurde ihm zum Feind. Er stemmte sich mit letzter Kraft dagegen. Wankte. Stand. Fühlte wieder den Schwertknauf in der Hand. Das Blut kreischte in seinen Ohren wie tausend Krähen.

Dann endlich. Er stieß zu.

Er spürte den Widerstand des Fleisches. Hörte erleichtert das Schmatzen des Stichs. Doch Atticus? Er stolperte nur. Er fiel nicht um. Stürzte erneut auf ihn zu. Riss ihn zu Boden. Etwas sehr Hartes traf ihn am Kopf. Der massige Körper drückte ihn nieder. Nahm ihm die Luft. Auf seinen Lippen schmeckte er Sand, zwischen den Zähnen, auf seiner Zunge. Luft. Er rang nach Luft. Das Leben wich aus seinem Körper. Eine innere Stimme rief: Es ist vorbei. Er ließ sich fallen.

60

Verus kam zur Besinnung. Tausend Nadeln stachen in seinem Kopf. Atticus' Leib lastete schwer auf ihm. Er drückte sich seitlich mit dem rechten Arm vom Boden ab. Die Last fiel von ihm ab. Jetzt bekam er besser Luft, sank aber wieder zurück, in einen Traum hinein. Warmes Wasser umspülte ihn. So wohlig, so warm, so schön.

»Steh auf!«, hörte er Gernicus rufen, dumpf, in weiter Ferne. »Steh auf!«

Es ist nur die Stimme in einem Traum. Ich bin so müde, so unendlich müde. Ich will schlafen. Nur noch schlafen.

»Steh auf! Du musst stehen!« Die Stimme drang lauter auf ihn ein, ließ ihn nicht zur Ruhe kommen. »Steh auf! Du hast gesiegt.«

Gesiegt?

Er öffnete die Augen. Sah blutdurchtränkten Sand. Nahm alle Kräfte zusammen, richtete sich auf, saß auf Knien, den nach vorn gebeugten Rücken mit den Armen abgestützt. Atmete schwer. Musste sich ausruhen. Hals und Brust waren blutbesudelt.

»Steh auf. Du musst stehen!« Doch ihm fehlte die Kraft. »Steh auf! Willst du nicht leben?«

Leben? Ja, er wollte leben. Aufstehen und leben.

Er stand auf. Wankte.

»Reck das Schwert in die Höhe!« Gernicus' Stimme fuhr ihm in die Muskeln. Sein Arm gehorchte. Da erhob sich ein großer Lärm. In den Beifallssturm mischten sich vereinzelte Rufe, sie wurden lauter, klarer, rhythmischer. »Leben, leben, leben ...« Die verschwommene Masse hörte nicht auf zu schreien. Dann ebbte das Gekreische ab, um im nächsten Augenblick in einem tosenden Jubelgeschrei wieder aufzubrausen.

»Du hast gesiegt. Atticus ist tot.« Gernicus war dicht an Verus herangetreten. Seine Stimme klang jetzt laut und klar. Er schlang Verus' gesunden Arm um seine Schulter.

»Habe ich wirklich gesiegt?« Verus wandte sich um. Arenadiener schoben den Leichenwagen fort, dessen vier Räder Spuren im Sand hinterließen. Auf der schmalen Pritsche lag der Murmillo. Seine Arme hingen schlaff herunter. Seine Brust war blutverschmiert. Er verschwand in dem dunklen Schlund, im Tor des Todes. Ja, tatsächlich. »Ich habe gesiegt«, sagte er leise vor sich hin.

Er schaute an sich herab, sah das viele Blut auf seiner Brust.

»Du hast gesiegt, und wie du gesiegt hast«, rief Gernicus begeistert. »Atticus wollte dich in deinem Blute baden. Doch stattdessen hast du dich in seinem geaalt. Du müsstest dich selbst sehen, über und über bist du mit seinem Blut übergossen. Du bist die Bestie von Pola.«

Eine Bestie sollte er sein?

Verschwommen sah Verus den Tunnelgang in die Katakomben vor sich. Er durchschritt das richtige Tor, das Tor des Lebens. Dann brach er zusammen.

Verus schlug die Augen auf. Über sich sah er eine weiß getünchte Decke. Neben ihm stand ein derber Tisch, darauf braune Tonschüsseln, etwas weiter waren drei Pritschen aufgereiht. Auf einer von ihnen lag bewegungslos ein Mann, den Verus aber nicht kannte. Er schlief oder war tot.

»Medicus. Er ist wach«, hörte er wenige Schritte entfernt eine junge männliche Stimme rufen. Kurz darauf sah er über sich in das Gesicht des Medicus. Der Arzt zog sein rechtes Augenlid zurück. »Sieht gut aus«, sagte er, »da wird sich Lentulus freuen. Er muss trinken.«

Der Arzt richtete Verus auf. Der junge Mann reichte ihm einen Tonkrug. Verus trank. Er hatte einen unbändigen Durst.

»Trink alles aus!«, befahl ihm der Arzt unnötigerweise.

Sein Magen schmerzte. »Ich habe Hunger.«

»Hol Essen!«, befahl der Arzt.

»Ja, Herr«, antwortete der junge Mann und lief davon. Nach kurzer Zeit kehrte er mit einer großen Schüssel Gerstenbrei zurück.

Noch während Verus gierig den Brei verschlang, betrat Gernicus den Raum. Er trat, in die Hände klatschend, an Verus' Bett heran und sah ihn lächelnd an. »Es wird ja Zeit. Die Götter rufen deinen Namen. Du bist seit drei Tagen Stadtgespräch. Sie nennen dich die Bestie von Pola. Es gibt sogar entsprechende Graffiti. Du hast einen großen Sieg errungen. Lentulus ist sehr zufrieden.«

Verus erinnerte sich. Er sollte in der Arena sterben. »Ich werde nicht mehr hingerichtet?«, fragte er verunsichert.

»Du hast es gar nicht mitgekriegt?«

Verus schüttelte den Kopf.

»Der Duumvir musste dich begnadigen. Das Volk wollte einen neuen Helden.«

Erlöst schloss Verus die Augen.

»Du bist jetzt ein Gladiator – und siehst auch aus wie einer. He«, rief Gernicus dem Arzthelfer zu, »bring einen Spiegel!«

Als sich Verus in dem blankpolierten Kupferblech erblickte, erschrak er. Es war nicht das verzerrte Abbild mit der Binde um den Kopf, das ihn beunruhigte, sondern die zertrümmerte Nase, die platt und etwas schief aus seinem Gesicht herausragte. Würde ihn Licinia noch lieben, so hässlich wie er nun aussah? Er schniefte und stellte erleichtert fest, dass er Luft bekam. Dann tastete er an seinem Kopfverband herum. Es schmerzte.

»Erst als er schon am Sterben war, hat dich Atticus richtig erwischt. Der Medicus sagt, du hast Glück gehabt. Der Schädelknochen war nur leicht gesplittert. Das gibt eine schöne Narbe, und du siehst jetzt aus wie einer, vor dem man sich in Acht nehmen sollte.« Gernicus lachte. »Ach ja, fast hätte ich es vergessen. Ich soll dir von Lentulus ausrichten, dass er sein Wort hält. Du wirst in die Familia aufgenommen.«

»Ich danke ihm.«

»Ruh dich ein paar Tage aus. Dann beginnen wir mit dem

Training. Aus dir mache ich einen anständigen Gladiator.« Gernicus wandte sich schon zur Tür, hielt aber noch einmal inne und kam zurück ans Bett. »Und denke daran«, flüsterte er leise mit erhobenem Zeigefinger. »Kein Wort über Atticus' Helm!«

»Erlaubst du eine Frage?«

»Welche denn?«

»Warum hat der Lanista ausgerechnet Atticus geopfert? Aus ihm wäre doch bestimmt ein großer Gladiator geworden.«

Gernicus schüttelte den Kopf. »Du überraschst mich immer wieder. Du bist ja ein Gladiator, der denken kann.«

»Verzeih die Frage«, lenkte Verus erschrocken ein.

»Schon gut. Ich will es dir sagen. Aus Atticus wäre nie ein guter Gladiator geworden. Er war aufsässig und ehrlos. Lentulus hat das erkannt. Die Kosten seiner Ausbildung würden sich nicht rentieren. Lentulus hat sich seinen Tod vom Editor gut bezahlen lassen. Das ist Longinus, diesem Geizkragen, wesentlich teurer gekommen, als wenn du an seiner statt getötet worden wärest.« Gernicus lachte schadenfroh. »Und Lentulus hat das Doppelte der Summe, die ihm Atticus gekostet hat, wieder hereinbekommen.« Gernicus sah Verus scharf an. »Beherzige meinen Rat: Mit wichtigen Leuten musst du dich immer gut stellen. Es gibt viele Wege, in der Arena zu sterben. Man kann aber auch ziemlich lange am Leben bleiben.«

61

Aus den von Gernicus angekündigten PAAR TAGEN wurden fünf Wochen. Verus begann wieder zu trainieren. Inzwischen leuchtete auf seinem Unterarm das Brandzeichen des Ludus. Seine Aufnahme in die Familia war von den Gladiatoren mit Gleichmut aufgenommen worden. Wenigstens die unteren Ränge respektierten ihn jetzt, allerdings breitete sich auch Neid aus, war doch das Interesse des Lanista an dem neuen Gladiator nicht zu übersehen. Einige riefen ihm »Schwanzlutscher« hinterher. Obwohl derartig grobe Beleidigungen gang und gäbe waren, störten sie Verus. Und schon wieder rief ihn der Lanista in seine Schreibstube.

»Wie ich sehe, bist du wieder bei Kräften«, empfing ihn Lentulus, der, von einem Tisch voller Schriftrollen aufblickend, eine merkwürdig gelöste Miene aufgesetzt hatte. »Dein Sieg hat Eindruck gemacht«, grinste er, »besonders bei einer Dame. Sie ist nicht mehr die Jüngste«, er wiegte dabei schmunzelnd den Kopf, »aber trotzdem noch recht attraktiv. Du hast Glück. Es hätte schlimmer kommen können.« Gönnerhaft nickte er Verus zu. Dann befahl er: »Morgen wirst du zu ihr ins Haus gebracht. Ich erwarte, dass du ihr in jeder Hinsicht gefällig bist.« Er sah Verus forschend an. »In wirklich jeder Hinsicht! Das wirst du doch?«

Verus nickte verunsichert.

»Nun guck nicht so. Du bist Gladiator. Gewöhne dich daran. Wenn du sie zufriedenstellst, bekommst du Geld von mir.« Er hob die Augenbrauen. »Also enttäusche mich nicht. Zeig, dass du auch mit deinem Schwert aus Fleisch und Blut umgehen kannst.« Er grinste erneut, während er mit einer lässigen Geste die Wachmänner herbeiwinkte, damit sie den Sklaven wieder wegführten.

Am nächsten Tag durfte sich Verus nach dem Frühstück ausruhen. Kurz nach Mittag, während alle anderen Gladiatoren auf dem Übungsplatz trainierten, führten ihn zwei Wachmänner in den Keller zu den Baderäumen. Bis auf ein paar Dienstsklaven, die herumstanden, war das Bad menschenleer. Verus genoss dessen exklusive Benutzung. Anschließend wurde er von einem Sklaven gesalbt. Der unangenehme Geruch eines aufdringlichen Parfüms kroch ihm in die Nase. Er fühlte sich unwohl, kam sich vor wie ein Lustsklave. Im Austausch für seine verschwitzten Kleider reichte man ihm eine frische Tunika und eine saubere Paenula.

Kaum hatte er sich Letztere übergezogen, da kam schon Gernicus mit drei Wachleuten an. Verus hätte sie fast nicht erkannt in ihren zivilen Tuniken, über denen sie offene Mäntel trugen.

»Wir bringen dich jetzt zu einer Stadtvilla«, belehrte ihn Gernicus. »Die Hausherrin legt äußersten Wert auf Diskretion. Du wirst deshalb nicht gefesselt und musst dir das Haar glattkämmen. Niemand soll in dir den Gladiator erkennen.« Gernicus öffnete seinen Mantel, unter dem sein Schwert zum Vorschein kam. »Glaub nicht, dass du uns entkommen könntest. Wenn du versuchst zu fliehen, werden wir dich daran hindern und notfalls erschlagen.«

Dann lächelte er und versetzte Verus' Schulter einen Schubs. »Du bist nicht dumm und wirst dich gut mit mir stellen. Du willst doch ein großer Gladiator werden. Also versau es nicht!«

»Nein«, antwortete Verus.

Die vier Männer liefen schweigend durch die Straßen. Vor einem großen Haus am Rande der Stadt machten sie halt. Gernicus verwies die Wachmänner auf die Bänke, die für die morgendlichen Besuche der Klienten bestimmt waren, und ging mit Verus allein weiter. An der nächsten Ecke bogen sie in eine schmale Gasse ein und näherten sich einem Nebeneingang. Gernicus pochte mit einem bronzenen Türklopfer gegen das Holz. Ein Sklave öffnete.

»Wir bringen den Gladiator Verus«, flüsterte Gernicus. »Melde dies deiner Herrin.«

»Führt ihn herein«, hörten sie eine Frauenstimme aus dem dunklen Hausinneren. In dem Raum hinter der Tür stapelten sich Kisten und Amphoren in Eisengestellen. Eine ältere, leicht korpulente Frau, deren teure Kleidung nicht zu dem Wirtschaftsraum passte, musterte Verus, der sich auf das Latifundium zurückversetzt fühlte. Obwohl die Herrin hier attraktiver war, erinnerte sie ihn an Attia. Wie damals erfasste ihn der gleiche Abscheu gegen seine Benutzung und der gleiche aufbegehrende animalische Trieb, gegen den er sich nicht wehren konnte.

»Wenn du es wünschst, bleibe ich in der Nähe«, bot Gernicus der Herrin an.

»Das wird nicht nötig sein. Ich habe selbst Sklaven, die mich beschützen. Du kannst dich zu deinen Männern zurückziehen. Ich lasse dich rufen, wenn es so weit ist.«

»Wie du meinst, Herrin.« Gernicus verbeugte sich, nickte seinem Schützling noch einmal energisch zu und verließ die Villa.

Sklaven führten Verus durch mehrere Räume ins Atrium. Die Größe und die Pracht des Raumes beeindruckten ihn. Sein Blick blieb an edlen Alabasterfiguren und bunt bemalten Wänden hängen. Hinter einer Säule bemerkte er einen Schatten. Und im nächsten Augenblick trat eine junge Frau hervor. Er traute seinen Augen nicht. Es war Licinia. Sie rannte ihm entgegen und fiel ihm um den Hals.

Die unvermittelte Begegnung verwirrte Verus. Er hatte nicht damit gerechnet, die Geliebte jemals wiederzusehen. Erst als er sie in seinen Armen hielt, konnte er es glauben und begriff, dass sie es war, die ihn herbeigerufen hatte.

Die Herrin lächelte. »Ich nehme an«, sagte sie spöttisch, »dass ich meine Sklaven fortschicken kann. Licinia ist wohl vor dir sicher?«

Verus nickte verlegen.

»Das ist meine Schutzpatronin«, sagte Licinia aufgeräumt. »Sie heißt Julia Felix. Du kannst ihr vertrauen.«

Schutzpatronin? Verus guckte verdutzt.

»Ihr habt euch viel zu erzählen und wollt euch sicherlich zurückziehen«, sagte die Herrin, woraufhin sie sich entfernte.

Licinia führte Verus in ein geräumiges Zimmer, dessen Wände im modernen Stil bemalt waren. Teure Vasen, ein goldverzierter Tisch mit passenden Stühlen und ein bequemes Bett versetzten Verus abermals in Erstaunen. War das alles Wirklichkeit, oder lag er immer noch im Koma?

Licinias Küsse lenkten ihn von seinen Gedanken ab. Dringlicher als all die Neuigkeiten, die sie sich auszutauschen hatten, erwies sich die Leidenschaft ihrer Liebe. Endlich nach all den Jahren konnte Verus die nackte Haut seiner Licinia wieder spüren.

Nachdem sie sich geliebt hatten, berührte Licinia sanft seine Nase.

»Ich bin jetzt die Bestie von Pola«, reagierte Verus traurig.

»Nein, du bist keine Bestie«, sagte Licinia zärtlich. »Du bist das Liebste, was ich auf der Welt besitze.«

»Aber ich bin verunstaltet. Und wer weiß, wie ich nach dem nächsten Kampf aussehen werde, falls ich ihn überhaupt überlebe.«

»War es schlimm?«

»Ja. Ich dachte, ich müsste sterben.«

»Oh, mein Liebster. Ich habe alles versucht, um dich zu retten.« Licinia erzählte ihrem Geliebten von ihrer Reise nach Rom, von dem vergeblichen Versuch, Catulus um Hilfe zu bitten, und von dem Kaiserpriester Vibius, der ihr aus Dankbarkeit gegenüber seinem ehemaligen Dominus Plautius Silvanus geholfen hatte.

»Julia hat Lentulus für deine Freiheit viel Geld geboten«, beteuerte Licinia, »doch er hat abgelehnt.«

»Er will aus mir einen großen Gladiator machen.«

»Ja. Das hat er Julia auch erzählt. Du seist wichtig für das Ansehen seines Ludus. Das könne man nicht mit Geld bezahlen.«

»Dann werde ich nicht mehr lange leben.«

»Sei nicht verzagt.« Licinia sah ihrem Geliebten lächelnd in die Augen. »Ich weiß noch nicht wie, aber ich werde alles tun, um dich zu befreien.«

Auf dem Rückweg in die Kaserne unkte Gernicus. »Die Stunden bei der Witwe scheinen dir gut bekommen zu sein.« Er grinste. »Hätte gar nicht gedacht, dass die Alte noch so geil ist.«

Verus schmunzelte.

Licinia hatte Verus erzählt, wie intensiv sich der Kaiserpriester für seine Rettung eingesetzt hatte. Und Verus hatte auch erfahren, wie aufopferungsvoll sie um sein Leben gekämpft hatte. Auf diese Weise hatte sie ihn zum zweiten Mal vor dem Tode gerettet. Allmählich begriff er, was sich im Hintergrund abgespielt hatte.

Cassius Longinus war auf den Kaiserpriester angewiesen gewesen. Gewöhnlich steuerte der Kaiser zu den Spielen in einer Colonia einen Anteil aus der Staatskasse bei, damit sie auch seiner Verehrung dienten. Auf die Höhe der Summe nahm maßgeblich der Kaiserpriester Einfluss. Vibius hatte vom Duumvir dafür eine Gegenleistung gefordert. Auch wenn er die Vollstreckung des Urteils nicht hatte verhindern können, denn der Duumvir wurde schließlich auch von Tullius unter Druck gesetzt, so war es ihm doch gelungen, Verus eine Überlebenschance einzuräumen und ihn sogar vor der Demütigung der Pompa zu retten.

Verus überdachte seine Lage. Sie war besser als gedacht. Ihn stimmte nicht nur der Liebesakt mit Licinia glücklich, sondern auch die Zuversicht, bald in Freiheit zu kommen. Mit einem Mal sah er sich von starken Helfern unterstützt, Menschen mit Einfluss, die sich für sein Glück einsetzten. Und vor allem freute er sich auf das baldige Wiedersehen mit Licinia im Hause der Witwe Julia Felix.

62

Während Licinia und Verus sich nun regelmäßig in der Villa der Julia Felix liebten, tauchte in Pola ein neuer Akteur auf: der Detektiv Decimus Brutus. Fannia, Helvidius' Witwe, hatte ihn beauftragt, die Umstände, die zum Tod ihres Ehegatten geführt hatten, aufzuklären. Nicht nur der Zweifel an dem behaupteten Selbstmord hatte die alte Dame zu Nachforschungen angetrieben, sondern auch ihr jahrelang gepflegter Hass auf alle Kaiser, ganz gleich, wer gerade das Amt innehatte. Das Gerücht, Vespasianus hätte den Mord an ihrem Ehegatten angeordnet, war sie nur allzu bereitwillig zu glauben. Schon ihren Vater, den Stoiker Thrasea Paetus, hatte ein Kaiser hinrichten lassen. Nero war dies damals gewesen. Und deshalb stand es für sie fest, dass auch ihr Ehemann ein Opfer der Kaiserwillkür geworden war.

Ihr Ziel war Rache und die Rückgabe ihres konfiszierten Vermögens, und dabei durfte sie sich der konspirativen Unterstützung ehemaliger Anhänger ihres Ehemannes erfreuen. Bei der Wahl des Detektivs war die Witwe deren Empfehlungen und den entsprechenden Geldbörsen gefolgt. Brutus' Dienste waren nicht billig, aber er genoss unter den Detektiven Roms den besten Ruf. Er galt als zuverlässig, ehrgeizig und rücksichtslos.

Der drahtige, hohlwangige Mann mit den tief liegenden Augen, der spitzen Nase und den schmalen Lippen suchte unmittelbar nach seiner Ankunft in Pola Helvidius' ehemaliges Landgut auf. Er schüchterte Attia ein, indem er ihr eindringlich riet, sich nicht unnötig dem Verdacht der Beteiligung an einem hochbrisanten Kapitalverbrechen auszusetzen. Und genau das würde sie riskieren, wenn sie ihm nicht alles wahrheitsgemäß berichtete.

Attia tat dies in großer Angst. Und so erzählte sie Brutus, dass der Duumvir Cassius Longinus zunächst von einem Mord ausgegangen sei und deshalb die Hinrichtung aller Sklaven angeordnet habe. Um sich weiteren peinlichen Fragen zu entziehen, verwies die Verwalterin den Detektiv an die Frau des Quästors Tullius, die ganz sicher mehr wisse. Vom Sklaven Asclepius sei sie unterrichtet worden, dass Licinia mit dem Sklaven Verus gesprochen habe, dem einzigen Überlebenden des Überfalls. Anschließend habe sich Licinia, was Attia mit eigenen Augen gesehen haben wollte, mit dem Duumvir unterhalten, der daraufhin plötzlich das bereits ausgesprochene Todesurteil über die Sklaven aufgehoben habe. Verus sei Tage später, nachdem ihn der Duumvir Longinus zum Tode verurteilt habe, vom neuen Verwalter Semprosius an einen Ludus in Pola verkauft worden. Den ehemaligen Verwalter Semprosius könne er allerdings nicht mehr befragen, da dieser inzwischen ebenfalls ermordet worden sei.

Brutus suchte daraufhin den Quästor in Pola auf und bat Tullius um Unterstützung. Doch dieser verhielt sich nicht kooperativ, was Brutus nicht verwunderte, glaubte er doch, dass Tullius aus Loyalität zum Kaiser an einer Untersuchung nicht interessiert sei.

Auf Brutus' Frage nach dem Aufenthaltsort von Licinia behauptete Tullius, sie sei am Tag nach Helvidius' Tod abgereist und halte sich immer noch in Rom auf. Als ihn Brutus darauf hinwies, dass Licinia später noch einmal auf das Landgut zurückgekehrt sei, gestand ihm Tullius die Wahrheit: Licinia habe ihn verlassen, weshalb er ihren Aufenthaltsort nicht kenne. Er bot Brutus eine hohe Belohnung an, wenn er herausfände, wo sie sich aufhalte. Brutus erfreute dieses Zusatzgeschäft.

Brutus suchte ein zweites Mal das Landgut auf in der Hoffnung, von Attia einen Hinweis zu erhalten, wo er Licinia finden könne. Doch Attia konnte ihm ebenfalls nicht weiterhelfen, verriet ihm aber, dass die junge Frau bei ihrem zweiten Besuch von einem Gladiator begleitet worden sei. Sie wollte ihn an dem typischen Haarschopf erkannt haben.

Brutus war guten Mutes, dass ihm der unbekannte Gladiator weiterhelfen würde. Zuerst suchte er nach ihm in der Gladiatorenschule des Castullus Lentulus. Der dortige Lanista gab bereitwillig Auskunft. Den Kauf des Sklaven Verus bestätigte er. Weil er aber den Verlust seines vielversprechenden Gladiators nicht riskieren wollte, log er den Detektiv an, indem er behauptete, Verus sei bei den Plebejischen Spielen ums Leben gekommen. Zur Frau des Quästors konnte er keine Angaben machen, schloss aber aus, dass einer seiner Gladiatoren ihren Schutz übernommen hatte. Er machte Brutus aber darauf aufmerksam, dass es sich bei dem Gladiator sehr wahrscheinlich um einen Freigelassenen handelte, der keinem Ludus angehörte. Die er kannte, schrieb er auf.

Anschließend besuchte Brutus die Kaserne des Gnaeus Erasmus. Der Lanista ließ ihn erst lange warten und zeigte sich dann wortkarg. Er kenne die Frau des Quästors nicht, log er Brutus schroff an. Auf Nachfrage übergab er Brutus ebenfalls eine Übersicht ehemaliger Gladiatoren, auf der aber Forus' Name fehlte. Die Abarbeitung der Listen erwies sich für Brutus außerordentlich zeitaufwendig und brachte ihm keinen Erfolg. Und seine Nachforschungen waren damit zunächst ins Stocken geraten.

Doch der Detektiv hatte die an dem Verbrechen beteiligten Personen aufgeschreckt, so etwa auch Erasmus.

Als Forus die Schreibstube des Lanista betrat, nahm er einen süßlichen, schweren Weingeruch wahr. Erasmus saß am Tisch, vor sich einen tönernen Krug und einen ebensolchen Becher.

»Du hast mich gerufen?«, fragte Forus.

»Setz dich!« Erasmus wies mit der Hand auf einen Stuhl.

Forus wunderte sich, dass Erasmus mitten am Tag unverdünnten Wein trank.

»Der Detektiv macht uns Ärger«, sagte dieser, griff nach dem Becher und nahm einen kräftigen Schluck.

»Welcher Detektiv?«

»Seit Tagen schnüffelt hier ein Detektiv herum. Er kommt aus Rom, sein Name ist Brutus, und er interessiert sich dafür, wie der Senator Helvidius zu Tode gekommen ist.«

»Hat ihn der Kaiser geschickt?«, fragte Forus erschreckt.

»Das glaube ich nicht. Aber wir kriegen schon noch heraus, in wessen Auftrag er handelt.«

Erasmus füllte seinen Becher nach und trank ihn in einem Zuge leer. Nach einem Rülpser fuhr er fort: »Der Schnüffler war auch schon bei Tullius. Er sucht Licinia und dich.«

»Was will er von uns?«

»Das weiß ich nicht. Aber das Schlimmste ist, dass er sich bei mir auch nach dem Sklaven Verus erkundigt hat. Lentulus, bei dem er zuvor gewesen war, scheint ihm verheimlicht zu haben, dass er einer seiner Gladiatoren ist. Aber der Detektiv scheint nicht alles zu glauben, was man ihm erzählt.«

»Puuh.« Forus wischte sich mit dem Handrücken den Schweiß von der Stirn.

Erasmus winkte ab. »Beruhige dich. Ich glaube nicht, dass er für den Kaiser arbeitet, denn offiziell ist der Sklave tot. Es ergäbe also gar keinen Sinn, nach ihm zu forschen. Und außerdem stünden dem Kaiser eigene Ermittler zur Verfügung. Es spricht eher dafür, dass er von Helvidius' Anhängern geschickt worden ist. Einige von dessen Freunden glauben anscheinend nicht an einen Selbstmord.«

»Vielleicht hat der Kaiser inzwischen auch Zweifel und lässt diskret nachforschen?«

»Das ist möglich, aber nicht sehr wahrscheinlich. So oder so: Wir müssen schnell handeln.«

»Soll ich Brutus in den Hades schicken?«

»Nein!«, brüllte Erasmus. Dann beruhigte er sich wieder. »Das wäre das Dümmste, was wir machen könnten. Tullius hat das ausdrücklich untersagt. Wir würden damit nur schlafende Hunde wecken. Für den Kaiser und den Senat ist die Angelegenheit offiziell erledigt. Solange Brutus keine Beweise für Vespasianus' Beteiligung vorlegt – und wie wir beide wissen, kann er die unmöglich finden –, wird das so bleiben. Würden wir ihn aber töten, könnte der Verdacht auf den Kaiser wieder aufleben, die Stimmung im Senat kippen und der Kaiser sich womöglich genötigt sehen, eine offizielle Untersuchung anzuordnen. Bei den Göttern, das darf nicht geschehen. Also Hände weg von dem Detektiv.« Erasmus hob drohend den Zeigefinger. Seine glasigen Augen blickten Forus streng an. »Tullius will kein zweites Mal, dass die Sache irgendwelche Wellen im Senat schlägt. Diese Nachforschungen müssen ins Leere laufen. Es gibt nur zwei Personen, die zu Tullius und uns zurückführen: Das sind Verus und Licinia. Und beide sucht dieser Schnüffler.«

»Licinia? Was hat sie denn damit zu tun?«

»Hast du das vergessen?« Erasmus schlug mit der flachen Hand auf den Tisch. »Du hast es mir doch selbst erzählt, dass sie kurz nach dem Tod des Senators mit dem Sklaven Verus gesprochen hat und dann sogar nach Rom gereist ist.«

»Ja, schon«, druckste Forus.

»Na also. Wir müssen davon ausgehen, dass sie mehr weiß, als uns lieb ist.«

Forus erschrak. »Soll sie etwa auch getötet werden?«

»Nein, natürlich nicht. Nur Verus muss sterben. Für das Schweigen seiner Ehefrau wird der Quästor selbst sorgen. Ich fürchte, auf deine lukrative Beschäftigung musst du wohl verzichten und stattdessen dafür sorgen, dass Tullius über seine Ehefrau wieder die Kontrolle erhält.«

Erasmus schenkte sich erneut Wein ein. »Ich weiß nur nicht, wie wir diesen verdammten Verus erledigen können. Bis zu den nächsten Spielen können wir nicht warten. Es ist nur eine Frage der Zeit, bis wann der Schnüffler herausfindet, dass die Bestie von Pola und Verus ein und dieselbe Person ist. Und wer weiß, ob sich Lentulus auf einen Kampf zwischen Verus und Priscus einlässt. Hast du nicht eine Idee?«

Erasmus' Worte irritierten Forus und lösten in ihm einen unerklärlichen Zwiespalt aus. Hatte er noch vor Kurzem Verus' Tod gefordert, so regte sich plötzlich in ihm ein Sinneswandel.

»Ich muss nachdenken«, sagte er. »Lass mich ein paar Schritte an die frische Luft gehen. Vielleicht fällt mir dann etwas ein.«

»Gut. Aber denk nicht zu lange nach. Du könntest sonst deinen Kopf verlieren.«

Forus trat auf die Straße hinaus. Das innere Zerwürfnis drückte auf seine Seele wie tausend Bleiplatten. Im Gegensatz zu Erasmus wusste Forus, dass sich Licinia und Verus regelmäßig bei der Witwe Felix trafen. Er rang mit sich, ob er sein Wissen mit Erasmus teilen sollte. Es wäre für ihn leicht, den Zeitpunkt des nächsten Treffens herauszufinden. Und auf dem Weg zur Villa der Witwe könnten sie den Sklaven töten. Doch er haderte, denn der Plan war riskant. Der Sklave wurde von erfahrenen Gladiatoren bewacht, die das Eigentum ihres Lanista sofort verteidigen würden – unter ihnen Gernicus, der einmal, wie er selbst, einer der besten Gladiatoren des Reiches gewesen war. Allein ihn zu überwinden, wäre extrem schwierig. Wenn überhaupt, gelänge es nur durch feigen Hinterhalt. Auf offenem Gelände wäre dies unmöglich, und innerhalb der Stadt wimmelte es nur so von Zeugen. Jeder wüsste sofort, dass es nur Gladiatoren wagen würden, Gernicus und seine Männer anzugreifen.

Aber etwas anderes beschäftigte ihn noch stärker. Wenn es auch zwischen Gladiatoren keine Freundschaft gab, so verband sie doch der gleiche Korpsgeist. Einen Arenahelden wie Gernicus heimtückisch zu ermorden, vertrug sich nicht mit seiner Ehrauffassung. Gewiss, er selbst hatte schon viele Männer außerhalb der Arena getötet, und sie hatten gegen ihn kaum eine faire Chance gehabt. Aber bei Gladiatoren war das eine andere Sache. Diese töteten sich nicht gegenseitig wie Meuchelmörder. Sie kämpften gegeneinander nach Regeln. Und bekamen sie auch Geld dafür, so kämpften sie gleichzeitig doch auch um ihre Ehre. Damals auf Helvidius' Landgut hätte ihn kein Skrupel geplagt, dem Sklaven Verus das Eisen in den Leib zu stoßen. Damals war dieser Verus ein Sklave unter vielen gewesen, doch heute war aus ihm ein würdiger Gladiator geworden, einer, der in aussichtsloser Lage unglaublich tapfer gekämpft und als Sieger die Arena verlassen hatte. Dieser Mann verdiente es nicht, heimtückisch getötet zu werden, und jeder, der ihm dies dennoch antun würde, verdiente nur Verachtung. Käme heraus, dass er selbst an einer derartigen Schandtat beteiligt gewesen war, dann würde es seinem Ansehen schweren Schaden zufügen.

Ihm tat auch Licinia leid, für die er vom ersten Tag an warmherzige Gefühle hegte. Es war ihm nicht entgangen, wie sich zwischen ihr und der Witwe Felix ein liebevolles Verhältnis entwickelt hatte, wie die kinderlose Herrin ihre Strenge zugunsten mütterlicher Zuneigung aufgegeben hatte. Auch in Verus sah er mehr als nur einen Gladiator. Er beneidete ihn um die Liebe, die er von Licinia geschenkt bekam, und als einen noch höheren Lohn, als es Goldmünzen sein konnten, empfand er die große innerliche Erfüllung, die es bedeutete, etwas Edles wie sie beschützen zu dürfen, etwas, das er nie zuvor kennengelernt hatte.

Als Sohn einer Hure war Forus direkt nach seiner Geburt auf einem Misthaufen gelandet. Bevor ihn die Krähen hatten auffressen können, war ihm von einem Bauern, der zufällig vorbeigekommen war, das Leben gerettet worden. Schläge und Hunger waren seine Kindheitserlebnisse gewesen, auslaugende Arbeit auf dem Feld und im Stall seine Erfahrungen, Überleben sein einziges Lebensziel. Eines Tages war er geflohen, hatte die Pein seiner Sklavenkindheit zurückgelassen und die Schurkenlaufbahn eingeschlagen. Mit Stehlen, Rauben und Morden konnte er sich am Leben halten. Das Töten wurde sein Beruf, bis heute. Doch durch die Begegnung mit Licinia hatte er eine andere Welt kennengelernt, eine Welt voller Liebe, zu der er sich hingezogen fühlte.

Wollte er den heimtückischen Mord an Verus verhindern, müsste er nur schweigen. Doch schwiege er, würde der Schnüffler Brutus über kurz oder lang Verus und Licinia aufspüren und alles herausfinden. Dann würde er wenig später Priscus als Mörder überführen, und sein eigenes Schicksal wäre gleichfalls besiegelt.

Forus dachte einen Moment daran, alles hinter sich zu lassen. Priscus hatte während der Plebejischen Spiele einen großen Sieg errungen. Er hatte das Publikum so sehr begeistert, dass ihn Erasmus sogar für eine hohe Summe hatte kaufen wollen. Doch Forus hatte abgelehnt, hätte es doch bedeutet, seinen großen Traum, ein erfolgreicher Lanista zu sein, aufzugeben. Und das wollte er auf keinen Fall. Aber das bisher eingenommene Preisgeld reichte nicht, um mit Priscus weiterzuziehen. Er würde dann wieder von vorn anfangen müssen. In einer anderen Stadt wäre Priscus ein Niemand, denn sein Name war noch nicht groß genug. Und sein Geldbeutel ließ es nicht zu, Priscus aus eigener Kraft wieder neu aufzubauen. So sehr es ihm auch widerstrebte, er sah keinen anderen Ausweg, als Erasmus von den heimlichen Treffen der Liebenden zu berichten. Der Preis des Schweigens, der auf dem Spiel stand, wäre sonst zu hoch.

Erasmus klatschte vor Begeisterung in die Hände. »Gute Idee, Forus. Fortuna ist auf unserer Seite.« Dann musterte er ihn scharf. »Du weißt, dass ich dabei nicht meine besten Gladiatoren einsetzen kann. Sie sind zu wertvoll und zu bekannt. Ich verlasse mich auf dich.«

»Aber wir werden doch maskiert sein?«

»Es ist trotzdem zu riskant. Diesmal kämpft ihr nicht gegen tölpelhafte Sklaven und ausgemusterte Legionäre, sondern gegen gut ausgebildete Gladiatoren. Da ist es schon möglich, dass dem einen oder anderen die Maske vom Kopf gerissen oder er sogar getötet wird.«

»Dann weiß jeder, wer dahintersteckt.«

»Wer erkannt wird, muss sterben. Ich schicke einen zweiten Trupp hinterher, der dafür sorgt. Ich werde behaupten, dass die Gladiatoren aus meinem Ludus geflohen sind. Die Toten werden das nicht abstreiten können. Wie viele dabei draufgehen, ist unwichtig. Entscheidend ist nur, dass der Sklave stirbt. Der Quästor wird alle Verluste großzügig ersetzen.«

»Wie viel bekomme ich für Priscus, wenn er fällt?«

»Der wird nicht mitmachen.«
»Wieso?«
»Er ist unzuverlässig. Er hat uns den ganzen Ärger erst eingebrockt.«
»Und was ist, wenn man mich erkennt? Wirst du dann auch mich töten lassen?«

Erasmus grinste. »Aber nein Forus, mein Freund. Uns verbindet doch eine gemeinsame glorreiche Vergangenheit. Wie kannst du so etwas denken?«

Da war sie wieder, diese inhaltsleere Schmeichelei, die Freundschaft vorgab. Erasmus' Worte fuhren Forus in die Knochen. Das Blut schoss ihm in den Kopf, denn ihm wurde plötzlich klar, dass Erasmus seinen Tod wollte. Wie Schuppen fiel es ihm von den Augen. Nicht nur Verus stellte für Tullius und Erasmus eine Gefahr dar, sondern auch er selbst. Würde er sterben, könnte sich Erasmus den Sklaven Priscus ohne Umstände aneignen, ihn kontrollieren und jederzeit töten lassen. Nicht nur Verus mussten Erasmus und Tullius als Zeugen fürchten, sondern auch ihn selbst, Forus. Würde man ihn und Verus töten, wären die beiden alle Sorgen los. Sämtliche Verbindungen zu ihnen wären gekappt.

Forus' Verdacht verstärkte sich, als ihm Erasmus für die Ermordung des Sklaven eine hohe Geldsumme versprach. Jetzt wusste er endgültig, dass dieser davon ausging, die Summe niemals auszahlen zu müssen. In diesem Augenblick bereute er, sein Schweigen gebrochen zu haben.

63

»Liebe Julia«, Licinia kniete nieder und küsste die Hand ihrer mütterlichen Freundin, »ich weiß nicht, wie ich dir danken soll.«

»Nicht doch, mein Schätzchen. Steh auf.« Die Witwe schüttelte gerührt den Kopf. »Deine Anwesenheit ist mir Dank genug.«

»Aber sie kostet dich so viel Geld.«

»Das tut es allerdings«, sagte die Witwe wieder kühl. »Aber noch mehr beunruhigen mich die Männer, die andauernd vor dem Haus herumstehen. Einige Gäste haben sich schon nach ihnen erkundigt. Wenn herauskommt, dass das Gladiatoren sind, würde das den Ruf meines Hauses schädigen.«

»Oh verzeih die Unannehmlichkeit, liebste Julia. Dann werde ich dein Haus verlassen.«

»Wo willst du denn hin?«

»Ich weiß es nicht. Vibius wird mir helfen.«

»Das kommt gar nicht in Frage. Wir müssen deinen Verus von Lentulus freibekommen. Das ist die einzige Lösung.«

»Doch wie?« Licinia seufzte tief.

»Vibius arbeitet daran. Lentulus weigert sich, Verus zu verkaufen, obwohl ihm Vibius Zugeständnisse gemacht hat. Er hat ihm versprochen, dafür zu sorgen, dass dessen Gladiatoren bei den Spielen zukünftig bedeutende Kämpfe erhalten. Er stellte ihm sogar einen Primuskampf in Aussicht. Doch weder Geld noch gute Worte haben bisher geholfen. Lentulus hat sich nur höflich bedankt und gemeint, die großen Kämpfe kämen mit so einem Gladiator, wie Verus einer ist, von ganz allein, und damit würde das Ansehen seines Ludus auch ohne fremde Hilfe steigen.«

Licinia senkte enttäuscht den Blick. »Und wenn er bei den nächsten Spielen getötet wird?« Der Gedanke quälte sie immer mehr, je näher die Saturnalien rückten, das Fest, an dem wieder Gladiatoren umkommen würden.

»Bete zu den Göttern«, erwiderte die Witwe. »Vibius zieht jetzt andere Saiten auf. Er sucht nach einem Anlass, um Lentulus Majestätsbeleidigung unterstellen zu können. Schon die Androhung scheint zu wirken. Neros Todesurteile und die Zeit der Denunziationen, in der sich keiner seines Lebens sicher war, sind nicht vergessen.« Dann klatschte die Witwe in die Hände. »Schluss jetzt mit den trüben Gedanken! Freu dich auf Verus. Er muss jeden Augenblick kommen.«

Ein Sklave stürzte plötzlich in das Zimmer herein. Er winkte aufgeregt mit den Armen. »Domina, bitte komm schnell. Es ist etwas Schreckliches geschehen.«

Die beiden Frauen folgten dem Sklaven ins Atrium. Dort lag ein Mann auf dem Boden. Sie konnten nur seine Füße sehen. Gernicus und seine Leute versperrten ihnen den Blick. Als die beiden Frauen näher herantraten, wichen sie zur Seite. Und jetzt erkannte Licinia den Mann, der am Boden lag. An seiner linken Hüfte war die Tunika zerfetzt und mit Blut durchtränkt. Er schaute Licinia mit schmerzverzerrter Miene an.

»Forus, bei den Göttern, was ist geschehen?«, rief sie.

Er bewegte die Lippen, brachte aber kein Wort hervor.

»Wir wurden überfallen«, antwortete Verus. »Dieser Mann hat mir das Leben gerettet. Du kennst ihn?«

»Ja. Er ist mein Beschützer.«

»Steht hier nicht herum!«, rief die Witwe resolut. »Der Mann kann nicht auf dem Fußboden liegen bleiben – Tiro!«, befahl sie einem ihrer Sklaven. »Lauf schnell! Hol den Medicus!« Der Sklave nickte und rannte davon. »Und ihr«, sprach sie zu Gernicus' Leuten, »tragt ihn zu einem Lager. Folgt mir!«

»Er hat dir das Leben gerettet?«, fragte Licinia, während sie an Verus' Seite den Trägern hinterherschritt.

»Ja, ich wäre jetzt tot, wenn er nicht da gewesen wäre.« Verus nickte in Richtung des Verletzten, den Gernicus' Männer in eine Kemenate der Sklaven trugen.

»Dass sich Forus so leicht von Straßenräubern überwältigen lässt, hätte ich nicht gedacht«, murmelte Licinia vor sich hin.

»Licinia!« Verus blieb stehen. »Gewöhnliche Straßenräuber hätten uns niemals angegriffen. Das waren Gladiatoren. Sie wollten mich töten. – Es ist merkwürdig. Dieser Mann ist zusammen mit den Angreifern gekommen, doch dann hat er auf einmal die Seiten gewechselt und mich verteidigt. Dabei wurde er von allen gleichzeitig angegriffen. Und trotzdem hat er mein Leben über sein eigenes gestellt. Bei der Übermacht hatte er keine Chance.«

»Der Angriff galt dir?«

»Ja, ich bin mir sicher, dass sie es auf mich abgesehen hatten. Es war die gleiche Situation wie damals auf Helvidius' Latifundium, als mich der Barbar mit den roten Haaren töten wollte.«

»Also steckt wieder Tullius dahinter?« Licinias Gesichtszüge erstarrten. »Aber woher weiß er, dass wir uns hier treffen?«

Verus zuckte die Schultern.

Inzwischen kam der Medicus, ein schmächtiger Mann mit schlohweißem Haar. Er war mit einer sauberen grauen Tunika bekleidet. Die Witwe Felix geleitete ihn in die Kemenate. Der Medicus schickte alle Männer fort. Nur Julia Felix, Licinia und Verus sahen zu, wie der Arzt den Verwundeten versorgte. Als er damit fertig war, drehte er sich, stumm den Kopf schüttelnd, zur Witwe um. »Ich habe ihm Saft vom Kraut des Vergessens gegeben. Das wird seine Schmerzen lindern. Ich lasse euch etwas davon da. Gebt ihm aber nicht zu viel, sonst lähmt es die Atmung. Den Verband müsst ihr mehrmals täglich wechseln. Ich bin aber nicht sicher, ob er die Nacht überleben wird. Er wird Fieber bekommen. Versucht es durch kalte Umschläge zu mindern. Mehr kann ich für ihn nicht tun. Alles andere liegt in den Händen der Götter.«

Während die Witwe den Medicus auszahlte, trat Licinia an Forus heran und streichelte ihm dankbar die Hand. Forus lächelte verkrampft zurück und begann dann überraschend zu sprechen. Es fiel ihm sichtlich schwer, aber irgendetwas schien ihm auf der Seele zu brennen.

»Es waren Erasmus' Männer. Gladiatoren aus seinem Ludus«, presste er aus sich heraus.

»Erasmus?«, wiederholte Verus. Er erinnerte sich daran, dass Lentulus diesen Namen schon einmal erwähnt hatte.

»Ja, der Lanista Erasmus hat sie geschickt, um Verus zu töten. Priscus ist jetzt sein Gladiator.«

Die Witwe hatte inzwischen den Arzt verabschiedet und kam hinzu.

»Wer ist dieser Priscus?«, fragte Verus.

»Der Mann, der den Senator ermordet hat.«

»Der Mann mit den roten Haaren?«, fragte Verus aufgeregt nach.

»Ja. Die beiden maskierten Männer, die Helvidius' Latifundium überfallen haben, waren Priscus und ich. Der Quästor hat uns dafür bezahlt.«

»Welcher Quästor?«, fragten Licinia und Verus fast gleichzeitig.

»Gaius Cornelius Tullius!«

Licinia und Verus schauten sich an. »Bist du sicher, dass es der Quästor Tullius war?«, fragte Licinia eindringlich nach.

»Ganz sicher. Gaius Cornelius Tullius, dein Ehemann, gab uns den Auftrag.« Forus atmete kurz. Trotzdem zwang er sich weiterzusprechen.

»Es sollte allerdings nicht der Senator sterben, sondern Verus. Aber Priscus, mein Sklave, hat Verus verschont und an seiner statt den Senator umgebracht. Das war nicht geplant.«

»Wer hat euch das Tor geöffnet?«, hakte Verus nach.

»Ein Sklave des Senators namens Semprosius. Ich habe ihn getötet.«

»Und mich hat man dafür zum Tode in der Arena verurteilt.« Verus senkte die Augen, um dann jedoch schnell wieder aufzublicken. Dieses Geständnis könnte alles ändern. Es könnte Licinias und Verus' Freiheit bedeuten und Tullius' Ende.

»Aber ich verstehe nicht: Warum wollte Erasmus mich töten?«, fragte Verus nach.

»Wir, Priscus und ich, sind Tullius nie begegnet.« Forus' Gesicht verzerrte sich vor Schmerz. Er presste die Worte schwer atmend aus sich heraus. »Erasmus war es, der Tullius' Auftrag an uns vermittelt hat. Der Quästor Tullius hat deinen sofortigen Tod von ihm verlangt.« Eine Schmerzwelle durchschüttelte seinen Körper.

Verus dachte an das Gespräch mit Lentulus und wie der Lanista sich darüber gewundert hatte, dass Erasmus einen verurteilten Sklaven hatte kaufen wollen. Jetzt bestätigte sich Verus' Verdacht.

Die Witwe verabreichte Forus noch etwas von dem Opiumsaft. Dieser entspannte sich und sprach leise: »Verus, du bist in größter Gefahr. Hüte dich vor Erasmus und seinen Gladiatoren. Priscus muss unbedingt am Leben bleiben. Ihr beide zusammen könnt alles bezeugen. Rächt meinen Tod. Der Quästor und Erasmus müssen sterben.«

»Warum sollte Priscus den Mord eingestehen?«, fragte Verus.

»Er wird es. Priscus hasst die Römer. Er hasst den Quästor, und er hasst auch Erasmus. Glaub es mir. Ich kenne ihn. Ihr müsst ihm nur klarmachen, dass er nicht bestraft werden kann. Er ist mein Sklave, mein Eigentum. Ich bin nach dem Gesetz für den Mord verantwortlich, nicht er. Er hat es nur getan, weil er mir Gehorsam schuldet.«

»Aber wie soll er den Quästor belasten?«, fragte Verus erneut.

Forus senkte die Augenlider. »Priscus kann bezeugen, dass der Quästor uns beauftragt hat. Er war dabei, als uns Erasmus seinen Namen nannte. Wir sollten jeden töten, der uns daran hinderte, dich zu ermorden. So lautete sein Auftrag.«

»Dann ist Verus unschuldig?«, fragte die Witwe streng nach.

»So unschuldig wie ein Kind. Semprosius hat falsch gegen ihn ausgesagt.« Die Überanstrengung des tödlich Verletzten forderte nun ihren Tribut. Forus schloss die Augen und sackte in den Schlaf.

»Dieser verdammte Schuft«, brummte Verus.

»Tiro«, rief die Witwe. Kurz darauf erschien ihr Haussklave.

»Du wachst bei dem Verletzten. Wenn es Probleme gibt, rufst du mich.«
»Ja, Herrin.«

Licinia und Verus zogen sich dieses Mal nicht in die intime Zweisamkeit zurück. Sie berieten zusammen mit der Witwe Felix, wie es weitergehen sollte. Reichte das Geständnis eines sterbenden Lanista aus, um Verus zu retten und Tullius einer gerechten Strafe zuzuführen? Julia Felix, die sich ohne zu zögern als Zeugin bereiterklärte, war zwar keine Adlige, genoss aber aufgrund ihres Reichtums ein hohes Ansehen, wenigstens in Pola. Ihr Mann, der Händler Lucius Felix, war schon nach wenigen Ehejahren gestorben, als sie gerade zwanzig war. Er hatte ihr ein beträchtliches Vermögen hinterlassen, das sie mit Eifer und Klugheit geschickt anzulegen wusste. Jetzt unterhielt sie in vielen römischen Städten gut beleumundete Hotels, in Rom sogar zwei. Patrizier, die auf ihren Reisen kein standesgemäßes Logis fanden, kehrten gern in ihren Häusern ein. Ihr Name sollte sich auch in Rom herumgesprochen haben. Doch reichte ihr Ansehen aus, um nötigenfalls in einem Prozess gegen Tullius' Wort bestehen zu können? Es war nicht die einzige Frage, deren Antwort Julia Felix fürchtete.

»Freut euch nicht zu früh. Es ist nicht einfach, einen Senator vor Gericht zu ziehen.« Die Witwe mahnte zu nüchternem Nachdenken. »Wer soll ihn denn verklagen?«

Sie schaute Verus an. »Du, Verus, ein Sklave?«

Dann wanderte ihr Blick zu Licinia hin. »Oder du, Licinia, als seine Ehefrau? Oder meint ihr etwa Vibius, ein Freigelassener, könnte das tun? Oder eine einfache römische Bürgerin, eine Frau, wie ich es bin?«

Sie schaute in die betretenen Gesichter.

»Kein Einziger von uns«, fuhr sie kopfschüttelnd fort, »besitzt auch nur die formellen Voraussetzungen, um eine Klage gegen einen römischen Bürger zu erheben, geschweige denn gegen einen Senator. Ich frage euch also: Wer von uns hat einen

Patron, der so mächtig ist, dass er es wagt, einen Senator zu verklagen?«

»Ich!«, warf Licinia ein.

»Wer soll das sein?«, fragte die Witwe erstaunt.

»Der Kaiser.«

»Der Kaiser?« Julia Felix lachte bitter. »Schätzchen, dein Bittgesuch würde in den Vorzimmern des Palastes verschimmeln. Ja, wenn du den Duumvir überreden könntest, aber der würde sich doch nur selbst belasten.«

»Ich kenne jemanden, der es dem Kaiser antragen kann«, beharrte Licinia.

Alle Blicke richteten sich auf sie.

»Wer?«, fragte Julia Felix.

»Catulus!«

»Catulus? Wer ist Catulus?« Die Witwe guckte verdutzt.

»Der persönliche Sekretär des Kaisers. Er hat mich schon einmal empfangen und versprochen, mir zu helfen, wenn es neue Fakten gibt. Und das ist jetzt der Fall.«

Julia Felix gab sich verwundert. »Davon weiß ich gar nichts. Wie hast du es geschafft, bei ihm vorgelassen zu werden?«

»Plautius Silvanus hatte mir geholfen.«

»Wer ist das?«, fragte die Witwe.

»Ich kenne ihn persönlich«, antwortete Verus. »Er war während seiner Statthalterschaft in Moesia ein Freund meines Vaters und hat mich gefördert.«

»Er war Stadtpräfekt von Rom, als er mit mir zusammen bei Catulus vorgesprochen hat«, ergänzte Licinia, »und er ist Vibius' Freilasser.«

»Jetzt verstehe ich.« Die Miene von Julia Felix erhellte sich. »Wenn das so ist, dann sollten wir keine Zeit verlieren.«

»Wir?«, fragte Licinia.

»Na, glaubst du etwa, ich lasse dich alleine nach Rom reisen, ohne Geld und ohne Sklaven, die dich beschützen?«

Licinia lächelte.

»Ich komme natürlich mit.«

Plötzlich kam Tiro angelaufen. »Herrin, komm schnell. Der Mann ist wieder aufgewacht und will noch etwas Wichtiges sagen.«

Die Witwe und die beiden Liebenden liefen eilig in die Kemenate. Aus Forus' Gesicht war alle Farbe gewichen. Kalter Schweiß perlte auf seiner Stirn, und seine Augenlider bildeten nur noch kleine Sehschlitze.

»Tiro! Bring neue kalte Umschläge«, rief die Witwe.

Forus ergriff ihre Hand. »Die Herrin Licinia muss von hier fliehen«, presste Forus heiser heraus. »Der Quästor weiß, dass sie sich hier aufhält. Er wird keine Zeit verlieren, um sie von hier fortzubringen.«

Erschrocken sahen sich Verus und Licinia an. Ohne ein Wort zu wechseln, verstanden sie sofort. Natürlich, Tullius hatte inzwischen bestimmt erfahren, dass der Anschlag auf Verus fehlgeschlagen war. Er würde nicht warten, bis seine Frau erneut geflohen war.

Die Witwe reagierte am schnellsten. »Verus! Du musst sofort zurück in die Kaserne. Der Quästor darf dich hier auf keinen Fall antreffen.« Sie drehte sich um und rief ins Haus: »Tiro!«

Der Sklave kam unverzüglich angerannt. »Ja, Herrin?«

»Ich muss sofort mit Licinia abreisen. Ruf die Sklaven zusammen. Sie sollen sich heute so schwer wie möglich bewaffnen. Ich möchte sofort aufbrechen – und sorge dafür, dass einer Licinia beim Packen hilft. – Ach ja, die Reisekasse sollte etwas üppiger als sonst gefüllt sein. Und du kümmerst dich um die Geschäfte.«

»Wohin soll es gehen, Herrin?«

»Frag nicht danach. Was du nicht weißt, kannst du nicht verraten.«

»Jawohl, Herrin. Ich werde deine Wünsche erfüllen.«

Licinia und Verus fassten sich an den Händen. Ihre tränengefüllten Augen, mit denen sie sich ansahen, fragten einander stumm: Wann werden wir uns wiedersehen?

»Dieses Mal werde ich es schaffen. Catulus wird mir helfen, und alles wird gut«, munterte Licinia ihren Geliebten auf.

Verus nickte. »Ich liebe dich.« Dann küsste er sie innig und lang. Doch der Kuss hatte den Geschmack eines Abschieds.

Als die beiden Frauen mit einer zweispännigen Kutsche und von zehn bewaffneten Reitern eskortiert aufbrachen, dämmerte es. Die letzten blutroten Strahlen der Sonne tauchten die vorbeiziehende Landschaft in eine melancholische, buntblättrige und von Schatten durchwebte Kulisse. Licinia fühlte sich wie in einem Traum. Glück und Unglück lagen so dicht beieinander. Das Schaukeln der Kutsche und die Anstrengung des Tages forderten alsbald ihren Tribut. Sie verfiel in einen Halbschlaf, in dem sie immer wieder aufs Neue ihre Lage überdachte. Der Kaiser könnte sich ohne die ihm vorgegaukelte Selbstmordversion vom Tyrannenverdacht befreien. Sie träumte, wie Tullius im Senat angeklagt werden würde. Wie ihn ein Senator als Lügner beschimpfte. Der quicklebendige Verus, den Tullius für tot erklärt hatte, würde die Glaubwürdigkeit des Quästors zerstören, dessen Behauptung, der Senator Helvidius hätte Selbstmord begangen, Lügen strafen. Jeder würde ihn dann verdächtigen, selbst den Auftrag zur Ermordung des Senators erteilt zu haben. Niemand würde ihm glauben, er hätte es auf einen Sklaven abgesehen. Er würde sich nicht gegen den Vorwurf wehren können, dass er sich mit dem Tod des Senators und der Einverleibung von dessen Besitz in das kaiserliche Vermögen einen eigenen steilen Karriereaufstieg erhoffte. Der Kaiser wäre entlastet und würde Tullius in ein fernes Land verbannen oder ihn gar hinrichten lassen. Nie mehr würde sie diesen wiedersehen. Und der Kaiser würde ihr die Freilassungsurkunde für Verus überreichen, mit dem zusammen sie dann gemeinsam in einer Kutsche nach Moesia, zu ihrem Vater, reisen können würde. Sie griff nach Verus' Hand.

»Ausgeschlafen, Schätzchen?«, hörte sie die Witwe sagen. »Es ist schon spät. Wir rasten hier in Aquileia. Morgen reisen wir weiter nach Rom.«

Die beiden Frauen richteten sich im Hotel der Witwe Felix für die Nacht ein. Aquileia war eine große Handelsmetropole und der Flusshafen einer der bedeutendsten Warenumschlagplätze in Italia im östlichen Mittelmeer. Da sich die See erst im Frühjahr wieder beruhigen und eine sichere Schifffahrt ermöglichen würde, war das sonst quirlige Stadtleben der Ruhe eines Kurortes gewichen, weshalb es im Hotel auch genügend freie Zimmer gab.

Julia Felix schickte noch am selben Abend einen Boten mit einer Nachricht an den Kaiserpriester Vibius. Sie schilderte ihm die neuesten Entwicklungen und bat ihn, Verus weiterhin zu helfen. Er solle dafür sorgen, dass der Lanista Lentulus ihn nicht bei den nächsten Spielen aufstelle. Was sie nicht ahnte, war, dass sie dadurch ihren Aufenthaltsort verriet, denn der Kurier wurde in Pola von Tullius' Leuten abgefangen.

Mitten in der Nacht trommelte plötzlich jemand gegen die Pforte des Hotels in Aquileia. Ein Haussklave öffnete das kleine Guckfenster in der Tür. Ein »Sofort öffnen!« schlug ihm entgegen.

Die Witwe Felix kam angelaufen. »Was geht hier vor?«

»Draußen sind Soldaten, Herrin«, antwortete der Sklave verängstigt.

Es donnerte schon wieder gegen das Tor.

»Öffne!«, befahl die Witwe.

Der Sklave entfernte die Eisenstange, deren eines Ende in einer Fußbodenkuhle und deren anderes im Türverschlag verankert war. Vier Soldaten stürmten ins Haus, die Sklaven grob zur Seite schubsend. Vor der Witwe blieben sie stehen. Der Präfekt Placidus aus Pola trat vor. Neben ihm stand ein junger Mann. An seiner Toga mit den breiten roten Streifen erkannte Julia Felix den Senator.

»In deinem Haus befindet sich eine Licinia aus der Familie der Cornelier. Stimmt das?«, fragte der Präfekt barsch.

Die Witwe nickte.

»Hol sie her! Sonst durchsuchen wir alles. Das wird deinen Gästen nicht gefallen und deinen Ruf nicht fördern.«

»Was hat sie denn angestellt?«, fragte Julia verstört.

»Ehebruch! Das muss dir als Grund genügen.«

»Warte hier. Ich werde sie holen.«

»Ich werde dich begleiten«, entgegnete der junge Senator.

»Unmöglich! Das schickt sich nicht«, protestierte die Witwe.

»Das schickt sich sehr wohl«, beharrte der Senator. »Ich bin ihr Ehemann.«

DRITTER TEIL

(79 bis 80 n. Chr.)

64

**Rom
79 n. Chr.**

Acht Jahre nach Forus' Tod trauerte Rom um seinen Imperator Caesar Vespasianus Augustus. Den Trauerzug führten heulende Klageweiber an, die sich ekstatisch das offene zerzauste Haar rauften. Die Söhne des Verstorbenen, Titus und Domitianus, schritten hinter dem von Rappen gezogenen und mit weißen Lilien geschmückten Sargwagen her. Sie hatten sich die schwarzen Togen über ihre Köpfe gezogen. Ihnen folgte der Senatorenzug. Die Route führte vom Forum, wo Titus die Trauerrede gehalten hatte, zum Mausoleum des Claudius, jenes Kaisers, dem der Dahingeschiedene seine Karriere verdankte.

Im Gegensatz zu vielen seiner Vorgänger war Vespasianus keinen gewaltsamen Tod gestorben. Eine simple Erkältung hatte ihn am 23. Juni 79 n. Chr. dahingerafft. Die Geschichtsschreiber würden ihn später als guten Herrscher rühmen. Sein Sohn Titus folgte ihm einen Tag nach seinem Tod ins Amt, so wie es der Vater gegen dessen damaligen Widersacher Helvidius im Senat durchgesetzt hatte. Es geschah ohne den geringsten Einwand, obwohl Titus' Lebenswandel bei vielen Senatoren mit Argwohn beäugt wurde. Allein schon seine Verbindung mit der judäischen Prinzessin Berenice schürte böse Erinnerungen an Marcus Antonius, der aus Liebe zu Kleopatra Roms Machtzentrum in den Orient hatte verlegen wollen. Außerdem sagte man ihm einen Hang zu übermäßigem Luxus und zu tyrannischer Gewalt nach. Trotzdem stellte niemand sein Kaisererbe infrage. Kein Einziger wagte es, wie einst Helvidius, der Kaiserdynastie die Stirn zu bieten. Die erbitterten Machtkämpfe waren inzwischen vom Staub der Zeit überdeckt.

Ungeachtet des Machtwechsels vergütete die Witwe Fannia nach wie vor die Dienste von Brutus, obwohl es dem Detektiv in all den Jahren nicht gelungen war, zwischen dem Tod ihres Ehemannes und dem Kaiser eine Verbindung herzustellen. Mit Vespasianus' Tod war für Fannia die Sache nicht zu Ende, denn sie wollte Rache bis ins letzte Glied der Kaiserfamilie.

Trotz Forus' Geständnis war Verus nicht freigekommen. Nachdem Licinia in den Gewahrsam ihres Ehemannes zurückgekehrt war, hatten der Kaiserpriester Vibius und die Witwe Felix einen gemeinsamen Brief an Catulus geschickt. Aber ihr Bittgesuch brachte nicht den gewünschten Erfolg. Als Personen mit hohem Ansehen genossen sie zwar Glaubwürdigkeit, doch letzten Endes waren sie nur Zeugen zweiten Ranges. Entscheidend war der mangelnde Leumund eines Lanista, dessen Aussage gegenüber der Widerrede des Quästors nicht standhielt. Tullius' Behauptung, bei dem Gladiator Verus und dem in der Depesche erwähnten Aufseher handele es sich um verschiedene Personen, genügte Catulus, um den Anschuldigungen nicht weiter nachzugehen. Da sich außerdem im Senat die Wogen geglättet hatten, sah er auch keinen Grund mehr, ein unnötiges Risiko einzugehen. Die Sache verlief im Sand.

Lentulus, der immer noch den kleineren Ludus in Pola führte, hatte es aufgegeben, sich an Erasmus zu rächen. Doch hatte er Trost in seinem Vermögen gefunden, das ihm Verus mit seinen zahlreichen Siegen deutlich vergrößert hatte. Vier Jahre später hatte er die Quelle seines Reichtums jedoch schweren Herzens und nicht ganz freiwillig an den kaiserlichen Ludus nach Rom verkaufen müssen.

Auch Licinias Erinnerungen an ihre glücklichen Stunden mit Verus waren mit der Zeit immer blasser geworden. Nachdem Tullius sie damals in Aquileia aus dem Haus der Witwe Felix gewaltsam in seine Obhut gebracht hatte, war ihr nie wieder etwas von ihm zu Ohren gekomen. Aber vergessen würde sie ihn nie. Ihre Gedanken an Verus waren voller Trauer, denn in all den Jahren in der Arena dürfte ihr Geliebter unmöglich überlebt haben. Trost fand sie in ihren Kindern. Besonders in dem siebenjährigen Lucius, der sie mit seinen tiefschwarzen Haaren an Verus und an die vielen süßen Stunden im Haus der Witwe Felix erinnerte. Der zwei Jahre jüngere Antoninus mit seinem brünetten Wuschelkopf kam von seinem Äußeren eher nach Tullius. Aber zu Licinias Freude teilten die Brüder nicht den Hass ihrer Väter. Dann gab es da noch die dreijährige Lucilla, die durch die Räume der Villa wirbelte und sich gern im Garten versteckte. Sie hatte das gewinnende Lachen ihrer Mutter aus längst vergangenen Tagen des Glücks geerbt.

Und Philippus? Er war inzwischen zu einem jungen Mann herangewachsen. Zu seinem handwerklichen Geschick hatte sich auch ein organisatorisches Talent gesellt. Rufus zeigte sich mit ihm zufrieden und setzte Philippus als seinen Erben ein. Philippus' Erinnerungen an seine Entführung und die schrecklichen Ereignisse auf Helvidius' Latifundium wurden von seiner Leidenschaft für den Bau des Amphitheaters in den Hintergrund gedrängt. Doch wenn er nachts neben seiner jungen Frau Cecilia im Bett lag und ihr gemeinsamer Sohn Fabius fest schlief, kehrten manchmal im Traum die Erlebnisse jener Mordnacht wieder. Dann stürzte der rothaarige Gladiator mit einem großen Dolch auf ihn zu, während ihm seine eigenen Beine den Dienst versagten. Schweißgebadet wachte er jedes Mal auf. Licinias Warnung, als er seinerzeit zusammen mit ihr nach Rom gereist war, sich vor Tullius in Acht zu nehmen und nicht über die Vorgänge zu sprechen, hatte er strikt befolgt. Selbst seinem Onkel hatte er sich nicht anvertraut. Er hoffte auf die Heilkraft der Zeit.

65

Tullius hatte die depressive Stimmung, die ihn noch in Pola gequält hatte, überwunden. Die Furcht vor einer Enthüllung seiner Verstrickung in Helvidius' Tod war längst verflogen.

Mit Ausnahme des Duumvirs Longinus und des Lanista Erasmus war kein Beteiligter mehr am Leben. Von denen hatte er aber nichts zu befürchten, würden sie sich doch selbst belasten. Semprosius moderte in einem Armengrab und Forus' Grabstein, den ihm dessen Gladiatorenbrüder gesetzt hatten, zeigte bereits die ersten Spuren von Verwitterung.

Und Verus und Priscus? In all den Jahren dürften sie längst ihr Schicksal in der Arena gefunden haben. Er hielt es für unmöglich, dass sie noch am Leben waren.

Den Senat betrat Tullius in diesen Tagen in der kreideweißen Toga candida. Noch der alte Kaiser Vespasianus hatte ihn für das Amt des Prätors vorgeschlagen. Über den Ausgang der Wahl hatte er sich keine Sorgen gemacht, wenn auch zwischenzeitlich nun Titus den Kaiserpurpur trug. Nun hatte er es geschafft. Lange genug hatte er darauf gewartet. Der Verwirklichung seines Traums vom Konsul war er bedeutend näher gekommen. Aber selbst ohne das Konsulat wäre eine Statthalterschaft später auch als Proprätor schon möglich. Die Tradition seiner Familie auf hohe Ämter würde er fortsetzen. Ein Erfolg, den die Cornelier hoch schätzten, gerade weil mittlerweile die meisten traditionsreichen Patrizierfamilien ausgelöscht oder deren Senatsmitglieder durch Männer aus den Provinzen ersetzt worden waren.

Als zukünftiger Prätor gehörte es zu seinen Pflichten, sich um die Spiele zu kümmern. Sein vorrangiges persönliches Interesse galt eigentlich den Wagenrennen im Circus Maximus, wo er es mit den Blauen hielt, den Favoriten des Kaisers. Für

Gladiatorenspiele hatte er sich bisher nie begeistert. In seinen Augen waren sie nur Opium für den Pöbel. Von nun an würden sich Besuche in der Arena jedoch nicht vermeiden lassen. Gerade jetzt, da er im Begriff war, zu einer bedeutenden öffentlichen Person aufzusteigen, würde er auf seine Sichtbarkeit achten müssen. Denn Sichtbarkeit war Popularität. Und Popularität war alles. Der Verantwortung über die Spiele in der Arena begegnete er mit Respekt, wusste er doch um deren Bedeutung für den Kaiser. Dass der Cäsar ihn gerade jetzt für dieses wichtige Amt vorgesehen hatte, ehrte ihn besonders. Denn im nächsten Sommer, also während seiner Prätur, sollte dieses mächtigste Bauwerk Roms erstmals für die Öffentlichkeit seine Pforten öffnen, das Amphitheater Novum, eine Arena, wie sie die Welt noch nicht gesehen hatte. Es würden dort Spiele stattfinden, die den Glanz alles bisher Dagewesenen übertreffen sollten. Einhundert Tage lang sollten diese andauern, und kein Tag sollte dem anderen gleichen. Auf ihn wartete also eine immense Herausforderung.

Entgegen seiner bisherigen Gewohnheit beschäftigte er sich jetzt mit allem, was mit Gladiatoren zu tun hatte. Er befasste sich mit Öllampen mit Bildnissen aus der Arena, Kerzenleuchtern in Gestalt von Gladiatoren, Briefbeschwerern aus Bronze, Bilderschüsseln aus Terra-Sigillata, bleiernen Fluchtafeln, Siegelringen, Gemmen, Glasbechern und anderen nützlichen und unnützen Dingen, die mit derartigen Motiven versehen waren. Selbst die Graffiti an den Häuserwänden studierte er eingehend. Dazu begab er sich in Stadtviertel, die er vorher nie betreten hatte, und trug dabei schlichte Kleidung, um nicht aufzufallen. Je armseliger die Häuser und je schmutziger die Gassen wurden, desto öfter entdeckte er Gladiatorendarstellungen an den Wänden.

Eines Tages zog ihn magnetisch eine Hauswand an. Er starrte auf zwei Graffiti. Einer der Urheber, ein gewisser Felicius, behauptete dort, der von ihm dargestellte Thraex sei der beste Gladiator des Reiches. Ein anderer, der Spicellus hieß, verehrte in seinem Graffito einen Murmillo. Beide Kämpfer wiesen viele Siege auf, wenige Unentschieden und kaum Niederlagen. Doch was Tullius bewegte, war nicht die große Zahl der Kämpfe, die beide überlebt hatten, sondern ihre Namen: Verus und Priscus.

Tullius kam ins Grübeln. Was da stand, riss in seinem Inneren schlecht verheilte Wunden auf. Nein, das sind sie nicht, redete er sich ein. Das ist unmöglich. Doch als er feststellte, dass die Summe ihrer Kämpfe in der Zeitspanne seit Helvidius' Tod drei bis vier pro Jahr ergaben, wurde es ihm bange ums Herz. Sein Kopf glühte. Das Ergebnis passte. Die Zeichnungen zogen ihn in ihren Bann. Natürlich waren sie keine realen Abbildungen, und wer wusste schon, ob die dargestellten Daten überhaupt stimmten. Sie könnten Ausdruck maßloser Übertreibungen zweier Anhänger sein. Tullius wusste, welches Ausmaß deren Fanatismus annehmen konnte. In Pompeji hatte es dreißig Jahre zuvor bei Ausschreitungen der Zuschauer im Amphitheater sogar Tote gegeben. Das Ereignis war immer noch gegenwärtig, und es sollte sich nicht wiederholen. Nicht auszudenken, käme es in dem neuen Amphitheater, das fünfzigtausend Besucher fassen sollte, zu unkontrollierten Auseinandersetzungen. Er hatte eine enorm hohe Verantwortung zu tragen. Und er fragte sich, warum er sich wegen solcher Schmiererei den Kopf zerbrechen sollte.

Doch der Zweifel saß tief. Er raubte ihm nachts den Schlaf und ließ ihn auch tagsüber nicht zur Ruhe kommen. Das Angstgefühl von Pola kehrte wieder zurück. Wenn herauskäme, dass genau dieser Verus noch lebte, den er in der Depesche an den Kaiser für tot erklärt hatte, würde ihm niemand mehr glauben. Das Geständnis des Lanista Forus, das er seinerzeit nur mühevoll hatte entkräften können, bekäme ein gefährliches Gewicht. Eine Untersuchung würde das Verhältnis seiner Ehefrau mit dem Sklaven ans Tageslicht bringen, und sein Ruf wäre ruiniert. Und das alles würde ausgerechnet zu einem Zeitpunkt geschehen, an dem er sich eigentlich auf dem Höhepunkt seiner Karriere befand. Schrecklicher könnten ihn die

Götter nicht strafen. Sein Unbehagen steigerte sich noch, als er erfuhr, dass dieser Verus nicht nur mit der Armatura eines Thraex kämpfte, sondern auch noch gebürtiger Thraker war. Um seine innere Ruhe wiederzufinden, musste er sich Gewissheit verschaffen.

Und so begab er sich in die kaiserliche Gladiatorenschule. Castor Scaurus, der Prokurator, begrüßte ihn überschwänglich. »Gaius Cornelius Tullius, welche Ehre. Wenn du deinen Besuch angekündigt hättest, dann ...«

»Keine Umstände, Scaurus. Ich möchte kein Aufsehen erregen. Ich bekomme ein besseres Bild von deinen Gladiatoren, wenn ich sie diskret beim Fechttraining beobachte.«

»Aber gewiss. Im kaiserlichen Ludus finden jeden Tag Übungen auf höchstem Niveau statt. Überzeuge dich selbst. Wenn du mir folgen möchtest.«

Unterwegs zischte er einem Sklaven zu: »Casca soll sofort in meine Schreibstube kommen. Beeil dich!« Der Sklave rannte los.

In der Schreibstube angekommen, öffnete der Procurator eine Fensterlade und gab den Blick in die Übungsarena frei.

Tullius, der sein Interesse an Verus nicht offenlegen wollte, musterte die Kämpfer, konnte jedoch keinen Gladiator entdecken, dessen Statur der des Gesuchten ähnelte.

»Das sind die besten Gladiatoren deines Ludus?«, fragte er verunsichert.

»So ist es, Herr«, antwortete der Procurator dienstbeflissen.

»Und es fehlt keiner?«

»Sie sind alle gesund und vollzählig bei den Übungen.«

Eine männliche Stimme in ihrem Rücken sprach: »Sie sind alle Kämpfer des ersten Pfahls, Herr.« Die Worte kamen von einem kräftigen Mann in der leichten Tunika der Gladiatoren, der eben in den Raum eingetreten war.

»Das ist Casca, Herr«, stellte der Procurator den Ankömmling vor, »der Erste Trainer des Ludus. Verzeih sein ungestümes Auftreten. Er hat keine Manieren.«

Tullius brummte abfällig. »Sie haben alle den ersten Pfahl?«

»Ja, ohne Ausnahme, Herr«, antwortete Casca. »Sie haben mindestens zwanzigmal die Arena lebend verlassen, nicht mitgezählt die Schaukämpfe.«

»Sind Verus und Priscus unter ihnen?«, fragte Tullius mit leichter Ungeduld in der Stimme.

»So hast du auch schon von diesem Priscus gehört?«, brummte der Procurator abwertend.

»Ich habe ein Graffito mit einem Thraex und einem Murmillo gesehen, die so hießen.«

»Dieser Priscus«, sagte der Procurator, »gehört nicht zum kaiserlichen Ludus, sondern zum Haus des Gnaeus Erasmus.«

»Gnaeus Erasmus?«

»Du kennst diesen Lanista, Herr?«

»Nicht persönlich«, beeilte sich Tullius zu entgegnen. »Ich habe den Namen schon einmal in Pola gehört. Bestimmt ist das jemand anderes.«

»Nein, Herr. Du hast recht. Erasmus ist extra aus Pola hierhergekommen, diesen Priscus im Schlepptau«, entgegnete der Procurator, »und er macht um ihn ein Aufheben, als wäre dieser Hector persönlich. Überall lässt er Graffiti anbringen. Gegnerische Darstellungen von Gladiatoren sind ja nichts Schlechtes – sie heizen die einzelnen Lager und das Spektakel an –, aber dieser Erasmus übertreibt. Er setzt das Ansehen der kaiserlichen Gladiatoren herab. Das werden wir ihm nicht durchgehen lassen.«

Die Worte des Procurator brachten Tullius zum Nachdenken. Sollte Verus tatsächlich noch leben, dann schickten ihm die Götter Gnaeus Erasmus und dessen Gladiator Priscus nach Rom.

»Lasst da Vorsicht walten!«, befahl Tullius. »Wir wollen Volkes Stimme nicht unterdrücken. Umso mehr wird es der Eröffnung des Amphitheaters entgegenfiebern. – Wer von denen dort«, Tullius zeigte auf die Gladiatoren, die in der Ferne kämpften, »ist Verus?«

»Der Mann auf der Höhe des dritten Pfahls von rechts, Herr«, Casca wies mit ausgestrecktem Arm in die entsprechende Richtung, »der Thraex, der gegen den großen Numider kämpft. Er ist unser bester Gladiator, unser Primus Palus Maximus.«

Tullius kniff die Augen zusammen. War dieser Fechter dort wirklich sein Todfeind? Seiner Erinnerung nach war Verus ein Mann mit einem athletischen Körper. Dieser Gladiator hingegen, den ihm der Trainer zeigte, hatte eine gedrungene, ja geradezu feiste Statur.

»Soll ich den Gladiator herholen lassen?«, fragte Casca.

Tullius, der inzwischen daran zweifelte, dass es sich um Verus handelte, stimmte zu. »Lass ihn kommen«, befahl er.

Der Trainer steckte zwei Finger in seinen Mund und produzierte einen Pfiff, der so gellend war, dass es Tullius kurz in den Ohren klingelte. Ein Sklave kam herangelaufen, dem er schroff zurief: »Hol Verus her!«

Tullius sah, wie der Sklave zu dem Gladiator lief und ihm die Nachricht überbrachte, woraufhin der Mann zu kämpfen aufhörte und zu ihm herüberschaute. Erschreckt wich Tullius einen Schritt zurück, weg vom Fenster, an das er nicht mehr zu treten wagte.

Als er nach wenigen Augenblicken erst Schritte, dann die Stimme des Gladiators hörte, erkannte er ihn. Er war es. Um jeglichen Zweifel auszuschließen, trat er einen Schritt vor, damit er ihn aus der Nähe betrachten konnte. Der Anblick des Gladiators verunsicherte ihn erneut. Nicht nur dessen Fülligkeit, sondern auch die vielen Narben verunstalteten den einst schönen Körper dieses Mannes. Doch dessen Augen, daran gab es keinen Zweifel, waren die seines Feindes. Die Blicke, die sich jetzt kreuzten, waren die gleichen wie vor Jahren auf Helvidius' Landgut. Tullius war sich sicher, auch Verus hatte ihn erkannt.

66

Tullius hatte sich nicht getäuscht. Auch Verus, für den die Begegnung mit Tullius nicht überraschend kam, hatte ihn erkannt. Der Name des Prätors war in der Kaserne in aller Munde. Ginge es nach dem Geschwätz der Gladiatoren, so wäre Tullius gegenwärtig der wichtigste Mann in Rom, noch bedeutender als der Kaiser selbst, denn die bevorstehende Eröffnung des neuen Amphitheaters im nächsten Jahr, die in der Verantwortung des Prätors stand, war der Höhepunkt, dem alle Gladiatoren entgegenfieberten. Sie wussten, dass dieses Ereignis in ihrem Leben einen Glücksfall darstellte. Die besten Gladiatoren würden kämpfen und die Siegreichen unter ihnen darauf hoffen können, vom Kaiser nicht nur einen großen Batzen Geld zu bekommen, sondern obendrein noch die Freiheit. Für die meisten würde es zwar nicht das Ende ihres Lebens in der Arena bedeuten, aber sie wären von da an in der Lage, selbst zu bestimmen, wann und wie oft sie kämpfen wollten. Vor allem könnten sie dann auf göttliche Gagen bei eingeschränktem Risiko hoffen. Die Überlebenschance eines Gladiators, dem der Kaiser einmal den Rudis, das Schwert der Freiheit, übergeben hatte, war deutlich höher als die eines gewöhnlichen Kämpfers. War dieses hölzerne Schwert erst einmal in jemandes Besitz, könnte dieser sein Leben lediglich durch einen Streich während des unmittelbaren Kampfgeschehens verlieren. Kein Editor würde es wagen, einen vom Kaiser in die Freiheit entlassenen Gladiator hinrichten zu lassen. Andererseits erwartete man von diesem aber auch, dass er sein verschontes Leben weiterhin einsetzte, um das Publikum in der Arena zu unterhalten.

Bei der jüngsten Begegnung mit Tullius hatte Verus nicht die geringste Spur von Hass empfunden, ganz als wäre dieser ihm nie zuvor im Leben begegnet. Er musste aber auch nicht lange nachgrübeln, um zu verstehen, warum das so gewesen war. Seitdem Licinia acht Jahre zuvor zusammen mit der Witwe Felix nach Rom abgereist war, hatte er nie wieder etwas von ihr gehört. Daraus zog er seine eigenen Schlüsse. Etwas musste geschehen sein, denn freiwillig hätte Licinia ihren Kampf um seine Freiheit nie aufgegeben. Lange Zeit hatte er auf ein Lebenszeichen von ihr gehofft. Doch vergeblich. Und schließlich hatte er für ihr Schweigen nur eine Erklärung gefunden: Seine Geliebte musste zu Tode gekommen sein. Von da an hatte er sich in sein Schicksal ergeben. Dieses Schicksal hieß: leben auf Raten. Drei- bis viermal im Jahr kämpfte er in der Arena auf Leben und Tod. Drei- bis viermal im Jahr schloss er mit dem Leben ab. Und drei- bis viermal im Jahr wurde er aus dem Blut seines Gegners wieder neu geboren, für eine kurze Zeit bis zum nächsten Kampf, acht Jahre lang. Dieses Leben hatte keine Zukunft und keine Vergangenheit. Es war ein Leben im Schatten Charons, des dunklen Gesellen, der die Pforte zum Totenreich bewachte. Charon wurde sein vertrauter Freund, der ihm nie von der Seite wich.

Als Primus Palus Maximus genoss Verus im kaiserlichen Ludus viele Privilegien. Er besaß eine geräumige Unterkunft, über die er uneingeschränkt verfügte. Obwohl er selbst Sklave war, durfte er sich von seinen üppigen Kampfprämien einen eigenen Sklaven leisten, der für Sauberkeit und frisches Wasser sorgte und ihm täglich ausgewählte Speisen zubereitete. Er wurde auch nie in seine Zelle eingeschlossen, sodass er innerhalb der Kaserne Bewegungsfreiheit genoss und sich auch jederzeit eine der zahlreichen im Ludus beschäftigten Sklavinnen nehmen konnte. Außerhalb der Übungszeiten bestimmte er selbst, wann er gesalbt, massiert und gebadet wurde. Nur er allein besaß das Recht, Beschwerden und Bitten seiner Gladiatorenbrüder an den Procurator vorzutragen. Sein Wort unter den Gladiatoren galt so viel wie das vom Procurator selbst. Doch alle diese Privilegien standen ihm nur in den engen Grenzen des Ludus zu, den er nur zu den Kämpfen verlassen durfte.

Verus war nach der Übung mit dem Numider in seine Zelle zurückgekehrt, um sich dort auf seinem Bett auszuruhen. Die Begegnung mit Tullius ließ ihn an Licinia denken. Es mutete ihn merkwürdig an, dass sich dabei nicht wie früher die süße Erinnerung an ihr schönes Gesicht und an ihren warmen Körper einstellte. Stattdessen kam ihm die Vergangenheit wie ein Traum aus einer längst versunkenen Welt vor. Licinias Gesichtszüge erschienen ihm verschwommen, als würde sie jeden Moment vom Nebel der Zeit unwiederbringlich verschluckt werden.

Verus' Gedanken wurden jäh unterbrochen, als ungeniert der Erste Trainer eintrat.

»Du hast es weit gebracht«, sagte Casca. »Selbst der Prätor hat seine Abscheu vor Gladiatoren überwunden und wollte dich persönlich kennenlernen. So etwas habe ich bisher nicht erlebt.« Er steuerte zielbewusst auf ein Regal zu. »Hast du etwas Wein für mich?«

Verus nickte in Richtung des Regalfaches, auf dem Krüge und Becher standen. Casca bediente sich und setzte sich an den Tisch. Er schenkte sich ein und nahm aus dem Becher einen kräftigen Schluck.

»Der Prätor hat nach dir verlangt, aber er will nicht, dass du das weißt. Also verrate mich nicht.«

»Keine Sorge.«

»Er hat von irgendwelchen Graffiti gesprochen, die dich und einen Murmillo dargestellt haben. Er will euch gegeneinander kämpfen lassen.«

»Wie es kommt, so kommt es«, brummte Verus gleichgültig.

»Dieser Murmillo soll sehr gefährlich sein, habe ich gehört.«

»Es sind alle gefährlich, gegen die ich kämpfen muss.«

»Dieser aber ist eine andere Nummer. Er ist groß, und wenn er zuschlägt, hält sich keiner auf den Beinen. In ein paar Tagen will euch der Prätor schon in einem Schaukampf in Pompeji gegeneinander kämpfen lassen und damit die Stimmung für einen Hauptkampf anheizen.«

»In Pompeji? In der Provinz?« Verus richtete sich auf und

schaute Casca unzufrieden an. »Bin ich nicht mehr würdig für die Hauptstadt?«

Casca winkte ab. »Reg dich nicht auf. Es ist ja kein Kampf auf Leben und Tod. Der wird erst später in Rom stattfinden. In Pompeji wird es nur ein Schaukampf sein, mit stumpfen Waffen. Die Pompejer wollen auch einmal die großen Arenahelden des Kaisers sehen. Sie feiern die Restaurierung ihres Amphitheaters, das ihnen Marcus Holconius Celer, ein steinreicher Aristokrat, gestiftet hat. Ich habe gehört, er hat die Arenawände mit prächtigen Gladiatorenmotiven bemalen lassen.«

»Und deswegen holen sie mich nach Pompeji?«

Casca lachte. »Nicht nur deswegen. Du sollst noch eine zweite Schau liefern. Dieser Holconius strebt das Amt des Duumvirs an und möchte mit seiner Fechtkunst vor den Wählern prahlen. Du sollst dem Aristokraten während der Prolusio Gelegenheit geben, seinen Mut und seine Kampfkunst zu beweisen.«

»Ein Möchtegerngladiator also.«

»Du sagst es.«

»Ich hasse solche dämlichen Schaukämpfe.«

»Was hast du gegen die? Du verdienst Geld, ohne dein Leben zu riskieren.«

»Was nützt mir das Geld ohne die Freiheit. Hier im Ludus kann ich nur wenig damit anfangen.«

»Aber vielleicht wirst du ja auch eines Tages frei sein. Das neue Amphitheater wird bald eröffnet. Vielleicht schlägt dann deine Stunde der Freiheit. Dann nützt dir das Geld wohl etwas.«

»Ich denke schon lange nicht mehr an die Zukunft. Im Hier und Heute zählen für mich nur Ehre und Ansehen, auch wenn es nur die eines Gladiators sind. Sie sind alles, was ich besitze. Ich möchte nur auf diese Weise sterben.«

»Du suchst den Tod?«

»Ich suche ihn nicht, aber ich bin bereit für ihn, wenn ich ihn finde.«

Casca lachte. »Das glaube ich nicht. Wenn der Tag kommt, an dem der Editor den Todesdaumen zeigt, wirst auch du Angst vor dem Tod haben.«

»Nein. Das werde ich nicht. Jedenfalls nicht vor dem Tod durch das Schwert. Höchstens vor dem Hammer Charons fürchte ich mich.«

»Bei den Göttern, so möchte keiner sterben.« Casca nahm einen Schluck. »Der Prätor Tullius hat einen Kerl aus Arelate in Gallia Narbonensis geholt, der dort den Charon gemimt hat. Über zwei Meter soll er groß sein, und der Schlag seines großen Hammers gegen die Köpfe gilt als ungeheuer wuchtig. Einmal hat sich wohl sogar ein Magistrat bei ihm beschwert, er möge so zuschlagen, dass das Gehirn nicht in die Zuschauerränge spritzt.«

Verus wechselte das Thema. »Diesen Murmillo: Kenne ich den?«

»Ich glaube nicht. Er kommt aus dem Hause von Gnaeus Erasmus.«

Verus schaute Casca abrupt an. »Gnaeus Erasmus aus Pola?«

»Ja. Du kennst ihn?«

Verus richtete sich auf. »Dieser Murmillo: Ist er Germane, und heißt er Priscus?«

»Seine Haare sind feuerrot. Schon möglich, dass er Germane ist. Aber woher kennst du seinen Namen?«

»Ich habe schon einmal gegen ihn gekämpft.«

Casca hustete. Er hatte sich vor Überraschung verschluckt. »Wann war das? In welcher Arena?«

»Vor vielen Jahren. Es ist eine lange Geschichte. Ich war damals noch kein Gladiator.«

Verus musste erneut an Tullius und an den Überfall auf das Latifundium des Senators Helvidius denken. Plötzlich wurde ihm klar, dass der vor Kurzem erfolgte Besuch des Prätors und die Ansetzung eines Kampfes gegen Priscus keine Zufälle waren. Tullius' Hass gegen ihn war immer noch wach. Während seiner Zeit in Pola hatte ihn Erasmus im Auftrag des damaligen Quästors vergeblich herausgefordert, gegen Priscus anzutreten.

Castullus Lentulus hatte sich dank des Kaiserpriesters Vibius nie darauf eingelassen. Aber jetzt hatte Tullius die Macht, es zu arrangieren. Er wollte ihn immer noch vernichten. Doch warum ließ er ihn mit stumpfen Waffen kämpfen? Das ergab keinen Sinn. Oder doch?

»Hör zu, Casca. Es kann sein, dass man mich vernichten will ...«

»Alle Anhänger von Priscus wollen deinen Tod«, fiel ihm Casca ins Wort, »aber die meisten Römer wollen nicht ihn, sondern dich siegen sehen. Ja, seine Kämpfe in Rom waren beeindruckend, und die Zahl seiner Anhänger ist beträchtlich angewachsen ...«

»Casca!« Verus erhob sich blitzschnell und schlug mit der flachen Hand auf den Tisch. »Ich meine nicht den Kampf auf Leben und Tod, sondern diesen Schaukampf in Pompeji. Der Prätor will meinen Tod.«

»Der Prätor?« Casca schaute Verus skeptisch an.

»Hör zu!« Verus setzte sich ihm gegenüber an den Tisch. »Ich meine es ernst. Er will mich töten. Ich bitte dich: Begleite mich nach Pompeji und pass auf, dass alles mit rechten Dingen zugeht.«

»Es wäre unehrenhaft für den Germanen, würde er gegen die Regeln verstoßen.«

»Es ist nicht der Germane, den ich fürchte. Es ist Erasmus, dem ich nicht traue. Er steht in Diensten des Prätors.«

Cascas Gesichtsausdruck wurde ernst. »Bei den Göttern, du sprichst die Wahrheit. Ich erinnere mich. Er sprach von Graffiti, die dich und den Germanen darstellten. Und er gab zu, den Lanista Erasmus zu kennen. Ich hatte gleich den Eindruck, dass er ihm besser bekannt war, als er zugab. Jetzt weiß ich, warum sich der Prätor so stark für dich interessiert hat. – Verus, du kannst dich auf mich verlassen. Ich werde aufpassen.«

67

**Pompeji
Ende Oktober 79**

Verus stützte sich mit den Ellbogen auf der Reling der Corbita ab, auf der die ausgewählten Gladiatoren aus dem kaiserlichen Ludus nach Pompeji verschifft worden waren. Da die Passagiere noch nicht von Bord gehen durften, beobachtete Verus die Matrosen beim Vertäuen. Sein Blick schweifte hinüber zur Stadtbefestigung. Eine schmale Straße führte zu einem Tor hinauf. Alles kam ihm hier kleiner und unbedeutender als in Rom vor. Der Hafen konnte sich nicht einmal mit dem von Pola messen. Aber ihm fielen zahlreiche prunkvolle Villen auf, die reiche Patrizier um die Stadt herum und entlang des Golfes erbaut hatten. Schon vom Meer aus hatte er, nachdem sie den Militärhafen von Misenum passiert hatten, die vielen weißen Bauten entdeckt, die überall am Ufer in der Sonne leuchteten. Die Luxusvillen schienen voller Hochmut der Gefahr zu trotzen, die ein massiver, von Wald und Weinbergen bewachsener Bergkegel ausstrahlte. Kleine weiße Wölkchen schwebten unbeweglich über dessen Gipfel. Verus wusste: In diesem Berg wohnte der Gott Vulcanus, dem es gefiel, aus seinem Schlund hin und wieder Feuer zu speien.

Nach kurzer Zeit nahm das Warten ein Ende. Verus und die anderen Gladiatoren verließen zusammen mit der mitgereisten Wachmannschaft das Schiff. Sie wurden über das Forum und die Hauptstraße nach Osten hin geführt. Ein Spalier aus Menschen säumte ihren Zug. Einige Halbwüchsige marschierten an ihrer Seite und deuteten mit Stöcken Kampfhandlungen an. Sie verfolgten die Gladiatoren bis zur Palästra. Die großflächige Sportanlage umgab ein dreiflügliger Portikus, dessen offene Seite eine Mauer begrenzte, in der drei Türen eingelassen waren. Von dort aus waren es nur ein paar Schritte bis zum gegenüberliegenden Amphitheater.

Hinter den Säulengängen des Portikus befanden sich zahlreiche Räumlichkeiten. Dort wurden die Gladiatoren untergebracht. Beim festlichen Mahl am Vorabend der Spiele zog sich Verus, nachdem er sich dort nur kurz aufgehalten hatte, beizeiten in das Zimmer zurück, das er mit vier weiteren Männern teilte, die nachts lautstark um die Wette schnarchten.

Der nächste Morgen war sonnenklar. Eine frische Brise empfing die Gladiatoren nach einem üppigen Frühstück. Auf dem Freigelände wärmten sie sich mit gymnastischen Übungen und leichtem Lauftraining auf. Über die Mauer hinweg schwappten fröhliche Menschenstimmen und leckere Düfte zu den Gladiatoren herüber, die vom Beginn des baldigen Spektakels kündeten und ihre Anspannung anwachsen ließen.

Verus führte gerade ein paar Liegestützen aus, als er unter seiner Handfläche ein leichtes Erzittern des Erdbodens verspürte. Unwillkürlich blickte er zum Vulkan hinüber, konnte jedoch nichts Auffälliges entdecken. Einzig die Wolken über dem Gipfel des Ungetüms waren beträchtlich größer geworden als tags zuvor. Einige wirkten grau, als trügen sie Regen in sich.

Die anderen Gladiatoren schienen nichts bemerkt zu haben, denn sie gingen unbekümmert ihren Übungen nach. Da es sich nicht wiederholte, vergaß Verus das Erlebte bald.

Kurz vor dem Schaukampf legte Verus seine Armatura an. Er bandagierte seine Oberschenkel und den rechten Schwertarm. Danach schnallte er sich die hohen verzierten Beinschienen um, die auch seine Knie schützten. Helm, Schild und Schwert würde man ihm erst in der Arena übergeben, nachdem sie den Zuschauern präsentiert worden waren.

Kaum war er mit dem Anlegen seiner Kampfkleidung fertig, stellte ihm Casca den Sklaven des Patriziers vor, gegen den er kämpfen sollte.

»Ich nehme an, dass dir klar ist, wie du dich zu verhalten hast?«, redete der ältere wohlgenährte Mann energisch auf Verus ein. »Mein Dominus zahlt dir den Lohn nicht, damit du seine Ehre beschmutzt.«

»Keine Sorge. Ich bin kein Neuling. Er wird die Arena als Held verlassen.«

»Wenn du dein Wort hältst, bekommst du diesen Beutel voll Gold.« Der Sklave warf ihn leicht in die Höhe und fing ihn unter einem dumpfen Klimpern, wie es schwere Münzen verursachen, wieder auf. Dann steckte er ihn unter seinen breiten Gürtel und verließ die Palästra.

Etwas später, die Mittagszeit war bereits überschritten, wurde Verus von Arenadienern aus der Sportanlage herausgeführt. Die niedrigen Mauern des Amphitheaters enttäuschten den Gladiator. Er hatte Größeres erwartet. Sie betraten einen abwärts führenden Tunnel, der in das Innere der Anlage führte. Nach einer Biegung schlug Verus helles Tageslicht entgegen. Jetzt erkannte er, dass die Arena unterhalb des Stadtniveaus lag, wodurch die Zuschauerränge jetzt viel größer wirkten, als es die äußeren Mauern vermuten ließen. Am Ende des Tunnels stand ein Mann, den ein silberner Muskelpanzer schützte. Auf dem Kopf trug er einen Helm mit einem roten Busch. Er sah aus, als käme er direkt vom Paradefeld. Für Verus gab es keinen Zweifel: Dieser Mann war der Adlige, mit dem er sich ein Scheingefecht liefern sollte.

Der Patrizier betrachtete Verus kaum länger als einen Wimpernschlag, um daraufhin in die Arena zu schreiten. In der Mitte angekommen, reckte er das Schwert in die Höhe und wandte sich nach allen vier Seiten um, den tosenden Beifall genießend. Nachdem er damit fertig war, überbrachte ihm ein Arenadiener einen großen Schild.

Ein anderer übergab Verus ebenfalls seine Waffen: einen Helm, einen kleinen halbgebogenen Schild und ein Schwert. Letzteres war nicht abgeknickt, wie es ein Thraex üblicherweise führte, sondern ein gerader Gladius, den die Legionäre benutzten. Den Helm schmückten zwei Delphine. Auf dem vorgezogenen Kamm, der in einen Greifenkopf mündete, steckten schwarze Hahnenfedern.

Das Johlen verstummte. Ein Arenasprecher ergriff das Wort: »Bürger von Pompeji. Ich darf euch im Rahmen der Prolusio einen besonders interessanten Schaukampf ankündigen. Der hochverehrte Marcus Holconius Celer, ein Verehrer des Gladiatorenkampfes und Bewerber um das Amt des Duumvirs im nächsten Jahr, wird jetzt das hohe Niveau seiner Fechtkunst vorführen. Im Falle seiner Wahl verspricht er, während seiner Amtszeit auf seine Kosten glorreiche Spiele zu veranstalten.«

Das Publikum johlte und klatschte. Der Patrizier bedankte sich, indem er erneut in alle Richtungen winkte.

»Als Vorgeschmack darauf präsentiert er euch seinen heutigen Gegner. Es ist niemand Geringeres als der berühmte Gladiator aus dem kaiserlichen Ludus in Rom, der Primus Palus Maximus – Verus.«

Dieser betrat daraufhin die Arena. Das Publikum brüllte noch lauter, denn Verus' Name war über Roms Stadtgrenze hinaus bekannt.

»Ihr Kämpfer! Beachtet die Regeln. Das Gefecht wird mit stumpfen Waffen geführt. Es ist nicht erlaubt zu stechen, gegen den Hals zu schlagen und einen am Boden Liegenden anzugreifen. – Beginnt!«

Der Patrizier und Verus umkreisten sich.

Verus trat einen Schritt vor, der Patrizier wich aus. Das wiederholte sich. Verus wechselte die Kreisrichtung. Gewöhnlich tat er das nicht ohne Not, denn so bot er seine offene Flanke an. Aber er musste dem Patrizier die Gelegenheit zum Angriff anbieten. Liefe der Kampf unvorteilhaft für seinen Gegner, bekäme er nicht nur kein Geld, sondern handelte sich auch noch Ärger mit dem Procurator der Spiele ein.

Endlich schlug der Patrizier zu. Verus parierte mühelos mit dem Schwert. Er hätte sich nur zu drehen brauchen und seinen Gegner mit dem Schild leicht zu Boden stoßen können, hatte er doch dessen unvorteilhafte Fußstellung erkannt. Stattdessen schlug Verus jedoch nur halbherzig zurück, um dann zufrieden festzustellen, dass der Patrizier prompt reagierte. Das war gut so. Auf diese Weise konnte er den Angriff verschärfen, ohne dass er eine Verletzung des Möchtegerngladiators riskierte.

Abwechselnd schepperten Schwert gegen Schwert und Schwert gegen Schild.

Nach einiger Zeit bemerkte Verus, wie der Patrizier mit offenem Mund nach Luft schnappte. Es wurde Zeit, etwas nachzugeben. Als sein Gegner wieder zuschlug, täuschte Verus ein Wegrutschen im Sand vor und ging auf ein Knie herunter. Die Augen des Möchtegerngladiators blitzten vor Freude auf. Er begann auf Verus mit dem Schwert einzudreschen. Von Ritterlichkeit zeigte er keine Spur. Und plötzlich stach der Patrizier richtig zu. Verus konnte den unerwarteten Angriff reflexartig parieren. Glaubte der Patrizier etwa, er könne ihn besiegen? Wollte er ihn gar aus Eitelkeit töten?

Der Schiedsrichter unterbrach den Kampf nicht, wie es der Regelverstoß vorschrieb, sondern mahnte nur ein kümmerliches »Nicht stechen« an, das im begeisterten Johlen der Zuschauer kaum zu hören war.

Trotz der unvorteilhaften Haltung behielt Verus die Kontrolle. Die Schläge und weitere Stiche wehrte er ab und stand wieder auf.

Diesem Patrizier war nicht zu trauen. So beschloss er, kein unnötiges Risiko einzugehen und beschränkte sich darauf, während des Aufeinanderdreschens der Schwerter und Schilde stetig nach hinten auszuweichen, sodass es aussah, als wäre er kräftemäßig unterlegen. Als seinem Gegner die Luft ausging, beendete der Schiedsrichter den Kampf und erklärte den Patrizier zum Sieger. Das Publikum feierte ihn mit stehenden Ovationen.

Verus hatte lange kein Scheingefecht mehr absolviert. Dass ihm auch das hier gerade erfolgte zuwider war, zeigte ihm, wie tief er schon in seiner Seele den Gladiator verinnerlicht hatte. Er hasste es zu verlieren, und geschah es auch nur zum Schein.

Als er in den Tunnel zurückkehrte, erbebte plötzlich unter seinen Füßen erneut die Erde. Es war heftiger als am Vormittag. Putz rieselte von der Decke auf seinen Helm herab.

Ein Arenadiener musste den Schrecken in Verus' Gesicht erkannt haben, denn er lachte überlegen. »Keine Sorge. Vulcanus hat nur einen Furz gelassen. Das passiert hier öfter.«

Verus warf dem Arenadiener, dessen überhebliche Art er nicht mochte, einen zornigen Blick zurück. Es war nicht gut, wenn man Vulcanus keinen Respekt erwies.

Der Arenadiener brachte Verus einen Hocker, auf dem er sich ausruhen konnte. Sein nächster Schaukampf mit Priscus stand bald an.

In dem Tunnel ging es inzwischen lebhaft zu. Weitere Gladiatoren drängelten sich darin, um auf ihre Schaugefechte zu warten. Später sollten sie auf Leben und Tod kämpfen.

Nach knapp einer Stunde war es dann so weit. Casca trat zu Verus, beugte sich zu ihm herab und flüsterte: »Der Patrizier war zufrieden. Er hat die vereinbarte Summe bezahlt.«

»Hast du die Waffen für den Kampf gegen Priscus überprüft?«

»Es ist alles in Ordnung. Außerdem habe ich mit einem der Schiedsrichter gesprochen und ihn gebeten aufzupassen. Ich habe ihm Ungemach angedroht, sollte er einen Gladiator des Kaisers benachteiligen.«

»Danke, Casca. – Hast du das Beben bemerkt?«

»Du machst mir Spaß. Da muss man schon stinkbesoffen sein, um das nicht mitzubekommen.«

»Das gefällt mir gar nicht.«

»Mir auch nicht. Aber schau! Dort kommt dein Gegner.«

Priscus erinnerte Verus an Atticus. Wie ein großer Schatten kam er hinter der Biegung hervor. Verus konnte ihm nicht in die Augen sehen, da der Hüne bereits seinen Helm aufgesetzt hatte. Das durchlöcherte Visier schaute Verus an wie damals die Eisenmaske des Gladiators auf dem Landgut. Neuerlich spürte er, wie ihn hinter dem toten Metall die unsichtbaren Augen eines Feindes anstarrten.

Plötzlich wackelte erneut die Erde. Von den Zuschauerrängen vernahm Verus einen Aufschrei.

»Es hat keinen Zweck«, rief Casca. »Wir müssen abbrechen. Heute ist es zu gefährlich.«

»Hör mit diesem Gejammer auf«, entgegnete ihm der gleiche Arenadiener, der zuvor schon Verus zurechtgewiesen hatte. »Das hast DU nicht zu entscheiden. Vorige Woche hat es auch gebebt, noch viel kräftiger als heute, und es ist nichts passiert. So was kommt hier öfter vor.«

»So wie zu Claudius' Zeiten«, entgegnete Casca spöttisch. »Halb Pompeji wurde an jenem Tag zerstört. Ich habe mir die Stadt gestern angeschaut. Obwohl inzwischen siebzehn Jahre vergangen sind, habt ihr viele Schäden immer noch nicht behoben. Das muss damals schon ganz schön heftig gewesen sein. Ich habe keine Lust, in diesen Katakomben begraben zu werden.«

»Blödsinn. Nirgendwo ist es sicherer als hier. Nichts ist solider gebaut als dieses Amphitheater.«

Die Männer beendeten den Streit, als der Procurator der Spiele hinzukam, ein überraschend junger Mann. »Die Leute haben sich wieder beruhigt«, versuchte er zu besänftigen. »Nur wenige Zuschauer haben das Theater verlassen. Also lenken wir sie schnell ab. Raus mit dem nächsten Kampfpaar.«

68

Kurz zuvor.

Priscus war von Arenadienern ins Amphitheater geführt worden. Erasmus hatte ihn im Vorfeld auf die Begegnung mit Verus eingestellt und an den Mord erinnert, den er am Senator Helvidius begangen hatte. Verus sei der einzige Zeuge, der ihn belasten könne, schärfte er ihm ein und dass er die Gelegenheit nutzen solle, ihn zu töten.

Priscus wusste, dass auch Schaukämpfe gefährlich waren. Es wäre nicht das erste Mal, wenn dabei ein Gladiator ums Leben kommen oder verkrüppelt würde, auch wenn dies selten vorkam. Die Gladiatoren achteten darauf, einen solchen Unfall zu vermeiden, denn es fiele jedes Mal ein ungünstiges Licht auf den Sieger. Er zöge damit die Wut des Veranstalters auf sich, der für die unerwartet hohen Kosten des toten Gladiators aufkommen müsste. Würde Priscus seinem Lanista gehorchen, müsste er damit rechnen, für immer gebrandmarkt zu sein. Das war keine rosige Aussicht. Nie wieder würde ihn ein Veranstalter für Schaukämpfe engagieren, nie wieder könnte er mit geringem Risiko schnelles Geld verdienen. Daran war Priscus nicht interessiert.

Kurz bevor Priscus die Außenmauer des Amphitheaters erreichte, von wo aus er den Tunnel betrat, setzte er sich seinen Helm auf. Er hoffte, dass ihn sein Gegner durch das geschlossene Visier nicht erkennen könnte. Aber wäre er von Erasmus nicht eingeweiht worden, hätte er Verus an dessen aufgedunsenem Gesicht selbst gar nicht wiedererkannt. Als er dann aber am Ende des Gangs ankam und Verus' Blick auf sich geheftet sah, beschlichen ihn die gleichen Gedanken wie an jenem Tag ihrer ersten Begegnung auf dem Latifundium.

Tötete er diesen Sklaven, würde die Verärgerung des Veranstalters über ihn vielleicht so weit führen, dass er nicht an den Spielen im neuen Amphitheater in Rom teilnehmen könnte. Und so fragte er sich erneut, warum er seinen Traum gefährden sollte, indem er einen Sklaven, der ihn nichts anging, niedermetzeln sollte. Viele Jahre hatte dieser Verus ihm nichts anhaben können, warum sollte er ausgerechnet jetzt als Zeuge wichtig werden? Nein, er würde den Sklaven nicht während eines Schaukampfes töten und damit seine eigene Ehre beschmutzen und seine Zukunft gefährden. Der Tag würde schon noch kommen, an dem er diesem Verus auf Leben und Tod auf ehrenhafte Weise gegenüberstünde. Dann könnte er den Wunsch seines Lanista immer noch erfüllen.

Die Stimme des Sprechers riss Priscus aus seinen Gedanken heraus, während Arenadiener den beiden Kämpfern die Waffen aushändigten.

»Bürger von Pompeji! Der ehrenwerte Marcus Holconius Celer präsentiert euch zwei Gladiatoren, über die ganz Rom spricht. Man erwartet zur Eröffnung des neuen Amphitheaters zwischen ihnen beiden einen Kampf auf Leben und Tod. Heute aber werden sie nur zur Schau das hohe Können ihrer Fechtkunst zelebrieren. Marcus Holconius Celer präsentiert euch nun einen Gladiator, der sechsundzwanzigmal als Sieger die Arena verlassen hat, die germanische Bestie von Pola: Priscus – Murmillo.«

Priscus riss sein Schwert in die Höhe und genoss den stürmischen Beifall.

»Sein Gegner ist kein Geringerer als der beste Schwertkämpfer des Reiches. Siebenundzwanzigmal hat er den Sand der Arena mit dem Blut seiner Gegner getränkt. Aus dem kaiserlichen Ludus in Rom präsentiert euch Marcus Holconius Celer: den Primus Palus Maximus Verus – Thraex.«

Das Publikum tobte, und Priscus kam es vor, als hielte der Beifall jetzt um einiges länger an als zuvor bei ihm. Darüber ärgerte er sich. Aber die Gunst des Publikums würde er schon wenden.

»Ihr Kämpfer! Beachtet die Regeln. Das Gefecht wird mit

stumpfen Waffen geführt. Es ist nicht erlaubt zu stechen, gegen den Hals zu schlagen und einen am Boden Liegenden anzugreifen. – Beginnt!«

Gerade als Priscus, ebenso wie sein Gegner, angespannt seine Knie beugte, wurde der Kampf unterbrochen, noch ehe er begonnen hatte. Einer der Schiedsrichter schritt auf ihn zu, reklamierte sein Schwert und tauschte es gegen ein anderes aus. Den Grund dafür konnte Priscus nicht erkennen, er hatte aber keine Zeit darüber nachzudenken.

Der Kampf begann.

Priscus wollte sofort seine Stärke demonstrieren und schlug mit aller Kraft gegen den Schild seines Kontrahenten. Doch zu seiner Überraschung ging Verus in die Hocke, sodass dieser den Hieb mit dem Schild abwehren konnte, ohne einen Schritt nach hinten auszuweichen. Im Gegenzug spürte Priscus einen Schlag gegen sein linkes Schienbein, der ihn rückwärts stolpern und in die Defensive geraten ließ. Zwar gelang es ihm, auf den Beinen zu bleiben, doch konnte er unter dem ständigen Druck, Schwerthiebe abzuwehren, keine stabile Stellung einnehmen, um dann selbst wieder anzugreifen.

Ihm wurde klar, dass er seinen Gegner unterschätzt hatte. In einem Kampf auf Leben und Tod hätte sein Kontrahent nicht geschlagen, sondern unterhalb seines Schildes hindurchgestochen. Wer weiß, wie das ausgegangen wäre.

Die Zuschauer honorierten die Attacke seines Kontrahenten mit Beifall und Jubelrufen. Es war immer schlecht, wenn einer seiner Gegner die Sympathie des Publikums gewann. Deshalb musste er auch schnellstens wieder die Initiative zurückgewinnen. Er preschte vor. Beide Schilde knallten aufeinander.

Plötzlich erbebte erneut die Erde. Durch den Arenaboden schlängelte sich eine Bodenwelle, über die sein Kontrahent ins Stolpern kam, gerade in dem Augenblick, als er ihm einen Schlag auf den Schild versetzen wollte. Um sich abzufangen, spreizte der Thraex im Fallen instinktiv die Arme und entblößte damit seine Verteidigung, sodass das Schwert seine Hüfte streifte.

Priscus erschrak über die Wirkung des Streichs, denn sein Schwert hatte seinem Gegner eine unerwartet tiefe Schnittwunde zugefügt, die heftig blutete. Da begriff er: Man hatte ihn betrogen. Sein Schwert sollte stumpf sein. Doch es war scharf.

69

Die Zuschauer kreischten, sprangen von ihren Sitzen auf und drängelten zu den Ausgängen. Die Ränge leerten sich rapide. Plötzlich ertönte ein Pfeifen in der Luft, und kurz darauf erzitterte die Erde. Ein Donnern kündete von einem Aufprall nahe dem Theater. Eine dünne Rauchfahne des vulkanischen Geschosses hing über der Arena. Die Menschen schrien in Panik, stießen sich gegenseitig um und stampften über die am Boden Liegenden hinweg.

Verus lag immer noch im Sand der Arena, die Hand auf seine Wunde pressend. Er schielte auf die schmerzende Hüfte. Durch seine Finger sickerte Blut. Sklaven kamen mit einer Trage angerannt und griffen unter seine Achseln und seine Beine, um ihn fortzutragen.

»Halt!«, schrie jemand. Die Sklaven hielten inne. Trinitius, der Medicus, kam zu Verus gelaufen.

»Ich muss dich verbinden. Gleich hier.«

»Es ist nur ein Kratzer«, beschwichtigte ihn Verus. »Das hat Zeit.«

»Nein. Das ist eine tiefe Schnittwunde. Sie wird sich entzünden. Wenn ich dir nicht sofort eine Binde anlege, kann es dich das Leben kosten.«

Welch eine Tragik, dachte Verus. So viele Kämpfe hatte er überlebt, und während eines Schaukampfes, bei dem ihn ein Erdbeben aus dem Gleichgewicht gebracht hatte, sollte er sein Leben verlieren? Welch eine Posse der Götter.

Es pfiff erneut, und in den gegenüberliegenden Zuschauerraum knallte mit rasender Geschwindigkeit ein Gesteinsbrocken hinein. Er zersplitterte eine Sesselreihe, wobei er in mindestens ein Dutzend Stücke zerbrach, die quer durch die Arena flogen.

Zum Glück wurde niemand verletzt. Wenige Minuten zuvor hatten dort, wo er eingeschlagen war, die Magistrate der Stadt gesessen.

Die Sklaven liefen schreiend davon, während der Medicus mutig Verus' Leib mit Binden umwickelte.

Casca trat hinzu.

»Sein Schwert war scharf«, beschwerte sich Verus.

»Ich weiß. Einer der Schiedsrichter hat es kurz vor Kampfbeginn ausgetauscht. Ich konnte es nicht verhindern. Aber ich habe seinen Namen ermittelt. Verlass dich darauf. Der Mann wird nicht mehr lange leben.«

»Ich bin fertig«, meldete Trinitius.

»Es wird Zeit«, drängelte Casca. »Wir müssen schnellstens diesen Ort verlassen. Vulcanus furzt nicht nur. Er scheißt heute Felsen.« Casca wandte sich an Trinitius. »Tut mir leid. Die verdammten Sklaven sind abgehauen. Du musst mit anpacken. Wir müssen Verus zum Schiff tragen.«

Trinitius nickte.

Als sie die Katakomben verlassen hatten, schaute Verus zum Vulkan hinüber. Aus dessen Schlot ragte eine dicke schwarze Rauchsäule kerzengerade bis zum Himmel empor. Blitze zuckten in seinem Inneren. Welch ein Schauspiel göttlicher Macht, dachte Verus.

»Nach links! Zum Hafen!«, schrie Casca Trinitius an, der vorn an der Trage schritt.

Überall rannten Menschen panisch durch die Straßen, überholten sie oder kamen ihnen entgegen. Unentwegt rempelten sie Casca und Trinitius an, und beinahe hätten sie Verus von der Trage geworfen.

Plötzlich vernahmen sie ein Prasseln, das sich wie Hagel anhörte. Doch es waren nicht Eis und Graupel, sondern kleine Steine, die überall vom Himmel regneten. Die Menschen schützten sich mit allem, was sie gerade finden konnten. Sie hielten Bretter, Körbe oder einfach nur Kleidungsstücke über ihre Köpfe oder verkrochen sich in den Häusern und Unterständen.

»Wir müssen uns unterstellen«, jammerte Trinitius, »sonst erschlagen uns die Steine.«

»Nein! Weiter zum Hafen. Erst auf dem Schiff sind wir sicher«, brüllte Casca. »Die Steine sind leicht und schaden uns kaum. Wir müssen hier durch.«

Sie stolperten weiter über die steinübersäte Straße, die immer unwegsamer wurde. Casca und Trinitius konnten sich nicht schützen, da sie mit beiden Händen die Trage halten mussten. Das Kinn gegen die Brust gedrückt, versuchten sie, ihre Gesichter aus dem peitschenden Hagel herauszuhalten. Die Steine prallten wie Spielbälle von ihren Köpfen ab, verursachten Nadelstiche auf ihrer Haut und hopsten auf die Straße. Bald rann ihnen Blut über die Stirn. Verus vergrub sein Gesicht in der linken Armbeuge. Mit der rechten Hand schützte er seine Wunde.

Trinitius keuchte. »Ich kann nicht mehr.«

»Weiter. Beiß die Zähne zusammen«, schrie Casca. »Wir müssen rechtzeitig am Schiff sein. Sie werden nicht lange auf uns warten.«

Trinitius quälte sich weiter vorwärts. Der Steinregen hörte nicht auf. Wenn sie dachten, dass er nachließ, brach er in der nächsten Welle umso stärker über sie herein. Die Straße war nach kurzer Zeit vollständig von Geröll überdeckt, sodass kein einziger Pflasterstein mehr zu sehen war und sie den festen Halt unter den Füßen verloren. Mühsam stolperten sie voran. Der Straßenverlauf war kaum noch zu erkennen.

Trinitius knickte im Fußgelenk weg, stürzte und schlug sich das Knie auf. Verus fiel von der Trage herunter, was ihn vor Schmerz stöhnen ließ. Kurzentschlossen hob ihn Casca auf seine Schultern und wankte weiter. Aus dem Grau vor ihnen hoben sich die Umrisse der Corbita ab. Verus dankte den Göttern, dass das Schiff noch nicht abgelegt hatte. Doch als sie dort eintrafen, zogen die Matrosen gerade den Laufsteg hoch.

»Halt! Nehmt uns noch mit«, schrie Casca. Glücklicherweise hörte der Kapitän seinen Hilferuf und befahl daraufhin, den Laufsteg wieder herabzulassen. Als die am Kai versammelten

Menschen dies sahen, stürmten sie auf den Laufsteg zu und drängten Casca, der mit Verus auf seinem Rücken nicht gegen sie ankam, brutal beiseite.

»Medicus!«, schrie Verus. Wo war der Medicus abgeblieben? Er konnte Trinitius in dem Menschenmeer nicht mehr ausmachen.

Ohne die Gladiatoren an Bord wäre ihr Schicksal besiegelt gewesen. So aber drängten die bulligen Männer die schreienden Menschen zurück und bahnten Casca einen Weg. An Bord vertraute dieser Verus zwei Matrosen an und sank erschöpft auf die Schiffsplanken nieder, als Verus ihm zurief: »Casca! Rette den Medicus!«

Casca blickte erschrocken auf. »Ist er nicht mit an Bord gekommen?«

»Nein. In dem Gedränge schafft er es auch nicht allein. Nimm dir ein paar Gladiatoren und hole ihn aufs Schiff!«

»Alle Gladiatoren sichern bereits den Laufsteg«, mischte sich der Kapitän ein, »aber warte einen Moment, ich schicke dir meine kräftigsten Matrosen.« Der Kapitän befahl drei Seemänner herbei, die Casca über den Laufsteg folgten.

Verus beobachtete von der Reling aus das Geschehen.

Casca und die Matrosen wühlten sich brutal durch die Menschenmenge hindurch, unentwegt Trinitius' Namen rufend. Verus suchte unter den vielen schreckengezeichneten Gesichtern das seines vertrauten Medicus. Dann entdeckte er ihn. Er kämpfte vergebens gegen die Menschenmasse an.

»Casca! Dort ist er«, rief Verus, während er in die Menge zeigte. Daraufhin gelang es Casca mithilfe der Matrosen, Trinitius zum Laufsteg zu zerren, wo ihm die Gladiatoren den Weg frei bahnten, sodass sie alle wohlbehalten das Deck erreichten.

Verus stemmte sich schmerzverzerrt gegen die Reling. Was würde aus den vielen Menschen werden, denen die Flucht auf das Schiff nicht gelungen war? Während die Matrosen die Corbita mit Stangen von der Kaimauer abdrückten, sah er die entsetzten Gesichter der am Hafenkai zurückgebliebenen Frauen,

Männer und Kinder vor sich. Der Kapitän hatte bereits viele von ihnen an Bord genommen, die nun erschöpft auf den Schiffsplanken zwischen den Takelagen herumlagen, sodass man sich kaum bewegen konnte. Mehr Flüchtlinge hatte der Kapitän aber nicht aufnehmen können, da sonst das Schiff nicht mehr manövrierfähig gewesen wäre. Für die Menschen am Kai betete Verus zu Jupiter, er möge Vulcanus befehlen, den Steinhagel zu beenden.

Der Kapitän hatte große Schwierigkeiten, auf die offene See hinaus zu steuern, denn ein kräftiger Gegenwind drehte auf das Land zu.

Verus hörte einen Matrosen fluchen: »Neptun, rette uns! Dieser verdammte Vulkan befiehlt dem Wind, uns in seinen Schlund zu ziehen.«

Die Corbita kreuzte unentwegt und kam kaum vom Ufer weg, obwohl die Matrosen bis zur Erschöpfung manövrierten. Zwischendurch mussten sie das Geröll von den Schiffsplanken entfernen. Da die leichten Bimssteine auf dem Wasser schwammen, bildeten sie einen grauen, schlammartig wirkenden Teppich, der an der Außenhaut des Schiffes kratzte.

Nach Stunden nahm die Corbita endlich Fahrt auf. Verus atmete erleichtert auf, und das Schiff ließ den Golf des Schreckens hinter sich. Nur die große Rauchsäule, die über den Bergen steil in den Himmel hinaufragte, wo sie sich aufspaltete und die Gestalt einer riesigen Pinie angenommen hatte, erinnerte ihn an das grausame Schicksal, dem er entkommen war.

70

Während der Seefahrt von Pompeji nach Rom war es Verus verhältnismäßig gut gegangen. Die Wunde hatte nur bei heftigen Bewegungen geschmerzt, sonst hatte er sich wohlgefühlt. Aber ab dem Zeitpunkt, als er wieder zurück in der Kaserne war, verschlechterte sich sein Zustand stündlich. Zwei Tage später lag er auf der Krankenstation ohne Bewusstsein im Fieber. Die Bauchverletzung hatte sich akut entzündet. Trinitius wich dem Kranken nicht von der Seite und kämpfte mit Tinkturen um dessen Leben, aber nichts schien zu helfen.

Auch Casca beunruhigte Verus' Befinden. »Geht es ihm besser?«, fragte er fast alle zwei Stunden.

Trinitius schüttelte den Kopf. »Es gibt wenig Hoffnung. Der Wundbrand heilt nicht ab. Er atmet schnell, und ich fühle kaum noch einen Puls. Seine Haut beginnt sich blau einzufärben und fühlt sich kalt an. Ich fürchte, er wird es nicht überleben.«

»Verus darf nicht sterben!«, forderte Casca trotzig. »Er ist mein bester Kämpfer. Er ist unglaublich viel wert. Jeder seiner Kämpfe bringt uns ein Vermögen ein. Tu alles, was in deiner Macht steht! Wenn du ihn rettest, wird es nicht dein Schaden sein.«

Trinitius nickte. Es war jedoch unnötig, dass Casca ihm ins Gewissen redete. Er betreute Verus schon vier Jahre lang, seitdem dieser nach Rom verkauft worden war, und in dieser Zeit war zwischen ihnen beiden etwas entstanden, das es innerhalb eines Ludus eigentlich nicht gab: Freundschaft.

So oft schon hatte er Verus wieder zusammengeflickt und seine Knochen gerichtet. Dieser Erfolg half ihm, im Ludus zum Ersten Medicus aufzusteigen. Doch diese Wunde, mit der er es jetzt zu tun hatte, schien ihn zu überfordern.

»Ich habe mein gesamtes Wissen eingesetzt«, sagte Trinitius resigniert, »doch leider vergeblich. Aber es gibt noch eine Hoffnung. Der Procurator hat mir einen kaiserlichen Medicus angekündigt, den die Götter vielleicht mit größerer Weisheit erleuchtet haben als mich. Er wird jeden Moment hier eintreffen.«

»Seltsam«, warf Casca ein, »so etwas habe ich noch nie gehört. Ein Medicus des Kaisers soll im Ludus helfen? Gewöhnlich ist es umgekehrt. Es heißt doch immer: Die besten Wundärzte arbeiten bei den Gladiatoren.«

»Vielleicht ist es ein Akt der kaiserlichen Wertschätzung.«

Casca kräuselte die Stirn. »Warum sollte sich Titus ausgerechnet für Verus interessieren?«

Trinitius hob genervt die Achseln. »Ich weiß es nicht, und es ist mir auch egal. Hauptsache, er kann helfen.«

Bereits im nächsten Augenblick betrat ein Mann den Raum, der in der Hand das typische Bestecketui eines Arztes trug.

»Mein Name ist Aulus Celsus, ich bin kaiserlicher Medicus«, stellte er sich vor.

»Wir haben dich schon erwartet«, entgegnete Trinitius. »Bitte folge mir.«

Trinitius führte den Medicus an Verus' Bett.

Der kaiserliche Arzt entfernte den Verband, roch an der Wunde und rümpfte die Nase.

»Wie lange ist er schon ohne Bewusstsein?«

»Zwei Tage«, antwortete Trinitius.

Der Medicus entnahm seinem Etui eine Phiole, die eine trübe Flüssigkeit enthielt.

»Was ist das?«, fragte Casca misstrauisch.

»Ein Mittel, das den schlechten Eiter entfernt. Ich werde es auf die Wunde auftragen. Danach wird es ihm wieder besser gehen.«

Casca schaute Trinitius fragend an. Der zog jedoch ratlos die Mundwinkel herunter.

»Gib mir das Mittel!«, forderte Casca den Medicus auf. »Unser Medicus verabreicht es selbst.« Doch der Arzt ignorierte

Cascas Worte. Als er sich anschickte, die Phiole zu entkorken, riss ihm Casca das Fläschchen aus der Hand.

»Ich sagte doch: Unser Medicus übernimmt das selbst. Und nun verschwinde!«

Der kaiserliche Arzt packte seine Sachen zusammen und verließ grollend den Raum.

Casca reichte Trinitius die Phiole. »Kennst du das Zeug?«

Trinitius hielt sich die Öffnung des Glasgefäßes vor die Nase und roch. »Nein! Diese Medizin ist mir unbekannt.«

Casca nahm die Phiole wieder an sich und verschloss sie mit dem Korken. Dann schaute er sich selbst die Flüssigkeit genauer an. »Ich vermute, es handelt sich um Gift.«

»Gift?«, fragte Trinitius entsetzt. »Warum sollte ein kaiserlicher Medicus seinen Patienten vergiften wollen?«

»Vielleicht, weil er kein Arzt ist, sondern ein gedungener Mörder.«

Trinitius klappte der Unterkiefer nach unten. »Ein Mörder? Bei den Göttern, wie kommst du auf diese Idee?«

»Verus hegt die Befürchtung, dass ihm ein hoher Beamter nach dem Leben trachtet. Er hat mir seinen Verdacht selbst anvertraut. Es soll sich dabei um den Prätor Tullius handeln. Und ich glaube ihm. Es war kein Zufall, dass Verus in Pompeji mit einem scharfen Schwert verletzt wurde.«

Trinitius kräuselte die Stirn.

»Aber was ist, wenn du dich irrst und Verus stirbt? Man wird uns die Schuld an seinem Tod geben, weil wir die Behandlung durch den kaiserlichen Medicus verhindert haben.«

»Dann werden wir es eben überprüfen.« Ehe sich Trinitius versah, verließ Casca den Raum, um einige Zeit später einen Mann herbeizuschleppen, dem er die Hände auf dem Rücken gefesselt hatte.

»Wer ist das?«, fragte Trinitius.

»Irgendein Halunke, der in der Arena den Bestien vorgeworfen werden soll. Ich habe Besseres mit ihm vor. Nimm das Skalpell und komm her!«

Trinitius ahnte, was Casca beabsichtigte. »Das können wir nicht tun.« Er hob abwehrend die Hände.

»Nun mach schon! Es hat mich einen Haufen Geld gekostet, ihn aus dem Kerker herauszuholen. Der Wachhabende hat dafür keinen geringen Preis verlangt. Wir müssen wissen, ob die Tinktur des Medicus Gift ist oder womöglich doch hilft.«

Der gefesselte Mann rührte sich nicht. Offensichtlich war er der lateinischen Sprache nicht mächtig. Er blickte nur verängstigt um sich.

»Ich kann das nicht tun«, beharrte Trinitius. »Ich habe den Eid des Hippokrates geschworen. Ich muss Leben retten, nicht vernichten.«

»Ich rette auch Leben, nämlich das von Verus.«

»Aber du tust es auf Kosten eines anderen. Das kann ich nicht akzeptieren. Jedes Leben ist gleich wert.«

»Das ist Ärztegeschwätz. Ist vielleicht ein Sklavenleben genauso viel wert wie das eines freien Römers? Ist das Leben eines feindlichen Soldaten mehr wert als das unserer eigenen Legionäre?«

Trinitius schwieg.

»Das Leben von Verus ist wertvoller«, fuhr Casca fort. »Er erkämpft das Geld, von dem wir beide leben. Und das ist sehr viel, denn er ist der beste Gladiator von Rom, und der hier«, er blickte mit geringschätziger Miene auf den Gefesselten, »taugt gerade einmal für ein paar Augenblicke billiger Unterhaltung in der Arena. Er stirbt sowieso. Willst du Verus opfern, damit dieser Nichtsnutz ein paar Tage länger leben kann?«

»Ich bin Arzt. Ich lebe für den Augenblick und wäge nicht die Leben ab.«

»Ach.« Casca winkte ab. »Dann mach ich es eben selbst«, worauf er aus Trinitius' Instrumententasche ein Skalpell entnahm. Damit fügte er dem Gefangenen am Unterarm eine Schnittwunde zu, sodass das rohe Fleisch sichtbar wurde. Sie ähnelte der Wunde, die Verus beigebracht worden war. Dann beträufelte er die Wunde mit der Flüssigkeit aus der Phiole.

Der Gefangene reagierte nur mit einem kurzen Zischen. Sie legten ihn auf ein Bett und warteten. Bald schlief der Mann ein. Nach einer knappen Stunde bäumte er sich jedoch plötzlich in Krämpfen auf. Schaum trat aus seinem Mund, und kurze Zeit später war er tot.

Der Procurator war entsetzt, als er von dem Vorfall hörte. Um seine Ehre wiederherzustellen, forschte er nach. Der falsche Medicus war ihm durch einen Papyrus aus der kaiserlichen Kanzlei angekündigt worden. Das Siegel war echt, aber er vermochte nicht zu ermitteln, welche Person der Absender gewesen war, und am Ende gab er auf, weil es sich bei dem Urheber um eine einflussreiche Person handeln musste, mit der er sich nicht anlegen wollte.

Casca fand sich in seinem Verdacht bestätigt. Der Prätor hatte die Macht und verfügte über die Mittel, den Papyrus zu fälschen und die Rückverfolgungsspuren zu tilgen. Casca und Trinitius mussten mit weiteren Anschlägen auf das Leben von Verus rechnen. Was würde als Nächstes kommen? Sie mussten Verus beschützen und wachten fortan abwechselnd ununterbrochen an seinem Bett.

71

Tullius hasste die Subura. Aus den Gassen dieses Plebejerviertels schlug ihm ein Gestank aus Pisse, schlechtem Essen und Schweiß entgegen.

»Wo finde ich die Locusta?«, fragte er einen Fleischer, der vor seinem Geschäft auf der Straße ein Schwein in Stücke zerteilte. Auf einem Tisch lagen blutige Haxen, ein Kopf und Rippen, umschwärmt von summenden Fliegen.

»Die Straße entlang bis zum Brunnen mit dem Schlangenkopf, dann nach rechts.« Der kräftige Mann in der blutbefleckten Tunika wies ihm mit dem Messer die Richtung. »Am Ende findest du ihren Laden. Aber du wirst sie um diese Zeit nicht antreffen.«

Tullius dankte. Er war nicht auf Wahrsagerei und Zaubersprüche aus, sondern suchte Cleander, den ehemaligen Verwalter von Helvidius. Neben dem Geschäft dieser Hexe sollte er wohnen.

Tullius hatte Cleander entlassen, nachdem das Vermögen von dessen Herrn in kaiserlichen Besitz übergegangen war. Seitdem hatte er ihn aus den Augen verloren. Nun wollte er ihn aber unbedingt wiederfinden. Der Grund für dieses plötzliche Interesse an dem ehemaligen Verwalter war ihm von dem Detektiv Brutus geliefert worden, der ihn am Vorabend in seiner Stadtvilla auf dem Aventin aufgesucht hatte. Tullius hätte den lästigen Schnüffler am liebsten rausgeschmissen, aber seine Neugier war stärker gewesen und hatte ihn sich auf seine höflichen Manieren besinnen lassen.

»Verehrter Tullius, oder soll ich dich schon mit dem zukünftigen Titel Prätor ansprechen?«, schmeichelte Brutus und lächelte dabei schleimig.

»Was willst du?«, fragte Tullius schroff.

»Es geht wieder einmal um den Mord an dem Senator Helvidius.«

»Soweit ich weiß, hat der sich selbst umgebracht. Du solltest deine Zunge hüten, bevor man sie dir abschneidet.« Brutus setzte ein gelassenes Lächeln auf. »Ich habe Neuigkeiten. – Es gibt einen Zeugen.«

Tullius schluckte.

»Einen Zeugen? Wer soll das sein?«

»Ein Jüngling aus dem Gefolge des Senators. Er will mit eigenen Augen gesehen haben, wie Helvidius ermordet worden ist. Und er soll den Mörder sogar erkannt haben.«

Tullius schluckte erneut. Ein Zeuge war aufgetaucht, von dem er nichts wusste? »Ist dir klar, was du damit behauptest?«, versuchte er, den Detektiv einzuschüchtern.

»Völlig klar«, antwortete Brutus abgeklärt. »So klar, wie du selbst erkennst, was es bedeutet.«

»Was willst du damit sagen?«

»Im Moment gar nichts. Allerdings stelle ich mir Fragen. Warum hast du gemeinsam mit dem Duumvir Longinus behauptet, der Senator hätte selbst an sich Hand angelegt, obwohl die Tatsachen andere sind? Warum wurde ein Sklave, der ebenfalls etwas beobachtet hatte, für tot erklärt, obwohl er heute noch quicklebendig in der Arena kämpft? Wer ist der Junge aus dem Gefolge des Senators, für den Licinia ein kaiserliches Reisediplom ausstellen ließ?«

»Alles Fantasien«, brüllte Tullius. »Woher willst du das wissen?«

»Oh, verehrter Tullius.« Brutus neigte den Kopf zur Seite und hob selbstbewusst die Augenbrauen. »Ich bin Detektiv. Ich unterhalte mich. Ich besteche. Ich drohe. Da gibt es Briefe, die kann man lesen, obwohl sie in eisenbeschlagenen Schränken eingeschlossen sind. Da gibt es Ohren, die hören, obwohl sie taub sein sollten. Es gibt viele Möglichkeiten, die Wahrheit herauszufinden, und meine Auftraggeber bezahlen mich vorzüglich, damit ich dies tue.«

»Wenn ich dem Kaiser von diesen Gerüchten erzähle, die du so dreist in die Welt setzt, wird er dich töten lassen.«

»Ich glaube nicht, dass du das tun wirst. Dafür bist du selbst zu tief in die Sache verstrickt.« Brutus schaute Tullius mit einem überheblichen Grinsen an. »Du könntest mich zwar denunzieren«, sagte er achselzuckend, »aber nicht meine Ermittlungsergebnisse aus der Welt schaffen. Dafür ist gesorgt.« Er beugte sich leicht vor und flüsterte: »Sei unbesorgt. Meine Auftraggeber haben es nicht auf dich abgesehen. Sie wollen Titus vernichten. Hilf ihnen dabei! Gib auf! Schütze nicht die Flavier! Es lohnt sich nicht. Meine Auftraggeber werden es dir danken. Nimm dir ein Beispiel an Cassius Longinus. Wechsle wie er die Seiten! Überlege nicht zu lange, sonst könnte es für dich zu spät sein.«

»In wessen Namen sprichst du?«

»Im Namen mächtiger Männer, sehr mächtiger Männer.«

Als der Detektiv ihn verlassen hatte, war das Gespräch wieder und wieder in seinem Kopf abgelaufen. Mit Schrecken musste er feststellen, wie nah Brutus mit seinen Ermittlungen bereits an die Wahrheit herangekommen war. Zum Glück übersah der Detektiv in seinem Eifer, mit dem er sich blindlings auf die Täterschaft des Kaisers versteifte, aber offenbar ein bedeutendes Detail. Er hätte leicht darauf stoßen können, wenn er seinen Blick nur ein wenig geweitet hätte. Als er nämlich herausgefunden hatte, dass Verus regelmäßig in das Haus der Julia Felix gebracht worden war, hatte er sich mit dem Anschein zufriedengegeben, der Gladiator hätte dort lediglich die Gelüste der Witwe befriedigt. Hätte er nur ein wenig tiefer nachgeforscht, wäre ihm das Verhältnis des Sklaven Verus mit seiner Ehefrau nicht verborgen geblieben und die Ermittlungen hätten eine gänzlich andere Richtung genommen.

Tullius war schlau genug, um zu erkennen, wie hauchdünn der Spinnfaden war, der sein Lügengerüst zusammenhielt. Noch immer glaubte Brutus, er wolle mit seinem Schweigen nur den Kaiser schützen. Seinen Eheproblemen, die Brutus durchaus sah, maß dieser keine Bedeutung bei. Zum Glück.

Aber wie lange noch?

Tullius musste handeln, und zwar schnell. Um Verus aus dem Weg zu räumen, würde er Mittel und Wege finden. Aber dieser Junge, den Brutus erwähnt hatte, machte ihm ebenfalls Kopfzerbrechen. Er konnte sich nicht an Helvidius' Gefolgsleute erinnern, was darauf zurückzuführen war, dass er gewöhnlich Sklaven nie eines Blickes würdigte. Um den Jungen zu beseitigen, müsste er ihn erst einmal finden. Doch wo sollte er ihn suchen, wenn er nicht einmal wusste, wie dieser damals ausgesehen hatte? Er war heute ein erwachsener Mann, was die Aufgabe nicht leichter machte. Ihm fiel nur eine Person ein, die ihm weiterhelfen konnte: Cleander.

»Cleander?« Die dicke Frau schaute Tullius ungläubig an. »Diesen Kauz suchst du?« Sie warf ihren Kopf zur Seite und wies mit den Augen auf das oberste Stockwerk eines heruntergekommenen Hauses. »Da oben wohnt er. Habe ihn lange nicht gesehen. Vielleicht ist er schon tot.«

Tullius betrat den Hausflur, in dem es muffig roch. Hinter einer Tür stritten sich ein Mann und eine Frau, während gleichzeitig ein Kind nervtötend schrie. Eine knarrende Holztreppe führte im Halbdunkeln nach oben. Irgendwo in der Schwärze des Treppenhauses flatterte etwas. Waren es Vögel? Ihm wurde mulmig. Er bedauerte, seinen Dolch nicht mitgenommen zu haben. Dies war ein Ort, wo ein Mensch für immer verschwinden könnte, dachte er. Noch höher zu steigen, wagte er nicht.

»Cleander? Hörst du mich?«, rief er nach oben.

Keine Antwort.

»Cleander. Ich bin es, Gaius Cornelius Tullius. Du kennst mich. Ich war Quästor des Kaisers in deiner Zeit als Verwalter bei Helvidius.«

Oben rumorte es. Dann beugte sich der Schatten eines Mannes über das Treppengeländer.

»Quästor Tullius?«

»Ja.« Tullius atmete auf. Er hatte Cleanders Stimme wiedererkannt. »Ich möchte dich sprechen. Kannst du herunterkommen?«

»Warte. Ich komme gleich.«

Tullius war froh, als er wieder im Hellen stand. Kurze Zeit später trat Cleander auf die Straße hinaus. Er machte einen erbärmlichen Eindruck. Den Stoff seiner verschlissenen Tunika schien nur noch der Dreck zusammenzuhalten. Er blinzelte in das Sonnenlicht. Mit seiner knöchernen Hand schirmte er die Augen ab.

»Spendierst du mir was? Ich habe außerdem furchtbaren Hunger.«

Wenige Schritte entfernt verströmte ein Thermopolium Essensgeruch. Tullius nickte und winkte Cleander zu sich heran. Er erschrak über den Zustand des ehemaligen Verwalters. Dass es ihm so schlecht ging, hatte er nicht erwartet. Er erinnerte sich zwar an dessen schlanke Figur, aber jetzt bestand dieser Mann nur noch aus Haut und Knochen. Seine Augen saßen in dunklen Höhlen, und seine Wangen waren stark hervorgetreten. Sein Gesicht sah aus, als hätte man eine trockene Haut über einen Totenschädel gespannt.

»Was kann ich dir bestellen?« Aus den in der gemauerten Theke eingelassenen Vorratsbehältern dampften Suppen aus Kichererbsen und Bohnen.

Cleander grinste und zeigte auf den ersten Stock. »Dort oben gibt es Besseres, und man kann sich hinsetzen.«

Der Wirt, der den hohen Besucher nicht aus den Augen gelassen hatte, fing die Worte bereitwillig auf. »Wenn ich vorangehen darf?«, reagierte er geschäftsbeflissen. Tullius nickte, und sie folgten ihm ins Haus. Der Wirt führte sie über eine Treppe in ein spartanisches Gastzimmer, in dem aber saubere Tische und Stühle standen.

»Ich habe knuspriges Hühnchen.« Der Wirt buckelte und rieb sich die Hände.

»Bring eine große Portion. Und deinen besten Wein«, erwiderte Tullius.

»Sofort.«
»Was verschafft mir die Ehre?«, fragte Cleander.
Aus dem Gerippe blickten Tullius dieselben misstrauischen Augen an wie damals, als er Helvidius' Haus in Rom konfisziert hatte.
»Du erinnerst dich an die Reise deines Herrn, des Senators Helvidius, nach Histria?«
»Wie könnte ich das vergessen? Er kam nicht zurück, und das war mein Ende.« Cleander hüstelte, und Tullius kam dieses Hüsteln gekünstelt vor.
»Haben Sklaven aus seinem Gefolge die Reise überlebt?«
»Du interessierst dich für seine Sklaven?«
»Antworte einfach!«
»Wenn sie nicht geflohen sind, so sind sie alle tot. Keiner ist zurückgekehrt. Aber warum fragst du?«
Der Wirt brachte das gebratene Huhn. Ein Mädchen mit fettigen Haaren stellte einen Krug Wein und zwei tönerne Becher auf den Tisch. Cleander vergaß erst einmal die Frage und machte sich heißhungrig über den Braten her.
Tullius beobachtete Cleander beim Essen. Dieser riss mit geschickten Fingern Fleischstücke ab und stopfte sich damit den Mund voll, als hätte er Angst, dass es ihm jemand streitig machen könnte. Dabei schmatzte er wie ein Schwein, putzte die Knochen feinsäuberlich ab und leckte danach jeden einzelnen Finger sauber. Zum Schluss leerte er in einem einzigen Zug einen Becher Wein, rülpste und sah Tullius schließlich mit glasigen, zufriedenen Augen an.
»Wenn ich dir helfen soll, musst du mir schon etwas mehr erzählen. – Wen suchst du?«
Tullius stellte erleichtert fest, dass Cleanders Verstand vom Magen wieder ins Gehirn gewandert war. Er sah Cleanders verschlagene Augen auf sich gerichtet, während dieser gleichzeitig ungeniert mit der Zunge an Essensresten zwischen seinen Zahnruinen bohrte und hin und wieder mit einem Finger nachhalf. Regelmäßig entfuhr ihm dabei ein Schmatzer.

»Ich suche einen Jungen. Damals war er zwischen dreizehn und fünfzehn Jahre alt.«

»Den suchst du?«

»Du weißt, von wem ich spreche?« Tullius riss die Augen auf und ergriff energisch Cleanders Arm. »Sag mir seinen Namen!« Dieser wiegte verschlagen den Kopf. »Vielleicht weiß ich es, vielleicht auch nicht.«

»Du willst Geld? Nenne mir deinen Preis! Aber sei nicht zu unverschämt, sonst lasse ich dich in der Arena den wilden Tieren vorwerfen.«

Cleander nahm bedächtig Tullius' Hand von seinem Arm, reckte sich und lehnte sich mit selbstsicherer Miene in den Stuhl zurück.

»Weißt du, was mir durch den Kopf geht, Quästor?«

Tullius zuckte mit der Schulter.

»Du bist ein hochangesehener Patrizier. Leute von niederem Stand beachtest du nicht. Und doch begibst du dich in die Subura, in Roms Kloake, irrst in den schäbigsten Gassen umher und krauchst in ein Haus, das nichts weiter ist als ein dreckiges Loch. Das alles mutest du dir zu, um jemanden zu finden, der selbst abgrundtief in der Scheiße steckt?«

Cleanders Worte trafen Tullius tief. Er selbst hätte seine Lage nicht treffender beschreiben können, als es Cleanders vulgäre Worte taten. Sie erinnerten ihn daran, wie ihn Brutus tags zuvor in Panik versetzt hatte.

»Wenn du dich so weit herablässt«, sagte Cleander grinsend, »dann möchte man meinen, es steht nichts Geringeres auf dem Spiel als dein Leben. Habe ich recht?«

»Das geht dich nichts an.«

»Ich weiß nicht, was in Histria passiert ist«, Cleanders Grinsen wich einem kalten Ausdruck, und er beugte sich vor, »aber ich weiß eines: Mein Dominus hat den Kaiser niemals betrogen. Das hast du dir nur selbst ausgedacht, um dem Kaiser zu gefallen. Jeder weiß, wie dringend er Geld braucht für sein großes Amphitheater. Deshalb hast du mich aus Helvidius' Haus verjagt. Ich wurde dir zu gefährlich, weil ich es besser wusste und deine Scharade hätte aufdecken können.«

»Deine Geschichte interessiert mich nicht. Nenne mir endlich deinen Preis!«

»Nur Geduld. Du musst noch wissen, wie es mir ergangen ist. Kein Patrizier wollte mich mehr haben. Wenn ich mich ihnen andiente, verjagten sie mich mit Hunden. Sogar als ich mich herabließ, für die wohlhabenden Handwerker zu arbeiten, erntete ich nur Spott und Demütigung. Niemand wollte einen Verwalter, dessen Herr den Kaiser betrogen hatte. Ich fiel ins Elend. Mir erging es schlimmer als vielen Sklaven. Um zu überleben, sammelte ich Urin für die Gerber ein. Zu Beginn habe ich mich eine Woche lang ununterbrochen übergeben, bis ich schließlich selbst den Geruch von Pisse und Scheiße angenommen hatte und es mir nichts mehr ausmachte. Ich habe mich an den Gestank gewöhnt und meine Ehre von früher darin ertränkt.«

»Das wusste ich nicht. Es tut mir leid.«

»Spar dir dein Mitleid. Ich nenne jetzt meinen Preis: dein Leben gegen meines. Ich will mein altes Leben zurück. Ich will raus aus diesem elenden Dasein. Ich will wieder Verwalter werden. Sorge dafür, und ich werde dir helfen.«

Das hatte Tullius nicht erwartet. Cleanders Bedingungen behagten ihm nicht. Würde er sie akzeptieren, begäbe er sich womöglich in dessen Abhängigkeit. Wie konnte er sicher sein, dass Cleander nicht schlafende Hunde wecken würde? Natürlich wusste er, dass Cleander recht hatte. Helvidius war dem Kaiser damals keinen einzigen Sesterz schuldig geblieben. Käme die Denunziation heraus, mit der er sein eigenes Verbrechen gedeckt hatte, würde seine bereits angeschlagene Glaubwürdigkeit endgültig dahin sein. Doch welche Wahl hatte er? Käme er Cleander nicht entgegen, würde er diesen Zeugen niemals finden und beseitigen können. Dieses Risiko war bedeutend höher als das, was von Cleander ausging. Später würde ihm schon noch etwas einfallen, wie er auch diesen Kerl wieder loswerden könnte.

Cleander legte noch einen drauf. »Ich nenne dir seinen Namen, verrate dir, wo du ihn findest, und sage dir obendrein, wie du ihn für immer loswerden kannst, ohne dir die Hände schmutzig zu machen.«

»Und die alten Geschichten wirst du dann ruhen lassen?«

»Meinem Dominus gegenüber war ich stets loyal. Ich kenne die Regeln. Schon von frühester Kindheit an habe ich sie als Sklave gelernt und mich auch später als Freigelassener daran gehalten. Ich weiß, dass Loyalität alles ausmacht. Doch jetzt, da mein ehemaliger Dominus tot ist, schulde ich ihm keine Treue mehr. Im Gegenteil. Durch ihn bin ich unschuldig in Verruf gekommen, weil er sich unbedingt mit dem Kaiser anlegen musste. – Ich will meinen alten Posten wiederhaben und werde dem Kaiser treu dienen. Nirgendwo anders habe ich eine Zukunft. Das ist deine Sicherheit, Quästor. Und die meine ist die Einhaltung deines Versprechens. Ich weiß zwar nicht, wieso der Junge für dich so wichtig ist, aber wenn ich seinen Namen in Verbindung mit Helvidius' Tod verbreite, wird sich schon jemand finden, der dir daraus einen Strick dreht.«

Tullius überlegte. Cleanders Worte klangen nicht nur einleuchtend, sondern in ihnen schwang auch das drohende Unheil mit, das ihm blühte, wenn er sich nicht darauf einließe.

»Abgemacht«, sagte er und streckte die Hand aus. Cleander schlug ein.

Gesättigt wie lange nicht mehr, fühlte Cleander ein großes Wohlbehagen. Nachdem er Tullius verraten hatte, dass Philippus der Neffe des Baumeisters Rufus war und ihn sein Vater hatte versklaven wollen, spendierte ihm der designierte Prätor noch einen Krug Wein. Danach verließ er ihn. Der Alkohol, auf den Cleander so lange Zeit hatte verzichten müssen, versetzte diesen in einen beschwingten Gemütszustand. Bald würde es ihm immer so gut gehen.

Als er jedoch die Haustür seiner Wohnstatt öffnete, klopfte ihm jemand auf die Schulter. Hatte Tullius etwas vergessen? Er drehte sich um und blickte in die harten Gesichtszüge eines Fremden.

»Was willst du?«, fragte er verunsichert.

»Mit dir sprechen. Mein Name ist Decimus Brutus. Ich bin Detektiv und möchte dir ein Geschäft vorschlagen.«

»Ein Geschäft? Wie kann ich dir helfen?«

»Ich bin Tullius heimlich gefolgt und weiß, worüber ihr geredet habt.«

Wie unergründlich doch Fortuna war, dachte Cleander. Und hätte die Göttin diesen Detektiv nicht am nächsten Tag schicken können, wenn er wieder hungrig und durstig gewesen wäre?

72

Seinem Onkel stand die Begeisterung ins Gesicht geschrieben, als Philippus eines Nachmittags von einer Versammlung des Collegiums nach Hause kam und ihm – auf dem Weg in die Stadt – im Atrium begegnete.

»Warte. Ich habe eine Neuigkeit für dich«, sagte Rufus.

Philippus spitzte die Ohren.

»Stell dir vor. Über dem Haupteingang des neuen Amphitheaters soll eine Tafel aus feinstem Lunense-Marmor angebracht werden.«

Philippus konnte die Euphorie seines Onkels nicht nachvollziehen. Was hatte diese Nachricht schon Besonderes an sich?

»Weißt du, welcher Text darauf eingraviert werden soll?«

Philippus zuckte gleichgültig die Schultern.

»In goldenen Lettern soll darauf stehen: Erbaut durch Cäsar Augustus Vespasianus aus der Beute der Juden für das Volk von Rom – und DU sollst die Tafel anfertigen.«

»ICH?«, rief Philippus überrascht. Eine Welle des Glücks durchströmte ihn. An der wichtigsten Stelle des größten Amphitheaters der Welt würde eine Botschaft des Kaisers prangen, und ER sollte die Schrift dafür anfertigen. Nach Hunderten oder gar nach Tausenden Jahren würden die Besucher seinen Text noch immer lesen. Sein Werk würde die Zeiten überdauern, so wie er es sich erträumt hatte. Und damit würde er unsterblich werden.

»Wann kann ich mit der Arbeit beginnen?«, fragte er aufgeregt.

»Die Prachttafel trifft in den nächsten Tagen ein. Sie wird dir zwar nicht wirklich dein Können abfordern, aber die Anerkennung des Kaisers einbringen. Du kannst gleich die ersten Muster entwerfen.«

Philippus vergaß sein Vorhaben in der Stadt, sondern wollte sich stattdessen gleich freudig an die Arbeit machen, als jemand gegen die Pforte klopfte. Ein Sklave öffnete und kündigte einen Besucher an.

»Herr, ein Mann namens Decimus Brutus wünscht dich zu sprechen.«

»Bitte ihn herein«, sagte Rufus, der annahm, es handele sich um einen Kunden.

An diesem Tag hingen graue Wolken am Himmel. Ins Atrium fiel über die Dachöffnung nur wenig Licht herein, sodass der Besucher mit der hageren Gestalt und den strengen herben Gesichtszügen auf Rufus und Philippus einen unheimlichen Eindruck machte.

»Macrinus Rufus?«, fragte der Mann. Seine Stimme klang tief und rau.

»Ja, der bin ich«, antwortete Rufus, »aber ich muss dich darauf hinweisen, dass wir neue Aufträge vorläufig nicht bearbeiten können. Wir sind gänzlich mit dem Amphitheater ausgelastet.«

»Deswegen bin ich nicht hergekommen.«

»Nein? Weswegen dann?«

»Ich muss dich warnen.«

»Warnen? Wovor?«

»Dein Neffe Philippus befindet sich in großer Gefahr. Ich habe erfahren, dass er ermordet werden soll.«

Philippus erschrak.

»Wer bist du?«, fragte Rufus nervös.

»Verzeih. Mein Name ist Decimus Brutus. Ich bin Detektiv und arbeite für die Witwe des Senators Helvidius und einige andere bedeutende Persönlichkeiten. Dein Neffe ist ein wichtiger Zeuge in einem Mordfall. Der Mörder will ihn deshalb beseitigen lassen.«

»In welchem Mordfall?«

»Du weißt nichts davon?« Brutus blickte erstaunt zu Philippus hinüber. »Lass dir von deinem Neffen erzählen, was auf dem Landgut in Histria vor acht Jahren geschehen ist, dann wirst du den Ernst der Lage erkennen. Der Senator Helvidius wurde damals ermordet. Der Mörder handelte im Auftrag des Kaisers. Kein Geringerer als der Prätor Tullius will deinen Neffen beseitigen lassen. Seid auf der Hut.«

Philippus sah die angsterfüllten Augen seines Onkels auf sich gerichtet.

»Dein Neffe muss schnellstens dein Haus verlassen. Ich könnte ihm ein sicheres Versteck anbieten. Morgen, kurz vor Sonnenaufgang, komme ich wieder und hole ihn ab. Entscheide dich schnell. – Einen schönen Tag noch.« Der Besucher verließ daraufhin das Haus.

»Was ist damals in Histria geschehen?«, fragte Rufus verstört.

Philippus erzählte dem Onkel, dass der Senator Helvidius ihn damals nach seiner Entführung auf die Reise nach Histria mitgenommen hatte, um ihn vor den Übergriffen seines Verwalters Cleander zu schützen. Philippus berichtete ebenfalls davon, wie er eines Nachts auf Helvidius' Landgut Schreie gehört hatte und wie damals Schwerter aufeinander schlugen, und er sich in einer Besenecke versteckt und beobachtet hatte, wie dem Senator von einem Mann mit roten Haaren die Kehle durchgeschnitten worden war. Die Frau des Prätors, der damals noch Quästor war, hatte ihn nach Rom mitgenommen und ihm aufgetragen, niemals über das Geschehene zu sprechen.

Rufus fuhr sich mit den Fingern beider Hände durchs Haar und stöhnte. »Dieser Helvidius verfolgt uns noch aus seinem Grab heraus.« Dann blickte er auf. »Diesem Detektiv vertraue ich nicht. Wer weiß, vielleicht täuscht er uns und steht womöglich in Diensten des Mörders, um dich im Geheimen zu töten.«

Auch Philippus war so verunsichert, dass er sich keinen Rat wusste. Aber trotz der Gefahr ging ihm die Tafel nicht aus dem Kopf. Auf der Flucht würde er sich seinen Lebenstraum nicht erfüllen können.

»Wohin soll ich dich bringen?«, fragte Rufus. »Zurück zu deinem Vater kannst du nicht.«

»Kann ich denn nicht hierbleiben? Ich verlasse das Haus nicht und arbeite nur an der Tafel.«

»Wenn es stimmt, was dieser Brutus gesagt hat, bist du in meinem Haus nicht sicher. Du musst dich verstecken.«

»... und die Tafel?«

»Sie muss zurückstehen. Wenn du getötet wirst, kannst du sie auch nicht mehr anfertigen.«

Sein Onkel hatte recht, dachte Philippus. Er musste sich verstecken. Aber wo? Dann fiel ihm etwas ein: »Es gibt einen Ort, wo mich niemand sucht.«

»Wo?«

»Im Ludus des Kaisers.«

Rufus schaute skeptisch.

»Vor einigen Wochen«, fuhr Philippus fort, »habe ich einen alten Freund wiedergetroffen. Wir reisten damals gemeinsam nach Rom. Er heißt Trinitius und ist Medicus bei den Gladiatoren. Wir sind uns zufällig auf einer Baustellenbegehung im Amphitheater begegnet. Trinitius hat die Räume des Hospitals und der Leichenhalle inspiziert. Es war an jenem Tag, als der Kaiser dich für die Ausgestaltung seiner Loge gelobt hat.«

»Ja, ich erinnere mich. – Aber ist das nicht gefährlich? Der Ludus liegt im Verwaltungsbereich des Prätors. Wenn er dich dort findet, bist du verloren.«

»Er wird es nicht erfahren und auch nicht vermuten, dass ich mich dort verstecke.« Philippus schaute den Onkel bittend an. »Nachts könnte ich mich heimlich in die Werkstatt auf dem Marsfeld schleichen und an der Tafel arbeiten. Von dort ist es ja nicht weit bis zur Gladiatorenkaserne.«

»Unmöglich. Das Hämmern würde man bis auf die Straße hören.«

»Das Gravieren macht nicht so viel Lärm. Und wenn doch einer fragt, begründest du es eben mit einem wichtigen Terminauftrag.«

73

Am nächsten Morgen in der Frühe, noch bevor der Detektiv Brutus an die Pforte von Rufus' Haus klopfte, machte sich Philippus auf den Weg zur Gladiatorenkaserne. Unterwegs fiel ihm auf, dass gegen die Häuserwände mehr Leichen als sonst gelehnt waren. Wäre Philippus nicht so mit sich selbst beschäftigt gewesen, hätte er wohl darin die Anzeichen der heraufziehenden Katastrophe erkannt, die sich bereits in der Stadt eingenistet hatte.

Bald erreichte er das Marsfeld, wo die Ruine des hölzernen Amphitheaters von Nero stand. Es war vor sechzehn Jahren bei dem großen Brand von Rom zum Opfer gefallen und fristete seither ein klägliches Dasein. Weder der Senat noch der Kaiser konnten sich dazu entschließen, es abzureißen oder wiederaufzubauen. Immerhin taugte die Kampfarena zum Trainieren der Gladiatoren aus dem nahegelegenen Ludus.

Philippus näherte sich der Gladiatorenkaserne. Der kühne Plan, sich ausgerechnet in einem kaiserlichen Ludus zu verstecken, verursachte in seiner Magengegend ein mulmiges Gefühl. Doch wo sonst sollte er Zuflucht suchen? Trinitius kannte er als einen fürsorglichen Freund, auch wenn diese Erfahrung schon viele Jahre zurücklag. Aber die Zuversicht, dass sich kein Mensch so leicht in seinem Charakter von Grund auf ändern würde, gab ihm den Mut, an das grobe Holzportal der Kaserne zu klopfen.

Eine Luke öffnete sich. Augen musterten ihn, und eine barsche Stimme fragte: »Zu wem?«

»Zum Medicus Trinitius«, antwortete Philippus mit fester Stimme.

»Wen soll ich melden?«

»Einen alten Freund.«

»Hast du keinen Namen?«

»Melde ihm einfach einen alten Freund«, antwortete Philippus ebenso knapp wie unfreundlich.

»Warte!« Die Luke klappte zu.

Es dauerte eine Weile, bis sich das Portal öffnete. Ein Sklave, dem offenkundig die mürrischen Augen des Mannes hinter der Luke gehörten, winkte Philippus herein und führte ihn in eine Schreibstube, in der ein kräftiger, glatzköpfiger Mann an einem Schreibtisch saß.

»Du willst ein Freund von Trinitius sein?«, fragte dieser bärbeißig.

»So ist es.«

»Falls du lügst, lasse ich dich auspeitschen. Glaube ja nicht, dass du dich unter einem falschen Vorwand hier hereinmogeln kannst. Die Übungen der Gladiatoren sind geheim. Wenn du diese sehen willst, geh zu den nächsten Schaukämpfen oder besorg dir eine Eintrittsmarke in den Circus. Hast du das verstanden?«

»Ja.«

»Gut. – Hol den Medicus her!«, befahl er dem Mann von der Pforte.

Es dauerte eine Weile, ehe er wieder zurückkam, Trinitius an seiner Seite. Als er Philippus erblickte, erhellte sich sein Gesicht und er rief: »Phi...«

Philippus unterbrach ihn, indem er seinen Finger quer über seinen Mund legte.

»Du kennst diesen Mann?«, fragte der Glatzkopf.

»Ja«, antwortete Trinitius. »Es stimmt. Er ist ein alter Freund von mir.«

»Hmm«, brummte der Glatzkopf. »Das nächste Mal solltest du ihn vorher anmelden, dann haben wir keinen Ärger.«

»Komm«, forderte Trinitius seinen Freund auf und führte ihn durch die Gänge der Kaserne.

Philippus schaute sich um. Hier also lebten die Gladiatoren, dachte er. Es war düster. Immer wieder versperrten ihnen

Pforten aus Eisengitter den Weg. Aber wenn sie sich diesen näherten, schlossen ihnen stets irgendwelche Wachen die Türen auf, ohne zu fragen. Überall kroch ihm ein abgestandener Schweißgeruch in die Nase, aber nirgendwo entdeckte er auch nur einen Gladiator.

»Wo sind denn die Helden der Arena?«, fragte er ungeduldig.

»Gleich wirst du welche bei ihren Übungen sehen.«

Und tatsächlich. Als sie ins Freie auf den vom Sonnenlicht überfluteten Innenhof traten und sich seine Augen an dieses gewöhnt hatten, sah er sie. Die Gladiatoren waren dabei, auf Holzpfähle einzuschlagen, während ein Trainer unentwegt herumbrüllte und die Peitsche schwang.

»Das sind die Neuen«, sagte Trinitius. »Die berühmten Veteranen haben heute Ruhetag und liegen faul in ihren Zellen herum oder werden massiert. Dorthin darf ich dich nicht führen. Komm morgen in der Frühe wieder, dann trainieren sie. Du wirst sehen: Das ist ein großes Erlebnis, das dem in der Arena nur wenig nachsteht. Der Procurator hat vor Kurzem einen Numider eingekauft, einen, der mit Dreizack und Netz kämpft. Er ist schwarz wie Kohle und ein Kerl wie ein Baum. Den musst du sehen. Der Prätor will zu den Eröffnungsspielen des neuen Amphitheaters nur das Beste bieten.«

Inzwischen waren sie an der Schreibstube des Medicus angelangt, von wo aus das Klopfen der Holzschwerter jedoch immer noch zu hören war. In der Mitte des Raums standen ein Tisch, zwei Stühle und eine Liege. In den Regalen an den Wänden lagerten Phiolen, Gläser mit Flüssigkeiten unterschiedlichster Farben, zahlreiche mit Kohle beschriftete Tongefäße, Stößel in Mörsern und – was Philippus besonders beeindruckte – chirurgische Instrumente. Voller Respekt fuhr er mit dem Finger über die scharfen Zähne eines Sägeblatts. Ohne es auszusprechen, fragte er sich, wie viele Knochen Trinitius mit diesem wohl schon durchtrennt haben mochte.

»Das ist mein Reich«, verkündete Trinitius stolz. »Vom Gehilfen habe ich mich in all den Jahren zum Ersten Medicus des

Ludus heraufgearbeitet. – Aber sag mir, warum machst du so ein Geheimnis um deinen Namen?«

»Ich brauche deine Hilfe«, leitete Philippus die Antwort ein.

»Du bist nicht aus Neugier auf die Gladiatoren hergekommen?«

»Nein. Ich schwebe in Lebensgefahr«, erwiderte Philippus leise. »Der Prätor Tullius will mich ermorden lassen.«

Trinitius wurde ernst.

»Irrst du auch nicht? Warum sollte es ein Prätor auf so jemanden wie dich abgesehen haben? Ich meine, der Mann geht im Kaiserpalast ein und aus, und du, verzeih mir, bist nur ein einfacher Handwerker. Wo ist die Verbindung zwischen euch beiden?«

»Genau weiß ich es nicht. Aber der Prätor muss mit der Ermordung des Senators Helvidius etwas zu tun haben.«

»Helvidius?«

Philippus berichtete nach seinem langen Schweigen zum zweiten Mal von seinen Erlebnissen in Histria. »Licinia, die Frau des heutigen Prätors«, endete Philippus, »hat mich schon damals vor ihm gewarnt. Und jetzt hat ein Detektiv namens Brutus diese Warnung wiederholt.«

Trinitius kratzte sich nachdenklich am Hinterkopf. »Weißt du, dass du schon der Zweite bist, von dem ich höre, dass ihn der Prätor Tullius ermorden will? Auf den anderen hat es sogar bereits einen Anschlag gegeben.«

»Wer ist der andere?«

»Der Gladiator Verus. Kennst du ihn?«

»Nein. Vor langer Zeit habe ich in Capua einmal ein paar Kämpfe gesehen, aber nie einen in Rom.«

»Dann scheint das wohl eine andere Sache zu sein. – Wie kann ich dir helfen?«

»Ich muss mich verstecken.«

»Hier im Ludus?« Trinitius kratzte sich erneut am Hinterkopf. »Ah, ich begreife. In der Höhle des Löwen wähnst du dich am sichersten. Das ist wirklich klug. Darauf kommt der Prätor gewiss nicht.«

»Jetzt weißt du, warum niemand meinen Namen erfahren darf.«

»Verstehe. – Aber Besuche sind hier unüblich. Nur meiner Stellung hast du es zu verdanken, dass man dich überhaupt eingelassen hat.«

»Du meinst, es ist nicht möglich, dass ich mich hier eine Weile verstecke?«

»Als Besucher nicht – aber als mein Gehilfe. Ich werde den Procurator davon überzeugen, dass Verus, der sein wertvollster Gladiator ist, ständig betreut werden muss und ich dich dazu brauche. Die Zeit ist jetzt günstig dafür. Das Amphitheater wird bald eröffnet. Kosten spielen kaum eine Rolle. – Dieser Verus, über den wir sprachen, befindet sich bei mir auf der Krankenstation und muss tatsächlich Tag und Nacht gepflegt werden. Dafür kann ich dich gut gebrauchen. Meinem Gehilfen traue ich nicht. – Doch ich muss deinen Namen melden.«

»Nenne mich einfach Phinnaeus. Du hast mich mit Phi begrüßt. Das passt zu Phinnaeus.«

»Gut. Ab jetzt heißt du Phinnaeus Sabinus. Den Namen Sabinus gibt es in Rom wie Sand am Meer. Da wird sich keiner für deine Familie interessieren.«

»Was muss ich tun?«, fragte Philippus.

»Verus hat sich in der Arena eine lebensgefährliche Verletzung zugezogen. Ich dachte schon, dass ich ihn verliere, aber er hat sich glücklicherweise wieder erholt. Du musst ihm Essen und Trinken bringen und mich rufen, wenn es Probleme gibt. Vor allem darfst du keinen Fremden zu ihm lassen. Er darf keinen Augenblick unbewacht bleiben; und …«, Trinitius verzog das Gesicht, »du musst seine Exkremente fortschaffen.«

»Das werde ich tun, Trinitius. Und ich danke dir für deine Hilfe.«

»Schon gut. Ich kann dich ja wirklich gut gebrauchen, denn dir kann ich vertrauen. – Dann weise ich dich mal in die Arbeit ein.«

Er führte Philippus in das Krankenzimmer, wo fünf Betten nebeneinanderstanden.

»Im Moment haben wir nur Verus hier.«

Philippus starrte den Gladiator an, der mit geschlossenen Augen vor ihm lag.

»Ich kenne ihn«, sagte Philippus plötzlich. »Das ist der Mann, der mich auf dem Landgut entdeckt hat, nachdem ich den Mord an dem Senator beobachtet hatte. Er hat den Mörder ebenfalls gesehen.«

»Bist du sicher? Das hier ist ein Gladiator! Wie sollte er auf ein Landgut kommen?«

»Ich bin mir ganz sicher. Es ist ja schon lange her. Vielleicht war er damals noch ein einfacher Sklave.«

»Wahrscheinlich hast du recht. Die Sache leuchtet mir langsam ein.« Trinitius kratzte sich erneut am Hinterkopf. »Ihr wart beide Zeuge des Mordes an dem Senator. Und beide will euch der Prätor beseitigen. Wenn das nicht für seine Täterschaft spricht, dann sollen die Götter ...«

»Ich kenne dich«, hörten sie plötzlich den Gladiator sagen, der die Augenlider aufgeschlagen hatte und nun Philippus anstarrte. »Ich weiß nur nicht woher.«

»Ich bin Philippus. Wir sind uns vor acht Jahren auf dem Landgut des Senators Helvidius begegnet. Ich war damals fünfzehn Jahre alt.«

»Der Junge hinter dem Vorhang?«

»Ja.«

»Was machst du hier?«

»Ich werde dich pflegen.«

»Ich habe ein paar Brocken von eurem Gespräch aufgeschnappt. Ist es wahr? Der Prätor will auch dich ermorden?«

»Ja. Ich weiß aber nicht, warum. Seine Frau, sie heißt Licinia, hat mich damals schon vor ihm gewarnt.«

»Du kennst Licinia?«

»Ja. Sie hat mich damals nach Rom mitgenommen.«

»... und ist sie noch am Leben?«

»Ja.« Philippus zuckte verwundert die Schultern, während er gleichzeitig beobachtete, wie der Gladiator erleichtert durchatmete.

Es wurde still im Raum. Der Kranke schien in sich zu gehen. Philippus spürte, dass ihn etwas bedrückte, wagte aber nicht, danach zu fragen.

Doch dann ergriff der Gladiator wieder das Wort: »Der Prätor Tullius ist verantwortlich für den Tod des Senators Helvidius. Eigentlich sollte ICH damals ermordet werden, aber einer der gedungenen Gladiatoren hat stattdessen den Senator getötet. Wenn Licinia erfährt, dass ich noch lebe, könnte sie vielleicht dafür sorgen, dass der Prätor Tullius seine gerechte Strafe bekommt.«

Philippus begriff zwar nicht, was er hier hörte, aber die Möglichkeit, sich zu retten, indem er lediglich an die Frau des Prätors eine Nachricht übermittelte, weckte seine Bereitschaft.

»Ich werde ihr die Nachricht überbringen«, kam ihm Trinitius zuvor.

»Nein, mein Freund«, wandte Philippus ein. »Für dich ist es zu gefährlich. Wenn das herauskommt, machst du dir den Prätor auch noch zum Feind. Das können wir uns alle nicht leisten. – Ich werde es tun. Mich kennt Licinia. Mir wird sie vertrauen.«

»Für dich ist es nicht minder gefährlich, wenn du dich aus der Deckung wagst. Wie willst du denn an sie herankommen, ohne dass der Prätor etwas merkt?«

»Mir wird schon etwas einfallen. Du aber bist zu wichtig für uns. Lass mich nur machen.«

Trinitius kratzte sich am Hinterkopf. »Gut, versuch es.«

»Ich muss euch noch etwas Wichtiges über Casca sagen«, ergriff Verus wieder das Wort.

»Wer ist Casca?«, fragte Philippus.

»Der Erste Trainer im Ludus und sein Freund«, antwortete Trinitius.

»Nein! Er ist nicht mein Freund«, widersprach Verus. »Er hält nur zu mir, weil er an mir gut verdient. Ihr dürft ihm nicht unsere Pläne verraten.«

Plötzlich riss jemand die Tür auf. Es war Casca, der hereinschaute.

»Die Pest wütet in Rom«, schrie er. »In den Straßen liegen schon viele Tote herum. Befehl vom Procurator: Keiner darf raus, keiner darf rein.« Dann schlug er die Tür von außen wieder zu.

Philippus und Verus sahen sich entsetzt an.

»Warum zürnen uns die Götter?«, murmelte Trinitius. »Erst zerstören sie Pompeji und Herculaneum, jetzt bringen sie den Tod nach Rom.«

»Wie soll ich jetzt die Nachricht überbringen?«, fragte Philippus. »Gibt es einen geheimen Weg nach draußen?«

Trinitius schüttelte den Kopf. »Aber ich könnte dafür sorgen, dass die Frau des Prätors einen Brief bekommt.«

»Nein«, warf Verus ein. »Das ist zu riskant. Der Prätor könnte ihn abfangen.«

»Dann schicken wir eben einen Brief an meinen Onkel«, schlug Philippus vor. »Ich werde ihn bitten, die Nachricht mündlich zu überbringen.«

»Wie kommt er an sie heran?«, fragte Verus.

»Mein Onkel hat viele Kontakte. Ich vertraue ihm, er wird es schaffen.«

»Kannst du mir Schreibutensilien bringen, Trinitius?«, fragte Verus. »Mir geht es schon deutlich besser. Ich schreibe den Brief.«

»Es ist besser, ich schreibe«, entgegnete Philippus. »Mein Onkel muss dem Absender vertrauen können. Zwar habe ich meinen Siegelring nicht mit dabei, aber er wird an der Schrift erkennen, wer der Absender ist.« Philippus hatte erst bei Rufus begonnen, Lesen und Schreiben zu lernen. Seine kraklige, mit vielen Fehlern durchsetzte Schrift war so markant wie ein Abdruck von seinem Siegelring.

74

Dezember 79

Vespasianus hatte sich gewöhnlich nur einmal im Jahr vom Baufortschritt des Amphitheaters überzeugt. Der neue Kaiser Titus aber besuchte in der kurzen Zeit nach dem Tod seines Vaters nun schon zum dritten Mal die Baustelle. Durch die Seuche waren die Arbeiten fast vollständig zum Erliegen gekommen. Der Kaiser hatte die Stadt unter Quarantäne gestellt. Niemand durfte ohne Genehmigung sein Wohnhaus verlassen. Und so war es eine Geisterbaustelle, die Titus hier mit seinem Gefolge aus Baumeistern der verschiedenen Gewerke und den zuständigen Beamten durchschritt.

Das unvollendete Bauwerk hatte einen Teil seines Reizes verloren. Zwischen den in dem Areal weitverstreuten Bauhütten war das quirlige Leben erstorben, das Feuer der Schmieden erloschen, das Hämmern der Steinmetze verstummt und die Buden der Garküchen erkaltet. Die Gerüste, Flaschenzüge und hölzernen Baukräne, deren Seile die Außenmauer aus Travertin umschlangen, wirkten wie leblose Gespinste.

Titus begutachtete die Fassade. Die beiden Arkadenstockwerke, der obere Kranz mit den viereckigen Fenstern und die Attika waren bereits fertiggestellt. Die achtzig Rundbogennischen je Etage waren aber noch leer. Sie sollten mit Götterstandbildern gefüllt werden.

»Unsere Gottheiten werden doch rechtzeitig einziehen?«, fragte der Kaiser.

»Die Skulpturen sind so gut wie fertig«, antwortete der Hauptarchitekt, ein Mann namens Rabirius. »Sie müssen nur noch poliert werden. Wir werden sie aber erst zum Schluss in die Nischen einsetzen, um sie nicht der Gefahr von Beschädigungen auszusetzen.«

Titus nickte zustimmend.

Der Plan sah vor, dass sämtliche Bogenstützen mit Pilastern verkleidet werden sollten. Die Säulen des ebenerdigen Rundganges hatten ionische Kapitelle, die darüber dorische. Doch am aufwendigsten waren die korinthischen in der obersten Etage. Von den achtzig Säulen waren erst vier eingebaut worden.

»Wann kommen die fehlenden Pilaster?«, fragte Titus und zeigte dabei auf eine kahle Stelle an der Wand.

Rabirius forderte Rufus mit einem Nicken auf zu antworten.

»Zwanzig sind schon fertig, mein Kaiser«, lautete dessen Antwort. »Die restlichen Säulen und die Kapitelle werden pünktlich in meiner Werkstatt hergestellt. Es muss nur die Anlieferung des Steins aus Tibur sichergestellt werden.«

»Das wird geschehen«, beeilte sich der Prätor Tullius auffällig eilig zu ergänzen.

»In Tibur wird gearbeitet?«, fragte Titus prompt nach.

»Ja, mein Kaiser«, antwortete Tullius mit fester Stimme, »es gibt dort keinen Ausbruch der Seuche.«

»Das muss auch so bleiben!«, mahnte Titus. »Sorge dafür! Die Lieferungen aus den Steinbrüchen von Tibur und Lunense dürfen auf gar keinen Fall unterbrochen werden, sonst wird das Amphitheater nicht rechtzeitig fertig.«

Im Gefolge des Kaisers besichtigte auch Licinia in Begleitung ihres Mannes die Baustelle. Obwohl sie sich nicht sonderlich für das neue Amphitheater interessierte, genoss sie die Gelegenheit, in dieser Quarantänezeit wieder einmal an die frische Luft zu kommen. Über die Antwort ihres Ehemannes schüttelte Licinia kaum merklich den Kopf. Sie wusste, dass Tullius den Kaiser angelogen hatte. Die Pest hatte weder die Stadt Tibur noch den nahegelegenen Steinbruch verschont. Doch im Gegensatz zur Baustelle in Rom, wo hauptsächlich ausgebildete und erfahrene Handwerker arbeiteten, schufteten im Steinbruch Sklaven. Ob ein paar Hundert der Unglücklichen mehr oder weniger starben, darauf kam es Tullius nicht an. Sklaven im Steinbruch, deren Lebenserwartung ohnehin nicht hoch war, konnten leicht ersetzt werden, vorausgesetzt, es gelang, den Nachschub zu sichern. Licinia wusste, dass Tullius' Hauptsorge der Beschaffung von körperlich geeigneten Sklaven galt. Sie kannte ihren Ehemann, der den Kaiser mit diesen Schwierigkeiten nicht belästigen wollte. Er legte großen Wert auf sein Ansehen und versuchte sich daher, vor Herrscher und Volk von Rom stets als souveräner Prätor zu präsentieren. Licinia war der böse Blick nicht entgangen, den ihr Ehemann dem Baumeister der Steinmetze zugeworfen hatte, als dieser den Kaiser auf den Nachschub aus Tibur aufmerksam gemacht hatte.

Vor dem südlichen Haupteingang blieb Titus plötzlich stehen. Er betrachtete die filigranen Stuckarbeiten über dem Portal.

»Wessen Werk ist das?«, fragte er.

»Das meines Neffen Philippus, mein Kaiser«, antwortete Rufus.

»Sehr gute Arbeit«, lobte der Kaiser. »Ist dein Neffe anwesend?«

»Leider nicht, mein Kaiser.«

»Bring ihn das nächste Mal mit. Ich würde diesen von Minerva geküssten Künstler gern kennenlernen.«

Licinia horchte auf. Philippus? Diesen Namen würde sie im Leben nie vergessen. Sie erinnerte sich noch genau an den Jungen, den sie vor acht Jahren aus Pola nach Rom mitgenommen und der ihr erzählt hatte, dass sein Onkel ein Steinmetzunternehmen betrieb. War dieser Philippus derselbe, den eben noch der Kaiser hatte kennenlernen wollen? Unwillkürlich erwachten die Erinnerungen an Verus in ihr, und sogleich kehrte Trauer in ihr Gemüt ein. Ausgerechnet jetzt, da sie das Amphitheater betrat, quälten sie Gefühle aus einer lange zurückliegenden Zeit. Als der Kaiser mit seinem Gefolge den hohen Gang unter den Zuschauerrängen durchschritt und sie im Anschluss mitten in der Arena standen, wurde Licinia ganz übel von der Vorstellung, dass Verus an einem solchen Ort zu Tode gekommen war. Wohin sie das Auge auch richtete, ihr Blick traf auf hellen polierten Stein. Auch über den Boden der zukünftigen Kampfarena lagen überall Steinquader aus Travertin und Marmor verstreut, an denen bis vor Kurzem gearbeitet worden war. Doch trotz seines unfertigen Zustandes erahnte sie bereits die Protzigkeit dieses Tempels des Todes. Plötzlich verabscheute sie alle Menschen, die daran mitwirkten, allen voran den Kaiser und ihren Ehemann.

Doch gegenüber dem Steinmetzmeister Rufus wollten sich derartige Gefühle nicht einstellen. Ihr fiel auf, dass dieser Mann sie beobachtete. Nein, eigentlich beobachtete er sie nicht, das war der falsche Ausdruck. Sonst hätte er sich abgewandt, als sich ihre Blicke begegneten. Er schien eher etwas auf dem Herzen zu haben.

Das Interesse des Kaisers galt mittlerweile dem obersten Zuschauerrang, der für Sklaven und Frauen bestimmt war.

»Warum hat mein Vater dem Bau von Holztribünen zugestimmt?«, wollte er wissen. »Soweit ich weiß, hat der große Brand zu Neros Zeiten einst vom Circus Maximus auf die ganze Stadt übergegriffen. Und die Tribünen bestanden damals aus Holz. Können wir das nicht ändern und sie aus Stein bauen?«

»Nein, mein Kaiser«, antwortete der oberste Architekt. »Verzeih die Widerrede. Aber die Statik verbietet das. Noch nie wurde ein Amphitheater so hoch gebaut wie dieses. Die untersten Gewölbe müssen einen enormen Druck aushalten. Bestünden die obersten Ränge auch noch aus Stein, wäre der Druck so groß, dass sie vermutlich beim ersten leichten Erdbeben einstürzen würden. Das vermeiden wir durch Holztribünen, die leichter sind.«

»Hmm, verstehe«, brummte Titus.

Licinia bemerkte, wie Rufus, dessen Meinung zu den Holzgewerken nicht gefragt war, sich durch das Gefolge nach hinten in ihre Richtung absetzte. Er starrte sie dabei unentwegt an. Es bestand kein Zweifel: Der Mann wollte etwas von ihr.

»Verzeih, Herrin«, sprach er sie an, während er dicht an ihr vorüberging. »Ich soll dir ausrichten, dass Verus aus Moesia lebt. Er befindet sich im kaiserlichen Ludus auf dem Marsfeld. Die Nachricht schickt dir Philippus, mein Neffe, den du vor acht

Jahren von Pola nach Rom mitgenommen hast.« Dann ging der Mann weiter.

Licinia erstarrte. Diese Worte waren so unerhört, dass sie Probleme hatte, sie zu glauben. Ihr Verstand raste. War es die Wahrheit? Oder spielte ihr jemand einen bösen Streich? War es möglich, dass Verus acht Jahre lang in der Arena überlebt hatte?

Die Gedanken wirbelten nur so in ihrem Kopf herum und ließen sie wie im Trancezustand über die Baustelle stolpern, bis dies dem kaiserlichen Sekretär Catulus auffiel und er Licinia stützte.

»Ist dir nicht gut, Herrin?«

Sie blickte Catulus in die Augen, und für einen kurzen Augenblick kam ihr der Gedanke, ihn anzusprechen, um dort weiterzumachen, woran sie von Tullius damals gehindert worden war, als er sie aus Julia Felix' Haus in Aquileia nach Rom entführt hatte. Doch stattdessen hörte sie sich sagen, als hätten die Worte eigensinnig ihre Lippen verlassen: »Alles in Ordnung. Danke, Catulus.« Etwas in ihrem Inneren, das sie nicht begriff, hatte sie zurückgehalten.

Bei der Ankunft in ihrer Stadtvilla wurden sie und ihr Ehemann stürmisch von den Kindern Lucius, Antoninus und Lucilla empfangen. Die Söhne bedrängten ihren Vater mit begeisterten Fragen:

»Wird das Amphitheater pünktlich eröffnet?«
»Nimmst du uns mit?«
»Was hat der Kaiser gesagt?«
»Erzähl uns noch einmal von den Gladiatoren.«

Tullius beantwortete alles geduldig und liebevoll. Wie in Trance hörte Licinia ihn über das bevorstehende Fest des Todes reden, während die Kinder mit großen leuchtenden Augen an seinen Lippen hingen. Und als ausgerechnet Lucius, die Frucht ihrer Verbindung mit Verus, sagte: »Vater, ich bin stolz auf dich«, da konnte Licinia ihre Tränen kaum zurückhalten. Sie rannte in ihr Gemach. Während von nebenan gedämpft die lebhaften Stimmen zu ihr durchdrangen, warf sie sich aufs Bett und wehrte sich nicht mehr gegen die Tränen. Weinkrämpfe schüttelten ihren Körper. Ihre Schreie erstickte sie mit dem Kissen. Verus, ihr Geliebter, war als Totgeglaubter auferstanden. Das neuerliche Aufbrechen ihrer längst verloren geglaubten Liebe schmerzte sie wie ein brennendes Schwert in der Brust. Bis vor wenigen Stunden hatte ihre große Liebe nichts mehr mit ihrem jetzigen Leben zu tun gehabt. Die Erinnerung an Verus hatte eine Süße besessen, die neben der Liebe zu ihren Kindern in aller Stille tief in ihrem Herzen hatte bestehen können.

Doch jetzt?

Wie sollte sie ihren Geliebten retten, ohne Tullius zu vernichten und ihren Kindern damit Schmerzen zuzufügen? Diese liebten ihren Vater. Müsste sie nicht lebenslang den Hass der Kinder fürchten, würde sie ihnen den Vater nehmen? Nein. Unmöglich. Die Liebe ihrer Kinder wollte sie nicht verlieren.

Und doch war ihr Verus' Leben nicht gleichgültig. Sich gegen ihn zu entscheiden, verursachte ihr Stiche im Herzen. Sie schlug mit der rechten Faust auf das Kopfkissen und schluchzte: »Verzeih, mein Geliebter. Ich kann dich nicht befreien. Es ist zu spät. Ewig wird die Schuld mich quälen. Aber noch größere Schuld würde ich mir gegenüber meinen Kindern aufladen. Verzeih mir, Geliebter, verzeih. Ich kann ihnen den Vater nicht nehmen.«

75

Februar 80 n. Chr.

Nach sechs Wochen forderte die Seuche nicht mehr so viele Todesopfer, weshalb Titus wieder die Aufnahme der Bautätigkeit am Amphitheater angeordnet hatte. Gleichzeitig hob er die Quarantäne auf.

Aber die Leute krochen nur zögerlich aus ihren Behausungen heraus. Aus Angst vor der Ansteckungsgefahr beschränkten sie sich freiwillig nur auf das Nötigste. Philippus lief wie befreit durch die ungewöhnlich ruhigen Gassen. Er genoss seine Freiheit wie die Tiere in der Stadt, die in gewöhnlichen Zeiten sonst um ihr Leben fürchten mussten. Ratten huschten vor ihm in die Löcher und Spalten der Häuser, herrenlose Hunde schnupperten an Urinlachen, und freilaufende Hühner pickten auf, was aus den Körben unaufmerksamer Passanten herausgerieselt war. Kein Geschrei und Handwerkerlärm störte, niemand bettelte, schubste ihn an oder versuchte ihn zu bestehlen.

Er freute sich darauf, Frau und Sohn in seine Arme zu schließen, ohne befürchten zu müssen, dass man ihn bei seiner Rückkehr nicht wieder in die Gladiatorenkaserne hineinlassen würde. Er sehnte sich nach familiärer Wärme und dem geregelten, aber aufregenden Leben als Steinmetz. Während seines Aufenthaltes im Ludus hatte er keinen Kontakt zu seiner Familie gehabt. Er hoffte, dass alle wohlauf waren. Weil sich seine Sorge in Grenzen hielt, denn die Seuche hatte vor allem die Armen dahingerafft, interessierte ihn auch der Fortschritt der Arbeiten und ob es Rufus gelungen war, Verus' Nachricht an Licinia zu überbringen.

Der Gedanke an Verus erinnerte ihn an die Gefahr, die ihm vom Prätor drohte. Je mehr er sich dem Haus seines Onkels näherte, desto häufiger schaute er sich nach allen Seiten um. Er vergaß nicht, dass ihn schon zweimal Cleanders Sklaven aufgelauert hatten. Der Gedanke, ein von Tullius gedungener Schurke könnte ihm gleich an Ort und Stelle einen Dolch in die Kehle stoßen, verursachte in seiner Magengegend erneut ein mulmiges Gefühl. Doch seine Furcht sollte sich noch zuspitzen, entdeckte er doch am Haus seines Onkels über dem Portal Eibenzweige.

Jemand war offenkundig kürzlich gestorben.

War es Julia, die Frau seines Onkels? Sie hatte schon immer eine angegriffene Gesundheit gehabt. Oder hatte Charon etwa seine Frau Cecilia oder seinen Sohn Fabius heimgesucht? Mit wackligen Knien klopfte Philippus an das Tor, das kurz darauf von dem Sklaven Loris geöffnet wurde.

»Wer ist gestorben?«, fragte Philippus, ohne den Gruß des Sklaven abzuwarten.

»Der Dominus.«

»Rufus?«

Loris nickte stumm.

Philippus mochte die Nachricht nicht glauben. Sein geliebter Onkel Rufus sollte nicht mehr am Leben sein? Mittlerweile war seine Frau Cecilia hinzugetreten. Ihr leidender Blick bestätigte das Unfassbare. Sie umarmte ihn.

»Ist Fabius wohlauf?«

»Dein Sohn ist gesund, und ich bin es auch«, antwortete Cecilia.

»Wann ist Rufus denn gestorben?«, fragte Philippus.

»Vor vier Tagen. Gestern haben wir ihn bestattet.«

»Hatte er sich angesteckt?«

»Ja. Es war furchtbar.«

Julia kam hinzu. Ihr langes ergrautes Haar hing in zerzausten Strähnen herab, und ihre geröteten Augen füllten sich mit Tränen, als sie Philippus erblickte. »Den Göttern sei Dank«, sagte sie statt eines Grußes. »Sie haben dich von der Krankheit verschont. Du musst sofort Rufus' Erbe antreten. Wir brauchen dringend wieder einen neuen Dominus.«

»Ich werde mich darum kümmern«, antwortete Philippus mit fester Stimme, während er die an seiner Brust schluchzende Julia umarmte.

Nachdem sie sich voneinander gelöst hatten, befahl Philippus dem Sklaven Loris: »Quintus soll sofort herkommen.«

»Jawohl, Herr.«

Quintus war der älteste und erfahrenste Handwerker im Hause seines Onkels. Philippus wunderte sich über sich selbst, wie schnell er die neue Rolle angenommen hatte. Doch ihm blieb nichts anderes übrig. Lähmende Trauer konnte er sich nicht leisten. Es musste weitergehen. Das war er seinem Onkel schuldig.

»Aber Quintus ist nicht in der Werkstatt«, ergänzte Loris. »Die Steinmetze hat der verstorbene Dominus schon vor einer Woche fortgeschickt.«

»Warum das?«

»Soweit ich weiß, konnten sie nicht weiterarbeiten, weil das Material aus den Steinbrüchen fehlte.«

»Dann schick jemanden zu ihm nach Hause, der ihn herholt.«

»Jawohl, Herr.«

Die Nachricht über die Schwierigkeiten verunsicherte Philippus. Würde er die neue Rolle als Dominus ausfüllen können? Er vermisste seinen Onkel, die Obhut und die Sicherheit, die dieser ihm gewährt hatte. Ein wenig beschlich ihn wieder das Gefühl, das ihn bei seiner Ankunft in Rom heimgesucht hatte, als er allein und hilflos durch die Straßen der Stadt geirrt war. Doch er wischte die Erinnerungen daran beiseite.

In der Werkstatt entdeckte er die unbearbeitete Marmortafel aus Lunense, die ihn an seinen Traum erinnerte. Er musste Rufus' Werk am neuen Amphitheater fortsetzen und sich gleichzeitig gegen einen heimtückischen Anschlag auf sein Leben verteidigen. Solange Rufus lebte, hatte er sich immer auf dessen Schutz verlassen. Zuletzt hatte er Hilfe bei Trinitius gesucht. Doch jetzt musste er selbst Verantwortung übernehmen. Und er war bereit dazu. Er würde die Tafel bearbeiten und seinen Traum verwirklichen. Egal, was da kommen mochte. Schon während der Zeit im Ludus hatte er sich die Frage gestellt, wie lange er sich noch verstecken sollte. Gewiss, ein Prätor war ein mächtiger Feind. Aber seit er von Verus erfahren hatte, wie man ihn zur Strecke bringen konnte, hatte er neuen Mut gefasst. Der Tod seines Onkels, so sehr dieser ihn auch mitnahm, hatte sein Ansehen vergrößert. Er war jetzt der Dominus des Hauses. Solange das Amphitheater im Bau war, würde er diese Rolle ausnutzen können. Danach würde er, wie alle anderen Handwerker, erneut bedeutungslos werden.

Quintus, der inzwischen geholt worden war, riss ihn aus seinen Gedanken heraus. »Salve, Philippus. Den Göttern sei Dank. Wir haben wieder einen Dominus.«

»Quintus, warum arbeiten die Leute nicht?«

»Das Material wurde nicht angeliefert. Der Dominus konnte sich nicht darum kümmern. Er lag schwerkrank im Bett. Und mich hat der Prätor nicht empfangen. Gestern habe ich erfahren, dass er uns den Auftrag am Amphitheater schon vor Tagen entzogen hat. Aber jetzt haben wir wieder einen Dominus. Du kannst bestimmt unser Schicksal wenden.«

»Sag den Männern, sie sollen sich bereithalten.«

»Das werde ich. Sie werden sich freuen, wieder arbeiten zu dürfen. Ohne den Lohn können sie ihre Familien nicht ernähren.«

76

Titus unterschrieb einige Dokumente. Catulus, der neben ihm am Schreibtisch stand, legte sie ihm einzeln vor und nahm die abgezeichneten sofort wieder an sich, um sie später zu versiegeln. Als er zu einem Bittgesuch etwas bemerken wollte, wurde er von einem Kammersklaven unterbrochen.
»Verzeih die Störung, mein Kaiser.« Der Sklave verbeugte sich verlegen. »Der Präfekt der Garde wünscht dich dringend zu sprechen.«
»Bitte ihn herein, wenn es denn so dringend ist«, antwortete Titus gereizt.

Der Prätorianerpräfekt blieb in ehrfurchtsvollem Abstand vor seinem Kaiser stehen, schlug mit der Faust gegen seinen goldenen Brustpanzer und wartete darauf, angesprochen zu werden.

Titus ließ den Präfekten warten.
»Du warst gerade dabei, mir etwas zu sagen«, richtete er das Wort an Catulus.

Diesem war die Bevorzugung gegenüber dem Präfekten peinlich, weshalb er sich beeilte und nur das Nötigste sagte. Der Kaiser unterschrieb das Dokument und noch zwei weitere.
»Nun, Stilicus, was gibt es so Dringendes?«, fragte er endlich, ohne den Blick zu heben.
»Unangenehme Nachrichten, mein Kaiser. Ist es nicht besser«, der Präfekt schielte zu Catulus hinüber, »wir besprechen es unter vier Augen?«
»Wann habe ich jemals etwas von dir gehört, was nicht unangenehm war?«, seufzte Titus, während er den nächsten Papyrus unterschrieb, »Catulus ist mein vertrauter Sekretär. Also, was gibt es?«

»Du warst selbst viele Jahre Präfekt der Garde und weißt, ich würde dich nicht mit Kleinigkeiten belästigen. Doch dieses Mal ist die Lage ernst. Der Mob zieht durch die Straßen und schmäht dich. Irgendwer hetzt die Bürger von Rom gegen dich auf. Sie verbreiten die Lüge, die Götter hätten sich von dir abgewendet.«

»Aufsässige hat es schon immer gegeben. Haben wir keine Spione mehr, die sie uns ans Messer liefern?« In Titus' Stimme schwang ein Unterton, als wäre ihm das Thema lästig. Den Präfekten würdigte er noch immer keines Blickes.

»Das ist es ja gerade. Drei deiner Spione wurden getötet. Einen hat man in den Katakomben des …«

»Spar dir die Einzelheiten.« Titus hob den Kopf und sah den Präfekten forsch an. »Was erzählen diese Leute über mich?«

»Sie geben dir die Schuld an den jüngsten Katastrophen: am Ausbruch des Vesuvius und der Zerstörung der Städte Pompeji, Herculaneum und Stabiae. Und die Pestepidemie in Rom lasten sie dir auch an. Viele haben Angehörige verloren und sind von daher leicht gegen dich aufzubringen. Das Volk fürchtet die Götter und sucht einen Schuldigen für deren Zorn.«

Titus legte die Schreibfeder nieder. »Aha«, sagte er, »und dem Pöbel fällt nichts Besseres ein, als den Kaiser dafür verantwortlich zu machen. Haben die vergessen, dass die Auspizien mir die Gunst der Götter angezeigt haben? Und bin ich nicht persönlich nach Campania gereist, um das Leid mit Geld und Taten zu lindern? Da steckt doch irgendwer dahinter.«

»Gewiss. Noch wissen wir aber nicht, wer«, fuhr der Präfekt fort. »Aber unter den Senatoren kursiert eine noch schlimmere Lüge: Man munkelt, dein Vater habe das Zeugnis der Götter für das Kaiseramt nur vorgetäuscht. Die Flavier hätten sich das Kaiseramt durch Betrug erschlichen, weshalb uns jetzt die Götter straften.«

Catulus horchte auf. Spielte man hier etwa auf die fingierten Wunderheilungen damals in Judäa an? Nur der engste Zirkel um Vespasianus wusste davon.

»Blödsinn«, wehrte Titus ab.

»Selbstverständlich«, pflichtete der Präfekt ihm bei.

»Finde gefälligst heraus, wer dahintersteckt«, brüllte Titus diesen an. »Wir müssen die Drahtzieher schnellstens vor Gericht zerren.«

»Verzeih, mein Kaiser«, mischte sich Catulus ein, »du solltest die Öffentlichkeit meiden. Du weißt ja, wie leicht nach einem Prozess immer etwas am Opfer hängen bleiben kann, auch wenn die Verleumder verurteilt werden.«

Titus und Catulus schauten einander vielsagend an. Ihre Blicke verrieten gegenseitig: Sie hatten beide den gleichen Gedanken.

»Du hast recht, Catulus«, sagte Titus kühl. »Du wirst die Untersuchung des Falls leiten. – Stilicus! Ab sofort unterrichtest du zuerst Catulus. Er bekommt von mir alle Vollmachten und ist dir gegenüber in dieser Angelegenheit weisungsbefugt.«

»Jawohl, mein Kaiser.« Der Präfekt verabschiedete sich mit steifem Hals.

Catulus hatte Mühe, seine Freude nach außen hin zu verbergen. Bisher hatte er als kaiserlicher Sekretär ein eher kümmerliches Dasein geführt. Seinen Einfluss hätte man kaum als nennenswert bezeichnen können, und die Hoffnung auf Freilassung hatte er schon lange verloren. Doch soeben hatte ihm Titus eine Machtfülle übertragen, die seinem Traum neues Leben verlieh.

»Catulus, was meinst du? Haben die Gerüchte einen ernsthaften Hintergrund?«

»Schon möglich, mein Kaiser. Der Vorwurf der Göttertäuschung ist ungewöhnlich. Möglicherweise zielt er auf die Wunderheilungen deines Vaters damals in Judäa ab.«

»Aber das ist mehr als zehn Jahre her. Warum sollten gerade jetzt, nach so langer Zeit, diese Ereignisse wieder hochkochen?«

»Vielleicht, weil dafür die Zeit jetzt günstig ist. Während der Herrschaft deines Vaters wäre eine solche Behauptung nicht auf fruchtbaren Boden gefallen. Aber jetzt? Zwei schreckliche Katastrophen haben das Reich heimgesucht. Zahlreiche Menschen sind gestorben, und viele der Überlebenden haben ihre Arbeit verloren. Da ist es leicht, dem Volk einen Schuldigen zu präsentieren. Deine Feinde, die schon immer dagegen waren, dass du Kaiser wirst, glauben anscheinend, die Stunde deines Sturzes sei gekommen.«

»Die Vorgänge in Judäa haben doch mit den jüngsten Katastrophen nichts zu tun.«

»Natürlich nicht. Aber das Volk ist einfältig. Wenn man es nur oft genug wiederholt, erscheint jeder konstruierte und noch so aberwitzige Zusammenhang plausibel. Unterschätze die Situation nicht.«

»Was schlägst du vor?«

»Brot und Spiele. Das hat schon immer gewirkt.«

»Noch vor der Eröffnung des Amphitheaters?«

»Nein. Das wäre zu durchsichtig. Du solltest die Eröffnung so weit wie möglich vorverlegen. Die Spektakel werden dein Ansehen wieder aufbessern. Dein Vater hat den Bau nicht des Volkes, sondern seiner eigenen Macht wegen in Auftrag gegeben. Es ist ein Glücksfall, dass dir in Kürze so ein mächtiges Mittel in die Hand gegeben wird. Nutze es.«

Titus schaute Catulus nachdenklich an. »Mir scheint, ich habe dich bisher unterschätzt. Zukünftig werde ich öfter deinen Rat einholen.«

77

Am nächsten Tag.
Catulus saß an seinem Schreibtisch und warf einen Blick auf den Papyrus, den er aus dem Stapel der Bittschriften des Vortages herausgesucht hatte. In dem Schreiben ersuchte der Nachfolger des verstorbenen Baumeisters Rufus den Kaiser um Hilfe. Er beschwerte sich darüber, dass ihm der Prätor Tullius den Auftrag für die Steinmetzarbeiten am neuen Amphitheater zu Unrecht entzogen habe, und bat um Wiedereinsetzung in den alten Vertrag.

Catulus hatte weder Lust, sich in den Streit konkurrierender Unternehmen einzumischen, noch sich mit dem Prätor Tullius anzulegen. Aber die vorzeitige Eröffnung des Amphitheaters hatte höchste Priorität. Irgendwelche Querelen, die zu einer Verzögerung führen könnten, musste er unverzüglich aus der Welt schaffen. Er beschloss, die Sache persönlich zu erledigen, und ließ den Bittsteller durch einen Sklaven herbeirufen.

Der sehr junge Mann hieß Philippus.
»Ich habe mit dem Prätor gesprochen«, begann Catulus. »Er sagte, dein Onkel sei längere Zeit so krank gewesen, dass er die Geschäfte nicht habe führen können. Das wäre ein ernsthafter Grund für die Neuvergabe des Auftrages.« Catulus schüttelte Bedauern vorgebend den Kopf. »Ich kann deshalb dem Kaiser nicht empfehlen, die Entscheidung des Prätors rückgängig zu machen.«

»Kurzfristig wurden alle Aufgaben durch Quintus, einen langjährigen und erfahrenen Handwerker unseres Hauses wahrgenommen. Er hat auch in der Vergangenheit schon oft Rufus vertreten.« Philippus hielt Catulus eine Papyrusrolle hin. »Sieh selbst. Es war legal. Rufus hatte ihn vertraglich so lange zu seinem Vertreter eingesetzt, bis ich, als sein Erbnachfolger, die

Geschäfte wieder übernehmen würde. Der Vertrag beweist es, und es gibt Zeugen, die das bestätigen können. Die Vertragserfüllung war zu keinem Zeitpunkt gefährdet.«

Catulus hob die Hände und schüttelte den Kopf. »Das mag ja sein, aber bei einem so bedeutenden Bauwerk wie dem neuen Amphitheater spielt auch das Vertrauen in die Befähigung des Auftragnehmers eine große Rolle. Wer sagt denn, dass du im gleichen Maße wie dein Onkel für die Aufgabe geeignet bist? Der Prätor scheint da eine eindeutige Meinung zu haben. Ich sehe keinen Grund, dessen Urteilsvermögen zu misstrauen.«

In diesem Augenblick griff jedoch die Schicksalsgöttin Fortuna ein, die sich gern an die Seite der Tüchtigen stellt, und Titus betrat den Raum. Catulus kannte die Ungeduld des Kaisers. Es kam immer wieder einmal vor, dass er keine Lust hatte, darauf zu warten, bis einer seiner Amtsdiener auf sein Herbeirufen erschien, was gewöhnlich seine Zeit brauchte. Daher platzte er gelegentlich gerne in die Amtsstuben hinein, wo er zu seiner Freude so manchen Beamten beim Müßiggang überraschte.

»Catulus. Ich brauche sofort das Bittgesuch von Primigenius«, sagte Titus im Befehlston, ohne Philippus zu beachten.

»Sofort«, entgegnete Catulus. Die Situation kam ihm gelegen, weil er damit das lästige Gespräch mit dem Bittsteller beenden konnte.

»Es tut mir leid, Philippus. Die Steinmetzarbeiten am Amphitheater bleiben dir entzogen.«

Titus stutzte. »Philippus? Bist du der Neffe des Baumeisters Rufus und hast die wunderbaren Stuckarbeiten über dem Südportal geschaffen?«

»Ja, mein Kaiser. Ich habe das Erbe meines Onkels angetreten.«

»Oh. Rufus ist verstorben? Das wusste ich gar nicht.«

Philippus nickte und senkte dabei die Augenlider.

»Habe ich mich eben verhört? Die Steinmetzarbeiten sind dir entzogen worden?«

»Ja, mein Kaiser. Dein Sekretär wie auch der Prätor zweifeln an meinen Fähigkeiten.«

»Blödsinn.« Titus schaute Catulus streng an. »Ich bin froh, dass Rufus sich so einen hochbegabten Nachfolger herangezogen hat. Philippus und seine Handwerker genießen mein vollstes Vertrauen. – Catulus, das korrigierst du!«

»Ja, mein Kaiser«, erwiderte Catulus demütig, den das vorzügliche Gedächtnis des Kaisers überraschte. Er selbst hatte den Namen und das Detail des Gespräches während der Baustellenbegehung vor Wochen längst vergessen. Nicht so der Kaiser. Warum musste sein oberster Dienstherr aber auch ausgerechnet in diesem Augenblick erscheinen und ihn vor diesem jungen Schnösel demütigen?

»Erwarte morgen neue Aufträge«, sagte Catulus zu Philippus im Glauben, dass Philippus damit zufriedengestellt wäre und sich entfernen würde. Doch der junge Baumeister dachte nicht daran, sich zu verabschieden. Offensichtlich durch die wohlgesinnte Stimmung des Kaisers ermutigt, wagte er zu Catulus' Erschrecken einen tollkühnen und unerwarteten Vorstoß.

»Mein Kaiser«, warf Philippus ein. »Der Prätor Tullius hat vor, mich ermorden zu lassen.«

Erleichtert stellte Catulus fest, dass der Kaiser nicht gewillt war, sich mit übler Nachrede zu beschäftigen, denn er entledigte sich des Themas mit den Worten: »Mein Sekretär wird sich deiner Sache annehmen.«

»Komm morgen wieder«, sagte Catulus, der dachte, mit diesen abweisenden Worten das peinliche Gespräch endgültig beendet zu haben. Doch er irrte erneut.

»Ich bin Zeuge der Ermordung des Senators Helvidius in Histria geworden«, schob Philippus schnell nach. »Dein Vater, mein Kaiser, der göttliche Vespasianus, hatte mit dem Verbrechen nichts zu tun. Ich kenne den wahren Schuldigen. Ich bin nicht der Einzige, der das bezeugen kann.«

Titus blickte Philippus streng an. In den Augen des Kaisers las Catulus Unsicherheit.

»Warte hier«, sagte Titus nach kurzem Überlegen. »Wenn ich mit Catulus fertig bin, wirst du ihm alles erzählen.«

78

Catulus brauchte Stunden, um die Enthüllungen zu verarbeiten, die ihm Philippus hinsichtlich des Todes von Helvidius offenbart hatte. Er ließ sich zwei Dokumente aus dem Geheimarchiv des Kaisers bringen: das Protokoll, das er vor acht Jahren über sein Gespräch mit Plautius Silvanus und der Ehefrau des damaligen Quästors Tullius angefertigt hatte, und den gemeinsamen Brief der Witwe Felix und des Kaiserpriesters Vibius, mit dem sie den damaligen Quästor Tullius belastet hatten. Das Siegel des ersten Dokuments war, wie er feststellte, nicht mehr unversehrt. Jemand hatte es manipuliert. Catulus fuhr mit dem Finger über die feine Fuge im Wachs, die bei oberflächlicher Betrachtung nicht auffiel, aber dem wachsamen Auge nicht verborgen blieb. Es gab also jemanden, der in der Sache schon die Initiative ergriffen hatte. Die Ungewissheit, um wen es sich dabei handelte und welche Ziele derjenige verfolgte, beunruhigte ihn umso mehr, da der Archivar nirgendwo mehr auffindbar war. Er rief deshalb Stilicus herbei. Catulus vertraute darauf, dass dessen Spitzel ihn früher oder später aufgreifen würden. Unter Folter würde der Archivar schon verraten, wer ihn zu der Indiskretion angestiftet hatte. Danach würde Catulus sich mit den Hintermännern beschäftigen.

Doch zunächst wollte er sich auf den Mord an Helvidius und seine eigene Rolle konzentrieren. Der Fall war zweischneidig: Er barg eine Chance, aber auch Verderben. Einerseits würde er Titus und seinem Vater einen großen Dienst erweisen können, war es doch nie so wichtig wie jetzt, den über dem Kaiser schwebenden Verdacht abzuwehren. Andererseits würde auf ihn selbst womöglich ein übles Licht fallen. Er fürchtete, sein Zögern vor acht Jahren könnte ihm als Verrat ausgelegt werden. Niemanden würde interessieren, dass er damals aus Treue zum Kaiser gehandelt hatte. Er würde daher gezwungen sein, die beiden Dokumente aus den Ermittlungen herauszuhalten. Niemand würde seine damalige Rolle hinterfragen, wenn er die Angelegenheit zu einem glücklichen Ende geführt haben würde. An der Schuld des Prätors gab es für ihn jetzt keinen Zweifel mehr. Und die Sache ließ sich, selbst wenn man wollte, auch nicht mehr vertuschen. Der Verdacht war so erdrückend, dass der Kaiser den Prätor sofort seines Amtes entheben müsste, würde Catulus ihn über den neuesten Stand umfassend informieren. Das wollte der aber zunächst vermeiden. Er fürchtete entsprechende Konsequenzen für den Baufortschritt des Amphitheaters und die Spiele. Ein Personalwechsel in der Führungsspitze zum jetzigen Zeitpunkt barg die Gefahr von Verzögerungen, die sich der Kaiser nicht leisten konnte. Zuerst müssten die Zeugen aus Pola nach Rom kommen. Vorher könnte der Prozess nicht beginnen. Und bis dahin war es besser, Tullius bliebe in seinem Amt, als dass er tatenlos im Gefängnis vor sich hin darben würde.

Schlüsselpersonen waren jedoch die Gladiatoren Verus und Priscus. Ohne sie wäre ein Erfolg des Prozesses fraglich. Allerdings drängte die Zeit. Die beiden sollten bereits am Eröffnungstag des Amphitheaters gegeneinander auf Leben und Tod kämpfen. Der Prozess gegen Tullius müsste daher vorher abgeschlossen sein, denn in diesem würden beide gebraucht. Es war daher höchste Eile geboten, die Zeugen aus Pola herbeizuschaffen.

Catulus schickte aus diesem Grund eine kaiserliche Eildepesche nach Classe. Vom dortigen Flottenhafen sollte eine schnelle Trireme nach Pola ablegen. Er befahl, folgende Personen nach Rom zu bringen: den ehemaligen Duumvir Longinus, den Kaiserpriester Vibius, die Witwe Felix, die Verwalterin Attia und den Lanista Lentulus. Erasmus, von dem er wusste, dass er bereits in Rom war, würde er sich gleich morgen vorknöpfen.

Catulus hatte sich eine Prozessstrategie ausgedacht. Der Kaiserpriester, die Witwe Felix, die Verwalterin Attia und der

Lanista Lentulus würden bezeugen, dass es sich bei dem Gladiator Verus um denselben Sklaven handelte, der damals angeblich auf dem Landgut tödlich verunglückt sein sollte. Tullius' Glaubwürdigkeit wäre damit zerstört. Das einstige Geständnis des verstorbenen Lanista Forus bekäme, gestützt durch die Aussagen des Kaiserpriesters Vibius und der Witwe Felix, bedeutendes Gewicht. Der Prätor würde dadurch schwer belastet und könnte der Anschuldigung nicht mehr glaubhaft entgegentreten.

Unter diesen Umständen würde Longinus kaum noch an der Selbstmordversion festhalten wollen. Und Priscus würde unter dem Druck der Aussage von Philippus und des Gladiators Verus seinen Auftraggeber preisgeben. Da Priscus später im Amphitheater entweder sterben oder die Freiheit erlangen würde, müsste er in jedem Fall keine Strafverfolgung und auch nicht mehr die Rache seines Lanista Erasmus fürchten.

Letzterem bliebe bei einer derartigen Entwicklung dann wohl nichts anderes übrig, als mit den Beamten des Kaisers zu kooperieren. Seine eigene Verwicklung in die Sache war nur von geringerer Bedeutung, hatte er doch lediglich an der versuchten Tötung eines Sklaven mitgewirkt, was in die Kategorie Eigentumsdelikt fiel. Catulus würde dafür sorgen, dass er Milde erwarten konnte.

Tullius wäre erledigt.

Catulus hatte seinen Plan fein säuberlich aufgeschrieben. Er las den Papyrus noch einmal durch und sprach mit zufriedener Miene zu sich selbst: »Um sich zu retten, werden sie alle Tullius ans Messer liefern. Der Kaiser wird entlastet werden. Und Titus wird mir dafür endlich die Freiheit schenken.«

79

Am liebsten hätte Tullius den Detektiv Brutus hinauswerfen lassen, als dieser ihn erneut besuchte. Doch er besann sich eines anderen. Beim letzten Mal hatte ihn Brutus über einen plötzlich aufgetauchten Zeugen informiert, der sich als der inzwischen zum Baumeister aufgestiegene Philippus entpuppte. Es interessierte ihn schon, was der Detektiv dieses Mal vorzubringen gedachte.

»Gibt es einen weiteren Zeugen?«, fragte Tullius diesen daher schnippisch.

»Viel schlimmer«, antwortete Brutus. »Es wird jetzt höchste Zeit, dass du dich uns anschließt, sonst fürchte ich, ist es mit dir bald vorbei.«

Tullius wollte überlegen lächeln, es gelang ihm aber nur, gequält das Gesicht zu verziehen.

»Unser Informant aus der kaiserlichen Kanzlei hat berichtet, dass Catulus gegen dich ermittelt. Er hat die geheimen Papyri angefordert, in denen es um deine Rolle am Mord des Senators Helvidius geht.«

»Warum soll mich das beunruhigen?«

»Du hast allen Grund dazu. Unser Informant musste fliehen, und Catulus lässt nach ihm suchen. Es bleibt uns wenig Zeit zum Handeln. Wenn sie ihn schnappen, und das ist nur eine Frage der Zeit, fliegt unsere Verschwörung auf, und du bist dann ganz allein auf dich gestellt. Ich fürchte, dein Leben ist dann verwirkt. Nutze deine letzte Chance und schließe dich uns an.«

»Warum sollte ich mein Leben gefährden, indem ich mich euch anschließe? Catulus erfährt aus den alten Dokumenten nichts, was er nicht schon vorher wusste.«

»Das ist wohl wahr. Aber offensichtlich liest er sie heute mit anderen Augen. Jedenfalls hat er Prätorianer nach Pola geschickt, um einige Leute nach Rom zu holen, die dich belasten werden.«

»Welche Leute?«

»Zum Beispiel Attia.«

»Attia? Die Verwalterin des Landgutes?« Tullius erkannte sofort die Gefahr.

»Du weißt, was das bedeutet.« Brutus neigte spitzbübisch den Kopf. »Sie wird Verus als den Sklaven identifizieren, den du für tot erklärt hast. Falls das geschieht, ist deine Glaubwürdigkeit keinen lumpigen Quadranten mehr wert.«

Tullius war entsetzt. Brutus sprach die Wahrheit.

»Wie ernst es um dich bestellt ist, kannst du daran sehen, wen Catulus alles nach Rom bringen lässt«, fuhr Brutus fort. Tullius hatte kurz überlegt, Attia umbringen zu lassen, noch bevor sie die Stadtmauern von Rom erreicht hätte. Aber als Brutus aufzählte, wer alles nach Rom kommen sollte, spürte Tullius, wie ihm das Blut in den Kopf schoss. Er konnte unmöglich alle töten.

»Wir haben zwar dafür gesorgt, dass sie in Classe aufgehalten werden, aber lange wird das nicht möglich sein. An dem Tag, an dem die Zeugen aus Pola in Rom eintreffen werden, und das kann schon morgen sein, ist es mit dir vorbei. Du kannst deinem Schicksal dann nicht mehr entkommen. Deshalb überlege nicht lange, schließe dich uns an. Hilf mit, dass Titus vorher gestürzt wird. Das ist deine letzte Chance. Das Ansehen des Kaisers ist schwer angeschlagen. Das Volk ist kurz davor, sich zu erheben. Wenn die Senatoren erfahren, dass die Flavier ihren Freund Helvidius umgebracht haben, wird keiner mehr zu Titus halten. Der Prätorianerpräfekt Stilicus wird schon lange vom Kaiser schlecht behandelt. Seine Loyalität ist erschöpft. Wir erwarten, dass er die Seiten wechselt. Tu es ihm gleich.«

»Aber Titus hat großen Rückhalt in den Legionen, und als ehemaliger Präfekt genießt er unter den einfachen Prätorianern noch immer hohes Ansehen.«

»Das stimmt. Aber er hat nach wie vor einen schlechten Ruf beim Volk und beim Senat. Das wird den Prätorianern nicht entgangen sein. Sie wissen genau, dass diejenigen, die sich nicht rechtzeitig auf die richtige Seite stellen, bei den Zuwendungen des Kaisernachfolgers leer ausgehen. Immerhin ist ein Wechsel im Kaiseramt regelmäßig mit einem nicht unerheblichen Donativum verbunden. Und ich kann dir versprechen: Die Zuwendung wird dieses Mal sehr hoch sein.«

»Was erwartet ihr von mir?«

»Du musst gestehen, vom Kaiser den Auftrag erhalten zu haben, den Senator Helvidius zu ermorden.«

»Aber dann wird man mich hinrichten.«

»Das wird man nicht. Sobald du deine Aussage gemacht hast, wird eine Gruppe Prätorianer zu deinem Schutz bereitstehen. Während ein Aufstand des Volkes losbricht, werden dann andere Prätorianer, unterstützt von maßgeblichen Senatoren, in Titus' Gemächer vordringen, diesen töten und den neuen Kaiser ausrufen, von dem du dann begnadigt werden wirst.«

Tullius brummte unzufrieden.

»Vertraue mir«, beschwor ihn Brutus. »Es wird etwas geschehen, das die Herrschaft der Flavier in ihrem Fundament erschüttern wird. Ich kann es dir noch nicht verraten, aber die Sache wird gewaltig sein. Denke darüber nach. Viel Zeit hast du nicht mehr. Ich komme morgen wieder.«

Nachdem Brutus das Haus verlassen hatte, sann Tullius über dessen Worte nach. Das Angebot des Detektivs fand er viel zu riskant. Als Sicherheitsgarantie hatte er lediglich die Zusage eines windigen Detektivs, dem er nicht traute. Er hatte keine Lust, das Bauernopfer bei diesem Umsturz zu spielen, und brütete daher einen eigenen Plan aus.

Am meisten fürchtete er die Gladiatoren Verus und Priscus. Ohne sie würde man sein Lügengerüst nicht zum Einsturz bringen können. Würden sie zu Prozessbeginn nicht mehr leben, könnte er sich aus den Anschuldigungen herauswinden. Und er hatte die Mittel in der Hand, sie ganz legal in der Arena sterben zu lassen. Es würde seine Zeit dauern, bis die Zeugen in Pola gefunden und nach Rom gebracht werden würden. Vielleicht hatte er Glück und die Spiele wären bei ihrer Ankunft schon im vollen Gange. Dann würde er dafür sorgen, dass das Blut der Gladiatoren im Sand der Arena versickerte, noch ehe sie ihm schaden könnten.

Darüber hinaus hatte er noch eine weitere Trumpfkarte in der Hand: Er würde immer noch Philippus ausstechen können, den anderen gefährlichen Zeugen. Ohne die Gladiatoren und ohne den jungen Steinmetz würde der Prozess gegen ihn ins Leere laufen.

80

Catulus hatte Wort gehalten. Schon zwei Tage nach dem Treffen beim Kaiser hielt vor Philippus' Werkstatt ein schweres Gespann mit vier Ochsen. Auf der Ladefläche lag ein Travertinblock aus Tibur. Er war dreieinhalb römische Fuß lang, eineinhalb Fuß breit und ein Fuß hoch und wog knapp 1500 römische Pfund. Den Block hatte man nicht im Steinbruch zerteilt, da er im Ganzen auf dem holprigen Weg zum Hafen, von wo aus er nach Rom verschifft wurde, weniger anfällig für Transportschäden war.

Das minimierte Transportrisiko ging allerdings zu Lasten des Entladens. Hierfür wurden alle Steinmetze gebraucht. Die Verantwortung dafür hatte der Meister zu tragen. Philippus dirigierte den Wagen unter einen Holzkran, der über einen Flaschenzug aus drei Rollen verfügte. Gewissenhaft überprüfte er die Anschläge. Würde sich etwas lösen, wäre das Leben seiner Leute gefährdet. Auf sein Handzeichen hin legten sich zehn Männer in die Seile. Sie hievten den Block mit einem »Hauruck« nach oben. Auf Philippus' Wink bekamen die Ochsen den Stock auf das Hinterteil und zogen daraufhin den Wagen darunter hinweg. Vorsichtig ließ Philippus die Last auf die bereitgestellten Holzbalken herabsenken.

Er atmete tief durch. Das gefährliche Abladen war ohne einen Zwischenfall verlaufen. Alles Weitere vertraute er Quintus an. Den kostbaren Stein in einzelne Rohlinge zu zerteilen, war eine zeitraubende Arbeit. Seine Männer benutzten dazu eine zahnlose Säge, die sie während der gesamten Zeit mit Wasser spülten. Alles lief zu seiner Zufriedenheit ab, sodass er sich auf den Weg zu seinem Wohnhaus auf dem Esquilin machen konnte. Als er dort ankam, meldete ihm Loris einen Besucher, der seinen Namen nicht hatte nennen wollen.

Zuerst erkannte Philippus den Mann im Schatten des Atriums nicht, da sich seine Augen nach dem grellen Licht der Mittagssonne noch nicht angepasst hatten. Aber als er dessen raue und mürrische Stimme vernahm, wusste er, wen er da vor sich hatte.

»Vater?« Philippus erschrak. »Bist du gekommen, um mich zu versklaven?«

»Das kommt ganz auf dich an. Aber gibt es keinen besseren Platz in deinem Haus, an dem wir uns unterhalten können?«

»Ja, natürlich. Bitte komm.«

Philippus führte seinen Vater mit mulmigem Gefühl ins Triclinium, wo sie sich auf zwei gegenüberstehende Klinen setzten. Ein Sklave brachte Wein, den der Vater aber ablehnte. Auch Philippus hatte auf diesen trotz seines trockenen Gaumens keinen Appetit.

»Ich weiß nicht, was du mit einem römischen Prätor zu tun hast«, begann der Vater, »aber offensichtlich hast du ihn dir zum Feind gemacht.«

»Du kennst den Prätor Tullius?«

»Allerdings. Sonst wäre ich nicht hier. Er hat mich herkommen lassen.«

Philippus ahnte, woher der Wind wehte. Der Prätor wollte ihn als Zeugen aus dem Weg schaffen. »Also habe ich recht, du willst mich versklaven?«

»Du kannst das vermeiden, wenn du dich so verhältst, wie es ein Vater von einem anständigen Sohn erwarten kann. Ich bin noch immer dein Pater familias, das Oberhaupt der Familie, der du angehörst. Du hattest kein Recht, dich ohne meine Erlaubnis vom Hof zu entfernen.«

»Aber du wolltest aus mir einen Sklaven machen.«

»Ja, weil du ohnehin wegwolltest, obwohl wir zu Hause jede Hand zur Bewirtschaftung brauchten.«

»Ich wollte nicht weg. Du hast mich vertrieben ...«

Der Vater winkte ab. »Lassen wir das. Reden wir über die Zukunft.« Er räusperte sich. »Ich habe kein Interesse daran, meinen Sohn der Rache eines Aristokraten zu opfern. Du kommst mit mir zurück auf den Hof und schwörst bei allen Göttern, die dir heilig sind, dich mir niemals zu widersetzen.«

»Das ist der Preis dafür, dass du mich nicht versklavst?«

»Preis würde ich es nicht nennen. Es ist der Gehorsam, den du mir schuldest.«

»Was wird aus Rufus' Bauunternehmen?«

»Rufus ist tot. Die Götter haben ihn für seinen Hochmut bestraft.«

Philippus knirschte mit den Zähnen, schwieg jedoch.

»Er hat dir zwar sein Vermögen vererbt«, fuhr der Vater fort, »aber solange ich lebe, entscheide ich, was damit geschieht.«

»Was hast du vor?«

»Du wirst das Unternehmen verkaufen, und den Erlös stecken wir in den Hof. Dann wird es uns allen wieder gut gehen.«

Philippus war entsetzt. »Aber Vater, du willst ein florierendes Geschäft verkaufen und alles in einen Hof investieren, der keine Zukunft hat?«

»Der Hof hat eine Zukunft, wenn alle Schulden getilgt sind.«

»Nein. Es wird alles wieder von vorn anfangen.«

»Sohn!« Der Vater blickte Philippus streng an. »Ich bin noch keine Stunde hier, und schon wieder lehnst du dich gegen mich auf.«

»Vater«, bettelte Philippus. »Ist es nicht besser, du verkaufst den Hof und ihr kommt alle nach Rom? Ihr könnt hier im Haus wohnen. Es ist groß genug. Das Steinmetzgeschäft läuft sehr gut, und wir hätten viele Jahre zu tun. Auf uns warten Aufträge am neuen Amphitheater und an den Bauten des Kaisers. Diese werden uns alle mehr als gut ernähren.«

»Nein!« Die Lippen des Vaters zitterten. »Wir sind keine Steinmetze. Wir sind Bauern. Und dabei bleibt es.«

Die beiden Männer schwiegen.

»Der Hof hat uns über viele Generationen ernährt«, brach der Vater das Schweigen, »und wird es auch weiterhin tun.«

»Wird er nicht«, widersprach Philippus. »Rufus hat es mir erklärt. Als es noch keine Berufslegionäre gab, da sind die Bauern für Rom in den Krieg gezogen. Aber den Hauptteil der Beute haben sich die Aristokraten geholt. Ihre Güter wurden immer größer, und die kleinen Bauernhöfe sind nach und nach von ihnen verschluckt worden. Du kommst gegen ihre Latifundien nicht an, Vater. Sieh es doch ein.«

Der Vater schlug mit der flachen Hand auf den Tisch. »Willst DU das Oberhaupt der Familie sein? Ich verstehe nichts vom Steinmetzhandwerk. Soll ich DEINEN Anweisungen gehorchen? Ist es das, was du willst?«

Philippus wurde in diesem Moment die ganze Tragik ihrer Beziehung wieder bewusst. Er hätte es wissen müssen. Es hatte keinen Sinn, den Vater umzustimmen. So, wie sich Philippus nach dem Steinmetzhandwerk sehnte, hing der Vater mit aller Leidenschaft an seinem Hof. Er war um keinen Preis bereit, diesen aufzugeben. Die Götter hatten ihr Schicksal so bestimmt. Sie konnten unmöglich zusammenkommen.

»Bedenke«, sagte der Vater ruhig, aber eindringlich, »egal wie du dich entscheidest, das Unternehmen wird verkauft. Du hast nur die eine Wahl: Entweder du wirst ein gehorsamer Sohn oder ein Sklave.«

Er sah Philippus fest in die Augen. »Und nun frage ich dich, und ich werde dies kein zweites Mal tun: Wirst du dich mir, dem Pater familias, so wie es das Gesetz verlangt, unterwerfen und mir bis zu meinem Tode den Gehorsam leisten?«

Philippus schüttelte den Kopf, erst kaum merklich, dann immer heftiger, und schrie seinen Vater an: »Nein. Nein und nochmals Nein. Niemals werde ich freiwillig meinen Lebenstraum aufgeben.«

Der Vater schüttelte verständnislos den Kopf. »Dann trage dein Schicksal, Philippus. Der Prätor wünscht, dass du die Aufträge bis zur Eröffnung des Amphitheaters noch abarbeitest. Aber schon einen Tag später wirst du ein Sklave sein. Versuche nicht zu fliehen, sonst endest du in der Arena, wo dich ein wildes Tier zerreißt.«

Der Vater stand auf und ging zwei Schritte. Dann blieb er stehen, um sich noch einmal umzuwenden. »Als ich vorhin dein Haus betrat, kam ich als Vater, der seinen Sohn heimholen wollte. Wenn ich aber nachher dein Haus verlassen habe, gehe ich als ein Mann, der seinen Sohn für immer verloren hat. Noch kannst du mich zurückhalten.«

Er ging ohne ein Wort des Abschieds. Philippus folgte ihm ins Atrium. Langsam näherte sich der Vater dem Tor. Philippus schaute ihm nach. Mit jedem Schritt des Vaters schlug sein Herz schneller. Als das Tor ins Schloss fiel, stand er mit zitternden Knien da.

81

Wie an jedem Vormittag legte Catulus dem Kaiser die vorbereiteten Antworten auf diverse Bittgesuche aus den Provinzen vor.

»Das hat Zeit bis morgen«, sagte Titus und schob die Papyri mit beiden Händen von sich weg.

»Wie du wünschst«, entgegnete Catulus, klemmte die Schriftrollen unter seinen Arm, um mit ihnen an seinen Arbeitsplatz zurückzukehren.

»Warte«, rief Titus. »Ich brauche deinen Rat.«

Mit einer Geste bedeutete er ihm, auf einem Schemel Platz zu nehmen. Die Schriftrollen ruhten auf Catulus' Schoß.

»Die Götter stellen mich auf eine harte Probe. Der Brand letzte Woche hat die Stimmung des Volkes gegen mich noch weiter angeheizt.«

»Ich weiß«, bestätigte ihm Catulus, »und das, obwohl du an der Spitze der Brandbekämpfer standest. Ohne dich, mein Kaiser, wäre der Schaden zweifelsohne viel höher ausgefallen. Trotzdem rechnet man dir diese Katastrophe ebenso an wie die Vernichtung der Städte in Campania durch den Vulkanausbruch und die Seuche in Rom.«

»Warum erkennt das Volk nicht an, was ich für das Gemeinwohl leiste? Ich habe Unsummen meines privaten Vermögens aufgewendet, um das Leid zu lindern. Bin ich nicht viele Tage lang in Pompeji gewesen, und habe ich nicht jede nur erdenkliche Hilfe organisiert? Und dennoch. Was kann ich tun, um mein Ansehen beim Volk aufzupolieren?«

»Mein Kaiser. Bis zur Eröffnung des Amphitheaters sind es nur noch wenige Tage. Die Spiele werden dir helfen.«

»Die Berichte meiner Spione beunruhigen mich. Das

Amphitheater wird fünfzigtausend Besucher fassen. Wenn die Spiele sie begeistern, dann ist der Zweck des Spektakels erreicht. Aber was ist, wenn der Aufruhr nachwirkt? Leicht kann sich die Stimmung gegen mich aufschaukeln und daraus ein Volksaufstand entstehen. Mir gehen die Gewaltausbrüche im Amphitheater von Pompeji zu Neros Zeiten nicht aus dem Kopf. Siehst du nicht auch diese Gefahr?«

»Sie lässt sich kaum wegreden, mein Kaiser. Aber es herrscht unter den Leuten auch eine große Vorfreude auf die Spiele. Du solltest alles tun, um diese zu fördern. Ich finde, das Ereignis ist noch zu wenig präsent in den Köpfen des Volkes.«

»Aber sie sehen doch, wie prächtig das Amphitheater werden wird.«

»Mit Verlaub, mein Kaiser. Viele sehen das nicht. Die Bauzäune versperren den Blick. Und der grandiose Innenraum bleibt ihnen ebenso verschlossen.«

»Ich kann die Baustelle nicht für jedermann zugänglich machen. Das wäre viel zu gefährlich. Tödliche Unfälle kann ich nun wirklich nicht noch gebrauchen.«

»Organisiere ein paar Tage der offenen Tür. Die gefährlichen Kräne und Flaschenzüge sind bereits alle abgebaut. Die restlichen Unfallgefahren lassen sich durch Absperrungen vermeiden.«

»Hmm, das ginge«, brummte Titus, »aber dein Vorschlag ist trotzdem sehr ungewöhnlich.«

»Mein Kaiser. Präsentiere das Bauwerk allen Bürgern Roms. Ich möchte denjenigen sehen, dem bei seinem Anblick nicht der Mund vor Staunen offenbleibt. Zeige ihnen, dass du dieses Wunder für das Volk gebaut hast. Alle in Rom werden kommen und begeistert darüber reden. Ob sie es wollen oder nicht, sie werden damit den Stifter loben, dich, den Kaiser. Das Amphitheater wird sie überwältigen, sodass sie über nichts anderes mehr sprechen werden. Die negative Stimmung gegen dich wird dadurch verdrängt werden. Die Spiele werden dann das Übrige tun.«

»Hmm, die Idee ist gut, wirklich gut, Catulus.« Titus' Gesichtszüge entspannten sich. »Organisiere sofort diese Besichtigungen, und sorge dafür, dass jeder davon erfährt.«

»Nein, mein Kaiser. Sorge selbst dafür. Umso neugieriger wirst du die Leute machen.« Titus schaute Catulus verschmitzt an. »Ich wette, du hast schon eine Idee.«

»Ja, mein Kaiser. Gib ein Gastmahl. Lade dazu möglichst viele Stadtbewohner ein. Zeige ihnen, dass du der Kaiser des Volkes bist, und sprich auf diesem Fest die Einladung zur Besichtigung des Amphitheaters an die Bürger von Rom persönlich aus. Das wird Eindruck machen.«

Titus nickte. »Eine ausgezeichnete Idee, Catulus. Du wirst alles vorbereiten. – Aber das genügt nicht. Ich brauche noch mehr Entlastung. Was hat das Gespräch mit diesem Steinmetzmeister Philippus ergeben? Ist genügend Substanz für einen Prozess vorhanden, der mir helfen kann?«

Catulus schmunzelte. »Die Angelegenheit ist bereits zu deinem Besten geregelt. Ich habe nach Zeugen aus Pola geschickt. Sobald sie in Rom eintreffen, wird der Prozess beginnen. Sie werden Tullius Lügen strafen, und mithilfe der beiden Sklaven Verus und Priscus werden sie deine Unschuld und die deines Vaters beweisen. Dann werden auch die anderen Vorwürfe gegen dich verstummen.«

»Wird das noch vor dem Beginn der Spiele passieren?«

»Ich denke schon. Die Ankunft der Zeugen erwarte ich jeden Tag. Eigentlich müssten sie schon hier sein.«

»Gut gemacht, Catulus. Aber was ist, wenn sich die Zeugen verspäten? Du sagtest, wir brauchen beide Gladiatoren. Sie sollen doch bereits am Eröffnungstag gegeneinander kämpfen? Wird die Zeit nicht zu knapp?«

»Ich weiß. Aber sei unbesorgt, mein Kaiser, sie werden erst kämpfen, nachdem Tullius verurteilt worden ist. Falls es nötig wird, finden wir schon einen Grund, warum der Kampf verschoben werden muss.«

»Gut, Catulus. Ich verlasse mich auf dich. Du darfst dich jetzt entfernen.«

Die Gäste des Mahls durfte Catulus selbst auswählen. Er sorgte dafür, dass außer den Mitgliedern der kaiserlichen Familie und den honorigen Senatoren sämtliche ehemalige Volkstribune eingeladen wurden. In ihrem Schlepptau würden zahlreiche kaisertreue Bürger mitkommen, die später Titus' Einladung ins Amphitheater wie ein Lauffeuer unter das Volk brächten.

Im großen Triclinium des Kaiserpalastes hatten Sklaven nach Catulus' Anweisungen einzelne Dreiergruppen aus Speisesofas in Hufeisenform aufgestellt. Auf diesen und den dazugehörigen Serviertischen lagen drapierte Kissen, Servietten und Überzüge bereit. Nach und nach trafen die Gäste ein. Statt der bei offiziellen Anlässen üblichen Togen trugen sie bunte, bequeme Gewänder. Sie zogen ihre Schuhe aus, um sich anschließend von Sklaven die Hände und Füße waschen zu lassen. Der Nomenclator begrüßte die einzelnen Personen mit Namen und Titel und ließ sie anschließend von schönen Sklavinnen an ihre Plätze geleiten.

Solch ein Gastmahl am kaiserlichen Hof verfolgte stets auch konspirative Ziele. Die vom Wein gelockerten Zungen der Gäste plapperten so manches aus, was wertvoller war als das, was die Spione in den Tavernen, Bädern und Bordellen aufschnappen konnten.

Auf die Einladungsliste hatte Catulus deshalb auch General Caecina gesetzt, verdächtigte er diesen doch schon lange der Mitverschwörung gegen den Kaiser. Falls der General im Alkoholrausch unbeherrscht seine Meinung sagen würde, was bei ihm oft vorkam, versprach sich Catulus wertvolle Rückschlüsse auf die Hintermänner und eine Belohnung vom Kaiser, vielleicht sogar die schon so lange ersehnte Freilassung.

Catulus ließ den pockennarbigen General nicht aus den Augen. Er wusste, dass dieser ein bärbeißiges Gemüt besaß. Und prompt monierte Caecina auch schon den ihm zugewiesenen

Platz, weil dieser nicht nah genug an der Kline des Kaisers stünde, die am Kopf des Saales in einer Apsis aufgestellt worden war. Außerdem beschwerte er sich über die Schlichtheit des Serviertisches, an dem die Silberbeschläge fehlten, wodurch er seinen militärischen Rang nicht angemessen gewürdigt sah. Den Sklaven Catulus ignorierte er. Er sah regelrecht durch ihn hindurch.

Der Saal füllte sich allmählich mit Gästen, und in demselben Maße nahm das Gemurmel zu. Plötzlich schrie der Nomenclator: »Der Kaiser – Imperator Titus Caesar Vespasianus Augustus!«

Eine Gruppe Tubabläser schmetterte einen Tusch. Die Gäste erhoben sich, und es wurde still. Dann betrat der Kaiser den Saal. Titus trug eine bequeme Synthesis aus grüner Seide und blieb vor seiner Kline stehen. Ein Priester, der ihn begleitete, hielt eine Schale hoch, aus der Weihrauchschwaden schwebten. Titus zog sein Gewand über den Kopf und sprach mit ausgebreiteten Armen ein Gebet an die Götter, wobei er ihnen für ihre Gaben dankte. Danach eröffnete er mit einer Geste das Gastmahl.

Die Gäste machten es sich auf den Klinen bequem, jeweils drei auf einem Sofa. Mit dem linken Ellbogen stützten sie sich auf Kissen ab, während ihre Füße auf der Außenseite lagen. Die rechte Hand blieb frei, um die Speisen zu ergreifen. Für das unvermeidliche häufige Händewaschen standen Sklaven mit Waschschüsseln und Handtüchern bereit. Die Serviersklaven brachten die Vorspeisen: Eier von Huhn, Ente und Gans, gefüllte Vögel, geschmorte und gesalzene Schnecken, sauer eingelegte Früchte und Gemüse. Dazu reichten sie Honigwein in kleinen Trinkbechern.

Catulus stellte zufrieden fest, dass sich Caecinas Stimmung auch während des Essens nicht verbesserte. An allem hatte der General etwas auszusetzen. »Sind wir Griechen?«, entrüstete er sich, »Schnecken und Austern gehören bei uns Römern in den dritten Gang und nicht in den ersten.« Trotzdem spießte er mit dem spitzen Stiel eines kleinen Löffels ein geschmortes Weichtier auf und verschlang es genüsslich.

Bei der Kommentierung des Hauptgangs sparte Caecina ebenso wenig mit Kritik. Zwar ließ er sich die gewürzten Schweinswürste schmecken, die sich aus dem aufgeschnittenen Leib eines gegrillten Wildebers wie Gedärme herauskringelten, dafür regte er sich über die Hirschsauce auf. Sie sei seiner Meinung nach zu viel mit Liebstöckel gewürzt worden. Und die dargebotenen Murrfische verschmähte er gänzlich, weil er ihnen die Eignung zum Speisefisch gänzlich absprach. Dem mit Meerwasser vermischten Wein aus den Falerner Bergen sprach er hingegen lebhaft zu, wenngleich er behauptete, dass dieser an den Caecuber, den es früher einmal gegeben hatte, nicht heranreiche.

Nachdem Titus den Laren im Hausaltar mit Speisen und Wein geopfert hatte, folgte der dritte Gang. Sklaven stellten silberne Schalen mit einheimischem Obst auf die Tische: Weintrauben, Äpfel, Quitten und Aprikosen in Hülle und Fülle. Aber auch exotische Früchte fehlten nicht: Feigen, Datteln und Granatäpfel. Dazu gab es verschiedene Sorten Kuchen.

Die adligen Gäste hatten sich an die Art der flavischen Festmahle gewöhnt, die zwar eines Kaisers nicht unwürdig waren, denen aber jeglicher Hang zur Verschwendung abging. Titus' Vater Vespasianus hatte die dekadenten Gastmahle eines Lucullus, Nero oder Vitellius abgeschafft, mit denen diese an einem Abend mehrere Millionen Sesterze verschwendet hatten. Gebratene Flamingozungen, Makrelenleber, Muränenmilch oder Pfauenhirne hatten die Flavier vom Speiseplan verbannt.

Es folgte der zweite Teil des abendlichen Mahls: das Trinkgelage. Sklaven reichten den Gästen Efeukränze, die diese sich auf die Köpfe setzten. Die Luft roch jetzt schwer nach Parfüm. Catulus hatte alles genau vorbereitet. Als Nächstes sollte nun der Festkönig gewählt werden.

Dem Vorschlag des Kaisers, den der Nomenclator verkündete, widersprach niemand. Als aber Eucolpius, der Name eines bekannten Trinkers, genannt wurde, konnte Catulus in den Gesichtern nicht weniger Gäste lesen, dass sie einen harten

Abend erwarteten. Der Festkönig hatte festzulegen, in welchem Maße der Wein mit Wasser vermischt werden sollte und wie viel jeder davon zu trinken hatte. Als erste Amtshandlung ließ er die kleinen Trinkbecher gegen große austauschen. Als er dem Sklaven das Verhältnis von Wein zu Wasser auftrug, ging ein Raunen durch den Saal, bestimmte er es doch mit neun zu eins. Eine schlimme Nachricht für jeden, der nicht trinkfest war, denn es galt als unschicklich, sich dem kaiserlichen Trinkgelage zu entziehen.

Es oblag dem Festkönig ebenfalls, für den Gesprächsstoff zu sorgen. Entsprechend den ihm aufgetragenen Vorgaben lenkte Eucolpius das Thema auf das neue Amphitheater hin. Nachdem der eine und andere Gast seine Bewunderung zum Ausdruck gebracht hatte, ergriff Titus das Wort.

»Bürger von Rom, erwürdige Senatoren, tapfere Verteidiger unserer heiligen Stadt, ich grüße euch. – Wo heute das Amphitheater seiner Vollendung entgegensieht, da stand einst das Goldene Haus Neros. Der Tyrann hatte sich den Grund und Boden, den er für den Bau damals brauchte, illegal an sich gerissen.«

»Brandstifter«, schrie einer im Saal.

»Ruhe, der Kaiser spricht«, mahnte ein anderer.

»Ja, der Brand kam ihm gelegen«, fuhr Titus fort, »fiel doch dem Tyrannen nichts Besseres ein, als das Unglück der Stadtbewohner für seine eigene Prunksucht auszunutzen.«

Catulus war zufrieden. Der bestellte Zwischenrufer hatte alles perfekt gemacht.

»Vor acht Jahren ließ mein Vater diesen Palast von Nero, dieses Objekt des Unrechts, niederreißen. Auf dem frei gewordenen Platz legte er den Grundstein für das neue Amphitheater. Und an dem nicht mehr fernen Tag, an dem dieses vollendet werden wird, erfüllt sich sein Vermächtnis. Ich, sein Sohn, werde den Bürgern Roms ihre Stadt, die der Tyrann Nero ihnen einst genommen hat, in seinem Namen zurückgeben. Und sie wird gekrönt werden von dem größten und schönsten Amphitheater, das die Welt je gesehen hat.«

Die bezahlten Anklatscher reagierten prompt aufs Stichwort und rissen eine Beifallswoge los, die aus einer Mischung echter Begeisterung, fanatischer Verpflichtung und eingeschliffener Gewöhnung bestand. So, wie es Catulus vorgeschlagen hatte, nutzte Titus die Strahlkraft seines vom Volk geliebten Kaiservaters aus und stellte sich selbst damit in ein vorteilhaftes Licht.

»Und so verkünde ich heute: Zur Feier seiner Eröffnung werden ab den Iden des Maius huderttägige Spiele veranstaltet.«

Ein tosender, langanhaltender Beifall brandete auf. Auch Catulus klatschte heftig mit. Seine Regieanweisungen wurden ausgezeichnet befolgt. Wie geplant, dämpfte der Kaiser mit offenen Händen die Ovation. Jetzt sollte der wahre Höhepunkt folgen.

»Obwohl das neue Amphitheater mit fünfzigtausend Plätzen größer sein wird als jedes andere zuvor«, ergriff Titus wieder das Wort, »wird das Verlangen vieler Bürger, es in ihren Besitz zu nehmen, nicht sofort gestillt werden können. Damit aber niemand lange auf das größte von Menschenhand erschaffene Wunder der Welt warten muss, habe ich mich entschlossen, schon vor Beginn der Spiele den Menschen in dieser Stadt ihr Amphitheater zu zeigen. Ab übermorgen werden an drei Tagen Führungen stattfinden, an denen jeder Bürger Roms, der dies wünscht, teilnehmen kann. Falls nötig, werden weitere Tage folgen.«

Erneut tobte Beifall. Es folgten Trinksprüche auf den Kaiser, auf den Sieg über die Juden, der die Finanzierung des Baus ermöglicht hatte, auf die Generäle, auf die tüchtigen Bauhandwerker und Künstler, sodass die Zungen der Gäste bald schwer vom starken Wein waren.

»Liebe Gäste«, der Trinkkönig ergriff wieder das Wort, »lasst uns nun unseres verstorbenen Kaisers gedenken, des göttlichen Imperators Cäsar Vespasianus Augustus, des Vaters unseres Cäsars Titus, der den Grundstein dieses herrlichen Amphitheaters gelegt hat.«

Es folgten Rufe der eifrigsten Schmeichler.
»Auf den göttlichen Vespasianus.«
»Auf den ruhmreichen Titus.«
Und sie tranken, tranken und tranken.
»Auf Helvidius«, schrie plötzlich General Caecina.
»Auf Helvidius«, erwiderten einige einzelne Stimmen, die aber den Kelch sofort senkten, als sie den Fauxpas bemerkten.
»Trinkt mit mir auf den Märtyrer Helvidius, der einst dem Kaiser die Stirn bot und ihm zum Opfer fiel«, rief Caecina. »Auf Helvidius.«
Dieses Mal erwiderte niemand seinen Trinkspruch, und es trat eine bedrückende Stille ein.
»Trink daheim auf Helvidius«, setzte Eucolpius dagegen. »Es mag keiner mit dir einstimmen.«
»Das liegt gewiss daran, dass niemand weiß, dass er ein Held Roms war.« Caecina stand schwankend auf. »Ein großer Römer war Helvidius, der ermordet wurde von dem da«, dabei streckte er den Arm gegen Titus aus, »von diesem Emporkömmling, der nur deshalb den Purpur trägt, weil sein Vater von einem freigelassenen Sklaven namens Narcissus gefördert wurde ...«
»Schweig, Caecina«, zischte einer seiner Begleiter, »du redest dich um deinen Kopf.«
Doch der General wischte den Einwand mit einer Handbewegung beiseite. »Emporkömmlinge sind die Flavier, die sich das Kaiseramt durch Betrug erschlichen haben.«
»Du störst das Fest, Caecina. Behalte diesen Unsinn für dich«, mahnte Eucolpius.
Aber der General ignorierte den Ordnungsruf. Er wandte sich im Saal um. »Hört gut zu, Bürger von Rom. Das Zeugnis der Götter für das Kaiseramt haben die Flavier herbeigelogen. Vespasianus' Wunderheilung in Judäa war das Blendwerk eines Trickbetrügers. Er ließ nur einen Lahmen gegen dessen gesunden Zwillingsbruder austauschen. Ich selbst habe den gelähmten Galiläer, der angeblich geheilt worden war, im Namen Galbas entführt. Und ich kann euch versichern: Seine Beine waren noch

genauso lahm wie vor Vespasianus' angeblicher Wunderheilung.«

Durch den Saal ging ein Raunen.

»Hüte deine Zunge, Caecina«, warnte der Festkönig, während Titus stoisch schwieg. »Du redest wirres Zeug. Der Wein hat deinen Verstand vernebelt.«

»Meine Zunge ist zwar schwer, aber mein Verstand ist klar. Jeder soll es wissen: Das Kaiseramt haben sich die Flavier illegal angeeignet.« Er zeigte erneut mit ausgestrecktem Arm auf den Kaiser. »Titus! Ich klage dich an und fordere dich auf: Stelle dich den Vorwürfen.«

Auf Catulus' Stirn brach kalter Schweiß aus. Er zitterte am ganzen Leib, trug er doch die Verantwortung für diesen Affront. Caecina hätte er nicht einladen dürfen. Diesen Fehler würde ihm Titus nie verzeihen. Er beobachtete, wie der Kaiser und Eucolpius die Köpfe zusammensteckten und tuschelten.

»Verehrter Caecina«, sagte der Festkönig schließlich ruhig, »damit du deine Gedanken noch einmal in Ruhe ordnen kannst, erlaubt dir der Kaiser, dich zu entfernen.«

Die höfliche Ansage war in Wirklichkeit ein klarer Befehl. Caecina wusste das und gehorchte. Beim Verlassen der Sofagruppe verlor er das Gleichgewicht und riss einen Serviertisch um, sodass Nüsse, Rosinen und Gebäck über den Marmorfußboden rollten.

Catulus bemerkte, wie Titus dem Centurio der Prätorianer, einem Mann namens Lucianius, einen vielsagenden Blick zuwarf. Der stand etwas abseits in einer Gruppe von Gardisten und nickte. Catulus wusste, dass jeder Angehörige der kaiserlichen Leibwache unter seiner zivilen Toga diskret eine Waffe verbarg. Caecina würde den Palast wohl nicht lebend verlassen.

82

Noch zehn Tage bis zur Eröffnung des Amphitheaters.
Caecinas Rede machte am nächsten Tag in der Stadt schnell die Runde. Über die Besichtigungstour im Amphitheater wurde zwar auch geredet, aber das erste Gesprächsthema war seine unglaubliche Anklage gegen den Kaiser.

Als das Gerücht aufkam, Treidler hätten die Leiche des Generals aus dem Tiberis gezogen, glaubten sich einige in die Zeit des Nero zurückversetzt. Sie fassten Caecinas Tod als Warnung auf und hielten sich zurück. Nicht wenige aber wollten nun die wahrhaftige Ursache kennen, deretwegen der Zorn der Götter über ihre Stadt und das Reich gekommen war. Für sie stand die Schuld des Kaisers fest. Sie hingen an den Lippen der vormals unbekannten Redner, die mit einem Mal auftauchten und die eine Täuschung im Namen der Götter ein unverzeihliches Sakrileg nannten. Einige wollten austretende Dämpfe aus dem Tempel des Apollo gesehen haben, welche die Seuche, die über die Stadt gekommen war, verursacht haben sollen. Andere berichteten vom Traum eines Priesters, wonach Apollo Titus gezürnt habe, was erkläre, warum die Opfer und Gebete an ihn wirkungslos geblieben seien.

Die Worte der Hetzer fielen auf fruchtbaren Boden, aus dem Wut erwuchs und die Überzeugung, dass es nur einen Weg gab, das eigene Schicksal und das von Rom zu retten. Sie mussten die geforderte Rache der Götter ausführen. Und die Götter verlangten Titus' Tod.

Es begann in der Subura, wo sich die Fleischer versammelten, obwohl der Präfekt des Collegiums händeringend versuchte, die Hitzköpfe zurückzuhalten. Aber vergeblich. Sie zogen schreiend mit Messern und Beilen bewaffnet durch die Gassen zum Forum.

Unterwegs schlossen sich ihnen weitere Wutbürger an, die durch Seuche und Brand Familienangehörige, Heimstatt oder Arbeit verloren hatten. Im Strom der Unzufriedenen blitzten Sicheln und Heugabeln auf. Hände hielten Knüppel und Hammerstiele umfasst.

Als sie beim Forum angelangt waren, setzten die Prätorianer, welche die Aufgänge zum Palatin bewachten, mit einer Tuba Alarmsignale ab, was Meldereiter auf Pferden aus der Stadt zur Via Nomentana reiten ließ, um dort Verstärkung aus der Kaserne zu holen.

Die Bewohner des Palatins liefen aufgeschreckt zur Mauerbrüstung des Tiberianischen Palastes. Voller Sorge beobachteten sie die Vorgänge, die sich mehrere hundert Fuß tiefer, auf dem Forum, abspielten, wo Catulus nur wenige Schritte vom Kaiser entfernt stand, während Titus wütend auf den Volkszorn herabblickte. Wortfetzen schallten zu ihm herauf.

»Titus, gib mir meinen Sohn wieder.«

»Titus, sag mir, wovon soll ich leben?«

»Elender, du hast mir mein Haus genommen.«

Unten, am Tempel des Cäsars, auf der Seite hin zur Basilica Aemilia und auf der anderen am Bogen des Augustus, hatten sich Prätorianer der aufgebrachten Menge in den Weg gestellt, ihre Schilde ausgerichtet und wie auf dem Schlachtfeld ein Karree gebildet. Mit blankgezogenen Schwertern erwarteten sie die Aufständischen.

Catulus wusste, was passieren würde, wenn die hinteren Massen, die er nur ahnen, aber aufgrund des Dioskurentempels, der ihm den Blick auf den größten Teil des Forums verdeckte, nicht sehen konnte, die vorderen Reihen gegen die Schildwand schöben. Was gut bewaffnete Barbarenhorden nicht schafften, das würden auch spontan angreifende Bürger nicht hinbekommen. Sie würden gegen den dichten Schildwall prallen und durch die routiniert geführten Schwertstiche der Prätorianer zu Tode kommen. Ein Hagel aus Tausenden von Pfeilen würde ihnen, falls nötig, den Rest geben. Und das Forum würde blutdurchtränkt werden.

Catulus war über die Folgen des Gastmahls entsetzt und voller Schuldgefühle. Er fürchtete die Eskalation. Käme es dazu, würde der Volkshass die ganze Stadt ergreifen, sodass die Eröffnung des Amphitheaters nicht mehr stattfinden könnte. Das Risiko für den Kaiser wäre dann zu hoch. Sein Plan, den Kaiser zu retten, würde abermals und diesmal unwiderruflich scheitern.

Die unsterblichen Götter hatten jedoch ein Einsehen. Die Menschenmasse kam zum Stehen. Die aufgebrachte Menge schrie zwar noch wütend durcheinander, marschierte aber nicht mehr auf die Gardisten zu. Als die Verstärkung der Prätorianer in Kampfausrüstung das Forum umstellte, zerstreuten sich die Menschen in alle Richtungen.

Catulus atmete auf. Ein Centurio aus der persönlichen Wache des Kaisers, der neben ihm stand, steckte sein Schwert in die Scheide zurück. Er hatte von Titus den Befehl erhalten, Catulus sofort hinzurichten, falls es dem Volk gelänge, auf den Palatin durchzubrechen. Catulus hätte dann dafür büßen müssen, Caecina eingeladen zu haben.

83

Noch neun Tage bis zur Eröffnung des Amphitheaters.

Obwohl Catulus in Ungnade gefallen war, hatte ihm der Kaiser die Vollmachten nicht entzogen. Und so bat er, nachdem ihm ein Prätorianer eine mündliche Nachricht überbracht hatte, den Kaiser mit dem Verweis, dass es wichtig sei, um eine Audienz. Titus gewährte sie ihm, war aber offenbar alles andere als gut auf ihn zu sprechen.

»Du wagst dich noch unter meine Augen?«, herrschte dieser ihn an.

»Verzeih, mein Kaiser. Ich habe Neuigkeiten, die keinen Aufschub dulden. Die Prätorianer haben den geflohenen Archivar ergriffen. Er hat alles gestanden. Nicht einmal Folter war dafür nötig.«

Titus lächelte. »Na endlich mal eine gute Nachricht. Und was hat uns dieser Mann verraten?«

»Wir kennen jetzt alle Hintermänner. Dadurch haben wir neue Erkenntnisse gewonnen. Leider auch eine sehr folgenschwere.«

»Na los. Heraus damit.«

»Dein Prätorianerpräfekt Stilicus ist abtrünnig. Er reitet mit Getreuen zusammen nach Classe. Dort wird, wie ich soeben erfahren habe, im Hafen der Flotte unsere Reisegesellschaft aus Pola bereits seit Tagen aufgehalten. Ich fürchte, jetzt, da sein Verrat kein Geheimnis mehr ist, wird Stilicus alle Zeugen töten wollen. Seinen Hals kann nur noch dein Sturz retten. Er will den Prozess, der dich entlasten wird, verhindern.«

»Dazu wird es nicht kommen«, entgegnete Titus gelassen. »Es ist dein Glück, dass du mich sofort informiert hast. Damit hast du dich selbst gerettet.«

»Ich verstehe nicht.«

Titus lächelte selbstsicher. »Natürlich bin ich schon vorher informiert worden.«

»Mein Kaiser?« Catulus war erschüttert. »Du glaubst doch nicht etwa ...?«

»Durch die Einladung Caecinas zum Gastmahl hast du dich selbst verdächtig gemacht.«

»Mein Kaiser, ich bin kein Verräter.« Catulus trafen Titus' Worte tief. Das Vertrauen des Kaisers war alles, was er hatte.

»Was hast du dir nur dabei gedacht, ausgerechnet diesen General einzuladen? Er war ein Mann Galbas. Unter seinem Kommando wurde damals der Galiläer aus Gerasa entführt.«

»Verzeih, mein Kaiser. Das wusste ich nicht.«

»Das muss mein Sekretär aber wissen«, fauchte Titus, »sonst kann ich ihn nicht brauchen. Dieser Aufruhr weckt meine Feinde. Mit abgefallenen Prätorianern hatte es bei Nero auch angefangen.«

»Mit Verlaub, mein Kaiser«, wandte Catulus ein. »Nero waren die Legionen davongelaufen. Die Prätorianer haben ihm erst am Schluss, als sie nicht anders konnten, die Treue gebrochen. Bei dir ist es anders. Die Legionen stehen fest hinter dir. Auch die meisten Prätorianer sind nicht willens, dich, ihren einstigen Präfekten, zu verraten.«

»Dafür ist aber das Volk gegen mich. Hast du diesen Mob gesehen? Den gab es unter Nero nicht. Wenn das Volk einmal von mir abgefallen ist, dann dauert es nicht lange und es zerbröckelt auch die Prätorianergarde. Die Seuche hat vor ihrer Kaserne ebenso wenig haltgemacht wie vor der Curia. Wie sich der Senat verhalten würde, wenn ich den Beistand der Garde verlöre, brauche ich dir wohl nicht zu erläutern.«

Catulus verstand Titus' Sorge, fühlte sich aber trotzdem ungerecht behandelt. Woher sollte er von der Rolle Caecinas gewusst haben, die dieser damals in Judäa bei der Entführung des galiläischen Zwillings gespielt hatte? Titus und sein Vater hatten ihn nur gelegentlich ins Vertrauen gezogen. Er hatte nie den vollen Überblick gehabt. Stets war er auf das Kaiserwohl bedacht gewesen. Doch so sehr er sich auch mühte, die Götter wollten ihn nicht in das wohlverdiente Glanzlicht stellen, in dem sich einst sein Vorbild Narcissus gesonnt hatte. War sein Wunsch nach Freiheit und Aufstieg nur ein wirklichkeitsferner Traum gewesen? Warum hatte er so vieles falsch gemacht? Seine Rolle als Berater hatte er aus eigenem Antrieb heraus überdehnt. Niemand hatte von ihm erwartet, die Hintermänner des Aufruhrs zu ermitteln. Und doch hatte er sich darum gekümmert. In seinem Übereifer hatte er mit der in guter Absicht erfolgten Einladung Caecinas das Vorhaben des Gastmahls untergraben. Das hätte ihn den Kopf kosten können. Und was würde erst geschehen, wenn herauskäme, dass er schon vor vielen Jahren die Entlastung seines Kaisers verhindert hatte? Niemand würde die hehren Motive seiner Zurückhaltung anerkennen.

Catulus suchte nach einem Ausweg aus der Misere. »Die Marinesoldaten im Hafen sind dir treu ergeben, mein Kaiser. Das Einzige, was Stilicus vielleicht hinbekommen kann, ist ein Überraschungsangriff auf die Zeugen, denn die Marinesoldaten ahnen nichts von seinem Verrat.«

»Das hat dich nicht zu kümmern«, befahl Titus barsch. »Ich habe bereits veranlasst, dass der Hafenkommandant in Classe gewarnt wird. Der Centurio der ersten Kohorte verfolgt bereits die Verräter mit seinen schnellsten Reitern.«

»Wie groß ist Stilicus' Vorsprung?«

»Einen halben Tag.«

»Oh mein Kaiser. Das ist viel für die kurze Strecke. Wird es reichen, um die Verräter einzuholen?«

»Lucianius ist mein bester Mann. Er wird es schaffen.«

»Mögen die Götter mit uns sein.«

»Du hast allen Grund, die Götter anzuflehen«, sagte der Kaiser immer noch verärgert, »denn ich habe mein Schicksal mit deinem verbunden. Es bleibt dabei. Wenn ich falle, fällst auch du.«

Catulus senkte den Blick.

Der Kammersklave des Kaisers erschien. »Verzeih, mein Kaiser. Der Optio des Centurio Lucianius meldet sich wie befohlen zur Stelle.«

»Ah, er soll eintreten.«

Der Prätorianer, der hereinkam, hatte eine Papyrusrolle unter den Arm geklemmt.

»Komm an den Tisch und berichte«, forderte ihn Titus auf.

Der Offizier entrollte eine Karte. Er fuhr mit dem Finger darauf entlang. »Der schnellste Weg nach Classe führt von Rom aus über die Via Flaminia nach Norden, dann nordöstlich über die Pässe des Apennin bis zur Stadt Fanum Fortunae am Mare Adriaticum. Von dort aus geht es nach Norden an der Küste entlang bis nach Classe.«

»Wie lange braucht Stilicus für die Strecke?«, fragte Titus.

»Mindestens sieben Tage, vorausgesetzt die Relaisstationen halten frische Pferde zum Wechseln bereit.«

»Davon ist wohl auszugehen«, brummte Titus.

»Ja, mein Kaiser.«

»Kann Lucianius ihn einholen?«

»Mein Kaiser, der Centurio hat mir aufgetragen, offen zu reden. Lucianius rechnet sich auf dieser Route keine Chancen aus. Um seinen Vorsprung zu halten, wird Stilicus seinen Prätorianern nur wenige Stunden Rast einräumen, an den Relaisstationen die Pferde wechseln und zügig weiterreiten. Um seine Verfolger abzuschütteln, wird er im Gegenzug dafür sorgen, dass diesen an den Stationen zwischen den Städten keine frischen Pferde zur Verfügung stehen.«

Titus schaute erzürnt auf.

»Es gibt aber noch eine andere Möglichkeit, mein Kaiser«, versuchte ihn der Optio zu beruhigen. »Lucianius hat bereits einen Kurier mit einer kaiserlichen Eildepesche über die Via Cassia losgeschickt.« Der Optio deutete auf die Route, die strikt nach Norden führte und von der Via Flaminia östlich abwich. »Bei pausenlosen Wechseln von Pferd und Reiter an den Relaisstationen könnte die Depesche bei durchgängigem Ritt, auch die Nacht über, trotz des langen Umweges über die Via Flamenia Minor im günstigen Fall nach zwei Tagen beim Hafenkommandanten in Classe eintreffen. Damit wäre die Flotte vor Stilicus gewarnt.«

»… und im ungünstigen Fall?«

»Die Sache hat leider einen Haken, mein Kaiser. Engpässe bei Pferden und Reitern können zu erheblichen Verzögerungen führen. Es ist nicht ungewöhnlich, dass einzelne Abschnitte der Via Flaminia Minor in Ermangelung von Pferden von den Boten per Fuß überbrückt werden müssen. Das würde Zeit kosten. Auch Ausfälle der Kuriere durch Unfall oder plötzliche Krankheit können die Stafette unterbrechen. Die rechtzeitige Zustellung der Depesche ist also nicht sicher. Und zu allem Übel ist damit zu rechnen, dass Stilicus auch einige Männer auf die Ausweichroute schickt, um dort dem Kurier aus dem Hinterhalt aufzulauern. Die Mission müsste daher zusätzlich abgesichert werden.«

»Bei den Göttern, das ist ja schwieriger, als ich dachte.« Titus schaute resigniert zur Decke. »Kann er nicht auf dem Seeweg überholt werden?«

»Das würde länger dauern, sonst hätte Stilicus selbst diese Route gewählt.« Der Optio schüttelte den Kopf und fuhr fort. »Lucianius hat Folgendes vor: Er will Stilicus auf dem Landweg überholen, um den Hafenpräfekten in Classe persönlich zu warnen, falls die Depesche nicht rechtzeitig eintrifft. Das Überraschungsmoment wäre für Stilicus dann dahin, und er würde von der Übermacht der Flotte festgesetzt werden. Lucianius nimmt die gleiche Route wie die Depesche, also die Via Cassia. Er folgt ihr bis nach Arretium.«

»Aber Arretium liegt westlich vom Apenninkamm, Classe östlich davon. Über die Flaminia Minor ist es doch viel zu weit?«, warf Titus entsetzt ein. »Sie führt in hohem Bogen um das Gebirge herum. Das kann er nicht schaffen.«

»Lucianius verfolgt einen anderen Plan, mein Kaiser. Er benutzt nicht die Via Flaminia Minor, sondern ist allein losgeritten und hat nur Cartucho mitgenommen. Sie sind nur leicht bekleidet und einzig mit einem Schwert bewaffnet. Sie kommen so viel schneller voran als Stilicus, dessen Männer schwere Rüstungen und Waffen mitführen. Außerdem ist der Präfekt nicht mehr der Jüngste. Lucianius und Cartucho hingegen wollen Tag und Nacht reiten und sich nur wenige Stunden Pause gönnen.«

»Cartucho? Meinst du damit diesen Wagenlenker aus dem Circus, der als der beste gilt?«

»Ja. Den meine ich. Er ist ein exzellenter Reiter und wuchs in der Gegend des Furlo-Passes auf. Er sagte, dass er als Halbwüchsiger dort oft im Herbst zusammen mit seinem Vater unterwegs war, um mit ihren Trüffelschweinen nach Pilzen zu suchen. Er will verschlungene Bergpfade und Täler kennen, die auf direktem Wege zum Furlopass der Via Flaminia führen. Cartucho meint, wenn alles glatt verläuft und sie alle Vorteile nutzen, könnten sie durch die Abkürzung über das Gebirge den Pass vor Stilicus erreichen. Dann hätten sie ihn überholt.«

Titus betrachtete wie gebannt die Stelle auf der Karte, an welcher der Optio mit seinem Finger die Abkürzung angezeigt hatte. Dort war lediglich der graue Gebirgszug des Appennin eingezeichnet, keine einzige Straße.

»Danke, du darfst dich entfernen«, befahl er dem Optio. Auch Catulus wollte den Kaiser verlassen, aber Titus rief energisch: »Du bleibst.«

Catulus blieb mit mulmigem Gefühl im Magen stehen. Titus hatte der Bericht des Optio sichtlich getroffen.

»Du kennst die Lage jetzt. Die Zeugen werden, wenn überhaupt, keinesfalls rechtzeitig in Rom ankommen«, sagte er niedergeschlagen, »und der Prozess kann unmöglich bis zur Eröffnung des Amphitheaters stattfinden. Der Kampf zwischen diesen beiden Gladiatoren – du weißt schon, welche ich meine – muss verschoben werden. Kümmere dich darum.« Dann hob er die Stimme. »Und bete zu den Göttern, dass Lucianius die Zeugen rettet und keine weiteren Pannen passieren.«

84

Noch acht Tage bis zur Eröffnung des Amphitheaters.

Vier Tage waren vergangen, seitdem Philippus von seinem Vater besucht worden war. Der Schock saß immer noch tief. Der Termindruck bezüglich des Amphitheaters hatte ihn an die Werkstatt gefesselt, sodass er seinen Freunden im Ludus über die neuesten Ereignisse noch nicht hatte berichten können. Doch je näher der Eröffnungstag heranrückte, desto mehr vermisste er die schützende Hand seines Onkels und den Beistand seiner Freunde. Es wurde Zeit, sie aufzusuchen.

Den Wachen im Ludus war Philippus inzwischen kein Unbekannter mehr, sodass sie ihm auf dem Weg zum Lazarett bereitwillig alle Pforten öffneten. Als er dort angelangt war, ließ Trinitius sofort Verus herbeirufen, der mittlerweile seine Verletzung vollständig überstanden hatte. Wasser rann ihm über Stirn und Nacken, und seine Tunika war schweißdurchnässt. Offenkundig pausierte er gerade zwischen zwei intensiven Übungen.

»Gibt es etwas Neues von Licinia?«, erkundigte sich Verus aufgeregt.

Philippus schüttelte den Kopf. »Meinen Onkel hat die Seuche dahingerafft.«

»Oh ...« Verus schaute Philippus mitleidig an. »Das tut mir leid.«

Auch Trinitius nahm an Philippus' Trauer Anteil, indem er seine Hand auf dessen Schulter legte.

»Ich habe den Brief in seinem Haus gefunden«, nahm Philippus den Faden wieder auf, »ob er die Nachricht Licinia überbracht hat, weiß ich nicht. Da du nach ihr fragst, nehme ich an, du hast nichts von ihr gehört?«

»Nein. Nichts.«

»Dann hat ihn wohl die Krankheit an der Übermittlung gehindert.«

Verus senkte die Augenlider, blickte jedoch wieder auf, als Philippus seine Erlebnisse mit Catulus und Titus schilderte. Nachdem er geendet hatte, klatschte Trinitius begeistert in die Hände. »Großartig. Du hast es geschafft, den Kaiser für Verus' Sache zu gewinnen. Tullius' Unrecht wird aufgedeckt werden, und er wird seine verdiente Strafe bekommen.«

Doch Verus ließ sich nicht von Trinitius' Begeisterung anstecken. »Der Kaiser interessiert sich nur für sich selbst«, warf er ein. Philippus sah ihm die Trübsal an, in die ihn die Nachricht über den gescheiterten Kontaktversuch zu Licinia versetzt hatte.

»Aber Verus, versteh doch. Was ihm hier selbst dient, dient auch dir. – Freust du dich nicht darüber?«

»Was nützt es? Bis zur Eröffnung des Amphitheaters bleiben noch wenige Tage, und die Zeugen aus Pola sind immer noch nicht da. Um Tullius zu erledigen, brauchen wir außerdem auch Priscus' Aussage. Nur er kann bestätigen, dass Tullius den Überfall auf Helvidius' Landgut in Auftrag gegeben hat. Ich fürchte, es ist bereits zu spät. Am Eröffnungstag müssen wir beide gegeneinander kämpfen. Mindestens einer von uns wird dann sterben. Tullius hat bereits durchgesetzt, dass niemand begnadigt werden darf.«

»Hab Mut und bleibe stark, Verus«, forderte ihn Trinitius auf. »Der Editor ist immerhin der Kaiser. Er wird diesen Kampf verschieben, denn er braucht dich und Priscus. Im Prozess wird festgestellt werden, dass du zu Unrecht versklavt und zum Gladiator gemacht worden bist. Und das bedeutet: Du wirst freikommen und musst nicht mehr kämpfen. Niemand kann dich dann jemals wieder zum Kampf in die Arena zwingen.«

»Ich danke euch für die Anteilnahme an meinem Schicksal und dir Philippus für deine Kühnheit. Aber unterschätzt Tullius nicht. Er wird nicht tatenlos seinem Ende entgegensehen. Ich habe erlebt, wie mächtige Leute das Recht beugen, ohne dass ihnen etwas geschieht. Ursprünglich sollte ich gegen den numidischen Retiarius kämpfen. Doch als mich Tullius entdeckt hatte, setzte er mich gegen Priscus an. Ihm fällt immer irgendetwas ein.«

Die Worte fuhren Philippus in die Knochen. »Verus hat recht. Was mich betrifft, so ist er auch schon aktiv geworden.«

»Wovon sprichst du?«, entgegnete Trinitius gereizt.

»Er will mich als Zeugen ausschalten.« Und Philippus berichtete vom Besuch seines Vaters.

»Da haben wir's«, stellte Verus fest. »Ohne Philippus ist meine Aussage wertlos.«

»Noch haben wir das Heft des Handelns in der Hand«, beharrte Trinitius. »So leicht geben wir nicht auf. Philippus ist noch nicht versklavt, und er wird es auch nicht werden.«

»Wie soll ich das vermeiden? Indem ich fliehe?«, fragte Philippus.

»Ja und nein«, entgegnete Trinitius. »Bis zur Eröffnung des Amphitheaters bist du sicher. Dann tauchst du bei mir unter. Du wirst mir assistieren. Im Ludus und in den Katakomben fällst du nicht auf. Niemand, der sich dort aufhält, weiß, dass du ein Steinmetz bist. Jeder kennt dich als meinen Gehilfen. Tullius und dein Vater werden dich nicht bei mir aufspüren.«

»Aber ich kann mich doch nicht ewig verstecken.«

»Das sollst du auch nicht. Nur so lange, bis der Prozess beginnt.«

»Dann werde ich aussagen und Verus kommt frei, ich aber werde versklavt.«

»Falls das geschieht und ich den Kampf gegen Priscus gewinne, werde ich dich sofort freikaufen«, mischte sich Verus ein. »Mein Wort darauf. Ich habe genug Geld.«

»Aber vielleicht ist das gar nicht nötig«, warf Trinitius ein, »deinem Vater ist es ja jahrelang nicht gelungen, sein Recht durchzusetzen. Ohne Tullius wird er es erst recht nicht schaffen. Ich meine: Deine Aussage wird dazu führen, dass Tullius verurteilt wird. Dieser wird sein Leben verlieren oder mindestens verbannt werden. Damit hilfst du dem Kaiser. Wenn du diesen bittest, wird er es dir danken und deine Versklavung untersagen.«

»Vielleicht hast du recht«, sagte Philippus. Dann sah er zu Verus hinüber. »Unsere beiden Schicksale hängen davon ab, ob Tullius verurteilt wird – und ob du in der Arena überlebst.«

85

Auf dem Heimweg grübelte Philippus. Bis zum Beginn der Spiele wäre er noch in Sicherheit, und danach könnte er bei Trinitius untertauchen. Aber er musste sich auch um die Zukunft des Bauunternehmens kümmern. Er dachte dabei an Quintus, der schon öfter Rufus vertreten hatte. Aber der würde den Vater nicht daran hindern können, das Unternehmen zu verkaufen. Diese Gefahr wuchs umso mehr, je länger es bis zu Prozessbeginn dauerte. Diese ungewisse Zukunft bedrückte ihn.

Philippus hatte sich für den kürzesten Weg entschieden, um von der Gladiatorenkaserne auf dem Marsfeld zum Esquilin zu gelangen, und nahm dafür den Gestank und den Lärm der Subura in Kauf. Großer Radau und Essensgerüche kündeten Philippus das Stadtviertel an. Seine Gedanken kamen ins Stocken. Entlang der langen Ladenkette schlenderten zahlreiche Passanten. Es war in dem Gedränge nicht leicht, ohne Schubsen und Anrempeln voranzukommen. Ein Mann stellte einen dressierten Schimpansen zur Schau. Das Tier, das putzig aus einer Tunika herausschaute, hatte eine Menschentraube um sich versammelt. An der nächsten Ecke musste Philippus vor einem Bauchladenhändler fliehen, der ihm aufdringlich einen Wolfsbart zum Kauf anbot. Wenn er die Pflanze an der Tür seiner Frau anbrächte, versprach der Krämer, würde sie ihn garantiert voller Wollust empfangen. Unübersehbar waren die Anzeichen der bevorstehenden Spiele. Ein Mann bot Philippus mitten auf der Straße Aurei zum Kauf an. Die Vorderseite dieser Goldmünzen stellte Titus dar, wie er auf dem kurulischen Stuhl saß. Auf der Rückseite waren die Bögen des Amphitheaters eingeprägt. Philippus lehnte ab, da er unter dem möglicherweise nur hauchdünnen Goldüberzug einen Kern aus Blei vermutete. Ein paar

Schritte weiter rezitierte ein Poet Lobverse auf Titus und die bevorstehenden Spiele. Auf einem Hocker stapelten sich Kopien des Gedichts, damit sie jedermann mitnehmen konnte. Doch niemand beachtete sein Angebot. Umso mehr weckte das Graffito eines talentierten Künstlers das Interesse der Leute, der auf einer Hauswand in ausdrucksvollen Farben für den Hauptkampf der Gladiatoren Verus und Priscus warb.

Vor einem Thermopolium bot jemand Eintrittsmarken für die Auftaktveranstaltung im Amphitheater an. Die Plätze, versprach er, lägen nachmittags, wenn es am heißesten war, im kühlen Schatten des Sonnensegels. Die Marken waren eigentlich kostenlos, wie Philippus wusste, da sie nur über die Präfekten der Collegien verteilt werden sollten. Aber der Händler musste sie wohl auf verschlungenen Pfaden an sich gebracht haben. Tatsächlich hatte er nach kurzer Zeit zwanzig der begehrten Bleimarken verkauft, um danach mit einem satt gefüllten Geldbeutel das Weite zu suchen.

Jetzt erst bemerkte Philippus den würzigen Duft gebratener Würste, der vom Thermopolium zu ihm herüberwehte. Augenblicklich drückte ein unbändiger Hunger auf seinen Magen und trieb ihn zu dem gemauerten Tresen. Der Tag war schon beträchtlich fortgeschritten, weshalb bereits alle Stühle und Tische des zur Straße hin offenen Gastraums besetzt waren. Philippus aß im Stehen. Unter der Kundschaft machte er mehrheitlich Handwerker aus, die nach getanem Tagwerk ihr Abendessen einnahmen. An einem Tisch unterhielten sich ältere Zimmerleute. Philippus erkannte sie an den typischen Hämmern, die an ihren Gürteln hingen. In diesem Moment trat ein junger Mann an sie heran, ganz offenkundig ebenfalls ein Zimmermann.

»Vater«, sprach er einen der am Tisch Sitzenden an, »hast du schon deinen Wetteinsatz bezahlt?«

»Ja, mein Junge, du kennst mich doch. Erst das Geschäft, dann das Essen.«

»Das hättest du besser umgekehrt gemacht«, sagte der Jüngling, »wie ich gehört habe, hat der Kaiser den Hauptkampf abgesagt.«

»Was sagst du da?«

»Das wurde soeben auf dem Forum verkündet. Viele sind wütend.«

»Ich auch«, brüllte nun der Vater des jungen Zimmermanns.

»Worüber spricht dein Sohn?«, fragte einer seiner Kollegen.

»Meint er etwa den Kampf zwischen Verus und Priscus?«

Wie aufs Stichwort wandten sich ihm alle Köpfe zu.

»Genau den meint er. Hast du auch gewettet?«

»Nicht nur das. Die Eintrittsmarke hat mich einen halben Monatslohn gekostet.«

»Selber schuld«, rief einer, der am Tresen stand, dazwischen. »Meine Marke hat nichts gekostet. Es erwarten uns einhundert Tage Spiele. Ist doch egal, wann man da reinkommt. Außerdem ist der Kampf ja nur verschoben.«

»Halt's Maul. Was verstehst du schon von Gladiatoren?«

Der Zwischenrufer zog die Mundwinkel herunter und schwieg.

Philippus freute sich über die Nachricht. Trinitius hatte wie immer recht behalten. Doch was ihn froh stimmte, verärgerte die anderen Gäste an den Tischen und am Tresen.

»Titus, dieser Dreckskerl, verdirbt einem auch jeden Spaß«, sagte der Vater des jungen Zimmermanns. »Sollen ihn die Hunde des Hades holen.«

»Du hast auch eine Eintrittsmarke für das Eröffnungsspektakel?«, fragte sein Kollege.

»Ja.«

Einige andere riefen: »Ich auch.«

»Ich habe ein halbes Vermögen auf Priscus gesetzt«, fuhr der Vater des jungen Zimmermanns fort, »und jetzt kann ich den Kampf nicht einmal sehen. Noch einmal werde ich nicht so viel dafür bezahlen können. Das ist mir zu teuer.«

»Auf Priscus hast du gesetzt?«

»Was dagegen? Er ist Murmillo und verkörpert unsere tapferen Legionäre.«

»Red keinen Unfug. Der Mann ist ein dreckiger Germane.«

»Und wer ist Verus? Ein Abschaum aus Thrakien und ein Feigling dazu.«

»Ein Feigling? Sag das noch einmal und ich hau dir die Fresse ein.«

»Ein Feigling ist er und außerdem ein mieser Kämpfer.«

Die Männer sprangen auf und schlugen aufeinander ein. Tisch und Stühle fielen um.

»Liebe Leute, lasst mir meine Wirtschaft heil«, flehte der Wirt. Doch sein Jammern nützte nichts. Die Kundschaft, zur Hälfte Anhänger des einen wie des anderen Gladiators, prügelte aufeinander ein. Bald flogen Stühle und Essensreste durch die Luft.

Philippus schlang den Rest seiner Wurst in einem Stück herunter, sodass sie ihm fast im Halse stecken geblieben wäre, und machte sich davon.

Unterwegs hörte er weitere Randale. Die Verschiebung des Kampfes hatte die halbe Stadt in Aufruhr versetzt. Als er zu Hause ankam, war Philippus froh, der Gewalt auf den Straßen heil entkommen zu sein.

86

Noch drei Tage bis zur Eröffnung des Amphitheaters.

Es sah so aus, als würde Catulus sein dreiundvierzigstes Lebensjahr nicht mehr erleben. Der Tag rückte näher, an dem der Kaiser das Amphitheater eröffnen und sich sein Schicksal entscheiden würde. Viel zu schnell verging die Zeit, und die Gnade Fortunas war nicht in Sicht. Die Zeichen standen denkbar schlecht dafür, die Ermordung der Zeugen in Classe zu vereiteln.

Catulus las noch einmal die von Lucianius geschickten Depeschen der letzten Tage durch. Dessen Männer, die Stilicus auf der Via Flamenia verfolgen sollten, waren hoffnungslos abgehängt worden. Wie Lucianius schon vermutet hatte, fanden sie an den Wechselstationen nur noch Wachposten mit durchgeschnittenen Kehlen und Pferdekadaver vor.

Die Hoffnung auf eine rechtzeitige Zustellung der Eildepesche über die Via Cassia hatte sich ebenfalls zerschlagen. Der Papyrus hatte die Relaisstation in Arretium nicht erreicht, was bedeutete, dass die Stafette vorher unterbrochen worden war. Damit bewahrheitete sich eine weitere düstere Befürchtung. Der Erfolg hing nun einzig und allein davon ab, ob es Lucianius gelänge, die Via Flaminia am Furlopass rechtzeitig zu erreichen, bevor Stilicus diesen Abschnitt passiert haben würde.

Ein Fünkchen Hoffnung hatte Cartucho entfacht. Dessen Kenntnissen von Ort und Leuten war es zu verdanken, dass sie in Arretium Pferde einer speziellen Zucht hatten auftreiben können: Arravani. Es hieß, diese kräftigen Tiere scheuten selbst vor Abgründen nicht zurück und bewegten sich sicher auf schmalen Pfaden. Von ihnen versprach sich Lucianius den ausschlaggebenden Zeitgewinn auf dem abenteuerlichen Weg durch die engen Schluchten und gefährlichen Gebirgspässe.

Catulus starrte auf das Datum des jüngsten Papyrus. Lucianius hatte ihn bereits vor vier Tagen in Arretium abgeschickt. Die Entscheidung am fernen Pass der Apenninen war inzwischen längst gefallen, das Schicksal der Zeugen aus Pola entschieden. Nur die Meldung über den entsprechenden Ausgang fehlte noch. Jeden Moment und mit großem Bangen erwartete er sie.

Auf seinem Schreibtisch und auf dem Fußboden stapelten sich die Schriftrollen. Sie zu bearbeiten fühlte er sich nicht imstande. Die Anspannung lähmte sein Denken. Und als ein Sklave ihn endlich zum Kaiser rief, da schlotterten ihm sogar die Knie.

Der Sklave führte Catulus in den Audienzsaal, wo ein Dutzend Beamte um einen langen Tisch herum saßen, darunter die Präfekten der Stadtkohorten und der Vigil, Prätorianeroffiziere und Magistrate. Ohne Zweifel war das hier ein Krisenstab. Titus unterbrach die Beratung, winkte Catulus zu sich heran und ging mit ihm in ein Nebengelass. Er hielt ihm einen Papyrus hin. »Von Lucianius. Vor zwei Tagen in Forulum Furlo auf den Weg gebracht«, sagte der Kaiser trocken.

Beim Lesen zitterten Catulus die Hände. Der Inhalt der Nachricht war niederschmetternd. Stilicus hatte den Furlopass bereits einen halben Tag vor Lucianius' Ankunft passiert. Die Schrift nahm Catulus nur bruchstückhaft wahr. Ihm wurde schwindlig. Die Buchstaben verschwammen vor seinen Augen. Er bekam nur Schriftfetzen mit, in denen von Unwetter, vom Abrutschen eines Hanges, von der Bitte um Vergebung die Rede war.

Sein ganzes bisheriges Leben kam Catulus in diesem Augenblick wie ein einziges, riesiges Versagen vor. Alles war schiefgelaufen. Einfach alles. Jeder Zwischenerfolg hatte sich stets als üble Laune der Götter entpuppt, um ihn danach in ein noch größeres Unglück zu stürzen. Seit Gerasa hatte ihn Fortuna verlassen. Sie verachtete seine Opfer und spielte ihm böse mit. Sie bestrafte ihn für seinen Hochmut. Er bereute jetzt seinen Traum von Reichtum und Macht. Ach, stünde er doch noch einmal vor der Wahl! Er wäre lieber ein unbedeutender Sklave geblieben, einer, der Briefe kopierte, belanglosen Befehlen gehorchte und Schriftrollen archivierte. Wie geruhsam hätte er leben können.

»Was meinst du, Catulus?«, holte ihn der Kaiser aus seinen trüben Gedanken heraus. »Die Zeugen sind tot, meine Reputation ist verloren, und das Einzige, was mir noch bleibt, ist die Hoffnung auf das Gelingen der Spiele.«

»Mein Kaiser. In welcher Frage erwartest du meinen Rat?«

Titus seufzte tief. Es war schon fast ein Jammern. »In Roms Straßen wächst der Hass auf mich. Wir haben den Enthusiasmus der Anhänger dieser beiden Gladiatoren unterschätzt. Es war ein Fehler, den Kampf von Verus und Priscus abzusagen. Ich hätte nicht gedacht, dass es so viel Unruhe und Aufruhr auslöst. Die Häuserwände sind vollgekritzelt mit den Ausgeburten ihrer Wut auf mich. In allen Stadtvierteln gibt es Randale. Es brodelt gewaltig unter dem Volk. Und wenn sich die Lage nicht beruhigt, kann ich die Spiele unmöglich eröffnen.«

Catulus überlegte einen Augenblick. Sein Ehrgeiz durchkreuzte erneut seine Fluchtgedanken in die Niederungen eines einfachen Sklavendaseins. Auf seiner Zunge brannte der Rat an den Kaiser.

»Ohne die Zeugen aus Pola«, hörte sich Catulus selbst sprechen, »hat es keinen Zweck. Unter diesen Voraussetzungen kann ich dir nicht mehr zu dem Prozess raten. Er würde dir nur schaden. Deine Feinde würden ihn als untauglichen Versuch werten, deine Schuld auf den Prätor abzuwälzen.« Er schüttelte bedauernd den Kopf. »Deshalb empfehle ich dir: Gib dem Volk seine Gladiatoren zurück. Lass sie am Eröffnungstag gegeneinander kämpfen. Gib dem Volk Spiele, Wein, Brot und überhäufe es mit wertvollen Geschenken. Biete das Beste auf, was du hast. Sorge für Darbietungen, wie sie die Leute noch nie zuvor gesehen haben, und kröne den Tag mit dem Gladiatorenkampf zwischen Verus und Priscus. Und wenn die Götter dir gnädig sind, werden sie die Wut, die dir jetzt noch entgegenschlägt, in Begeisterung umschlagen lassen.«

Titus dachte einen Moment lang nach. Dann sagte er: »Du bist nach wie vor ein kluger Sklave, Catulus. Ich möchte, dass du bei den Spielen an meiner Seite bleibst. Und falls nötig, wirst du mich beraten. Gib dir Mühe und denke stets an das Schwert des Prätorianers, das über dir schwebt.«

87

05:30 Uhr moderne Zeit

Aurora, die Schwester des Sonnengottes, kündete bereits über den Villen und Gärten des Esquilin den ersten Tag der Spiele an. Unten im Tal, wo sich das Amphitheater noch in den dunklen Morgendunst duckte, näherten sich Philippus und sein Freund Trinitius dem vorgelagerten Platz. In der einen Hand trug jeder eine Fackel, mit der anderen zogen sie einen Handwagen hinter sich her. Schon seit Tagen bereiteten sie sich auf die Spiele vor und schafften Möbel, Geräte und Arzneien in die Katakomben hinein.

Während die beiden Freunde in den Nachtschatten des Kolosses traten, beschlich Philippus erneut dieses grauenvolle Schuldgefühl, das in letzter Zeit immer stärker geworden war. Und als er den Blick hob, sah er in dem monumentalen Gebäude, an dem er jahrelang mit so viel Herzblut gearbeitet hatte, nur noch ein Monster, in dessen dunklen Arkadenbögen Dämonen zu hausen schienen. Die Nacht hatte dem Travertin den Glanz geraubt und den Bau in das verwandelt, was er war, ein Tempel für Charon, den düsteren Gesellen aus der Unterwelt. Aber auf der Attika hoben sich schon die Stangen des großen Sonnensegels und die wehenden Fahnen gegen die Morgenröte ab und kündeten vom Zauber des Spektakels, das dem Töten einen prickelnden Geschmack verlieh und den Schrecken zum Vergnügen machte.

Noch war es still über dem Amphitheater und auf dem Platz. Nur das Knallen von Soldatenstiefeln auf dem Pflaster, das geschäftige Klappern der Händler, die ihre Stände aufbauten, und die Ordnungsrufe der Stadtsoldaten waren zu hören.

Aber bald schon würde die Stadt zum Leben erwachen, würde sie im Fieber schwitzen, würden sich die Menschen an den Einlässen drängeln und so mancher dem fehlenden Losglück nachhelfen wollen, um die eine, vielleicht die letzte Eintrittsmarke noch zu ergattern. Kein Gespräch würde es geben, das sich nicht um die Spiele drehte, keine Arbeit, die nicht warten könnte, kein Sesterz, der nicht locker säße. Und sie würden alle kommen: die Glücksritter, die beim Wetten auch noch ihren Verstand aufs Spiel setzten, die Leichtgläubigen, die den Scharlatanen aufsaßen, die Achtlosen, denen die Diebe die Geldbörsen stehlen würden, und die Huren, die Händler, die Handwerker, die Bauern. Ob Patrizier oder Plebejer, ob Freier oder Sklave, ob Ritter oder Priester, keiner von ihnen würde fehlen. Und sie würden kommen, um sich als Römer zu fühlen, um es zu genießen, Herrscher über Leben und Tod zu sein. Und die Armen und die Sklaven würden herbeiströmen, um das Besondere zu erleben, das ihnen ihr trostloser Alltag niemals zu bieten hatte, und sei es, um wenigstens einmal im Leben den Kaiser zu sehen.

Die wachhabenden Prätorianer am westlichen Tor kannten die beiden Freunde und winkten sie durch. Das Lazarett, zu dem sie gingen, bestand aus drei Sälen, in denen jeweils zehn Betten aufgestellt waren. Vier weitere Räume waren so vorbereitet, dass mehrere Ärzte darin gleichzeitig operieren konnten.

Der anfängliche Stolz auf das Lazarett war bei Philippus inzwischen ebenfalls gewichen, war es doch gerade dieser Ort, an dem sein Schuldgefühl gewachsen war. Ob in den Werkstätten oder in den Behandlungsräumen, seine Arbeit hatte die Unschuld verloren, das heraufziehende Elend Gesichter bekommen. Er war froh, wenigstens die Getöteten nicht sehen zu müssen, für die die Arenadiener am östlichen Tor zuständig sein würden. Den Leichnam des Gladiators mit dem großen Namen würden sie an dessen Familia übergeben, die ihn dann würdig bestatten und sein Grab später mit Wein übergießen konnten. Dessen Siege, für die Ewigkeit in Stein gemeißelt, würden ihn unsterblich machen.

Anders würde es jenen Männern ergehen, die in der Blüte ihrer Jahre gestorben waren, gleich im ersten Kampf. Sie würde das Los der Namenlosen treffen. Sklaven würden sie achtlos in eine Grube werfen, in ein Grab des Vergessens, auf einem Acker außerhalb der Stadt.

07:30 Uhr moderne Zeit

Die Sonne, die jetzt vollständig über dem Horizont aufgegangen war und den Himmel azurblau erstrahlen ließ, versprach einen herrlichen, aber heißen Tag. Vergeblich suchte man am Himmel ein Wölkchen, das, und wäre es auch nur für einen Augenblick, ein wenig Schatten hätte spenden können. Doch die meisten Besucher des Amphitheaters würden die sengende Hitze vor allem in den Mittagsstunden nicht zu fürchten brauchen, denn das riesige Sonnensegel würde sie vor dem Schlimmsten schützen.

Die beiden Freunde waren mit den Vorbereitungen inzwischen fertig geworden. Alles war an seinem Platz. Jedes Instrument war griffbereit, jede Tinktur in ihrem Gefäß und jedes Bett mit einem weißen Laken überzogen.

Philippus, der die willkommene Pause nutzte und einen Blick in die Aufgänge warf, sah die ersten erwartungsfrohen Besucher die steilen Stufen zu den Rängen hinaufstürmen, obwohl der Kaiser das Spektakel erst in mehr als zwei Stunden eröffnen würde.

Ein strenger Tiergeruch stieg ihm in die Nase, der für die nächsten Stunden Müßiggang verhieß, würde das Spektakel doch mit den Tierkämpfen beginnen: Bär gegen Löwe, Stier gegen Elefant, Löwe gegen Leopard und Nashorn gegen Büffel. Wider ihre Natur, die sie eigentlich in die Flucht treiben würde, würden die Tiere gegeneinander kämpfen müssen. Mit einer Kette verbunden, die lang genug war, um ihnen eine gewisse Bewegungsfreiheit zu gewähren, aber zu kurz, um sie vor ihrem Schicksal zu bewahren, würden sie von den brennenden Fackeln der Sklaven bis in den Tod getrieben werden. Trinitius hatte schon frühmorgens, als sie am Südtor vorbeigekommen waren, auf die lange Schlange der Ärmsten gezeigt, die es auf sich nahmen, für das Fleisch der Tiere stundenlang anzustehen.

Mit dem Beginn der Tierhetzen würde das süße Nichtstun der beiden Freunde enden. Die Bestiarii, die gegen Tiere kämpften, hatten eine größere Chance zu überleben als die Gladiatoren, die sich später gegenseitig niederstechen würden. Obwohl sie die exotischen Tiere meistens abschlachteten, war der gute Ausgang ihres Kampfes nicht gewiss. Nicht selten fügten ihnen die Bestien schlimme Verletzungen zu. Hin und wieder zerriss sogar ein Löwe, ein Tiger oder ein Elefant seinen menschlichen Peiniger in Stücke.

In den frühen Nachmittagsstunden, wenn die Hinrichtungen beendet wären, fänden dann die Kämpfe auf Leben und Tod statt. Dann würden die Männer im Lazarett alle Hände voll zu tun bekommen. Sechzig Gladiatoren sollten schon an diesem ersten Tag der Spiele um ihr Leben kämpfen. Vierzig von ihnen, zumeist Tirones, würden sich dann gegenseitig in Gruppen abschlachten. Unter ihnen war immer auch ein erfahrener Veteran, der gewöhnlich alle anderen überlebte und am Schluss als Sieger gefeiert werden würde. Heute sollte dies Astinax sein. Aber wer weiß, dachte sich Philippus. Vielleicht gäbe es ja eine Überraschung, und ein neuer Held der Arena würde geboren.

Aber nicht alle Gladiatoren würden sterben; die meisten würden nur verwundet. Sie kämen dann ins Lazarett, wo die Ärzte sie versorgten, damit sie später zum Vergnügen der Zuschauer und für den Profit des Lanista erneut um ihr Leben kämpfen konnten. Zuvor aber, wovor es Philippus am meisten grauste, würden ihre Schreie und ihr Stöhnen durch die Räume hallen, die weißen Laken sich rot färben und der Gestank aus Blut und Schweiß die Luft verpesten.

Trinitius würde das Pensum alleine nicht bewältigen können, weshalb ihm der Prätor vier Wundärzte von den Prätorianern versprochen hatte. Philippus hatte bei Trinitius in den letzten Tagen eine wachsende Nervosität bemerkt und begriffen, dass dessen Stellung im Ludus gar nicht so sicher war, wie er bisher angenommen hatte. Trinitius hatte ihm erzählt, dass er sich als Wundarzt immer wieder beweisen müsse. Wenn er die Erwartungen nicht erfüllte, das Leben der wertvollen Gladiatoren zu retten, könne er, wie seine Vorgänger, die gut bezahlte Stellung im Ludus verlieren und müsste sich dann als Medicus im Zivilleben verdingen. Das aber sei schwierig, da ein Arzt beim gemeinen Volk nicht sehr hoch angesehen sei, oft sogar noch geringer als ein Tischler oder Fleischer. Leicht könne er in Verruf geraten, denn beileibe nicht jede Heilung glücke, vor allem dann nicht, wenn man ihn, um Geld zu sparen, erst viel zu spät zu Rate zöge. Stets wäre er mit der Gefahr konfrontiert, mit einem dieser zahlreichen Scharlatane auf eine Stufe gestellt zu werden, die ohne solides Wissen herumquacksalberten.

Philippus spürte Trinitius' Verantwortung und begriff, dass es auch für ihn selbst fatal wäre, wenn Trinitius seine Stellung verlöre.

Jetzt aber wollte Philippus die verbleibende Freizeit nutzen, um in den Katakomben zu dem kleinen vergitterten Fenster zu laufen, das er vor Tagen entdeckt hatte. Von dort aus wollte er sich die Tierkämpfe anschauen. Doch als er dort ankam, war er enttäuscht, spannte sich doch vor seinen Augen ein Netz, und dahinter war eine hohe Holzwand, die den Blick in die Arena versperrte. Ein herbeikommender Arenadiener erklärte ihm, dass dies dem Schutz der Zuschauer diene, besonders dem der Senatoren, die in den ersten Reihen säßen. Ein Tiger könne zwar eine so hohe Wand überspringen, landete dann aber sicher im Netz. Doch solle sich Philippus keine Sorgen machen. Die Schutzwand werde nach den Tierhetzen wieder abgebaut, sodass er von hier aus später die Gladiatorenkämpfe verfolgen könne.

Bei den Gedanken an Verus und Priscus begann Philippus' Herz gleich schneller zu schlagen. Wie sehr hatten er und seine Freunde im Ludus darauf gehofft, dass der Kaiser den Kampf auf einen späteren Zeitpunkt verlegen würde. Doch sie waren enttäuscht worden.

Die vielen Unwägbarkeiten sorgten Philippus. Verus oder Priscus, einer der beiden Gladiatoren würde sterben, obwohl es doch eigentlich geheißen hatte, beide würden für den Prozess gegen Tullius gebraucht. Philippus konnte nicht verstehen, warum sich der Kaiser plötzlich anders entschieden hatte, und er befürchtete schon, der Prozess würde gar nicht mehr stattfinden. Tullius käme dann um eine Verurteilung herum, und sein Vater würde ihn mit dessen Hilfe versklaven. Und was wäre, wenn dann auch noch Verus in der Arena stürbe? Nicht nur einen Freund verlöre er, sondern auch seine Hoffnung auf Freiheit, denn der tote Verus könnte ihn nicht mehr aus der Sklavenknechtschaft herauskaufen. Müsste er dann unter dem Schutz von Trinitius in den Mauern der Gladiatorenkaserne jahrelang ausharren, bis Charon seinen Vater an einem fernen Tag geholt haben würde? Oder gäbe es am Ende gar kein Entkommen aus der ewigen Sklavenknechtschaft, wenn zugleich Trinitius seine Stellung verlöre? Dieser Tag würde über so viele Schicksale entscheiden!

08:00 Uhr moderne Zeit

Verus lag in seiner Kemenate bäuchlings auf dem Bett. Ein Sklave massierte ihm die Schultern. Körperlich fühlte er sich gut, aber sein Inneres war aufgewühlt.

Er dachte an das üppige Festmahl am Vorabend zurück und an die unerwartete Begegnung mit Licinia. Sie war immer noch schön, wenngleich sie jetzt mehr frauliche Fülle und an den Augenwinkeln Spuren zarter Krähenfüße besaß. Aber das Leuchten in ihren Augen, das Lächeln um ihren Mund und ihr Kuss hatten seine Liebe zu neuem Leben erweckt. Und doch nahm er eine Fremdartigkeit an ihr wahr, von der er nicht wusste, ob sie von ihrem veränderten Äußeren oder von ihrem inneren Wesen herrührte. Er hatte gehofft, Neues über seine Rettung zu erfahren, mit ihr die Zuversicht zu teilen, den verhassten Tullius zu vernichten und vom gemeinsamen Glück zu träumen. Doch Licinia war ihm ausgewichen, hatte stattdessen über ihre Kinder gesprochen. Und als er erfuhr, dass er einen Sohn hatte, der Lucius hieß, da war ein Glücksgefühl in ihm ausgebrochen, das ihn den Schmerz seiner Geliebten nicht hatte bemerken lassen.

Die Finger des Sklaven waren inzwischen bei seinem Nacken angekommen, und Verus musste sich jetzt auf den bevorstehenden Kampf konzentrieren. Er wusste, dass ihm Charon wegen seiner Gedanken zürnen würde. Aber er wollte die Abmachung mit dem düsteren Fährmann aus der Unterwelt nicht mehr erfüllen. Bis gestern war er bereit gewesen, den Tod zu akzeptieren, doch jetzt hatte ihm Licinia die Sehnsucht nach Leben zurückgebracht.

Aber auch die Angst zu sterben.

09:00 Uhr moderne Zeit

Auf dem Palatin wartete Catulus vor dem Tiberianischen Palast im Kreis der engsten kaiserlichen Vertrauten auf Titus. Der Wind wehte vom Amphitheater ein Stimmengewirr herüber. Es hieß, die Ränge seien schon brechend voll und die Stimmung der Zuschauer sei an Begeisterung kaum zu übertreffen. Es stand also alles zum Besten, und Catulus war darüber froh. In einer Stunde würde der Kaiser die Spiele eröffnen.

Da überbrachte ihm ein Sklave den Befehl des Kaisers, er solle sofort zu ihm kommen. Catulus war überrascht. Was wollte Titus von ihm, so kurz vor den Spielen? Er folgte dem Sklaven, der ihn in den Audienzsaal führte, wo der Kaiser ihn bereits erwartete. Titus kam gleich auf den Punkt. »Die Zeugen aus Pola leben«, sagte er trocken. »Sie sind mit einem Schiff nach Ostia gereist und vor einer Stunde in Rom angekommen. Das ändert die Situation.«

»Wie ist das möglich?«, fragte Catulus völlig perplex. »Hatte es Lucianius etwa doch noch geschafft?«

»Nein, Lucianius kam zu spät, aber er hatte dafür gesorgt, dass Stilicus und die anderen Verräter in Ketten gelegt wurden.« Titus schüttelte lächelnd den Kopf. »Es ist unglaublich. Stilicus ist vergeblich nach Classe aufgebrochen, um ihnen die Gurgeln durchzuschneiden. Zu diesem Zeitpunkt waren die Zeugen bereits vier Tage lang auf See unterwegs nach Ostia.«

»Aber ich verstehe nicht, mein Kaiser? Die Prätorianer, die sie nach Rom bringen sollten, hatten sie doch in Classe festgehalten?«

»Wir können uns bei einer gewissen Julia Felix bedanken. Sie muss eine sehr resolute Frau sein. Sie hat den Hafenkommandanten so unter Druck gesetzt, dass er die Prätorianer ignoriert hat und unsere Zeugen aus Pola nach Ostia einschiffen ließ.«

»Sie muss starke Argumente gehabt haben.«

»Die stärksten, die es gibt. Die Frau ist nicht nur resolut, sie besitzt auch noch einen scharfen Verstand. Sie hat mithilfe des Kaiserpriesters von Pola dem Kommandanten begreiflich gemacht, es gehe um Leben und Tod des Kaisers, womit sie ja recht hatte, und ihn damit so stark verunsichert, dass er sie ziehen ließ.«

»Jetzt verstehe ich.«

»Aber kommen wir zur Sache, deretwegen ich dich habe herkommen lassen. Die Zeugen sind alle wohlauf, die beiden Gladiatoren leben auch noch, also kann der Prozess wie geplant stattfinden.«

»Aber dann musst du den Kampf zwischen Verus und Priscus erneut verschieben! Er ist der Höhepunkt des heutigen Tages. Ich fürchte, wir haben auf die Schnelle nichts Gleichwertiges.«

»Da werde ich wohl nicht drum herumkommen. Die beiden Gladiatoren nützen mir nur etwas, wenn sie am Leben sind. Tullius ahnt wahrscheinlich, was ihm blüht. Er hat dafür gesorgt, dass mindestens einer der beiden stirbt. Er hat die Regel gewählt, die verlangt, dass der Kampf so lange fortgeführt werden muss, bis einer den Tod findet. Begnadigung ist ausgeschlossen. Nicht einmal ich selbst könnte diese vornehmen. – Es bleibt mir also nichts weiter übrig, als den Kampf abzusagen. Oder? Was meinst du?«

Das war eine schreckliche Frage, die der Kaiser hier an ihn richtete. Wie sollte er darauf antworten? Ganz gleich, welchen Rat er gäbe, der Kaiser würde ihn für die Folgen verantwortlich machen. Riete er ihm zu, den Kampf zu verschieben, riskierte er einen Volksaufstand. Riete er ihm davon ab, würde vielleicht der Prozess verloren gehen. Wie er sich auch entscheiden würde, die Gefahr, selbst hingerichtet zu werden, könnte er weder mit dem einen noch mit dem anderen Rat umgehen.

»Tu es nicht, mein Kaiser. Denke an den Mob. Dessen Stimmung ist fragil. Vermeide den Funken, der geeignet sein könnte, einen Brand zu entfachen. Du würdest ihn nicht überleben.«

»Ich verstehe deine Sorge, denn es wäre auch dein Ende. – Aber was wird aus dem Prozess, wenn ich sie heute kämpfen lasse?«

Catulus zuckte die Achseln. »Vielleicht genügt es, wenn einer von beiden überlebt.«

»Aber du hast doch immer gesagt, dass wir beide brauchen.«

»Das stimmt. Verus brauchen wir, damit die Zeugen ihn identifizieren und niemand mehr daran zweifelt, dass Tullius den Mord an Helvidius vertuschen wollte. Und Priscus brauchen wir für das Geständnis, dass Tullius den Überfall auf Helvidius' Landgut beauftragt hat.«

»Gehen wir die Varianten durch«, sagte Titus. »Was ist, wenn Verus stirbt?«

»Wenn wir Glück haben, könnten die Zeugen aus Pola seinen Leichnam immer noch identifizieren. Aber er selbst kann natürlich nicht mehr befragt werden, was äußerst nachteilig wäre.«

»Und was wäre, wenn Priscus draufgeht?«

»Da haben wir nur das Geständnis des verstorbenen Lanista Forus, dessen Aussage die Witwe Felix bestätigen wird. Das ist auch nicht stark genug.« Catulus stockte kurz, als er sich an den Brief der Witwe Felix und des Kaiserpriesters Vibius erinnerte.

»Es gibt sogar noch eine weitere Zeugin, die die Aussage des Lanista Forus bestätigen kann«, sagte er spontan.

»Wer?«

»Die Frau des Prätors.«

»Das ist Unsinn, Catulus. Helvidius' Ehefrau hat Rom nie verlassen.«

»Ich meine nicht Fanni, sondern die Frau des Prätors Tullius.«
»Die Frau von Tullius?« Titus blieb vor Staunen der Mund offen stehen. »Das musst du mir später erklären. – Aber es ist trotzdem nicht dasselbe, als wenn beide Gladiatoren selbst Zeugnis ablegen könnten.«
»Da hast du recht, mein Kaiser. Ihr Tod schwächt die Beweise ab. Die Vorwürfe könnten leichter angefochten werden. Zeugen aus erster Hand sind immer besser.«
»Die Lage ist verzwickt. Was ich auch tue, es ist gegen mich.« Titus presste die Lippen aufeinander. »Trotzdem stimme ich dir zu. Ich muss das Risiko eingehen. Verus soll heute gegen Priscus kämpfen, wie es das Volk wünscht. Es muss unbedingt ein Tumult vermieden werden. Wenn ich massakriert werde, nützt mir der Prozess auch nichts mehr. Hoffen wir, dass uns die Götter beistehen und wenigstens einer überlebt.« Titus sah Catulus scharf an. »Denke daran, Catulus, das Schwert des Centurio bleibt erst stecken, wenn der Prozess einen glücklichen Ausgang genommen hat.«
Wie hätte Catulus dies vergessen können.

09:30 Uhr moderne Zeit

Licinia lag im Tablinium auf ihrem Bett. Sie fühlte sich elend. Ihre innere Zerrissenheit setzte ihr übel zu. Sie hatte nicht anders gekonnt. Sie hatte die Gelegenheit am gestrigen Abend nicht ungenutzt verstreichen lassen können, hatte Verus noch einmal sehen müssen, noch einmal seinen Kuss schmecken und von ihm Abschied nehmen wollen. Sie wusste, Tullius, der schon in der Frühe das Haus verlassen hatte, würde es erfahren, und ihre Söhne auch. Aber das war ihr jetzt gleichgültig.

Ihre Gedanken wurden vom Hausklaven unterbrochen. »Herrin, Besuch für dich.«
»Ich möchte niemanden sehen.«
»Verzeih, Herrin, die vornehme Frau lässt sich nicht abweisen. Ihr Name ist Julia Felix.«

Licinia fuhr hoch. Julia Felix? Ihre mütterliche Freundin aus Pola?

»Warum sagst du das nicht gleich?« Sie sprang vom Bett auf, stürmte an dem Sklaven vorbei und öffnete selbst das Tor.

»Julia. Du bist es wirklich.« Ihre Augen füllten sich mit Freudentränen.

»Licinia.«

Die beiden Frauen umarmten sich, tauschten Küsse auf die Wangen aus und gingen, gegenseitig den Arm um die Hüften, ins Haus.

Julia kam unmittelbar auf die Rettungsbemühungen zu sprechen, die sie und der Kaiserpriester Vibius vor acht Jahren angestrengt hatten. Sie berichtete von dem Brief an den Kaiser und schimpfte auf Catulus, der sein Versprechen gebrochen und auf das Bittgesuch nicht reagiert hatte. Aber sie lobte den Kaiserpriester Vibius, der sich umso mehr daran gehalten und alles getan habe, damit Verus während seiner Zeit in Pola habe überleben können.

»Ich danke dir, teure Freundin«, entgegnete Licinia und senkte dabei die Lider. »Aber jetzt kann Verus niemand mehr retten. In ein paar Stunden ist es so weit. Dann muss er gegen Priscus kämpfen.«

»Liebste Licinia.« Julia ergriff ihre Hand. »Ich habe davon gehört. Man spricht in Rom über nichts anderes als über die Spiele und den Hauptkampf. Bete zu den Göttern, dass Verus siegt. Alle glauben, dass der Kaiser dem Sieger die Freiheit schenken wird. Dann bekommt Tullius seine gerechte Strafe. Deinem Glück mit Verus stünde dann nichts mehr im Wege.«

Licinia lächelte Julia an. Es war ein Lächeln der Dankbarkeit für deren liebe Worte, aber es wirkte gequält, als sie an ihre Kinder dachte. Doch wieso sollte Tullius seine gerechte Strafe bekommen? »Was hat der Ausgang des Kampfes mit Tullius zu tun?«

»Du weißt es nicht?«

Licinia zuckte die Achseln.

»Ich glaube, liebes Kind, es geht um mehr als nur um einen Gladiatorenkampf.«

»Wie kommst du darauf?«

»Vor vier Wochen suchten mich Prätorianer auf. Sie kamen im Auftrag des Kaisers und forderten mich auf, mit ihnen nach Rom zu kommen. Als ich sah, wer noch in der Reisegesellschaft mit dabei war, dämmerte es mir.« Die Witwe zählte die Namen auf. »Mir fiel auf, dass uns alle eine Gemeinsamkeit verband. Wir alle hatten etwas mit Verus zu tun gehabt, und ich fand nur eine Erklärung dafür: Tullius sollte angeklagt werden, und man brauchte uns als Zeugen. Und genau das hat mir ein Amtsdiener gleich nach unserer Ankunft auch bestätigt.« Julia zwinkerte. »Eine Goldmünze öffnet alle Münder. – Du hast wirklich keine Ahnung?«

»Nein«

»Hm. Sonderbar. Zuerst dachte ich, dass unser Brief vor acht Jahren doch etwas bewirkt haben könnte, wenn es mir auch reichlich merkwürdig vorkam, wie lange die Justizmühlen des Kaisers mahlen. Dann aber hatte ich die Idee, dass du selbst aktiv geworden sein könntest, und habe mich deshalb, so schnell es ging, zu dir auf den Weg gemacht. Glaub mir, das war nicht einfach, man hat uns schon wieder in Gewahrsam genommen. Aber ich konnte mich vorher absetzen. Wie dem auch sei, dein Schicksal wird sich wenden. Ich glaube fest daran.«

»Es ist zu spät. Verus wird sterben. Sein Gegner ist ein Ungeheuer.«

»Nein, er wird nicht sterben. Bitte die Götter um Beistand«, beschwor Julia ihre Freundin. »Dieser Priscus ist Germane. Sie werden dir, einer Römerin, helfen.«

Licinia fauchte den Haussklaven an, als dieser sich erneut näherte. »Was gibt es denn schon wieder?«

»Verzeih, Herrin«, entschuldigte sich der Sklave. »Da ist jemand gekommen, der etwas abgeben will, aber nur persönlich der Herrin Julia Felix.«

»Oh ja, ich erwarte einen Boten. Verzeih, ich vergaß, es dir zu sagen.«

Licinia nickte dem Sklaven zu, der daraufhin einen Mann in grauer Tunika hereinführte.

»Wie du mir aufgetragen hast, Herrin«, sagte der Besucher, »hier sind die Eintrittsmarken.« Damit überreichte er der Witwe mit einer tiefen Verbeugung zwei Bleimünzen. »Sie waren nicht billig, Herrin. Siebzig Sesterze musste ich dafür zahlen. Für jede.«

»Ich danke dir«, entgegnete die Witwe und reichte dem Mann zwei Goldmünzen. »Ich hoffe, du bist damit zufrieden.«

»Danke, Herrin.« Der Mann verbeugte sich mehrmals und verließ die Frauen.

»Eintrittsmarken? Wofür?«, fragte Licinia.

»Für das Amphitheater. Wir beide werden es besuchen. Du musst anwesend sein, wenn Verus kämpft.«

»Nein. Das kann ich nicht.« Licinia vergrub ihr Gesicht in beide Hände. Den Gedanken, miterleben zu müssen, wie Verus starb, konnte sie nicht ertragen.

»Du musst«, beharrte Julia. »Du musst. Die Götter erwarten dieses Opfer. Vorher gehen wir in den Tempel der Diana. Du wirst ihr opfern. Dann kannst du auf ihre Hilfe hoffen.«

10.00 Uhr moderne Zeit

Dieser Tag sollte der Höhepunkt in Tullius' Leben werden. Zufrieden stellte er fest, dass die Prätorianer zwischen zwei dichten Spalieren eine Gasse vom Palatin zum südlichen Eingang des Amphitheaters gebildet hatten. Jeden Augenblick erwartete er den Kaiser und sein Gefolge. Wie er sich zuvor überzeugt hatte, saßen die vestalischen Jungfrauen in der Nordloge schon auf ihren Plätzen. Ohne ihre Anwesenheit würde Titus die Spiele nicht eröffnen können. Es war an der Zeit, dass er sich nun endlich selber blicken ließ.

Aus dem Amphitheater hallten das Geschrei der Zuschauer, Stürme der Begeisterung und tosender Applaus über den Platz. Tullius wusste, dass ihnen gerade das Programm des Tages verkündet wurde. Das kehlige Brüllen von Löwen drang aus den Katakomben bis zu ihm herüber und heizte die Stimmung auf den Rängen weiter an. Von der Via Sacra waren schon die Hörner der Pompa zu hören, die sich mit dem Trompetenschrei eines Elefanten vermischten. Eine dichte Menschentraube an den Straßenrändern und über dem Platz verdeckte Tullius die Sicht. Die Atmosphäre erinnerte ihn an den Triumphzug der Flavier. Und da, den Göttern sei Dank, erschien endlich der Kaiser. Noch rechtzeitig, sodass die Pompa nach ihrer Ankunft vor dem Nordeingang nicht lange warten musste. Sobald Titus seinen Platz eingenommen hätte, würden seine zwölf Liktoren ihre Rutenbündel über die Schulter legen und sich zum Nordtor begeben, von wo aus sie dann den Einzug der Gladiatoren anführen würden.

Für das Gelingen der Spiele stand wirklich alles zum Besten. Und doch wollte sich bei Tullius nicht das Glücksgefühl einstellen, das ihn für die monatelange harte Arbeit belohnen sollte. Am Vorabend hatte er von Licinias Besuch im Ludus erfahren. Ausgerechnet jetzt tut sie mir das an, dachte er, als hätte er nicht schon die ganzen Tage allen Grund zu Sorge und Trübsal gehabt.

Für ihn als Prätor war es nicht schwierig gewesen, vom Verrat des Prätorianerpräfekten zu erfahren. Warum aber der Umstürzler Rom verlassen hatte und warum er ausgerechnet zu einem fernen Flottenhafen aufgebrochen war, das hatte sich ihm vorerst nicht erschlossen. Und so hatte er sich aufgemacht, den Grund für die merkwürdige Flucht zu erforschen. Dabei hatte er herausgefunden, dass in jenem Hafen in Classe die Zeugen festgehalten wurden, von denen Brutus bei seinem letzten Besuch gesprochen hatte. Und als er dann erfuhr, dass Stilicus sie umbringen wollte, da war ihm leicht ums Herz geworden. Um zu verhindern, dass Titus mit einem Prozess seine Reputationskrise beim Volk überwand, würden Stilicus und seine Getreuen ihn nebenbei gleich mit retten.

Doch die Erleichterung hatte nicht lange Bestand gehabt. Vor einer Stunde war er von einem harten Schlag ereilt worden. Die launische Schicksalsgöttin Fortuna hatte ihre Meinung geändert, und die totgeglaubten Zeugen aus Pola waren plötzlich und wie durch ein Wunder in Rom aufgetaucht. Zu allem Übel war auch der Baumeister Philippus seit Tagen nicht mehr auffindbar, und Tullius zweifelte nun nicht mehr daran, dass dieser ebenfalls zu Prozessbeginn wieder auftauchen würde. Somit waren alle, die er bis vor Kurzem noch unter Kontrolle gewähnt hatte, plötzlich vereint, um ihm die Schlinge enger und enger um den Hals zu ziehen.

Nur eine Sache stand für ihn noch günstig: der Kampf der Gladiatoren Verus und Priscus. Es war ihm in den letzten Tagen gelungen, die Lager der Anhänger gegeneinander aufzustacheln, den Wettanbietern Kapital für florierende Geschäfte vorzuschießen und Händler mit Geld zu unterstützen, damit sie Unmengen an Gladiatorenware einkaufen konnten, um das Volk damit für den Kampf aufzuputschen. Die von ihm engagierten Schildermaler und Marktschreier hatten das Übrige getan und die Stimmung so stark angeheizt, dass der Kaiser gezwungen gewesen war, die Terminverschiebung des Kampfes zurückzunehmen. Der Tod von mindestens einem der beiden Gladiatoren war also sicher. Aber vielleicht kam es ja noch besser. Nicht selten passierte es, dass bei einem harten Kampf auf Leben und Tod auch der Sieger später noch seinen Verletzungen erlag. Wie es auch kommen mochte, seine Chancen, sich aus der Anklage herauszuwinden, würden sich in jedem Fall verbessern. Doch er wusste, sein Schicksal lag nicht mehr in der eigenen Hand.

Plötzlich tauchte vor ihm sein Haussklave auf. Tullius wollte ihn eigentlich genervt fortschicken, doch der Sklave war so aufgeregt, dass er ihn anhörte.

»Herr, deine Gattin hat heute eine Besucherin empfangen, eine Frau namens Julia Felix. Beide beabsichtigen, die Spiele zu besuchen.«

»Was sagst du da? Ich habe doch verboten, dass sie das Haus verlässt.«

»Vergebung, Herr. Ich konnte sie nicht aufhalten.«
»Es ist gut, dass du es mir gesagt hast. Geh jetzt wieder ins Haus zurück.«

10.15 Uhr moderne Zeit

Priscus winkte den Zuschauern in den Spalieren zu, die sie auf dem Weg ins Amphitheater umsäumten. Einmal wandte er sich nach links, ein anderes Mal nach rechts. Er schaute in begeisterte Gesichter, freute sich über motivierende Zurufe und spürte die von sinnlichem Verlangen erfüllte Zuneigung mancher Frau. Es störte ihn nicht, dass auch die anderen Gladiatoren, die neben ihm marschierten, die gleiche Ehrerbietung empfingen. Sie alle feierte man wie Helden aus einer siegreichen Schlacht; nur mit dem Unterschied, dass ihnen die Schlacht noch bevorstand.

Hatte ihn schon der Marsch durch die Stadt begeistert, so verschlug es ihm die Sprache, als er vor dem Nordtor des Amphitheaters stand. Wie strahlten doch dessen Mauern, wie glänzten die Standbilder in den Bogennischen, und wie ehrfurchtsvoll wehten die Fahnen auf der mit Girlanden geschmückten Attika! Aber noch mehr als alles andere beeindruckte ihn das unglaublich laute Tosen der Menschen, das aus dem Amphitheater herausdrang. Und als es nach kurzem Warten weiterging und er aus dem Schatten des inneren Torbogens herausmarschierte, da warf es ihn vor Staunen fast um. Die Zuschauer jubelten in einem aufbrausenden Sturm der Begeisterung, dass es Priscus nur so in den Ohren klingelte. War ihm das Bauwerk von außen schon kolossal erschienen, so wirkte es auf ihn im Inneren noch größer, noch faszinierender. Gleißend weiße Togen aus den unteren Sitzreihen blendeten ihn, und von den oberen Rängen leuchtete ein Meer aus bunten Stoffen. Und als er ein dumpfes Flattern wahrnahm und nach oben schaute, da sah er über sich, den gesamten Innenraum überspannend, ein gewaltiges Dach aus Leintüchern, ein Himmelsgewölbe, wie erschaffen von Götterhand. Dies ist keine Arena, dachte er sich, dies ist ein Tempel aus Gold und Marmorstein. Und er, Priscus, durchschritt wie ein Gott dieses Heiligtum.

Das waren seine ersten Gedanken. Doch als er einige Schritte im Sand zurückgelegt hatte, entdeckte er den wahren Gott. Er stand in einer aus poliertem schwarzem, mit weißen Adern durchsetztem Marmorstein gebauten Loge, umgeben von Säulen, auf denen goldene Adler ihre Flügel schwangen, und im Schatten eines Baldachins aus schwerem karmesinrotem Stoff. Dort stand er, der Kaiser, der Göttliche, mit goldenem Lorbeer bekränzt, in purpurner Togapracht, und hob grüßend seinen rechten Arm.

Das alles wirkte so überwältigend auf Priscus, dass es sein ganzes Wesen ergriff. Aber gerade in diesem Moment, als er bereit war, seinen germanischen Namen, seine germanischen Götter und die heiligen Haine seiner Vorfahren für immer zu vergessen, um sich nun ganz und gar dieser göttlichen Welt zu verschreiben, da entdeckte er neben dem Kaiser ein bekanntes Gesicht: Domitianus. Und seine Rache und sein Hass auf die Römer kehrten in sein Herz zurück.

Priscus hoffte darauf, dass sich ihre Blicke begegneten. Ihm lag viel daran, dass Domitianus ihn wiedererkannte, sich zurückerinnerte an seine Schmach in Germania und mit Entsetzen begriff: Er, Priscus, von Domitianus zum Tode verurteilt, lebte immer noch.

Aber ihre Blicke kreuzten sich nicht. Domitianus schaute mit strahlendem Lächeln über ihn hinweg. Doch Priscus tröstete die Gewissheit: In wenigen Stunden würde er den Rudis empfangen das Symbol seines Sieges über den römischen Menschengott, und er würde ihn Domitianus entgegenrecken. Kampfeswütig streckte er die Faust gegen die Kaiserloge, gerade als Titus einen Blick in seine Richtung warf. Doch der Kaiser verkannte die Geste und winkte grüßend zurück.

Während der langen Prozedur, in der die Priester den Göttern opferten, ließ Priscus die Kaiserloge nicht aus dem Blick. Aber Domitianus bemerkte ihn immer noch nicht. Doch

Priscus wusste, in der Stunde seines größten Sieges, wenn alle Augenpaare auf ihn gerichtet wären, würde Domitianus auf ihn schauen, und er, Priscus, würde dessen Ohnmacht genießen.

Nachdem ihn Bewaffnete in eine Zelle unten in den Katakomben geführt hatten, wo er die Zeit bis zu seinem Kampf verbringen sollte, wartete dort Erasmus schon auf ihn.

»Warum blickst du so grimmig drein?«, knurrte er Priscus an. »Wenn du heute siegst, bekommst du deine Freiheit. Also freu dich gefälligst.«

»Vielleicht sterbe ich.«

Erasmus lachte trocken. »So etwas kann immer passieren. Dieser Thraex Verus ist ein guter Mann, aber ich glaube, du wirst ihn trotzdem besiegen. Deshalb muss ich über deine Zukunft sprechen. Ich mache dir ein Angebot, das dich in der Arena beflügeln wird. Bist du interessiert?«

»Sprich.«

»Der Kaiser wird deinen Sieg mit dem Rudis belohnen. Dieses hölzerne Schwert ist das Zeichen deiner Freiheit. Ich kann dich dann nicht mehr zum Kämpfen zwingen. Du musst selbst entscheiden, wie es mit deinem Leben weitergehen soll. Hast du dir schon einmal darüber Gedanken gemacht?«

»Nein. Ich denke stets nur an den nächsten Kampf. Wenn ich ihn überlebe, denke ich über Weiteres nach. Aber trotzdem: Was willst du mir sagen?«

»Nun. Im Normalfall hast du folgende Wahl: Entweder du kehrst der Arena den Rücken und baust dir eine neue Existenz auf – du wirst ja nicht alle Preisgelder versoffen und verhurt haben – oder du kämpfst weiter und riskierst dein Leben. Aber ich biete dir noch eine dritte Möglichkeit.«

»Welche?«

»Du kannst in meinem Ludus der Erste Trainer werden.«

»Bist du mit deinem bisherigen nicht zufrieden?«

»Doch schon, aber ich biete es dir trotzdem an.«

Priscus schaute Erasmus misstrauisch in die Augen. »Welche Gegenleistung willst du dafür haben?«

»Nur eine Kleinigkeit, die dir nichts ausmachen wird. Du erinnerst dich an die Zeit, als der Prätor Tullius damals noch Quästor war?«

»Ja, natürlich erinnere ich mich.«

»Du hast damals einen Senator getötet ...«

»Willst du mich dafür kreuzigen lassen?«, fuhr ihm Priscus ins Wort.

»Nein, nein. Keine Sorge.« Erasmus hob beschwichtigend die Hände. »Du musst wissen: Tullius wird der Prozess gemacht. Man wirft ihm vor, den Senator Helvidius ermordet zu haben.«

»Du weißt, dass er es nicht war.«

»Es macht keinen Unterschied, ob er es eigenhändig getan oder es in Auftrag gegeben hat.«

»Er wollte, dass wir den Sklaven töten, nicht den Senator.«

»Das wird ihm sowieso keiner glauben. Man wird dich fragen, was damals auf dem Landgut geschehen ist. Erzähle ruhig alles wahrheitsgemäß. Nur ein klitzekleines Detail bitte ich dich anders darzustellen. Behaupte einfach, dass Tullius euch persönlich beauftragt hat, den Senator zu ermorden, und vergiss nicht zu erwähnen, wie inständig ich euch gebeten habe, es nicht zu tun.«

»Hast du aber nicht.«

»Ich weiß. Begreifst du denn nicht, worauf ich hinauswill?«

»Ja. Du willst mich doch ans Kreuz bringen. Wenn ich zugebe, im Auftrag des Quästors gemordet zu haben, wird man mich kreuzigen.«

»Nein, glaube es mir. Es wird dir nichts geschehen. Wem der Kaiser den Rudis überreicht hat, der ist frei. Alles, was vorher war, ist ausgelöscht.«

»Alles?«

»Alles, ohne Ausnahme.«

12:30 Uhr moderne Zeit

Der bisherige Verlauf der Spiele hatte Catulus zufrieden gestimmt. Die Kämpfe und Hetzen der zahlreichen exotischen

Tiere waren beim Publikum gut angekommen. Gerade drosch ein Zwergenpaar, in Tuniken gekleidet, mit Schwertern aufeinander ein. Die zwei Kämpfer schlugen mit solcher Kraft, dass Catulus sich fragte, ob sie es nur zum Spaß oder mit tödlichem Ernst taten. Die Zuschauer nahmen es ihnen als Clownerie ab. Belustigt klatschten sie und lachten herzhaft über die kleinen Männer mit der gedrungenen Gestalt und den unverhältnismäßig großen Köpfen. Tollpatschig schwangen diese die viel zu großen Schwerter, purzelten hin und rappelten sich umständlich wieder auf. Aber trotz des Klamauks glaubte Catulus allmählich, dass sie härter zuschlugen, als es der Spaß erlaubte. Und dann geschah es. Ein Zwerg blieb reglos liegen. Seine Tunika verfärbte sich blutrot. Catulus hatte sich nicht geirrt. Die Zuschauer, die bei einem gewöhnlichen Gladiatorenkampf jetzt begeistert aufgeschrien hätten, waren dieses Mal verstummt, als sei ihnen der Schock in die Glieder gefahren. Wie versteinert schaute der siegreiche Zwerg den Arenadienern hinterher, die den kleinen leblosen Mann auf eine Bahre hoben und zum Tor des Todes trugen. Doch plötzlich, wie von der Tarantel gestochen, schwang sich der Zwerg von der Bahre herab, riss seine Tunika hoch und zeigte dem anderen seinen nackten Po. Das Publikum johlte. Der Scherz war gelungen. Der Totgeglaubte ergriff die Flucht, während der andere Zwerg ihn mit Fäusten drohend verfolgte. Ein Anblick für die Götter, sagte sich Catulus. Das Publikum belohnte ihn mit tosendem Beifall. Catulus wieherte vor Entzücken. Und zwei Reihen vor ihm schüttelte sich ebenfalls der Kaiser vor Lachen den Bauch.

Inzwischen war es Mittag geworden, und die Ränge lichteten sich mehr und mehr. In den ersten Reihen, die den Senatoren vorbehalten waren, blieben nur noch deren verwaiste Sessel mit den bestickten Kissen zurück. In den Plätzen darüber sah es nicht besser aus. Die meisten Senatoren und Ritter hatten sich in ihre Villen und Gärten zu einem Mittagsmahl zurückgezogen. Dem Kaiser brachte man das Essen in die Loge, auch Catulus vergaßen sie nicht.

So manchen Bürger trieb der Hunger ebenfalls nach draußen, wo er an einem der Stände einen Happen zu sich nahm oder eine öffentliche Toilette aufsuchte, um seinen Darm zu entleeren. Trotzdem waren die Ränge der einfachen Bürger noch gut besetzt, sei es, weil diese sich Speisen mitgenommen hatten oder weil sie die nun anstehenden Hinrichtungen nicht verpassen wollten.

Es gehörte zur Dramaturgie der Spiele, dass vor dem großen Höhepunkt die Spannung sinken musste. Doch sollte der Schauwert nicht zu drastisch fallen. Und so hoffte Catulus, dass die verurteilten Mörder, Diebe und Betrüger in den letzten Zügen ihres Lebens noch ein ansehnliches Spektakel abliefern würden. Mit Schwertern bewaffnet und von Sklaven mit brennenden Fackeln angetrieben, sollten sie sich gegenseitig abschlachten, in der aussichtslosen Hoffnung, ihr Leben damit ein wenig zu verlängern. Lebend würde allerdings keiner die Arena verlassen. Doch zu seinem Entsetzen legten sie keinen Eifer an den Tag, sich umzubringen. Das erbärmliche Schauspiel zog sich hin und strapazierte die Geduld des Publikums. Die Wasserorgel klang müde und setzte schließlich völlig aus. Die Mimen schwiegen uninspiriert. Und zwischen dem gleichgültigen Stimmengewirr, wie es auch vom Forum während eines Markttages zu hören war, gellten schon die ersten Pfiffe, die Catulus nervös machten. Er hoffte, dass die Stimmung nicht kippte, denn die Sorge um seinen Hals war groß. Dabei dachte er an die Fackeln des Nero. Der blutrünstige Kaiser hatte zu seiner Zeit Menschen in einen brennbaren Kokon einwickeln und anschließend hoch auf einem Pfahl anzünden lassen. Das wäre auch heute etwas Besonderes gewesen. Aber Titus hatte den Vorschlag abgelehnt, aus Bedenken vor dem Funkenflug, der geeignet war, die oberen Holzränge zu entzünden. Doch wie groß würde der Sturm des Volkszorns werden können?, fragte sich Catulus, wenn sich ein solcher Funke auf den Rängen entfachte wie Tage zuvor auf dem Forum, nur dass es hier viel schwieriger wäre, ihn einzudämmen.

»Oh, ihr Götter, lasst jetzt etwas Herausragendes geschehen«, betete Catulus. Nachdem Prätorianer die kampfesmüden Deliquenten niedergestochen hatten, peitschten nun Diener weitere verurteilte Männer in die Arena. Zehn, fünfzehn mochten es gewesen sein; alle waren sie nur mit einem Lendenschurz bekleidet. Kurz darauf öffnete sich das Nordtor, und es kam ein Löwe mit zotteliger Mähne heraus. Die Zuschauer brüllten begeistert. Catulus atmete erleichtert auf. Und noch ein Löwe kam, und noch einer, bis das Rudel aus fünf Tieren bestand. Das Publikum war wie aus dem Häuschen. Die Männer in der Arena drängten sich dicht aneinander und schrien vor Todesangst. Das Publikum schrie auch, aber vor Entzücken und Vergnügen. Eine Hinrichtung durch Löwen, das war wirklich etwas nach seinem Geschmack. Die Tiere umkreisten ihre Opfer in weitem Bogen, und Catulus befahl ihnen leise: Greift an, greift doch an. Die Zuschauer brüllten in Vorfreude auf das Gemetzel, aber die Bestien machten nicht, was von ihnen erwartet wurde. Im Gegenteil. Sie legten sich hin, die Beute verachtend. Dem Publikum reichte es jetzt. Schrille Pfiffe durchdrangen die Arena, so laut, dass sich Catulus die Ohren zuhalten musste. Die Tiere duckten sich, schauten verängstigt auf die Ränge und begannen zu brüllen. Aber das war nicht Ausdruck ihrer Wildheit, sondern ihrer Angst. Als sich das Tor öffnete, sprangen sie auf und liefen mit eingezogenen Schwänzen in ihre Käfige zurück.

Catulus war entsetzt. Die Stimmung war dahin. Niemand konnte sagen, ob sie sich in Aggression gegen den Kaiser entladen würde. Er dachte erneut an den Aufruhr des Mobs vor einigen Tagen und hörte gleichzeitig, wie der neue Prätorianerpräfekt einem Centurio befahl, dass sich die Gardisten bereithalten sollten. Catulus wusste, dass unterhalb der Kaiserloge eine Kohorte in Kampfausrüstung wartete.

Trompeten ertönten. Das Pfeifkonzert ebbte ab. Dem Programmsprecher war es geglückt, die Aufmerksamkeit des

Publikums auf sich zu ziehen. Catulus betete still: »Oh ihr Götter, ich flehe euch an, lasst die nächste Attraktion gelingen.«

»Bürger von Rom. Erlebt nun, wie es Pasiphäa, der Gattin des Königs Minos von Kreta erging. Poseidon schenkte einst dem König einen weißen Stier, den er opfern sollte. Als Minos das nicht tat, verzauberte er zur Strafe dessen Frau Pasiphäa und ließ sie in Liebe zu dem Stier entbrennen. Bereit, sich dem Stier in Wollust hinzugeben, kroch sie in eine Kuhhaut. – Unser Cäsar präsentiert euch jetzt: die Zeugung des Minotaurus.«

Sklaven trugen daraufhin ein Gestell herein, auf dem gefesselt eine nackte Frau mit gespreizten Beinen lag. Darüber warfen sie eine Kuhhaut und ließen einen weißen Stier in die Arena rennen. Ein prächtiges Tier, das schnaubte und nervös herumlief. Doch dann hielt Catulus die Luft an. Der Stier näherte sich Pasiphäa. Es schien zu klappen, Catulus atmete auf. Das Tier sprang mit den Vorderbeinen auf das Gestell, wie es Bullen machen, wenn sie eine Kuh besteigen. Doch dann fuhr der Schrecken in Catulus' Glieder. Brechendes Holz krachte. Das Gestell klappte unter der Last zusammen. Das Tier fuhr hoch. Die Frau war tot.

Die Geduld der Besucher schien erschöpft. Enttäuscht schrien und pfiffen sie, sodass der Stier wütend wurde. Schnaubend raste er durch die Arena, wirbelte Sand durch die Luft und stieß mit seinen Hörnern Sklaven um, die ihn einfangen wollten. Schließlich traf ihn eine Lanze mitten ins Herz. Die Hetzjagd auf den Stier hatte die Wut der Leute gedämpft, aber Catulus fürchtete, dass aus der Glut ihres Zorns die Flamme des Aufstandes auflodern könnte. Es musste etwas geschehen. Abrupt stand er auf und näherte sich dem Kaiser. Prätorianer hielten ihn zurück, bis Titus dies bemerkte und ein Zeichen gab, ihn vorzulassen.

»Es fing gut an«, sagte Titus, »aber diese lächerlichen Hinrichtungen scheinen alles zu verderben. Welchen Rat gibst du mir?«

»Geschenke, mein Kaiser. Bestechungen haben schon immer geholfen. Lass verteilen, was für die nächsten drei Tage bestimmt ist. Lass verkünden, welches Los gewonnen hat. Das wird die Leute von ihrer schlechten Laune abbringen. Auch wenn sie selbst nicht zu den Glücklichen zählen, sie werden fasziniert sein von deiner Großzügigkeit und neugierig sein, was es zu gewinnen gibt.«

»So soll es geschehen, Catulus. Es kommt mich zwar teuer, aber der Preis ist nur gerecht, wenn er zur Ruhe führt.«

Während Catulus sich wieder auf seinen Platz zurückbegab, erteilte der Kaiser die Befehle. Kurz darauf trugen Sklaven Körbe in die Arena hinein. In einem lagen Holzkügelchen, auf denen Nummern standen. Andere waren mit Broten und wieder andere mit Würsten und Süßigkeiten gefüllt. Die Sklaven warfen alles in die Zuschauerränge hinein. Wo sie hinflogen, reckten sich viele Hände, um sie zu fangen. Die Laute des Unmutes wurden durch freudiges Kreischen verdrängt. Als der Sprecher die Preise verkündete, zog Ruhe ein. Hin und wieder ertönten ein Oh und ein Freudenschrei, wenn es hieß: »Dieses Los hat gewonnen ...« – ein Pferd, einen Sklaven, eine Amphore Falarnerwein, ein Huhn, ein Eselsgespann, eine Erdgeschosswohnung, eine Fuhre Brennholz und vieles andere mehr. Dann wurden die Losnummern für die Geldgewinne verkündet: einhundert Denare, einhundert Sesterzen, zehn Sesterze. In Summe kam ein Vermögen zusammen.

Nach der Verlosung war die Stimmung wieder besser. Während der Lotterie waren die Senatoren und Ritter zu ihren Plätzen zurückgekehrt. Auch die Ränge der einfachen Bürger hatten sich vollständig gefüllt. Fanfaren erklangen. Sie kündeten den Höhepunkt des Tages an: die Gladiatorenkämpfe.

15.00 Uhr moderne Zeit

Licinia und Julia, die sich jeweils ein Sitzkissen unter den Arm geklemmt hatten, waren die Einzigen, die sich dem Einlass näherten. Die Diener, welche die Eintrittsmarken kontrollierten, standen gelangweilt herum. Das Spektakel der Gladiatoren in der

Arena war bereits in vollem Gange. Laut und in ungleichmäßigen Wogen schwoll Geschrei aus dem Inneren des Amphitheaters heraus. Aber die beiden Frauen waren trotzdem nicht zu spät dran, denn sie kamen nur aus einem einzigen Grund: Sie wollten den Kampf zwischen Verus und Priscus sehen. Sie hatten sogar noch Zeit, an einem Stand einen Fächer zu kaufen.

Der Arenadiener an dem Eingangsbogen, über dem die Ziffer XXXIIII eingemeißelt war, hatte einen roten Längsstreifen an seiner grauen Tunika. Er prüfte die beiden Bleimarken, die ihm Julia übergeben hatte, und rümpfte die Nase. »Wo habt ihr die denn her?«, fuhr er sie ungehalten an. »Diese Plätze sind nur den Männern vorbehalten. Für Frauen ist der obere Rang bestimmt.«

Ein weiterer Diener kam hinzu. Er hatte einen Streifen mehr. »Das ist die Frau des Prätors«, raunte er vorwurfsvoll seinem Untergebenen zu, während er Licinia freundlich anlächelte. »Das ist schon in Ordnung, Herrin. Ich bringe dich und deine Begleiterin an die Plätze. Du gestattest, dass ich vorangehe?« Aber bevor er es tat, flüsterte er dem anderen Diener mit ernster Miene etwas ins Ohr. Dann setzte er wieder sein aufgesetztes Lächeln auf und ging voran.

Die Treppen waren steil. Sie mussten im Dämmerlicht hohe Stufen hinaufsteigen, ehe sie in den Zuschauerraum traten. Etwas außer Puste blinzelte Licinia in das grelle Licht. Was sie sah, verschlug ihr den Atem. Gegenüber erhob sich eine gigantisch hohe Wand aus dichtgedrängten Menschen. Gleichzeitig drückte ein unglaublicher Lärm auf ihre Ohren. Ein Geschrei aus Tausenden Stimmen formte sich zu einem einzigen Wort: »Iugula, Iugula, Iugula ...«

Der Blick in die Arena verriet ihr den Grund der Begeisterung. Ein Gladiator kniete am Boden. Mit dem linken Arm umklammerte er den Oberschenkel seines stehenden Kontrahenten; mit dem rechten spreizte er zwei Finger ab, das Zeichen der Bitte um Gnade. An seinem Nacken hatte der andere Gladiator die Spitze seines Schwertes aufgesetzt und sah zur Kaiserloge hin. Dort stand Titus. Mit ausgebreiteten Armen wartete er geduldig ab, bis das Geschrei allmählich abebbte. Dann ballte er die Faust und ruckte den abgespreizten Daumen abrupt in Richtung seiner Kehle. Der stehende Gladiator umfasste mit beiden Händen den Knauf seines Schwertes, während er den Blick nicht vom Kaiser ließ. Titus nickte ihm zu. Der Gladiator nickte gehorsam zurück und stieß das Schwert bis zum Schaft in den gestreckten Nacken des Niederknienden. Blut spritzte, und der hingerichtete Gladiator sackte, nachdem das Schwert wieder herausgezogen worden war, im Jubel der Zuschauer zur Seite.

Licinia erschrak und wandte sich abrupt dem Arenadiener zu. »Ist das Verus, der da liegt?« Ihre Stimme zitterte dabei.

»Verus?«, fragte der Diener verblüfft zurück. »Meinst du den Thraex, den Primus Palus Maximus?«

»Ja, den meint sie«, antwortete Julia.

»Nein.« Der Diener schüttelte genervt den Kopf. »Das da unten ist ein Hoplomachus. Der Hauptkampf zwischen Verus und Priscus kommt später. Es ist der letzte Kampf am heutigen Tag, der Höhepunkt. Ihr werdet ihn nicht verpassen. – Bitte folgt mir noch ein paar Stufen hinab.«

Licinia atmete auf, aber die Anspannung würde sich nicht mehr von ihr lösen.

Sie erreichten die Reihe, die auf ihren Marken ausgewiesen war.

»Hier ist alles besetzt?«, fragte Julia vorwurfsvoll.

»Keine Sorge«, erwiderte der Diener. »Es kommt vor, dass sich Besucher auf bessere Plätze setzen, wenn diese frei geblieben sind. Gewöhnlich kommt niemand mehr so spät. Ich bringe das gleich in Ordnung.« Daraufhin drängelte er sich durch die Reihe. Zuschauer mussten aufstehen, und die dahinter Sitzenden murrten erbost. Schließlich kontrollierte er zwei Männer, die in Togen gekleidet waren. Der schmale rote Streifen an deren Saum verriet, dass es sich um Ritter handelte, die, ihrem Stand unangemessen, zwischen den einfachen Bürgern saßen. Der Arenadiener kam unverrichteter Dinge zurück. »Herrin, bitte zeig mir noch einmal die Marken. Wahrscheinlich sind wir hier im falschen Block.« Julia gab sie ihm, und er schaute sie sich lange an. »Verzeih, Herrin«, wandte er ein, »die Marken sind gefälscht.«

»Gefälscht?«, riefen beide Frauen gleichzeitig aus.

»Was heißt das?«, fasste sich Julia als Erste. »Muss die Herrin nun ihren Gemahl herbemühen?« Dabei schaute sie den Diener resolut und erwartungsvoll an.

»Nein, nein, Herrin«, antwortete der Gefragte erschrocken. »Aber die beiden Besucher werden nicht freiwillig ihre Plätze räumen. Ließe ich Gewalt anwenden, würde das zu Unruhe führen. Versteh bitte, Herrin«, richtete er das Wort an Licinia. »Eine solche Veranstaltung ist eine äußerst sensible Angelegenheit. Wir sind vom Kaiser angewiesen worden, alles zu unterlassen, was Unruhe auslösen könnte.«

»Du willst uns doch nicht etwa aus dem Amphitheater werfen?«, hakte Julia nach.

»Nein, nein.« Der Arenadiener strich sich mit der flachen Innenhand den Schweiß von der Stirn und wischte sie sich anschließend an der Tunika ab. »Aber ich möchte euch bitten, mit dem oberen Rang vorliebzunehmen.«

»Wir sollen zu den Plätzen der Sklaven?«, empörte sich Julia.

»... zu den Plätzen der Frauen«, beschwichtigte der Diener. »Für eine andere Lösung ist jetzt keine Zeit. Ihr wollt doch den Hauptkampf nicht verpassen.«

Licinia und Julia schauten sich gegenseitig an. Sie waren sich einig. Den Hauptkampf wollten sie nicht verpassen. Deshalb nickten sie stumm.

Wieder stiegen sie Stufen nach oben. Und danach ging es innerhalb der dämmrigen Aufgänge noch höher hinauf. Die Gänge wurden enger, bis sie erneut in das Licht der Arena traten. Die Ränge waren dort, anders als bei den Männern, mit Holzwänden in einzelne Segmente unterteilt.

»Es tut mir leid«, sagte der Arenadiener zu Licinia, »ich kann euch nicht in einen Block der höheren Stände führen. Dein Mann ist selbst ein Senator, und du kennst ihre Ehefrauen besser als ich. Sie werden sich nicht einfach von ihren Plätzen vertreiben lassen.«

»Also auf zu den Plätzen der Sklaven«, sagte Julia schicksalsergeben.

Der Diener verjagte daraufhin zwei Frauen von ihren Sitzplätzen, die lauthals und schimpfend grobe Worte von sich gaben. Licinia und Julia nahmen die freigewordenen Plätze ein. Sie saßen auf einer Holzbank, und Licinia war froh, dass sie auf Julias Rat hin die Kissen mitgenommen hatte. Die Frauen in ihrer Nähe, die in einfache, zumeist graue Tuniken gekleidet waren, blickten sie misstrauisch an. Licinia und Julia fielen mit ihren bunt bestickten Gewändern und den seidenen Stolen auf. Aber Licinia war das jetzt egal. Die Anspannung, die kurz dem Ärger gewichen war, hatte erneut jede Faser ihres Körpers ergriffen. Sie saßen um einiges höher als zuvor, aber das nächste Gladiatorenpaar, das sich jetzt in der Arena aufgestellt hatte, war trotzdem deutlich zu erkennen.

»Der große Schwarze mit dem Netz ist ein Retiarius«, erklärte Julia, »und der andere mit dem Schwert ist, glaube ich, ein Secutor.«

»Woher weißt du das?«, fragte Licinia erstaunt.

»Vibius hat es mir beigebracht. Seitdem wir Verus kennen, habe ich ihn oft in die Arena in Pola begleitet.«

Licinia hatte bisher noch nie einen Gladiatorenkampf gesehen. Im Grunde ihres Wesens besaß sie ein sanftes Gemüt. Doch was sie jetzt sah, weckte eine Seite in ihr, die ihr bisher verborgen geblieben war. Ohne dass sie etwas dagegen tun konnte, ergriff sie Partei für den Secutor und wünschte seinem Gegner den Tod. Vielleicht hielt sie deshalb zum Secutor, weil dieser kleiner war und sich hinter dem großen Schild versteckte oder weil der andere fremd und sein Kampfstil aggressiv wirkte. Ihre blutrünstigen Gedanken erschreckten sie nicht einmal, und sie merkte, dass die Mehrzahl der Besucher gegen den Netzkämpfer mit dem Dreizack war.

Plötzlich stockte ihr der Atem. Der Secutor lag am Boden. Der Netzkämpfer holte zum Stoß mit dem Dreizack aus. Zum Glück ging jedoch einer der beiden Schiedsrichter dazwischen, der es kaum schaffte, den kräftigen Retiarius zurückzudrängen. Der zweite Schiedsrichter kam ihm zu Hilfe, und mit vereinten Kräften gelang es ihnen, den kampfbesessenen Afrikaner vom Todesstoß abzuhalten. Kurz darauf stand der Secutor wieder auf den Beinen, und der Kampf wurde fortgesetzt.

»Sie kämpfen nicht auf Leben und Tod?«, fragte Licinia.

»Doch, das tun sie. Aber es ist nicht gestattet, einen Gegner zu töten, der am Boden liegt. Der Sieger muss sich dem Urteil des Kaisers und der Besucher unterwerfen, die über Leben und Tod entscheiden, sonst nimmt man es ihm übel, und das mindert seine Überlebenschance.«

»Aber sie kämpfen doch weiter?«

»Der Hauptschiedsrichter hat beim Niedersturz keinen Treffer gewertet. Der Secutor ist nur gestolpert. Es verstößt gegen die Regel, den Unfall auszunutzen. Nur der Bessere soll gewinnen, nicht der Glücklichere.«

Der Kampf zog sich hin. In zwei Pausen durften sich die ausgepumpten Gladiatoren einige Augenblicke erholen. Trotzdem war es nicht langweilig. Einmal verlor der Afrikaner das Netz und geriet durch die Attacken des Secutor in harte Bedrängnis. Dann war es umgekehrt. Der Secutor wand sich im Netz, hatte aber Glück, dass sein Schwertarm dabei frei blieb, womit er den Dreizack abwehren konnte. Noch einmal gelang es ihm, sich aus den Maschen zu befreien. Beide Kämpfer trugen schon blutende Wunden davon. Doch am Ende durchbohrte der Dreizack die Brust des Secutors. Er sank zu Boden, wo er bewegungslos liegen blieb.

Das Publikum, das eben noch zu dem Secutor gehalten hatte, raste vor Begeisterung. Licinia fragte enttäuscht: »Warum jubeln sie alle? Ich dachte, sie hatten zu dem Secutor gehalten?«

»Der Retiarius hat seinen ebenbürtigen und tapferen Gegner in einem fairen Kampf besiegt. Deshalb hat er sich Ehre erworben und den Beifall verdient. – Schau, Licinia. Da kommen schon die Insignien seines Sieges: der Palmzweig und der Lorbeerkranz.«

Zwei Arenadiener traten in die Arena. Der eine überreichte dem schwer atmenden Netzkämpfer den Palmzweig; der andere bekränzte ihn mit Lorbeer. Der glückliche Sieger lief eine Runde in der Arena, wo er, übermütig den Palmzweig schwengend, den Jubel der Zuschauer erntete.

Kaum dass er im Tor des Lebens verschwunden war, kam ein Ungetüm aus dem Tor des Todes heraus: ein mehr als zwei Meter hochgewachsener Hüne mit einer grässlichen Maske auf dem Gesicht. Über der Schulter trug er einen gewaltigen Eisenhammer.

»Das ist Charon, der Fährmann aus der Unterwelt«, flüsterte Julia Licinia ins Ohr. »Er kommt, um den erschlagenen Gladiator zu holen.«

Das Publikum war jetzt so still, dass man sogar die Anpreisung eines Weinverkäufers von den Rängen hören konnte. Charon trat an den toten Gladiator heran, nahm ihm den Helm ab und holte weit mit dem Hammer aus. Licinia zuckte zusammen, als sie das knackende Geräusch berstender Schädelknochen vernahm. Gehirnmasse spritzte in den Sand. Und selbst das abgebrühte Publikum erschauderte mit einem langgezogenen »Uhhh ...«

»Warum tut er das?«, fragte Licinia angewidert.

»Damit wird gezeigt, dass es den Gladiator nicht rettet, falls er sich tot stellt. Auf diese Weise zu sterben, wird von allen Gladiatoren gefürchtet. – Schade um den Secutor. Er hat tapfer gekämpft und solch ein Ende nicht verdient.«

Unterdessen packten Arenadiener den Toten an den Beinen und schleiften ihn aus der Arena hinaus. Sklaven eilten mit Eimern heran, um darin den mit Blut und Hirn verklumpten Sand aufzunehmen. Andere harkten den aufgewühlten Arenaboden wieder glatt.

Der Sprecher kündete den nächsten Kampf an, aber kaum hatten sich die Gladiatoren aufgestellt, wurde Licinia in ihrem Rücken von Geschrei und dem Kreischen von Frauen aufgeschreckt. Als sie sich umdrehte, sah sie mehrere Männer oben auf dem Quergang miteinander rangeln. Und plötzlich entdeckte sie unter ihnen ihren Ehemann. Licinia sprang auf. Ihr Herz raste. In Tullius' Hand blitzte ein Dolch auf. Er wehrte sich gegen eine Übermacht und streckte bereits einen Widersacher nieder. Doch dann, oh Schreck, griff ihm ein Mann von hinten an die Kehle und rammte ihm seinen Dolch in den Rücken. Ein anderer näherte sich ihm von vorn und stach ihm in den Bauch. Tullius sank zu Boden. Licinia öffnete ihren Mund, brachte aber keinen Laut heraus. Sie stand nur da, im Schock erstarrt. Es kam ihr vor, als träume sie. Nichts schien wirklich wahr zu sein. Aber dann bemerkte sie, wie die Blicke der Mörder über die Plätze schweiften. Und ihr wurde klar, dass sie jemanden suchten. Einer von ihnen kam ihr bekannt vor. Und als sich ihre Blicke begegneten, fiel ihr sein Name ein. Es war der Detektiv Brutus. Sie kannte ihn von seinen Besuchen bei ihrem Ehegatten. In seinen Augen entdeckte sie Hass. In diesem Augenblick begriff sie: Die Mörder hatten es auf sie abgesehen. Sie fand ihre Stimme wieder und rief: »Julia, wir müssen fliehen.« Doch das war einfacher gesagt als getan. Die Menschen saßen eng aneinander. Viele waren aus Neugier aufgestanden und versperrten den Weg. Brutus kämpfte sich schon zu ihr durch. Er riss Frauen aus dem Weg. Aus den Augenwinkeln heraus nahm Licinia vertraute blaue Mäntel wahr, die Soldaten von ihren Schultern herabfielen. An den attischen Helmen mit den hervorstehenden Stirnschilden erkannte sie die Prätorianer, die Retter in höchster Not. Mit gezückten Schwertern griffen sie die Mörder ihres Ehemannes an. Brutus war Licinia inzwischen bereits sehr nahe gekommen. Ein Dolch in seiner Hand blitzte im Licht der Sonne auf. Sie glaubte sich schon verloren, als sie den blanken Stahl eines Gladius aus seiner Brust heraustreten sah. Sie schaute sich um, ob weitere Gefahr drohe, erkannte aber erleichtert, dass die Gardisten die Mörder inzwischen niedergestochen hatten. Keinen Einzigen hatten sie verschont. Trotz des Lärms, den sie dabei gemacht hatten, war die Metzelei im Geschrei zigtausender Zuschauer untergegangen, die den Kampf der Gladiatoren in der

Arena verfolgten. Mit Ausnahme derjenigen, vor deren Augen die Tragödie vonstatten gegangen war, hatten die fünfzigtausend Besucher nichts mitbekommen.

Ein Prätorianer mit querstehendem Helmbusch beugte sich über Tullius. Licinia hatte längst ihren Platz verlassen. Sie kniete bei ihrem Ehemann nieder und stellte fest, dass Tullius noch lebte. Er atmete flach mit geschlossenen Augen, aber es war klar, dass er im Sterben lag. Als sie ihm die Hand an die Wange hielt, öffnete Tullius die Lider zu einem Schlitz. »Licinia.« Sein Gesicht überzog ein schwaches Lächeln. »Ich habe es dir nie gesagt. Doch jetzt will ich, dass du es weißt«, flüsterte er mit gebrochener Stimme. »Ich habe dich geliebt, vom ersten Tag an. Ich weiß, dein Herz gehört immer noch Verus.« Er hustete, und seine Stimme wurde heiser. »Mir ist schon länger klar geworden, dass man Liebe nicht mit Gewalt erobern kann. Man kann sie nur geschenkt bekommen. Und dennoch. Ich konnte nicht von dir lassen. Verzeih mir, wenn du kannst. Ich wünschte …«, seine Stimme versagte, sein Leib bebte in einem Anfall von Schüttelfrost, doch dann fuhr er fort: »Ich wünschte, ich hätte alles anders gemacht …« Die Anspannung in seinem Gesicht fiel plötzlich zusammen, und gleichzeitig hörte er auf zu atmen. Licinia schloss ihm die Augenlider. Und in diesem Augenblick trat etwas ein, was sie nicht für möglich gehalten hätte: Sie empfand Trauer um ihren Ehemann, und ihre Augen füllten sich mit Tränen. Auf ihrer Schulter spürte sie eine Hand. Sie wandte sich um und stellte fest, dass diese ihrer Freundin Julia gehörte, die ihr mitfühlend zunickte.

Der Centurio half Licinia beim Aufstehen. »Herrin, ich muss dich und deine Begleiterin in Sicherheit bringen. Kommt bitte mit.«

Licinia nickte stumm.

»Nein, Centurio«, fuhr Julia dazwischen. »Wir müssen bis zum Hauptkampf bleiben. Die Herrin hat es der Göttin Diana heilig versprochen. Es wird Unheil über sie kommen, wenn sie ihren Schwur bricht.«

»Ist es so, Herrin?« Der Centurio blickte Licinia fragend an.

»Sie hat recht. Wir müssen bleiben«, flüsterte Licinia.

»Es ist aber gefährlich hier, Herrin. Dein Ehemann konnte dich noch rechtzeitig retten. Er hat es mit seinem Leben bezahlt«, beschwor sie der Centurio.

»Ich muss bleiben. Es geht um mehr als mein eigenes Leben«, beharrte Licinia, die inzwischen wieder klarer denken konnte.

»Wie du meinst. Ich werde dich nicht davon abhalten. Ich lasse ein paar meiner Männer hier. Sie werden niemanden in dieses Abteil hineinlassen. Aber sei vorsichtig, Herrin. Hier ist es sehr unübersichtlich. Ich kann nicht für deinen Schutz garantieren. Ich weiß nicht, ob wir alle Verschwörer erwischt haben. Bedenke: Auch eine Frau vermag es, einen Dolch zu führen.«

»Vor wem müsst ihr mich eigentlich schützen, Centurio?«, fragte Licinia plötzlich. »Wer hat es auf mich abgesehen?«

»Die Feinde des Kaisers, Herrin. Als bekannt wurde, dass du als Zeugin in einem Prozess zugunsten des Kaisers aussagen könntest, haben dich die Attentäter auf ihre Todesliste gesetzt.« Der Centurio schaute Julia an. »Genau wie dich. Sie wollten euch beide ermorden.«

»Und mein Ehemann kam, um mich zu retten?«

»Ja, natürlich.« Der Centurio stockte kurz, sichtlich irritiert über die Frage, sprach dann aber unvermittelt weiter. »Er war ganz bestürzt, als er von seinem Hausdiener erfuhr, dass du ins Amphitheater gegangen bist. Er ließ dich suchen. Und als ihn ein Arenadiener unterrichtete, wo du warst, schickte er mir eine Nachricht, dass ich ihm zu Hilfe kommen solle. Er selbst wollte nicht warten. Sein schnelles Handeln hat euch beide gerettet. Sonst wärest du, Herrin, und die Witwe jetzt tot. Ich kam leider mit meinen Männern zu spät. Einer der Arenadiener war ein Verräter. Er hat dir die Verschwörer auf den Hals gehetzt. Du hattest Glück, Herrin, dass die Eintrittsmarken gefälscht waren. Die Zeit, die die Verschwörer brauchten, um dich zu finden, hat dir das Leben gerettet. Du solltest nicht nur Diana, sondern auch Fortuna danken.«

»Centurio, habe ich eben richtig verstanden?«, hakte Julia nach. »Ich stehe auch auf der Liste derjenigen, die von den Verschwörern umgebracht werden sollen?«

»Allerdings. Alle Zeugen aus Pola stehen darauf. Du hast ihnen allen das Leben gerettet, indem du dafür gesorgt hast, dass sie rechtzeitig Classe verlassen haben. Die Verräter waren schon auf dem Weg, um euch zu töten. – Aber mir scheint: Das ist dir gar nicht bewusst?«

Julia schüttelte betroffen und nachdenklich den Kopf. Dann schaute sie entsetzt Licinia an. »Oh Kind, was habe ich nur getan, dich hier in so große Gefahr zu bringen?«

»Dich trifft keine Schuld, Julia. Du konntest es ja nicht wissen.« Licinia schaute benommen den Männern nach, die Tullius forttrugen. Dann setzte sie sich neben ihre Freundin wieder auf die Sitzbank.

Was sich in der Arena ereignete, bekam sie kaum mit. Ihre Knie schlotterten und ihre Hände zitterten. Das Johlen und Klatschen drang nur gedämpft in ihr Bewusstsein vor. Den Tod ihres Ehemannes nahm sie erst jetzt so richtig wahr. Tiefe Schuldgefühle stellten sich bei ihr ein. Zwei Männer, die sie liebten, hatte sie ins Unglück gestürzt. Wäre sie nicht gewesen, so hätte das Schicksal die beiden nicht zusammengeführt. Tullius wäre noch am Leben, und Verus müsste nicht in der Arena kämpfen. Tullius' Traum vom Amt eines Konsuls hätte sich erfüllt, und Verus' Finger würde heute vielleicht der Ring eines Ritters schmücken. Aber sie fragte sich auch: Hätte sie wirklich ihre Liebe zu Verus missen wollen, die sie nur kurze Zeit, dafür aber umso tiefer genossen hatte? Waren es am Ende nicht immer die Götter, die Schicksale spannen, denen keiner entkommen könnte? Waren nicht die politischen Umbrüche daran schuld, die mit Neros Tod begonnen hatten? Wäre Tullius nicht nach Rom gereist, wenn die wechselnden Machtverhältnisse ihn nicht in Moesia festgehalten hätten? Und wäre sie dann nicht mit Verus glücklich geworden? »Oh Venus, welches Spiel treibst du mit mir? Amor, dein Sohn, wie boshaft hat er seine Pfeile auf beide geschossen? Und sollte es unter euch Göttern noch Gerechtigkeit geben, so rufe ich dich jetzt an, Diana: Lass bitte Verus siegen. Rette sein Leben. Nimm meines dafür.«

16:00 Uhr moderne Zeit

Die Hörner, die den Höhepunkt der Spiele ankündeten, konnte Philippus bis in die Katakomben hinein hören. Obwohl es im Lazarett viel zu tun gab, nickte Trinitius seinem Freund verständnisvoll zu. Philippus lächelte dankbar zurück und rannte zum Ausguck. Wie erwartet war die Holzbarriere vor dem vergitterten Fenster verschwunden. Nur das Netz behinderte seinen Blick, aber das störte ihn nicht. Er lauschte der Stimme des Sprechers, die in der Arena widerhallte.

»Bürger von Rom, nun ist der Augenblick gekommen, auf den viele von euch gewartet haben. Die Frage wird beantwortet: Wer ist der neue Primus Palus Maximus von Rom? Ist es der bisherige Titelträger Verus aus dem kaiserlichen Ludus ...?«

Verus' Anhänger unterbrachen ihn. Sie brüllten: »Verus, Verus, Verus ...«

»Oder ...«, der Sprecher wartete, bis die Sprechchöre abklangen, »oder ist es sein Herausforderer, der Germane Priscus aus dem Ludus des Gnaeus Erasmus aus Pola?«

Jetzt skandierten Priscus' Anhänger den Namen ihres Idols. Als auch diese sich beruhigt hatten, schrie der Sprecher: »Gladiatoren, wir rufen euch in die Arena.«

Trompeten schmetterten so schneidig, dass Philippus eine Gänsehaut über den Rücken lief. Daraufhin zogen Verus und Priscus zu den Klängen von Zimbeln, Trompeten und der Wasserorgel in die Arena ein. Die Melodie ging in den Begeisterungsrufen unter. Die Gladiatoren hatten noch keine Helme aufgesetzt. Ihre mit Öl eingeriebene Haut glänzte in der Sonne und reflektierte jede Bewegung der Muskeln. Sie richteten ihre Blicke auf die Zuschauer. Ihre Lockerheit während der Pompa hatten sie verloren. Anstelle ihres Lächelns hatte sich eiserne

Entschlossenheit in ihre Gesichter eingegraben, und sie brüllten die Anspannung mit Auuuh- und kurzen Uhhh-Stößen aus sich heraus, was die Zuschauer, deren Jubelrufe lauter denn je waren, mit einem langgezogenen Jaaaa beantworteten.

Der Einmarsch der Gladiatoren beeindruckte Philippus so sehr, dass er einen Augenblick lang sogar vergaß, was für ihn selbst auf dem Spiel stand. Das Amphitheater, an dem er mitgebaut hatte, war durch die Zuschauer und das Spektakel zu einer Manifestation der Macht geworden, die ihm unter die Haut ging. So etwas hatte er noch nie gesehen. So etwas gab es nur in Rom. Wer so etwas gesehen hatte, war Philippus überzeugt, der zweifelte niemals mehr an Roms Macht und Stärke. Und Philippus erfüllte es erneut mit Stolz, selbst ein Römer zu sein.

Vor der Kaiserloge blieben die Gladiatoren stehen. Die Musikinstrumente verstummten. Das Geschrei ebbte ab. Die Gladiatoren reckten ihren rechten Arm in die Höhe und riefen: »Ave, Cäsar, die um ihr Leben kämpfen grüßen dich.« Der Kaiser winkte zurück und rief: »Möge der Bessere im fairen Wettstreit siegen. Nicht nur um euer Leben kämpft ihr heute, sondern auch um eure Freiheit.«

Das Publikum brach erneut in tobenden Applaus aus. Die Mimen schrien unisono: »Er spricht zu den Sklaven, unser Cäsar. Er ehrt ihre Anhänger, unser Cäsar. Er ist gerecht, und er ist groß, unser Cäsar.«

Während die Arenadiener den Gladiatoren Schwerter, Schilde und Helme aushändigten, sprach erneut der Arenasprecher: »Bürger von Rom. Die Gladiatoren Verus und Priscus kämpfen jetzt auf Leben und Tod. Es gelten heute striktere Regeln als sonst. Eine Entlassung ins Tor des Lebens ist nur dem Sieger gestattet. Der Kampf muss so lange fortgesetzt werden, bis ein Sieger feststeht. Der Verlierer wird unwiderruflich hingerichtet und darf nicht begnadigt werden. Selbst der Kaiser darf ihn nicht stehend entlassen. Verloren hat, wer seinen Schild oder sein Schwert auf den Boden niederlegt, mit drei Fingern um Gnade bittet oder so verletzt wird, dass er nicht weiterkämpfen kann. Ebenso hat verloren, wer den Kreidekreis verlässt.«

Verus kämpfte nicht zum ersten Mal um sein Leben. Aber es war das erste Mal, dass er nicht auf Gnade hoffen durfte. Auch wenn der letzte verlorene Kampf schon einige Jahre zurücklag, so waren die zwei Niederlagen in seiner Erinnerung immer noch wach. Ein einziger Fehler heute, und er würde sterben. Höchste Konzentration war angesagt. Von dem Moment an, als er im Tunnel zur Arena auf seinen Auftritt gewartet hatte, war für Verus alles um sich herum ausgeblendet gewesen. Selbst seinen Gegner hatte er keines Blickes gewürdigt, sondern nur geradeaus geschaut.

Erst in der Arena hob Verus die Augen zu den Zuschauern, nahm aber kein Gesicht wahr und ließ das Anfeuerungsgeschrei nicht an sich heran. Wie in Trance reckte er den Arm zum Gruß an den Kaiser und hörte nur vage dessen Worte, als wären diese an jemand anderen gerichtet.

Als Arenadiener ihm den Helm mit dem Greifenkopf aufsetzten, der dieses Mal mit roten Hahnenfedern geschmückt war, klopfte sein Herz schneller in der Brust. Aber er wusste, was dies bedeutete. Sein Körper sagte ihm: Ich bin bereit. Ich werde siegen. Seine linke Hand ergriff den Bügel, der senkrecht auf der Innenseite seines kleinen halbrund gebogenen Schildes aufgebracht war. Die Rechte umklammerte den Griff des Krummschwertes. Beide Waffen lagen fest in seinen vorher mit Asche eingeriebenen Händen. Er blickte auf den Kreidekreis und schaute dann zum ersten Mal den Murmillo an, dessen Helm schwarze Hahnenfedern schmückten. Hinter den Löchern von dessen Visier begegnete er einem finster entschlossenen Augenpaar.

Einer der beiden Männer mit den von den Schultern ihrer weißen Tunika herabfallenden Längsstreifen war der Hauptschiedsrichter. Er sagte ein paar mahnende Worte: »Beachtet die Regeln. Wenn ich meinen Stock zwischen euch halte, ist der

Kampf unterbrochen. Ihr müsst sofort zurücktreten. Wer sich nicht daran hält und dabei seinen Gegner verletzt, wird zum Verlierer erklärt. Also denkt daran. Jeder tritt jetzt zwei Schritte zurück. Auf mein Zeichen beginnt der Kampf.«

Verus folgte der Aufforderung, und der Murmillo hielt sich ebenfalls daran. Der Schiedsrichter blickte erwartungsvoll zur Kaiserloge. Titus senkte die Hand. Der Hauptschiedsrichter nickte zum Zeichen, dass er verstanden hatte, zurück. Noch trennte Verus von seinem Kontrahenten der Stock des Schiedsrichters. Dann zog dieser den Stock nach oben und rief: »Kämpft!« Die Zuschauer schrien begeistert auf.

Verus hatte sich eine Taktik ausgedacht. Er tänzelte um den Murmillo herum, täuschte hin und wieder einen Angriff an, stach aber nicht konsequent zu. Die Spitze seines Schwertes kratzte nur die Oberkante des gegnerischen Schildes. Aber auch der Murmillo war vorsichtig und riskierte keinen Gegenangriff. Beide reagierten nervös auf die Scheinangriffe des anderen, hielten sich aber noch zurück.

Je länger der Kampf dauerte, desto vorteilhafter war es für ihn selbst, wusste Verus. Der große Schild bot dem Murmillo zwar besseren Schutz, war aber doppelt so schwer wie sein eigener. Andererseits erwarteten die Zuschauer, dass er, der Thraex, mit dem leichteren Schild angriffe. Lange konnte Verus das Publikum nicht mehr hinhalten. Es musste etwas passieren. Warum attackierte der Murmillo nicht? Er hatte bisher immer den ersten Streich geführt, um seinen Gegner mit wuchtigen Schlägen zu Fall zu bringen, so war es auch in Pompeji gewesen.

Und dann geschah es endlich. Das Schwert des Murmillo schepperte hart gegen Verus' Schild. Gleich darauf knallte dessen Schild mit großer Stoßkraft dagegen. Jeden Mann hätte es von den Beinen gerissen. Aber Verus fing die Wucht ab, indem er wie in Pompeji auf ein Knie niederging. Sein Handgelenk schmerzte von der Wucht des abgefangenen Schlages. Wäre nicht der Kampf in Pompeji gewesen, hätte er unter dem Schild hindurchgestochen. Doch das verkniff er sich jetzt, denn der Murmillo war schlau. Er würde damit rechnen. Und tatsächlich. Der Murmillo stemmte den großen Schild in den Sand. Doch vergeblich. Verus stach nicht zu wie in Pompeji, sondern sprang auf. Die Deckung des Murmillo war oberhalb seiner Brust entblößt. Verus stach gegen den Hals, kam jedoch nicht durch, da im letzten Augenblick sein Gegner den Schild wieder hochriss. Doch Verus rannte mit voller Kraft dagegen. Wie erhofft, war sein Gegner durch die hektische Abwehrbewegung aus dem Gleichgewicht geraten. Verus stieß noch einmal zu, dieses Mal mit der unteren Kante seines eigenen Schildes. Der Murmillo taumelte nach hinten. Nicht nachlassen. Noch ein Schlag mit dem flachen Schild, und der Murmillo stünde schon mit einem Bein außerhalb des Kreises. Doch der letzte Stoß verfehlte sein Ziel. Der Murmillo wand sich zur Seite und befreite sich aus der Bedrängnis.

Jetzt erst nahm Verus das frenetische Brüllen von den Rängen wahr. Der Angriff war anstrengend gewesen, und er atmete schnell. Seine Taktik war zwar aufgegangen, doch er hatte es nicht geschafft, seinen Gegner aus dem Kreis zu stoßen. Jetzt begann der Kampf von Neuem.

Es war eine Mischung aus Erschrecken und Wut, die Priscus' Blut in Wallung brachte. Er ärgerte sich, dass er den Thraex erneut unterschätzt hatte, genau wie damals in Pompeji. Ich muss besser aufpassen, sagte er sich. Dieser Thraex ist ein verdammt intelligenter Kämpfer. Doch anders als in Pompeji, wo dieser bereits durch seinen ersten erfolgreichen Angriff die Gunst der Zuschauer gewonnen hatte, konnte er sich hier in Rom auf seine eigenen Anhänger verlassen. Er stellte sich breitbeinig vor den Thraex hin, reckte siegessicher sein Schwert in die Höhe und verhöhnte damit seinen Gegner. Seine Anhänger reagierten prompt und riefen: »Priscus, Priscus, Priscus …«, während die Unterstützer des Thraex lautstark pfiffen.

Aber auch der Thraex schwang sein Schwert in die Höhe. Und dessen Anhänger brüllten jetzt ebenso: »Verus, Verus, Verus …« Jede Seite versuchte, die andere an Lautstärke zu übertreffen, und es entstand ein ohrenbetäubender Lärm, den erst die Spannung niederschlug, die aufkam, als sich die Kämpfer wieder umkreisten.

»Ich werde es dir schon zeigen«, schrie Priscus. Seine Worte wurden durch den Helm verstärkt und drückten ihm auf die eigenen Ohren, was ihn aber noch mehr anstachelte. Er stürzte sich auf den Thraex. Die Schilde prallten aufeinander. Die Oberkante seines eigenen Schildes schlug ihm gegen die Schulter. Er registrierte, dass sich sein Gegner geschickt zur Seite drehte, was sein Schild an dem des Thraex kraftlos vorbeischrammen ließ. Aber dann stach er zu. An seinem Schwert bemerkte er nur einen geringen Widerstand. Ich habe ihn erwischt, jubelte er. Aber dann fühlte er selbst ein Brennen an der Schulter. Doch er missachtete den Schmerz und stieß seine untere Schildkante gegen den Thraex-Schild. Der Rückstoß in seinem Handgelenk verriet ihm, dass er Wirkung erzielt hatte. Und tatsächlich. Der Thraex taumelte zwei Schritte zurück. Noch ehe er sich fangen konnte, trat Priscus mit der Fußsohle gegen dessen Schild und schlug seinem Gegner anschließend gegen den Helm. Der Thraex fiel hin und landete auf dem Hosenboden, wobei er die Deckung durch seinen Schild verlor. Ein weiterer Tritt, dieses Mal gegen die Brust, und der Thraex lag vor ihm lang gestreckt auf dem Rücken. Die Arme hatte er im Fallen instinktiv ausgebreitet, und Priscus stand nun mit dem rechten Fuß auf der Innenseite des Thraex-Schildes, sodass sein Gegner jetzt völlig schutzlos war. Jetzt habe ich dich, dachte Priscus. Den Schwerthieb des Thraex, der auf seine Wade zielte, wehrte er mühelos und mit einem triumphierenden Lachen mit seinem Schild ab. Er schaute kurz auf, um den Jubel seiner Anhänger zu genießen. Dabei beobachtete er gleichzeitig den Schiedsrichter, der niederkniete, um nachzuschauen, ob der Thraex schon kampfunfähig war. Aber bevor er den Kampf unterbrechen konnte, drehte sich der Thraex geschmeidig unter ihm weg. Dieser hatte dabei seinen Schild losgelassen, was zur Folge hatte, dass Priscus' Schwertspitze nur knirschend in den Sand fuhr. Der Thraex war so schnell wieder auf den Beinen, dass es Priscus kaum glauben konnte. Dann sah er den Thraex mit dessen Leibesmasse gegen sein eigenes Schild stürzen. Er wurde dabei so heftig gegen den Helm getroffen, dass es in seinen Ohren klingelte. Die Erschütterung brachte ihn selbst kurz ins Wanken. »Zurück!«, hörte er den Schiedsrichter schreien. Und schon riss ihn ein Arm nach hinten weg.

Licinia hielt sich entsetzt die Hand vor den Mund. Eben noch hatte sie geglaubt, dass Verus sterben würde. Aber dann hatte der Schiedsrichter den Kampf unterbrochen, und sie atmete erleichtert auf. »Diana, hab Dank«, betete sie laut, »hab Dank, hab Dank.«

»Beruhige dich, mein Kind.« Auch in Julias Gesicht saß der Schrecken.

»Der Schiedsrichter ist ein guter Mensch«, erwiderte Licinia mit Tränen in den Augen, »aber ich fürchte, er wird Ärger dafür bekommen, dass er Verus gerettet hat.«

»Keineswegs«, antwortete Julia mit Sachverstand. »Er hat korrekt die Regel ausgelegt. Verus lag zwar am Boden, war aber noch nicht besiegt. Er konnte sich aus eigener Kraft befreien. Entscheidend war, dass er selbst erneut einen Angriff ausgeführt hat. Damit ist eine neue Situation entstanden.«

»Welche Situation?«

»Es steht Schiedsrichtern nicht zu, einen Gladiator zu retten. Wie gesagt, es war eine neue Situation entstanden, und das bedeutet, dass der Kampf nach den Regeln fortgesetzt werden muss. In einem Gladiatorenkampf muss stets Waffengleichheit vorherrschen. Verus bekommt also wieder seinen Schild, und alles beginnt von vorn.«

Licinia guckte verständnislos.

»Ich habe zuerst auch Schwierigkeiten gehabt, das zu verstehen«, erklärte Julia, »aber diese Gladiatoren dienen der Unterhaltung. Ihre Ausbildung ist teuer. Ein sehr kurzer Kampf bietet wenig Unterhaltung. Priscus hätte Verus regelgerecht töten können, denn er hatte ihm den Schild durch einen Treffer entrissen. Aber er hat es nicht zu Ende gebracht. Manchmal verzichten Gladiatoren auf ihren vorzeitigen Sieg. Sie bekommen mehr Geld und werden vom Publikum umso mehr geehrt, je länger sie den Sieg hinauszögern. Schau nur. Es werden Goldstücke und wertvoller Schmuck in die Arena geworfen. Verus hat sich danach aus der Bedrängnis befreit und wieder einen Treffer gesetzt. Das ist die neue Situation. Der Kampf beginnt von Neuem, bei Waffengleichheit.«

»Ach, Julia. Das ist alles so schrecklich. Ich weiß nicht, ob ich den heutigen Tag überstehe. Am liebsten würde ich nach Hause gehen.«

»Nein, Licinia«, Julia drückte ihre Hand auf Licinias Schulter, sodass diese nicht aufstehen konnte. »Denke an den heiligen Schwur, den du Diana geleistet hast. Die Göttin hilft Verus. Sie gab ihm die Kraft, sich aus einer fast aussichtslosen Lage zu befreien. Doch die Götter zürnen denjenigen, die sie betrügen. Du musst weiterhin zuschauen.«

»Ja, liebste Julia. Was wäre geworden, wenn ich dich nicht hätte.«

»Ach was. Beruhige dich erst einmal. Ich besorge dir einen Becher Wein. – He du! Bring Wein!«

»Musst du nicht wieder ins Lazarett zurück?«, fragte Philippus seinen Freund, der ebenfalls an den Ausguck getreten war.

»Die Ärzte der Prätorianer sind heute ganz in Ordnung. Sie kümmern sich um die Verletzten«, hielt Trinitius entgegen. »Es gibt dieses Mal nicht so viel zu tun. Alle, die verloren haben, wurden hingerichtet. Dafür schwitzen bestimmt die Totengräber am Südtor.«

»Alle Verlierer wurden getötet und keiner begnadigt?«

Trinitius schüttelte den Kopf. »Kein Einziger. Alle, die zu uns ins Lazarett gekommen sind, haben gesagt, sie hätten gesiegt. So etwas habe ich noch nie erlebt.«

»Hoffentlich gewinnt Verus. Es sah vorhin nicht gut aus.«

»Keine Sorge. Verus ist ein erfahrener Gladiator. Er war schon oft in solchen Situationen und weiß das einzuordnen.«

»Hoffentlich hast du recht.«

Die beiden Freunde beobachteten gemeinsam den weiteren Kampfverlauf. Verus war wieder voll ausgerüstet. Beide Kämpfer umkreisten sich. Ihre Scheinangriffe waren seltener geworden, aber keiner attackierte.

»Verus muss angreifen, sonst wird man ihn mit der Peitsche antreiben«, flüsterte Trinitius.

»Priscus greift ja auch nicht an«, entrüstete sich Philippus.

»Aber Priscus hat schon mit zwei Angriffen den Kampf eröffnet, obwohl er ein Murmillo ist. Verus aber hat nur gekontert. Er darf sich nicht nur aufs Verteidigen beschränken. Deshalb ist er im Augenblick gegenüber Priscus im Nachteil.«

Die sachkundigen Zuschauer, darunter wohl die meisten Anhänger von Priscus, begannen schon laut zu pfeifen. Vereinzelte Rufe gellten durch das Oval:

»Beweg dich, Verus.«

»Feigling!«

Verus schien davon unbeeindruckt zu bleiben. Beide Gladiatoren umkreisten sich erneut. Aber plötzlich sprang Verus nach vorn, stach über Priscus' Schild hinweg und erwischte ihn an der Schulter, wo eine heftig blutende Fleischwunde zurückblieb.

Die Zuschauer quittierten es mit einem »habet hoc ...«.

Priscus schlug wütend zurück, aber Verus wich geschickt aus. Daraufhin drosch Priscus auf Verus' Schild ein. Dieser stolperte und stürzte erneut. Er fiel der Länge nach auf den Rücken hin. Diesmal griff der Schiedsrichter nicht ein, was Verus' Anhänger mit Pfiffen und Rufen protestieren ließ.

»Schieber, Schieber, Schieber ...«, riefen sie.

Da tat Priscus etwas Ungewöhnliches. Er ließ seine Waffen fallen, packte Verus mit beiden Händen am Gürtel und schleuderte ihn aus dem Kreidekreis heraus.

Beide Schiedsrichter gingen daraufhin zwischen die Kämpfer.

Priscus' Anhänger jubelten, während die von Verus mit Buhrufen protestierten. Philippus betrachtete das Ganze mit Entsetzen. »Bei den Göttern, Verus ist verloren. – Und ich bin es auch.«

Catulus hätte lieber Verus als Sieger gesehen. Mit ihm hätte er sich im Prozess bessere Chancen ausgerechnet. So aber musste er hinnehmen, dass Priscus sein Schwert vom Sand aufhob, es in die Höhe reckte und nach allen Seiten siegestrunken seinem Jubel Ausdruck verlieh. Aber das Publikum war gespalten. Während die einen Priscus' Sieg frenetisch feierten, protestierten die anderen mit Buhrufen und schrillem Pfeifen. In der Tat schien Priscus' Sieg nicht sicher. Die beiden Schiedsrichter gestikulierten miteinander. Sie beachteten Verus nicht, der schon wieder aufgestanden war. Das durfte er eigentlich nicht. Hatte er etwa nicht verloren? Der Hauptschiedsrichter lief zur Kaiserloge, aber Catulus konnte im Lärm nicht verstehen, was er dem Kaiser sagte. Er sah, wie Titus sich mit Ratlosigkeit im Gesicht nach ihm umschaute. Er winkte ihn zu sich heran. Als Catulus neben dem Kaiser stand, kam auch der Hauptschiedsrichter hinzu, der inzwischen ebenfalls die Tribüne betreten hatte.

»Was ist los?«, fragte Titus den Schiedsrichter. »Hat Priscus nicht gewonnen?«

»Es gibt zwei Auslegungen der Regel, mein Kaiser«, erwiderte der Schiedsrichter.

»Aber die Sache ist doch eindeutig«, unterbrach ihn Titus. »Priscus hat Verus aus dem Kreidekreis geworfen. Er ist der Sieger.«

»Aber vorher, mein Kaiser, hat er Schild und Schwert zu Boden geworfen. Und das bedeutet nach der Regel, dass er aufgegeben hat.«

»Wie?«, fragte Titus verwirrt. »Demnach hat Priscus verloren und Verus gewonnen?«

»Bei strikter Auslegung der Regel: Ja. Priscus hat aufgegeben, bevor er Verus aus dem Kreis geworfen hat.«

»Das ist ja absurd«, reagierte Titus. »Jeder hat doch gesehen, dass er im Vorteil war. Wer gibt denn auf, wenn sein Gegner am Boden liegt?«

»Es ist deine Entscheidung, mein Kaiser. Wenn du es wünschst, werde ich Priscus zum Sieger erklären.«

»Verzeih, mein Kaiser«, warf Catulus ein. »Ich rate dir, die Entscheidung noch einmal zu überdenken.«

»Warte!«, befahl Titus dem Schiedsrichter.

»Bei dem Stellenwert dieses Kampfes«, dabei schaute Catulus seinen Kaiser bedeutungsvoll an, »solltest du auf ein eindeutiges Urteil achten, das von der Masse getragen wird. Ich gebe zu bedenken, dass die Verlierer immer auf eine enge Regelauslegung bestehen werden. Sie werden mit der Entscheidung nicht zufrieden sein.«

»Jeder weiß, dass ich ein Anhänger des Thraex bin. Wenn ich ihn zum Sieger erkläre, wird man mir Bevorzugung unterstellen. Wenn ich so oder so die Hälfte der Zuschauer gegen mich aufbringe, dann will ich mir wenigstens keine Ungerechtigkeit nachsagen lassen.«

»Wie wäre es damit?«, riet Catulus . »Priscus hat Verus regelwidrig aus dem Kreis geworfen. Er durfte dies nicht im Stile eines Ringkämpfers tun. Damit ist der Kampf formal unterbrochen worden und muss jetzt fortgesetzt werden.«

»Geht das?«, fragte Titus den Schiedsrichter.

»Hmm. Damit werden die Anhänger von Priscus nicht zufrieden sein«, gab der Schiedsrichter zu bedenken. »Aber falls er später siegt, fragt keiner mehr danach.«

»Dann machen wir es so. Hoffen wir, dass Priscus' Sieg eindeutig sein wird.«

»Jawohl, mein Kaiser.«

Warum der Kampf für ihn nicht verloren war, konnte Verus sich nicht erklären. Die Götter schienen ihm eine neue Chance geschenkt zu haben. Das ermutigte Verus einerseits. Andererseits ging der Kampf schon länger über die Zeit als je zuvor, und seine Kräfte ließen nach. Der Kaiser hatte befohlen, dass sie ihre Schilde ablegen sollten, um schneller eine Entscheidung herbeizuführen. Verus kämpfte nun anstatt mit dem Krummschwert mit einem Gladius. Auch Priscus hatte eine zusätzliche Beinschiene angelegt bekommen, sodass wieder Waffengleichheit herrschte. Es stand jetzt seine Schnelligkeit gegen Priscus' Kraft.

In der Pause hatte Verus im Sand ein ausgebreitetes Tuch entdeckt, auf dem schon viele Geldbeutel und Gegenstände aus Gold lagen, die wohlhabende Zuschauer in die Arena geworfen hatten. Es war bereits ein ansehnlicher Haufen zustande gekommen. Der Sieger würde seinen ohnehin in den Jahren schon angehäuften Reichtum beträchtlich vergrößern. Doch das nahm Verus nur am Rande wahr. Er bekam einen Schlag gegen den Helm, dass es ihm in den Ohren klingelte und ihm kurz schwindlig wurde. Doch der Murmillo konnte den Vorteil nicht ausnutzen, weil Verus ihm im Gegenzug das Schwert seitlich gegen das Becken gehauen hatte. Der Murmillo hatte zwar mit einer Meidebewegung die Schlagwirkung abgemildert, aber diese war dennoch so heftig, dass er sich vor Schmerzen krümmte. Das Geschrei der Zuschauer war ungebrochen laut. Aus den Wunden des Murmillo sickerte Blut. Seine Brust, die Schulter und einer seiner Oberschenkel waren damit besudelt. Aber auch Verus fühlte sich nicht besser. Blutrinnsale liefen ihm an Rücken und Brust herunter. An der Hüfte brannte eine tiefe Wunde, und ein Finger an der Schwerthand schien gebrochen zu sein. Doch er musste die Schmerzen aushalten.

Catulus saß immer noch beim Kaiser. Der Kampf dauerte schon mehr als eine halbe Stunde an, eine unglaublich lange Zeit, auch wenn man die Unterbrechung durch die Schiedsrichterentscheidung berücksichtigte. Doch es kam keine Langeweile auf. Die Zuschauer schrien begeistert und klatschten. Die technisch hochklassige Auseinandersetzung bot alles, was das Herz des

Publikums begehrte. Keinem der Gladiatoren gelang es, den anderen mit einer Finte außer Gefecht zu setzen. Stets gab es eine Reaktion im letzten Augenblick. Und sie waren gespannt, welcher der beiden gleichwertigen Kämpfer den glücklichen Treffer setzen würde. Die Gladiatoren konnten sich kaum noch auf den Beinen halten. Erste Rufe nach Kampfabbruch wurden laut.

»Sie werden beide zusehends schwächer«, klagte Titus nervös. »Wenn das so weitergeht, werden wir keinen klaren Sieger bekommen. Wenn keiner gewinnt, müssen beide getötet werden. Verdammt, wir brauchen wenigstens einen Sieger.«

»Lass sie ohne Helme weiterkämpfen«, schlug Catulus vor. »Irgendeinen wird es schon mal am Kopf treffen. Dann ist es entschieden.«

Verus empfand Erleichterung, als ihm der schwere Helm abgenommen wurde. Er atmete freier durch. Doch die Erlösung wirkte nur kurz, wusste er doch, wie verwundbar er jetzt war. Schon mehrfach hatte das Schwert des Murmillo an seinem Helm gekratzt. Seine Bewegungen waren langsam geworden. Sämtliche Glieder schmerzten. Auch sein Gegner konnte sich kaum noch bewegen. Ein Gedanke mit erschreckender Klarheit fuhr ihm durch den Kopf: Wenn es mir nicht bald gelingt, den Kampf siegreich zu beenden, werde ich erschöpft zusammenbrechen, und Charon wird mich holen.

Verus nahm all seine Kräfte zusammen und sprang vor. Aber der Murmillo wich auch dieses Mal aus. Sie umklammerten sich und stürzten zu Boden. Der Schiedsrichter unterbrach den Kampf. Verus sah, wie Priscus sich torkelnd aufrichtete. Aber auch er selbst hatte nur noch Gummibeine, die ihm kaum gehorchten.

Oh, ihr Götter. Nimmt der Kampf denn nie ein Ende?

Jetzt war es Priscus, der nach ihm schlug. Sein Schlag war jedoch unpräzise, und Verus konnte sich ducken, sodass das Schwert über seinen Kopf hinwegsauste. Doch dann traf ihn etwas Hartes an der Schläfe, das Amphitheater drehte sich um ihn weg, vor sich sah er nur noch Sand, und dann wurde es dunkel.

Catulus war entsetzt. Der Murmillo hatte auf den ungeschützten Hals des Thraex geschlagen, ihn aber nicht getroffen. Der Luftschlag hatte den Murmillo umgerissen, was die Gladiatoren mit voller Wucht Kopf gegen Kopf hatte zusammenstoßen lassen. Beide waren in den Sand gestürzt und rührten sich nicht.

»Sie liegen beide geschlagen am Boden«, flüsterte Titus ebenfalls entsetzt. Er sprang auf. »Verdammt, wenn sie liegen bleiben, gibt es keinen Sieger. Charon wird sie beide hinrichten, und dann sind sie alle zwei für den Prozess verloren.« Er schaute Catulus grimmig an. »Hätte ich doch nur nicht auf dich gehört, Catulus«, jammerte er. »Hätte ich doch nur eine Entscheidung getroffen, als es noch möglich war. Warum habe ich sie kämpfen lassen? Catulus, du bringst nur Unglück über mich.«

Unwillkürlich schaute Catulus zum Centurio hin, dessen Hand schon am Schwertgriff lag. Da brachte ihn die Not auf eine Idee. »Nein, mein Kaiser. Es haben nicht beide verloren, sondern es haben beide gesiegt.«

Titus schaute Catulus ungläubig an. »Beide? Ein Unentschieden sieht die Regel nicht vor.«

»Unentschieden bedeutet, dass es keinen Sieger und keinen Verlierer gibt. Aber hier haben wir nicht nur einen Sieger, sondern sogar zwei.«

»Aber so etwas hat es noch nie gegeben.«

»Das stimmt, mein Kaiser«, sagte Catulus mit drängender Stimme, die ihn selbst in Euphorie stürzte. »Aber es hat auch noch nie einen solchen Kampf gegeben, der so lange gedauert hat und der so spannend verlief. Nichts haben sich die beiden Gladiatoren geschenkt. Mal war der eine, mal der andere in Bedrängnis geraten, doch ans Aufgeben dachten sie nicht. Noch nie, mein Kaiser, haben Gladiatoren solche Tapferkeit gezeigt und waren von solchem Siegeswillen beseelt. Keiner hat jemals so heldenhaft gekämpft wie sie. Sie sind Vorbilder für unsere Jugend, ein Symbol der Stärke Roms. Wenn sie sterben, verliert Rom ein Stück seiner Seele. Deshalb, mein Kaiser, lass die Idole Roms am Leben, lass Rom am Leben. Rette Rom.«

»Bei den Göttern, Catulus. Was du sagst, ist wahr«, erwiderte Titus ergriffen. Aber sogleich schlich sich wieder Resignation in seine Miene. »Wie soll ich sie zu Siegern erklären, wenn sie doch beide am Boden liegen?«

»Gib ihnen Zeit, sich zu erholen. Ich bin sicher, sie werden aufstehen.«

»Das müssen sie, denn der Sieger muss stehen. Wer liegen bleibt, muss sterben. Das verlangt die Regel.«

Plötzlich erschrak Catulus. Durch den Disput hatte er die Arena aus dem Blick verloren. Charon war bereits an Verus herangetreten und hob den Hammer.

»Mein Kaiser, es ist zu spät.«

Licinia war wie alle anderen Zuschauer vom Sitz aufgesprungen, als die Gladiatoren nach dem Zusammenstoß ihrer Köpfe reglos am Boden liegen blieben. Sie war entsetzt. »Was machen die Schiedsrichter da?«, fragte sie Julia verzweifelt.

»Sie fordern sie auf, sich zu erheben.«

»Aber warum haben sie kein Einsehen? Die beiden können doch nicht mehr.«

»Verus muss aufstehen, sonst hat er verloren. Man kann nur stehend die Arena verlassen. Sonst tötet einen Charon.«

»Oh, Diana. Bitte lass Verus aufstehen.« Licinia senkte dabei das Gesicht. Ihr inbrünstiges Gebet ging im Lärm unter. Die Zuschauer schrien: »Aufstehen, aufstehen, aufstehen ...« Dann war es plötzlich in der Arena totenstill.

»Oh, ihr Götter«, klagte Julia, »der Schiedsrichter hat den Kampf beendet.«

Licinia schaute wieder auf. Die Gladiatoren lagen noch immer reglos im Sand. Plötzlich öffnete sich das Tor des Todes. Aus dem dunklen Schlund trat eine einsame große Gestalt. Es war Charon. Der große Hammer ruhte auf seiner rechten Schulter.

»Verus, mein Liebster, steh auf.« Licinia rieb sich verkrampft die Hände und zitterte am ganzen Leib. »Bitte steh auf, Liebster.« Tränen rannen ihr über die Wangen. »Bleib am Leben, Liebster, und steh auf.« Aber Verus bewegte sich nicht.

Indessen schritt Charon bedächtig durch die Arena.

»Diana, lenke seine Schritte zuerst zu Priscus hin«, betete Licinia. »Schenke Verus noch etwas Zeit, um aufzustehen.« Doch die Göttin hörte sie nicht. Charon stand neben Verus. Er nahm seinen Hammer von der Schulter, ergriff den Stil mit beiden Händen und holte weit aus.

Licinia hielt sich die Hände vor das Gesicht und erwartete das langgezogene »Uhhh ...«.

Da gellte ein Schrei durch die Arena.

»Halt!«

Ein kurzes schneidendes Wort, heruntergeschmettert vom Kaiserpodest. Titus hatte es gerufen. »Zurück, Charon«, hallte seine kräftige Stimme wie ein Befehl in der Schlacht.

Licinia blickte wieder auf.

Charon senkte den Hammer und trat zurück. Ein Raunen ging durch die Arena.

»Gladiatoren, erhebt euch. Euer Kaiser befiehlt es.«

Das Raunen schwoll an. Doch die Männer, die im Sand lagen, bewegten sich nicht.

»Gladiatoren, erhebt euch!«

In der Arena war es jetzt totenstill. Selbst die Weinhändler blieben erstarrt stehen.

»Ich befehle euch: Erhebt euch!«

Auf einmal bewegte Priscus einen Arm. Die Zuschauer brüllten begeistert auf. Er stützte sich auf. Und Verus bewegte sich ebenfalls und hob seinen Kopf. So etwas hatte es noch nie gegeben. Beide hatten sich gleichzeitig niedergestreckt, und beide standen gleichzeitig wieder auf. Der Jubel brauste ohrenbetäubend.

Mit letzten Kräften kämpften die Gladiatoren jeder mit sich selbst und, angefeuert von den Zuschauern, gegen die Schwerkraft. Es gab keine Spaltung der Anhänger mehr. Jeder bangte mit beiden Gladiatoren und hoffte, dass sie es schaffen würden. Auch wenn Charon noch ungeduldig wartete.

Und als sie dann endlich wankend auf ihren Füßen standen, gab es kein Halten mehr. Das Amphitheater bebte unter dem Trampeln und Johlen der Zuschauer. Viele Stimmen riefen: »Aufhören, aufhören, aufhören ...« Auch Licinia war aufgesprungen und stimmte in das Rufen mit ein.

Plötzlich öffnete sich das Tor des Lebens, und Arenadiener traten heraus. Sie trugen zwei Palmzweige, zwei Lorbeerkränze und, ja, sie hielten auch zwei hölzerne Schwerter in ihren Händen.

Licinia konnte es noch nicht begreifen. Sie wollte es bestätigt bekommen. »Erhalten beide jetzt die Freiheit?«, fragte sie Julia.

»Aber ja, Licinia. Sie bekommen die Schwerter der Freiheit. Schau, wie Verus den Rudis in die Höhe reckt. Er ist jetzt frei.«

»Frei!« Die Spannung fiel von Licinia ab. Sie sank auf ihren Sitzplatz zurück und seufzte glücklich: »Verus ist frei.«

Epilog

Am nächsten Tag redeten die Römer über nichts anderes als über den Gladiatorenkampf zwischen Verus und Priscus. Und diejenigen, denen das Glück beschieden war, ihn zu erleben, sprachen davon ein Leben lang in höchsten Tönen. Die Legende von Verus und Priscus wurde geboren: Zwei Männer hatten gekämpft und zwei hatten gesiegt. Niemals zuvor war etwas Gleichartiges geschehen, und niemals mehr danach würde es je wieder so etwas geben. Einer schrieb es jedoch auf, Marcus Valerius Martialis, und verewigte die Geschichte in einem Epigramm. Und ein anderer hatte dafür gesorgt, dass sie wahr wurde: Titus, der von nun an der unangefochtene Kaiser der Römer war. Die Bürger von Rom liebten ihn für seine Tat. Verstummt waren seine Ankläger, vertrieben die üblen Redner, und gepriesen wurden seine Taten.

Verus und Licinia trafen sich heimlich im Tempel der Diana, opferten der Göttin, küssten sich ein letztes Mal und sagten einander mit großer Wehmut Lebewohl. Die Liebe und der Hass waren hungrige Geschwister. Bekamen sie nicht genug Nahrung, machten sie sich auf und davon. Die Zeit der Trennung war zu lang gewesen. Ihre Kinder waren in Licinias Leben getreten und verlangten eine Zäsur. Was Tullius anging, so hatte er wohl das beste Beispiel dafür abgegeben, wie unberechenbar die Schicksalsgöttin Fortuna war. Durch seinen Tod wurde er zum Helden, der für den Kaiser sein Leben geopfert hatte. Sein Ansehen förderte die Zukunft seiner Söhne, auch die von Verus' Sohn Lucius. Eine Verbindung zwischen Licinia und einem ehemaligen Gladiator hätte über die Familie die Infamia gebracht und die glanzvollen Aussichten der Söhne zerstört. Was Tullius zu

Lebzeiten nicht gelungen war, hatte er mit seinem Tod vollbracht. Licinia und Verus – die Geschichte ihrer Liebe war zu Ende.

Priscus wurde der Erste Trainer im Ludus des Gnaeus Erasmus und schikanierte bis zu seinem Lebensende die Tirones am Pfahl. Glücklich wurde er nicht dabei. Denn manchmal, wenn er abends einsam in seinem Bett lag und an die Decke starrte, erwachte der alte Thorbrand in ihm und erinnerte ihn an die heiligen Haine seines Volkes, zu denen er nie wieder würde zurückkehren können. Der erwartete Triumph über Domitianus im Augenblick seines größten Sieges als Gladiator war ihm nicht vergönnt gewesen. Domitianus hatte ihn nicht wiedererkannt, was sich zu guter Letzt als Glücksfall erwies. Denn er hätte ihm wohl kaum den Angriff auf sein Leben in Germania verziehen.

Gegen Verus kämpfte er nie wieder in der Arena.

Catulus hatte zwar den Kaiser mit seiner genialen Idee gerettet, aber sein Traum von Freiheit und Macht erfüllte sich trotzdem nicht. Er blieb Sklave bis zu seinem Tod und überlebte Titus, der im Folgejahr an einer mysteriösen Erkrankung verstarb, nur um wenige Monate. Der neue Archivar, der Catulus die Position neidete und ihn an Ehrgeiz und Skrupel übertraf, fand die Briefe, die Catulus seinerzeit an Vespasianus nach Alexandria geschickt und in denen er über Domitianus' Intrige mit Otho berichtet hatte. Er spielte sie Domitianus zu, der seinem Bruder nach dessen Tod ins Kaiseramt gefolgt war. Domitianus ließ daraufhin Catulus hinrichten, dessen Namen aus allen Dokumenten tilgen und seine Rolle in der Geschichte auslöschen.

Und Philippus? Wie erwartet gab sein Vater nach Tullius' Tod seine Versklavungsabsicht auf, sodass er noch viele Jahre an den Neubauten mitwirkte, die Rom verschönerten und dessen Machtanspruch vergrößerten. Er hatte die Freiheit gefunden, aber unsterblich wurde er nicht.

Die filigranen Kunstarbeiten am Amphitheater sind heute alle verschollen. Die Namen der Architekten, Baumeister und Künstler sind im Staub der Zeit versunken. Aber das Bauwerk selbst hat die Zeiten überdauert, doch auch sein Glanz ging verloren. Mit seinem Gold und seinem Marmorstein wurden die Kirchen der Christen erbaut, Travertin und Ziegel hielten als Baumaterial her, und Teile der Außenmauer wurden von Erdbeben vernichtet; und doch steht es immer noch da, mitten in Rom, als Symbol jener Zeit: das Kolosseum, wie wir es heutzutage nennen.

Und wenn wir in unseren Tagen von der Zuschauertribüne unseren Blick über das mächtige Skelett schweifen lassen und die vielsprachigen Stimmen der Touristen ausblenden, dann glänzen vielleicht vor unserem inneren Auge die Ränge in hellem Marmor, dann flattert das Sonnensegel über unseren Köpfen, dann hören wir den Stahl der Schwerter scheppern und die Zuschauer schreien: Iugula, iugula, iugula ..., und es gefriert uns noch heute das Blut in den Adern.

– Ende –

Dichtung und Wahrheit

Zwischen einem historischen Roman und einem Geschichtsbuch gibt es große Unterschiede. Während sich der seriöse Historiker streng an geschichtliche Fakten hält, nimmt sich der Romanautor Freiheiten heraus. Aber trotzdem ist auch der Romanautor auf der Suche nach der Wahrheit. Nur mit anderen Mitteln. Zumindest trifft dies auf den seriösen historischen Roman zu. Der Roman kann dem Leser eine vergangene Zeit durch Figuren, die Konflikte durchleben, auf der emotionalen Ebene intensiver näherbringen, als es ein Fachbuch vermag. Aber das hat auch seinen Preis, da Ungenauigkeiten meist nicht zu vermeiden sind, die sich der Historiker nicht erlauben darf.

Doch ob Historiker oder Romanautor, beide sind Kinder ihrer eigenen Zeit. Der Blick in die Vergangenheit ist zugleich auch ein Spiegel unserer Gegenwart. Befreit vom Ballast unserer Vorbehalte und Narrative der Gegenwart und konfrontiert mit den Werten der antiken Welt, vermag die ungetrübte Sicht auf die Vergangenheit einen schärferen, unverklärten Blick auf die Gegenwart zu werfen.

Die Handlung in meinem Roman ist eine Verknüpfung wahrer geschichtlicher Ereignisse und künstlerischer Fiktion, in der historische Personen und fiktive Figuren miteinander agieren. Die Geschichten von Verus und Licinia, von Priscus, Tullius, Catulus und Philippus sind allesamt erfunden. Aber ich hoffe, gestützt auf meine jahrelangen intensiven Recherchen zu Recht sagen zu können, dass ihre Geschichten den strengen Rahmen des historisch-kulturellen Kontextes nicht sprengen, was bedeutet: Sie könnten sich so auch ereignet haben.

Bei den historisch-politischen Hintergründen hingegen habe ich mich im Großen und Ganzen an die Überlieferungen

gehalten. Über die wichtigsten Abweichungen, Quellenhinweise und geschichtlichen Hintergründe informiere ich den interessierten Leser gern auf der Website
www.kolosseum-historischer-roman.de.

Glossar

Apollo: u. a. Gott der Künste

Auxiliar: Angehöriger der Auxiliartruppen, der römischen Hilfstruppen aus den Provinzen

Ceres: u. a. Göttin des Ackerbaus und des Getreides

Charon: Fährmann, der den Verstorbenen über den Fluss Styx in den Hades (Unterwelt) bringt

Colonia: geplante Siedlung außerhalb Roms

Corbita: Handelsschiff

Cornu: Blechblasinstrument, großes Horn

Diana: Göttin der Jagd

Dominus: hier Herr eines Sklaven

Duumvir: einer der beiden Inhaber des Spitzenamtes einer Colonia (siehe dort)

Fectio: heute Utrechtsche Vecht, Fluss in den Niederlanden

Fortuna: Glücks- und Schicksalsgöttin, sie entspricht der Tyche

Furca: hier Strafinstrument, zwei Hölzer bilden ein V, an die der Bestrafte festgebunden wird

Furie: Rachegöttin

Gladius: römisches Kurzschwert der Legionäre

Imperator: Inhaber eines Imperiums, besitzt fast absolute Macht im Zuständigkeitsbereich, kann aber durch Inhaber eines gleich- oder höhergestellten Imperiums überstimmt werden

Juno: Göttin der Familie

Jupiter: oberste Gottheit der römischen Religion

Klient: wird von seinem Patron beschützt oder bei Gericht vertreten, steht aber im Gegenzug zu ihm in einem Treueverhältnis

Kohorte: Untereinheit in der römischen Legion

Konsul: Inhaber des Konsulats, das höchste Amt in der Republik, hatte während der Kaiserzeit kaum realen Einfluss, ermöglichte ihm aber höchste Ämter (z. B. Statthalter)

Kurulischer Stuhl: Wagenstuhl, hier Amtsstuhl, Herrschaftszeichen der höheren Magistrate

Lanista: Gladiatormeister

Latifundium: ausgedehntes Landgut oder Großgrundbesitz

Legat: hier der legatus legionis, befehligte eine Legion

Liburne: leichtes, zweirangiges Kriegsschiff (Bireme)

Ludus: Gladiatorenschule, -kaserne

Manipel: Untereinheit der römischen Legion

Mars: Gott des Krieges

Minerva: u. a. Göttin der Kunst, des Handwerks und des Gewerbes

Neptun: u. a. Gott des Meeres

Nobilität: Amtsadel mit hohem Bekanntheitsgrad

Optio: hier Dienstgrad in der römischen Legion, Stellvertreter des Centurio

Paenula: römischer Überziehmantel, der einem heutigen Poncho ähnelt

Palatin: einer der sieben Hügel Roms, auf dem viele römische Kaiser residierten

Palus: Holzpfahl, an dem Gladiatoren und Soldaten übten

Patron: siehe Klient

Pauper: der Arme, mittellose Person, eine sehr arme Person

Princeps: offizieller Titel der römischen Kaiser

Peristyl: ein rechteckiger Hof, der von durchgehenden Kolonnaden umgeben ist

Pilum: schwerer Wurfspieß der Legionäre

Prätur: höheres Amt, im Regelfall das dritte Amt nach der Quästur und der Ädilität

Prätorianer: Gardisten des römischen Kaisers

Quästor: niedrigstes Amt der senatorischen Ämterlaufbahn

Saturnalien: mehrtägiges Fest zu Ehren des Gottes Saturn

Strigilis: gebogenes Eisen, mit dem Öl von der Haut geschabt wird

Scyphus: eine römische Gefäßform

Spatha: zweischneidiges, vorwiegend zum Hieb konzipiertes, einhändig geführtes Schwert mit gerader Klinge

Suffektus: hier Kurzfassung zu Suffektkonsul, Nachrücker eines Konsuls innerhalb des laufenden Amtsjahres, ermöglichte, dem Konsul gleich, höchste Ämter

Thermopolia: eine Art Imbiss, kleine Räumlichkeit, meist gegen die Straße hin offen mit einer gemauerten Theke, in die Vorratsgefäße sowie Kochtöpfe eingelassen waren

Tribun: hier Militärtribun, nicht zu verwechseln mit dem zivilen Volkstribun (siehe dort)

Trireme: Kriegsschiff mit drei gestaffelt angeordneten Reihen von Ruderern

Triumphalinsignien: Ehrabzeichnung für einen Feldherren anstelle eines Triumphzuges, der nur dem Kaiser zugestanden hat

Tyche: griechische Göttin, entspricht Fortuna (siehe dort)

Usurpator: hier einer, der durch die gewaltsame Verdrängung des legitimen Herrschers das Kaiseramt anstrebt

Venus: Göttin der Liebe und der Schönheit

Vesta: jungfräuliche Göttin des Herdfeuers und
der Familieneintracht

Volkstribun: ein gewählter politischer Amtsträger in
der Römischen Republik, dessen Amt in der Kaiserzeit
bedeutungslos wurde

Wotan: Hauptgott in der nordischen und
kontinentalgermanischen Mythologie

DRAMATIS PERSONAE
* historische Personen

Hauptfiguren

Verus: Decurio, Sklave und Gladiator, Geliebter von Licinia

Thorbrand/Priscus: aus dem Bataver Thorbrand wird später der römische Gladiator Priscus

Catulus: persönlicher Sklave des Feldherren und späteren Kaisers Vespasianus

Philippus: kampanischer Bauernjunge, Neffe von Macrinus Rufus

Licinia: Verus' Geliebte und spätere Ehefrau von Tullius

Tullius: Feind von Verus, Tribun, Quästor und Prätor

römische Politiker und Militärs

Domitianus*: Titus Flavius Domitianus, jüngerer Sohn von Vespasianus

Fannia*: Witwe des Senators Helvidius

Galba*: Lucius Livius Ocella Servius Sulpicius Galba: römischer Kaiser im Vierkaiserjahr

Helvidius*: Gaius Helvidius Priscus, Führer der Senatsopposition gegen Kaiser Vespasianus

Marcellus, Eprius*: Senator

Mucianus*: Gaius Licinius Mucianus, Statthalter von Syria und Verbündeter von Vespasianus

Nero*: Nero Claudius Caesar Augustus Germanicus, römischer Kaiser

Otho, Marcus Salvius*: römischer Kaiser im Vierkaiserjahr

Sabinus, Flavius*: Titus Flavius Sabinus, älterer Bruder von Vespasianus

Sabinus, Nymphidius*: Gaius Nymphidius Sabinus, Prätorianerpräfekt unter Nero und Galba

Titus*: Titus Flavius Vespasianus, genannt Titus, älterer Sohn von Vespasianus, der ihm als Kaiser nachfolgt

Vespasianus, Titus Flavius*: genannt Vespasianus, Feldherr, der später Kaiser wird

Vitellius, Aulus*: römischer Kaiser im Vierkaiserjahr

Judäa

Annius, Lucius*: Militärtribun, der Gerasa einnimmt

Rom

Acne: Edelsklavin im Haus des Helvidius

Antoninus: Sohn von Licinia und Tullius

Brutus, Decimus: Detektiv im Auftrag von Helvidius' Witwe Fanni

Cleander: Verwalter des Senators Helvidius

Lucianius: Centurio erste Prätorianerkohorte

Lucilla: Tochter von Licinia und Tullius

Lucius: Sohn von Licinia und Verus

Rufus, Macrinus: Onkel von Philippus und Besitzer
eines Steinmetzunternehmens

Stilicus: Prätorianerpräfekt

Trimalchio: Hausverwalter

Pola

Atticus: Gladiator im Ludus des Lentulus

Erasmus, Gnaeus: Lanista der ersten Gladiatorenschule
und Erfüllungsgehilfe von Tullius

Felix, Witwe Julia*: Hotelbesitzerin und Freundin von Licinia

Forus: ehemaliger Gladiator und Lanista ohne
eigene Gladiatorenschule

Gernicus: Gladiatorentrainer im Ludus des Lentulus

Lentulus, Castullus: Lanista der zweiten Gladiatorenschule
und Konkurrent von Erasmus

Longinus, Cassius: Erster Duumvir

Vibius, Tiberius Plautius: Kaiserpriester, Freigelassener

Latifundium in Histria

Asclepius: Sklave und Freund von Verus

Attia: Verwalterin

Colponius: Verwalter

Semprosius: Oberaufseher

Moesia

Fonteius, Fonteius Agrippa: Statthalter von Moesia unter Vespasianus

Secundus, Tiberius Claudius: Gastwirt, Händler und Vater von Licinia

Silvanus, Plautius*: Tiberius Plautius Silvanus Aelianus, Statthalter von Moesia, Vorgänger von Fonteius

Torobax: Erzfeind von Verus' Familie

Germania

Civilis, Julius*: abtrünniger Auxiliarpräfekt, Anführer des Bataveraufstandes

kaiserlicher Ludus in Rom

Casca: Erster Gladiatorentrainer

Trinitius: Medicus und Freund von Philippus

Historische Chronologie

Dez 66	Nero überträgt Vespasian das Imperium in Judäa, um den Aufstand der Juden niederzuschlagen.
Dez 67	Nero kehrt von seiner Griechenlandreise zurück.
März 68	Julius Vindex erhebt sich mit seiner Legion gegen Nero.
03. Apr 68	Galba lässt sich in Carthago Nova von seiner Legion zum Gegenkaiser ausrufen.
Mai 68	Vindex wird von den Rheinlegionen bei Vesentio (heute Besancon) vernichtend geschlagen und getötet.
Mai/Jun.	Immer mehr Generäle kündigen Nero die Gefolgschaft auf und erklären Galba ihre Treue.

Beginn des Romans

08. Jun. 68	Der Senat erklärt Nero zum Staatsfeind und Galba zum Kaiser.
09. Jun. 68	Nero begeht Selbstmord.
Ende Jun. 68	Vespasian verschiebt den Sturm auf Jerusalem.
Okt 68	Galba trifft in Rom ein.
02. Jan. 69	Die Legionen in Untergermanien rufen Aulus Vitellius zum Gegenkaiser von Galba aus.
10. Jan. 69	Die Ereignisse in Germanien zwingen Galba dazu, sein Erbe zu bestimmen und führen zur Adoption des Piso.
15. Jan. 69	Otho wird von den Prätorianern zum neuen Kaiser ausgerufen und Galba wird ermordet.
März 69	Die Legionen von Otho und Vitellius marschieren aufeinander los.
14. Apr. 69	Vernichtung Othos Truppen bei Cremona, am 16. April nimmt sich Otho das Leben.
17. Jun. 69	Vitellius zieht triumphierend in Rom ein.
01. Jul. 69	Vespasian wird in Ägyptus von den Legionen

Aug. 69	zum Gegenkaiser von Vitellius ausgerufen. Antonius Primus marschiert mit den Donaulegionen gegen Vitellius nach Italien.
Aug. 69	Vespasian ernennt sich selbst zum Imperator Cäsar Vespasianus Augustus, obwohl der Titel Augustus nur vom Senat verliehen werden darf.
Aug. 69	Ausbruch des Bataveraufstandes
Okt. 69	Die Flavianer schlagen die Legionen von Vitellius bei Cremona.
17. Dez. 69	Vitellianische Legionen ergeben sich bei Narnia.
19. Dez. 69	Zerstörung des Kapitols
20. Dez. 69	Einnahme Roms durch Antonius Primus, Vitellius wird auf dem Forum ermordet.
Dez. 69	Der Senat beschließt die lex de imperio vespasiani, ernennt Vespasian und Sohn Titus zu Konsuln und verleiht Domitian das konsularische Imperium.
26. Sept. 70	Fall Jerusalems unter Führung durch Titus
Okt. 70	Vespasian trifft in Rom ein.
Herbst 70	Niederschlagung des Bataveraufstandes
Jun. 71	Triumphzug von Vespasian und Titus in Rom
71	Titus wird zum Mitkaiser ernannt.
71, 74 o. 78	Tod des Helvidius (Todeszeitpunkt und Umstände unklar).
23. Jun. 79	Tod des Vespasian, Titus wird am nächsten Tag neuer Kaiser.
24. Okt. 79	Vesuvausbruch und Untergang Pompejis
80	Eröffnung des Flavischen Amphitheaters (heute Kolosseum), kurz zuvor sucht Rom ein zweiter großer Brand und eine verheerende Seuche heim, was zur Imagekrise von Titus führt.
13. Sept. 81	Titus stirbt
14. Sept. 81	Domitian wird vom Senat zum Kaiser ernannt. Er ist der letzte Thronfolger der Flavischen Kaiserdynastie.

81	Der Triumphbogen für Titus wird von Domitian in Rom vollendet und kann dort immer noch besichtigt werden.
106	Nach den von Trajan geführten Dakerkriegen 101/2 u. 105/6 wird Dakien endgültig niedergeworfen und römische Provinz. Die Trajan-Säule in Rom berichtet heute noch davon.